CHAMPOLLION

SEIN LEBEN UND SEIN WERK

VON

H. HARTLEBEN

—❦—

MIT EINEM TITELBILD, EINER TAFEL UND 19 IN DEN TEXT GEDRUCKTEN ABBILDUNGEN

ERSTER BAND

BERLIN
WEIDMANNSCHE BUCHHANDLUNG
1906

„La couronne du novateur a toujours été,
comme celle du Christ, une couronne d'épines."

Geoffroy Saint-Hilaire.

Inhalt.

Band I.

— —

Introduction.

Champollion est aussi populaire qu'un archéologue ou
un linguiste peuvent l'être en France. L'obelisque de la
Concorde maintient son souvenir présent aux Parisiens, et
tous les Provinciaux qui ont fait leurs études dans un lycee
savent qu'il retrouva l'art longtemps perdu de lire les
hiéroglyphes. Cela dit, n'insistez pas davantage auprès d'eux
vous verriez qu'ils n'ont pas une idee très-nette de son
oeuvre, et qu'ils reportent volontiers sur le frère aîné, Jacques-
Joseph Champollion-Figeac, toute la renommée du frère cadet,
Jean-François Champollion-le-Jeune Ce que fut l'homme
lui-même, le temps exact et le milieu dans lequel il vécut,
les circonstances qui décidèrent de sa vocation scientifique,
les méthodes qu'il employa pour résoudre le problème du
déchiffrement, les batailles qu'il dut livrer avant d'imposer
sa decouverte aux contemporains, ils l'ignorent presque du
tout, et les etrangers ne sont pas mieux informés qu'eux
sur ces points Pour l'Italie, pour l'Allemagne, pour
l'Angleterre comme pour la France, Champollion n'est guères
plus qu'un nom.

Par quel entraînement mystérieux Mademoiselle Hartleben fut-elle portée à lui consacrer le meilleur de sa vie? — -
Il y a vingt ans et plus que, séjournant en Egypte, elle
sentit son intérêt s'éveiller d'abord pour le présent, puis pour
le passé du pays, elle voulut connaître ce que les ruines
avaient à nous raconter des Pharaons, et la visite des monuments la conduisit naturellement à l'homme qui lui en avait
rendu l'intelligence facile Ce fut au début un simple
mouvement de curiosité un peu superficielle, et il ne s'agissait
que d'une notice abrégee où l'expression de l'admiration per-

sonnelle aurait eu plus de part que la recherche du fait
nouveau, mais bientôt son sujet s'empara d'elle et il la
posséda entière. Il la mena dans tous les lieux que son
héros avait fréquentés, à Figeac, à Grenoble, à Lyon, à
Paris, à Aix-en-Provence, à Toulon, en Italie. A chacune
des étapes la physionomie s'avivait et gagnait en précision:
les matériaux se complétaient l'un par l'autre, les notes se
raccordaient mieux, les épisodes se développaient plus large-
ment, et ce qui devait à l'origine tenir en peu de pages
arrivait à former des volumes. Aussi bien, en quelque endroit
qu'elle allât, elle trouvait toujours un papier inédit, un docu-
ment qu'on avait cru perdu, un vieillard qui avait aperçu
Champollion, un érudit du crû qui avait recueilli au bon
moment les traditions encore courantes. La petite-fille de
Jean-François, la comtesse d'Autroche, lui dit ce que sa
mère se rappelait de son père à elle, et les descendants
de Jacques-Joseph, M. et Madame de la Brière, firent
mieux encore: ils la reçurent dans ce château de Vif
où l'Égyptologue avait passé les meilleurs moments de
sa jeunesse, et ils lui ouvrirent leurs archives de famille.
Les manuscrits ne sont pas tous entrés à la Bibliothèque
Nationale, même ceux qui touchent à la philologie ou à
l'histoire. Champollion-Figeac avait gardé par devers lui
non-seulement les lettres de son frère, mais les papiers
littéraires ou politiques, parodies, pamphlets, vers de circon-
stance, notes de cours, brouillons de leçons professorales,
projets de rapports ou de mémoires. Il y avait là de quoi
évoquer, à côté du Champollion savant, le seul sur qui nous
eussions des lueurs, un Champollion intime dont notre
génération ne soupçonnait nullement le caractère. Les cahiers succédaient aux cahiers, sous les yeux de Mademoiselle
Hartleben, les liasses de lettres aux liasses de lettres, et elle
gémit souvent de ne pas pouvoir, faute de temps, copier
tout ce qui l'eût intéressée. Comment elle parvint à transcrire
le plus important et à analyser brièvement le reste, je me
le suis demandé chaque fois que, traversant Paris au retour
d'une de ses campagnes, elle venait m'étaler ses notes et
me dénombrer ses gains.

   On pouvait craindre qu'elle ne succombât sous le poids

de tant de richesses, et que son ouvrage, au lieu d'être une
biographie reelle, ne devînt un recueil chronologique de
matériaux pour une biographie. Je n'oublierai jamais la
surprise joyeuse que j'éprouvai lorsqu'il y a huit ans bientôt,
elle voulut bien me lire ce qu'elle avait rédige dejà des
chapitres du début. C'était la description de Figeac et de
la société qui y végétait pendant les temps les plus durs de
la Révolution, la maison de famille et ses armoiries fatidiques,
les premiers camarades et les premiers maîtres, les menus
indices qui avaient manifesté sous la vivacité de l'enfant
l'intelligence et la tenacité de l'homme. C'étaient ensuite
les mois d'apprentissage et de misère à Paris, les seances
au Collège de France et a l'École des Langues Orientales,
les longues lectures à la Bibliothèque Impériale, les amities
nouées et rompues avec les voisins de cours, la bienveillance
ou l'animosité des professeurs, l'existence anxieuse et souvent
pitoyable de l'etudiant besogneux dans une ville riche, tur-
bulente, périlleuse aux jeunes gens. Rien n'est plus difficile
que de dépeindre ces coteries universitaires sans exagération
de censure ou d'enthousiasme, d'y assigner sa place véritable
au personnage principal et de grouper les autres autour de
lui comme il convient: le danger était presque égal de repre-
senter un Champollion minuscule perdu dans le Paris de
l'Empire, ou de dissimuler l'enorme Paris d'alors derrière un
Champollion trop enfle pour son âge. Mademoiselle Hartleben avait trouvé du coup la juste mesure, et tout etait en
proportion dans le tableau qu'elle m'apportait: Champollion
y avait exactement la taille qu'il devait avoir en comparaison
de Silvestre de Saci et des grands maîtres, des savants
Orientaux que Bonaparte avait ramenés de sa pointe en
Égypte, et des jeunes gens tels que St. Martin ou Abel
Rémusat, dont plusieurs donnaient déjà mieux que des promesses de talent. Il était évident, après cette épreuve, que
Mademoiselle Hartleben ne serait pas à la merci de ses
fiches, mais qu'elle saurait les maîtriser jusqu'au bout, les
classer harmonieusement, les enchaîner, les fondre l'une dans
l'autre, et ce qui est le plus douloureux pour un auteur,
écarter sans pitie celles qui n'entreraient pas droit dans son
sujet. Elle s'est astreint à la même rigueur de composition

pour les autres parties de son ouvrage, et que ce soit à
Grenoble ou à Turin, en Italie ou en Égypte, le résultat est
toujours aussi heureux. Elle a observé si bien la relation
entre les figures du fond et la figure maîtresse que l'on
aperçoit constamment des unes ce qu'il faut pour que l'autre
ressorte en vigueur: Champollion ne se perd jamais dans la
foule qui se meut auprès de lui, mais jamais non plus il
n'empêche de la voir.

On comprend, sans qu'il y ait lieu d'insister, l'impression
de vie que produit sur le lecteur une oeuvre préparée aussi
consciencieusement et aussi habilement exécutée. C'est
Champollion en personne qui va et vient devant nous, non-
seulement lui, mais tous ceux que la science mit en relations
avec lui, et leurs idées ou leurs sentiments nous sont pré-
sentés souvent dans les mots qu'ils employèrent pour les
exprimer. Les alternatives de confiance et d'abattement par
lesquelles il passa avant d'arriver à la certitude du déchiffrement, sont enrégistrées de jour au jour aux archives de Vif
parmi les papiers des deux frères. Jean-François exalte et
déjà il touche au but, puis le doute le saisit et il crie éperdu-
ment vers son aîné: il lui demande conseil ou reconfort,
il se plaint de ne pas rencontrer chez ses amis les appuis
qu'il attendait d'eux, il affirme qu'il va abandonner la tâche,
il l'abandonnerait peut-être si Figeac n'était là toujours prêt
à relever son petit, son çaghîr comme il l'appelait. Il lui
montre les parties bien venues de son oeuvre, il le répri-
mande de ses incartades ou de ses détresses, il lui envoie
de l'argent quand lui-même il en manque presque et c'est
dans les termes de la correspondance que la crise se déroule
sous nos yeux. Et ce dialogue se poursuit sans relâche,
accompagné et varié de voix nouvelles sitôt que d'autres
personnages paraissent sur la scène: chacun d'eux parle
par ses lettres, et il semble qu'on les entende tous, Rosellini,
Young, Alexandre et Guillaume de Humboldt, Gazzera,
Peyron et les dizaines de critiques ou de partisans qui aux
jours de lutte lui prodiguaient le sarcasme ou la louange.
Il n'est pas si aisé qu'on le croit de bien introduire tant
d'accents étrangers et de styles divers dans la trame d'un
récit, et qui le ferait sans précaution, il en résulterait du

disparate et de la fatigue pour le lecteur. Ici, tout est disposé si ingenieusement, dans l'ensemble et la transition entre la narration et la citation ménagée si adroitement qu'on ne perçoit aucune dissonance fâcheuse d'un bout a l'autre de l'ouvrage.

Je l'ai vu naître et grandir: j'ai voulu dire, ce que j'étais le seul à savoir depuis le debut, comment il s'est fait, et par quelle merveille de patience et d'industrie nous possédons maintenant cette biographie de Champollion. J'ai regretté un instant, qu'elle n'eût pas eté écrite en France par un Français un instant, sans plus, car, à la reflexion, il m'a paru que donnée par un etranger, elle avait plus d'autorité. Une decouverte aussi admirable ne s'achève pas sans qu'elle ait eté preparee par des essais plus ou moins heureux, et elle n'est pas si complète du premier jet qu'il n'y ait pas d'erreurs a y corriger ou de lacunes à y remplir Young, en Angleterre, avait presque entrevu avant Champollion le principe de la lecture, et les Anglais lui ont par occasion attribué le mérite de la decouverte. Un Français qui reprendrait cette polémique et qui déciderait en faveur d'un Français, deviendrait aisement suspect aux yeux de lecteurs etrangers. il n'en sera pas de même d'une Allemande, et la demonstration de Mademoiselle Hartleben les convaincra beaucoup plus aisément que la mienne n'aurait fait ou celle d'un de mes compatriotes. Et pourtant, je me suis demandé parfois si Mademoiselle Hartleben, à force de vivre dans la familiarité des Champollions, n'avait pas fini par ressentir à leur égard un peu de cette faiblesse affectueuse a laquelle on cède volontiers pour des amis de vieille date. Je tends à soupçonner, et je suis aise qu'elle le laisse parfois entrevoir elle-même, que ni Jean-François, ni son frère ne furent toujours d'humeur facile et que, s'ils eurent à se plaindre souvent de leurs contemporains, leurs contemporains eurent parfois a se plaindre d'eux. Mademoiselle Hartleben épouse leurs querelles, et il lui en coûte d'être indulgente à ceux qui ne leur ont pas été favorables de tout temps, quand même, comme Silvestre de Saci, ils se seraient montres par la suite les défenseurs les plus sûrs et les admirateurs les plus fervents. Aussi bien ne juge-t-on sainement l'oeuvre et le caractère d'un homme que lorsqu'on les comprend, et comment les comprendre si l'on n'est pas en sympathie avec eux? Mademoiselle Hartleben n'a si bien compris Champollion que pour l'avoir aimé beaucoup, mais cette affection si naturelle d'auteur à sujet ne l'a pas entraînée à se départir gravement de l'impartialité: si l'impression que son historienne nous laisse de lui est à son avantage, c'est qu'en vérité, et malgré quelques défaillances légères que l'anxiété de ses débuts explique ou excuse, il fut, de son temps et pour tous les temps, l'un des types les plus accomplis de l'honnête homme et du savant créateur.

Le Caire, le 30 Avril 1906.

G. Maspero.

Zur Einführung.

Unter den wissenschaftlichen Grosstaten des neunzehnten Jahrhunderts, denen wir die Erschliessung der Sprachen und Kulturen des alten Orients und damit die Erweiterung des geschichtlicher Erkenntnis zugänglichen Gebietes um mehr als zwei Jahrtausende verdanken, steht keine der Entzifferung der Hieroglyphen durch François Champollion gleich. Was ihm die einzigartige Stellung gewahrt, die er in der Geschichte der Wissenschaft einnimmt, ist die Vollendung, zu der er in kurzester Zeit sein Werk geführt hat, sobald der erste Schritt gelungen war. Zwar haben noch gar manche andere, nicht weniger schwierig erscheinende Probleme durch den Scharfsinn hervorragender Forscher ihre Losung gefunden, vor allem war es bereits 20 Jahre vor Champollion, im Jahre 1802, dem Göttinger Gelehrten G. Fr. Grotefend geglückt, die persischen Keilinschriften zu lesen, indem er in ihnen die Namen des Darius und Xerxes nachwies und so den Lautwert der zu diesen gehörenden Zeichen bestimmte. Äussere Anhaltspunkte fehlten hier fast völlig, sprachlich war Grotefend, wie er selbst berichtet, ganz unvorbereitet, was er mitbrachte, war eine wirklich geniale Kombinationsgabe, die ihn das Richtige mit erstaunlicher Sicherheit treffen lehrte. Aber eben darum ist er weiter auch kaum gelangt, seine Entdeckung blieb Jahrzehnte lang nahezu unfruchtbar, bis andere, umfassender vorbereitete Forscher, Burnouf, Lassen, Rawlinson, auf der gewonnenen Grundlage weiter bauten und das Werk zum Abschluss führten.

Bei den Hieroglyphen schien die Aufgabe viel einfacher zu liegen. Nicht nur war das Material unendlich viel umfangreicher, sondern man besass auch Angaben über ihre

Lesung aus dem Altertum, man besass seit 1799 eine umfangreiche Bilinguis. Aber gerade dadurch waren die Schwierigkeiten nicht vermindert, sondern gewaltig vermehrt. Zahlreiche Gelehrte hatten sich vergeblich bemüht, die Aufgabe zu
lösen und sich und ihre Nachfolger dadurch nur immer tiefer in
die wunderlichsten Vorstellungen verstrickt. Jetzt wissen wir,
dass alle menschliche Schrift aus Bilderschrift hervorgegangen
ist; damals aber erschien die Wiedergabe der Rede durch
Bilder als etwas ganz Seltsames und Fremdartiges, die
Bezeichnung von Lauten durch Bilder fast undenkbar, und
durch die griechischen Nachrichten wurde alle Welt vollends
in der Ansicht bestärkt, dass diese geheimnisvolle Schrift
auch ganz geheimnisvolle Dinge enthalten und von aller
sonstigen Schrift durch eine weite Kluft getrennt sein müsse.
So konnte, wer nüchtern alle die verschiedenen Möglichkeiten
und Hypothesen erwog, nur mit de Sacy urteilen, das
Problem sei eben zu verwickelt und daher wissenschaftlich
unlösbar. Da hat Champollion der staunenden Welt gezeigt,
dass das unmöglich Erscheinende eben doch möglich sei,
dass die Intuition des Genius in Geheimnisse einzudringen
vermag, die der strengen Methode verhüllt bleiben müssen.

Von Kindheit auf hatte François Champollion sich, wie
durch eine prophetische Berufung, bestimmt gefühlt, in
das geheimnisvolle Dunkel einzudringen, das auf Ägypten
ruhte, seine uralte Kultur und Geschichte zu erschliessen.
Seine Familie, vor allem der ältere, gleichartigen Studien
zugewandte Bruder, hat ihn sorgfältig für diese Aufgabe
erzogen: er selbst fühlte und hat es ausgesprochen, dass er der
Entzifferer der Hieroglyphen werden würde. Aber neben
dieser gewissermaassen mystischen Stimmung, die dem Wesen
des genialen Mannes seine Sonderart verleiht und über
seine Erscheinung einen ganz eigenartigen Reiz verbreitet,
steht von früher Jugend auf die energischste und aus-
dauerndste Arbeit, die streng methodisch das Material zu-
sammenträgt und alle Gebiete heranzieht und durchdringt,
die ihm bei seinem Lebenswerk von Nutzen sein können.
Sie ermöglicht dem zwanzigjährigen Professor an der Universität zu Grenoble bereits die Abfassung eines grundlegenden
wissenschaftlichen Werkes über das alte Ägypten; sie ruht

nicht, auch als er, ebenso wie sein Bruder, in die Wirren
der Politik hineingerissen wird, und dann in den Nöten der
Restaurationszeit um seine Existenz zu kämpfen hat· sie
lässt ihn wieder und wieder den Anlauf nehmen, der die
Lösung des grossen Problems ermöglichen soll, sie lässt
ihn eine Hypothese nach der anderen aufstellen und verwerfen, bis endlich, im Jahre 1822, der Nebel vor seinen
Augen zerreisst und das helle Licht der Erkenntnis ihn
umstrahlt.

An sich betrachtet, scheint Champollions grundlegende
Kombination, welche die einzelnen den sicher erkannten
Namen des Königs Ptolemaios bildenden Zeichen den Lauten
gleich setzt, aus denen dieser Name besteht, und den
Namen Kleopatra zur Bestätigung heranzieht, gar nicht so
fernliegend zu sein, war doch auch Young nahe daran
gewesen, hier das Richtige zu treffen, und Grotefends
Kombination, der er die Lesung der persischen Königsnamen
verdankte, ruhte auf weit unsichrerer Grundlage. Aber gerade
hier zeigt sich so recht, dass das Einfachste das Schwerste
ist. Um zu dieser Kombination zu gelangen, musste Champollion mit allen Theorien brechen, die bis dahin herrschten,
die er zum Teil selbst aufgestellt hatte· er musste die
Klarheit des Blickes gewinnen, der ihm die Dinge zeigte, wie sie
wirklich sind Überdies aber — und das ist für die richtige
Würdigung seiner einzigartigen Stellung das Wesentliche —
war diese Kombination für ihn wohl der erste entscheidende
Schritt, aber dadurch erschloss sich ihm zugleich das Ganze.
Hier zeigt sich die Bedeutung seiner langjährigen umfassenden Vorbereitung, die ihn so unendlich hoch über
alle seine Rivalen hinaushebt. Lange ehe er ein einziges
Zeichen richtig deuten konnte, kannte Champollion alle
die Hunderte von Hieroglyphenzeichen, er hatte ihren Zusammenhang mit der daraus entwickelten hieratischen Kursive
der Papyri, die er zuerst und allein richtig bestimmt und ab-
gegrenzt hatte, und weiter mit dem Demotischen klar erkannt; er
besass die umfassendsten, methodisch geordneten Sammlungen,
er konnte jeden hieratischen Text in Hieroglyphen umsetzen,
ehe er ein einziges Zeichen lesen konnte. Dazu kam seine
gründliche Kenntnis des Koptischen, das er mit Recht als

die Fortsetzung der altägyptischen Sprache betrachtete. So
wurde es möglich, dass, sobald er die ersten Zeichen richtig
gewonnen hatte, er sofort mit untrüglicher Sicherheit weiter
schreiten konnte, von der Lesung der späteren zu der der
älteren Königsnamen, der Namen der Götter, der Worte der
gewöhnlichen Sprache, dass die zahlreichen Seltsamkeiten der
Schrift ihn niemals irre machten, dass er, noch nicht zwei
Jahre nach der ersten Entdeckung, als ihm die herrliche
Sammlung des Turiner Museums zugänglich wurde, jeden Text,
ob hieroglyphisch oder hieratisch, mit voller Sicherheit zu
deuten und seinen Inhalt in allen Hauptsachen richtig anzu-
geben vermochte. Und als er dann nach Ägypten kam, als
ihm die unendliche Fülle der Denkmäler des Niltals zugänglich
wurde, schaltete er unter ihnen mit der souveränen Sicherheit
des Forschers, der den Stoff vollständig beherrscht. er hat
bereits die grossen historischen Denkmäler des Neuen Reichs
und der Spätzeit in allem wesentlichen richtig geordnet und
ihren Inhalt bestimmt, schliesslich auch, nach langen Irr-
gängen, die Stellung des Mittleren Reichs noch richtig
erkannt, die Denkmäler des Alten Reichs waren damals noch
fast sämtlich unter der Erde verborgen. Der Nachgeborene,
dem die Ergebnisse der aus Champollions Werk erwachsenen
Wissenschaft vertraut sind, wird hier vielleicht in noch
höherem Maasse von staunender Bewunderung erfüllt, als die
Zeitgenossen, weil er überall weiss, wie sehr Champollion
das Richtige erkannt hat es erscheint kaum fassbar, wie
ein einzelner Mensch in der kurzen Spanne eines Jahrzehnts
derartiges hat erreichen können

Während Champollion in raschem Siegeslauf von Erfolg
zu Erfolg schritt, hat sich sein schwacher Körper aufgezehrt;
im Alter von 41 Jahren ist er der Welt entrissen worden.
Nur einen kleinen Teil von dem, was er erkannt hatte, hat er
selbst veröffentlichen oder wenigstens zur Veröffentlichung
vorbereiten können, anderes war oft nur in kurzen Andeutungen in seinen Papieren aufgezeichnet; aber auch
über seinem Nachlass hat ein Unstern gewaltet. So ist es
gekommen, dass, so hell sein Ruhm durch die Welt strahlte,
doch von seinen letzten Ergebnissen gar manche unbekannt
blieben, und dass ein voller Einblick in seine Entwicklung

und den ganzen Umfang seiner Leistung weder den Über-
lebenden noch der nächsten Generation gewahrt war.

Diese Lücke auszufüllen ist die Aufgabe, die Frl. Hartleben sich gesetzt hat. Mit welch hingebender, mühevoller
Arbeit sie das Material zusammengetragen, welche über-
raschende Fülle zuverlässiger Informationen sie zu erschliessen
vermocht hat, das bedarf nach Masperos Worten keiner
Ausführung mehr. Auf Grund umfassendster Kenntnis des
Materials gibt sie uns ein Lebensbild des grossen Mannes, sie
versetzt uns lebendig in seinen Werdegang, in seine äusseren
und inneren Schicksale, sie lasst uns noch einmal alles mit
durchleben, was ihn betroffen und bewegt hat. Vor allem
aber führt sie uns mitten hinein in seine geistige Arbeit, aufs
beste ist es ihr gelungen, sich in die seltsame, verzwickte
Lage der an die Hieroglyphenschrift anknüpfenden Probleme
hineinzuleben, in denen sich wie die Versuche seiner Vorganger so auch seine eigenen bewegen, bis er zum Licht
durchdringt Es ist ein aufs höchste fesselndes Schauspiel,
bis ins einzelnste zu verfolgen, wie sich in ihm die streng
wissenschaftliche Arbeit, die rucksichtslose Selbstkritik, das
bewusste Maasshalten in der Mitteilung seiner Ergebnisse,
um nicht durch voreilige Hypothesen das Gewonnene zu
gefährden und aufs Spiel zu setzen, verbindet mit der
Intuition des Genius. Auch hier wieder erfahren wir, dass
uns das innerste Wesen der Menschennatur, die schöpferische
Produktion, die aus der Tiefe des eigenen Wesens hervor-
wachst, immer ein Rätsel, immer etwas schlechthin Gegebenes
bleibt, mögen wir den ausseren Hergang noch so genau
kennen Blitzartig leuchtet die Erkenntnis in ihm auf, vorbereitet durch langjährige Arbeit, aber doch gerade in einer
Zeit, wo die methodische Zusammenfassung seiner wissenschaftlichen Kombinationen ihn zu völlig abweichenden
Satzen geführt hatte; und wenn auch keins seiner Ergebnisse
ohne diese sorgfältige wissenschaftliche Vorarbeit möglich
geworden wäre, so bleibt es doch nicht minder wahr, dass
die entscheidenden Erkenntnisse, ja die ganze, so erstaunlich
rasch gewonnene Fähigkeit, die Texte vollkommen richtig
zu lesen, doch nur auf diesem intuitiven Hineinfühlen und
Verwachsen mit ihnen beruht, dass daher auch seine Theorie

mit seiner Praxis niemals ganz in Übereinstimmung gestanden
hat Hier den vollen Ausgleich zu finden hatte er in seinem
kurzen Lebenslaufe nicht die Zeit, er hatte wichtigeres zu
tun; und so begreift sich die zunächst so überraschend
erscheinende Tatsache, dass er die Hieroglyphenschrift
vollkommen richtig gelesen hat, obwohl er von ihrem
Wesen bis zu seinem Ende eine völlig zutreffende Erkenntnis
nicht gewonnen hatte.

Aber nicht nur Champollion selbst führt uns Frl. Hartleben vor· sie stellt ihn lebendig mitten in seine Zeit. Aus
ihrem Werk lernen wir die ganze gelehrte Welt Frankreichs
und Italiens in den ersten Jahrzehnten des neunzehnten Jahrhunderts kennen. In vollster Anschaulichkeit treten uns all die
bedeutenden Persönlichkeiten entgegen, welche sich damals
den grossen Aufgaben der Sprachwissenschaft und der geschichtlichen Forschung zuwandten, und mit ihren grossen
Leistungen und der lebendigen Diskussion der neuen Probleme,
welche nach allen Seiten hin sich erschlossen und von der
Wissenschaft ihre Losung erheischten, verbinden sich alle
personlichen Gegensatze und die oft nur allzu kleinlichen
Intrigen mit denen sie sich durchzusetzen und zu behaupten
versuchten. Im Hintergrund des Ganzen aber steht ein durch
zahlreiche Detailzuge aus dem Leben und Treiben von
Figeac und Grenoble belebtes Bild der Zeit der Revolution,
des Kaiserreichs und der Restauration mit ihren sozialen und
politischen Gegensatzen und Kampfen So zeigt das Werk
einen grossen Mann in einer grossen, vielbewegten Zeit,
es besitzt ein allgemeines kulturgeschichtliches Interesse, das
auch den erfreuen und durch reiche Belehrung fesseln wird,
dem die Ägyptologie und ihre Geschichte fern liegen.

Gross-Lichterfelde bei Berlin, 30. Mai 1906.

Eduard Meyer.

Vorwort.

Meine grosse Vorliebe für die gesamte altagyptische Kultur, die durch einen fast sechsjahrigen Aufenthalt in Ägypten noch verstarkt wurde, hatte trotzdem kein tief gehendes Interesse für die Person des Entzifferers der Hieroglyphen in mir erweckt, so sehr ich auch sein Werk bewunderte. Da erhielt ich am 9. Dezember 1891 einen Brief aus Paris, in welchem mir Wilhelm Spiegelberg in ausserordentlich beredten Worten den Eindruck schilderte, den er beim ersten Betreten der agyptischen Sale des Louvre vor dem Portrait Champollions empfangen hatte. Er sagte zum Schluss „Wir verehren unseren Meister in ihm, — vom Menschen wissen wir leider nichts."

Ich war in Berlin und es fugte sich so, dass ich das Schreiben bekam, als ich mich auf dem Wege nach dem agyptischen Museum befand. Ohne seinen Inhalt zu ahnen, öffnete ich und las den Brief unmittelbar vor dem Bilde Champollions, einer Copie desjenigen im Louvre. Sehr uberrascht von diesem seltsamen Zusammentreffen blickte ich mit schnell wachsendem Interesse geraume Zeit lang auf die ausdrucksvollen Zuge und beschloss, mein Moglichstes zu tun, um mir mit der Zeit ein anschauliches Gesamtbild vom Wiedereroffner des antiken Ägyptens zu formen. — Da sagte jemand neben mir· „Es ist was an ihm gut zu machen, denn sein hundertjahriger Geburtstag im vorigen Jahre ist unbeachtet vorüber gegangen. Ich habe das kurzlich in einem Vortrag nachdrucklich betont "

Es war Georg Steindorff der dies sagte und dadurch einen plotzlichen Entschluss in mir wach rief. Eine Stunde spater war ich in der Konigl. Bibliothek an der Arbeit und

am 22. und 23 [1]) Dezember erschien mein Aufsatz als eine
verspatete Widmung in der Abendausgabe der Nordd. Allgem
Zeitung. Drei Tage nachher fielen beide Blatter in einem
Café des Boulevard des Italiens in Paris dem zufällig dort
eingetretenen Herrn de la Brière in die Hande, der sie nach
Vif (im Dauphiné) sandte, an seinen Schwiegervater, Aimé
Champollion, den Letzten des Namens. — Schon am 8. Januar
1892 ging mir ein herzliches Dankschreiben von diesem zu,
dem manche andere Briefe folgten, gelegentlich begleitet von
Broschuren, Bildnissen, Handschriftproben der beiden Bruder
und sonstigem Material. Es entstand dann der langere Aufsatz: Die beiden Champollion [2]), wonach ich die Angelegenheit fur erledigt hielt.

Aimé Champollion äusserte jedoch in einem nachfolgenden
Briefe, dass er mir noch mehr Material senden würde und
er legte mir nahe, eingehender als zuvor uber seinen Onkel,
François Champollion, zu schreiben. Aber der Ton schlug
nicht an, und Aimés bald danach (20. Marz 1894) erfolgender
Tod schien diesem Plan vollends ein Ende zu machen. Auch
sprach ich erst geraume Zeit spater, und ganz beilaufig, davon zu Adolf Erman. Zu meinem Erstaunen griff dieser
nicht nur mit grossem Eifer die Idee auf, sondern er versprach sogleich und vollig ungebeten, mir die Wege zur Erreichung des Zieles ebnen zu wollen.

Erman hielt Wort und schon im Spatsommer 1894 konnte
ich die beiden warmsten und fur meine Zwecke einflussreichsten Verehrer Champollions in Frankreich, Georges
Perrot, heute Secrétaire perpetuel der Inschriften-Akademie,
und Gaston Maspero, von meiner Absicht in Kenntnis setzen.
Es war in der Bibliothek des Institut de France, und
unvergesslich wird mir die Gute bleiben, mit der diese mir
schon damals personlich bekannten Akademiker mich und
mein Vorhaben willkommen hiessen. Auch betatigten sie

---

1) Geburtstag Ch.'s. Es galt, unter vier Angaben darüber die
richtige zu wahlen, was im letzten Augenblick gelang.

2) Beilage zur Munchener Allgem. Ztg. 1893, vom 30. Marz und
vom 4 April. (Nr. 75, 77.) Einiges in diesem Artikel erscheint mir
heute nicht ganz einwandfrei.

ihr Versprechen, mir hilfreich zur Seite stehen zu wollen,
sogleich durch die Ausfertigung von Briefen und Einführungs-
karten, von denen nicht wenige nötig waren.

Kaum hatte ich einen flüchtigen Überblick des ungeheuren Materials gewonnen, das mir die Bibliotheque Nationale
zu bieten hatte, so reiste ich nach Vif, das im Leben der
beiden Bruder Champollion eine so wichtige Rolle gespielt
hat und dessen altes Herrenhaus nun im Besitz von Aimé
Champollions Tochter, Frau de la Briere, ist. Das Vertrauen,
das mir vordem ihr Vater erwiesen hatte, wurde mir in
gleichem Maasse von ihr selber entgegengebracht. Sie hat
mir sogar gestattet, die Portrats der Bruder¹), die bis dahin
als unantastbare Reliquien gegolten hatten, zur Reproduktion
nach Grenoble transportieren zu lassen. Ich brauche wohl
kaum zu betonen, wie stark die Empfindung ehrerbietigen
und innigen Dankes ist, die ich für Vater und Tochter
hege. — Auch an mundlichen Überlieferungen wurde mir
viel zu Teil, so von seiten des leider inzwischen verstorbenen Herrn de la Briere²).

Ausserst wichtig wurde für mich die Bekanntschaft mit
der in Fontainebleau wohnenden Frau Zoe Falathieu, der
1815 geborenen Tochter von Jacques Joseph Champollion,
dem älteren Bruder des Entzifferers der Hieroglyphen. Sie
hatte ihren Onkel dermaassen verehrt und geliebt, dass sie,
ihrem Bruder Aimé zufolge, schon mit 12 Jahren alles was ihm
an Gutem oder Bösem zustiess, mit ungewöhnlicher Em-
pfindungskraft sozusagen mit durchlebte. Tausend Einzelheiten hatten sich eben deshalb im Lauf der Zeit unauslöschlich in ihr Gedächtnis eingegraben und schon bei
meinem ersten Besuch bei ihr sagte mir die damals Achtzig-

---

1) Siehe das Titelbild und Illustrat. Nr. 6. Herr Abbe Senequier-
Crozet hat mit der trefflichen Wiedergabe dieser Bilder ein wahres
Meisterstuck der photograph. Kunst geliefert, denn beide Porträts
waren einer Restauration derartig bedürftig, dass eine Aufnahme
anfangs unmöglich schien. Auch die Illustrat Nr 8, 13, 14 verdankt
mein Werk diesem tatkräftigen Verehrer Champollions.

2) Léon de la Brière, Comte du Saint-Empire, bekannter Pariser
Journalist, gestorben 12. Sept. 1899 in Vif

jährige „Der Zweck Ihrer Bitte wurde allein schon genügen, um jene Zeit in mir lebendig zu machen, falls ich sie vergessen hatte, — aber ich stehe im Geist noch mitten in ihr und brauche mich von Allem, was ich Ihnen zu sagen habe, auf nichts erst zu besinnen!"

Wenn man bedenkt, dass sie, schon früh geistig sehr rege, eine grosse Anzahl der bedeutendsten Männer jener Zeit bei ihrem Vater und Onkel hatte ein- und ausgehen sehen und dass sie eine aufmerksame Zeugin vieler wichtiger Vorgänge und Unterredungen gewesen war, so ermisst man den vollen Wert ihrer Mitteilungen, die überdies den grossen Vorzug hatten, bei gelegentlichen Wiederholungen, selbst Jahre später, in genau denselben Worten gemacht zu werden. Bei meinem letzten Besuch bei ihr war die Greisin dem Tode nahe; sie starb am 18. März 1903. Ihr Andenken wird in mir lebendig bleiben.

Dass ich auch von der in Paris lebenden Frau Gräfin d'Autroche, Champollions Enkelin, mehrere Mitteilungen erhalten habe, ist selbstverständlich. Gleich ihrer im Sept. 1889 verstorbenen Mutter, Frau Zoraïde Cheronnet-Champollion, spricht sie sehr gut deutsch

Natürlich drängte es mich, in zwei Städten ganz besonders eingehende Nachforschungen anzustellen: in Figeac, dem Geburtsort Champollions, und in Grenoble. — Dank Perrot, dessen vormaliger Schüler, Herr Victor Delbos (heute maître des conférences a la Sorbonne), der Sohn des Eigentümers des Champollionhauses in Figeac ist, durfte ich eines guten Empfanges dort im voraus sicher sein So langte ich denn an einem herrlichen Frühlingsmorgen im Jahre 1895 vor dem altertümlichen Hause an, das mich so sehr interessierte

Danach suchte ich die Buchhandlung Delbos auf und bereits eine Stunde später fragte ich mich verwundert, ob ich denn wirklich in fremdem Lande sei? „Sie kommen in Champollions Namen, — Sie gehören zu uns!" sagten Herr und Frau Delbos und sie handelten vom ersten Augenblick an dementsprechend. Aber dieselbe Empfindung schien auch alle Bewohner der Stadt zu beseelen, und ganz besonders den Magistrat, der unablässig bemüht war, mir

meine Aufgabe zu eileichtern. — So denke ich denn mit
wehmutiger Freude, und nicht ohne Sehnsucht, an die
gluckliche Zeit zuruck, die ich in Figeac verleben durfte.
Erst spat abends pflegte ich heimzukehren — ins Champollion-
Zimmer des Champollion-Hauses —, denn schnell flogen
die Tage dahin mit dem (auch auf Nachbarorte ausgedehnten)
standigen Suchen nach verburgten Uberlieferungen Die
Ernte war gut und ich durfte bereits damals hoffen, wahr-
heitsgetreu das Bild des Menschen zeichnen zu konnen,
den unsere Zeit uber die Grösse seines Werkes vergessen hatte. Es würde zu weit fuhren, hier die Namen
aller derer zu nennen, die mir geholfen haben, das Milieu
wieder herzurichten, in dem Champollion als Kind, und
spaterhin, vorubergehend, noch zweimal sich bewegte. Trotzdem werden Namen wie Cornède, Lacroix, Delpon, Marty,
Massabie, Negrie[1]), Perès. Soulie mir unvergessen bleiben.

Grenoble! — Ein wahres Zauberwort fur Champollion,
dessen Herz mit solch unloslichen Banden an die „Konigin
der Alpen" gefesselt schien, dass es schwerer Schicksals-
Sturme bedurfte, um ihn endlich von ihr loszureissen und
in Bahnen zu lenken, die allein ihn an sein vorgestecktes
Ziel fuhren konnten.

Viel gab es hier zu suchen und zu sammeln und es
fugte sich sehr glucklich fur mich, im Bibliothekar der Stadt,
Herrn Edmond Maignien, einen ebenso uneimudlichen wie
verstandnisvollen Helfer zu finden, der von der ersten Stunde
unserer Bekanntschaft an meine Aibeitsinteressen gewissermaassen zu den seinen machte Aber nicht nui in den
Raumen der sehr reichhaltigen Bibliothek opferte er ihnen
manche Stunde, sondern auch in seinem Familienkreise
wurde mit liebevollem Eifer uber ihre zweckmassigste Foi-
derung beraten — Die Prafektur lieferte allerlei nutzliche
Schriften und der mundlichen Mitteilungen in Stadt und Umgegend gab es sehr viele. Drei hochbetagte Greise, die
Herren Aristide Albert, Breton und A. Debelle, hatte ich das

1) Herr Henri Negrie, inzwischen verstorben, zeichnete das Haus
(Illustr Nr 2), ein Unternehmen, das wegen grosser localer Schwierigkeiten viel Geduld und noch mehr Geschick erforderte.

Gluck, noch selber erzahlen zu horen   Ich erwahne hier
nur noch Frau L. Bouvat, die mir mit grosser Herzlichkeit
entgegen kam und die meine Arbeit wenn nur indirekt, so
doch sehr betrachtlich gefordert hat   Ich danke ihrer Vermittlung u. a. die Illustration Nr. 4.

Im Laufe der Zeit, und ganz besonders wahrend meiner
muhevollen und langwierigen Nachforschungen in Paris, wo
der Entzifferer der Hieroglyphen stets im Vordergrunde
stand, hatte ich mehr und mehr eingesehen, dass ein „Leben
Champollions" zugleich die Geschichte von den Anfangen
der Agyptologie sein musste, denn sein Leben war sein
Werk, — sein Werk war sein Leben! — Da kam nun im
Sommer 1897 eine Stunde, wo ich erschreckt inne zu
halten beschloss, weil es mir plotzlich als ein allzu kuhnes
Unterfangen erschien, die Eigenart eines Mannes schildern
und mich in seine Denkweise hinein versetzen zu wollen, dessen
Werk auf einem so schwierigen und fernen Gebiete liegt, und
dem als Angebinde des Genius eine Divinationsgabe in die
Wiege gelegt war, wie sie machtiger wohl keinem Sterb-
lichen jemals zuteil geworden ist. Uberdies sagte ich mir,
dass die innere Arbeit des Entdeckers ja stets zum grosseren
Teil verborgen bleibt, da er nicht schriftlich Kunde geben
wird von allen durchlaufenen Phasen seiner Entdeckung, so
dass in analogen Fallen das Endresultat meistens unvermittelt
vor die Öffentlichkeit tritt.

Es war Maspero, der meinen bangen Zweifeln ein Ende
machte, so bald ich sie ihm ausgesprochen hatte. Begreif-
licher Weise nahm ich, so oft es mir notig schien, meine
Zuflucht zu ihm, hatte er mir doch auch stets etwas Neues
mitzuteilen, da er wie kein anderer jetzt Lebender mit
den in Paris noch vorhandenen Überlieferungen vertraut ist.

Es sei nun gleich hier betont, dass es sich in den
wissenschaftlichen Abschnitten im wesentlichen fur mich
darum handelte. Champollions Anschauungen wiederzugeben. Deshalb darf niemand alle Einzelheiten solcher
Stellen meines Werkes, als noch heute gultige Ergebnisse
seiner Wissenschaft aufnehmen. Seine Ausfuhrungen bestandig durch korrigierende Bemerkungen zu begleiten, ware
in einem Buche wie dieses ist, unwurdig und uberdies

kaum durchfuhrbar gewesen, so ist denn nur in wichtigen
Fallen darauf hingewiesen, wie seine Worte sich zum heutigen
Stande der Ägyptologie verhalten. Eine grundlichere und
ausfuhrlich belegte Darstellung von Champollions rein
wissenschaftlicher Lebensarbeit, zu der hier nur die
Grundzuge gegeben werden konnten, ware eine erwunschte
und lohnende Arbeit fur einen seiner Junger.

Was mich betrifft, so setzte ich nach jener Unterredung
mit Maspero und in Erinnerung an Adolf Erman, der mich
ja von vornherein zur Durchfuhrung dieses Werkes geeignet
gehalten hatte, die Untersuchungen eifrig fort. Dennoch lagen
die zwölf Kapitel meines Buches erst Ende Dezember 1903
der Hauptsache nach vollendet vor mir, denn aus verschiedenen Grunden hatte die Arbeit mehr als ein Mal zur Seite
gelegt werden mussen. Die Veroffentlichung wurde dann sehr
wesentlich durch das grosse Interesse gefordert, das Eduard
Meyer meiner Darstellung Champollions entgegenbrachte
Beim Beginn der Drucklegung uberraschte mich Heinrich
Schafer mit einem Anerbieten, dessen ganzen Wert ich erst
im Lauf der Zeit erkannt habe Er nahm es auf sich, eine
Korrektur zu lesen und ist mir ein unermudlicher Helfer
und erprobter Ratgeber gewesen Ich benutze freudig diese
Gelegenheit, um den beiden Genannten hier meinen tief
gefuhlten Dank auszusprechen, und nicht minder der Verlags-
buchhandlung, die sich in opferfreudiger Weise um das Buch
verdient gemacht hat. — Auch der Buchdruckerei Gebr. Unger
mochte ich fur die grosse Sorgfalt danken, die sie auf die
Herstellung desselben verwandt hat.

Fur ein solch umfassendes Werk wie dieses waren
naturlich ausserordentliche Nachforschungen notig und vieler
Menschen Hilfe musste in Anspruch genommen werden.
Ich denke hier zunachst an die Bibliotheken, Archive und
Museen, wo ich wichtiges Material (oder auch Bildnisse zur
Reproduktion) zu finden hoffte und hebe gebuhrend hervor,
dass man mir uberall mit grosster Bereitwilligkeit entgegen
gekommen ist. So spreche ich denn meinen herzlichen
Dank aus auch fur die Bemuhungen, welche — wie in
Kopenhagen, Stockholm, Upsala, Havre, Provins, Cahors,

Genf, Turin (Univ.-Bibloth.), Greifswald und Tegel — durch
die Ungunst der Verhaltnisse erfolglos bleiben mussten.

Unter den von mir benutzten Bibliotheken nimmt die
Bibliothèque Nationale in Paris eine Sonderstellung ein,
wegen des schier unermesslichen Materials, das sie mir
geboten hat, teils an seltenen Buchern und wichtigen alten
Broschuren, die man anderswo kaum noch findet, teils —
oder vielmehr hauptsächlich — an kostbaren Handschriften,
unter ihnen die 88 zumeist umfangreichen Bande aus Champollions personlichem Nachlass — Indem ich der General-
direktion dieses Institutes meinen aufrichtigen Dank aus-
spreche fur allerlei mir gewahrte Begunstigungen, so gilt
das ganz besonders dem Direktor der Handschriften-Ab-
teilung, Herrn Henri Omont, Mitglied der Inschriften-
Akademie, der mir u. a., dank meiner Einfuhrung durch
Perrot, gleich beim ersten Besuch gestattete, die erwahnten
88 Bande an Ort und Stelle, d. h. in den Galerien, zu besichtigen, um einen Überblick zu gewinnen.

In der wichtigen Bibliothek des Institut de France
schafften mir Perrot und Maspero eine Art von Heimstatte,
woraus meiner Arbeit viele Vorteile erwuchsen. Auch erhielt
ich hier von seiten einiger Akademiker, z B von Barthelemy
Hauréau, nutzliche Mitteilungen uber die mich beschaftigende
Zeit, desgleichen vom damaligen Direktor, Herrn Ludovic
Lalanne. — Indem ich dem Vorstand dieser Bibliothek
meinen innigen Dank darbringe, mochte ich auch seinen
bescheidenen Hilfsarbeiter, Herrn Victor Petit-Jean, erwahnen,
der mir in selbstlosester Weise manchen unerwarteten
Beistand geleistet hat.

Hartwig Derenbourg, der Biograph und Nachfolger Sacys,
gab mir nicht nur viele Einfuhrungskarten fur Italien, sondern
er half mir auch, in der Ecole des langues orientales mein
Material fur die Studentenjahre Champollions zu vervollstandigen. — Abel Lefranc verschaffte mir Notizen aus den
Archiven des Collège de France, George Benedite, so oft es
notig war, aus denjenigen des Louvre, wie er auch sonst
noch ein tatkraftiger Forderer meiner Arbeit gewesen ist. —
François de Villenoisy (Dép¹ des Médailles) verdanke ich
u a. die Reproduktion der agypt. Denkmunze (Illustr. Nr 12)

Interessante Beitrage lieferte mir das Ministère des affaires étrangères, wichtige einschlagige Aktenstucke fand ich in den Archives Nationales; manche andere Auskunft im Rathause.

Nutzlich wurden mir auch die Bibliotheken zu Rouen, Nantes, Avignon, die Archive des agyptischen Museums im Palais Saint-Pierre zu Lyon — wo ich den Herren Saint-Lager, Dissard und Garcin eine Empfehlung von A. Héron de Villefosse ubergeben konnte — und die Bibliothek Mejanes in Aix (Provence) Hier verpflichtete mich der Direktor, Herr E. Aude, ganz ausserordentlich zu Dank.

Jenseits der Alpen, in Turin, empfing mich (i J. 1900) Ernesto Schiaparelli inmitten der herrlichen Denkmaler des agyptischen Museums wie eine alte Bekannte Vieles hatte er mir, vieles ich ihm zu sagen uber die geradezu wunderbare Entfaltung, welche Champollions Genie in diesen denkwurdigen Raumen einst genommen hatte!

Das palastartige Gebaude umschliesst auch die konigliche Akademie, und ich weiss es der Direktion um so mehr Dank, mir eine genaue Durchsicht eines Teils ihrer Handschriften erlaubt zu haben, als mir einer ihrer Beamten, Herr Vincenzo Armando, die uberraschende Kunde von dem Vorhandensein einer Anzahl Briefe von Champollion mitteilte. — In Pisa nahm sich Herr Ugo Morini, Direktor der Univers.-Bibliothek, wo Rosellinis Papiere liegen, sehr freundlich meiner an. Aber auch in Livorno erhielt ich allerlei nutzliche Auskunft in der Labronika-Bibliothek durch den Direktor Herrn Nardini Despotti Mospignotti, sowie im Rathause durch den Generalsekretar Herrn Amerigo Baldini, der alles aufbot, um mir nutzlich zu sein.

Grosse Hoffnung hatte ich auf Florenz gesetzt, doch nur in der dortigen Nationalbibliothek fand ich etwas, — dank den Bemuhungen von Herrn Luigi Andreani. Ich setzte Astorre Pellegrini, Schiaparellis Schuler, noch vor der Abreise von meinen Enttauschungen in Kenntnis; er versprach, die Nachforschungen ernstlich fortzusetzen, und wie gluckliche Resultate er gehabt hat, ist im Buche ausgefuhrt worden, hier danke ich ihm fur alle mir zuteil gewordene Auskunft Rosellinis Bildnis (Illustr. Nr. 15) erhielt ich ebenfalls von diesem freundlichen Helfer.

In dei Bibliothek des Vatikans stand mir Orazio
Marucchi, Direktor des dortigen ägyptischen Museums,
zur Seite, was mir zu grossem Nutzen gereichte — Auch
dem Herrn Unterdirektor des Leidener Reichsmuseums Van
Oudheden, Dr. Boeser, sowie den Herren Dr J Sieveking
in Munchen (Konigl. Museum), Dr. Paul Hohn in Weimar,
Dr Kohnke, (Konigl. Akademie), Prof. Lippert und Dr. Lessing
(Orient. Seminar) zu Berlin, danke ich hiermit für die mir freundlichst gemachten Mitteilungen. — Schliesslich hebe ich hier gebuhrend hervor, wie grosse Vorteile mir bei der Fertigstellung
meines Werkes aus der Benutzung der Konigl Bibliothek
zu Berlin erwachsen sind, und wie sehr ich es anerkenne,
dort so manche gutige Berucksichtigung gefunden zu haben.

Im Anschluss hieran nenne ich noch einige aus dei
grossen Zahl von Persönlichkeiten, die mich zu Dank verp-
flichtet haben.   Es sind dies die Herren Cruveilhier,
Victor Delbos, Frohnei, Louis Polain, Seymour de Ricci in
Paris, Herr Mangeant in Versailles, Herr Felix Vielle in Gretz,
die Herren Combarieu, Greil, F. de Laroussilhe, A. Vaissie in
Cahors, und ganz besonders Herr Esquieu, Gen.-Sekretar
der Societe des Etudes scientifiques usw. du Lot, Professor
J. de Crozals in Grenoble, Nachfolger Champollions bei der
Fakultat, und Herr Roman in Picomtal. — Ich nenne ferner
Herrn Sallier und Herrn de Fabry in Aix (Provence), Frau
Ippolita Cocco Rosellini und ihren Sohn Tito, Artillerie-
Offizier, in Pisa, die Herren Angelo Cern und Licurgo
Santoni ebendaselbst, Professor Ersilio Michel in Livorno,
Professor E Teza in Padua und Professor Wilhelm Spiegel-
berg in Strassburg. Dieser unterzog sich willig dei Muhe,
meine umfangreichen Auszuge aus Champollions grosser demo-
tischer Denkschrift durchzulesen und zu begutachten, wo-
durch mir ein sehr erheblicher Dienst geleistet wurde.

Einem anderen Junger Champollions bleibt meine Dankbarkeit uber seinen Tod hinaus gesichert. Georg Ebers.

––––––––––

Das hauptsachlichste Material zu diesem Werk waren
natürlich Champollions eigene Schriften, sie stehen in dei
Bibliographie vermeikt — Eine ungeheure Menge von
Briefen hervorragender Menschen an die beiden Bruder, teils

in Vif vorhanden, teils in der Nat -Bibliothek, wo ich auch den
literarischen Nachlass mehrerer Zeitgenossen Champollions[1])
fand, waren von grossem Nutzen. — Dasselbe gilt von der
unendlichen Zahl der von mir (hauptsächlich in Vif) benutzten
amtlichen Urkunden.

An veröffentlichtem Material sind mir mehrere hundert
Werke fremder Autoren durch die Hände gegangen, darunter
viele von Entzifferungs-Versuchen handelnde. Es mag genügen, dass das Nötige darüber im Kapitel »Entzifferung«
steht. Dagegen gebe ich hier die Titel mehrerer der Werke,
die mir zur Darstellung des geschichtlichen Hintergrundes
von dem sich Champollions Gestalt abhebt, nützlich gewesen
sind. Im Anschluss daran stehen einige von den Werken,
welche zur Darstellung des Unterrichtswesens geholfen haben.

Louis Blanc Histoire de dix ans. Paris 1844 —
Alfred Nettement Histoire de la Restauration. Paris 1872.
— Louis de Viel-Castel Histoire de la Restauration. Paris
1860ff — Jules Taulier Histoire du Dauphiné, Grenoble
1855 — Victor du Bled Histoire de la monarchie de
Juillet usw Paris 1877 — Thureau Dangin, Histoire de la
monarchie de Juillet. Paris 1884ff. — Aimé Champollion
Chroniques Dauphinoises Grenoble u. Vienne 1880ff —
Baron d'Haussez: Memoires, Paris 1896f. — Antoine
Etex: Les souvenirs d'un artiste. Paris 1878 — Albert
Babeau Le Louvre et son histoire. Paris 1895. —
C A Sainte-Beuve: Critiques et portraits litteraires. Paris
1832 u. Causeries de lundi. 15 Vol. Paris 1857ff — E. de
Villiers du Terrage: Journal et Souvenirs sur l'Expédition
d'Egypte. Paris 1899. — Aug. Sicard. L'éducation morale
et civique avant et pendant la Revolution. Paris 1884. —
Baron Degérando. Rapport fait à la Société de Paris sur
l'instruction elementaire Paris 1816 — Gabriel Com-
payré. Histoire critique des doctrines de l'education en

---

1) U. a den von J. Dujardin, Nestor L'hôte, Salvolini, A J. St
Martin, letzterer enthält eine Anzahl von inedierten Briefen Champollions,
die in der Bibliographie unerwähnt geblieben sind. — Das von Henri
Omont herausgegebene Inventaire sommaire (Nouvelles acquisitions du
Dept des Mss usw. Paris 1905) enthält auch die Liste der Papiere
Champollions

France depuis le 16e siècle. Paris 1879. — Louis Liard·
L'Enseignement superieur en France 1789—1889. Paris 1888ff.
— Louis Liard Universites et facultes. Paris o. J. —
Hartwig Derenbourg. Silvestre de Sacy. Paris 1895.
— Notice historique sur l'Ecole speciale des langues orien-
tales vivantes Paris 1883. — Abel Lefranc Histoire du
College de France usw Paris 1893.

Dass viele Reisewerke, sowie alle einschlagigen französischen Revuen ebenso wie viele Zeitschriften anderer Lander
und ein grosser Teil der Tagespresse konsultiert werden
mussten, ist selbstverstandlich — Von grossem Nutzen waren
die Memoiren der Inschriften-Akademie.

Es war am 4. März 1897, als ich anlasslich von Champollions Todestag zu Periot von dem Martyrium sprach, zu
dem sich des „Ägypters" kurzes Erdendasein gestaltet hat.
„Aber nicht nur," so schloss ich, „musste er um die
Mittagsstunde des Lebens sein Tagewerk abbrechen, sondern
sogar im Gedachtnis der Menschheit lebt er persönlich
nicht weiter, — ist er ebenfalls tot." — „Rufen Sie ihn
zuruck, stellen Sie ihn uns lebend vor's Auge hin und er
wird unserm Herzen teuer werden," entgegnete Perrot,
„Ihre Aufgabe ist gross und schön, es handelt sich um eine
wahre Auferstehung!"'

Als mir nun letzthin — gerade zu Ostern, dem Auf-
erstehungsfest — die letzten Bogen des Werkes zugingen,
gedachte ich lebhaft dieses Wunsches meines verehrten ehemaligen Lehrers; aber ich wusste nicht, ob man ihn in
meiner Arbeit erfüllt finden wurde. Heute, da Gaston
Masperos und Eduard Meyers warme Worte zur Einfuhrung
meines Werkes vor mir liegen, ist es mir vielleicht gestattet,
zu wiederholen, was beide Gelehrte zu erkennen geben:
Champollion war fur uns kaum mehr als ein Name. — nun
aber steht er lebendig vor uns.

Möchte ihm treues Gedenken fortan gesichert bleiben!

Hannover, am 9 Juni 1906.

H. Hartleben.

Terminologie.

In diesem Abschnitt sind die wichtigsten der von Champollion gebrauchten technischen Ausdrucke zusammengestellt und mit seinen eigenen Worten aus der Grammatik und dem Precis erklärt

A. L'Ecriture hiéroglyphique ou sacrée.

Les hieroglyphes proprement dits forment l'écriture primitive égyptienne Sur les monuments de l'Egypte les hieroglyphes sont representés avec tous leurs détails — Une réduction systematique des hieroglyphes purs au plus petit nombre de traits possibles, tout en conservant l'ensemble géneral de leurs formes et leur type d'individualité a produit des hieroglyphes abregés que nous appellerons lineaires Ce sont, pour ainsi dire, les hiéroglyphes des livres. L'écriture hiéroglyphique comptait 3 classes de caractères bien tranchés

   1 **Les caractères mimiques ou figuratifs** (cyriologiques).
   2 **Les caractères tropiques ou symboliques**
   3 **Les caractères phonetiques** ou signes de son

   1 Les caractères figuratifs expriment précisement l'objet dont ils presentent a l'oeil l'image, plus ou moins fidèle Ainsi un croissant signifie la lune, une étoile = une étoile, un homme = un homme, etc

   2. Les caracteres symboliques devaient exprimer surtout les idees abstraites. Ils se formaient selon 4 principales methodes diverses, par lesquelles le signe se trouvait plus ou moins eloigne de la forme ou de la nature reelle de l'objet dont il servait à noter l'idée On proceda a leur creation

     a) par synecdoche, en peignant la partie pour le tout, ainsi deux bras tenant l'un un bouclier, l'autre un trait ou une pique, signifiaient une armée ou le combat, les prunelles de l'oeil, les yeux, etc ;

     b) par metonymie, ou peignant la cause pour l'effet, l'effet pour la cause, ou l'instrument pour l'ouvrage produit Ainsi on exprima le feu par une colonne de fumée, sortant d'un rechaud, l'action de voir, par l'image de deux yeux humains etc ;

    c) par métaphores, en peignant un objet qui avait quelque
similitude reelle ou supposee avec l'objet de l'idée à exprimer.
Ainsi on notait la sublimite par un epervier, à cause du vol
elevé de cet oiseau, la priorité, la supériorité par les parties
anterieures du lion, etc.,

    d) par énigmes, en employant l'image d'un objet physique
n'ayant que des rapports très-caches, très-éloignes, souvent
même de pure convention, avec l'objet même de l'idee a
noter Ainsi, un rameau de palmier représentait l'année,
parcequ'on supposait que cet arbre poussait 12 rameaux par
an, un dans chaque mois, etc

  3 Les caractères phonétiques   Ils représentent non des
idees, mais des sons ou des prononciations Le principe fondamental
de cette méthode consista à représenter une voix ou une articulation
par l'imitation d'un objet physique dont le nom, en langue parlee,
avait pour initiale la voix ou l'articulation qu'il s'agissait de noter.
Ainsi l'image d'une bouche, nommee rô en langue parlee, avait pour
valeur phonétique = r, l'image d'un aigle (akhôm) = a; etc.

    Homophônes. — Une même voix ou une même articulation
pouvait être representee par plusieurs caracteres différents de forme
comme de proportion. Ainsi, p. ex , l'articulation r pouvait être re-
présentee indifferemment par une bouche = rô, par une fleur de
grenade = roman, par une larme = rime, etc. L'articulation ch
(sch des Allemands) par un bassin = schli; par un jardin = schni,
par l'image d'une chèvre sauvage = schasch; etc

    Abréviations[1]). Certains caractères phonétiques étant employes,
(de préférence à tout autre caractère leur homophône), pour la trans-
scription de mots particuliers de la langue, l'usage s'introduisit, d'ecrire
ces mots par abreviation, en ne traçant que les initiales seules de
ces mêmes mots qui revenaient souvent dans tous les textes hiero-
glyphiques, etc

    Déterminatifs. Les noms communs ecrits phonétiquement
reçoivent à leur suite des signes déterminatifs de l'espèce à laquelle
appartient l'individu, exprime par le nom Ainsi, très souvent des
noms communs transcrits par le moyen des signes de son, se termin-
ent par un caractère determinatif, qui est la representation même de
l'objet dont le mot est le signe oral. l'image est donc jointe au mot
exprime par des lettres (z. B eɧe = Ochse, dahinter das Bild des Tieres)

    Anaglyphes. Quelques signes n'ont ete observés que dans
certains textes appartenant au règne des rois des 19e et 20e

---

1) Hierin stecken zum grossen Teil die später als Silbenzeichen erkannten
Zeichen

dynasties, conçus en une espece d'ecriture secrète — Des bas-reliefs purement allegoriques ou symboliques abondent sur les constructions eg et furent designés par les anciens sous le nom d'anaglyphes. On peut bien, jusqu'a un certain point, considerer les anaglyphes comme une espèce d'ecriture et ce sera, si l'on veut, l'ecriture symbolique, mais sous aucun rapport on ne saurait les assimiler a l'écriture hiéroglyphique pure qui en fut essentiellement distincte [Preuve] La plupart des figures qui composent les anaglyphes, sont accompagnées de petites legendes explicatives en veritable ecriture hieroglyphique

B. L'Ecriture hiératique ou sacerdotale.

L'ecriture hieratique est une simplification des caractères hiéroglyphiques Inventée pour abreger considérablement le tracé des signes sacres linéaires, elle est au fond une véritable tachygraphie hieroglyphique — Les signes figuratifs et les signes symboliques y sont souvent remplaces soit par des caractères phonetiques, soit par des caracteres arbitraires

C. L'Ecriture démotique ou populaire (épistolographique ou enchoriale)

est un système d'ecriture distinct de l'hieroglyphique et de l'hieratique dont il dérive immédiatement. — Ses signes sont des caractères simples empruntés à l'écriture hieratique — Elle exclut a très-peu près tous les caractères figuratifs, elle admet un certain nombre de caracteres symboliques, mais seulement pour exprimer des idees essentiellement liées au système religieux — Elle emploie beaucoup moins de caractères que les 2 autres systemes. Le principe phonetique y domine.

Champollion hat diese Ausdrucke zum grossen Teil unter Anlehnung an solche gebildet, die bei den antiken Autoren uberliefert sind. Ammianus, Diodorus Siculus, Herodot, Horapollo, Philon, Plato, Plinius d. Ä., Plutarch, Porphyrius u. a. gaben indessen teils ungenugende, teils ganzlich verkehrte Auskunft und verursachten grosse Verwirrung dadurch. Bedeutend zuverlassigere Angaben über das altag Schriftsystem lieferte der Kirchenvater Clemens Alexandrinus von dem im Buche viel die Rede ist.

— — —

Nachträge und Berichtigungen.

1. Der in Bd I. Seite 30 vom Abbé Gattel erwähnte „bayrische Pater Ignaz Kircher" ist in Wirklichkeit der bekannte, in Fulda geborene Athanasius Kircher

2. Laut den in der Nat.-Biblioth. vorhandenen urkundlichen Beweisen steht es fest, dass sich „der Ritter ohne Furcht und Tadel" Bayart schrieb, und nicht Bayard, wie es allgemein üblich ist und wie irrtümlich auf S. 42 angegeben ist

3. Aus Grenoble trifft soeben folgende Nachricht ein La Bibliotheque de Grenoble vient de recevoir une oeuvre . . . . signee de Bartholdi, ... statue de Champollion le Jeune, dont l'original vient d'être, par la veuve Bartholdi, donne à notre Bibliotheque municipale et qui, des aujourd'hui (15. Juni 1906), sera installe dans le grand vestibule du Musée Bibliothèque. (s. hierzu Bd II, S 610—612.)

Seite 51, Zeile 11 v. u. lies „aufgestellt" statt „hergestellt"
„ 73, Anm. lies „Dschelaleddin" statt „Dschelaeddin"
„ 106, Anm. lies „Colebrooke" statt „Coolebroke".
„ 228, Zeile 11 lies „Scholz-Woide" statt „Scholtz"
„ 231, Zeile 17 lies „Grafen von Artois" statt „Prinzen".
„ 252, Anm lies „Monitorial System" statt „Monitorialsystem".
„ 265, Zeile vor Anm 1) lies „entweiht worden sei" statt „war".
„ 323, Zeile 10 lies „betrachtet" statt „gehalten".
„ 328, Zeile 12 lies „wahrend" statt „weil"
„ 401, Zeile 4 v u lies „1896" statt „1897"
„ 545, Zeile 9 v. u und Anm 3) lies „Ricardi feu Charles" (usw.) Näheres über diesen Namen s. Bd. II. S. 420
„ 565, Zeile 6 lies „papstliche Breven" statt „furstliche".
Band II·
Seite 76, Zeile 13 v u lies „Departement" statt „Ecole".
„ 135, Anm. 1) lies „Correggio" statt „Corregio".
„ 213, Zeile 19 streiche das Komma zwischen „Reste" u. „Titel".
„ 277, Zeile 10 v. u lies „der erste" statt „das erste".
„ 302, letzte Zeile u. letzte Anmerkung lies „3)" statt „1)"
„ 398, Zeile 3 lies „Eusèbe" statt „Eugene"
„ 421, Zeile 7 v. u. streiche „schon erwahnte".
„ 455, Zeile 13 lies „Laffitte" statt „Lafitte".

Die eckigen Klammern [ ] im Text zeigen an, dass an dieser Stelle nur der Inhalt, aber nicht der Wortlaut, angegeben ist.

—▸✄◂—

Kapitel I

Das Kind.

(1790 bis Frühling 1801.)

Die Familie, die uns den Entzifferer der ägyptischen Hieroglyphen gegeben hat, entstammt dem Dauphiné. Ein Zweig derselben ist noch heute in dem romantisch im Schatten hochragender Alpengipfel gelegenen Valbonnais unweit Grenoble ansässig, und hier wurde in dem waldeinsamen Gebirgsweiler La Roche (Département de l'Isère) im Jahre 1744 Jacques Champollion[1]) geboren[2]), der sich schon früh dem Buchhandel widmete. — Auf den Rat eines Verwandten, der als Kanonikus in der Benediktiner-Abtei zu Figeac lebte, liess er sich um 1770 in dieser Stadt nieder, wo er sich am 28. Januar 1773 mit Jeanne Françoise Gualieu, geboren am 31. Januar 1747, Tochter eines dortigen Kaufmanns, verheiratete, und zwar in der historisch denkwürdigen Kirche „Notre Dame fleurie"[3]), deren stattlicher Bau mit künstlerisch schönem Portal von der Höhe herunter die Stadt beherrscht. Einige Monate früher hatte die Verlobung des Paares, einer

---

1) Die Namen Champollion und Champoléon werden noch jetzt häufig verwechselt, obwohl letzterer nur einen Ort im Dépt. des Hautes Alpes bezeichnet.

2) Als Sohn des Kaufmanns Barthélemy Champollion und seiner Frau Marie geb. Geroux.

3) Nun „Eglise du Puy".

uralten Ortssitte gemass, im Kreise der versammelten Gemeinde vor diesem Portal stattgefunden.

Dreizehn Jahre spater[1]) finden wir den Buchhandler als
Eigentumer eines altertumlichen grossen Hauses, das einst
als Besitz eines fehdelustigen Rittergeschlechtes bewegte Tage
gesehen hatte, nun aber traumerisch still in der schmalen,
dunklen Gasse dastand, die den heute befremdlich klingenden
Namen „de la Bodousquerie" fuhrte, anscheinend weil eine
Niederlage von Naturwachs[2]) sich dort befand. — Die in
guten Verhaltnissen lebende Familie zahlte damals vier Kinder,
doch war ihr von drei Sohnen nur der im Oktober 1778
geborene Jacques-Joseph erhalten geblieben, ein schoner,
sehr ehrgeiziger und gewandter Knabe, der bereits im Jahre
1789 seine kleine Schwester Marie selbstandig unterrichtete.

Zu dieser Zeit lag die Mutter schwer krank darnieder,
und ihr rheumatisches Leiden verschlimmerte sich derartig,
dass sie Anfang Januar 1790 vollig gelahmt dalag, von den
Arzten aufgegeben wurde und in apathischem Zustande
ihrem Ende entgegenzugehen schien. — Ihre Genesung und
die Geburt ihres jungsten Sohnes betreffend, liegt eine verburgte Überlieferung vor, die hier notwendig erwahnt werden
muss, da sie in sehr merkwurdiger Weise die Kindheit und
erste Jugend des letzteren beeinflusst hat.

In der Angst, seine Frau zu verlieren, so lauten einstimmig die verschiedenen Berichte, nahm der Buchhandler
seine Zuflucht zu einem gewissen Jacqou[3]), „der Zauberer"
genannt, weil man ihm neben allerlei sonderbarem Wissen
auch viele erfolgreiche Kuren nachruhmte

Er liess die Kranke auf erhitzte Kräuter legen, deren
Heilkrafte nur ihm bekannt waren, bereitete heissen Krauter-
wein[4]) zum Trinken wie zum Einreiben und versprach vollige
und schnelle Genesung. Zugleich stellte er die Geburt eines

---

1) Infolge der Revolutionswirren gingen viele Akten der Stadt
verloren, so dass der Kataster nur noch vom Jahre 1786 an datiert

2) „cire brute", altfranzösisch „bodousque"

3) Er lebte im uralten Kloster Lundieu (das bald darauf zerstört
wurde), und sein kleines Gärtchen stiess an einen grossen Grundbesitz
der Familie Champollion.

4) „ . Il est vrai, qu'il y ajouta quelques graines inconnues,

Sohnes in Aussicht, dessen Ruhm die kommenden Jahrhunderte uberdauern wurde[1]).

Wirklich erhob sich die Patientin schon am dritten Tage von ihrem Krankenlager „und konnte nach acht Tagen die Treppen im Hause hinauf- und herunterlaufen". Da der zweite Punkt der Prophezeiung ebenfalls eintraf, so glaubte man nun auch allseitig an die spatere grosse Beruhmtheit des Knaben, dessen Geburt daher zu einem Ereignis sich gestaltete, an welchem, wie die Überlieferung sagt, die gesamte Stadt freudigen Anteil nahm.

Am 23. Dezember 1790 um 2 Uhr morgens war in dem alten dustern Hause das junge Lebenslicht aufgestrahlt. Das Kind war so kraftig, dass es wenige Stunden spater trotz strenger Winterkalte schon nach der Bergkirche hinaufgetragen werden konnte, wo es vom Vikar Bousquet (nach der Mutter) Jean-François getauft wurde. Einer der Pathen war Jacques-Joseph, der die lange Reihe seiner Liebeswerke an dem jungeren Bruder somit an dessen erstem Lebenstage begann.

Champollion ist also nicht, wie es gewohnlich heisst, von nur vorubergehend in Figeac weilenden Eltern zufallig ebendort geboren worden, sondern sein Dasein wurzelte vorwiegend im markigen Boden des schon von den Romern hochgeschatzten Quercy-Landes[2]), dessen zweitgrosster Ort

---

qu'il tirait de ses poches peu appetissantes et que sa malade devait avaler . . . . " (Notiz von Champollion-Figeac).

„Cet homme lui fit des frictions avec du vin chaud, dans lequel il avait fait bouillir des simples, il lui en fit boire et le 3e jour elle quitta son lit radicalement guérie. Mais ce qu'il y a de plus surprenant, c'est la prédiction que fit cet empirique à Mme Champollion, alors âgée de 48 ans et qui depuis 10 ans n'avait point eu d'enfant Il lui annonça que bientôt elle serait mere d'un fils qui lui ferait honneur et acquerrait une grande réputation dans le monde la naissance de Champollion le Jeune eut lieu un an apres." (Dr en med H. Janin, in. Observations phrénologiques sur Champollion le Jeune, Paris 1833)

1) „[De votre maladie il naitra] un garçon qui seia une lumière des siècles à venir." Mme Lacroix in Figeac, die Jacqou noch gekannt hatte, gab diesen Wortlaut seiner Prophezeiung.

2) Das Land der Cadurci, wo reiche Romer sich mit Vorliebe Villen erbauten, lieferte feine Topferwaren und kostbares Linnen

Fig. 1. Figeac um 1800.

Figeac ist, die recht eigenartige Hauptstadt eines der Kantone des Lot-Departements. Sie liegt zu beiden Seiten des Flusses Célé und steigt vom Grunde des Tales bis zum ersten Plateau der Latronquière genannten Kalksteinkette empor, die hier Du Puy heisst Obwohl sehr ansprechend in einer von Geholz und Weinbergen unterbrochenen Landschaft gelegen, befindet sie sich doch noch genugend im Schatten des hohen und kalten Auvergne-Gebirgsstockes, um einen ernsteren, nördlicheren Charakter zu tragen, als ihre geographische Lage an sich (44° 36′ n. Br) erwarten lasst. Dies erklart wohl zum Teil, weshalb die Leute von Figeac von jeher in scharf ausgepragtem Gegensatz zur Mehrzahl ihrer den heiteren Suden reprasentierenden Nachbarbevölkerung gestanden haben.

Die Geschichte der Stadt, die ausserordentlich bewegt ist, geht urkundlich auf Pipin II. von Aquitanien zurück. Dieser erbaute im Jahre 839 auf eben dem Platze, den jetzt der Champollion-Obelisk ziert, eine Benediktinerabtei, die den Kern eines schnell emporbluhenden Ortes bildete, dessen Name Figeac jedoch einer weit fruheren, noch Spuren aufweisenden Ansiedlung entlehnt sein soll. — Durch ihren grossen Reichtum kuhn gemacht, aber vom König wie vom Abt aufs starkste bedruckt, unternahm die Stadt im 13. Jahrhundert um ihrer kommunalen Freiheit willen einen 62jahrigen erbitterten Kampf, dessen Beschreibung ein Denkmal fur das unbeugsame Selbstgefuhl ihrer Bewohner ist[1]. Diese siegten endlich, trugen aber einen derartig schlimmen Ruf davon, dass selbst noch im Jahre 1789 ihr gewalttatiges und rebellisches Wesen weit und breit als verburgte Tatsache galt. Auch darf man annehmen, dass die Pariser Revolutionsfuhrer in ihrer systematischen Bearbeitung der Provinzialbevolkerung Figeac zu den fur ihre Zwecke geeignetsten Orten zahlten

Die Stadt jedoch stand seit lange nicht mehr im Zeichen des wilden Aufruhrs, der sie in den Tagen grimmer Notwehr

---

1) Einmal z. B. verschanzten sich die „Konsuln" der Stadt im Rathause und erlaubten den Abgesandten des Konigs und des Abtes lediglich nur, durchs Schlusselloch des Tores mit ihnen zu verhandeln

einst gekennzeichnet hatte, vielmehr hinderten der Geist der
Ordnung und die kuhle Reserve, die unter normalen Verhaltnissen ihre Bewohner auszeichnen, lange Zeit hinduich die
von Pariser Agenten gestreute Saat der Empörung am Auf-
gehen. Endlich abei nahmen die Umsturzelemente auch hier
eine so drohende Haltung an, dass die Stadt am 3 Oktober
1790 Garnison, und spaterhin auch noch sieben Kompagnien
Burgerwehr erhielt. Diesem Umstande verdankte sie es, dass
sie am 14. Juni 1791 den bewaffneten Banden der Umgegend
nicht zum Opfer fiel.

Der Übergang von der alten zur neuen Zeit wurde
gerade in Figeac ganz erheblich erschwert durch die hart-
nackige Konigstreue und den streng religiösen Sinn der
Bevolkerung, daher denn die standig von Paris her verstarkte
Partei, die hier durchaus einen Revolutionsherd schaffen
wollte, schliesslich zu den unmenschlichsten Massiegeln griff;
denn Danton's Wort[1]) bestatigte sich auch in diesem Falle.
Zum Glück blieben mehrere hochherzige Manner auf ihrem
Posten in der Verwaltung, um nach Kraften uber die Sicherheit der stark gefahrdeten Stadt zu wachen, sie sahen sich
nach ehrenfesten Burgern um, die ihnen durch Ubernahme
von Vertrauensamtern zur Stutze gegen die Pariser Jakobiner
dienen konnten, und so sehen wir auch den Buchhandler Champollion als Munizipalbeamten figuriren und im Jahre III
der Republik neben zwei Mitburgern zum Vorstand der
stadtischen Polizei ernannt werden. Dieses heikle Amt verwaltete er also wahrend der gefahrvollsten Zeit, doch hinderte
es ihn nicht, in seinem trotz des eingetretenen grossen Not-
standes nach wie vor gastlichen Hause den schwer gefahrdeten Benediktinern Seycy (aus Nizza) und Dom Calmet
dauernden Schutz zu gewahren.

Vorstehendes zeigt zur Genuge, dass der Begrunder der
Ägyptologie nicht nur einem ganz eigenartigen Boden entsprossen, sondein dass er auch so recht aus dem Herzen
der Revolution heraus in die neu beginnende Ara sozialer
Freiheit hineingewachsen ist. Zwar konnte er als Kind weder
die Erhabenheit der welterlosenden Revolutionsgrundsatze,

---

1) „En révolution, l'autorite est au plus scelérat".

noch die Verwerflichkeit der aus ihrer verkehrten Nutzanwendung erwachsenen Attentate gegen die hochsten Guter
der Menschheit begreifen, doch wurde seinem innersten
Selbst der Stempel der grossen Zeit, die ihn geformt hatte,
unausloschlich aufgepragt, denn die Seele des Junglings und
des Mannes blieb unwandelbar von starker Begeisterung fur
wahre Freiheit und Menschenliebe durchgluht.

In recht merkwurdiger Weise wurde der 12 Jahre altere
Jacques-Joseph zu seiner spateren Vielseitigkeit und zu den
durch diese so glucklich unterstutzten Hilfeleistungen bei
seines Bruders Lebenswerk gewissermassen vom Geschick
selber erzogen und ausgerustet Nachdem er bei seines Vaters
gelehrtem Schutzling, dem Kanonikus Seycy, ausgezeichneten
Unterricht genossen hatte, bestand er mit 15 Jahren beim
Gymnasialdirektor Delhès seine Abiturientenprufung (ses
humanites)· in aller Stille, denn die Schulen in Figeac
waren bereits in Kasernen verwandelt worden, und der Salut
public hatte jeglichen Unterricht bis zu den Privatkursen
hin als „die persönliche Freiheit schadigend", verboten.

Nachdem er sich danach bei Dom Calmet (Seycy lag
totkrank darnieder) privatim noch weiter gebildet hatte, wurde
er am stadtischen Bureau de la correspondance generale angestellt[1]).

„Seitdem," so schreibt er selber, , wurde ich mit dem Ab-
holen der Briefschaften . . . . ., mit dem Eintragen der Gesetze, dem Visieren der Passe, der Bescheinigung des Burger-
sinnes (civisme) usw. betraut. Infolge der Revolutionsgesetze
ergoss sich mit jedem Kurier ein Strom von Druckschriften
uber mich. Berichte, Reden, Protokolle, neue Gesetze usw.,
alles ging durch meine Hande und von allem erhielt ich
ein Exemplar . . ." Die Schlussel der Archive lagen ebenfalls
in seinen Handen, und der von Ehrgeiz und Wissbegier entflammte Jungling las alles, erwog alles und tat es bald seinen
alteren Kollegen an Umsicht und an Verstandnis fur die Sachlage zuvor, und er allein, noch unberuhrt vom Parteienhass,
konnte in jenen kritischen Tagen ungefahrdet seines Amtes
walten — Er blieb sogar auf dem Posten, als der Sturz

---

1) 12 floreal an II (1 Mai 1794), mit 500 fr „pro trimestre "

von Robespierre (am 9 Thermidor an II, = 27. Juli 1794)
die gesamte Administration der kleinen Stadt dermassen
erschutterte, dass alles Bestehende aufgelöst wurde. Dem
noch nicht Sechzehnjahrigen wurden dann samtliche Bureau-
raume in Verwahrung gegeben, sowie auch die Akten der
zur Übersiedlung nach Cahors bestimmten Distriktver-
waltung. Monatelang trugen seine jungen Schultern diese
schwere Verantwortungslast, bis er am 6. Dezember 1794 als
Secretaire adjoint in die neugeschaffene Kantonalverwal-
tung eintrat und mit dem Abfassen der Erlasse usw. betraut
wurde.

    Inzwischen hatte der furchtbare Garungsprozess, den
die Aussicht auf ungewohnte Privilegien im Volke erregt hatte,
besonders rings um Figeac her alle nur erdenklichen Grauel-
szenen gezeitigt so war z B die Schwarze Bande[1]) gebildet
worden, um Opfer aufzuspuren und zu denunzieren, und
nicht nur stellte die Stadt selber mehrere ruchlose Fuhrer
jener Horde, sondern auch der Pariser Nationalkonvent sandte
zur Schurung des Brandes fortgesetzt Agenten aus, unter
ihnen den Arzt Bô, Erfinder raffiniertester Marterwerkzeuge,
dessen beredter Wahnwitz die Burgerwehr plotzlich in eine
wutende Meute verwandelte, mit der er Stadt und Umgegend
zu durchstreifen begann.

    Am 30. September 1792 war in Figeac die Republik er-
klart worden, — vom 21. April 1793 ab herrschte dort die
Schreckenszeit. Am 18 Mai wurde durch Einführung des
neuen Kultes »dem offentlichen Skandal der Beschimpfung
der Vernunft« ein Ende gemacht. Wer von da ab Sonntags
in festlicher Kleidung oder ohne Arbeitsgerat die Strasse betrat, verfiel dem Gesetz[2]).

    So stand also Champollions erster Lebensabschnitt ganz
unmittelbar unter dem eisernen Druck jener furchtbaren Zeit,
und da sein elterliches Haus nur etwa 30 Schritte von dem

---

1) Bande noire, hier als lokale Bezeichnung zu verstehen

2) Die zum Tode Verurteilten wurden nach Paris, Toulouse usw
transportiert, wohl infolge einer fehlerhaften (!) Einrichtung der
Revolutionstribunale der Provinzen, denn andernfalls hatte man der
bankerotten Stadt die Guillotine kostenlos geliefert

Platz[1]) entfernt lag, wo sich um den dort stehenden „Baum
der Freiheit" die larmenden Revolutionsfeste konzentrierten,
so bildeten diese Szenen, und andere, welche die Kehrseite
des Bildes waren, die ersten Eindrucke, die das Kind von
der Aussenwelt erhielt: einerseits die rauschende Musik der
Carmagnole und der wilde Jubel der „Freiheitsapostel", —
andererseits die Tranen und Wehklagen derer, die im stillen
Hause der Champollion Trost suchten. Es ist moglich, dass
diese scharfen Gegensatze das erwachende Begriffsvermogen
des ausserst empfindungsfahigen Knaben stark beeinflussten,
jedenfalls beobachtete man schon fruh ganz unvermittelte,
jahe Stimmungswechsel bei ihm, wie er denn z. B. nicht
selten mitten aus larmendem Spiel heraus fortlief, um irgendwo
seinen kindlichen Vorstellungen ungestort nachzuhangen
Dass diese schon fruh recht originell gewesen waren, zeigt
nachstehendes: Im Fruhsommer 1793 suchte man wahrend
eines starken Gewitters das 2¹/₂ jahrige Kind geraume Zeit
vergeblich. Endlich wurde es von der Gasse aus zum allgemeinen Schrecken auf dem Hausboden entdeckt, wo es,
»einer Mauerschwalbe gleich«, in dem offenen Raum zwischen
zwei Steinpfeilern kauerte und mit vorgebeugtem Kopf und
weit ausgestreckten Armen in der denkbar gefahrlichsten
Stellung verharrte, um von dem „Feuer des Himmels" ein
wenig fur sich aufzufangen[2]), wie der kleine Prometheus unbefangen zu seiner entsetzt hinzueilenden Mutter sagte
Dem Himmel galt uberhaupt des Kindes erste Begeisterung
und es konnte. z. B. stundenlang die Sterne beobachten —
„um ihre Sprache zu erlernen".

Dank des Vaters Umsicht blieben der Familie ausser
dem volligen Ruckgang des einstigen Wohlstandes Fahrnisse
ernsterer Art erspart. Auch fehlte es inmitten der Schatten
wachsender Sorgen in dem alten Hause keineswegs an
Sonnenschein, war doch das Kind der helle Lichtpunkt, an
dem sich alle erfreuten. Die Mutter besonders sah mit Stolz

---

1) Damals Place d'armes, später Place haute, nun Place
Champollion. Hier, auf der Grenze der Stadtteile Liberté und
Egalite, wurde am 3 Juni 1792 der Freiheitsbaum gepflanzt
2) „Je voulais attraper un peu de ce feu du ciel"

auf den Knaben, der ihr körperlich und seelisch so ähnlich
war, und die Hoffnung, dass er ihre Zukunftsträume erfüllen
werde, hielt sie aufrecht in der schweren Zeit. Leider jedoch
sprach sie hiervon häufig in ihres Kindes Gegenwart und
eröffnete ihm damit rätselvolle Perspektiven, die sein Auge
trotz heimlicher Anstrengung nicht durchdringen konnte. —
So bildete denn diese seine Umgebung beherrschende, in
ihm selber anfangs traumhafte, dann immer klarer hervor-

Fig. 2. Champollions Geburtshaus.

tretende Überzeugung, für grosses bestimmt zu sein, von
Anfang an die treibende Kraft für François; sie war ihm ins
Blut gegeben und mit ihm gewachsen; sie liess die Herzen
aller höher für ihn schlagen, und machte ihn zum Gegen-
stand eines Familienkultes, der einer weniger gesunden
Natur als der seinen verderblich geworden wäre.

Alle grossen Eigenschaften, die wir späterhin an dem
Entzifferer bemerken, und deren glücklichem Zusammenwirken
er seine gewaltigen Forschungsresultate zu verdanken
hatte, waren in dem merkwürdigen Kinde bereits deutlich vor-

gezeichnet: vor allem der Drang nach Wahrheit, ein vielgestaltiger Unternehmungseifer und, tiotz des aufbrausenden
Temperamentes — worin er nach dem Vater artete — eine
schier endlose Geduld und Vorsicht da, wo es galt, ein
selbstgestecktes und schwieriges Ziel zu erreichen. Er musste
deshalb zuweilen mit Gewalt seinen oft recht eigenartigen
Beschaftigungen entrissen werden. Auch sein Organisationstalent kam so fruh zum Ausdruck, dass seine meist
alteren Spielgefahrten ihn stillschweigend als ihren Fuhrer
anerkannten.

Da der Aufenthalt im Freien in jenen gefahrvollen
Zeiten nicht ratsam war fur Kinder, so versammelten sich die
kleinen Freunde des Knaben häufig in dessen Elternhaus[1]), das
mit seinen weiten Raumen, dunklen Ecken und phantastischen
Malereien[2]) zum Spielen reichen Anlass bot. Da interessierte
ihn vor allem die saalartige, altertumliche Kuche, wo uber
dem riesengrossen Kaminsims das in Stein gehauene Wappen
eines alten Rittergeschlechtes[3]) prangt, das nicht nur seine
rege Phantasie beschaftigte, sondern ihm auch (nach Jahren)
Anlass gab zu einem originellen Wortspiel, dessen er lebenslang eingedenk blieb er wurde gemeinhin mit »Cadet«, der
Jungere, bezeichnet, doch nannte er sich selber mit Vorliebe „Lion“, — anfangs nur, weil diese Endung seines
Familiennamens auszusprechen ihm leicht wurde; spaterhin
jedoch, als er über die Eigenschaften des Lowen unterrichtet wurde, vielleicht schon in jenem unabweisbaren Gefuhl von innerer Kraftfulle, das die grossen Pfadfinder der
Menschheit schon fruh zu kennzeichnen pflegt. Seine Freude
war nun gross, als er in den beiden Wappentieren Lowen
zu erkennen meinte; auch brachte er sie, der Uberlieferung
zufolge, mit seinem Namen in Verbindung und unter das
Wappen tretend, rief er. „Hier ist ein Lowe mehr im

---

1) Seit April 1892 im Besitz des Buchhandlers Delbos Das Haus
war vorubergehend ein Gasthof. „Auberge du Clocher de Rodez“. —
Uber der Haustur steht auf einem weissen Tafelchen. Ici est ne
J. F Champollion.

2) Im Jahre 1895 waren noch Reste davon vorhanden

3) Naheres nicht zu ermitteln In den beiden Wappentieren
will man keine Lowen sehen, sondern des levriers au collier

Felde der Löwen"[1])! Aber dieses Lieblingsplätzchen wurde
noch interessanter für das Kind, das ausserordentlich die
Wärme liebte, wenn ein mächtig loderndes Kaminfeuer (hier
zugleich auch Herdfeuer) ihm Gelegenheit gab, sich am
wogenden Tanz der Flammen zu ergötzen.

Die Spiele waren zum Teil seine eigene Erfindung; in
solchem Falle überschätzte er die Fassungskraft seiner Gefährten häufig und verfiel in zornige Ungeduld, seinen Haupt-

Fig. 3. Kamin im Champollion-Hause.

fehler, wenn man ihn nicht schnell genug verstand; doch
waren Gewalttätigkeiten seiner Natur zuwider und der auf-
flammende Unwille erlosch sofort.

Wie kühn schon das Kind für seine Überzeugung eintrat, zeigt nachstehendes: Etwa fünfjährig, ging es eines
Tages mit seiner Mutter an einem Hause vorüber, auf dessen
Schwelle ein blinder Bettler sass, der den Vorübergehenden
bittend seinen zerrissenen Hut entgegenhielt. Sorgsam des
müden Greises ausgestreckte Beine umgehend, hatte François

---

1) „Voici un lion de plus au champ aux lions."

soeben das fur ihn erbetene Geldstuck in den Hut gelegt, als mit gespreizter Wurde ein Fuhrer der Revolutionspartei daher schritt und mit einem Schlage seines Rohrstockes den Blinden, dem er nicht ausweichen wollte, zum Aufstehen bewog.

Zornspruhend auf den gefurchteten Gewalthaber eindringend, ruft das Kind, indem es nach dem Stabe schlagt "Schändlicher Stock, gehorchst dem bosen Mann und solltest ihn doch tuchtig verprugeln"[1])! "Burgerin", sagte der anscheinend daruber belustigte Jakobiner zu der fassungslos dastehenden Mutter, "beschneiden Sie doch Ihrem Nestling (oisillon) hier recht grundlich Schnabel und Krallen, damit nicht andere das besorgen mussen"[2])!

Des Knaben kleine Missetaten, die meistens der vorzeitigen Entwicklung seiner starken Personlichkeit entsprangen, wurden kaum jemals ernstlich bestraft, — denn von dieser fruh sich offenbarenden Geisteskraft betroffen wagte es seine Umgebung tatsachlich nicht, an sein ungewohnliches Wesen den gewöhnlichen Massstab der Erziehung zu legen. So behielt er stets seinen Willen und benutzte die ihm gewahrte Freiheit nach eigenem Belieben· sobald er z. B. das Charakteristische einer neu in seinen Gesichtskreis kommenden Person, Idee oder Sache erfasst hatte, suchte er sich selber und anderen uber den empfangenen Eindruck sogleich Rechenschaft abzulegen, wobei der Wahrheit in der naivsten Weise die Ehre gegeben wurde. Diese haufig sehr ubel angebrachte Offenherzigkeit, die man ihm nur schwer abgewohnen konnte, war eigentlich nichts anderes als die noch unkontrollierte kindliche Äusserung von der ihm spaterhin so nutzlich gewordenen inneren Notwendigkeit und zugleich auch Begabung, das Wesentliche in einer neuen Anschauung zu erfassen und sich moglichst klar gegenuber zu stellen.

---

1) "Vilaine canne, — tu obéis à ce méchant homme que tu devrais plutôt rosser!"

2) Champollion erinnerte sich lebenslang dieser Szene und als spaterhin manche Gegner ihn hart bedrangten, wurde der Ausdruck· "Zum Gluck sind mir Schnabel und Krallen gewachsen" sein Lieblingswort

Die den Quercy-Bewohner jener Tage kennzeichnende
Gabe, scharf zutreffende Spitznamen auszuteilen, war dem
Kinde in hohem Grade eigen, — eine niemals völlig ab-
gelegte Gewohnheit, die späterhin, als grosse Erfolge dem
Meister zahlreiche Neider schufen, zur Quelle mancher Ärger-
nisse wurde.

Die Erinnerung an den seltengearteten Knaben lebt Dank
der Überlieferung in Figeac weiter· Noch im Jahre 1895 wussten
dort mehrere hochbetagte Leute von ihren Eltern her zu
erzählen, wie zutreffend seine knappgefassten Bemerkungen
gewesen, wie melodisch der Tonfall seiner Stimme, wie nach-
denklich der Blick der grossen dunklen Augen, die aus dem
Oval des völlig orientalisch[1]) anmutenden Gesichtes so zu
versichtlich ins Leben schauten. Besonderes Aufsehen erregte
die von dunkelbraunen[2]) Locken üppig umrahmte Stirn,
welche „nicht die eines Kindes zu sein schien".

Durch eigenste Anschauung zu lernen (wie es Blaise
Pascal einst getan) war auch für dieses Kind ein unwider-
stehliches Bedürfnis, und es gab einen starken Beweis davon,
als es, etwa fünfjährig, begann, mit oder ohne Erlaubnis die
Buchhandlung[3]) aufzusuchen, die freilich manchen Tag geschlossen bleiben musste. Vom sorgenvollen Vater unbeachtet
gelassen, mit Papierstücken und Bleistift ausgerüstet, sass es
dann in der ablegensten Ecke des bescheidenen Raumes, von
alten Druckschriften und Bildern umgeben. Man wollte den
Knaben noch jahrelang vom Lernen zurückhalten, er gedachte
deshalb durch eigene Kraft und in aller Stille in die Geheimnisse der Bücherwelt einzudringen: die fromme Mutter hatte
bereits sein scharfes Gedächtnis mit langen Abschnitten aus
ihrem Messbuch erfüllt, die er bedachtsam und ohne Anstoss

---

1) Was Champollion schon früh das Aussehen eines echten Orientalen
gab, war der Umstand, dass auch die Hornhaut im Auge („la
sclérotique") gelb war, dem Dr med Janin zufolge, den dies schon
bei der ersten Begegnung befremdet hatte

2) Der Farbenton des Haares und der Augen war von Kindheit
an übereinstimmend.

3) Sie befand sich auf dem damals Place Basse, nun Place
Carnot benannten Platz, das Haus war 1895 Eigentum des Hutmachers
Tieulet

hersagte. Ein altes Exemplar desselben Missals war bald von
ihm aufgefunden, — er liess sich ganz beiläufig die Seiten
und die Stichworter fur das von ihm Erlernte zeigen, pragte
sie sich fest ein und errichtete dann auf diesen Fundamenten
sein erstes Entzifferungswerk.

Der Überlieferung zufolge legte er zunachst den gedruckten Buchstaben eine phantastische Deutung bei, um
sie voneinander zu unterscheiden, ahmte sie dann nach und
verglich die Worte, in denen er den einen oder anderen
von ihnen wiedererkannte. Beugte sich jemand neugierig
zu ihm hinunter, so wagte er eine schnelle Frage und machte
die Antwort zum Ausgangspunkt fur neue Forschungen.
So gelangte er nach langerer Zeit dahin, jedes Wort, jede
Silbe der ihm bekannten Texte in dem Missal nachzuweisen,
sie also dort selber zu lesen, wodurch ihm die Buchstabenwerte, sowie die Aussprache, zumal die der Diphthongen, hinreichend klar wurden, um allmahlich auch auf andere ihm
noch fremde Texte desselben Buches, in denen er aber
manche bekannte Wörter wiederholt fand, ubergehen zu
konnen.

Eines Tages uberraschte er dann seine Eltern mit den Ergebnissen seiner fur blosse Tandelei gehaltenen Bemuhungen,
indem er ihnen aus dem Missal vorlas, verschiedene, der
Druckschrift nachgeahmte Schriftproben von etwas wunder-
lichem Aussehen, sowie eine Anzahl von Bleistiftskizzen vorlegte, die ein grosses Talent verrieten. Seine Freude, sich
durch eigene Kraft auf eine hohere Entwicklungsstufe emporgehoben zu haben, war sehr gross, dennoch wurde ihm der
wiederholt erbetene Unterricht auch jetzt noch nicht zuteil,
und erst im Fruhling 1797 begann der Bruder in seinen
kargen Mussestunden mit regelrechten Unterweisungen des
Kindes.

Jacques-Joseph wurde indessen anfangs Juli vom Vater
seiner Heimatstadt entfuhrt, damit er an einem minder schwer
heimgesuchten Ort sein Heil versuchen mochte. So stockte
der Unterricht, doch hatte der nur anfangs sehr eifrige Knabe
auch langst zu verstehen gegeben, dass ihn die elementaren
Schulkenntnisse nur als Mittel zum Zweck interessieren
konnten, weshalb er z. B. eine systematische Übung im Lesen

fur uberflussig hielt, sobald er alles Geschriebene und Gedruckte zu entziffern vermochte.

Inzwischen schuf der Kampf zwischen dem Corps législatif und dem Direktorium allerorten ganz plotzlich derartig
bedrohliche Zustände, dass der Vater mit dem alteren Sohn entmutigt zuruckkehrte. Eine neue Katastrophe brachte der
4. September 1797 (18 Fructidor an V), und sie hatte eine abermalige Umwalzung alles Bestehenden auch in Figeac zur Folge.

Diese erneute Anarchie verscharfte wieder den un-
beabsichtigten Hausarrest des Knaben, doch fand er Trost
dafur in der Anwesenheit des Bruders und zumal in dessen
Violinspiel, das ihn allabendlich in Entzucken versetzte.
Regungslos pflegte er ihm dann zu Fussen zu sitzen, ohne
in seiner kindlichen Gluckseligkeit zu ahnen, dass sein
ruhmliebender junger Mentor taglich mehr dem Geschick grollte,
ihn wieder in sein armseliges Geburtsstadtchen zuruckgefuhrt
zu haben Da leuchtete im Fruhling 1798 blitzartig die Hoffnung fur Jacques-Joseph auf, im Gefolge von Bonapartes Armee
nach Ägypten gehen zu können! Ein älterer Vetter gleichen
Namens [1]), der den hochstrebenden Jungling aus dessen Briefen
genügend kannte, versuchte durch seine guten Verbindungen
dem gluhenden Tatendrang desselben zur Betatigung zu verhelfen [2]) Mitte April schien alles gesichert zu sein, — fieberhafte Tatigkeit herrschte in dem alten Hause, und Jaques-
Joseph, formlich berauscht von der Aussicht, sich im grossen
Weltgetriebe auszeichnen zu konnen, verfehlte nicht, François
eine entsprechende Schilderung des Landes zu entwerfen,

---

1) Der Leutnant Champollion, in der Schlacht bei Jemappes
Ordonnanzoffizier des Herzogs von Chartres, ging nach Agypten als
Hauptmann im 32 Linien-Regiment unter Darricau Er verkehrte bei
Berthollet und Monge, beide von Bonaparte zur Aufnahme in die ihn
begleitende Gelehrtenkommission erkoren, und wusste gleich jenen sehr
wohl, welches das Ziel der Expedition sein würde, wenn auch das
Wort Agypten um der Hutung des strengen politischen Geheimnisses
willen nicht ausgesprochen wurde So durfte er auch nach Figeac
hin nur seine Vermutung geben

2) Zweifellos hatte er sich um die Zivilverwaltung Agytens grosse
Verdienste erworben. Fourier, dem sie bekanntlich von Bonaparte
anvertraut wurde, ausserte sich späterhin mehrfach in diesem Sinne.

das ihm zum Aufbau einer glanzenden Zukunft die Funda-
mente liefern sollte. So stieg denn am geistigen Horizont des
Siebenjährigen in sehr bemerkenswerter Weise A g y p t e n
empor, zum ersten Male und im trügerischen Glanz einer
Fata Morgana — denn der 27. April brachte eine furchtbare
Enttäuschung das schöne Trugbild wurde durch eine letzte
Nachricht des bereits nach Toulon abmarschierenden Haupt-
manns Champollion zerstört, und wochenlang wagte es
niemand, das feinfühlige Kind inbegriffen, vor Jacques-
Joseph einen Namen auszusprechen, der diesen an den
Zusammenbruch seiner kühnsten Hoffnungen erinnerte! —
Es ist begreiflich, dass sich infolgedessen in des Knaben
phantasiereicher Seele eine geheimnissvolle Scheu vor dem
überdies nur im engsten Familienkreise, und mit Vorsicht
ausgesprochenen Worte ausbildete, das ihm so inhaltschwer
und zugleich so unergründlich erscheinen musste Ägypten!
    Indessen eröffnete sich vor Jacques-Joseph im Juli des-
selben Jahres eine neue, freilich viel bescheidenere Aussicht,
indem er wie im Vorjahr vom Vater mit auf die Messe von
Beaucaire genommen wurde, dem grossen Sammelplatz der
internationalen Handelswelt, wo Grenobler Verwandte ihn
für ihr Engrosgeschäft engagierten[1]) und ihn sogleich dorthin mitnahmen.
    Des Kindes Jammer war gross, als es den Vater allein
heimkehren sah· es fühlte, dass seiner Existenz fortan die
ihm täglich nötiger werdende geistige Anregung, so wie es
sie forderte, fehlen würde.
    Obwohl es Robespierre im Frühling 1794 gefallen hatte,
Gott wieder in seine Rechte einzusetzen und der Seele die
Unsterblichkeit zurückzugeben, so beschränkte sich doch im
Jahre 1798 aller Unterricht und öffentliche Gottesdienst
noch auf die an den Strassenecken ausgestellten „moralischen
Schriften" der Jakobiner, deren Beachtung den Passanten
annähernd mit derselben Dringlichkeit anempfohlen wurde,
wie die des Gesslerschen Hutes einst den Leuten der Wald-
stätten.
    Diese Broschüren der Nivellierungsfanatiker, „die alles

---

1) Das Handelshaus Rif, mit internationalen Beziehungen.

zu oiganisicren meinten, indem sie alles zerstorten und in
den Staub, „das Niveau der neuen Weltordnung", hineinzogen,
sagten aus, dass die Jakobinersatzungen und die Revolutionsfeste „die einzig wahren, die schonsten und nutzlichsten
Schulen" seien. Ihre Weisung, mit allem „die Menschheit
uberschwemmenden Papierkram aufzuraumen, da die wieder-
geborene Nation nicht langer mehr durch kunstliche auf
akademischer Basis errichtete Unterrichtsformen verunglimpft"
weiden durfe, war in Figeac grundlich befolgt worden. Aber
auch der Elementarunterricht ruhte dort, da weder der
Magistrat noch invalide Soldaten (wie es einige Mitglieder
des Nationalkonvents voigeschlagen hatten) sich herbeiliessen,
in ihren Mussestunden kleine Kinder zu unterrichten.

So war denn das gesamte geistige Leben der unglucklichen Stadt Figeac gewaltsam auf ein Minimum re-
duziert worden, und das gratis an die Einwohner verteilte
Jakobinerbuch „von den grossen Taten der wahren
Patrioten" bildete die vorgeschriebene, alles andere ver-
drangende Lekture in jenen Tagen, wo die ubermachtig erwachende Lernbegier des Knaben alle Erkenntnis zu gewinnen strebte, mit der seine Intelligenz Fuhlung bekam
Was man ihm zu bieten hatte — des Vaters Buchhandel
existierte fast nur noch dem Namen nach — war ihm entweder schon bekannt oder interessierte ihn nicht. Dieser
geistigen Emanzipation hielt dann und wann ein Spiel in
freier Luft das Gegengewicht. Von einem derselben ist eine
Überlieferung erhalten geblieben Es war ihm eine damals
uberall bekannte Satire auf die franzosischen Parlamente aus
der Zeit des Kanzlers Maupeou zu Ohren gekommen, die er,
von der politischen Deutung naturlich unberuhrt, nach dem
Wortlaut der Erzahlung mit seinen Kameraden in Szene zu
setzen beschloss.

In der Nahe der Bergkirche, im Schatten eines weit-
astigen Kastanienbaumes, war die Gesellschaft versammelt, in
ihrer Mitte François, der den anderen die Verse vordeklamierte
und die Anordnung des Spiels bestimmte. Eben wollte er
mit dem Einuben der Rollen beginnen, die einen Schafer,
seine Schafe und Hunde, sowie einige Wolfe, darstellten, als
drei Fremde, welche die Szene belauschten, naher herzutraten

„Wie kommst du kleiner Araber denn nach Figeac?" fragte
scherzend der jüngere von ihnen François, und durch dessen
originelle Redeweise belustigt, bat er ihn, ein wenig mit-
zugehen, damit er mit ihm plaudern könne , „Bleibt Ihr drei
doch lieber hier bei uns — es fehlen uns gerade noch einige
bissige Schäferhunde!" entgegnete schlagfertig der Knabe,
dessen Wunsch denn auch erfüllt wurde.

Dieser junge Fremde war Jean-Baptiste Biot, Mathematiker
und Astronom, der späterhin mit Matthieu nach Figeac zuruckkehrte, um dort Erd- und Pendelmessungen vorzunehmen.
Biot   wurde   nachmals   einer   der   wärmsten   Verehrer
Champollions und erinnerte sich gern dessen drolliger Zu-
mutung, der er trotzdem so willig Folge geleistet hatte

Mit   der   provisorischen   Wiedereröffnung   der   Schule,
Anfang November 1798, trat der Knabe in eine neue Ent-
wicklungphase ein, indem er als Klassenschüler nun regelrechte Lehrstunden, sowie einen Repetitor erhielt.   Da ihm
aber alles zu leicht fiel, um seinen Geist wirklich zu fesseln,
da ihm ferner das fortgesetzte Einerlei mechanischen Ein-
übens heftigen Widerwillen erregte, während doch gerade
seine Unzulänglichkeit in den ersten Grundlagen elementaren
Wissens eine Versetzung nicht zuliess, so war er ein schlechter
Schüler Besonders im Kopfrechnen, das ihm ein Grauel war
und zeitlebens blieb, wurde er zum Stein des Anstosses,
an dem die festeste Geduld Schiffbruch erlitt.

Und doch, wie war es nur, dass niemand dem Knaben
zu zürnen, und was schlimmer war, dass selbst jetzt ihn
niemand zu strafen vermochte? Vielleicht bildete sich gerade zu dieser Zeit der Glaube an eine ungewohnliche —
man nannte es eine „stark magnetische" — Kraft[1] aus,
die dem Kinde innewohne und alle ihm Nahenden, bis zu
den Tieren hin, ruckhaltlos dem Zauber seiner Persönlichkeit
unterwerfe, was wohl nicht frei von Übertreibung war.

Der bald sturmisch lernbegierige, bald völlig apathische
Schüler wurde bald wieder aus der Schule genommen, da es

---

1) Diese „vertu magnétique d'une extrême puissance" wurde
übrigens bis an Champollions Tod von allen ihm etwas näher Tretenden
bemerkt

ihm wirklich unmöglich zu sein schien, seine stark ausgeprägte
Eigenart der Unterrichtsschablone anzupassen. Es war nun
der schon genannte alte Kanonikus Dom Calmet, welcher ihn
ganz in seine Obhut nahm, sich aber von vornherein bewusst
war, dass seine Kräfte den hohen Anforderungen seines
kleinen Freundes nicht lange genügen würden. Auch letzterer
selber fühlte dies schnell heraus, doch liebte er seinen
Lehrer, und hatten die Lehrstunden häufig nicht den besten
Erfolg, so machten die Spaziergänge in der endlich wieder
sicheren Umgebung der Stadt geraume Zeit lang vieles wieder
gut, denn François war dann ganz Auge und Ohr und lauschte
begierig auf alle Erklärungen. Man bedenke, dass er bis
zum Frühling 1798 nicht über den erwähnten Grundbesitz[1]) der
Familie hinausgekommen war, weshalb ihm dieser als ein
Eden gegolten hatte, wo sich nicht nur seine passionierte
Liebe zur Natur, sondern auch sein starker Hang zu den
Naturwissenschaften offenbarte, indem er genaueste Auskunft
über organische und anorganische Gegenstände erbat, um
dann das darüber Vernommene sich solange zu wiederholen,
bis er „alles an seinen Platz gebracht" hatte, wie er sich
sorgsam ausdrückte.

Nun erst öffnete sich ihm in Wahrheit die Welt, und
mit nie gekannter Freude durchstreifte er Wald und Flur
und sammelte Insekten, Pflanzen und Steine, die im Hause
geordnet wurden

Dom Calmet suchte seine Belehrungen möglichst
interessant zu machen und knüpfte sie an die verschiedensten
Dinge an. z. B. an die alte römische Strasse („Camin
Roumiou" im Patois) und an die zwei „Obelisken" am Berge,
die uralten Wahrzeichen der Stadt, antike Feldmarken den
einen zufolge, indessen andere die Erklärung des Wortes
Figeac auf sie zurückführen[2]) Von diesen imitierten bis

1) Dieser Garten war förmlich berühmt in der Umgegend wegen
seiner herrlichen Allee von ganz alten, riesenhaften Birnbäumen
Sein grosses Terrain ist in Bauplätze aufgeteilt worden, und nur noch
ein uralter dreiteiliger Weinstock konnte dort im Jahre 1895 als Zeuge
von Champollions ersten botanischen Studien gezeigt werden.

2) Eine unverbürgte Überlieferung aus dem 11. Jahrhundert sagt,
dass die alte, anfangs Fiac, Fiacum genannte Abtei von dichten Wäldern

zu den wirklichen Obelisken und zu den Pyramiden im
libyschen Wustensande hin war es gleichsam nur ein Schritt,
so dass des Nillandes Bauwunder mehr als einmal vor den
Toren seiner Heimatstadt dem Kinde in Erinnerung gebracht
wurden, was etwas spater in erhohtem Masse der Fall war.
Im September 1799 namlich fand eine hochbedeutsame
Kunde aus Ägypten ihren Weg direkt ins Vaterhaus des
nachmaligen Begrunders der Agyptologie, indem dort eine
fur Jacques-Joseph bestimmte Nummer des Courrier d'Egypte[1])
mit der Nachricht vom Funde des Rosette-Steines anlangte,
dessen drei Inschriften alle etwas Weiterblickenden sogleich
die grosste Wichtigkeit fur die Hieroglyphenentzifferung
beimassen.

Das war der erste Strahl des kommenden Lichtes, der
dem wissbegierigen Knaben in die Seele fiel, ohne jedoch
ein tiefer eindringendes Interesse schon jetzt in ihm zu er-
wecken. Er setzte vielmehr seine Entdeckungstouren in der
Umgebung und im Innern der Stadt an der Hand des
Lehrers fort, und wie ausserordentlich forderlich sie ihm
waren, hat er spaterhin mehrfach dankbar anerkannt· denn
gleichsam spielend lehrten sie ihn, durch scharfes Beobachten
seine Denk- und Urteilskraft zu entwickeln, anderseits wurden
auch seine mannigfachen naturlichen Fahigkeiten ihm hierbei
zum Bewusstsein gebracht, vor allem das instinktive Verstandnis fur Architektur und der bereits stark hervortretende
Kunst- und Schönheitssinn.

Und Merkwurdiges genug bot Figeac in seinem Wirrsal
von Strassen und Gasschen[2]). Nach teilweiser Zerstorung
gegen Ende des 14. Jahrhunderts war es in der alten Weise
wieder aufgebaut, und zeigte sich auch der interessante Stil
des Mittelalters hier und da durch „langweilig breite Versailler

---

umgeben war, in denen sich viele Wanderer verirrten   Da befahl
der Abt Fige acum' und es wurden dann am Puy de Candal
(„Montagne des chandelles"), auf dessen Spitze man fruher allnachtlich
Signalfeuer abgebrannt hatte, zwei Obelisken (acus „Nadeln") als
Wegweiser errichtet

1) Siehe Anhang I 1

2) Der Illustration auf S 4 liegt eine alte Zeichnung zugrunde,
welche der Ausdehnung des Ortes nicht gerecht wird

Façaden" unterbrochen, so blieb doch — und bleibt selbs
noch heute — viel Malerisches ubrig an Spitzbogen, Galerien
und Balkonen, an Erkern und Mauerturmchen, alten Wappen-
schildern und seltsamem Geschnorkel in Holz und in Stein

Da war das alte Schloss Baleyne, das sechs Jahrhunderte
zuvor die Zwingburg von Figeac hatte werden sollen — und
das Haus Sullys[1]), dessen reich geschnitzte Tur mit ihren
grotesken Figuren des Knaben Phantasie anregte, ja, sogar
Pipins des Kurzen ehemalige Wohnung wurde noch — auf
Grund einer monchischen Uberlieferung — gezeigt: Gelegenheit in Fulle, um interessante Abschnitte aus der Geschichte der
Stadt, des Volkes und der gesamten Menschheit vorzutragen

Diese improvisierten Geschichtsvortrage im Freien fesselten
den Zogling ausserordentlich, freilich stellte er dann Fragen
und machte Einwande, die den Kanonikus verlegen ver-
stummen liessen, doch zurnte er dem Knaben deshalb nicht,
da er erkannt hatte und freimutig zugab, dass dessen uber-
normaler Geist seit Jahren schon, unbewusst zwar, aber doch
tatsachlich, suchte, woran er seine Kraft messen und
erschopfen konne, ein psychologischer Prozess, der bei
normalen Naturen kaum je vor dem 15. Jahre beginnt.

Die Anfangsgrunde des Lateinischen und Griechischen griff
François begierig auf und machte uberraschende Fortschritte
im Lesen dieser Sprachen, deren Verstandnis ihm zuzu-
fliegen schien, deren schriftliche Bearbeitung er ubrigens
noch nicht begann   Er wunschte dringend, sich im Zeichnen
zu vervollkommnen, aber es war kein Lehrer dafur vorhanden,
und das verursachte ihm wahre Anfalle von Trubsinn. Diese
nahmen seit Spatherbst 1799 in bedenklicher Weise zu
Stadt und Umgegend boten nichts Neues mehr — Dom
Calmets Wissensschatz war erschöpft und die zerrutteten
Finanzen der Stadt konnten dem allzu tief gesunkenen
öffentlichen Unterrichtswesen noch nicht genugend wieder
aufhelfen.

Die Augenblicke wo François sich mit Ungestum auf

---

1) Die Stadt war durch das Edikt vom 15. Mai 1576 ein Haupt-
stutzpunkt der Hugenotten geworden   Sully kaufte sie im Jahre 1614
dem Gouverneur ab; Ludwig XIII eroberte sie im Jahre 1622 zuruck
Naheres im Kap V

alles sturzte, was ihm wie ein Quell in der Wuste zu winken
schien, wurden immer seltener, denn der Quell war ja im
Versiegen begriffen. Seine Fluchtigkeit bei den Schularbeiten
(die ihm so uninteressant waren[1]) kannte keine Grenzen mehr,
doch bat er gelegentlich den Bruder um Verzeihung und
versprach demutig sich zu bessern[1])

Die Spiele seiner Altersgenossen teilte er langst nicht
mehr, wie ihm denn auch als Unterhaltungslekture nichts
anderes mehr aus dem geringen, zu seiner Verfugung stehenden
Bucherschatz zusagte als Homer und Virgil, aus denen er sich
lange Seiten auswendig hersagte, um sich am harmonischen
Tonfall der Verse — im Originaltext — zu erfreuen. Auch
geschah es nicht selten, dass er, an Winterabenden zumal,
den Seinigen die bewegten Szenen aus den genannten
Klassikern zu schildern unternahm. Zuweilen traten dann,
ganz unbemerkt, die Freunde des Hauses neugierig hinzu,
denn es war ein seltsamer Anblick, den Knaben auf seinem
niedrigen Schemel gegenuber seinen „Lowen‘ sitzen zu
sehen, wie er mit gerotetem Antlitz und glanzenden Augen
erzahlte, was er im Geiste vor sich sah, und so unentwegt
in die flammende Lohe des Kamins blickte als suchte er in
ihr neue Kraft fur seine feurigen Darstellungen

So trugen ihn die Schwingen seiner Phantasie weit hinweg uber die Grenzen von Raum und Zeit, bis hinauf zu
den Tagen von Trojas Grosse und Fall. Keine Spur dann
von Unmut und apathischem Wesen — alles in ihm war
Leben, Idee, Begeisterung, sobald das Altertum durch die
Macht seines kindlichen Willens wieder zur Gegenwart
wurde.

Aber gerade diesen Momenten hochster Ekstase folgten
immer schwere Ruckschlage, und die Eltern fuhlten, dass
ihr Kind nicht langer mehr bei ihnen verweilen konnte, doch
woher die Mittel nehmen fur eine angemessene Erziehung
an geeigneter Statte? Der Kanonikus hatte bereits ein-

---

1) „ . . je vous remercies Des avis que vous me donnez et je
fairai tout mon possible chaque jour pour les mettre en pratiques . .
je vous priée Desgluser mon petit esprit qui est unpeu volage jes-
pere que vos leçons le corrigeronts   "

gestanden, dass er unfähig sei, „die Eigenart des Genies im
Kopfe" seines Schülers sich entfalten zu lassen François
seinerseits, der durch den mannigfachen auf seiner Vaterstadt lastenden Jammer täglich mehr in Mitleidenschaft
gezogen wurde, da ja seiner geistigen Ausbildung das dortige
„Strandgut des Revolutionsschiffbruches" nichts mehr zu bieten
hatte — François sah mit wachsender Sehnsucht nach Grenoble
hin, wo Jacques-Joseph in einer Sphäre intellektueller Regsamkeit lebte, die seinem kleinen Bruder als der Inbegriff
alles Lebensglückes galt. So machte sich ihm der Druck
der Armut, unter dem er zeitlebens gestanden hat, schon
jetzt schmerzlich fühlbar, doch hatte er gleich seiner Mutter,
die er auf ihren Gängen zu den „noch Ärmeren" begleitete,
grosse Freude am Geben[1]).

„Du musst, wenn du hierher kommst, ebenso weit sein
wie deine beiden Vettern", hatte ihn Jacques-Joseph gemahnt
und ihn zu regelmässigem Briefwechsel mit ihm verpflichtet.
Die spärlichen Reste davon beweisen, dass er zu jener Zeit
mehr Fleiss aufs Lateinische, als auf die gründliche Erlernung
seiner Muttersprache verwandte.

Im März 1801, endlich, nahm ihn der Bruder zu sich
nach Grenoble. — Seine Abreise warf tiefe Schatten der
Trauer auf die zurückbleibende Familie, und die Mutter, von
der Ahnung gequält, dass sie ihren Benjamin nicht wiedersehen würde, begann von neuem zu kränkeln, aber auch die
Schwestern, die den Launen des kleinen Haustyrannen wider
Willen so freudig Vorschub geleistet hatten, pflegten noch
jahrelang später zu sagen „Unser Heim ist nicht mehr, was
es war."

----

1) „Je suis aimé de Dieu, si je donne mon bien aux pauvres et je
serai aimé de toi si j'etudie mes leçons", beginnt ein Briefchen an
den Bruder.

Kapitel II

Der Schüler.

(März 1801 bis Anfang September 1807.)

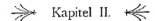

Ein höchst merkwürdiger Boden war es, auf welchen François Champollion nunmehr verpflanzt wurde und wo er gleich anfangs nach jeder Richtung hin überwältigend neue Eindrücke empfing: denn bei seiner Ankunft in Grenoble stand man in dieser vielgepriesenen Hauptstadt des Isère-Departements am Vorabend des grossen Friedensfestes (fête de la paix, 30. März 1801), mit dem man dort eine Zeit gedeihlicher Ruhe nach schweren Kämpfen zu beginnen hoffte. Diese erhebende Feier wurde beherrscht von der Erinnerung an die weltgeschichtlichen Vorgänge in Vizille[1]), wo ja am 21. Juli 1788 die neue Ära der Menschenrechte im Prinzip eröffnet, und wo die zu ergreifenden Massregeln unter einheitlichem Zusammenwirken der drei Stände festgesetzt und proklamiert worden waren, eine Tatsache, welcher die Delphinaten — „Freunde der Freiheit, aber Feinde von Verwüstung und Anarchie" — mit Stolz eingedenk blieben, weshalb sie beim Ausbruch des Pariser Revolutionsbrandes ernstlich bemüht waren, von ihrem Lande jegliche Entweihung der hehren Freiheitsideen fern zu halten. Die Bewohner des

---

1) Unweit Grenoble. Die Stände tagten in dem von Lesdiguières erbauten Schlosse, das Claude Périer, Vater des Staatsministers Périer, i. J. 1775 gekauft hatte.

Isere-Departements besonders standen auf der Wacht, doch aus Paris eintreffende Jakobiner wussten zumal in den Grenobler niederen Volksklassen eine gefährliche Bewegung hervorzubringen, der es aber trotzdem nicht gelang, sich zur eigentlichen Mordgier („fièvre de sang") zu entwickeln

Die „freien Burger" leugneten nicht, in ihrem Radikalismus so scharf und klar vorgegangen zu sein, dass sie im Juni 1792 Ludwig XVI. die nicht missz uverstehende Forderung seiner Demission zugesandt hatten (weshalb Ludwig XVIII. späterhin mit bitterem Spott die Stadt Grelibre [1]) nannte), doch wiederum war es auch das Direktorium der Isère, das dem Pariser Nationalkonvent vorwarf. „Ihr habt den König beseitigt und die Unruhen dauern fort [1]. " wobei man allerdings ausser acht liess, dass in der Weltstadt der zur Katastrophe Anlass gebende Zündstoff in ganz anderer Weise aufgehäuft war, als in der Provinz, und dass infolgedessen die Explosionen sich dort naturgemäss immer wieder erneuerten — Inzwischen hatte man in Paris die Delphinaten wegen Mangels an „demokratischer Gesinnung" für verdächtig erklärt und ihnen die gefürchteten Prokonsuln zugesandt, welche die „Schlafer wecken" sollten. Doch diese Mordgesellen fanden ihre Rechnung nicht und schliesslich sandte auf Verlangen der Bürgerschaft das Grenobler Direktorium eine scharfe Protestadresse nach Paris, in der es heisst

„Ihr habt zweifellos nicht vergessen, dass die ersten Funken des heiligen Feuers, das ganz Frankreich in Glut versetzte, aus diesem Departement emporgesprüht sind. Aber der friedliche Bewohner des Isère-Departements hat während der Revolutionszeit stets die Begeisterung für die Freiheit mit Ordnungs- und Gerechtigkeitsliebe zu verbinden gewusst. Er ist des ungebührlichen Kampfes der Tugend gegen das Verbrechen und der aufrührerischen Minderheit gegen eine ehrbare Mehrzahl müde. Sagt ein Wort, und unsere Herzen gehören Euch! Unsere Arme sind erhoben, um die Hydra des Parteigeistes und der Anarchie zu zerschmettern, und unsere Körper sollen Euch zur Schutzwehr dienen!"

1) Grenoble selber hatte sich im Jahre 1793 Grelibre nennen wollen, auch datierte man dort „les annees de la liberte" seit „dem Tage von Vizille".

Nicht nur verhallte diese Mahnung unbeherzigt, sondern Grenoble wurde mit der Installation der furchtbaren ‚Commission révolutionnaire" bedroht und rüstete sich bereits zu verzweifelter Gegenwehr, als der Sturz Robespierres Erlösung brachte. — Die Wiederkehr normaler Verhältnisse wurde geraume Zeit lang erschwert durch die jakobinischen „Patriotenvereine", doch traten diesen schliesslich einige Gelehrte durch Neubegründung der akademischen Gesellschaft des Dauphiné[1]) wirksam entgegen, indem sie alle unerschrockenen Manner mit idealen Bestrebungen zum Eintritt in dieselbe aufforderten, welcher kluge Appell den gewunschten Erfolg brachte

Dieser Societé des Sciences et des Arts, die ihren doppelten Zweck fest im Auge hielt, gehorte nunmehr seit Jahren auch Jacques-Joseph an und er durfte sich bereits im Jahre 1801 rühmen, ihr nutzlich geworden zu sein, — seitdem er sich namlich (im Sommer 1798) in Grenoble niedergelassen hatte, war es ihm gelungen, in den Mussestunden die ihm seine verantwortungsschwere Stellung im Engrosgeschaft seiner Vettern Rif übrig liess, eingehende Studien auf philologischem und archaologischem Gebiet zu machen, wobei sein gluhender Ehrgeiz die rege Intelligenz zu ausserordentlichen Leistungen antrieb Da er sich inzwischen einige Mittel erworben hatte, so nahm er nun mit Bewilligung der Eltern die Erziehung seines Bruders ausschliesslich allein in die Hand und gedachte weder Kosten noch Muhe zu scheuen, um dessen Geistesgaben sich voll entfalten zu lassen, glaubte er doch schon damals ganz fest, durch François den Namen Champollion mit unsterblichem Ruhm einst gekront zu sehen

---

1) Gegrundet 1787, „ses lettres patentes, données a Versailles, Mars 1789, enregistrees au Parlement le 6 Juillet suivant, lui confererent le titre d'„Acad Delphinale" Wurde durch die Revolution aufgelost, aber am 30 Floreal an IV (19. Mai 1796) neu gegrundet unter dem Namen „Lycée"; nahm um 1802 ihre ursprungliche Benennung wieder auf, weil dann infolge der Errichtung von Lyceen im Sinne von hoheren Schulen das Wort ausschliesslich zur Bezeichnung dieser Lehranstalten verwendet werden sollte.

Liess das Wiedersehen mit Jaques-Joseph (der sich zur besseren Unterscheidung von nun an Champollion-Figeac oder ganz einfach Figeac nannte) den Knaben in seiner neuen Umgebung sich sogleich heimisch fuhlen, so bewahrte er doch den fernen Seinigen das zartlichste Gedenken und einer Überlieferung zufolge brach er in heisse Tranen aus, als er eines Abends zum ersten Male die Firnen der Alpenkette im Horizonte der Stadt im rosigen Lichte ergluhen sah — — konnten doch seine Mutter und die Schwestern „solche Herrlichkeit niemals schauen!" Im ubrigen jedoch erfüllten ihn die starken Anregungen, die ihm hier von allen Seiten ungesucht entgegentraten, mit solch unermesslicher Freude, dass es ganz ersichtlich war, dass der „Traumer" nunmehr energisch und selbstbewusst ein Leben voll unvergleichlichen Schaffens zu beginnen gedachte.

Ein Privatlehrer suchte wahrend einiger Monate die Lucken auszufullen, die François in den Elementarfachern immer noch aufwies, in den Ferien unterrichtete ihn der Bruder, dessen vorzugliche padagogische Begabung sich dabei von neuem betatigte, und im Herbst trat der Knabe in das altbewahrte Institut des Abbe Dussert ein. Er nahm aber nebenher noch an einigen Kursen der Bezirkszentralschule teil, denn wegen der Neugestaltung alles Bestehenden musste man vom Dargebotenen das Beste zu wahlen wissen.

Nach dem Sturze Robespierres war der grosse Lauterungsprozess der Revolutionsideen in eine neue Phase getreten. Man strebte nun ernstlich eine bessere Zukunft an, wollte die Lucken in den Institutionen der alten Zeit ausfullen und durch Neuschöpfungen die Ruinen ersetzen, welche die Anarchie uberall zuruckgelassen hatte. Endlose Debatten bewirkten, dass sich schliesslich lauteres Gold aus den Schlacken schied, wovon besonders die vom Nationalkonvent auf dem Unterrichtsgebiet ausgearbeiteten Gesetze und Entwurfe Zeugnis geben, auch werden sie ihm zu bleibendem Ruhm gereichen, trotzdem — aus Mangel an Zeit und Ruhe — nur wenige von ihnen, und auch diese zum Teil nur in uberhasteter Weise, zur Ausfuhrung kommen konnten; denn das nachfolgende Direktorium blieb nach dieser Richtung hin untatig. Dies bewiesen u. a. die im Februar 1795 gegrundeten, aber

erst unter dem Direktorium am 20 Mai 1796 eroffneten
Zentralschulen, deren Organisation anscheinend auf halbem
Wege stehen geblieben war. Sie boten namlich ein ver-
wirrendes Durcheinander von Elementar-, Sekundar-, Univer-
sitäts-, und Kunststudien, denen sich unter demselben
Dache theoretischer Unterricht in Landwirtschaft, Handel
und Gewerbe anschloss.

Nur die Religion war von dieser verkorperten Enzyklopadie ausgeschlossen worden, weshalb diese Anstalten, als
der Geist der Gegenrevolution immer starker in den Familien
hervorzutreten begann, als atheistisch und revolutionär
galten, und trotz der grossen Vorteile, die sie boten, nur
geringen Erfolg hatten. Sie waren uberdies Externate, den
Grundsatzen des Nationalkonvents entsprechend, der energisch
fur die freie Verfugung[1]) der Eltern uber ihre Kinder eintrat und es deshalb den Familien freigestellt hatte, ihre Sohne
in Privaterziehungsanstalten unterzubringen. Da die offentlichen Schulen der Priester geschlossen waren, so fanden
diese Privatpensionate viel Anklang und kamen bald zu
hoher Blute. Denn man liess ihnen, wenn sie nur der
Munizipalitat eine geeignete Organisation nachweisen konnten,
im ubrigen freie Hand, so dass sie den religiosen und
politischen Ansichten der Eltern ihrer Zoglinge Rechnung
tragen konnten

Die Privatschule des Abbé Dussert war im Jahre 1801
die beste in Grenoble, und François, den man sehr liebevoll
aufgenommen, fuhlte sich dort eben deshalb so heimisch,
dass er seiner etwas eigenwilligen und unberechenbaren
Natur bis zum Äussersten Gewalt antat, um sich das Wohlwollen seiner Lehrer zu erhalten Dies gelang ihm so sehr,
dass er ausnahmsweise die Erlaubnis erhielt, mit dem vollendeten elften Jahre (im Dezember 1801) das bis dahin autodidaktisch betriebene Hebraische regelrecht beim Abbé
Dussert zu erlernen — Aber auch in der Zentralschule
machte er sich seine Lehrer schnell zu Freunden, besonders

---

1) „ Cette instruction sera gratuite. Tous les citoyens seront
invités, mais simplement invites, à y envoyer leurs enfants "
Raffron, 22. Oct 1793.

den Botaniker Villars und den Zeichenlehrer Jay So wan
derte er taglich frohen Mutes vom Pensionat (rue neuve,
no. 75, I Tr.) dem weiten Gebaudekomplex zu, welcher
ausser der Zentralschule noch die dem Knaben schon nutzlich
gewordene stadtische Bibliothek enthielt, und wohin etwas
spater auch das schon damals gut ausgestattete Museum
uberfuhrt wurde

Das Schulhaus an sich schon, ein ehemaliges Jesuiten-
internat, interessierte François sehr, denn unter anderen
Merkwurdigkeiten befindet sich dort auf den Seitenwanden
und den Plafonds der breiten Treppen, die zum ersten und
zum zweiten Stockwerk des Hauptgebaudes hinauffuhren,
eine im Jahre 1673 von einem Jesuiten nach den Angaben
des bayrischen Paters Ignaz Kircher — und wahrscheinlich
unter seiner Aufsicht — ausgefuhrte, beruhmte astronomische
Sonnenuhr[1]). Ihre grossen Reflektoren, sowie die Zeiger,
waren zwar nicht mehr am Platze, doch die vielfarbigen
Zeichnungen, mehrsprachigen Inschriften und hochst merkwurdigen, das ganze Universum umfassenden, ubersicht-
lichen Zeitangaben und Berechnungen mussten den Schuler
um so mehr fesseln als er bereits einen fluchtigen Blick auf
Kirchers gedruckte Schriften hatte werfen können.

Denn trotz seines zweifachen Schulbesuches wusste sich
der Schuler noch Zeit zum Privatstudium zu erubrigen, weil
immer starker der Drang bei ihm zur Geltung kam, dem
nachzuspuren, was er nicht in seinen Schulbuchern fand,
z. B. der Chronologie der altesten Völker. Er wunschte
zunachst, das Alte Testament in seinem Urtext lesen zu
konnen, um die biblische Zeitrechnung auf ihre Grundlagen
hin zu prufen; und Figeac, den die Kraft dieser Begabung
zum Historiker und Sprachforscher sehr erfreute, liess deshalb
dem Knaben volle Freiheit innerhalb seiner Privatraume. Zwar

---

1) Dieses herrliche Kunstwerk, das um 1800 mit 100 Franken noch
hatte wiedergestellt werden konnen, ist beschrieben im Bulletin de la
Société de Statistique des sciences Nationales et des arts Industriels
(de l'Isère) 1860, 2e Série, T IV, p. 194ff. — Der Abbé Gattel vermutet in dieser vor 100 Jahren geschriebenen Notiz, dass die Seiten 770
bis 780 in Kirchers „Ars magna lucis et umbrae" dem Gnomoniker
in Grenoble nutzlich gewesen seien.

klagte er noch im Januar 1802, dass François bald so feurig
und ungestüm sei, „als fürchte er, für seine Lernbegier
irgendwo Grenzen zu finden — bald so zaghaft und matt,
als habe er überall Hindernisse zu überwinden und Schwierigkeiten zu besiegen", aber seine treffliche, dem speziellen
Fall angepasste Erziehungsmethode verfehlte ihre Wirkung
nicht, besonders da er Sorge trug, für seinen Liebling alle
Autoren zu beschaffen, deren Lektüre ihn am stärksten
zum Vorwärtsschreiten anzuspornen vermochte. Diesem
Bestreben kam der Umstand sehr zugute, dass damals
wegen Verarmung ihrer Besitzer (durch die Revolutionswirren) mehrere Privatbibliotheken im einzelnen billig verkauft wurden, so dass Figeac dank seiner Erwerbung zahlreicher wertvoller Werke die nach dieser Richtung hin ganz
ungewöhnlichen Bedürfnisse seines Schützlings einigermassen
befriedigen konnte.

Der Eifer, den der nun überglückliche Knabe in den
Abendstunden dieses ersten Winters im Dauphiné auf das
Hebräische verwandte, trug unvermutet gute Frucht, denn
als im März die Pariser Schulinspektoren Villars[1]) und Lefèvre-
Gineau nach Grenoble kamen, liessen sie sich von ihm
griechische und lateinische Texte übersetzen und zeigten
sich schliesslich so sehr überrascht durch seine Auslegung
eines hebräischen Bibelabschnittes, dass sie eine Notiz
darüber ihrem Berichte an die oberste Schulbehörde bei-
fügten.

Bald darauf brachte ein Ereignis, das auch für François
bedeutsame Folgen haben sollte, ganz Grenoble in freudige
Erregung der zum Präfekten des Isère-Departements ernannte berühmte Physiker und Mathematiker Joseph Fourier
traf am 18. April 1802 in der Stadt ein. Bescheiden, fast
schüchtern wie er war, hatte er abends völlig unbemerkt in
der Präfektur ankommen wollen, doch die Freude über seine
Ankunft war so allgemein, dass Tausende von Menschen —
unter ihnen die beiden Brüder — ihm bewillkommnend weit
entgegeneilten.

Ganz Europa sprach damals von den wissenschaftlichen

---

1) Nicht mit dem Botaniker Dominique Villars zu verwechseln

Erfolgen von Bonapartes agyptischer Expedition, und uberall
wusste man, dass Fourier, die Seele der franzosischen
Gelehrtenkommission[1]), durch die Weisheit und Milde seiner
Zivilverwaltung sich in hohem Grade sowohl den Dank der
Ägypter, als auch den seiner Landsleute erworben, und sich
mehrfach den grossen Korsen ernstlich verpflichtet hatte.
Doch dieser grollte dem kühnen Denker[2]) und konnte er
ihm den unabhangigen Sinn nicht in Fesseln schlagen, so
wollte er ihn doch keinesfalls unnotiger Weise in seiner Nähe
dulden, daher denn Fourier aus seinem stillen Studierzimmer
in Paris in die Prafektur des am schwierigsten zu verwal-
tenden Departements verwiesen wurde.

Erhaben uber einseitigem Bureaukratentum und der Lust
am Schikanieren, erwarb er sich schnell durch Gerechtigkeit
und Nachstenliebe das Vertrauen aller politischen Parteien,
die sich damals um den Vorrang im Dauphine stritten.
Selbstverständlich wurde er sogleich der Mittelpunkt der
Delphinatischen Akademie, und da er mit dem Ausarbeiten
der grossen historischen Einleitung zur Description de
l'Egypte, dem Werke der franzosischen Kommission,
betraut war, dessen Herausgabe in allen Einzelheiten der
Erste Konsul im Februar 1802 angeordnet hatte, so bildete
seit Fouriers Ankunft in Grenoble das agyptische Thema dort
geraume Zeit lang den Brennpunkt des allgemeinen Interesses. Uberdies hatte der Prafekt eine Anzahl erlesener
Antiquitäten aus Ägypten mitgebracht, die er uberraschend
scharfsinnig zu erklaren wusste, wie er denn uberhaupt in
seinen Mitteilungen uber dieses Land von neuen Gesichtspunkten auszugehen verstand.

Da konnte nun Figeac dem kleinen Bruder vieles wiederholen, was noch in keinem Buche zu finden war; und in dem
instinktiven Drange, die noch dunklen Anfange der menschlichen Kulturgeschichte dereinst erleuchten zu helfen, wandte

---

1) Er war Sekretar des Instit. d'Egypte gewesen, sowie fran-
zosischer Kommissar bei der agyptischen Regierung und Chef der
ägyptischen Gerichtsbarkeit

2) Der Kaiser, hiess es, habe erfahren, dass Fourier unter dem
Ersten Konsul fur die Ruckkehr der Bourbonen tatig gewesen
sei usw usw

sich dieser allmälig mit Interesse auch dem fernsten Punkt am historischen Horizonte zu· dem damals im Dämmerlicht der Sage noch halb verschwimmenden Ägypten.

Fourier hatte gelegentlich einer Schulrevision sich sämtliche Schüler der Stadt vorstellen lassen und dabei auch mit François einige Worte gewechselt, die diesen mit stolzer Freude erfüllten — wollte ihm doch der Präfekt die Besichtigung seiner ägyptischen Altertümer gestatten! Unter den vielen Gegenständen, welche dieser der Diskussion der Delphinatischen Akademie übergab, befand sich auch eine genaue Kopie vom runden Tierkreis aus Dendera, über dessen Alter unter den Gelehrten aller Länder und aller Wissenszweige die heftigsten Kämpfe entbrannt waren, so dass Bonaparte die ihm wegen der biblischen Chronologie höchst unliebsamen Debatten ernstlich zu beachten begann und sie, wäre dies möglich gewesen, durch einen Tagesbefehl verboten hatte. Indessen rückte sein eigener Bibliothekar, Ripault, das rätselvolle Denkmal bis zu etwa 6 Jahrtausenden v. Chr hinauf, und andere sprachen sogar von 12 bis 15 Jahrtausenden. Ein Widerhall von diesen heissen Wortgefechten war auch an François' Ohr gedrungen und liess ihn dringlicher noch als zuvor die Stunde ersehnen, wo er den Präfekten inmitten seiner archäologischen Schätze sehen und sprechen hören sollte — aber diese Audienz wurde von Figeac geflissentlich hinausgeschoben Inzwischen trat letzterer als Sekretär der Delphinatischen Akademie dem grossen Gelehrten täglich näher, besonders da dieser, von Amts- und Privatgeschäften überbürdet und im voraus auf Figeac aufmerksam gemacht, ihn möglichst an sich zu fesseln suchte. Dies gelang schnell, und man darf sagen, dass die phänomenale Vielseitigkeit und Gewandtheit des völlig autodidaktisch herangebildeten älteren Champollion infolgedessen sich noch zu verdoppeln schien, hatte doch sein weitsehender Blick sogleich erkannt, wie kostbar diese neuen Beziehungen sich in Zukunft für den Bruder wie für ihn selber zu erweisen vermöchten.

Erst im Herbst 1802, als Fourier in seinen komplizierten Amtsgeschäften völlig orientiert war und in heiterer Ruhe seinem jugendlichen Verehrer eine Stunde zu widmen ver-

mochte, wurde ihm François zugeführt. Aber beim Betreten
der Präfektur überkam denselben eine so starke Beklommen-
heit, dass jeder Versuch, ihn zum Reden zu bringen, anfangs
vergeblich war, denn ein unabweisbares Vorgefühl schien
ihm zu sagen, dass er zu dieser Stunde in die ihm vom
Geschick zugewiesenen Bahnen einlenken werde. Immerhin
unterdrückte der selbstbewusste Knabe hier zum ersten Male
das Gefühl seiner inneren Kraft und wich bei jeder Frage
des Präfekten in ehrerbietiger Scheu zurück. Desto ge-
spannter lauschte er dessen Mitteilungen über Ägyptens
Denkmälerwelt, und seine Erregtheit stieg noch höher, als
er in der kleinen Antiquitätensammlung einige hieroglyphische
Inschriften auf Stein, sowie Papyrusfragmente sah. Bislang
hatte er nur schlechte Kopien gesehen, hier aber lagen
kunstvoll ausgeführte Originale vor und in seiner freudigen
Bewunderung fand er schliesslich seine gewohnte Lebendig-
keit wieder.

Auch den Tierkreis erklärte ihm Fourier nun, freilich
in der Weise jener Zeit und ohne zu ahnen, dass es
dem elfjährigen Knaben neben ihm vorbehalten war, genau
20 Jahre später (im September 1822) das entscheidende Wort
in dieser verwickelten Angelegenheit zu sprechen. — In
seiner Freude an dem originellen Ideengang seines kleinen
Besuchers, und mit Berücksichtigung von dessen geistiger
Frühreife gab ihm der Präfekt im voraus die Erlaubnis, den
„intimen Soireen" beizuwohnen, die er einzurichten im Begriff
stand, und in denen von berufenen Männern vor einer erlesenen Gesellschaft physikalische Experimente ausgeführt,
oder die neuesten Entdeckungen und Erfindungen erläutert
werden sollten. — Hochbeglückt verliess François seinen
edlen Beschützer, den Kopf erfüllt von schnell entworfenen
Plänen, welche ihm zur Erfüllung der grossen Aufgaben verhelfen sollten, die er sich mit kindlicher Zuversicht soeben
gestellt hatte denn Champollion selber hat späterhin manchem
Zeitgenossen bestätigt, dass während dieses ersten Besuches bei Fourier nicht nur der glühende Wunsch in
ihm rege geworden sei, die altägyptischen Schriften einst
entziffern zu können, sondern auch die feste Überzeugung,
dass er dieses Ziel erreichen werde

„Eine Art von ‚Vokation' erklarte sich plotzlich in ihm«,
besagt eine biographische Notiz[1]), „seine Schulkameraden
bezeugen, dass man ihn seitdem, also bereits vor seinem
zwolften Jahre, haufig dabei uberraschte, die Rander seiner
Schulhefte mit wunderlichen Figuren zu bedecken, die er
agyptische Schriftzeichen nannte. Der Prafekt bemerkte mit
Freude diese ersten Versuche . . .“ Da er aber auch Tische
und Banke, sowie die Hefte seiner Mitschuler mit »Hieroglyphen« zu ubersaen begann, so trug ihm sein Eifer auch
manchen Verweis ein.

Figeac ebenfalls freute sich der Tatsache, dass seines
Bruders Liebe zum Altertum nunmehr eine bestimmte Richtung genommen hatte, doch tat er dessen uberhand-
nehmendem Unternehmungsdrang einstweilen Einhalt durch
das Verbot, zurzeit irgendwelches neue Sprachstudium zu
beginnen. — Lange Monate hindurch wurde diese Weisung
respektiert, und nicht zum wenigsten kam hierbei des Knaben
begeisterte Liebe zur Natur seinem klugen Erzieher zu Hilfe:
denn tatsachlich konnte sich François niemals sattsehen an
der wunderbaren Lage[2]) der Stadt inmitten der „sieben
Naturwunder“ des an erhabener Romantik so uberreichen
Oberdauphine. — Schon im Sommer 1803 hatte er seinen
Lehrer Villars auf dessen botanischen Exkursionen begleiten
durfen. Ein Jahr spater wurden die Unterweisungen
ernstlicher fortgesetzt, auch hatte François noch sonstwie
Gelegenheit zum Aufenthalt im Freien, wo er allein zu
sein liebte mit sich und der Natur[3]), wie denn uberhaupt seine innig empfundenen poetischen Lobpreisungen

---

1) Extr de l'Annuaire Biogr. d'Henrion, p. 268 verso. (Bibl. de
Grenoble)

2) Sogar von den Strassen der Stadt aus bekommt man hiervon
einen sehr starken Eindruck.

3)   (à la campagne.)

„Dans une aimable solitude,
Eloigne de ces ennuyeux,
Qui viennent troubler notre etude,
Par des discours fastidieux
Je coule des jours pleins de charmes,
          “ (etc.) 1803

derselben den ernsten Sinn des zwolfjahrigen Autors bezeugen[1]).

Die Hilfeleistungen, mit denen ihn Villars betraute,
fuhrten ihn dazu, in verstandnisvollerer Weise als ehedem sich
kleine Sammlungen anzulegen, denn er lernte nicht nur
Pflanzen in Klassen zu ordnen und zu praparieren, sondern
er wurde auch in Kafer- und Schmetterlingskunde, sowie in
der Mineralogie[2]) von seinem vertrauten Lehrer unterwiesen.
An seiner Seite setzte er sogar im Winter (teils im Museum,
teils im botanischen Garten) diese Studien fort.

Trotz dieser starken Anregung erschienen dem Schuler
die Winterabende zu lang, weshalb er eine neue Unterhaltung ersann, die er zugleich als eine Vorbereitung zu
spateren Forschungen ansah· Er vertiefte sich in Plutarchs
Biographie beruhmter Manner, suchte sich die gefeierten
Koryphaen mit greifbarer Deutlichkeit so vors Auge zu stellen,
wie es am besten ihren Taten und der gegebenen Beschreibung entsprach, schnitt Medaillons von Pappe aus, zeichnete je ein Brustbild der Betreffenden darauf und erhohte
die Wirkung der charakteristischen Bildnisse noch durch
kunstvolles Bemalen Jedes Medaillon erhielt sodann Geburts-
und Todesdatum, sowie eine dem Lebenswerk des Dargestellten entsprechende Umschrift — „anstatt also Denkmaler durch die Geschichte zu erklaren, verwandte François
letztere dazu, die fehlenden Monumente selber zu schaffen.. "[3]).

Diese historische Portratgalerie, die dem spateren Geschichtsprofessor zum wertvollen Memento wurde und von
der einige Fragmente erhalten geblieben sind, war der Stolz
des Knaben Niemand hatte ihm bei ihrer Anfertigung geholfen, doch sei daran erinnert, dass er sich seit seinem

---

1)   „.   .
        Sous un ombrage frais, Homère dans mes mains,
        Je lis les faits guerriers des Grecs et des Troyens, —
        Ou lorsque a mes pieds un clair ruisseau murmure,
        Buffon ouvre a mes yeux le sein de la Nature " 1803

2) Fourier erwähnte des Schülers Eifer fur diese Studien sogar
in seinem offiziellen Bericht über ihn an die Regierung, vom 5 September 1806

3) „Charmant enfant, dont les recreations furent des études, —
qui jouait avec la science, jusqu'à ce qu'il la dominât ." (Jules David.)

funften Jahre mit Zeichnen beschaftigt hatte und gewohnt
war, Skizzen jeder erdenklichen Art auf alle ihm in die Hande
fallenden Papierstuckchen zu entwerfen, selbst dann, wenn
er mit Figeac bei dessen Freunden zum Besuch war.

Ausser dieser trefflichen Vorbildung zum spateren Hiero-
glyphenzeichnen bahnte das Geschick auch sonst noch eine
grundliche Schulung des aufstrebenden Geistes an, und zwar
durch die unbewusste Vermittlung des Prafekten. Dieser son-
dierte stets mit peinlicher Genauigkeit alle Fragen, die ihm
auf den verschiedenen Gebieten entgegentraten und liess
samtliche, in den daruber stattgefundenen Diskussionen noch
zweifelhaft oder dunkel gebliebenen Punkte in prazisen Notizen
zusammenstellen, die er mit Vorliebe dem alteren Champollion
ubergab, damit ihm dieser teils aus den einschlagigen Werken,
teils vermittels Briefwechsels mit franzosischen oder auslandischen Autoritaten die notige Klarheit verschaffe —
Figeac, der sich von der direkten Betatigung am Geschaft
seiner Vettern allmalig loszumachen strebte, war die geeignetste Personlichkeit hierzu, und er bemerkte bald mit Genugtuung, dass sich auf diese Weise die Blicke der internationalen
Gelehrtenwelt nicht nur auf die delphinatische Akademie,
sondern auch auf ihn selber zu richten begannen.

Da die auf seinem Arbeitstische aufgespeicherten Briefe,
Berichte und Notizen seines Bruders Wissbegier entflammten,
so gestattete er ihm die Durchsicht der Papiere, liess sich,
da der Knabe grosses Interesse fur diese Lekture bekundete,
abends den Inhalt frei von ihm wiederholen, befragte ihn
um seine Ansicht daruber und erklarte eingehend, was
seinem Schutzling unverstandlich geblieben war. Wie sehr
dies alles das Denkvermogen desselben ausbildete und kraf-
tigte, wie es seinen geistigen Horizont erweiterte, indem es
ihn die verschiedensten Wissensgebiete betreten liess, braucht
kaum betont zu werden.

Hierzu kommt, dass durch Abbruch des alten Turmes
im bischoflichen Palast, sowie eines Flugels des daneben
stehenden Stadttores[1]) romische Altertumer aus den Zeiten

---

1) La Porte Viennoise, deren Fundamente unter Diocletian und
Maximian restauriert wurden.

zutage gekommen waren, wo die Stadt noch Cularo (auch
Cularone) hiess Bislang waren viele derartige Denkmaler
in Grenoble verloren gegangen, weshalb nun Fourier, von
Figeac unterstutzt, uber der Erhaltung der noch vorhandenen
sorgsam zu wachen begann. So liess er von den beim Aus-
trocknen der Sumpfstrecken von Bourgoin gefundenen
romischen und anderen Altertumern alle mit Schriftzeichen
versehenen direkt bei Figeac abgeben, und François nahm
auch an diesen Vorgangen, sowie am Entziffern selber,
regen Anteil. Seine Aufmerksamkeit richtete sich dabei besonders auf Inschriften und Munzen, weil sein Instinkt ihm
bereits sagte, dass er in ihrem Studium eine wichtige Grundlage der gesamten Altertumskunde zu sehen habe.

Aber nichts konnte ihn auf die Dauer vergessen lassen,
dass ihm ein Teil von des Bruders Bucherschatz vorenthalten
blieb· da verlegte er sich denn aufs Reimen und Geschichten-
schreiben[1]). Viel Wert schien er seiner „Geschichte beruhmter Hunde" beizulegen, als deren erster der des
Odysseus figurierte, doch vernichtete er sie spaterhin, als
ihm ein Buch gleichen Inhalts und Titels vor die Augen
kam. Da ihn „die Unsicherheit und Durftigkeit der vorhandenen Geschichtstabellen" bereits damals stark beschaftigte, so begann er dann, Material zu sammeln fur eine
„Chronologie von Adam bis auf Champollion den Jungeren "

Eines Tages loste er im Ubereifer aus seines Mentors
Buchern, zumal aus dessen Herodot und Strabo, Diodorus, Plinius und Plutarch alle Kapitel oder Blatter los,
die ihm hinsichtlich Alt-Ägyptens besonders lehrreich erschienen; er breitete diese Fragmente vor sich aus und vertiefte sich so sehr ins Vergleichen ihres Inhaltes, dass ihn
erst ein erstaunter Ausruf des Bruders daraus empor-
schreckte Nun erst fiel ihm das Strafbare seiner Handlung
ein, doch wurden ihm statt der Verweise Liebkosungen zu-

---

1) Z. B Transkriptionen in Versen von Stellen aus dem Horaz,
Oden, Nachahmungen des Anakreon, Conaxa, Erzahlung in Versen,
Eléonor, Erzahlung in Prosa, Melusine und die Schlucht von
Sassenage (bei Grenoble), anscheinend die Bearbeitung einer Druck-
schrift, usw

teil, nur musste er versprechen, diese Arbeit mit grosstem
Fleisse weiterzuführen und den richtigen Nutzen daraus zu
ziehen.

Die Schule wurde nicht vernachlässigt. „Ich bin sehr
zufrieden mit Herrn Champollion Minor", schreibt der Abbé
Dusseit an Figeac[1]), und dieser erlaubte seinem Bruder nun
endlich, neben dem Hebräischen noch drei andere semitische
Sprachen zu erlernen, nämlich zuerst Arabisch, etwas später
Syrisch und Chaldäisch. Es war ein behutsames Eindringen
in den grammatischen Bau dieser drei Sprachen, ein Versuch, sich von ihrem Geist durchdringen zu lassen, um sie
dann mit dem Hebräischen vergleichen zu können, das er
damals noch als die Wurzel aller Idiome, also auch des altägyptischen, ansah. Späterhin gedachte er dann alle anderen
Sprachen des Orients in den Kreis seiner Vergleichungen
hineinzuziehen, um so auf Umwegen der Schrift und Sprache
seines erwählten Landes nahe zu kommen

Die über ihn und seine Berufung verhangt gewesene
Prüfungszeit hatte den Wunsch, ihr folgen zu dürfen, nur
noch glühender, den Willen zur Tat noch energischer gemacht, und so sehen wir denn im Spätsommer 1803 den
kleinen Forscher mit starker Hand sein Lebensschifflein ins
neue Fahrwasser einlenken. Wie ein Aufatmen tiefster
Befriedigung nach langem Suchen überkam es ihn, als
er die ersehnten Studien begann, bei denen beständige
Konzentration und praktische Verwendung seiner sämtlichen
Geisteskräfte ersetzen mussten, was seinen Lehrbüchern
mangelte — und vor allem den fehlenden Lehrer. Es kam
ihm dabei der Umstand sehr zustatten, dass der Sonntag
wieder an die Stelle des Décadi getreten war[2]), und dass
Fourier für die Schulen seines Verwaltungsbezirks den
Donnerstag als Ferientag eingeführt hatte, so dass die
Schüler nicht länger mehr mit neun aufeinander folgenden
Schultagen übermüdet wurden, ehe der zehnte Tag Erholung
brachte, sondern dass sie sogar von je sieben Tagen zwei
frei hatten.

---

1) 18 Thermidor an XI (6 August 1803)
2) Dekret vom 18 Germinal an X (8 April 1803)

In dem Bestreben, alle ihm vor die Augen kommenden Schriftzeichen sich fest einzuprägen und sie auf einen etwa gemeinsamen Ursprung hin miteinander zu vergleichen, hatte sich der Knabe, natürlich genug, auch die Kopie der bei Fourier gesehenen ägyptischen Inschriften zu verschaffen gewusst.

Als er dann eines Tages ein chinesisches Wörterbuch[1]) sah, begann er heimlich und ohne noch von den Theorien Deguignes', Barthélemys und anderer gehört zu haben, die altchinesischen mit den ägyptischen Hieroglyphen zu vergleichen und mit kindlicher Zuversicht die Abstammung der ersteren von den letzteren festzustellen. Mit Hilfe der vorgefundenen Übersetzung des chinesischen Textes begann er nun, ägyptische Texte zu „entziffern", doch verbot ihm Figeac, mit solchen „Dummheiten" seine kostbare Zeit zu vergeuden.

François gehorchte, aber ohne bekehrt zu sein; denn er nahm seine ägypto-chinesischen Versuche wieder auf, als er im Spätherbst 1804 des Bruders Heim verlassen musste. Eine folgenschwere Umwandlung des französischen Schulwesens war nämlich seit dem Jahre 1802 im Gange· Die heftiger werdende Opposition der Familien gegen die republikanische Erziehung „ohne Gebet und Gebot" — da sie nur von den Rechten redete, die Natur und Verfassung dem Menschen geben — hatte den Ersten Konsul dazu bewogen, die Zentralschulen zu verwerfen, weil ihnen ohnehin die feste Grundlage und die Einheitlichkeit fehlte, die durch geeignete Vorschulen allein hatte gegeben werden können.

Bonaparte, obwohl aus der Revolution hervorgewachsen und durch sie zur Macht gelangt, benutzte doch jede Gegenbewegung des Volkes, um die von ihm geplante Reaktion um so leichter zu bewerkstelligen. Ein Dekret vom Jahre 1802 hatte die Einrichtung der Lyceen mit ausgedehntem Internat und strenger militärischer Disziplin befohlen, ein anderes[2]) hatte bereits dasjenige von Grenoble im Prinzip begründet, aber zur Freude aller Schüler der

---

1) „Dictionnaire des clefs chinoises"
2) 16 Floreal an XI (6 Mai 1803)

dortigen Zentralschule war es vorläufig dabei geblieben: dieselbe gewährte nämlich den heranwachsenden Jünglingen ganz ausserordentliche Freiheiten, da sie in starrer Schuldisziplin ein Hindernis sah für die Entwicklung ihrer Zöglinge zu geistig unabhängigen Männern.

Am 22. Januar 1804 endlich wurden die ersten Schritte zur Neuorganisation der Anstalt getan; zugleich fand eine Prüfung der Schüler statt, infolgederen François ein volles Regierungsstipendium als Interner des zukünftigen Lyceums zugesichert erhielt[1]). Der Erste Konsul gedachte durch eine allgemeine Unterrichts- und Erziehungsschablone die heranwachsenden Söhne des Landes unter seinen unmittelbaren Einfluss zu bringen; — die Tage, wo des Volkes Stimme Gottes Stimme und des Volkes Freiheit das Ideal der Gesetzgeber gewesen, waren vorüber, und kluge Leute ergaben sich darin, dass Bonapartes Wille nur allein noch massgebend sein würde. Hiervon konnte sich auch der Staatsrat Fourcroy, seit 1801 Generaldirektor des öffentlichen Unterrichtswesens, überzeugen, denn dieser noch zu sehr vom alten Freiheitsdrang durchglühte vormalige Jakobiner, der tiefinnerlich empört war über die beginnende Abhängigkeit der Schule vom Willen eines Despoten, musste seinen Organisationsentwurf dreiundzwanzigmal umarbeiten, ehe er genehmigt wurde.

Der durchaus militärische Zuschnitt der dreissig Lyceen wies auf den Feldherrn hin, der sich vor allem gute Soldaten heranbilden wollte — indessen die einschneidende Kontrolle dieser Schulkasernen durch den Ersten Konsul den zukünftigen Absolutismus des dynastischen Herrschers ahnen liess.

Bonaparte hatte als Schüler Geschichte und Geographie wenig, schöne Wissenschaften und Künste gar nicht beachtet, dagegen leidenschaftlich Mathematik, Logik, Physik und Latein betrieben — letzteres, um in seinen Mussestunden römische Feldherrn und Gesetzgeber studieren zu können. Hiermit war in grossen Zügen der Unterrichtsplan der Lyceen gegeben: Geschichte und Geographie wurden zur blossen Re-

---

1) Bestätigt durch ein Dekret vom 5 Germinal an XII (26. März 1804).

petition von Daten und Namen erniedrigt, Literatur und dergleichen unnütz erscheinende Verfeinerungen der Geisteskultur aufs ausserste beschränkt oder ganz gestrichen, Altertumskunde konnte überhaupt nicht in Betracht kommen, denn
„man kann ohne sie Schlachten gewinnen und Gott und dem
Landesherrn dienen." Hatte aber der General Bonaparte ohne
ihr Zutun Ägypten erobert, so erschien doch dem Knaben,
der sich in tiefster Seele bereits als den zukünftigen wissenschaftlichen Eroberer des Pharaonenlandes ansah, die
Archäologie mit ihren Hilfswissenschaften als „die nötigste
Waffe in seinem Arsenal", weshalb denn die Aussicht auf das
militärisch disziplinierte Internat den zukünftigen „Schuler
der Regierung" tief erschreckte.

Wie liebenswert erschien ihm nun die Zentralschule,
welche steten Appell an die Ehrliebe und das Selbstgefühl ihrer
Schuler der Nation" dem eisernen Zwange vorzog, und wo
dennoch in den verschiedensten Wissenszweigen Vorzügliches
geleistet wurde. Bei Eröffnung ihres letzten Schuljahres, am
21. November 1803, hatte Fourier den Schülern zugerufen:
„Beweist, dass Ihr dem Lande der Bayard, Mably, Condillac,
. . angehört, dass ihr Genius noch über dieser Stadt
schwebt, und dass Ihr die glänzende Erbschaft zu bewahren
und weiter an die kommenden Geschlechter zu vererben
vermögt. . . . . Wisst, dass Fortuna, die uns blind geschildert
wird, zwar zuweilen die Unwissenheit bevorzugt, dass sie aber
viel öfter selber geleitet wird durch Genie oder Talent."

Nicht François bedurfte dieser Mahnung: Unter Folianten
vergraben[1]), durch Abwechslung in der Arbeit die sinkenden
Kräfte neu belebend, verbrachte er seine freien Tage und
Stunden, und nur mit Mühe gelang es dem Bruder und
Dominique Villars, ihn den Büchern zu entreissen. Auch
begleitete er seine Mitschüler aus dem Pensionat Dussert nur
selten noch auf ihren Gangen nach dem nahe vor der Stadt
am Rondeau gelegenen Landgut des Abbé, doch besuchte er
dessen Schule bis zu dem am 3. September 1804 erfolgenden
Jahresschluss.

---

1) Hierbei spielten nun die Memoiren der Inschriftenakademie aus
der Mitte des 18 Jahrhunderts eine grosse Rolle

Neben seinen mannigfaltigen Sprachstudien durchforschte er in den diesmal sehr langen Ferien aufs neue die Geschichte und die Mythologien der alten Völker und fasste speziell die ihnen allen gemeinsame Sage von den Riesen ins Auge, um „bis zum Ursprung dieser Fabel zuruckzugehen und die Bedeutung dieser allegorischen Wesen zu finden." Und zur Basis seiner Arbeit die Riesennamen der griechischen Fabellehre nehmend, sagt er „Man wird vielleicht seltsam finden, dass ich in den orientalischen Sprachen die Etymologie von Eigennamen suche, die sich in den griechischen Mythen finden; aber man muss nicht vergessen, dass die Griechen die Mehrzahl ihrer Fabeln aus dem Orient und besonders von den Ägyptern[1]) genommen haben . ."

Diese erste praktische Verwendung seiner Sprachkenntnisse erfüllte den Knaben mit stolzer Freude, doch bemerkt er zum Schluss vorsichtig: „. . . Dies sind zweifellos nur Vermutungen; ich bin nicht willens, sie als System aufzustellen . ."

Der Präfekt wünschte dies Erstlingswerk seines Schutzlings zu veröffentlichen, doch wurde es vom Archäologen Millin in Paris dermassen abfällig beurteilt, dass der Druck unterblieb. Champollion selber nannte es zehn Jahre später seine „erste Dummheit"[2]), und diese scharfe Selbstkritik ist, im ganzen genommen, gerechtfertigt. Dennoch darf das kleine Opus als ein kostbares Andenken gelten, denn trotzdem wir hier den Knaben auf falscher Fährte finden, lässt diese Sammlung waghalsiger Hypothesen doch schon ganz deutlich die eigenartige Veranlagung des Hieroglyphenentzifferers durchblicken die glückliche Verbindung reicher sprachlicher Kenntnisse mit staunenswerter Beherrschung der Realien, den ungestümen Drang mit dem Instinkt zu arbeiten,

---

1) „. . . Si Osiris n'est autre chose que le soleil qui signifie la fecondite, comme il est très-naturel de le croire Typhon qui lui fait la guerre ne pourrait-il pas, par metaphore, signifier la sterilite? .. L'étymologie du nom de Typhon est peu connue, elle peut dériver de l'hebreu et du chaldéen Tzaphoun qui signifie l'aquilon du Nord, le froid "

2) „Remarques sur la fable des geants", 1804 } Nat B Mss Ch „Ou. ma première betise", 1814 } Vol. 5. S p 12 ff

wo die nuchterne Methode zu keinem Ergebnis fuhrt —
daneben, wenn auch noch schwach, das erste Leuchten vorsichtiger Zuruckhaltung darin liegen die Keime der spateren
welthistorischen Tat. Zugleich lasst uns der dreizehnjahrige
Champollion schon vollauf erkennen, dass seine spateren
bahnbrechenden Arbeiten erst auf der sicheren Grundlage
unausgesetzter Selbstzucht entstanden sind

Dem reichen Geistesleben des Knaben führte der Prafekt
selber standig neue Nahrung zu, indem er den Brudern zur
Verfügung stellte, was ihm an Schriften aus Paris und insbesondere von der nun emsig ihre vielseitigen Memoiren
ausarbeitenden Agyptischen Kommission zuging.

Allzu schnell kam der 20. November 1804 heran   das
Lyceum offnete seine Pforten, zunachst freilich nur fur
die jungeren Schuler, doch gehorte François zu ihnen und
wurde mit der Nummer 58 in die Listen eingetragen.

Nachdem beim grossen Einweihungsfeste die Wiederkehr
der Religion in die Schulen gebuhrend gefeiert war, brachte
sich die militarische Organisation der Anstalt zur Geltung: Ein-
exerzieren und Waffenubungen der Schuler unter Aufsicht des
Instruktionsoffiziers, militarische Grade der Internen[1]), Trommel-
wirbel (von $5^{1}/_{2}$ Uhr morgens bis 9 Uhr abends bei jeder neu
einsetzenden Nummer des Tagesprogrammes), eiserne Disziplin selbst in den Erholungspausen, sofortiges Niederdrucken
jeder individuellen Willensregung durch die alles nivellierende
Schablone — bei Tag und bei Nacht unausgesetzt scharfe
Kontrolle   . es war genug, um François, dem freies Studium und liebevolle Behandlung so notig waren, wie Luft
und Sonnenschein der jungen Pflanze, mit nie gekannter
Erbitterung und mit Heimweh zu erfullen, das gleich so
heftig auftrat, dass er ernstlich an einen Fluchtversuch dachte.

---

1) § 5   Il sera placé a l'endroit le plus apparent du refectoire
et de chaque salle d'etudes un tableau où seront inscrit les noms du
sergent-major, des sergents et des caporaux, ainsi que les noms des
elèves qui auront tiré au sort pour les differents grades, avec ces
mots   Sont dignes de commander, parce qu'ils sont les modèles de leurs condisciples. (Auszug des mil. Reglements)

Aber wohin? Und was wurde der Bruder sagen, den ja die Verhältnisse gezwungen hatten, ihm das Joch des Lyceum-internates auf die empfindlichen Schultern zu legen So fügte er sich, doch krankte er an der Unmöglichkeit, seine Spezialstudien, denen er eben jetzt das ihm am wichtigsten dünkende hinzufügen wollte, fortsetzen zu können. Durch einige, mehrere Jahrzehnte früher geschriebene Artikel der Akademiker Deguignes und Abbé Barthelemy war er nämlich auf die Identität der koptischen mit der altagyptischen Sprache hingewiesen worden, hatte sich dann eine Abhandlung des Paters Bonjour[1]) über koptische Manuskripte des Vatikans verschafft und schnell die Überzeugung gewonnen, dass nur das Studium der halbverschollenen koptischen Sprache zur Entzifferung der altagyptischen Schriften führen könne! Man kann also dem heissblütigen Knaben den Schmerz nach-fühlen, mit dem er sein „Gefängnis" betrat, wie er im voraus das Lyceum nannte, wo er, der bislang stets massgebend für seine Umgebung war, nur noch einer unter vielen, eine verkörperte Nummer sein sollte. Die gesamte Aussen-welt nannte er sein verlorenes Paradies und der Bruder wurde mit leidenschaftlichen Klagen bestürmt

„. . . . Konntest Du mich nicht aus dem Lyceum zurück-nehmen? Ich habe mir Gewalt angetan bis jetzt, um Dir nicht zu missfallen. Aber es wird mir völlig unerträglich. Ich fühle, dass ich nicht dazu tauge, so eng zusammen-gedrängt zu leben, wie wir es sind . . . .". — „Ich bin nicht wohl, ich sieche dahin und fühle es . In der Kranken-stube wird man schlecht bedient . . . und bleibt allein Hat man was nötig, so muss die Wiederkehr des Arztes ab-gewartet werden, der für alle Krankheiten — hatte man auch Schmerz an den Zehen! — Brusttee verschreibt. Wenn ich noch lange hier bleibe, stehe ich nicht für mein Leben ein . . . ."

Die Sehnsucht nach Jacques-Joseph peinigte ihn be-ständig. „Komm doch, ich muss Dir etwas sagen" — und „Du bist ja gestern nicht gekommen", bilden den ganzen Inhalt von zwei jener losen Blättchen, die dem Bruder, der nicht immer Zeit fand, zweimal wöchentlich (Sonntags und Donners-

---

1) Siehe monumenta coptica etc Romae 1699 in ↓°

tags) zu kommen, so häufig durch den Tambour des Lyceums zuflatterten[1]).

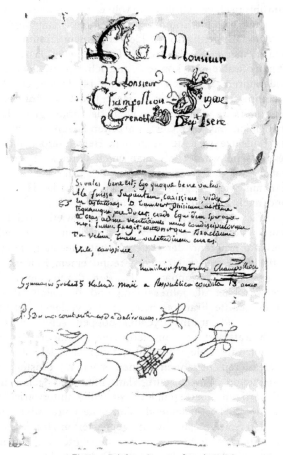

Fig. 4. Brief an Jacques-Joseph.

François hatte das Unglück, wegen seiner stark hervortretenden Eigenart und seiner geistigen Unabhängigkeit einigen

---

[1]) Auch lateinische Zuschriften liegen vor und die hier reproduzierte veranschaulicht deutlich des Knaben Lust an Arabesken und Schnörkelwerk.

seiner Lehrer höchst unbequem zu werden und deshalb arg
zu missfallen. Er wurde von ihnen als träge, respektlos und
aufrührerisch verschrieen, obwohl er durch Güte leicht zu lenken
war und sich für Ermunterungen überaus empfänglich zeigte
„Heute Morgen" so meldet er seinem Mentor, „hat man
alle in meiner Klasse an der Tafel arbeiten lassen um einen
Primus wählen zu können und ich bin es, dem diese Ehre
widerfahren ist! Ich denke in 14 Tagen ein Praemium
Doctrinae zu erhalten". „Herr Jamet scheint sich meiner
besonders annehmen zu wollen; das ermutigt mich sehr und
wird mich mit aller Gewalt arbeiten lassen . ." „Als man
die Aufsätze verteilte, sagte mir Herr Lacroix, dass ich der
letzte sein würde, als man mich dann aber zuerst aufrief,
hat es mir das Herz bewegt . . . ." „Der Herr Zensor[1]) .
hat mir viel Angenehmes gesagt, mir die Hand gedrückt
und mich am Ohr gezupft . . "

Es war ihm ein Trost, auch hier wieder bei Dominique
Villars botanischen Unterricht zu haben, leider jedoch war
dies nur während der ersten Monate der Fall, denn im März
1805 folgte sein väterlicher Freund einem Rufe nach Strassburg Den 1. Januar 1805, der durch ein Staatsdekret
zuerst wieder als Jahresanfang und als Familienfest gefeiert
wurde, durfte François beim Bruder verleben, was natürlich
seine Rückkehr ins Lyceum doppelt schmerzlich machte.
Doch trat dort nun insofern eine günstigere Wendung für
ihn ein, als viele seiner Mitschüler sich lebhaft für ihn zu
interessieren begannen, seinen stets mit ernster Miene gesprochenen Worten eifrig lauschten und sich seiner ganz
eigenartigen Überlegenheit[2]) so willig unterwarfen, dass sie
ihm ungebeten bedeutende Vorrechte einräumten, nicht etwa
bei den Spielen „im engen, gepflasterten Hof, wo es täglich
Verwundete" gab, denn er beteiligte sich niemals an
ihnen, sondern nach anderer Richtung hin „ . . Er ist

---

1) M Faguet, der bald nachher sein erbittertster Gegner wurde
und sich auch späterhin nicht versöhnen liess

2) „Le charme tout particulier de sa forte personnalité„ ist häufig
in den Fam -Pap. erwähnt, die mündliche Überlieferung davon lebt ebenfalls weiter, im Dauphiné sowohl, wie in Figeac

immer noch ein unerbittlicher Chronist", schreibt Figeac etwas
später über ihn, „überdies der Papst des Lyceums und
Präsident von vier oder fünf ‚wissenschaftlichen Gesellschaften‘, die sich unter dieser Jugend gebildet haben."

Diese „Akademien der Musen" waren damals ein von
den Lehrern geforderter Zeitvertreib der Schüler in allen
grösseren Internaten, die hier in Rede stehenden werden
jedoch durch den Umstand bemerkenswert, dass dem dreizehn-
jährigen Champollion hier auf allen in Frage kommenden
Gebieten die Führerschaft zuerkannt wurde, während doch
die „Akademiker" zweifellos den inzwischen ebenfalls eröffneten
höheren Lyceumklassen angehörten — In einem mit dem
lorbeerumrahmten Sinnspruch „Prospérité aux Muses" verzierten Schriftstück wird Figeac von der hauptsächlichsten
dieser Akademien zum korrespondierenden Mitglied ernannt[1]),
deren mehrere, und noch ältere, in Aussicht genommen waren.
Die Sitzungen fanden Donnerstags statt, man las eine gelehrte Abhandlung vor, und danach eigene Produktionen in
Prosa oder in Poesie. Selbstverständlich hatte François die
Eröffnungsrede gehalten und ein von Figeac erbetener
„lehrreicher Brief" hatte anscheinend der Feier besondern
Nachdruck gegeben.

Für die ihnen unausgesetzt von ihrem Präsidenten gegebene Anregung erwiesen sich die „Akademiker" dadurch
dankbar, dass sie ihm mitbrachten, was immer sie an Schriften
über Ägypten und den Orient auftreiben konnten, doch war
ihm fast alles schon bekannt. Immerhin erhielt er auf diese
Art eine chinesische Grammatik[2]), dann wieder die arabische
von Erpenius (Thom. van Erpe), deren hohen Wert für seine
Studien er sogleich erkannte. Auch ein Korân mit Anmerkungen förderte ihn sehr und über ein anderes Buch
schreibt er seinem Mentor „Unaussprechliche Freude erfüllt

1) „ Nous cherchons à nous instruire en nous amusant, étant
encore trop jeunes pour pouvoir juger de nos ouvrages, c'est à vous
que nous avons recours Vos lumières seules peuvent nous conduire
dans le sentier fleuri des beaux arts. Soyez pour nous un Appollon,
montrez-nous le vrai chemin qui conduit au Parnasse   "

2) Vom Jahre 1773, anonym. Mit des Schülers Randbemerkungen
versehen, noch erhalten geblieben.

mich . . . . . stelle Dir mein Vergnugen vor, als ich den Titel[1]) las .“

Neben dem Koptischen sollte fortan das Arabische (als die Sprache der endgultigen Besieger des Altagyptertums) den ersten Rang unter seinen Privatstudien[2]) einnehmen, da man ihm aber die Erlaubnis verweigerte, seine Mussestunden nach Belieben zu verwenden, so verschloss er seine Schatze in seinem Pult und verbarg sie nachts unter seinem Kopfkissen, um sie, wenn alles schlief und der Wachter die Runde gemacht hatte, verstohlen hervorzunehmen, doch konnte dies nur beim Licht einer zufallig unweit seines Bettes angebrachten Laterne geschehen, so dass seine Augen, besonders das linke, dadurch geschwacht wurden[3]), wie denn auch Schlaflosigkeit und geheimer Gram seine Gesundheit, die trotz der geistigen Produktionsfulle bis zum Eintritt ins Internat sehr robust gewesen war, ernstlich zu schadigen anfingen. Fieberanfalle und bis zur Ohnmacht gehende Schwachezustande machten sich allmahlich geltend, und da die Ursachen davon nicht beseitigt wurden, so begannen sie ihr langsames Zerstorungswerk an dem einst so bluhenden Organismus. — „Sende mir einige Sous“, bittet er gelegentlich, „denn auf den Spaziergangen ist man so froh, eine Schale Milch trinken zu konnen, wenn die Erschopfung gar so gross ist“, und „Ich habe Fieber, ich kann nicht mehr — Dein gehorsamer Bruder“, klingt es ein anderes Mal wie eine heimliche Anklage durch

Inzwischen hatte der schon erwahnte, haufig in Grenoble anwesende Mathematiker Biot, dem die eigenartige Bedrangnis seines kleinen Freundes zu Herzen ging, bei Fourcroy eine Bitte gewagt, die schnell erfullt wurde, — denn als letzterer

---

1) Thomae Experim Rudimenta Linguae Arabicae

2) Diese erstreckten sich gelegentlich auch auf die bekanntesten Arten des sudfranz Patois Die originelle Mundart seiner Vaterstadt blieb Champollion zeitlebens gelaufig

3) „ L'oeil gauche, un peu moins saillant, etait affecté de strabisme externe, provenant de l habitude que Champollion avait contracte au Collège, de lire dans son lit et de s'incliner de ce coté, pour profiter de la lumiere d'un reverbere “ (Observations phrenol vom Dr med H Janin)

am 1. Juni 1805 die Anstalt eingehend inspizierte, unterwarf
er den Knaben einer kurzen Prüfung und gab ihm dann die
formelle Erlaubnis, seine Spezialstudien in den freien Stunden
weiter zu betreiben   Damit war viel gewonnen, aber seinen
Gegnern im Lehrerkollegium, denen er nun unwillkürlich
Trotz zu bieten begann, wurde er fortan nur noch mehr
zum Stein des Anstosses, so dass des Klagens kein Ende
mehr war   Indessen half ihm die Freundschaft, die ihn
aufs engste mit seinem Mitschuler Wangehis verband, über
viele Widerwärtigkeiten hinweg, desgleichen die Freude,
seinen Studien neue Quellen erschlossen zu sehen, denn an
einem Junisonntag des Jahres 1805 hatte er den bei Fourier
zu kurzem Besuch weilenden Dom Raphael[1]) kennen gelernt.
Dieser ehemalige koptische Mönch war mit der französischen
Armee einst aus Ägypten gekommen und von Napoleon,
dem er wichtige Dienste geleistet, zum Lehrer des Vulgararabischen an der Schule für orientalische Sprachen in Paris
ernannt worden

Er war es, der François ein Lehrbuch des in Ägypten
gesprochenen arabischen Dialektes verschaffte, und der ihn
auf die Notwendigkeit hinwies, das Äthiopische tüchtig zu
erlernen, damit er dereinst die drei wichtigsten im Gebiete
des Nils in Rede kommenden Volkssprachen[2]) beherrschen und
nach den Anklängen an das altägyptische Idiom durchforschen
könne. Dom Raphael verstand genügend Koptisch, um dem
Knaben nützliche Winke für das Studium desselben zu
geben, zugleich stellte er ihm für 1806 eine längere Anwesenheit in Aussicht, was den Schüler die Leiden des
Internatlebens etwas williger ertragen liess. Sogar mit dem
militärischen Zuschnitt suchte er sich auszusöhnen und
meldet mit Genugtuung, wenn er als Korporal in seiner
Klasse strenge Zucht zu halten hat· „Meine Herrschaft,"
sagt er, [„dauert 14 Tage,] voriges Jahr bin ich es viermal
gewesen; ich hoffe, dass das so weiter geht." — Den

---

1) „Scripsit Sacerdos Raphael Monachus, linguae Arabicae Doctor,
Lutetiae urbe", Mitbegründer des Inst d'Egypte in Kairo

2) Das im 17 Jahrhundert erloschene Koptisch, das Arabische
und das Äthiopische, das aber nur am oberen Laufe des Atbara und
des blauen Nils gesprochen wird

zwei oder drei Lehrern, die er seine Peiniger nannte, suchten der gutherzige Abbé Gattel, Obervorsteher der Anstalt, sowie der Zeichenlehrer Jay, der seine Schüler dazu anhielt, „in allen künstlerischen Leistungen das Ideal des Schönen stets zu wahren", und der Abbé Jamet das Gegengewicht zu halten. Letzterer, den die schlagfertige Muse seines Schülers interessierte, veranlasste ihn gelegentlich zum Improvisieren über klassische Themata[1]), da er wusste, dass François ohnehin in freien Augenblicken lateinische und griechische Verse, deren er unendlich viele auswendig wusste ins Französische übertrug.

Infolge der unausgesetzten schriftlichen Übungen stellten sich Augenschmerzen ein „Ich muss heute Abend [zum Arzt] gehen, damit er mich schnellstens wiederherstelle Kann er es nicht, so musst Du mir eine Brille senden .. In meinen freien Augenblicken muss ich lesen" und er bittet um den Homer „möglichst schnell, heute abend noch, er ist mir äusserst nötig!" Zuweilen setzt er jedoch hinter solche hastigen Aufträge „Dein Wille geschehe (Fiat Voluntas Tua)!"

Die Beiträge zu den kostspieligen Geschenken für die Lehrer waren ihm ein Dorn im Auge, er freut sich daher über die Bescheidenheit seines Klassenlehrers Lacroix „der sich nur eine Blume wünscht", — „damit sie aber nicht welke," bestimmt François, „sollen Likör und Bordeauxwein rings um sie hergestellt werden." — Im steten Drange, sich seinem Bruder dankbar zu erweisen, wünschte er sich im Ornamentzeichnen zu vervollkommnen, um für dessen Publikationen über die einheimischen Altertümer die Sarkophage, Vasen usw. selber zeichnen zu können „Du würdest dann keine andern Hände als die meinen nötig haben ' Wie er aber bei seinen Wünschen stets die bescheidenen Mittel seines Mentors im Auge hielt, so vergass er auch niemals die bedrängte Lage seiner Eltern und wies deshalb die ihm vom Vater zugedachte Beihilfe zurück.

Während der langen Ferien[2]) traten die arabischen und

---

1) Unter anderem „des versets a faire dans l'espace de 5 minutes sur Sabinus et Eponine", die viel Beifall fanden

2) 18 August bis 7 Oktober

hebräischen Studien in den Vordergrund[1]). Für letztere' war
eine Schrift über die Wurzelwörter (racines hébraïques)
höchst bedeutungsvoll für ihn geworden. „Unwissende haben
sich darin gefallen," bemerkt er darüber, „die anscheinenden
Schwierigkeiten [des Hebräischen] durch Nachträge zu vermehren, die . . es dunkel und beinahe unverständlich
machten, so dass die zu diesem Studium Neigenden zurück-
geschreckt wurden durch die Schwierigkeit der Lesung und
die unendliche Zahl von verschiedenen Punkten. Mir selber,
als ich damit begann, es nach der Manie[2]) von Buxtorf und
Massonet zu erlernen, trieben die Vokalpunkte den Angst-
schweiss in dicken Tropfen heraus, nachdem ich aber zufällig die hebräischen Wurzelwörter gefunden hatte, die
ein wahrer Schatz sind, brachte ich mich gewaltig vorwärts."

Wenn auch der Schüler nicht mehr glaubte, sich die
altägyptische Sprache und Schrift durch das Hebräische erschliessen zu können, so erkannte er doch, dass dieses
Studium ihm noch kostbare Hilfsmittel an die Hand geben
konnte, da — so sagte er sich — z. B das Alte Testament
viele durchs Hebräische mehr oder weniger leicht verhüllte
ägyptische Wörter enthalten musste. Für Geschichte und
Chronologie sollte es ihm ebenfalls zur reichen Fundgrube
werden, und auch sein Sinn für Poesie fand volle Genüge
Jesaias begeisterte ihn vollends „Ich bemerke Wendungen
bei ihm," sagt er, „die vollauf denen Homers würdig sind,
und ich hoffe, dass dieser schöne Vers: 'Der Ochse kennt
den, welchem er gehört, der Esel kennt seinen Herrn, aber
Israel hat mich nicht erkannt, und mein Volk hat mich vergessen!' verdient, zitiert zu werden. Jesaias konnte keinen
energischeren Vergleich wählen, um die Juden ihre Undank-
barkeit fühlen zu lassen gegen einen Gott, der sie mit so
vielen Gütern gesegnet hatte ."

Die kaum erst begonnenen koptischen Studien konnte
der Knabe wegen Mangels an Material vorläufig nicht fort-

---

1) Daneben durcharbeitete er Zoegas Obeliskenwerk, Kirchers
Prodromos, Scala magna usw.

·2) Champ las fortan das Hebräische wie François Masclef und
der Pater Houbigant (Verfasser der racines hebr.), d h ohne Berücksichtigung der masorethischen Vokalisation

setzen, dagegen stellte er schon jetzt scharfe Vergleiche an
zwischen dem modernen und dem alten Ägypten. So setzte
er nach langem Suchen in Schriften aller Zeiten Namen-
verzeichnisse von ägyptischen und nubischen Orten zusammen, in denen er die griechischen, lateinischen und
arabischen Elemente klarstellte, wo er aber vor allem die
mehr oder weniger arabisierten koptischen Worter zu erkennen suchte, „die sicherlich dem Altagyptischen entstammen"! Bei dieser Vermutung musste er im Herbst 1805
stehen bleiben, doch bat er nun Figeac, ihm alles zu verschaffen, was uber ägyptische Geographie und Topographie
noch publiziert werden wurde. Hierzu bot besonders der
Schriftsteller und Weltreisende Volney die Hand, der schon
1803 dem zwolfjahrigen Knaben seine „Vereinfachung der
orientalischen Sprachen"[1]) und darnach auch seine „Reise
in Syrien und in Agypten"[2]) zugesandt hatte, und der ihn
nun dringend aufforderte, nach Paris zu kommen.

Doch François musste schweren Herzens aus des Bruders
trautem Heim wieder ins Lyceum zuruckkehren, das Haus,
worin Napoleon Soldaten und Ingenieure heranbilden liess,
wahrend die Jesuiten dort priesterlich gesinnte Ultra-
Royalisten grossgezogen hatten: „Nur der Republik war es
gelungen, den wahren Charakter fur Schule und Haus zu
finden" — Niemand wunschte sehnlicher als Champollion
die unendliche Fulle der Unterrichtszweige und die freie
Wahl unter ihnen zuruck, welche die Zentralschule einst
gewahrt hatte, denn obwohl von seinem Schaffensdrang
formlich gequalt, musste er doch an mehreren ihm fur sich
ganz nutzlos erscheinenden Lehrstunden teilnehmen, was
ihm empfindliche Bestrafungen wegen Unachtsamkeit eintrug
Mehr als diese reizten ihn offenbare Ungerechtigkeiten, da
wo er wirklich pflichtgetreu gewesen war. Dann riss seine
Feuernatur alle Schranken der Selbstbeherrschung nieder
und er forderte ungestum die auch ihm geschuldete Gerechtigkeit. Aber der Arger einiger Lehrer uber seine Ausnahmestellung war bereits zu heftig geworden, und in der

---

1) Simplification des langues orientales. Paris, an III
2) Voyage en Syrie et en Egypte. 2 Vol. Paris 1787

Erregtheit über alles was er als eine Beeinträchtigung seines Selbstgefühls ansah, griff er dann zur Satire, als der einzig ihm übrigbleibenden Waffe für seine Notwehr. Improvisierte Couplets, die von den Mitschülern heimlich niedergeschrieben wurden, machten zum allgemeinen Ergötzen die Runde und fielen nicht selten den Lehrern in die Hände, die den Verfasser errieten und sich seiner gut gezielten Pfeile im geeigneten Moment nur allzusehr erinnerten. Selbst einer der Pariser Schulinspektoren wurde mit einem Epigramm[1]) bedacht, das von vorwitziger Hand gegen Wissen und Willen seines Verfassers mit grosser Schrift auf die Aussenmauer der Anstalt geschrieben wurde. Auch der Koch des Hauses, der häufig zu allgemeinem Unwillen Anlass gab, bekam allerlei lustige Verse zugesteckt und eines Tages fand man im Speisesaal einen lateinisch verfassten Protest gegen das ewige Einerlei des Küchenzettels[2]) ausgelegt. Man schrieb auch diese Missetat Champollion zu, aber mit Unrecht, denn die Sache lag ganz anders. Der im Lyceum herrschende Geist entsprach nämlich längst schon nicht mehr den Absichten des Begründers, — befanden sich doch hier die an Freiheit gewöhnten Schüler der ehemaligen Zentralschule, die überdies Delphinaten waren! Die starre Disziplin reizte ihren unabhängigen Sinn, was diejenigen Lehrer nicht bedachten, welche Champollions intellektuelles Übergewicht falsch auffassten, ihn als den prinzipiellen Volksverführer ansahen und ihn allein für alle Unliebsamkeiten verantwortlich zu machen suchten. Diese arteten etwas später zu wilden Tumultszenen aus, denen er gänzlich fernstand.

Gegen den Vorwurf des Bruders, dass er zu nachlässig gekleidet sei, verteidigt er sich mit einer Klage über die Verwaltung ... . . . Mein Anzug ist nicht zerrissen, aber er ist in derartigem Zustande, dass er bald wie Jacke und Hose eines Harlekin sein wird, da nämlich die Flicken darauf von verschiedenen Schattierungen sind und einen sehr male-

---

1) A Toi, vieux suppôt des Latins,
   Toi, vieux Naudet, dont la mâchoire
   Serait célèbre dans l'histoire,
   S'il existait des Philistins.

2) „Vivitur hic truffis, haricotibus atque carottis" etc.

rischen Effekt machen Er ist mir auch zu enge, aber man
will mir keinen anderen anfertigen . ."

Figeac, der des Schülers oft sehr drastisch ausgedruckte
Ausstellungen[1]) für unangebracht hielt, drohte schliesslich,
ihn aus dem Lyceum wegzunehmen, was jedoch dem vermeintlichen Rebellen nicht als Strafe erschienen ware Vorübergehend schien es Ernst damit zu werden, denn als
François erfuhr, dass sein Bruder infolge der verminderten
Regierungsstipendien gezwungen wurde, ein Viertel zur
Pension des Internen beizutragen, schmerzte ihn dies so
sehr, dass er sich entschloss, das Lyceum mit der Militar-
schule von Fontainebleau zu vertauschen. „. . . . Man bleibt
dort nur 18 Monate und wird dann Offizier oder Unter-
leutnant." Angstvoll harrte er der Entscheidung seines
Mentors, dieser wollte jedoch nichts horen vom Kriegshand-
werk, das die Erfullung von seines Schutzlings Lebens-
wunsch in weite Fernen rucken, wenn nicht ganz vereiteln
musste So blieb denn alles beim alten, kaum jedoch war
der Schuler zum erstenmal seines Aufenthaltes im Lyceum
froh geworden, als ihn dort ein Schlag traf, dem er erliegen
zu mussen glaubte. Man trennte ihn von seinem Freund
Wangehis, den er fortan nur noch von weitem zu sehen
bekam „. . . . Mein Kopf verwirrt sich, ich bin wutend,
wann wird meine Qual enden? Im ubrigen, was sie auch
tun und sollten sie uns in Stucke hauen — unsere Herzen
werden sie doch nicht andern Dass dieser Zug sie Dich
erkennen lehre!" — Der Freund wurde krank und reiste
ab „. . Er ist jetzt bei seinen Eltern und erfreut sich
wenigstens ihrer zartlichen Liebkosungen. Ich aber, traurig
und verlassen, ich freue mich Deines Anblickes nur einmal
wochentlich . . ." — Dieses heisse Verlangen nach liebevoller Umgebung konnte durch nichts abgeschwacht werden,
und die Unmoglichkeit, in sein Vaterhaus oder auch nur
zu seinem Bruder zuruckkehren zu konnen, versetzte ihn
zu dieser Zeit in einen sehr bedenklichen Zustand. Zu der
Klage: „es fehlt mir stets etwas und ich weiss nicht was"
und zu dem Vorwurf, dass man im Lyceum kaum fur den

1) Siehe Anhang I. 2

Geist genugend Sorge trage „und gar nicht für das Gemüt", gesellten sich Selbstanklagen wegen schroffen Stim-
mungswechsels und ungesellligen Wesens. Schliesslich
meldet er „Ich denke nicht mehr als ein Stein denkt
Dem Ort, den ich bewohne, haftet, ich weiss nicht was an,
das einen in vollkommene Apathie versenkt . . Ich bin
allein mit meinen hebraischen Büchern. . . Versuche,
mich von hier wegzunehmen, ich bitte Dich flehentlich. Ich
habe Dir mein Herz geöffnet, Du hast darin gelesen. Du
kennst meine Krankheit, bringe Heilung dafür !"

Trotz dieses leidenschaftlichen Heimwehs arbeitete er
angestrengt, und dass ihm der Präfekt als Anerkennung für
seine aussergewohnlichen Leistungen ein gedrucktes Diplom
überreichen liess[1]), entschädigte ihn für manche erlittene
Demütigung, ohne jedoch Eitelkeit und Überhebung in ihm
aufkommen zu lassen

Schon in der öffentlichen Sitzung der Delphinatischen
Akademie vom 21 Dezember 1805 hatte Fourier seiner gedacht, da er nicht nur (durch des Bruders Vermittlung) an
den Streitfragen der Akademiker über Geschichte und Chronologie sich zu beteiligen begann, sondern weil er auch,
vermöge seiner Sprachkenntnisse, einigen Gelehrten nützlich
gewesen war.

Bereits im Mai 1806 klagte Figeac dem erwähnten Archäologen Millin[2]), dass es seinem Bruder an Studienmaterial
in Grenoble fehle, und dass er nicht recht wisse, ob François
„auf eine deutsche Universität, etwa Strassburg", oder nach
Paris zu senden sei Millin, ein Verehrer von Ch G. Heyne,
erwiderte: „Ihr Bruder muss nach Paris gehen, um Sacy zu
hören, oder nach Göttingen· dort besonders wird er sich
mit Erfolg den verschiedenen Zweigen der klassischen
Wissensgebiete widmen können."

Während des Sommers entwickelte François eine fieberhafte Tätigkeit in seinen Privatstudien, da ihm aber das
Wort Äsops vom zu straff gespannten Bogen eine stete

---

1) Am 18 April 1806 Näheres im Regierungsblatt der Isère
vom 21 April 1806

2) Figeac benutzte seine Geschäftsreisen im In- und Auslande
zum Anknüpfen wissenschaftlicher Beziehungen.

Mahnung war, so benutzte er den Aufenthalt im Landhause
des Lyceums dazu, seine teils nach Linné, teils nach Villars
geordneten Herbarien zu vervollkommnen, oder in selbst-
verfertigten Netzen Schmetterlinge und Insekten zu fangen.
Diese wurden aber aus Mangel an Zeit zunächst dem
Bruder übersandt, den er gelegentlich sogar mit der Pflege
lebender Käfer und Raupen betraute. Als er eines Tages
seinem Mitschüler Charles Renauldon mit freudigem Eifer
bis ins kleinste die Eigenart einer Pflanze erklärte, fragte
ihn der hinzutretende Maire Renauldon, auf dessen schönem
Grundbesitz sich die Szene abspielte, in besorgtem Ton, ob
er sich nicht doch noch den Naturwissenschaften widmen
wolle, da er ja in erster Linie für sie bestimmt zu sein
scheine. Francois sah ihn erstaunt an und entgegnete dann
sehr ernst, dass dieses erhebende Studium für ihn, den
Nimmersatt, ein höchst einladendes Nebengericht sei, und
dass sein ungeheurer Appetit deren mehrere noch vertrage[1]),
dass aber für ihn das grosse Hauptgericht ohne welches
er sich dereinst von der Tafel des Lebens ungesättigt erheben würde, die Erforschung des ägyptischen Altertums sei

Seit lange schon beschäftigten ihn Untersuchungen
über das althebräische Alphabet, dem er ägyptischen Ursprung zuschrieb, und „kritische Denkschriften" über biblische
Themata[2]), sowie eine Anzahl von Entwürfen zu einer Geschichte Ägyptens Auch „im Wirrsal der Dynastien des
Orients" suchte er sich bereits zurechtzufinden, denn es war
ihm ein Bedürfnis, sich ein klares Gesamtbild der alten
Völker und Staaten zu schaffen und in kühn entworfenen
Linien sich die Umrisse dieser letzteren festzustellen. Genügte das vorhandene Material nicht dazu, so half er sich
durch Kombinationen weiter, und der Instinkt des Historikers
eilte dabei der mangelhaften Methode des Schülers voraus.

---

1) Neben Resten seiner Sammlungen sind eine Anzahl von
Studienköpfen erhalten geblieben, deren Ausführung von nicht geringer
künstlerischer Begabung zeugt.

2) Das Buch Esther — Das Hohe Lied Salomonis. — Ein Kommentar zu Jesaias — Bemerkungen über die Israeliten und ihre heiligen
Bücher — Abhandlungen über hebräische Numismatik usw, sowie ein
Versuch, die in der Bibel enthaltenen naturwissenschaftlichen Notizen
zusammenzustellen

Ein Entwurf folgte dem anderen, um alsbald wieder vernichtet zu werden; denn der Knabe wollte weder vor sich sehen, was den Anspruchen nicht genugte, die er an sich selber stellte, noch uberarbeiten und zu Ende fuhren was einmal unfertig zur Seite gelegt worden war. Aus einem Gusse musste geformt sein, was Gnade vor seinen Augen finden sollte — ein Grundsatz, dem er zeitlebens treu blieb. Doch hinderte das nicht, dass dank des Bruders Achtsamkeit eine Anzahl von Fragmenten der angegebenen Art dem Untergang entrissen wurden

Einen Schulpreis konnten diese erstaunlichen Arbeiten dem Schuler nicht eintragen, und dass man ihm trotzdem einen solchen in der Mathematik, seinem schwachsten Fache, gab, sah aus wie ein Scherz und genugte dem Prafekten keineswegs. Er wollte ihm vielmehr bei der Schlussfeier des Schuljahres (28 August 1806) eine erneute Auszeichnung geben, falls er sich nur vor den versammelten Notablen der Stadt gleichsam als Wunderkind des Lyceums produzieren mochte.

Dies verweigerte er hartnackig, doch liess sein Beschutzer nicht nach und belohnte den schliesslichen Gehorsam des Schulers mit einer abermaligen offentlichen Belobung desselben Zugleich bat er den Minister durch die Vermittlung Fourcroys, dem Jungling eine bescheidene Anstellung an der grossen Pariser Bibliothek zum Herbst 1807 zu sichern

François bat dringend, schon im Oktober 1806, also mit noch nicht vollendetem sechzehnten Jahre seine Pariser Studien beginnen zu durfen, doch fand man ihn allseitig zu jung dazu. Auch scheute sich Figeac davor, seinen im alltaglichen Leben unglaublich unerfahrenen Bruder allein in der Hauptstadt lassen zu sollen, wo der bestandige Siegestaumel uberdies noch sinnenberuckende Ausnahmezustande schuf. — Dem schwer Enttauschten gewahrte eine erneute Anwesenheit Dom Raphaels einigen Trost, besonders da ihm dieser die Colebrookesche Grammatik fur Sanskrit, einige Kopien von Zend-, Pehlevi- und Parsi-Textproben und eine koptische Grammatik mitbrachte. Die Ferienzeit verlief somit in denkbar glucklichster Weise fur den Schuler, doch wurde seine Sehnsucht nach Agypten durch dieses

Zusammensein mit dem in Belehrung wie in Unterhaltung
unerschöpflichen Ägypter zu solcher Glut entfacht, dass
man ihm für eine absehbare Zeit die Reise dorthin versprechen musste

Dom Raphael seinerseits war dermassen überrascht und
erfreut durch die Vereinigung eines mannhaften Geistes
mit dem zutraulich harmlosen Wesen eines Kindes, dass
er Figeac um gelegentliche Zusendung von Briefen des
Schulers (natürlich ohne dessen Vorwissen) ersuchte, —
wusste er doch schon, wie lebendig die Persönlichkeit desselben aus den flüchtig beschriebenen Blättern hervorzutreten pflegte. seine Beredsamkeit in zorniger Erbitterung,
seine Liebebedürftigkeit, seine alles umfassende Wissbegier
und der Drang, seine Kraft durch die Lösung schwieriger
Probleme zu betätigen, und wiederum tiefste Entmutigung,
Zweifel an seinem Können, hilflose Schüchternheit, sobald ihm
ferner Stehende von seinen Leistungen Notiz nehmen wollten.

Ausserhalb des Lyceums hatte der Ägypter seinen
zukünftigen Schüler lieben gelernt. also fern von dem Orte,
wo die Ungunst der Verhältnisse dessen ganzes Wesen häufig
bis zu einem Grade unvorteilhaft veränderte, dass seine Mitschuler scherzend behaupteten „Es gibt zwei Francois
Champollion!" — Derselben Überlieferung zufolge war auch
Biot so völlig dieser Ansicht[1]), dass er eines Tages Figeac
bat, den Knaben in seinem eigenen Hause, in Paris, erziehen
zu dürfen, um durch sorgsam liebevolles Eingehen auf ihre
Eigenart dieser überaus reichen und tiefen aber bereits durch
nervöse Überreiztheit allzu beweglichen Natur die ihr notwendige Ruhe zu sichern, Jaques-Joseph jedoch wollte François
noch nicht von sich lassen und so kehrte dieser am 4. November 1806 ins Internat zurück

Hier begann er sogleich mit der Abfassung des seit lange
vorbereiteten „geographischen Wörterbuches des Orients"[2]),

---

1) Biot kam nicht nur als Schulinspektor nach Grenoble, sondern
auch, weil er mit Vorliebe von dorther die Pariser polytechnische
Schule rekrutierte. Fourier, sein Freund, war deren Mitbegründer gewesen, die Prüfung der Aspiranten fand in der Grenobler Präfektur statt,
gelegentlich dieser Besuche erhielten die Brüder Einladungen dorthin.

2) Arabisch geschrieben mit französischen Erläuterungen .

und zwar in erster Linie nach den Handschriften von „Ben al-Ouardi" (Ibn al-Wardi), mit Hilfe der Geographie Niebuhrs und mit besonderer Berücksichtigung der Synonymen „Ich sporne ihn an, — es ist ein nützliches Präludium", bemerkt Figeac dazu; doch machten ihm die Schulaufsätze seines Bruders Sorge, die so gar kein „abendländisches Aussehen" hatten und sich wunderten, „in solcher Gesellschaft zu sein."

Um mit der Zeit auch alles in den hauptsächlichsten modernen Sprachen des Abendlandes über Ägypten Erscheinende im Originaltext lesen zu können, begann François, italienische, deutsche[1]) und englische Grammatiken durchzuarbeiten und untereinander zu vergleichen, doch soll er schon zu jener Zeit geäussert haben, dass die germanischen Sprachen ihm niemals ganz geläufig werden wurden

Gab er Bücher zurück, so machte er dem Bruder stets Bemerkungen über den Inhalt da dies aber meistens mündlich geschah, so ist nur wenig darüber erhalten geblieben, doch zeigt auch dieses wenige den unabhängigen Geist des Knaben, der schon früh den blinden Autoritätsglauben verworfen hatte So meint er von Mably, er habe die Gespräche des Phokion erfunden. „Was hältst du davon? Glaubst du, dass das wirklich aus dem Griechischen übersetzt ist? Dass es wirklich antik ist? Dass es ein Werk des Phokion ist? Plutarch spricht nicht davon im „Leben" dieses grossen Mannes . . . Ich bin überzeugt, dass es ein politischer Streich unseres Autors ist, um seinem Werke Beifall zu verschaffen. Er bediente sich so vieler Farben, dass das kein Wunder wäre · Er bezweifelte in sehr bemerkenswerten Worten dass Moses die „fünf Bücher Moses' verfasst habe[2]), und bemerkte nicht nur schon als Knabe, dass die

---

1) Einer Überlieferung zufolge erregte der Satz „Männer sollen nicht wie Kinder fechten", den er auch mehrfach in deutscher Schrift niederschrieb, sein grosses Wohlgefallen.

2) „Ce me fait naître des doutes étranges sur Moyse, il me semble que ce ne peut être Moyse qui ait écrit les livres saints. Les contradictions qu'il y a, sont trop fortes et trop grossières. On ne peut me dire, en quelle écriture il a écrit ses ouvrages Pourquoi préférait-il la Samaritaine qui peut-être n'existait pas de son temps a l'Égyptienne, son écriture natale? Car enfin, il n'avait jamais été en Palestine et n y mit jamais les pieds . "

Zeit dieses Gesetzgebers nach der judischen Chronologie
nicht zu bestimmen ist, sondern fuhlte bereits sehr bestimmt
heraus, welche Schwierigkeiten und Widerspruche dem
Philologen aus dem Studium des Alten Testamentes erwachsen[1]

Er war unwillig uber Michel Berrs Ubersetzung des
Buches Hiob und ereiferte sich uber Vossius und den Pater
Hardouin, weil sie behauptet hatten, das Koptische sei nicht
die Sprache der alten Agypter.

Auch in der Lekture fur Abwechslung sorgend, bittet
er „Sende mir doch die Memoiren der Inschriften-Akademie
denn man kann nicht immer so Ernstes wie Condillac
lesen." — Uber eine schon damals nicht mehr gelesene
„Geschichte des Himmels"[1]. zu deren Verstandnis er das
Studium der gesamten nordischen Mythologie unternommen
hatte, schreibt er. „Dies Buch verdient nicht, so sehr in
Vergessenheit geraten zu sein, wie es der Fall ist Es stellt
sehr klar den Ursprung der Dinge dar, und das ist ohne
Zweifel das beste Mittel, um bis zu den Anfangen der Ab-
gotterei zuruckzugehen und die Kenntnis der symbolischen Schriftzeichen zu erlangen So suchte er
uberall nach dem leitenden Faden, der ihm das Eindringen ins Labyrinth der altagyptischen Schrift ermoglichen
konnte, weshalb er denn auch Horapollos Hieroglyphen
immer wieder durcharbeitete und eine Menge von Notizen
„uber die symbolischen Zeichen der Agypter" niederschrieb
Ein Teil davon findet sich in einem handschriftlichen Buch-
lein[2]) vor, das im Leidener Reichsmuseum pietatvoll aufbewahrt wird, obwohl in dieser Schrift nur erst des grossen
Geistes Ringen nach Wahrheit, zu einer Zeit da er noch
auf Irrwegen wandelte, von Interesse sein kann

---

1) Jacob Spon, geboren in Lyon 1647, einer Ulmer Familie entstammend, Orientreisender und Arzt Grosser Idealist Gestorben
1685 an Uberarbeitung und Entbehrungen

2) „Notes diverses, J F Champollion, Fevrier 1806 " Es wurde
von einem Mitschuler Champollions dem Oberst J C. Humbert gegeben, welcher es wahrscheinlich an Reuvens gab, der seit 1818
Professor der Archaologie in Leiden war

Der diesmalige Jahreswechsel mit dem begluckenden
Ausblick auf Paris inspiricrte ihm ein langes Gedicht, das
von Dankbarkeit gegen den Brudei und von tief religiöser
Gesinnung formlich durchgluht ist, worin sich aber zugleich
auch die schopferische Kraft seiner Phantasie offenbart[1]). —
In den engen Rahmen des Internatlebens passte der Schuler
mit seinen taglich sich eiweiternden Privatstudien gar nicht
mehr, obwohl sich seine persönliche Stellung dort letzthin
gebessert hatte, weil Fouriers oft wiederholtes Woit, dass
diesem „feurigen Fullen[2]) dreifaches Futter gebuhre" und
uberdies solches, wie es das Haus nicht geben konne, endlich
selbst von des Jünglings Widersachern respektiert wurde. —
Dass er sich trotz seiner volligen Ausnahmestellung so freundschaftlich mit seinen Mitschulern stand, wurde spaterhin von
einem derselben (Augustin Thevenet) damit erklart dass
François „die gluckliche Gabe besass, ihnen gegenuber
besondeis von dem zu sprechen, was seinem Wissensschatz
noch fehlte."

Mit starkem Unbehagen erfullten ihn die uberhand-
nehmenden Revolten der Internen, deren eine schliesslich
dahinfuhi te, dass man abends in den Schlafsalen Soldaten mit
aufgepflanztem Bajonett aufstellte, die beim geringsten Wiederbeginn dei Unruhen zum Angriff vorgehen sollten. Alles
das hatte derai tig verscharfte Massregeln zur Folge, dass
den Pensionaren nun in Wahrheit das Lyceum zum Ge-
fangnis wurde, so dass François von neuem den Bruder um
Befreiung anflehte, und dabei von Fourier selber unterstutzt
wurde, der seines Schutzlings Anwesenheit fur die Sitzungen
der Akademie, sowie fur seine wissenschaftlichen Soireen
reklamierte. Wirklich nahm Champollion vom 1. April 1807
an nur noch als Externer an den notigsten Lehrstunden im
Lyceum teil und erfreute sich verhaltnismassiger Freiheit
in dem bei seinem Bruder fur ihn eingeraumten Studiei-
stubchen

Der Prafekt fuhrte ihn sogleich in die literarische Gesell-

---

1) Siehe Anhang I 3
2) „Poulain fougueux qui demande tiiple ration" Ahnliches
sagte man bekanntlich von Lessing.

schaft von Grenoble ein, indem er ihn nötigte, sich an den
Gesellschaftsabenden an seiner Seite zu halten und lebhaften
Anteil an der Unterhaltung zu nehmen — Zu diesen weit
über die Grenzen des Dauphiné hinaus bekannt gewordenen
Soirées intimes fanden sich von nah und fern Autoritäten
aller Disziplinen ein, denn selbst verdienstvolle Ausländer —
unter ihnen viele Ingenieure und Techniker — „liebten es,
den Weg nach Paris über die Präfektur von Grenoble zu
nehmen", war doch Fouriers weitreichende Befürwortung
jedem im voraus gesichert, der wahrhaft Tüchtiges zu leisten
vermochte

Der Präfekt bewillkommnete ebenso herzlich die ersten
deutschen Lithographien[1]) wie seinen Landsmann Joseph
Montgolfier[2]), ja, er sah mit ganz besonderem Wohlgefallen
nach der deutschen Gelehrtenwelt hinüber und sagte eines
Tages zu Montgolfier, einem seiner liebsten Gäste, dass
er ebenso gern an der Wolkenfahrt eines mutigen Luft-
schiffers, wie am Sonnenflug eines kühnen Denkers teil-
nähme. Mit diesem Denker war' der Philosoph Leibniz
gemeint, von dessen Consilium Aegyptiacum ihm der
Marschall Berthier, sein Freund, eine Kopie[3]) übersandt hatte.
Wie bekannt, ist diese Abhandlung eine grundlegende Vorarbeit zu der lichtvollen Denkschrift[4]), die Ludwig XIV. zur
Eroberung Ägyptens hatte bewegen sollen, und Fourier, dem
auch der summarische Inhalt der Denkschrift selber bekannt
geworden war[4]), diskutierte dieses Thema um so lieber, als er im

— — — — —

1) Bruder von Aloys Senefelder, dem Erfinder der Lithographie.

2) Bruder des 1799 gestorbenen Haupterfinders des Luftballons,
beriet mit Fourier die Massnahmen zur Hebung der Industrie

3) Von der Abschrift, die der General Mortier im Sommer 1803
von Hannover aus an Bonaparte gesandt hatte, aber auch das im
Juni 1805 von M A. Mangourit erschienene Buch· Voyage en Ha-
novre (s darin über Leibniz S. 193 bis S. 240) war in seinen Händen.

4) Über diese war im Jahre 1803 eine englische Broschüre erschienen, welche 1804 von der Zeitschrift Minerva (Hamburg) in
deutscher Übersetzung nebst Anmerkung gebracht wurde (s Vol 49,
Januar-, Februar-, Marzheft mit je einem Art) Fourier und Figeac
sorgten dafür, das alles in England und in Deutschland über Ägypten
Erscheinende den Weg nach Grenoble fand.

Begriff stand, es für seine Einleitung zur Description de l'Egypte zu verwerten — Champollion brachte den Ideen des Philosophen, der die Wiederbelebung Ägyptens durch eine geeignete europäische Macht als das sicherste Fundament einer weisen Weltpolitik ansah, das innigste Interesse entgegen. Die Ausführung, dass das ihm teure Land von jeher von höchster Bedeutung für die menschliche Kultur und Politik gewesen sei, bewegte ihm das Herz und es dämmerte wie ein ferner Lichtstrahl die Hoffnung in ihm auf, dass der Kaiser einst vollbringen möchte, was dem General Bonaparte missglückt war und was Ludwig XIV. verschmäht hatte, zu unternehmen „Ägypten zum Mittelpunkt der zivilisierten Welt zu machen, es zu neuem Glanz, zu neuer Grösse zu erheben, und eben dadurch seiner eigentlichen lebenspendenden Bestimmung zurückzugeben."

Die gesamten Interessen der Menschheit wurden in diesen Soireen des Präfekten besprochen. Die Revolution und das Kaiserreich hatten eine Fülle frischer Geistessaat ausgestreut, überall keimten und sprossten neue Ideen aus dem reich befruchteten Boden hervor und nicht zum wenigsten im Dauphiné, wo Kühnheit und Intelligenz sich in der Bevölkerung mit angeborener Ruhmesliebe paaren

Nirgends hatte man dem grossen Regenerator sozialer Ordnung so lebhaft gedankt, nirgends dem werdenden Weltherrscher so aufrichtig zugejubelt wie im Isère-Departement, wo man ja auch einst, im unbewussten Drange ganz Frankreich in der Entscheidung wichtiger Fragen voranzueilen, mit 82.096 gegen 12 Stimmen Bonaparte die erbliche Kaiserwürde zuerkannt hatte, noch ehe die Pariser Canova beauftragten, eine lebensgrosse Statue des Ersten Konsuls anzufertigen

Um so peinlicher war es dem Präfekten, der sich klugerweise zum Mittelpunkt der starken Begeisterung für Napoleon machte, dass die Legitimisten gerade seinen Bezirk dazu benutzten, die in Deutschland und Österreich gedruckten Schmähschriften und Proklamationen, allen Massregeln zum Trotz, über die Grenze zu schmuggeln. In diese für Fourier so gefahrvolle Sachlage erhielt François nun einen tiefen

Einblick, wie er denn überhaupt begann, den gewaltigen Zeitereignissen mit Spannung zu folgen. Doch sei es gleich hier zur Ehre des angehenden Historikers gesagt, dass er der im Lyceum vorherrschenden fanatischen Verherrlichung des Imperators keineswegs beistimmte, sondern wahre Herrschergrosse mit den blutigen Erfolgen eines ruhmsüchtigen Welteroberers unvereinbar fand. Dieser Grundsatz, der deutlich in allen seinen historischen Abhandlungen zum Ausdruck kommt, sowie auch einige komische Zwischenfälle, die der scharfe Gegensatz der Parteien gezeitigt hatte, gaben ihm Anlass zu mehreren politischen Satiren, die er sorglos seinen Mitschülern zum besten gab und die schon erraten liessen, zu welchen Wagnissen sein feuriges Temperament ihn dereinst hinzureissen vermochte.

Unter seinen Genossen war es besonders der gemütvolle Augustin Thevenet aus Grenoble[1]), der sich unwiderstehlich zu ihm hingezogen fühlte. Er war ihm in etwas behilflich beim Sichten der Materialmassen, die François in der Überzeugung aufgespeichert hatte, dass er auch über die Geisteskultur aller mit dem antiken Ägypten in Verbindung gekommenen Völker genau orientiert sein müsse, um den von jenem auf diese ausgeübten Einfluss kennen zu lernen. Glaubte er doch, ägyptische Ideen sogar aus den Mythologien, Sagen und Überlieferungen jener Völker hervorleuchten zu sehen, — daher sein von Thevenet oft vernommener Ausspruch. „Überall glaube ich in Ägypten zu sein!"

Es galt nun aus diesem Material die einschlägigen Notizen zu seiner ersten streng wissenschaftlichen Arbeit herauszulosen, denn die Delphinatische Akademie wünschte von ihm vor seinem Weggang nach Paris eine direkte Mitteilung zu erhalten über seine Arbeitsart und seine Zukunftsplane. So begann er stolzen Mutes die ersten Bausteine herbeizutragen zu seinem „L'Egypte sous les Pharaons", das noch jetzt häufig und mit Nutzen befragt wird, und worin er zunächst die Geographie einer kritischen Behandlung unterwerfen wollte. Seine methodischen Auszüge aus dem hebräischen Bibeltext, aus griechischen und lateinischen Autoren,

---

1) Wangehis war anscheinend nicht dorthin zurückgekehrt.

ganz besonders aber aus den arabischen Geographen be-
fähigten ihn, unter steter Zuhilfenahme seiner koptischen
Studienresultate eine Karte[1]) des pharaonischen Ägyptens
zu entwerfen, die in Anbetracht der Umstände von den Fachgelehrten sehr bewundert wird. Hiernach begann er den
bis ins kleinste gegliederten Plan des Werkes zu entwerfen
und die Einleitung dazu zu schreiben.

Hatten andere es schon Jahrzehnte vor seiner Geburt
ausgesprochen, dass im Koptischen die Sprache der alten
Ägypter erhalten geblieben ist, so stellte er nun als der
erste fest, „dass die, trotz der arabischen Umkleidung noch
erkennbaren, antiken Namen der Städte und Provinzen usw.
ebenfalls dem Altägyptischen angehören", — so dass er nun die
ersten Früchte erntete von seinen mühseligen Bestrebungen,
„den Ursprung der griechisch-lateinischen geographischen
Namen im Koptischen zu suchen, und zwar mit Rück-
schlüssen auf das Altägyptische."

Die angestrengte Arbeit erfuhr im Lauf des Sommers
zwei Unterbrechungen. Zunächst dadurch, dass sich der
Bruder mit Fräulein Zoë Bernat verheiratete, die durch
Herzensgüte, Liebreiz und geistige Regsamkeit bereits in
hohem Grade des jungen Schwagers Zuneigung gewonnen
hatte. Aber sie gab scherzend vor, an dessen dunklem Teint
Anstoss zu nehmen und neckte ihn selbst an ihrem Hochzeits-
morgen damit, dass sein braunes Gesicht zum mindesten für
die bevorstehende Feier weissgewaschen werden müsse.

Mit besserem Erfolg protestierte sie gegen das Wort
„Cadet", wie François als der jüngste der Familie, bislang
genannt worden war. Da sie erfahren hatte, dass „Saghîr"[2])
im klassischen Arabisch annähernd dasselbe bedeutet, bestand sie auf sofortiger Namensänderung, und wirklich
wurde Champollion von diesem Tage an bis an seinen

---

1) Diese im Sommer 1807 entworfene Karte („Carte d'Egypte, di-
visée par nomes avec les noms anciens de ces provinces") erfuhr bis
zur Veröffentlichung keine wesentlichen Veränderungen mehr. In
L'Egypte sous les Pharaons kam indessen nur der das Delta dar-
stellende Teil zum Abdruck — Näheres in Kap IV

2) Sprich Ssaür, eigentlich „der Kleine".

Tod von Verwandten und Freunden ausschliesslich Saghir
genannt. Dieses Wort schrieb er, um die richtige Aussprache zu kennzeichnen, anfangs zum Scherz Ssssaghir, weshalb ihm ein gedrucktes, mit vier S unterzeichnetes längeres
Festgedicht zugeschrieben wurde, das zu eben dieser Zeit
von sich reden machte[1]

Nur wenige Tage trennten das frohliche Familienfest in
Grenoble von einer Trauerfeier in Figeac Noch am 17. Juni
hatte François die Eltern schriftlich[2] gebeten, nun endlich
einmal (vor seiner Abreise nach Paris) nach Grenoble zu
kommen, — aber beim Eintreffen des langen innigen Briefes
lag die Mutter[3], die in ungestillter Sehnsucht nach dem fernen
Liebling ihre letzten Jahre unendlich trübe verlebt hatte, auf
dem Totenbett.

Um François die notige Spannkraft zurückzugeben und zugleich ein Wiedersehen mit dem Vater zu ermoglichen, nahm
ihn Figeac, der jenen alljahrlich in Beaucaire zu sehen
pflegte, mit sich nach der damals ihre mehrhundertjahrige
Beruhmtheit noch vollauf rechtfertigenden Weltmesse[4], welche
unter anderen Besuchern auch zahlreiche Vertreter des gesamten Morgenlandes aufwies. Hier fesselte den Jungling
nicht nur der Anblick der allerverschiedensten Trachten und
Sitten, sondern er fand uberdies reichliche Gelegenheit sich
„zu berauschen" am Klange der ihm so teuren, nur erst
durch die Bucher ihm bekannt gewordenen orientalischen
Sprachen. Unter diesen erfreute ihn vor allem wegen seiner
melodischen Laute das Persische, das er unlangst zuvor auf
sein Studienprogramm gesetzt hatte

So kehrte er denn in gehobener Stimmung nach Grenoble
zuruck und zahlte die Tage und Stunden, die ihn noch
vom Eintritt in die Pariser Hochschulen trennten.

1) „Hommage à M Renauldon . Scène dialoguee entre la Porte
de France et un Passant, — Ier Juillet 1807. SSSS. Verfasser unbekannt geblieben.

2) „De tous les peuples que j'aime le mieux", sagt er hier, „je
vous avouerai qu'aucun ne balance les Egyptiens dans mon coeur "

3) Gestorben am 19 Juni 1807.

4) „Allant à Beaucaire avec Jean François son frere, âgé de
16 ans, eleve du lycee " (Bemerk. a. d. Pass fur Figeac, vom 11 Juli 1807)

Am 27. August abends fand die mit sturmischen patriotischen Kundgebungen verbundene Schlussfeier des Schuljahres im Lyceum statt. Nur einer war inmitten der grossen
Erregtheit still geblieben, bis ins Innerste bewegt durch das
Gluck, dass ihm diese heissersehnte Stunde endlich schlug,
und so sehr uberwaltigte ihn dieses Glucksgefuhl, dass er
im Augenblick, wo sich die Pforten der Schule fur immer
hinter ihm schlossen, bewusstlos in die Arme Thevenets sank.

Vier Tage spater[1]) uberreichte er der Akademie den
Entwurf zu seiner geographischen Karte, sowie die Disposition seiner Arbeit, zugleich las er — auf Verlangen — die
Introduction[2]) zu derselben. — Der delphinatische Ge-
lehrtenverein, der sich im Bewusstsein seiner Leistungsfahigkeit seine Unabhangigkeit vom Institut de France zu
wahren verstanden hatte, suchte jedes empor Dauphiné empor-
strebende wahrhafte Talent in der Entwicklung zu fördern
Hier nun handelte es sich ganz ersichtlich um ein Genie,
man versteht daher, dass die Akademie, welche seit Jahren
von dessen allmahlicher Entfaltung Zeuge gewesen war,
dem scheidenden Jungling nicht nur eine Ermutigung zu
geben beschloss, sondern dass sie ihn zugleich auch an
sich, und damit ans Dauphine, zu fesseln wunschte. Übrigens
wusste sie nicht einmal, dass der Überkuhne in seinem
„Agypten unter den Pharaonen" eine alles umfassende
agyptische Enzyklopadie (zu der die „Geographie"
nur der einleitende Band sein sollte) zu verfassen gedachte und sie sich im Geiste in den Hauptzugen bereits
klar gelegt hatte, ehe er noch die Entzifferung der alten
Texte zu Hilfe nehmen konnte!

Von seinem gluhenden Drang nach der Erkenntnis der
altesten Geschichte an der Hand der altesten Schriften —
und dafur hielt er die agyptischen Hieroglyphen — uber die
Ungunst der Verhaltnisse hinweggetauscht, meinte er in
Paris durch grundliches Studium besonders des Koptischen

---

1) 1 September 1807 Alle anderen Daten dafur sind irrig

2) Gleich der geographischen Karte erfuhr auch diese Einleitung
bis zu ihrer Veroffentlichung nur wenige Zusatze, aber keine wesentliche Veränderung

und der Inschrift des erwähnten Rosette-Steines (die ihm soeben durch eine dem Prafekten übersandte Kopie bekannt geworden war) so schnell zum Ziele gelangen zu können, dass
die einzelnen Bände seines Werkes ohne nennenswerte
Unterbrechung geschrieben werden konnten. Dieser ihm
selber späterhin so naiv erscheinende Optimismus liess ihn
alle Scheu überwinden, als er zum erstenmal vor der Akademie das Wort ergriff

Die Versammlung fühlte, dass jemand vor ihr stand,
der durch sich selber stark war und ernannte ihn in dieser
denkwürdigen Sitzung einstimmig zu einem der Ihrigen.
„Indem die Akademie Sie trotz Ihrer Jugend zu ihrem Mit-
gliede ernennt,“ sagte der Präsident Renauldon, „hat sie das,
was Sie getan haben im Auge, aber mehr noch zählt sie
auf das, was Sie noch zu tun vermögen! Sie gefällt sich
darin, zu glauben, dass Sie ihre Hoffnungen rechtfertigen
werden, und dass, wenn eines Tages Ihre Arbeiten Ihnen
einen Namen machen, Sie sich daran erinnern werden, von
ihr die ersten Ermutigungen erhalten zu haben.“

So war denn der Lyceumschüler gleichsam über Nacht
zum Akademiker geworden und damit hoch über seine ehemaligen Peiniger gestellt — Durch diesen glanzvollen Abschluss der Schulzeit seines Bruders hoch beglückt, sandte
Figeac denselben ins Valbonnais, damit er sich in dem erwähnten weltverlorenen Waldweiler La Roche und in dem
benachbarten Entraigues [1]), wo ebenfalls Verwandte wohnten,
erholen konnte. Wer je dieses Stückchen Erde am Zu-
sammenfluss des Giessbaches Malsanne mit der Bonne betreten hat, wo die ungewöhnliche Pracht der Wiesenflora,
die Überfülle von Nachtigallen und anderen Singvögeln und
nicht zum wenigsten das allerorten in silberhellen Kaskaden
hervorrauschende Wasser dem kühn entworfenen Land-
schaftsbilde unaussprechlichen Reiz verleihen, der wird verstehen, mit wie grosser Freude Champollion dieses Wald-
paradies, wo er kein Fremdling war, wieder betrat

Aber wie mächtig und kräftigend ihn auch der leben-
spendende Odem dieser Alpennatur durchdrang, — als

1) „Entre-les-Eaux“.

mächtiger noch erwies sich für den Jüngling die brennende
Ungeduld, nach Paris zu gelangen; allzu schnell trieb sie ihn an
seine Reisevorbereitungen zurück, doch täuschte sie ihn gleichzeitig über die Bitterkeit des Abschieds von Grenoble hinweg.

Er hatte sich seit dem letzten Frühling stark verändert
und war auch körperlich seinen Jahren vorangeeilt, was
seiner nunmehrigen Sicherheit im Auftreten, seinem schnellen
Überblick und seiner Urteilsreife zu Hilfe kam, um ihn von
seinen Altersgenossen sehr beträchtlich zu unterscheiden.
Überdies hielt ihn eine tiefgehende erste Liebe im Bann und
ihre umgestaltende Kraft liess ihn noch gesetzter erscheinen,
als es sonst wohl der Fall gewesen wäre. Im monatelangen
häuslichen Verkehr[1]) mit seiner etwa sechs Jahre älteren
Schwägerin Pauline Berriat (der Schwester von Frau Zoe)
hatte er nämlich so viel seelisches Glück empfunden, dass
er die Erfüllung seiner schönsten Zukunftshoffnungen von
einer Verbindung mit ihr abhängig machte.

Anstatt sich jedoch seinem Bruder oder dessen Frau zu
offenbaren, machte er seine junge Cousine Casarine zu seiner
Vertrauten, welche, skeptisch veranlagt, die Sache mit scharfem
Witz ins Lächerliche zog, ohne jedoch ihren Zweck zu erreichen, denn der sechszehnjährige Champollion ging tatsächlich mit der Absicht nach Paris, sich dort schnell eine
Stellung zu schaffen, die ihm erlauben würde, sich zu verheiraten[2]). Nicht dass er über diesen Plan seine ägyptischen
Projekte auch nur um Haaresbreite zurückgedrängt hatte, —
er glaubte vielmehr beides vereinigen zu können und hatte
also ein doppeltes Ziel vor Augen als er mit höchst-
gespannten Erwartungen nach der Hauptstadt abreiste

---

1) Champollion wohnte damals bei seinem Bruder, im Hause der
Berriat, rue Perollerie (nun rue Barnave) Das architektonisch höchst
merkwürdig gewesene Haus existiert nicht mehr.

2)   „Chacun a ses penchants, ses goûts,
              Mais je crois que dans cette vie,
              Le plus sage d'entre nous tous
              Est le sage qui se marie "   (Sommer 1807)

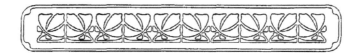

Kapitel III

Der Student.

(Mitte September 1807 bis Mitte Oktober 1809.)

Nach etwa 70stündiger Fahrt im schwerfälligen Postwagen, dessen Plätze tagelang vorher gesichert werden
mussten, langten die Brüder am 13. September in Paris an,
wo sie Fourier bereits vorfanden.

Das grossartige Treiben der Weltstadt, die in der vollen
Glorie von Napoleons Waffenruhm erstrahlte, fesselte François
nicht so sehr, wie man bei seiner geistigen Lebhaftigkeit
hätte denken sollen: sein Instinkt sagte ihm vielmehr sogleich, dass er sich körperlich wie geistig niemals in Paris
wohlfühlen würde. Überdies befiel ihn schon am ersten Tage
heftiges Heimweh nach den Bergen des Dauphiné sowie
eine fast unbezwingbare Sehnsucht nach seinen dort zurück-
gelassenen Lieben. Da galt es alle Kraft zusammenzu-
nehmen, um das Ziel erreichen zu können, das er sich ge-
steckt hatte.

Paris allein konnte damals dem viel umfassenden jungen
Genie die geeignete Werkstätte bieten, denn nirgends sonst
in der zivilisierten Welt zeigte sich ein solches Zusammenwirken intensivsten Geisteslebens wie dort, wo die Kraft
menschlicher Intelligenz gerade damals sich in überwältigen-
der, neugestaltender Betätigung auf allen Gebieten zugleich
offenbarte. Der genialen Wiederbegründung höherer Geisteskultur auf griechisch - römischer Grundlage durch Franz I.

waren die Glanzperioden unter Ludwig XIV. und Ludwig XV. gefolgt. — Ein neues, unermesslich weites und reichhaltiges Gebiet erschloss sich darnach, ums Jahr 1762, speziell für die Sprachforschung, als es einem mutigen Forscher[1]) gelang, eine Menge hochbedeutsamer Literaturdenkmäler aus den klassischen Zeiten des fernen Orients, gleich zündenden Funken, ins Abendland — und zwar nach Paris — zu übertragen, wo sie im Laufe der Zeit am Horizont der Gelehrtenwelt als Geistesflammen hell emporleuchten sollten

In reichem Masse wurden durch Bonapartes Expedition nach Ägypten verschiedenen Wissenschaften neue Perspektiven eröffnet, und wiederum war es Paris, wo das aus ihr hervorwachsende Riesenwerk der franzosischen Gelehrtenkommission sich gestaltete und ein Anbahnen des Weges bedeutete, auf welchem Champollion suchend weiterschreiten wollte.

Noch am Tage der Ankunft stellte ihn der Bruder den zwei namhaftesten seiner künftigen Lehrer vor, nämlich den Orientalisten Silvestre de Sacy und Louis Mathieu Langlès, damit er von ihnen eine Anleitung zum vorbereitenden Selbststudium für die Lehrstunden am Collège de France und an der Ecole spéciale des langues orientales vivantes erbate.

Der erste Besuch galt Sacy[2]), dessen grosse Persönlichkeit sich damals so wurdevoll von der durch wilden Parteienhass noch immer stark bewegten Fläche des Pariser Lebens abhob, dass ihm bedingungslos von allen Seiten gehuldigt wurde. — Dieser Mann, den ein deutsches Blatt einst die Ehre gehabt hat, in die Arenä der Gelehrtenwelt einzuführen[3]), hatte sich seit dem tief von ihm beklagten Sturz

---

1) Anquetil - Duperron, Begründer des Zendstudiums in Europa Von 1755—1762 in Indien, wo er von Priestern der Parsen neupersische Übersetzungen ihrer in Zend und Pehlevi geschriebenen alten Bücher zu erlangen wusste. Gestorben 1805 in Paris

2) Siehe Hartwig Derenbourg. Silv. de Sacy, Edit du Centenaire de l'Ecole, Paris 1895.

3) Siehe eine Notiz ohne Nennung des Namens im Repertorium für bibl und morgenland Literatur 1780 und mit dem Namen ebenda 1781, Teil 9, p 233, Nota h, wo J G Eichhorn schreibt· „Einer meiner

des Königtums so ganz und gar in seine Bestrebungen für die Wissenschaft versenkt und eine derartig unerschütterliche Reserve zu wahren gewusst, dass selbst die Sturmflut der Schreckenszeit sein stilles Studierzimmer respektiert hatte, und er wie gefeit vor allen politischen und sozialen Umtrieben dastand. — Überdies hatten ihn seine bahnbrechenden Arbeiten auf mehreren Gebieten der orientalischen Sprachen, vor allem im klassischen Arabisch, im Jahre 1807 bereits als eine Autorität allerersten Ranges gekennzeichnet und seinen Namen überall, und nicht am wenigsten unter den Orientalen selber, bekannt gemacht.

Obwohl körperlich von ungewöhnlich unansehnlicher und vorzeitig gebeugter Gestalt, hatte Sacy doch etwas so Fesselndes und Ehrfurchtgebietendes in seinem geistverklärten Antlitz und in seiner Redeweise, dass denen, zu welchen er sprach, nur die Empfindung von seiner Grosse gegenwärtig blieb.

Wie Fourier gegenüber einst der unbeugsame Knabe von einem ihm neuen Gefühl überwaltigt worden war, so fühlte sich hier auch der selbstbewusste Jüngling von instinktiver Scheu überkommen, als des Meisters durchdringendes Auge prüfend auf ihm ruhte. Wie tief der Eindruck war, den Sacy seinerseits während dieser ersten Begegnung in seiner Seele empfing, sprach er späterhin selber aus[1]). Sehr gespannt hatte er dem Lyceumschüler entgegengesehen, der mit unerhörter Kühnheit ein Werk geplant und begonnen hatte, zu dessen sachgemässer Durchführung dem 49jährigen Weisen für niemand noch der richtige Zeitpunkt gekommen schien — am wenigsten für einen 16jährigen Jüngling, der an der Hand dürftigen Materials mit unzulänglicher, autodidaktischer Kenntnis der orientalischen Sprachen gearbeitet hatte

---

Freunde in Paris, Herr Silvestre de Sacy, conseiller du Roi en sa cour des Monnoyes, hat mir einen Abschnitt aus einem historischen Werk des Dschelaeddin Alsoiuti .. mitgeteilt, welcher den ägyptischen Handel betrifft . . . ." Es folgt der Abschnitt, Originaltext mit Übersetzung

1) Notice sur la vie et les ouvrages etc. 1833, Firmin Didot, p 9 „mes souvenirs personnels me retracent encore la première entrevue qui a laissé de profondes impressions dans mon esprit."

Der erfahrene Lehrer wollte jedoch Champollions Feuereifer nicht durch systematische Entmutigung dampfen und somit von vornherein sein Zutrauen verlieren. Er würdigte ihn daher des eingehendsten Interesses an seinem Arbeitsplan, wie wenig er damals auch an einen durchschlagenden Erfolg auf dem Gebiet altägyptischer Sprachforschung glauben konnte. Dennoch versprach er dem auf diesem vermeintlich aussichtslosen Studium fest beharrenden Jüngling alle in seiner Macht stehende Forderung

Weit weniger freundlich wurde dieser von Langlès empfangen, damals allgemein der „Tartar" genannt, weil er das weite Gebiet der Tartaren durch das Studium ihrer Sprache gleichsam für die Wissenschaft hatte erobern helfen und fortgesetzt den Brennpunkt seiner Interessen in diese spezielle Forschung verlegte. Von der Revolution, deren Grundsatze er willkommen geheissen, war er zwar eine Zeitlang beherrscht worden, doch inmitten der Brandung stehend hatte er trotzdem nicht aufgehört, über die ihn umgebenden Schreckensszenen hinweg standhaft nach dem fernen Osten zu blicken. So war er auch im Jahre 1795 der Hauptbegründer der Ecole spéciale des langues orientales vivantes[1]) gewesen, die einen durch die stark erweiterten Beziehungen Frankreichs zum Orient sehr nötig gewordenen Unterrichtszweig darstellte. Denn infolge der Revolution hatten nicht nur fast alle französischen Dragomane im Ausland den Dienst gekündigt, sondern auch das alte Institut der Jeunes de langues[2]), das sie bis dahin geliefert hatte, wies aus demselben Grunde nur noch zwei neunjährige Knaben auf.

Selber ein Schüler Sacys, dem er jedoch weit nachsteht, machte sich Langlès um die orientalischen Studien besonders durch den Eifer verdient, mit dem er diesem Wissenszweig in weiten Kreisen Anerkennung verschaffte Aber da er nicht wie Sacy sämtliche Gebiete menschlichen Wissens mit verstandnisvollem Interesse umfasste, hielt Langlès, dem das Koptische z. B als griechisch-arabische Mischsprache galt,

---

1) Siehe Notice histor. sur l'Ecole des langues orientales Paris 1883, Leroux
2) Ib p 5. I und p. 6

die so nachdrucklich auf Ägypten gerichteten Bestrebungen
seines neuen Schülers für törichte Anmassung und zeigte
sich gleich von Anfang an sehr verstimmt darüber, dass
der begabte Jüngling nicht gewillt war, ihm ganz ausschliesslich ins mittelasiatische Sprachengebiet zu folgen

Für Champollions klassische Studien konnte damals nur
das Collège de France in Frage kommen, da dieses allein
den Zusammenbruch der alten Institutionen überlebt hatte,
während andererseits die Grosse Kaiserliche Universität
noch nicht organisiert war. Das Collège, dem im Jahre
1530 Franz I., sein Begründer, die erhabene Aufgabe gestellt
hatte, den belebenden Mittelpunkt freier Forschung auf allen
Wissensgebieten zu bilden und der Menschheit als Pharus
höchster Geisteskultur zu leuchten, war dieser Mission stets
eingedenk geblieben, daher ist denn auch seine Geschichte
eng verwachsen mit derjenigen der intellektuellen Entwicklung Frankreichs, sowie des gesamten Abendlandes seit
der Renaissancezeit[1]).

Von einigen Revolutionsfanatikern bedroht, sah es sich
doch von den einflussreichsten Führern der gewaltigen Bewegung so völlig gewürdigt und so hoch gestellt, dass es
dazu bestimmt ward, in der neuen Organisation eine noch
wichtigere Aufgabe zu lösen, als es bislang bereits der Fall
gewesen war So blieb denn dies Asyl geistiger Freiheit
unangetastet, selbst Laharpes gehässige Angriffe (z B. im
Mercure de France) hatten es nicht schädigen können, und
der Respekt, den es sogar in den schlimmsten Tagen der
Schreckenszeit den Parteien einflösste, die ja — jede in
ihrer Weise — für Freiheit kämpften, wurde durch die Un-
erschrockenheit der Professoren noch erhöht. Mirabeau,
Talleyrand, Condorcet, Chaptal und andere erleuchtete
Männer machten Pläne für die Zukunft des Collège, die
ihnen wie dem Hause selber zur Ehre gereichten.

Von Bonaparte fürchtete man, dass er es sogleich zu
Fall bringen würde, nicht nur aus Opposition gegen die
Revolutionsvermächtnisse, sondern auch weil ihm die geistige
Unabhängigkeit der Gelehrten als unvereinbar mit den Inter-

---

[1]) Siehe Abel Lefranc, Histoire du Coll de France etc Paris 1893.

essen der Staatsregierung erschien. Dennoch gelang es
Fourcroy endlich, das Fortbestehen des Collège — und
zwar mit all seinen Privilegien — zu erlangen. Der Erste
Konsul wollte es spaterhin zum leitenden Mittelpunkt des
gesamten hoheren Unterrichts machen, dem Kaiser dagegen
schien es gut, ins Collège alle jene Studien zu verweisen,
die er nichtachtend „gegenstandslose Wissenschaft (science
sans objet)" nannte und die er dennoch nicht aus der Welt
zu schaffen wusste. Damit glaubte er sich der Wiederherstellung der wissenschaftlichen und philosophischen[1]) Fakultaten uberhoben, und man sieht aus seinem vom 9. April
1807 datierten, in Finkenstein geschriebenen Briefe, dass er
sogar noch damals auf dieser Ansicht beharrte. Inzwischen
hatte jedoch das Haus manche Beweise der kaiserlichen Huld
erfahren, und sogar der sonst so unvermeidliche militarische
Drill entweihte nicht diese stille Werkstatte geistigen Schaffens.

Neben anderen Gelehrten von europaischem Ruf zahlte
das Collège seit dem 4. April 1806 auch Sacy zu den
Seinen, so dass es grosser dastand denn je zuvor, als seine
Pforten sich demjenigen offneten, der es spaterhin mit einem
seiner hochsten Ruhmestitel dem ersten agyptologischen
Lehrstuhl, schmucken sollte.

Die Vorlesungen begannen erst spat[2]), und da Figeac
Paris bald wieder verlassen hatte, so konnte François nun
zum erstenmal in seinem Leben nach eigenem Belieben
über seine Zeit verfugen.

Solange ihn der Bruder uberall umhergefuhrt, ihn den
ubrigen Lehrern und vielen andern bedeutenden Männern
vorgestellt hatte, die ihm nutzlich oder interessant sein
konnten, war er nicht zu sich selber gekommen; nun aber
brach eine Flut der widerstrebendsten Gefuhle uber ihn
herein, und es war ihm trotz seines starken Dranges nach
neuer Geistesnahrung fast unmoglich, in Paris zu bleiben.
Dieser schwere Konflikt zwischen dem rastlosen Hirn und
dem sturmisch empfindenden Herzen spricht deutlich aus
seinen Briefen, die in ihrer Unmittelbarkeit anschaulich alle

---

1) Facultés des lettres.
2) Ecole spéciale 16 November. Collège de France· 27 Nov

jene kleinen Zuge wiedergeben, welche das Bild eines
Menschen erst wirklich lebenswahr machen.

Am 16. Oktober endlich legte er brieflich dem Bruder
sein Verhaltnis zu Pauline klar Naturlich fand Figeac, der
sich nun erst das auffallende Benehmen seines Schutzlings
erklarte, die Sachlage wenig erfreulich „Du hast Dich gebunden, — Du hast Deine Ehre verpfandet — und bist noch
so jung!" ruft er ihm bekummert zu, zugleich aber benutzt
er diesen Umstand klug, um von dem ohnehin erregbaren
Jungling ausserste Pflichterfullung und Sittenstrenge zu
fordern „Deine Pariser Studien sind die eines dreissig-
jahrigen Mannes, — — Du musst also die ganze Vernunft
dieses Alters haben und Du eine Zukunft anbahnen!" Und
er verlangt von ihm Stunde um Stunde die nötige Weisheit,
um einst von sich sagen zu konnen. „Ich brauche uber keinen
einzigen Augenblick meines Lebens zu erroten "

Wenn Figeac, der die durchaus sudliche Natur seines
Bruders so gut kannte, diese schwierige Forderung stellen
konnte, so geschah es wohl im Vertrauen auf dessen ideale
Sinnesrichtung und fruh entwickeltes Rechtlichkeitsgefuhl
Auch die zwingende Macht seiner agyptischen Projekte, so
hoffte er, wurde ihn in den notigen Schranken halten; uberdies aber mussten seine Beziehungen zu Pauline ebenfalls
einen veredelnden Einfluss auf ihn ausuben, wenn sie zurzeit auch die Hauptursache seines Heimwehs waren.

„Nur Arbeit kann mir etwas Ruhe geben," schreibt
François, „ich fuhle eine entsetzliche Leere in mir, . . . besonders abends, wenn ich allein zu Hause bin und mich einen
Augenblick ausruhe, besturmen mich meine Gedanken. Zuweilen kommen mir selbst die Tranen in die Augen; ich
greife dann aber sofort zur Arbeit, und wenn ich ganz darin
aufgehe, werde ich ruhiger.   ." — Zugleich aber berichtet
er uber seinen Besuch bei dem wegen seiner archaologischen
Kenntnisse zu jener Zeit oft genannten Abbe de Tersan,
welcher in der viel geruhmten, historischen Abbaye aux
Bois[1]) residierte. Seine herrlichen Sammlungen aller Art

---

1) Sie wurde 1654 gegrundet und umfasst mit ihren schönen
Garten 4203 Q -Meter Seit 1790 unverandert geblieben. (Ecke der
rue de Sèvres und der rue de la Chaise)

waren in schönen Salen geschmackvoll gruppiert und bildeten einen der Magnete, welche die vornehme Pariser Welt unausgesetzt nach der Abbaye hinzogen.

Der greise Antiquar fand trotz seiner prinzipiellen Abneigung gegen alles, was vom Dauphiné kam, soviel Gefallen an François (obwohl sich dieser mit Stolz als Delphinat bis ins Herz hinein ihm vorgestellt hatte), dass er, ganz gegen seine Gewohnheit, dem Studenten alles zur Verfugung stellte, was er an arabischen und koptischen Handschriften besass. Er erlaubte ihm sogar, allein in den Salen zu verweilen, wahrend er im allgemeinen seine dort eintretenden Besucher personlich aufs allerscharfste uberwachte, was zu manchen komischen Vorfallen Anlass gab.

Champollions Bestreben, in Paris reiches und mannigfaltiges Material zur Grundlage fur kunftiges Selbststudium zu sammeln, wurde durch die politischen Verhaltnisse sehr begunstigt, denn wie Bonapartes agyptische Expedition indirekt den Knaben zur fruhen Erkenntnis seiner Lebensaufgabe gefuhrt hatte, so wurde deren Lösung in ihren Anfangen ganz ausserordentlich durch die Konsequenzen von Napoleons europaischen Kriegen gefordert. — die grosse Pariser Bibliothek[1]) namlich, welcher die Revolution durch Unterdruckung der Kloster und Konfiskation der Emigranten- guter bereits unermessliches Material uberliefert hatte, wurde nun mit neuen Reichtumern formlich uberschuttet, da der Kaiser durch systematisch vorgehende Kommissare[2]) den Sammlungen Italiens, Deutschlands und Osterreichs in erster Linie die seltenen Bucher und kostbaren Handschriften entnehmen liess, von denen die Pariser Bibliothek noch kein Exemplar besass. So stand sie denn einzig in ihrer Art da, als Champollion in ihr zu arbeiten begann, doch darf nicht vergessen werden, dass infolge der erdruckenden Uberfulle und der standig erneuerten Zufuhr[3]) eine Unordnung in den

---

1) Je nach der politischen Lage die Konigliche, die Kaiser- liche oder die National-Bibl genannt.

2) Siehe „La Biblioth. Nationale, Notice historique par T Mortreuil. Paris 1878"

3) Alles Ankommende (so z B. die Handschriften von Wolfen- buttel) kam zunächst in die „dépôts litteraires", von wo aus in die

Galerien herrschte, welcher selbst das bibliographische Genie eines Van Praet[1]) nicht so völlig Herr werden konnte, als es für Studienzwecke zu wünschen gewesen wäre.

Alle Bemühungen, für François in dieser Bibliothek ein kleines Amt zu finden, waren misslungen[2]), denn „die Direktoren wollten keinen Hilfsbeamten anstellen, den sie nicht selber gewählt hatten", doch hatte es sich, wie Millin tröstete, auch nur um eine Kopistenstelle handeln können, welcher die volle Freiheit des Studenten vorzuziehen war. Van Praet, der eigentlich die Seele des gesamten Hauses war — dem sein Andenken noch heute teuer ist — erzeigte ihm von Anfang an viel Gute und gestattete ihm sogar die uneingeschränkte Durchsicht noch ungeordneter ausländischer Büchermassen

Schon während der Ferien begann er mit dem Durcharbeiten aller koptischen Texte der Bibliothek, die ihm freilich oft nur kärgliche Ausbeute für seine geographischen und topographischen Namenlisten boten, ihm aber für das analytische Studium der grammatischen Formen sehr nützlich waren Er empfand schmerzlich die Unzulänglichkeit der Wörterbücher und Grammatiken und meinte, das Koptische fordere strengstens eine eigene, den europäischen Sprachen entgegengesetzte Methode. Der von den älteren koptisch-arabischen Gelehrten angewandten Lehrweise[3]) dieses Idioms gab er den Vorzug, bahnte sich aber zugleich auch selber den Weg auf diesem Spezialgebiet an, indem er bereits den Grund legte zu seiner koptischen Grammatik nebst Lexikon.

übrigen Bibliotheken gesandt wurde, was die Kaiserl nicht beanspruchte

1) Damals Président du Conservatoire, von 1795—1839 garde et conservateur des Imprimés

2) Die „Observation" in den zuständigen Akten. „Le 30 Mai 1807, par décision du min de l'Intér, Employé extraordinaire au dépôt des Mss orientaux" ist irrig.

3) „Les ‚echelles', livres ou mss arabes, soidisantes grammaires coptes", die er in der Pariser Biblioth. vorfand. Diese kopt.-arab Schriften, die einen dürftigen grammatischen Abriss und ein sachlich geordnetes Wörterverzeichnis enthalten, führten den Titel „Treppe", der uns in der latein. Übersetzung scala geläufiger ist.

Er befand sich fortgesetzt in dem Irrtum, dass sämtliche
altägyptische Texte ausschliesslich alphabetische Schriftzeichen darstellten, die zur gegebenen Zeit durch die koptischen Buchstaben ersetzt waren, ohne dass sich dadurch
der Geist und die Konstruktion der alten Sprache wesentlich
verändert hatten. Durch die Rosettana[1]) in die altagyptischen
Schriftarten einzudringen und „Ägypten durch die Agypter
kennen zu lernen" erschien ihm deshalb auch jetzt noch
nicht allzu schwierig, — trotzdem wollte er erst auf denkbar
breitester Basis philologischer, linguistischer, historischer und
archäologischer Studien den festen Grund zu seinem
spateren Spezialstudium legen, ehe er den bedeutungsvollen
dreisprachigen Text in Angriff nahme.

So standen denn wegen der nötigen und unausgesetzten
Sprachenvergleichung alle literarischen Idiome des Orients,
in drei Hauptgruppen geordnet, auf seinem Studienprogramm,
und nach den Anschauungen der damaligen Zeit gliederten
sich diese Gruppen so das Sanskrit mit seinen wichtigen
Verzweigungen (dem Zend, Pehlevi und Parsi), das Arabische
als Muttersprache mehrerer westasiatischer Idiome, das Persische als Tochter der Ursprache Ost-Asiens. — Aber auch
das Chinesische liess François nicht ganz aus dem Auge.

„Ich machte Auszuge aus fast allen Handschriften der
Kaiserlichen Bibliothek und von einigen die Kopien", sagt er
selber, und was spaterhin Gesenius und andere so lobend
an Champollion hervorheben war schon dem Studenten
eigen· strenge Genauigkeit in Zitaten und in Angaben be-
nutzter Quellen, sowie das stete Zuruckgehen auf die
Originaltexte.

Figeac verwies ihn wiederholt an den Beistand der
Kommission[2]) und Fourier selber machte seinen Schutzling
mit den hervorragendsten Mitgliedern derselben bekannt, vor
allem mit dem schon damals vielgenannten Archäologen Edme

---

1) Abgekurzte Bezeichn. für die Inschrift des erwahnten Denk-
steins von Rosette, der eine Urkunde aus der Zeit des Ptolemaus Epiphanes
in der alten heil. Sprache, in der spateren Volkssprache u. auf griechisch
enthalt Siehe Anhang I 1. uber seine Auffindung

2) Das Wort Kommission ohne Zusatz wird hier stets die franz
Gelehrtenkommission bezeichnen, die mit Bonaparte nach Äg ging

François Jomard[1]), der sich von Paris aus um die Zivilisation
Ägyptens durch Frankreich anhaltend bemühte. Dieser mit
der Herausgabe der Description de l'Egypte betraute
Gelehrte hatte soeben selber eine geographische Beschreibung
Ägyptens verfasst und war, wie spätere Darstellungen
begründen werden, nicht sonderlich erfreut über die
auch ihm vorgelegte „Introduction" nebst der Gesamt-
karte des pharaonischen Ägyptens, deren Wert er keineswegs verkannte. Einige seiner Kollegen waren weitherziger,
da jedoch der Jüngling bald herausfand, dass seine Auffassung des altägyptischen Problems wenig gemein hatte
mit derjenigen der Kommission, so bewahrte er dieser
gegenüber von Anfang an kühle Reserve. Hierzu bewog
ihn besonders die mangelhafte Wiedergabe der antiken
Schriftzeichen, da sich ihm durch die Besichtigung authentischer Denkmäler die Formen vieler derselben bereits ein-
geprägt hatten. — Am vertrautesten wurden ihm die Ex-
peditionsmitglieder Ed. de Villiers du Terrage und J. B Prosper
Jollois[2]), mit denen er eingehend seine Arbeit über die Geographie Ägyptens erörterte.

Seine Leidenschaft für das alte Land verlieh in den
Augen des Studenten dem Koptischen manchen vervoll-
kommnenden Reiz, den ihm die nüchterne Kritik versagt. Ihm jedoch bot die ganze Welt keine schönere
Sprache dar, und seine Freude war gross, als er den
koptisch-unierten[3]) Priester Jeacha Scheftidschy in der
Kirche St. Roch die Messe in dessen eigener Sprache lesen
hören, sich mit ihm über die verschiedenen Dialekte der-

---

1) In den Listen der Kommission — deren Sekretär er war —
als Ingénieur géographe verzeichnet

2) Dem Corps Desaix zugewiesene junge Ingenieure, die nach
Ob -Äg. gingen, als dasselbe noch in vollem Aufruhr stand Sie
entwarfen schon vor dem Eintreffen der Kommission viele Notizen,
sowie treffliche Zeichnungen zahlreicher Denkmäler

3) Die Kopten bilden bekanntlich eine eigene Kirchengemeinschaft
Nur wenige sind der griech. oder der röm Kirche angegliedert (uniert).
Die letzteren besonders durch die Tätigkeit der Congregatio de propaganda fide, kurz Propaganda genannt, die viel für die Wiederbelebung der kopt Sprache getan hat

selben unterhalten und alte Personen- und Ortsnamen von ihm erfragen konnte. Bekanntlich war jedoch das Koptische seit lange keine lebende Sprache mehr, und die unierten Priester hatten nicht die ursprüngliche Aussprache beibehalten, sondern die der römischen Propaganda angenommen.

Es fehlte nicht an Kopten in Paris; sie hatten sich nebst einigen ägyptischen Arabern der heimkehrenden französischen Armee, der sie grosse Dienste geleistet hatten, angeschlossen, um ihr eben deshalb verwirktes Leben zu retten. Einige von ihnen hatten sich der persönlichen Gunst Bonapartes zu erfreuen gehabt, und zu ihnen gehörte auch der schon erwähnte Dom Raphael. Dieser war in Erinnerung an die schönen Grenobler Tage dem Jüngling so herzlich entgegengekommen, dass sich das Verhältnis zwischen Lehrer und Schüler sogleich zu einem recht innigen gestaltete. Der ehemalige Mönch liebte die Geselligkeit und sein wohnliches Heim bildete nächst der persischen Gesandtschaft, wo Asker-Chan offenes Haus hielt, den Hauptsammelplatz der ägypto-orientalischen Kolonie. „Er ist wie zu Hause bei allen diesen Orientalen . ." bemerkt Figeac, und wirklich eignete François sich binnen kurzem so sehr die morgenländischen Umgangsformen an, dass dies mehrfach zu komischen Irrtümern Anlass gab. „Das Arabische", schreibt er selber, „hat mir gänzlich die Stimme verändert: es hat sie mir gedämpft und in Kehllaute umgewandelt. Ich spreche beinahe, ohne die Lippen zu bewegen, und das muss wohl mein von Natur schon so orientalisches Aussehen noch erhöhen, denn Ibn Saoûa . . . hielt mich gestern für einen Araber und begann mir sein Salāmât zu machen, das ich entsprechend beantwortete, worauf er mich mit endlosen Höflichkeiten überschütten wollte, . . ." eine Szene, der Dom Raphael ein Ende machte.

Mit besonderem Interesse näherte er sich dem talentvollen Michael Sabagh[1]), dessen Andenken in den Schriften der Orientalisten jener Tage weiter lebt, einem kränklichen

---

1) Eigentlich Mīhā'il Sabâgh, geb. 1784 in Akka, vornehmer Abkunft, in Kairo erzogen. Kosegarten, sein Schüler, liebte ihn sehr

jungen Menschen, der, durch die Türken bettelarm geworden, als Sechzehnjähriger mit der französischen Armee
nach Paris gekommen war, wo er ersichtlich einem frühen
Tode entgegenging. Seine von Sacy übersetzte Denkschrift
über die Brieftaube des Orients[1]) hatte dem Studenten so
sehr gefallen, dass er sie nicht nur schon im Herbst 1807
durcharbeitete, sondern dass er keine Schritte scheute, um
dem unglücklichen Autor, der nur eine ganz bescheidene
Kopistenstellung einnahm, zu Hilfe zu kommen. — Dieser
häufige Umgang mit gebildeten Orientalen förderte Champollion sehr nach der praktischen Seite hin und bewahrte
ihn vor einseitigem Betreiben seiner Studien. Wuchs trotz
der Ferien die Arbeitslast täglich an, so mehrten sich auch
die neuen Bekanntschaften, da die zahlreichen Gänge, die
er für Grenobler Gelehrte zu machen hatte, ihn allmählich
bei allen Koryphäen der Hauptstadt einführten. Seine an-
sprechende Persönlichkeit trug nicht wenig zum Gelingen
dieser mannigfaltigen Besorgungen bei, die allerdings zeit-
raubend waren, aber doch auch viele nützliche Beziehungen
anknüpfen halfen, was der stets an die Zukunft denkende
ältere Bruder weislich erwog

So war der Student zum Beispiel sehr tätig für ein
Werk[2]) des pensionierten Generals de Lasalette von der
Delphinatischen Akademie. Er musste alte Texte[3]) sowohl
wie lebende Autoritäten zu diesem Zweck befragen, und
Dom Raphael kam ihm insofern dabei zu Hilfe, als er gute
Auskunft über die koptischen und ägypto-arabischen Musik-
verhältnisse gab, indessen Bonaventure de Roquefort für
Champollions Zwecke Text und Musik der morgenländischen
Lieder niederschrieb, die gelegentlich der Zusammenkünfte
in der orientalischen Kolonie gesungen wurden. — François

---

1) „La Colombe Messagère, Plus rapide que l'eclair (etc) Paris 1805
2) Considérat^ns sur les divers systemes de la musique ancienne et
moderne etc. Paris, 1810. S. dar. Mag Encycl 1811 XVI 1. p 455ff
3) „Je trouve   dans un Ms ethiopien—latin une notice sur
la musique des Ethiopiens, . . J'en ai fait un extrait que je t'enverrai
pour M de L, en l'accompagnant de notes de grammaire, sans quoi
il n'y pourrait rien entendre, la musique ethiopienne étant basée sur
les differentes inflexions et tons de chaque lettre " Brief an Figeac

hatte Roquefort sowohl wie auch den Antiquar und Zeichner
J. J. Dubois, der ihm spaterhin so nahe treten sollte, bei dem
schon erwahnten Archaologen Aubin Louis Millin (de Grand-
maison) kennen gelernt, dessen literarische Mittwoch-Soireen
in hohem Ansehen standen.

Durch Sammeln und Bearbeiten kostbaren Materials
hatte sich Millin seit langen Jahren den Gelehrten und
Kunstlern, zu denen man ihn, streng genommen, nicht
zahlen kann, so sehr nützlich gemacht, dass man in allem,
was Geschichte und Entwicklung von Wissenschaften und
Kunsten betraf, ihn fortwahrend in Anspruch nahm. Sein
lebhafter Geist hatte einst an den Revolutionsprinzipien
Feuer gefangen und sich fortreissen lassen zur Schürung
des allerorten aufspringenden Brandes. Als er dann, uber
die Wendung der Dinge entsetzt, Massigung zu predigen
begann, verfiel er dem Blutgericht, wurde jedoch durch die
erlösende Macht des 9. Thermidor der Guillotine entrissen.
Seit 1795 Konservator der Kunstsammlungen der Nationalbibliothek, erreichten sein Eifer und seine Verdienste den
Hohepunkt, als er 1799 die Leitung des Magasin Encyclopédique ubernahm   Trotzdem ihm die Revolution nur
wenige Trummer seiner ererbten Reichtumer gelassen hatte,
blieb seine Gastfreundschaft uneingeschrankt und seine vorzugliche Bibliothek stand ruckhaltlos allen Besuchern zur
Verfugung   Champollion, der bald zu ihren eifrigsten Be-
nutzern gehorte, traf dort häufig mit dem etwa zehn Jahre
alteren Dubois zusammen, der das Ordnen von Sammlungen
ebenso meisterhaft verstand, wie er im Aufspuren von
Kuriositaten jeglicher Art spruchwörtlich erfolgreich war,
weshalb ihm Millin, dessen rechte Hand er war, anheim gegeben hatte, sich des Junglings anzunehmen. — Diesem
boten die erwahnten Soireen, wo er schnell die Aufmerksamkeit der den verschiedensten Standen angehorenden
Gaste erregte, viel Anlass zur Betatigung seiner scharfen
Beobachtungsgabe. Sie stärkten ihm auch den Stolz auf
seine wissenschaftliche Tatigkeit, daher er zu der Tatsache,
dass eine stattliche Anzahl von Exzellenzen, Herzogen
und sogar von Prinzen regierender Hauser — „Gaste"
Napoleons — sich ebenso regelmassig wie die Gelehrten

und Künstler einstellten, bemerkt· „Ihr stetes Wiedererscheinen
ist mir ein Beweis dafür, dass die Wissenschaft uns Menschen
einander gleich macht".

Der für orientalische Studien begeisterte Bruder des
Kaisers von Österreich, Prinz August von Würzburg, kam
ihm besonders freundlich entgegen, und François seinerseits
rühmt ihm schon seit der ersten Begegnung nach, dass er
sich durch geistvolle Unterhaltung und vorurteilsfreie Kritik
vor seinen anwesenden Standesgenossen auszeichne, da diese
sich meistens damit begnügten, „Thee und Punsch zu
trinken, den gelehrten oder politischen Diskussionen oder
auch der Lektüre eines neuen Buches zu lauschen, hier und
da diskret zu gähnen und sich früh zurückzuziehen"

Was ihm Millin nicht bieten konnte, ein Familienleben, das fand er in denkbar schönster Weise bei François
de Cambry, dem Präsidenten der keltischen Akademie[1]).
Diesem allzu unternehmenden Manne, der sich durch seinen
Feuereifer zuweilen über die fehlenden Kräfte hinwegtäuschen
liess, erschienen Champollions aussergewöhnliche Sprachkenntnisse von grösstem Wert; er schlug ihn deshalb zur
Aufnahme in die Akademie vor, was jedoch dem Studenten
wegen der ohnehin so grossen Arbeitslast unwillkommen
war. Aber der Bruder riet ihm, es sich nicht merken zu
lassen. Cambry hatte unlängst ein Werk über den Acker-
bau der Kelten und Gallier veröffentlicht, und wer ihm gefallen wollte, musste sich stundenlang mit ihm in alle Einzelheiten des Privatlebens dieser Völker vertiefen können, was
nicht jedermanns Sache war, vor allem aber eine Art Kultus
mit dem Niederbretonischen treiben, von dem man damals
die schliessliche Lösung aller etymologischen Rätsel erhoffte.
Dem „Ägypter" waren solche Gespräche von Grenoble her
sehr geläufig, lebte er nun mit Cambry, in dessen Haus
er sich schnell heimisch fühlte, die Zeiten der Kelten und
Gallier wieder durch, so musste er Langlès, den er anfangs
wegen dessen seltener orientalischer Bücherschätze häufig
aufsuchte, ebenso ausschliesslich in die weiten Gebiete
Mittelasiens folgen, wo dieser heimatberechtigt war „und

---

1) Von 1811 an Société des antiquaires de France

sein Zelt bald hier bald dort, am liebsten jedoch in der
Ebene von Samarkand und am Hofe Tamerlans auf-
schlug".

Nur zweimal monatlich, an seinen Empfangstagen, liess
Langlès vorubergehend auch andere Lander zur Geltung
kommen. Diese internationalen Zusammenkunfte in seiner
wohnlichen Bibliothek bildeten einen starken Magnet fur
alle dem Morgenlande sich Zuwendenden, denn samtliche
Paris beruhrende Orientreisende erzahlten dort ihre Erlebnisse — die zu jener Zeit noch so mannigfach waren! —
und sprachen eingehend ihre Forschungsergebnisse oder ihre
Projekte fur neue Unternehmungen durch.

Zwei damals viel genannte in Paris wohnhafte Weltreisende kamen fur den Studenten, dessen geistige Fruh-
reife seit Jahren schon ihr Interesse erregt hatte, wegen
ihrer genauen Kenntnis Ägyptens besonders in Betracht
der bekannte Politiker und Schriftsteller Volney, comte de
l'Empire, und Sonnini de Manoncourt, Ingenieur und
Naturforscher. Sonnini, dieser kuhne und kluge Mann,
der seit dem Scheitern seines Riesenprojektes, als der erste
ganz Afrika zu durchqueren, mit sich und der Welt unzufrieden war, plante soeben neue Unternehmungen, durch die
er seinen rastlosen Tatendrang betatigen konnte. Zu, den
wenigen, denen seine Arbeitsraume, wo schone fremd-
landische Katzen ihr Wesen trieben, offen standen, gehorte nun
auch Champollion, der nicht mude wurde, ihm zuzuhoren, wenn
er die Abenteuer schilderte, die ihm in den blutigsten Zeiten
der Mamluken-Anarchie in Ägypten zugestossen waren.

Die arabischen Dialekte und die topographischen Verhaltnisse dieses Landes sprach er selbstverstandlich ebenfalls
mit dem Studenten durch und ward dabei mit Staunen inne,
dass ihm die originellen Ansichten desselben uber manches
ganz neue Gesichtspunkte boten Er dankte daher Figeac
in warmen Worten fur die anregende Bekanntschaft und
bemerkte „Ich sehe mit Überraschung, dass er die Lander,
welche wir besprechen, ebenso gut kennt, wie ich selber!"

Sonninis erregende Mitteilungen hatten nichts gemeinsam mit den klar und objektiv gehaltenen, durchgeistigten
Betrachtungen Fouriers uber Ägypten und ebenso wenig

mit den schlichten Darstellungen Dom Raphaels Volneys
Eigenart sorgte nun dafur, dass François bei ihm das Land
seiner Wahl sich wiederum anders gestalten sah. Sein
Lieblingsstudium bildeten die Anfange sozialer Verhaltnisse,
er glaubte sie in Ägypten suchen zu mussen und hielt dieses
daher fortgesetzt im Auge, doch nur mit dem scharfen Blick
des Anatomen, der das Messer an sein Objekt setzt, dessen
Korperteile systematisch untersucht, das Skelett, die Muskeln
und Nerven freilegt und es anderen uberlasst, das schöne
warme Leben in die kalten Formen zuruckzurufen — Dem
enthusiastischen Studenten missfiel diese nuchterne Auffassung ungemein, er kannte sie zwar schon aus den
„Reisen in Ägypten“ usw., doch hatte er vielleicht im mundlichen Verkehr vom Verfasser der „Ruinen“ einen warmeren
Ton zu horen erwartet. — Behagten ihm der Ägyptophile
und der Philosoph in Volney wenig, so brachte er eine
desto innigere Verehrung dem Politiker in ihm entgegen,
der sich trotz seiner hohen Stellung seine spartanische
Einfachheit und herbe Sittenstrenge erhalten hatte und der
dem Willen des Imperators nicht ein Jota seiner geistigen
Unabhängigkeit opfern wollte.

Gemassigter Girondist bis ans Ende, „selbstlos und kuhn
wie Condorcet“, kampfte er gleich jenem zeitlebens fur Freiheit und Frieden und fur die Menschenrechte der Unter-
druckten. Und diese Tatsache liess den Studenten, dessen
Seele sich schon fruh so inbrunstig denselben Idealen zugewandt hatte, mit wahrer Ehrfurcht zu dem kranklichen
und vorzeitig gealterten Manne emporschauen! Deshalb
fand er auch die notige Geduld, seinen Unterweisungen auf
anderen Gebieten zu lauschen, selbst wenn er fuhlte, dass
er sie nie befolgen wurde, denn der Senator, in seinem Besucher den kunftigen Historiker erkennend, belehrte ihn uber
seine bekanntlich viel zu hochgespannten Anforderungen an
den Geschichtsschreiber, der ihm zufolge vor allem ein unerbittlicher Textkritiker sein soll. Viel lieber horte ihn François
uber die Analyse der Sprachen reden, als den Weg, der
allein ein Vordringen bis zum Ursprung der Volker gestatte.
— Auch suchte Volney seinen jungen Verehrer zur Anwendung der ganz eigenartig umgeformten lateinischen

Lettern[1]) zu bestimmen, durch die er das Arabische völlig
getreu in abendländischer Schrift wiederzugeben beabsichtigte
und die er damals stechen liess

Trotz der mannigfach auf ihn einsturmenden neuen
Eindrucke fühlte sich Champollion fortgesetzt innerlich un-
befriedigt und blickte wehmutig nach Grenoble hin. Um ihn
auf andere Gedanken zu bringen, riet ihm der Bruder halb
im Scherz, sich von dem Phrenologen Gall, dem Helden des
Tages, den Schädel untersuchen zu lassen. Dieser Crano-
loge, dessen weithin leuchtender Ruhm bald danach an der
scharfen Kritik der Pariser Akademie der Wissenschaften
merklich erbleichen sollte, durchzog damals halb Europa,
um gegen hohes Honorar der Menschheit zur Selbst-
erkenntnis zu verhelfen. Ganz zufällig war er eines Tages
bei dem Geologen Faujas de St. Fond des Studenten an-
sichtig geworden und hatte nach einem flüchtigen Blick auf
dessen Stirn wie in Ekstase ausgerufen. „O — welch ein
Sprachgenie!" Zu einer wirklichen Untersuchung kam es
aber nicht

Faujas, ein Delphinat, war Professor der Naturwissenschaften, und einst der Liebling Buffons gewesen, „der ihm
nicht nur sein Gehirn (cervelet), sondern auch seine Ideen,
sowie einen Abglanz des eigenen Ruhmes vermacht hatte "
Er war ferner ein Freund von Fourcroy[2]) und der Vertraute
des Delphinaten Cretet, Ministers des Innern, der beim Kaiser
in Gunst stand — Figeac war also seiner oft bewährten
Weltklugheit gefolgt, als er François bei der Familie Faujas
in Tagespension gegeben hatte   Hierdurch sollte diesem zugleich auch guter Rat ermöglicht werden bei der Regelung
seiner Ausgaben, doch handelte er in diesem Punkte nach
eigenem Gutdunken, und da er ebenso sorglos wie unprak-
tisch war in Geldangelegenheiten, so geriet er bald in
schwere Bedrängnis. Zwar kostete sein Zimmer bei Frau
Mécran[3]) nur 18 Franken monatlich und die Familie Faujas

---

1) Siehe Kap II, p 53   Näheres in Kap. VII

2) Dieser galt als Autorität in der physiolog. u analytischen Chemie
und interessierte sich sehr für Champollions Kenntnisse in der Physik

3) No 8, rue de l'Echelle St Honore, ganz nahe dem Louvre,
das Haus ist erneuert worden

gab die Pension billig, — trotzdem wurde das erlaubte
Monatsbudget im November um mehr als 70 Franken überschritten.

„Du weisst, dass ich mit Dir nicht rechne, weil ich annehme, dass Du selber rechnest; wir werden stets miteinander
teilen, wurden mir auch zehn Kinder, eins nach dem andern,
beschert", hatte ihm zwar Figeac geschrieben, jetzt aber
sah sich dieser zu der Versicherung gezwungen, dass er,
um mehr Geld senden zu können, die ihm so teuere
Bibliothek opfern musse. Lebhaft erschreckt, erklärte sich
nun François zu den strengsten Einschränkungen bereit,
ohne zu bekennen, was eigentlich ihm zu dieser Zeit das
Geld aus der Tasche lockte. Die unendliche Freude am
Almosengeben nämlich, — wobei das Silber nicht gespart
wurde, wenn es an Kupfer gebrach! Ferner der Ankauf
antiquarischer Bücher an den Seine-Quais Reumütig erwidert
er seinem Mentor·

„. . Vielleicht glaubst Du, dass ich das Geld in den
Wind säe; . . . wenn Zimmer und Pension zu teuer sind,
so kann ich ja mit einem Freunde zusammen wohnen, die
Nahrung in seinem Stadtviertel ist ebenfalls billiger . . .
Du brauchst nur ein Wort zu sagen, lieber Bruder, um so
mehr, als all Deine auf mich verwandte Sorgfalt bald nicht
mehr mir gehören darf, da ein Wesen, welches Dir noch
näher steht als ich, sie beanspruchen wird. Glaubst Du,
dass ich einen Augenblick vergesse, was alles ich Deiner
zärtlichen Liebe zu danken habe, und dass ich nicht eingedenk wäre der väterlichen Sorgfalt, die Du für mich gezeigt hast, seit ich mich kenne? Dir verdanke ich alles, was
ich etwa weiss!"

Sein offenes Auge für anderer Leid schuf ihm mitunter
wahre Qualen So schildert er beweglich den eisernen
Fleiss des Professors Faujas, „der wie ein Galeerensklave
arbeitet, um seine Familie durchzubringen", und er ist ausser
sich vor Schmerz und Scham, dass er (zum Teil durch
eigene Schuld) seinen Verpflichtungen gegen ihn nicht zur
Zeit nachkommen kann Die Not eines armen Kopisten
in der Bibliothek, den man von Grenoble aus seit
drei Monaten nicht bezahlt hatte, geht ihm so sehr zu

Herzen, dass er sich 20 Franken leiht und sie ihm auf Abschlag gibt, — „denn ich wage nicht mehr," schreibt er, „den Fuss in den Handschriftensaal zu setzen; ich leide ebenso sehr wie er selber, ihn in diesem jammervollen Zustande zu sehen."

Recht bitter war auch für den unermüdlich Tätigen der Argwohn des Bruders, dass er nicht genügend arbeite. Figeac glaubte nämlich, dass das ungemein rege Gefühlsleben des Studenten dessen energisches Vorwärtsschreiten auf der mühsam freigelegten Bahn hindern könnte. Doch kamen dem Jüngling zwei Umstände sehr zustatten: sein schneller Überblick beim Arbeiten und die ungewöhnliche Elastizität, mit der er, wiewohl im Grunde stets derselbe bleibend, von einer Empfindung in eine entgegengesetzte überzugehen vermochte. Es scheint, als habe sein rastlos tätiger Geist auch das Gemüt dahin beeinflusst, sich nie in einer bestimmten Empfindung zu erschöpfen, sondern gleich ihm selber durch stete Auslösung entgegengesetzter Elemente sich jene Frische und Ursprünglichkeit zu bewahren, die Champollion zeitlebens auszeichnete und die auch seiner Redeweise etwas unwiderstehlich Fesselndes verlieh.

Auf des Bruders Ermahnung, sich nicht durch einige in Paris anwesende Grenobler Studenten auf Abwege führen zu lassen, erwidert er: „Sie kennen meine Denkweise und hüten sich sehr, mir Vorschläge zu machen, von denen sie im voraus wissen, dass ich sie zurückweisen würde." — Trotz seines Arbeitseifers konnte er sich nicht das Heimweh aus dem Herzen reissen und die Worte: „Ich hatte Dich niemals verlassen und nun bin ich allein! . . . Schreibe mir oft!" bilden das Thema zu vielen Variationen. Häufig schloss sich die Bitte um Übersendung von Büchern an; doch grade nach dieser Richtung hin erwies ihm Fourcroy ungebeten manche Freundlichkeit, denn er hatte sich ein mitfühlendes Herz für anderer Bedrängnis bewahrt. Befand er sich in der Bibliothek, so durfte ihm jeder unbefangen nahen, und gerade die ärmsten seiner vielen Schützlinge waren der freundlichsten Aufnahme gewiss, denn der gefeierte Staatsmann und Gelehrte gedachte stets des niedrigen Dachstübchens, wo er einst hungernd und frierend

mit gluhendem Hirn hochfliegende Pläne ersonnen und
sich in ohnmachtiger Erbitterung gegen das schwere
Joch der Armut aufgelehnt hatte.

François sah bewundernd auf die fast ubernaturliche
Willenskraft dieses Mannes, der das ihm feindliche Geschick
sich fugsam gemacht hatte, und dessen Arbeitseifer keine
Grenzen zu kennen schien. In beidem hoffte er mit der Zeit
sein Vorbild erreichen zu können, erschienen diese Eigenschaften ihm doch so notig in dieser Zeit wachsender Bedrang-
nisse, wo in seinen Briefen die bitteren Klagen beginnen, die das
Lesen derselben stellenweise so peinlich machen. Hierzu
kommt, dass sein Befinden tatsachlich verschlechtert war,
seitdem er Anfang September im Valbonnais nach mehr-
stundigem scharfem Gehen aus einem nicht ohne Grund la
glacière genannten Quell eiskaltes Wasser getrunken hatte.
Fieberanfalle, heftige Seitenstiche, grosse Ermattung und
Husten suchten ihn haufig heim, und die standig nasskalte
Witterung jenes Winters vermehrte diese Leiden noch, besonders da er seit dem Beginn der Kollegien bald ins Collège
de France, bald zu Dom Raphaël, Rue du Pavé, oder in die
Ecole speciale eilen musste, die in hochst primitiver Weise in
einer Art von Schuppen (,,hangar") im inneren Hofe der Kaiserlichen Bibliothek eingerichtet war. Haufig halb krank, mit
unzureichendem Schuhwerk, hatte er dann in grosser Hast
die weiten Wege ,,durch Strome von Schmutz" zuruckzu-
legen, so dass zu dieser Zeit der Grund zu spateren Leiden
gelegt wurde, um so mehr, als François noch mitten in der
Periode starken Wachstums stand.

Da erkannte er es dankbar an, dass Prosper Audran,
Professor des Hebräischen, Chaldaischen und Syrischen,
sich seiner annahm, indem er ihm seine im College
befindliche Privatwohnung fur die zwischen den Kollegien[1])
liegende Zeit zur Verfugung stellte. Audran war als
einer der idealsten und selbstlosesten Menschen bekannt und wurde wegen seiner Bedurfnislosigkeit und

---

1) Bei Audran hebraisch, chaldäisch, syrisch, bei Sacy persisch,
bei Caussin de Perceval die Prinzipien der arabischen Sprache,
bei Gail griechisch

philosophischen Ruhe mit den griechischen Weisen verglichen. Durch die Revolution verarmt, aber innerlich
reich, allem weltlichen Treiben abhold und ohne Ehrgeiz
wie er war, gewann er schnell des Jünglings herzliche Zuneigung und erwiderte sie. Es ist bemerkenswert, dass der
Hörer von seinem Professor sogleich zum Mitarbeiter erhoben wurde beim Aufbau einer syrischen Grammatik, sowie
auch bei dem Abschluss einer hebräisch-arabischen, welche
„die Analogie dieser beiden Sprachen" nachweisen sollte.
Mehr als das: da Audran durch Gichtanfälle mehrfach am
Erscheinen verhindert wurde, so betraute er dann, und zwar
schon vom Januar 1808 an, Champollion mit seiner Ver-
tretung im hebräischen[1]) Kolleg. Einem zumeist aus älteren
Herren bestehenden Auditorium[2]) gegenüber war dies nicht
leicht, aber der junge Dozent verstand es, seine Hörer, die
ihm den Beinamen „der Patriarch" gaben, sich zu Freunden
zu machen.

Auch mit Sacy stand er sich gut, nachdem er mittels
einiger Privatstunden („leçons privées") bei ihm sich völlig
auf die Höhe von dessen Unterricht emporgehoben hatte.

Gegen Ende Dezember liess er einmal um eines militärischen Schauspiels willen seine Bücher im Stich — aber Ägypten
stand auch dabei im Hintergrund. Trotz seiner Abneigung
gegen alles Soldatentum entflammte ihm nämlich das Gerücht
von einer zweiten ägyptischen Expedition den Sinn und verstärkte momentan sein Interesse für Napoleon in Erinnerung
an die politische und wissenschaftliche Wiedererschliessung
des alten Kulturlandes. „... Man spricht hier von einem
Angriff auf Gibraltar und einer Expedition nach Ägypten,"
berichtet er; „die kaiserliche Garde hat sich nach Spanien
... begeben, nach dem prachtvollen Fest, das man ihr in
den Champs-Elysées gegeben hat. Ich habe sie defilieren

---

1) Im Hebr., das er seit seinem elften Jahre regelrecht getrieben,
war Champollion (einem überlieferten Ausspruch Biots zufolge) bereits
damals ebenso stark wie Audran selber, an dessen Stelle also in
diesem Fach ein Mann wie Sacy hätte stehen müssen.

2) „... presque tout composé d'abbés et de curés à tête dure.
Ils sont tous âgés." François an Figeac.

sehen. Von 300 Mamluken sind [letzthin] nur 37 zurückgekehrt. Alle diese Orientalen sind von erschreckendem
Aussehen . . ."

Sein Bedürfnis, im Orient und besonders in Ägypten
völlig aufzugehen[1]), liess ihn sich immer enger an Dom
Raphael anschliessen, der seinerseits während der Lehrstunden ihn ganz unwillkürlich zum Mittelpunkt des Unterrichts machte, — „alles Dir zu Liebe!" wie François
seinem Bruder versichert — Bald sprach er das ägyptische
Vulgararabisch so geläufig, dass es ihm mühelos über die
Zunge glitt. Natürlich gedachte er nun auch die bis dahin
völlig autodidaktisch betriebene arabische Schreibweise[2])
regelrechter als bisher zu erlernen, daran hatte ihn jedoch
bis Ende Dezember 1807 das erwähnte Durcharbeiten der
vielen koptischen Texte der Bibliothek verhindert, die ihm
das Material zur Weiterführung seiner Geographie des
pharaonischen Ägyptens ergänzen sollten Dieser erste,
einführende Teil des nunmehr L'Egypte sous les Pharaons betitelten grossen Werkes, das ihm „das Leben aus-
füllen" sollte, war, wie Auszüge aus seinen Briefen bezeugen[3]),
um die Jahreswende der Vollendung bereits nahe, so dass
der 16jährige Autor schon i. J. 1807 die Anerkennung
hatte beanspruchen können, die ihm genau sieben Jahre
später bei der endlichen Herausgabe des Buches von allen
billig Denkenden zuteil wurde. Dieser bislang nicht zutage
getretene Umstand ist wichtig genug für Champollions Andenken, um nachdrücklich betont zu werden.

Cambry, der den Studenten in die Keltische Akademie

---

1) Um seine Grenobler Freunde „ein wenig zu orientalisieren",
übersetzte er morgenl. Liebeslieder für sie, selbst seine Neujahrs-
wünsche waren entsprechend zugestutzte persische und indische Lieder
oder arab. Sinnsprüche Die arab. Dichtungen widerstanden ihm.

2) [„Voici mon chiffre en arabe, ecrit avec mes plumes arabes"],
schreibt er an Figeac am 22 Dez. 1807, leider konnte dieser zur
Unterschrift für das Bild des Studenten gewählte „Namenszug", der
deutlich Champollions Freude an der orient. Kalligraphie zeigt,
nicht photographiert werden, so dass die Reprodukt nach einer vielleicht nicht einwandfreien Durchzeichnung erfolgen musste.

3) Siehe Anhang I 4

einführen wollte, gedachte die Arbeit im Recueil derselben abzudrucken, — doch Figeac schrieb umgehend: „Dein Werk

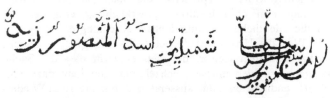

Fig. 5.

muss sich mit seinen eigenen Schwingen erheben!" Diese Worte trafen seinen Bruder in tiefer Trauer über das Hin-

scheiden Cambrys! Am 29. Dezember hatte derselbe, vor
dem beabsichtigten Aufbruch nach der Sitzung der Akademie,
noch mit seiner Familie und dem jungen Gaste heiter ge-
scherzt, als ihn plotzlich schweres Unwohlsein befiel, dem
er nach wenigen Stunden erlag.

Schmerzversunken hatte François neben dem Sterbenden
verweilt und mit Grausen den Tod bei seinem Zerstorungswerk beobachtet. Der nie gesehene Anblick uberwaltigte
ihn derartig, dass er sich unausgesetzt sein eigenes Ab-
scheiden vor Augen stellte und nach kurzer Zeit so elend
und mager wurde, dass man glaubte, er sei von der Aus-
zehrung befallen. Die zunehmenden materiellen Schwierigkeiten und die dadurch hervorgerufenen Entbehrungen be-
schleunigten noch das Dahinschwinden seiner moralischen
wie korperlichen Widerstandskraft. Vergeblich verwandten
sich seine Schutzer fur ihn um eine Unterstutzung aus dem
literarischen Hilfsfonds Die Kassen seien leer, lautete die
Antwort und so lagen denn nach wie vor etwa drei Viertel
der Ausgabenlast auf den Schultern des Bruders, der sich
selber einschranken musste, es aber nicht zuliess, dass
François durch Stundengeben seine vielfachen Studien beeintrachtigte. Mit scharfem Blick die grosste Gefahr fur
ihn im Schmerz um Cambry erkennend, beschwort er ihn,
nicht darin „unterzusinken" und ubersendet ihm als heil-
same Ablenkung das Diplom seiner Aufnahme in die
Delphinatische Akademie, datiert vom 18. Januar 1808. Und
um ihn vollends sich selber zuruckzugeben, verpflichtet er
ihn zu eingehenden Berichten uber die Organisation des
offentlichen Unterrichtswesens, die nach langerer Unterbrechung nun endlich ihrer Verwirklichung entgegenging
und die offentliche Meinung lebhaft beschaftigte.

„Was die Université[1]) betrifft," entgegnete François,
„so hat man dem Kaiser, der stets einwirft, dass die Sache
erst gehorig reifen müsse, sechzehnmal den Plan dazu vorgelegt; endlich, bis zum aussersten durch die stete Wiederholung gereizt, hat er ausgerufen· „. . ! Anstatt mir

---

1) Die Erklarung dieses Wortes, dass hier nicht etwas wie unsere
deutschen Universitaten bezeichnet, siehe auf den folgenden Seiten

all diese Scherereien zu machen, sollte man mir lieber helfen,
England zu erobern!"

Champollion erfuhr dergleichen private Ausserungen
Napoleons durch Sonnini, der ihm auch mitteilte, dass der
Kaiser ganz kürzlich von neuem die Aufhebung des College
de France beschlossen habe: „ . . So ist denn die wissenschaftliche Laufbahn sehr dornenvoll und führt augenblicklich zu nichts," klagt der Student; „Krieg und immer
Krieg[1]! Die Schuler der Ecole speciale verringern sich,
sie laufen in Bosnien sogar Gefahr, verprügelt und ge-
steinigt zu werden. . . ." Zur Erklarung dieses Satzes sei
gesagt, dass der seit einiger Zeit stark vergrösserte Bedarf
der Regierung an Konsuln und Dragomanen durch das
Kontingent der langst wieder aufgebluhten Ecole des
Jeunes de langues abermals nicht gedeckt wurde, weshalb
die Regierung plotzlich auf die Schuler der Ecole spéciale
zuruckgriff, obwohl es bekannt war, dass diese unter Sacys
uberwiegendem Einfluss eine viel wissenschaftlichere Richtung
genommen hatte, als es sich mit ihren im Grunde genommen
rein praktischen Zwecken vertrug. Da nun das rauhe Vorgehen der Regierung und die grossen Gefahren, welche in
den kaum halbzivilisierten Landern damals der neu ankommenden jungen Abendlander harrten, in den Familien
derselben die schlimmsten Bedenken erregten, so stand bereits
im Marz 1808 die Anstalt fast verodet da.

Champollion selber glaubte sich wegen seiner Jugend
und dank seinen hohen Gonnern vor jedem Gewaltakt gesichert, denn dass ihm Langlès neuerdings so geflissentlich
wegen seiner grossen Gewandtheit im Persischen lobte, fiel
ihm nicht weiter auf. Er verfolgte dagegen mit um so
grosserer Spannung die Entwicklung der Universitatsfrage
als sein Suchen nach einer annehmbaren Anstellung in
Paris erfolglos blieb.

Mitte Marz erfuhr er plotzlich durch Audran, dass
Langlès ihn fur den Posten eines Konsuls in Persien vor-

---

[1] „Le fusil est plus vénéré que la lyre d'Apollon et un trom-
pette de cavalerie a plus d'avantages que le plus cher favori de Klio!"
Ausserungen solcher Art wiederholen sich oft in seinen Briefen.

geschlagen habe, und dass eine Überrumpelung im Hörsaal nicht ausgeschlossen sei! Da das sofortige Wegbleiben aus der Ecole spéciale keinen hinreichenden Schutz vor der hereinbrechenden Gefahr gewährte, so alarmierte der erschreckte Student seinen Bruder, sowie auch Fourier und erbat daneben die Fürsprache von Faujas und Fourcroy beim Minister Crétet, denn er war entschlossen, äussersten Widerstand zu leisten, um nicht „unter dem Sarras der Türken oder Perser die dornenreiche Diplomatie des Orients" betreiben zu müssen[1]). Der Schlag wurde abgelenkt, — aber Langles verzieh Champollions Weigerung niemals

Diese Ausplünderung der Ecole spéciale, welche im Februar 1808 nur noch drei Schüler aufwies, hatte vielleicht die Bedenken einer Anzahl von Gelehrten noch verschärft, in deren Namen Dacier, secrétaire perpetuel der Inschriften-Akademie[2]), in einem denkwürdigen Bericht dem Kaiser die Förderung der immer tiefer sinkenden literarischen Interessen ans Herz legte[3]) Dies mutige Vorgehen fiel in Tage banger Sorge um die endliche Verwirklichung der durch das Gesetz vom 10. Mai 1806 bereits in Aussicht gestellten Organisation der „Grande Université Impériale". Trotz

---

1) „Si je savais le turc, on m'aurait déjà enleve avec cette fournée qui va partir malgré elle". (13. Marz) „L'Egypte, quoique dans un etat bien plus deplorable . , m'offre encore d'assez puissants attraits, pour me faire braver bien des dangers Mais c'est l'Egypte!" (31 Marz.)

2) Damals Classe d'histoire et de littérature ancienne

3) „ Malgré les troubles politiques qui ont agite la France, elle n'est, jusqu'à présent, restée en arrière dans aucune des branches de la littérature, mais c'est avec un sentiment pénible que nous sommes forcés de lui faire apercevoir que plusieurs sont menacées d'un aneantissement prochain et presque total La philologie qui est la base de toute bonne littérature et sur laquelle reposent la certitude de l'histoire (etc.) ne trouve presque plus personne pour la cultiver Les savans dont les talents fertilisent encore chaque jour son domaine, — restes, pour la plupart, d'une generation qui va disparaître, — ne voient croître autour d'eux qu'un trop petit nombre d'hommes qui puissent les remplacer, cette lumière publique, propre à encourager et à juger leurs travaux, diminue sensiblement de clarte, et son foyer se retrecit tous les jours de plus en plus . . ." (20 Febr 1808)

aller Kriegsunruhen hatten sich die zuständigen Kreise sogleich eingehend mit dieser Angelegenheit befasst, waren aber allzuoft durch das Veto Napoleons am Vorwärtsschreiten gehemmt worden, da dieser vor allem Fourcroys (zumeist sehr gesunde) Ideen prinzipiell und in der Absicht zurückwies, etwas von den Revolutionsprinzipien Unabhängiges zu schaffen.

Nachdem die kaiserliche Unterschrift schliesslich ein Jahr lang auf sich hatte warten lassen, erschien nun am 17. März 1808 das Dekret (anstatt eines Gesetzes) über die Einrichtung der Université. Bekümmert sahen alle, die Verständnis besassen für die hohen Freiheitsideale des Nationalkonvents auf dem Gebiete des öffentlichen Unterrichts, dass die Anordnungen des Kaisers mit jenen nichts gemeinsam hatten! Die Revolution hatte geglaubt, dass der Staat verpflichtet wäre, den Landeskindern ein möglichst vollkommenes nationales Unterrichtswesen zu schaffen, — der Kaiser dagegen liess durchblicken, dass das Unterrichtswesen den Interessen des Herrschers wie auch des Staates zu dienen hätte[1]). Er meinte, dass diesen beiden aus der Verwirklichung jener Freiheitsideale des Konvents ernste Gefahren erwachsen müssten, — die er zu vermeiden gedachte!

Der Student, vollständig entmutigt, klagt seinem Bruder: „Ich weiss wirklich nicht, wozu ich mich entschliessen soll, das macht mich sehr unruhig und sehr elend. . . . Wir werden gezwungen sein, eine andere Laufbahn zu wählen; ich will denselben Feuereifer daran setzen. . . ." Aber schwermütig bekennt er dann wieder: „Ich möchte Wischnus Lieblingsschüler sein, allein die Gefahren verfinstern das schöne Bild. . . ." „Was tun? — meine Lage wird sehr kritisch, — . . . . der Handel, das Militär? Meine Neigungen lassen sich nicht mit diesen Berufsarten in Einklang bringen."

Um die allgemeine Erregtheit im damaligen Frankreich hinsichtlich der Schaffung der Université zu verstehen, sei vor allem betont, dass dieses Wort hier die Gesamtheit aller

---

1) „[L'Empire créait l'Université] pour être une fabrique d'esprit publique à son usage". (Louis Liard, dessen ausgezeichneten Werken über das Schulwesen in Frankreich in diesen Ausführungen manches wörtlich entnommen ist.)

offentlich wirkenden Lehrer innerhalb der einheitlichen Organisation des Unterrichtswesens im Lande bezeichnen sollte. Diese Bedeutung kommt in den volleren Formen des Namens La Grande Universite, — l'Universite de France, deutlicher zum Ausdruck

Die Idee, alle Elemente des Unterrichtswesens zusammenzufassen und das Ganze zu einer einheitlichen, rein staatlichen Institution zu erheben, war nicht neu, sondern seit Richelieus Tagen immer wieder hervorgetreten. Im Jahre 1789 hatte ganz Frankreich danach verlangt, und aus den Papieren der Revolution ergibt sich, dass ihre Fuhrer auch diese Frage richtig erfasst und ernstlich erwogen hatten. Zwolf Jahre spater forderten die Volksvertreter aufs neue energisch die Schaffung einer allumfassenden nationalen Lehrkorperschaft, die durchweg vom selben Geiste beseelt und von derselben Methode durchdrungen ware Fourcroy bekampfte damals dieses Projekt als den Freiheitsprinzipien der Nation widerstrebend, und Napoleon verschob als Erster Konsul die endgültige Regelung der Frage bis auf gelegenere Zeit Diese hielt er als Kaiser fur gekommen, da er im Uebermass seines Machtgefuhls seine Verantwortlichkeit vor dem Gesetz anscheinend nicht mehr anerkannte. Fur ihn, den Kriegsherrn, der ausgezeichnete Soldaten heranbilden wollte, kamen die politischen Grundsatze und die militarische Disziplin der zukunftigen Staatsburger mehr in Betracht, als der eigentliche Schulunterricht, und lernten sie denken, reden und handeln wie es dem Staatsoberhaupt genehm war, so hatte die Universite ihren Hauptzweck erfullt. Der geniale Neubegrunder der sozialen Ordnung, dem die systematische Regelung aller Dinge das halbe Leben war, meinte also den gesamten Volksgeist trotz der in ihm zutage tretenden scharfen Gegensatze durch ein Gesetz[1]) und einen Erlass[2]) in die vorgeschriebene napoleonische Fassung pressen zu konnen.

Die Université sollte keineswegs eine nur als Maschine arbeitende Administration sein, sondern ein lebendig tatiger

---

1) 10. Mai 1806.

2) 17. Marz 1808

Korper. Aber die von gemeinsamem Leben beseelten und zu einheitlichem Ganzen verbundenen Organe dieses Korpers sollten vom Kaiser, ihrem Haupt, abhangen und gelenkt werden Durch die absolute Einheit der Inspiration, der Gesinnung und Lehre im Lande sollte nicht nur der ertraumten erblichen Monarchie eine feste Grundlage gegeben, sondern auch die Ruckkehr zur Anarchie unmoglich gemacht werden. Zu diesem Zwecke musste „die Lymphe der Napoleonischen Staatsmoral" jedem aufwachsenden Landeskinde durch eingeschworene Vermittler unaustilgbar eingeimpft werden.

So wenig aber unter denkenden, geistig freien Menschen solche Verhaltnisse jemals zu erreichen sein werden, so wenig sollte auch das Ideal des Kaisers seine Verwirklichung finden Dass dieser im allgemeinen hieruber hinweg getauscht werden konnte, ist das Verdienst des zum Grossmeister der Université ernannten Staatsmannes und Dichters Marquis de Fontanes[1]), der, wie man auch im ubrigen uber seine Befahigung fur den schwierigen Posten denken mochte, es doch von Anfang an verstand, einigermassen ausgleichend zu wirken zwischen den missachteten Forderungen der Nation und dem Willen ihres Beherrschers, — zwischen Freiheit und Tyrannei. Mit ausserster Vorsicht, nicht ohne grosse Gefahr unter den Argusaugen des Kaisers seine eigenen Wege gehend, wusste er das gegen Wissen und Willen vom Begrunder selber „wie eine ihm heimlich entgegenwirkende Kraft" in die Université hineingelegte Prinzip der Unabhangigkeit so gut zu entwickeln, dass eine gewisse Emanzipation von Napoleons Machtwort mehr und mehr zutage trat, — weshalb denn die Interessen der Wissenschaft und die Wurde der Nation weniger geschadigt wurden, als man im Fruhling 1808 allerdings befurchten konnte Es kam Fontanes bei seinen Bestrebungen sehr zugute, dass der Kaiser mit Bestimmtheit annahm, ein gefugiges Werkzeug, gleichsam „ein neutrales Mundstuck" fur seine Anordnungen in ihm gefunden zu haben, und dass er sich

---

1) Dass Fourcroy trotz langjahriger Dienste und trotzdem er das neue System hatte ausarbeiten mussen, ubergangen wurde, war fur ihn der Todesstoss, an dem er sich langsam verblutete.

Gluck wunschte, mit einem anerkannten Monarchisten anstatt mit einem „maskierten Jakobiner" (Fourcroy) zu tun zu haben

Bildeten der mittlere und höhere Unterricht den eigentlichen Kern der Université, so umfasste sie doch auch den gesamten Elementar- und Volksschulunterricht, wohingegen das Collège de France, wo fortgesetzt der Weisheit letztes Wort verkundet werden durfte, das Museum (d h die Zentrallehrstatte fur Naturwissenschaften im Jardin des Plantes), sowie das Polytechnikum ausserhalb ihres Bannes, immerhin aber unter dem milden Zepter Fontanes' standen.

Napoleon hatte sich schliesslich doch noch entschlossen, innerhalb der Université auch rein wissenschaftliche und philosophische Fakultaten („facultés des sciences et des lettres") zu grunden, doch trugen sie den Stempel seiner Nichtachtung. Seinem uberaus praktischen Genie schien nur zu oft das Verstandnis fur die hochsten und edelsten Bedurfnisse des Geistes und des Gemutes abzugehen, denn er beurteilte bekanntlich alles Wissen und Konnen lediglich vom Standpunkt des praktischen Nutzlichkeitsprinzipes aus. Allen Theorien, allen abstrakten Geistesspekulationen energisch widerstrebend, fast unduldsam gegen Literatur und Altertumskunde, wollte er im Grunde von den Fakultaten lediglich die unterhalten, die eigentlich Fachhochschulen waren, da sie ihm handgreifliche Erfolge, d h. bestvorbereitetes menschliches Material zur unmittelbaren Verwendung im Staatsdienst liefern konnten. Wahrend sich daher die Fakultaten der Jurisprudenz, der Medizin und Spezialschulen wie z. B die Ecole des langues orientales vivantes, ferner die aus diplomatischen Grunden in den Verband aufgenommene Theologie durchaus nicht zu beklagen hatten, wurden die „facultés des sciences et des lettres" tief unter das ihnen gebuhrende Niveau gestellt und so ausserst durftig ausgestattet, dass das aushilfsweise Anstellen von Professoren anderer Fakultaten und sogar von Lyceen, von Anfang an notig wurde, denn was konnte mit einem jahrlichen Etat von 5—10000 Francs geschehen, da jede dieser Fakultaten alle Examengelder und dergleichen Ertrage an die Universitatskasse abliefern musste? Was ihre Tatigkeit betrifft, so

zeigte schon ihre ganze Anordnung, dass von selbständiger
Forschung hier kaum die Rede sein konnte, und dass sie
viel weniger zum Unterricht, als für die Erteilung der zahllosen Grade bestimmt waren, welche die Université fortwährend zu verabfolgen hatte, da es ja im Paragraph III der
Gründungsurkunde hiess:

„Niemand kann eine Schule eröffnen, noch öffentlich
unterrichten, ohne Mitglied der Université zu sein und
von einer ihrer Fakultäten den Grad erhalten zu haben.“

Diese Last fiel fast ausschliesslich und ohne jeglichen
finanziellen Vorteil auf die zwei genannten Stiefkinder der
Université, die in der Rangordnung des höheren Unterrichtswesens die letzten waren und eigentlich nur das Ver-
bindungsglied zwischen dem mittleren und dem höheren
Unterricht darstellten. Dem Kaiser galten die facultés des
lettres und bis zu einem gewissen Grade sogar die facultés
des sciences als zwei völlig unwesentliche Elemente auf dem
höheren Unterrichtsgebiet. Konnte man doch, ihm zufolge,
was sie etwa Nützliches zu bieten hatten, aus Büchern oder
in den Spezialschulen erlernen, falls man es nicht schon im
Lyceum überwunden hatte.

Die genannten Fakultäten waren also lediglich die Pforten,
durch welche man nach erfolgter Kontrolle als Lehrer in den
Universitätsverband einzutreten hatte. Sie beglaubigten,
aber bildeten nicht und ihre Professoren waren eigentlich
nur noch Examinatoren. Es war ihnen nicht einmal ein
Auditorium und somit auch keine wirkliche Grundlage und
Lebensdauer gesichert, denn keiner der zahlreichen Aspiranten für die verschiedenen Universitätsgrade war verpflichtet, an diesen zwei Pseudofakultäten zu studieren. Es
genügte vielmehr, die zur blossen Formsache gewordenen
Immatrikulationen an ihnen vorzunehmen, alle auf einmal,
und im Notfall am Vorabend des Examens!

Angesichts dieser kaum glaublichen Sachlage ist die
Entmutigung Champollions, der all seine Zukunftshoffnungen
zertrümmert wähnte, zu verstehen; überdies brachten neue
Feldzüge und eine Massenaushebung bis zum 16. Lebensjahre hinunter die schwere Sorge wegen des Militärdienstes
wieder in den Vordergrund. Der Student, der sich letzthin

von seinem langeren Elendsein wieder erholt hatte, fuhlte
sich eben deshalb keine Stunde mehr vor der Aushebung
sicher „Es gibt Tage, wo ich den Kopf verliere, — — ich
weiss nicht mehr, was ich tue, und hoffe alles von Deinen
Ratschlagen," schreibt er Ende Marz und bittet seinen
Mentor um eine chinesische Grammatik. — „der Zerstreuung
halber" „Schlafe mit offenen Augen!" mahnt letzterer,
doch handelte er zugleich, indem er selber den Entwurf zu
Fouriers Gesuch an Napoleon machte und geschickt darin
hervorhob, dass der junge Orientalist Studien uber Ägypten
mache, das Land, das noch erfullt sei und gleichsam widerhalle vom Ruhm des Siegers in der Pyramidenschlacht. Sobald dieses Gesuch vom Prafekten unterzeichnet war, begab
sich Figeac damit nach Paris und ohne den abenteuerlichen
Geruchten uber transatlantische Kriegszuge Glauben zu
schenken, beeilte er sich doch, die notigen Zeugnisse von
seines Bruders Lehrern zu erbitten Nur Langlès weigerte
sich zu helfen, doch konnten selbst die gunstigsten Zertifikate
nur schwache Hoffnung auf Erfolg geben, denn Napoleon
interessierte sich eigentlich nur fur das Ägypten der Gegenwart, und Hieroglyphen jeglicher Art, so scherzte Fourier,
waren seinem mathematisch geschulten Geiste unsympathisch.

Einen rettenden Ausweg bot fur den Augenblick nur
die im Prinzip bereits neu begrundete Ecole Normale,
auch Pensionnat Normal genannt. das Noviziat der zwei stief-
mutterlich bedachten Fakultaten, deren Professoren hier in
ahnlicher Weise ausgebildet werden sollten, wie es in den
Novizenhausern der geistlichen Kongregationen geschieht.
Denn vermittels strenger Zucht Leibes und der Seele wollte
man eine unwandelbare Gleichartigkeit inspirierter Gesinnung
und Anschauung bei den Lehramtsaspiranten erzielen, welche
dazu bestimmt waren, die solidarische Universitatskorperschaft
im Sinne Napoleons demnachst verwirklichen zu helfen

Die Schüler der Anstalt hatten auf Kosten der Université einen zweijahrigen Kursus durchzumachen und danach
„mindestens zehn Jahre[1]) lang" dem Lehrkorper anzugehoren.

---

1) Spaterhin war von 3 Schuljahren und 7 Jahren Lehramt die
Rede, letztere sollten die 7 Jahre Militardienst ersetzen

Sie sollten zwar niemals einberufen werden, aber einer völlig
militärischen Disziplin unterstehen und andererseits eine
geradezu mönchische Zucht im Internat erdulden. Das
Haus, halb Kloster, halb Kaserne, hatte jedoch nur die pädagogische Unterweisung zu geben, während der eigentliche
Unterricht weder innerhalb seiner Mauern, noch an den
Fakultäten, sondern ausserhalb der Université, nämlich
je nach den Umständen am Collège de France, im Jardin
des Plantes oder in der Ecole Polytechnique aufgesucht
werden musste.

„Ich sehe nicht, was mir in diesem Wust von Latein
und Mathematik zusagen könnte‘‘, schreibt der vor dem
Zusammenleben mit 300 Kameraden zurückschreckende Student; „. . . auch schätze ich meine Freiheit zu sehr, um das
Spielzeug eines Rektors zu werden, der, — ohne Überhebung! — mir vielleicht nicht einmal gewachsen wäre.....
Überdies riecht dies alles nach dem Mittelalter.‘‘ Diese
Worte beziehen sich schon auf die durchgreifende Änderung,
die Fontanes mit dem § 113 des Dekretes vom 17. März zugunsten der wissenschaftlichen und der philosophischen
Fakultäten vorzunehmen gedachte, denn beide sollten fortan
die ausschliesslichen Lehrmeisterinnen der ihnen auch
räumlich nahegelegenen Ecole Normale werden. Doch
mussten sie diesen Vorteil teuer bezahlen, indem ihre Beziehungen zu ihr in eine unwürdige Abhängigkeit auszuarten
drohten. Die Fakultäts-Professoren wurden z. B. unter die
persönliche Beaufsichtigung des Studiendirektors der Ecole
Normale gestellt, der sie im Fall „grober Nachlässigkeit‘‘
beim Dekan anzeigen und ihre „Bestrafung‘‘ beantragen
konnte.

Champollion schreckte um so mehr vor langjährigem
Gebundensein durch „klösterliche Zucht ohne religiöses
Prinzip‘‘ zurück, als er bestimmt annahm, dass höhere Interessen binnen kurzem seine völlige Freiheit fordern müssten, —
wenn nämlich Ägypten ihn rufen würde, „um das Dunkel
zu lichten, worin sich seine Vergangenheit verlor.‘‘ Denn
er glaubte sich immer noch seinem Ziele nahe, und diese
grosse Hoffnung durchglühte ihm die Seele und hielt ihn
hoch inmitten der mannigfachen Drangsale.

Andererseits jedoch verlautete nichts uber eine Antwort
des Kaisers auf Fouriers Gesuch und auch Fourcroys Anfrage war resultatlos geblieben, weshalb denn letzterer, sowie
Fontanes selber, der den Jungling gelegentlicher Unterredungen wurdigte, darauf drangen, dass dieser sogleich die
notigen Schritte zum Eintritt in die Ecole Normale machen
solle. Nur so, meinten sie, konne noch einem plötzlichen
Handstreich vorgebeugt werden — Die aufregende Militar-
frage blieb noch monatelang unentschieden, doch fullte des
Studenten Tatendrang diese Zwischenzeit mehr als genugend aus!

Sein schliessliches Wiedererscheinen in der Ecole
speciale versöhnte Langles keineswegs Dazu kommt,
dass François immer weniger verhehlen konnte, wie sehr er
sich in seinen hochgespannten Erwartungen vom Kolleg
dieses Professors getauscht sah und wie arg es ihn ver-
stimmte, dass derselbe von seinen programmassig an-
gekundigten drei Lehrgegenstanden (Persisch, Mandschu,
Malaisch) fortgesetzt nur den ersteren behandelte. Auch
beruhrte es ihn sehr peinlich, dass ihm uber seines
Lehrers Verhalten wahrend der Revolution so manche jener
Verdachtigungen zu Ohren kamen, wie sie damals als letztes
Austonen der Denunziationsmanie wahrend der Schreckenszeit hier und da noch horbar wurden. Der Professor seinerseits beschuldigte seinen Horer der Überhebung, nannte dessen
agyptische Bestrebungen ein Hirngespinst und markierte
sein Vorurteil gegen alles, was der Student unternahm, so sehr,
dass sich dieser dadurch beeintrachtigt sah bei seinen Arbeiten
in der Bibliothek, wo Langlès Konservator der orientalischen
Handschriften war. Glucklicherweise konnte aber sein Hilfsarbeiter, Leonard de Chezy, wegen seinei Sanskritstudien der
‚Indier'' genannt, dem ‚Agypter'' zu Hilfe kommen, so dass
diesem auch hier das aus dem Auslande neu eintreffende
Arbeitsmaterial zugangig gemacht wurde — Chézys poetische
Seele hatte sich dem damals im Vergleich zum Arabischen
noch verschwindend wenig betriebenen Persischen, „dem
Italienisch des Orients'' (Sacy) zugewandt, ein Grund mehr
zur Annaherung an Champollion, der mit Begeisterung den
melodischen Tonfall und die reiche Poesie jener Sprache

pries und das Königsbuch des Firdusi, den er den Homer der Orientalen nannte, häufig bei sich trug, obgleich er es auswendig wusste.

Mehr noch fühlten sich beide von der erhabenen Schönheit und Wichtigkeit des Sanskrit durchdrungen: Chézy, der es seit 1806 heimlich ohne nennenswerte Hilfsmittel betrieben hatte, war innegeworden, dass er nun erst seiner eigentlichen Lebensaufgabe gegenüberstand, und er begann sie mit der ganzen Kraft seines Geistes zu erfassen. Auch der Grenobler Student war in seinen autodidaktischen Sanskritstudien bislang auf dieselben spärlichen Hilfsmittel[1] wie jener beschränkt geblieben, — nun hatten beide die Freude, in den Grammatiken von William Carey (Serampūr 1806) und von Sir Charles Wilkinson (Calcutta 1808) neue Anregung zu finden.

Da Champollion, wie schon bemerkt, das Verständnis möglichst vieler asiatischer Sprachen und besonders der Zwischenglieder des Sanskrit zum freien Überblick in seinen etymologischen und historischen Forschungen für nötig hielt, so wandte er sich nun ernstlicher als zuvor „dem Studium des Zend, des Pâzend, des Pehlevi und des Parsi" zu und begann ein Wörterbuch zu verfassen, das sich auf Anquetil Duperrons „Zend-Avesta" stützte und das er nach den Pehlevi-Originaltexten verbesserte. Seine enthusiastische Bewunderung der Weisheitslehren Zarathustras und der lichtvollen indischen Upanischaden führte ihn so weit, dass in seinem innersten Geistesleben Iran und Indien ganz plötzlich Ägypten in die Schranken zu fordern begannen, — doch nach kurzem Kampf trug letzteres endgültig den Sieg davon.

Der „Schüler Zoroasters" wandte sich wieder mit gewohnter Inbrunst dem Lande und dem Volk der Pharaonen zu und war geneigt, jeden zur Rechenschaft zu ziehen, der Unliebsames über die alten Ägypter sagte. Er verzieh es z. B. Volney nicht, dass er die Behauptung, sie seien zur Negerrasse zu zählen, so hartnäckig aufrecht hielt, und wusste es

---

1) Henry Th. Coolebrokes Grammar of the Sanscrit language, Calcutta 1805, sowie einige indische Originaltexte mit Übersetzung (von Jones u. Marsham), die das fehlende Wörterbuch ersetzen mussten.

Geoffroy Saint-Hilaire lebhaft Dank, dass dieser infolge vieler
anatomischer Untersuchungen an Mumien jenen Ausspruch
hinfällig machte.

Den Naturwissenschaften fortgesetzt sehr zugetan, opferte
François zuweilen einige Stunden, um im Jardin des Plantes
einem Vortrag von Cuvier, von Fourcroy oder, etwas später, von
Geoffroy Saint-Hilaire zu lauschen. An ersterem bewunderte
er die klassische Ruhe und Klarheit, — an den beiden
letzteren die zündende Beredsamkeit.

Das Schuljahr neigte sich zu Ende. Der Student, obwohl geistig überanstrengt und zudem ermattet durch ungewöhnlich starke Julihitze, die kein erfrischender Hauch von
den Dauphinebergen kühlte, stand überbürdet mit Arbeit da.
Er fertigte für Lasalette einen „Katalog der Musik" an
machte für Millin Auszuge aus den Klassikern, transcribierte
Inschriften für Tersan — und vollendete sein Pehlevilexikon
„Das Zendstudium", schreibt er, „verschafft mir glückliche
Augenblicke und daneben die Genugtuung, Sachen lesen zu
können, die niemand auch nur dem Namen nach kennt. Was
mehr ist, ich bin der einzige, der sie zu würdigen versteht,
falls nicht mein gelehrter Meister, M. de Sacy, auch darin
bewandert ist." — Zugleich aber meldet er „ ... Ich bin ab-
gemagert, meine Backen sind hohl, was mich nur noch mehr
einem Araber ähnlich macht."

Gleich am ersten Ferientage (28 Juli 1808) machten
François und Dubois einen Gipsabdruck von einem Obeliskenfragment, dessen schöne Hieroglyphenformen der „Ägypter"
zu besitzen wünschte — Dubois, der vier Monate lang im
Borgia-Museum zu Velletri gearbeitet hatte, besass eine seltene
Kenntnis sowohl der Materialien als auch der Arbeitsweise,
deren sich die Alten beim Anfertigen ihrer Kunstwerke bedienten, er war überdies der Vertraute aller Graveure, Bildhauer und Giesser seiner Zeit. Zwar wusste man, dass er es
zuweilen mit der Wahrheit nicht peinlich genau nahm, und
dass sein erfinderischer Kopf verschiedene Antiquare, ja selbst
Tersan und Millin, in geistreicher Weise überlistet hatte, aber
man nahm ihn wie er war, ohne mit ihm zu rechten, da er
in manchen verzweifelt scheinenden Fällen Hilfe zu schaffen
wusste. Champollion, der ständige Zusammenkünfte beim

Buchhändler Goujon mit ihm hatte, verdankte ihm manche
Anregung, erwies ihm aber auch sehr erhebliche Gegendienste.

Nach dem Obeliskenfragment kam eine vom Abbé Tersan
in London angefertigte Kopie der Rosettana an die Reihe,
doch bezwang der Student auch jetzt noch sein Verlangen
nach dem Beginn des eigentlichen Hieroglyphenstudiums.
Er beschränkte sich vielmehr darauf, die Schriftzeichen des
demotischen Teils der Inschrift mit denen eines (wie er
meinte) demotischen Papyrus zu vergleichen, um auf Grund
von Plutarchs Angaben über das Alphabet der ägyptischen
Volkssprache die 25 Buchstaben desselben herauszufinden.
Diese Beleuchtung der Kursivschrift der Papyri (welche in
hieratische und demotische zu zerlegen er noch nicht verstand) durch den demotischen Text des Rosettesteins veranlasste ihn, Mitte August dem Bruder zu berichten:

„Ich habe einen ziemlich grossen Schritt vorwärts getan
in diesen Studien, denn erstens habe ich durch unanfechtbare
Vergleichungen nachgewiesen, dass allen diesen Papyri dasselbe Schriftsystem und dasselbe Alphabet zugrunde
liegt; zweitens, weil ich den Wert aller Schriftzeichen durch
die Inschrift von Rosette besitze und weil sie absolut dieselben sind; drittens, weil ich den Anfang des bei Denon,
Tafel 138[1]) gestochenen Papyrus entziffert habe . . . .“

In seinem ungestümen Drang nach Erkenntnis hatte der
Jüngling diejenigen kursiven Zeichen, deren alphabetischer
Wert ihm gesichert schien, ganz einfach durch koptische
Buchstaben ersetzt. Dabei war es ihm in der Tat gelungen,
aus der Rosettana für eine Reihe von Buchstaben die richtigen Werte selbständig zu finden. Zu seiner Freude sah
er nachträglich, dass seine Resultate zum Teil mit den
von Åkerblad gewonnenen zusammentrafen.

Weniger erfolgreich war die Anwendung dieses Alphabetes, das durch rein äusserliche Schriftvergleichung noch
erweitert wurde, auf den Denonschen Papyrus: an der Übersetzung der ersten anderthalb Zeilen, die er liefern zu können

---

1) Nr. 78 in der kleinen frz. Ausgabe, Paris 1804. Tavola 115 in
der ital. Ausgabe, Florenz 1808.

glaubte, hatte seine rege Phantasie starken Anteil! Denn
der Papyrus (in hieratischer und nicht in demotischer Schrift,
wie der Student annahm) enthält zwar einen funeraren Text,
doch lautet die Übersetzung davon wesentlich anders.

Der Brief vom 30. August, worin er seinem Bruder diese
Entdeckung mitteilt, schliesst mit den Worten. „Dies also
habe ich getan, ich bitte Dich, mir Deine Bemerkungen
darüber zu machen, — ich unterbreite Dir meinen ersten
Schritt!"

Dieser „erste Schritt" [1]) ist trotz der darin enthaltenen zahlreichen Irrtümer von hohem Interesse und dieser Bezeichnung
nicht unwürdig, da er ja tatsächlich Champollions ersten
kleinen Erfolg auf einem Sprachengebiet verzeichnet, auf dem
er führerlos dastand, und weil er zugleich auch dartut, wie unabhängig von den Meinungen anderer über dieselbe
Sache der jugendliche Forscher in seinen Bahnen weiterzuschreiten gedachte.

„Setze dein Unternehmen fort", mahnt der ungeduldig
vorwärtsschauende Bruder, aber François, völlig erschöpft,
zog vor, mit Millin und Dubois zusammen einige Ausfluge
zu machen, — allerdings zu archäologischen Zwecken.

Cambry hatte nach der Bretagne mit ihm reisen wollen,
nun war er tot und ausserhalb der keltischen Akademie
bereits vergessen! Dieses sofortige Verschwinden eines angesehenen Mannes von der Bildfläche des weltstädtischen
Lebens machte viel Eindruck auf Champollions empfängliches
Gemüt, und im Hinblick auf „die ephemere Dauer so mancher
Pariser Berühmtheit" sagt er einmal: „Sie gleichen dem
Staub, den ein Windstoss bis zum Himmel erhebt, und den
die Windstille zur Erde zurücksinken sieht. Infimo loco."

In die Mitte der Ferienzeit fiel ein wichtiges Ereignis Am
16 September leistete der Grossmeister Fontanes den Eid, und
die Université wurde damit „endlich vom Nagel genommen,
an dem sie solange gehangen hat — und wir mit ihr", bemerkt François dazu. Hiermit begannen aber schier endlose
Besorgungen für ihn, da er nicht nur für Figeac, der auf
eine hervorragende Stellung im zukünftigen Lehrkörper rech-

----

[1]) S. Anh II, 1

nete, sondern auch für dessen Freunde und für sich selber
die nötigen Gänge zu einflussreichen Personen zu machen
hatte. Auch musste er täglich das Journal officiel lesen und
wichtige Anstellungen sogleich nach Grenoble melden. Ein
Auftrag des Bruders, der seine Kandidatur für die Inschriften-
Akademie von mehreren Seiten unterstützt zu sehen wünschte,
führte den Studenten häufig zum Abbé Tersan, dessen in
Paris damals wohl einzig dastehende und soeben noch be-
reicherte etruskische Sammlung er nun zum ersten Male eingehend prüfte. Denn er hatte seit kurzem — immer im Hinblick
auf Ägypten — die Etrusker und Phönizier scharf ins Auge
gefasst und schon im Monat August über letztere geschrieben:
„Ich weiss, dass die Gelehrten gesagt haben, sie seien
die Makler der Ägypter gewesen, — aber niemand hat bislang gesagt, dass Phönizien eine Provinz Ägyptens gewesen ist und dass die Phönizier dieselbe Religion gehabt
haben, wie die Ägypter.‟ Bei diesen Hypothesen hielt er
keineswegs inne: er fügte ihnen vielmehr die andere bei,
dass das „phönizische Alphabet dem altägyptischen Schriftsystem entlehnt‟ sei.

Neue Perspektiven öffneten sich nun vor ihm und er
verfehlte nicht, den ganzen Optimismus seiner jungen Jahre
auch auf diese Untersuchungen zu übertragen, über die er
Anfang September einen langen, leider nicht erhalten ge-
bliebenen Bericht erstattete. Figeac, ärgerlich über des
Bruders Unentschlossenheit hinsichtlich der Ecole Normale,
ruft ihm zunächst zu: „Hast Du denn nicht die Kraft, einige
Monate im voraus zu überblicken? Du kennst so gut die
Vergangenheit, dass Du Dich auch ein wenig um die Zukunft
kümmern müsstest, um die Gegenwart zu beherrschen!‟
Danach macht er ihm heftige Vorwürfe über seine abfällige
Beurteilung verschiedener Autoritäten und ihrer grundlegenden
Werke und wünscht, dass er nicht ferner mehr gegen wissen-
schaftliche Wahrheiten angehe, die als solche von der ge-
lehrten Welt anerkannt seien!

„Du glaubst mich mit Deiner ‘gelehrten Welt’ schrecken
zu können‟, erwidert der Student umgehend, „aber es ist
damit wie mit der politischen: dieselbe Blindheit, mit der
man dem Führer folgt — mag er verdienen oder nicht, dass

er befiehlt — und dessen samtliche Ansichten, weil sie eben
von ihm stammen, so lange wiederholt werden, bis ein
anderer, starker, schlauer oder tuchtiger, das angenommene
System umsturzt und ein anderes an die Stelle setzt. Hat
man nicht lange Zeit geglaubt, dass die Erde platt sei,
und dass die Sonne sie umkreise? Und tausend abge-
schmacktere Dinge noch hat die „gelehrte Welt" von ehemals geglaubt! .... Man hat geglaubt und glaubt selbst
jetzt noch, dass ein erbarmlicher Araberstamm, die Juden
namlich, einen Augenblick das Zepter in eines Pharao Hand
erzittern lassen konnte, und dass er die Wurzel aller Volker
der Erde sei· Und Rochard, Rivière, Michaelis, Leyden
waren Fuhrer der „gelehrten Welt".

Auf die Etrusker zuruckkommend, sagt er „Sprache,
Munzen, geschnittene Steine, Sarkophage, alles pragt sich
in meinen Kopf ein, und warum wohl? Weil die Etrusker
aus Agypten kommen! Dies ist freilich eine Folgerung,
bei der unsere mit Griechisch und Latein uberkleisterten
Gelehrten bis an die Decke hinaufspringen mochten. Doch
habe ich monumentale Beweise dafur" Auf eine Bemerkung
seines Bruders Bezug nehmend, setzt er hinzu „Es ist durchaus nicht tausend Jahre her, seitdem man die Etrusker als
von den Agyptern abstammend ansieht. Der einzige, der es
gewagt hat, und uberdies mit Zittern und Zagen, ist der
Senator Buonarotti . . . Ich selber behaupte es nicht
einmal, — weil ich keineswegs, wie viele andere, darauf bestehe, dass ein Volk vom andern herstammt, ... denn es gibt
in Lappland Baume und Pilze, die nicht von den Baumen
und Pilzen Judaas als Kolonie nach dem Norden gesandt sind.
Ich will ja nur sagen, dass die Agypter und die Etrusker im
hohen Altertum in sehr engen Beziehungen miteinander gestanden haben, sei es durch Handel, Kunst oder Krieg."

Um sein Recht, sich eigene Pfade zu bahnen und selbstandig auf ihnen vorwarts zu schreiten, nachdrucklich
zu begrunden, setzt er noch hinzu: „Wenn es ehemals
Manner von grossem Verdienst gegeben hat, so war es deshalb, weil sie mehr wussten, als die ihnen vorhergegan-
genen, — ich denke, es wird ihrer noch mehrere geben, und
aus demselben Grunde "

Des Bruders gereizte Stimmung hatte noch andere Ursachen, — François ging ihm nicht schnell genug vorwarts
auf der Entdeckerbahn· „Du hast anderthalb Linien ubersetzt, — Du besitzt ein Alphabet und bleibst dabei stehen!"
wirft er ihm vor, „ich kenne Dich nicht mehr! Wo ist denn
Deine Leidenschaft fur alles, was Ägypten angeht, geblieben? ...." Und dann wieder· „Weg mit den eingebildeten Systemen, die keine andere Grundlage, als etymo-
logische Spitzfindigkeiten haben .. ." — „Lieber Bruder,
hast Du mir denn wirklich selber diesen Brief geschrieben?"
klagt François am 10. Oktober und lasst sich dann zu
scharfster Notwehr hinreissen: „.... Warum denn" sagt er
unter anderem, „meine agyptische Geographie drucken wollen,
da sie doch ganz voll ist vom Geist dieser selben Systeme!
Doch ich werde alles tun, was du sagst, behandle mich als
Narren, — ... es wird mich nicht hindern, mein [liebes]
Altertum zu studieren ... die Etymologie gern zu treiben
und — o Frevel! — selbst vor dem Niederbretonischen tiefen
Respekt zu haben. ... Es ware fur den Fortschritt naturlich
besser, eine neue Katechismusauflage mit gelehrten Kommentaren herauszugeben, als ein Werk zu veroffentlichen, in
welchem dargestellt wird, dass die Agypter, das dumme,
zwiebelbauende (oignicole) Volk, von der Gottheit hohere
und reinere Begriffe hatte, als Seine Heiligkeit der Papst."

Anscheinend war seines Bruders Ärger uber die Ver-
zogerung durchschlagender Entzifferungsresultate so gross,
dass er vorubergehend von dem nach seiner Ansicht unverzeihlich Pflichtvergessenen die Hand abzog. um ihn desto
schneller wieder zur Besinnung zu bringen. Fur François
zeitigte jedoch der Geldmangel ganz unhaltbare Zustande;
uberdies glaubte er weder untatig noch verschwenderisch
gewesen zu sein und litt daher doppelt unter dem Druck der
Armut „Ich habe keinen Sou, kaum kann ich mir die Stiefel
putzen lassen und das Porto fur die Briefe bezahlen, die ich
erhalte ... Frau Mécran bedrangt mich taglich wegen der
Zimmermiete und Herr Faujas kann mir nichts geben, da er
nichts hat, um mir das Leben zu fristen. Arm wie ein Poet
stehe ich hier, d. h etwas armer als sehr arm .... Ich bitte
Dich flehentlich, mir Geld zu senden, um die vier Monate zu

bezahlen, die wir Frau Mecran schulden, denn ich fange an zu merken, dass ich ein wirklicher Pariser geworden bin, an der Leichtigkeit, mit der ich sie die hunderttausend Male habe ablaufen lassen, die sie gekommen ist, um mich zum Bezahlen der 18 Franken aufzufordern. Ich fürchte Pfändung, Prozess, Schuldhaft usw."

Auch das Schlimmste sollte ihm nicht erspart bleiben „Endlich hat man eines schönen Abends geglaubt, mich vor die Tür setzen zu müssen, weil ich nicht bezahlte. Das war nur billig. Adieu."

Die Pension an die Familie Faujas konnte ebenfalls nicht bezahlt werden, so dass sich der Student zu einem billigeren Mittagstisch entschliessen musste, doch scheint es, dass er sein Zimmer wieder beziehen konnte. Aber auch seine Kleidung liess zu wünschen übrig; ihre Dürftigkeit, obendrein bei herbstlichem Wetter, zwang ihn eine Zeit lang, alle Besuche, selbst die ihm von Figeac zur Pflicht ge-machten, einzustellen: „Man muss Toilette besitzen — und ich habe keine! "[1]) Gezwungenermassen begann er deshalb, sich in etwas zu emanzipieren, indem er, teils mit dem vom Vater erbetenen Zuschuss, teils auf Rechnung des nichts davon ahnenden Bruders sich neu zu equipieren an-fing. Nach mehreren beiderseitig herben Auslassungen, gelegentlich deren der Student zu seiner Verteidigung aus-ruft. „Die Vernunft wartet nicht auf die Zahl der Jahre!"[2]) ging die Verstimmung vorüber und Mitte Oktober meldet ihm Figeac in versöhnlichem Ton: „Sei ohne Sorge, alles ist mit Herrn Fourier geregelt und niemand ausser ihm und uns wird je davon zu hören bekommen!"

Dies bezieht sich sowohl auf die Dragoman- wie auf die Militärangelegenheit, welchen beiden Gefahren nun endlich nachdrücklich entgegen gearbeitet werden konnte. Schon zu Anfang Juni 1808 hatte Fourier ein Schreiben der Delphina-

---

1) „ Les culottes de reps sont importables, celles de nankin, je les ai usées depuis l'été; ainsi me voila un franc sansculotte sans cependant en avoir ni les principes, ni les intentions . "

2) „La raison n'attend point le nombre des années." 5. Okt. 1808.

tischen Akademie, worin sie den jüngeren Champollion dem
Wohlwollen der Regierung empfahl[1]), dazu benutzt, um
an zuständiger Stelle darauf hinzuweisen, wie nötig in
diesem Falle eine Befreiung vom Militärdienst sei. Er hatte
seitdem nicht aufgehört, sowohl Fourcroy, wie Fontanes und
den General Dumas — einen Liebling des Kaisers — hierfür zu interessieren, und eine starke Hoffnung auf Erfolg
liess François nun mutiger in die Zukunft blicken. Auch
wies er am 28. November den Eintritt in die ihm verhasste
Ecole Normale definitiv zurück: „Man muss dort zehn Jahre
als Sklave der Regierung bleiben, unfähig, über seine
Person, noch über seine Hand zu verfügen. . . . Ich aber
möchte nicht nur die Liebe zur Freiheit mir bewahren, sondern ich kann auch nicht für die Unparteilichkeit meines
Herzens einstehen. Nichts ist wahrer als das Wort des
Orients: Eher bezwingt man den Sturm, als das eigene
Herz, — leichter entwaffnet man Rustam, als man einer
Leidenschaft, deren Prinzip die Liebe ist, die Heftigkeit be-
nimmt."

Pläne ganz besonderer Art, die diesmal durchaus nicht
die Wissenschaft betrafen, hatte des Studenten rastlos
suchender Sinn in den vorhergehenden Wochen entworfen;
er beschwört den Bruder, dem er sie ganz vertraulich mitteilen will, ihm nicht hinderlich zu sein, — und da eine
Lücke im Briefwechsel kaum eine Vermutung über diese
Projekte zulässt, so ist die Bitte: „Lass dies alles unter uns
bleiben" damit erfüllt. Soviel steht indessen fest, dass in
Champollions Zukunftsplänen Pauline keine Rolle mehr
spielte. Schon seit Ende des Sommers hatte sich, einzig
durch die Macht der Umstände, eine Reaktion in seinen
Empfindungen geltend gemacht, infolgederen er inne ward,
dass ihn nur noch Freundschaft für Frau Zoës Schwester
beseelte, und dass diese rein idealen Beziehungen unge-

---

1) Bulletin de la société des sciences et des arts, Grenoble, Tome I.
1842. p. 16. „Le 25 Mai 1808, le Ministère de l'Intérieur avait chargé
cette société, de lui faire connaître les talents naissants qui méritaient
encouragement. . . ." Dies Empfehlungsschreiben der Akademie fiel
sehr warm aus.

schwacht fortbestehen könnten, selbst wenn eine andere
Empfindung, deren wahre Natur er nun besser zu erkennen
meinte, von seinem leidenschaftlichen Herzen Besitz nehmen
wurde.

Zu ehrlich, um uber die nunmehrige Sachlage den geringsten Zweifel bestehen zu lassen, legte François brieflich
sogleich Frau Zoe ein offenes Gestandnis ab, das allerdings
in der Familie Berriat einen hochst peinlichen Eindruck
machte, zumal der junge Student nicht seines bruderlichen
Mentors Gabe besass, selbst das denkbar Unangenehmste in
eine gefallige Form zu kleiden. So wurden denn diese Beziehungen, die langer als ein Jahr tiefen und zweifellos veredelnden Einfluss geubt hatten, abgebrochen Aber spaterhin, als Champollion, um manche Erfahrung reicher, nach
Grenoble zuruckkehrte, widmete er Paulinen von neuem die
herzlichste Freundschaft, die dieses Mal zu keinem Irrtum
Veranlassung gab.

Die letzten Monate des Jahres 1808 brachten fur
François auch sonst noch allerlei Neues, so z. B die Kunde
von der Entzifferung (Nouvelle Explication etc.) der Hieroglyphen durch den ihm befreundeten Archaologen Alexandre
Lenoir. Das anfangliche Erstaunen des Studenten gab
grosser Heiterkeit Raum, sobald er das Opus durchlesen
hatte[1])

Zugleich fiel ihm eine im Jahre 1803 gedruckte anonyme
Broschure in die Hande, — ein Versuch, den Schlussel zur
altagyptischen Schrift in der Geometrie und in der Kombination von Zahlen, Massen und mathematischen Zeichen zu
finden — Sich die naive Kuhnheit beider Autoren zur
Warnung nehmend, wandte er sich mit verscharftem Eifer
seinen ernsten Studien zu. Nur widerwillig dem Drangen
des Bruders gehorchend, erweiterte er nun endlich sein
Programm mit Millins Vorlesungen uber Altertumskunde,

---

1) , . le plus bel endroit du mémoire, c'est celui ou il nous
demontre, que Dejanire est le cochemard (sic) et par consequent
ce dernier est d'origine Egyptienne. Et le Torse Borgia avec les
hieroglyphes ne parle que de la saison des pommes, des prunes, des
poires etc " (18. Nov 1808)

denn jeglicher Berechnung fremd, hatte er es bislang verschmäht, diesem mächtigen Förderer junger Anfänger, in
welchem er aber keine wissenschaftliche Autorität sah, seine
kostbare Zeit zu opfern: „Am Ende des Schuljahres," bemerkt er, „werden wir sämtliche Verse Racines wissen, die
sich auf die Denkmäler beziehen, denn Herr Millin gibt sie
verschwenderisch zum besten, um Virgils, Horazens, Eckhels,
Winckelmanns u. a. Ansichten zu bekräftigen."

Da er zu dieser Zeit den „Verein der Freunde der
Wahrheit" begründen half[1]) und sein Gelübde, überall der
Wahrheit zum Siege zu verhelfen, ernstlich nahm, so konnte
er im Januar 1809 nicht umhin, Millin bei einer Streitfrage
über das Alter des Tempels von Dendera zu widersprechen.
Um aber den väterlichen Freund möglichst zu schonen, tat
er dies in einem anonymen Zeitungsartikel[2]), von dem er
wusste, dass jener ihn lesen würde. Der Professor blieb zum
Glück unbefangen; „er liebt mich wie seinen Augapfel,"
bemerkt der Student, „ich gehe zu ihm zu jeder Stunde, er
ist ein ausgezeichneter Mensch, obwohl Altertumsforscher
nur im Nebenamt (par juxtaposition)."

Millins höfische Gepflogenheiten und seine diskrete Art,
Napoleon Weihrauch zu streuen, kontrastierten stark mit der
derben Weise, in der er jungen Leuten seine im allgemeinen
sehr positiven Ansichten einzuschärfen pflegte. So hörte er
nicht auf, Champollion, dessen „Fabel von den Riesen" ihn
einst so sehr beunruhigt hatte, vor dem Beispiel derer zu
warnen, „die im geringsten Zeichen die Winter- oder Sommer-
sonne, in jeder Zahl eine versteckte Bedeutung, in allen
Tieren Zeichen des Tierkreises sehen, und die im Hunde-
gebell so gern eine keltische Silbe finden möchten." —
Immer noch war er der Ansicht, dass der Student vor der
Rückkehr ins Dauphiné einige Zeit in Göttingen zubringen
müsse, wo „das einfache aber geistig rege, moralisch erhebende Leben . . . . völlig unter dem schönen Einfluss"

---

1) „Société des amis de la vérité". Gegr. im Okt. 1808. Es kam
hier in erster Linie die histor. Wahrh. in Betracht.

2) Wegen mangelhafter Bezeichnung des Blattes nicht zu ermitteln.

von Ch. G Heyne stand und viele Ausländer anzog Doch
für Champollion, so gern er auch mit Heyne zusammen etwas
tiefer in die rätselvolle Geschichte der Etrusker, die den gefeierten Veteranen ebenfalls beschäftigte, eingedrungen wäre,
kam der Kostenpunkt in Betracht; nur noch ein kurzes
Studienjahr blieb ihm zum Lernen übrig, es musste in Paris
verlebt werden

Bald nach dem Artikel über den Dendera - Tempel
schrieb er eine Abhandlung über die Namen der Musik-
instrumente bei den Hebräern, Chaldäern, Arabern, Syrern
und Äthiopiern, deren beabsichtigter Druck jedoch unterblieb Besonders die arabischen Autoren und die Bibel
waren ihm zu dieser Arbeit nützlich gewesen, und die Etymologie der Instrumentennamen durfte noch heute interessant erscheinen. Eine Notiz über die äthiopische Musik
beschliesst diese Denkschrift, die von Figeac vor der Grenobler
Akademie gelesen wurde.

Diese beachtete auch nach Gebühr die am 17. Juli 1808
vom Regierungsblatt der Isère (Nr. 86) gebrachte, mit J Fr. C.
gezeichnete lange Erwiderung Champollions auf einen im
Journal des Arts[1]) erschienenen Artikel des Literaten Coupé,
demzufolge nicht viel mehr an Ägyptens grosse Vergangenheit erinnere als der Nil und die Pyramiden: „Man erkennt
nicht mehr die Stelle, wo Theben einst glänzte! . " Mehr
noch als diese unberechtigte Klage reizte den Studenten die
Behauptung zum Widerspruch, die Pyramiden seien von den
Hyksos, „den Nachkommen Jacobs", erbaut, deshalb konnte
er, so sehr er auch geneigt war, den greisen Autor zu
schonen, doch nicht umhin, ihm zu raten, in diesem schwierigen Falle die weise Reserve der Araber zu beobachten,
die da, wo man historische Gewissheit nicht geben kann,
mit Ergebung sagen Gott weiss es am besten!

„Die Behauptung, dass kein ägyptischer Arm an den
von Sesostris errichteten Tempeln gearbeitet habe," bemerkt
Champollion hier, „darf nicht zu wörtlich genommen werden,
sie sagt nur, dass die Gefangenen lediglich in den Stein-
brüchen und beim Transport des Materials, sowie mit

---

[1]) Nr. 562, 14 April 1808, p. 228 loc cit

sonstigen groben Arbeiten beschäftigt wurden: dass es aber
ägyptische Künstler waren, welche die Pläne und Zeichnungen der Tempel entwarfen und die Skulpturen daran
ausführten. Wäre es anders gewesen, so hätte man diesen
Bauten den Stil der Gefangenen angemerkt. Schwerlich
würde sich auch unter den Kriegsgefangenen eine ge-
nügende Anzahl von Bildhauern und Architekten befunden
haben, um selbständig die grossen Denkmäler zu errichten,
die das Altertum dem Napoleon Ägyptens zuschreibt." Er
führt ferner aus, dass in den ältesten Zeiten Ägyptens,
als die Beziehungen zum Ausland weniger mannigfaltig und
Kriege seltener waren als späterhin, die Staatsklugheit der
Pharaonen in der Errichtung der Pyramiden und anderer
Riesenbauten ein willkommenes Mittel zur regelrechten Beschäftigung von überzähligen Arbeitskräften gesehen habe.

Im selben Blatte erschien am 7. August eine von tiefer
Bewunderung durchglühte Würdigung von Firdusis Elegie
über den Tod Isfendiârs durch Rustams Hand, und
am 30. September ein anonym gelassener Artikel über die
rabbinistische Literatur. Er verfasste, trotz beginnender
Übermüdung[1]), eine Abhandlung über Mumien, begann eine
Bearbeitung koptischer Texte und schrieb auf Wunsch des
Grenobler Präfekten (und zu dessen speziellem Gebrauch) ein
Mémoire sur la numismatique hébraique und eine
Notice relative au dialecte samaritain.

Alle Schriften des Studenten wanderten sogleich zu
Fourier, der sie zuweilen monatelang behielt[2]) und so
eingehend mit dem, was er selber über Ägypten schrieb
verglich, dass sich ihm nach endlich erfolgter Rückgabe ganz
unwillkürlich die Grenzlinie zwischen den eigenen und den
fremden Ideen verwischte. Seines Bruders Briefe, oder
mindestens Auszüge daraus, musste Figeac ebenfalls dem
Präfekten zur Verfügung stellen. Auch veranlasste letzterer
François nicht selten zu vertraulichen Mitteilungen an diesen
oder jenen Gelehrten, in Fällen nämlich, wo er sich nicht
direkt, besonders aber nicht schriftlich, „preisgeben" wollte.

---

1) „C'est un rude métier, que le métier d'auteur" (27. Juli 1808).
2) Vielleicht wurde verschiedenes überhaupt nicht zurückgegeben.

Er arbeitete in seinen Mussestunden immer noch an der erwähnten historischen Einleitung zur Description, und zwar unter beträchtlichen Schmerzen Leibes und der Seele, galt es doch, einen Napoleon zu befriedigen! Natürlich genug wünschte er zur besseren Erreichung dieses Zweckes seines Schützlings baldige Rückkehr, aber in diesem Punkte, wie in jenem anderen eines vorzeitigen Studiums der Hieroglyphen im engeren Sinn, waren die Brüder gezwungen, ihm passiven Widerstand zu leisten der noch langere Zeit hindurch fortgesetzt wurde.

Mit den innigen Worten an Figeac und Frau Zoe „Mir ist kein Jahreswechsel nötig, um Euch herzlichst Glück zu wünschen, — täglich ist in dieser Hinsicht für mich Neujahr!" begann François das Jahr 1809. Es brachte ihm zunächst die Nachricht, dass der ihn vertretende Bruder bei der Auslosung der Konskribierten in Grenoble eine Nummer gezogen hatte, welche die Sachlage recht ernst erscheinen liess Dank seinen unausgesetzten Bemühungen, an denen sich ausser Fourier auch Fontanes und der General Dumas beteiligten, konnte Jacques-Joseph jedoch nach einiger Zeit seinem Bruder melden „Deine Bescheinigung aus Figeac ist ausgezeichnet. Sie besagt erstens, dass Du an der Ziehung Deiner Klasse beteiligt gewesen bist, zweitens, dass Deine Nummer nicht abgerufen ist. Genug um Dich los zu bekommen'.. So fürchte nun weder die Muskete, noch die Patronentasche, beide standen Dir ziemlich schlecht zu Gesicht Du hast also auf den Listen in Grenoble gestanden, und die Sache ist dort geordnet, — auf denen in Figeac, und Deine Nummer ist nicht aufgerufen' [Du kannst demnach jede etwaige Frage beantworten, doch lass dies alles niemand wissen]'

Sich von dem schweren Druck endgültig erlöst wähnend schloss sich François nun etwas mehr an zwei seiner Studiengenossen an, auf deren erwähltes Sprachgebiet er überdies häufige Ausflüge machte, — Jean-Antoine St. Martin und Antoine-Jean Letronne. Ersterer, der, von der Kraft seiner Begabung getragen und wegen seiner Lernbegier von den Lehrern gefordert, sich aus sehr bescheidenen Verhältnissen schnell emporgearbeitet hatte, verdankte späterhin den beiden Champollion manche Vorteile, er steht in den Annalen

der Sprachwissenschaft als der „Armenier" verzeichnet.
Heissblütig, sarkastisch und launenhaft, wie er war, unterschied er sich ungemein von dem etwas älteren, stets kalt-
blütigen, scharf überlegenden Letronne, den das Geschick
dem Entzifferer der Hieroglyphen so glücklich zur Seite gestellt hat: die Kritik in selten erreichter Vollendung neben
die Divination in unübertroffener Kraftfülle.

François traf mit dem jungen Hellenisten im Collège de
France bei Jean-Bapt. Gail[1]) zusammen, der diesen beiden
Schülern nur karge Nahrung bieten konnte und wohl kaum
ahnte, dass die Nachwelt einst in dem einen den genialen
Erschliesser der hellenistischen Kultur, im anderen den
Wiedererwecker Altägyptens ehren würde.

Diesem grossen Ziele meinte der Student mit seiner im
Februar 1809 beendeten Schrift über Die Religion und
Geschichte Ägyptens etwas näher gekommen zu sein.
Wie erwähnt, lag seine géographie égyptienne de
l'Egypte, wie er sie so gern nannte, gewissermassen druckfertig da, doch suchte er sie unablässig noch zu vervollkommnen. So lieferte ihm im Februar 1808 die koptische
Handschrift Nr. 46[2]) eine neue Städteliste; auch war er noch
nicht fertig mit dem Durcharbeiten des wiederholt aus Rom
her vermehrten ungeheuren einschlägigen Materials. Zudem klang ihm des Bruders Warnung: „Der Ruf eines
Autors hängt oft von seinem ersten Werke ab, wehe ihm,
wenn er mit einem Fehlschlag beginnt!" stets im Ohre
nach. — Weil nun aber die von ihm angefertigte (damals
noch ganz Ägypten umfassende) Karte nebst der Einleitung
zu seiner Geographie seit September 1807 sozusagen die
Runde gemacht hatten in Paris, so rieten Figeac selber, sowie der Champollion sehr wohlwollend gesinnte Geograph
Gosselin im Frühling 1808 zur sofortigen Herausgabe des
Werkes, dem sie die Priorität gewahrt zu sehen wünschten.

---

1) Scherzweise „le jardinier des racines grecques" genannt, nach
dem Titel seines Lehrbuches. Champollion bewunderte sehr den barm-
herzigen Sinn dieses Professors, der notorisch armen Hörern ein
kostenloses Unterkommen darbot.

2) Die Nummern dieser Mss. wurden um 1860 geändert.

Da veroffentlichte im Juni Etienne Quatremère seine Recherches critiques et historiques sur la langue et la litterature de l'Egypte, und dies grundlegende Buch wurde sogleich von Sacy mundlich wie schriftlich[1]) derartig warm empfohlen, dass François es nun fur geboten hielt, sein Erstlingswerk mit einigen neuen Gesichtspunkten zu versehen, um ihm selbst nach der genannten Publikation Quatremeres einen Erfolg zu sichern. Deshalb unterblieb die Herausgabe wahrend des Studenten Aufenthalt in Paris.

Quatremere stand sich ziemlich gut mit Sacy, der ihn wegen seiner Geistesscharfe und Grundlichkeit schatzte und deshalb uber die ihm unsympathische Personlichkeit hinwegsah. Langles hatte ihn sich zum Hilfsarbeiter in der Handschriftenabteilung geben lassen und bevorzugte ihn stark auf Kosten Chézys, hierunter litt auch Champollion, weshalb er es an heftigen Ausfallen gegen Langles und Quatremere in seinen Briefen nicht fehlen lasst. Dass letzterer ihm von seinen Lehrern fortgesetzt zum Vorbild hingestellt wurde fur die Erlernung und die Verwertung der koptischen Sprache krankte ihn ganz besonders, denn seit 1805 war er mit Frerets, Barthelemys u a Ideen uber die Natur des Koptischen und seinen Wert fur die Hieroglyphen-Entzifferung vollig vertraut und er gedachte alles ubrige durch sich selber zu erlernen zum mindesten aber nicht von jemand, der ihm als ein zwar streng methodischer, aber doch einseitiger und pedantischer Forscher erschien, der nur an sich selber glauben konne. Quatremère seinerseits misstraute den divinatorischen Instinkten Champollions und zeigte ihm von der ersten Stunde an seine allerdings viel mehr sachlich als personlich empfundene Antipathie, die sich spaterhin immer mehr verscharfte und durch nichts ausgeglichen werden konnte.

Mit gesteigertem Eifer wandte sich der Student nun dem Koptischen zu und Ausserungen wie „Ich will [es] wie mein Franzosisch wissen", — „mit einem Wort, ich bin so koptisch, dass ich zu meinem Vergnugen alles ubersetze, was mir durch den Kopf geht. Ich spreche koptisch zu mir

---

1) Siehe Mag Encycl XIII 4 1808, August-Heft, p 241-282

selber, weil andere mich nicht versteheń würden ..." finden
sich mehrfach in seinen Briefen aus den nachfolgenden Monaten. ' Zur Übung transcribierte er eifrig koptische Texte in
die von ihm selber aufgestellten demotischen Buchstaben,
verfasste auch allerlei private Abhandlungen in koptischer
Sprache, deren eine, ebenfalls in demotischen Schriftzeichen,
etwa 40 Jahre später von einem Demotiker irrtümlich als ein
ägyptischer Text aus der Zeit der Antonine veröffentlicht
und scharfsinnig kommentiert wurde[1]).

Er spürte emsig der Eigenart der drei koptischen
Dialekte[2]) nach und beendete noch im Herbst 1808 seine
„Grammaire égyptienne du dialecte thébaïque"[3]). Da er
nämlich in der schriftlichen Wiedergabe dieses Dialektes die
Unterdrückung der medialen Vokale am stärksten hervor-
treten sah, so hielt er ihn eben deshalb für den geeignetsten
zur Einführung in das altägyptische Schriftsystem, das
ihm ebenfalls als durch die Unterdrückung der medialen
Vokale gekennzeichnet erschien. Diese frühe Erkenntnis
stellte ihn von vornherein hoch über alle seine Mitbewerber
um die Lösung des hieroglyphischen Problems.

Unermüdlich vorwärts drängend, legte er schon jetzt, an
der Hand der koptisch-arabischen Vokabularien und der einschlägigen Handschriften der Bibliothek, den Grund zu
seinem koptischen Lexikon, in welchem er aber, der herrschenden Sitte entgegen, die Wörter nicht alphabetisch an-
ordnete, sondern nach ihren Wurzelwörtern gruppierte[4]). —
Einer verbürgten Überlieferung zufolge erbat er sich Sacys
Ansicht über seine Idee und erfuhr zu seinem Kummer
eine scharfe Zurückweisung derselben; doch befolgte er seines
Lehrers Rat in diesem Falle nicht, musste aber in späteren
Jahren die Folgen davon tragen.

---

1) Siehe Rev. arch. 1848, 5. p. 104—111, Notice (etc.) von F. de
Saulcy.

2) Der thebaische oder sahidische, der baschmurische, der mem-
phitische oder bohairische.

3) Eine treulose Hand veränderte späterhin J. F. C. 1808 in
Mars 1831 und setzte als Namen des Autors den Namen Salvolini
auf das Ms.

4) Näheres in Kap. IV.

Auch mit Quatremère hatte er eine unerfreuliche Auseinandersetzung zu dieser Zeit, doch betraf sie den baschmurischen Dialekt. Auf Grund eingehender Erkundigungen
bei Dom Raphael und Sonnini[1]) hatte François nämlich
schon vor dem Erscheinen von Quatremères Buch selbständig die Überzeugung gewonnen, dass die baschmurische
Mundart weder im Delta noch in den Oasen oder sonstwo,
ausser in Mittelagypten, ganz speziell aber im Fayûm heimatberechtigt gewesen sei. Und er beharrte unentwegt auf
seiner Ansicht, obwohl sie von keinem seiner Zeitgenossen
geteilt wurde[2]), selbst nicht von Sacy.

Dieser, inzwischen ins Corps Legislatif eingetreten, war
mit dem Druck seiner damals einzig dastehenden arabischen
Grammatik beschäftigt, von welcher der heutige Inhaber
seines Lehrstuhls an der Ecole speciale gesagt hat: „Verglichen mit dem bis dahin auf diesem Gebiet Geleisteten ist
man erstaunt, dass ein solches Denkmal errichtet werden
konnte, ohne dass mehrere Generationen den Grund dazu
gelegt hätten"[3]).

Sacy war als Lehrer unübertrefflich. Er wusste sich an
die Stelle jedes seiner Schüler zu versetzen und sie durch
die von ihm eingeführten Diskussionen über schwierige
Texte gewissermassen zu seinen Mitarbeitern zu erheben.
Er selber behielt sich dabei nur die schliessliche Entscheidung
vor und seine Wahrheitsliebe ging so weit, dass er ihm unerwartet kommende Fragen nur dann augenblicklich beantwortete, wenn er seiner Sache absolut sicher war.

Der vergleichenden Sprachforschung seiner Zeit stand
er kühl, fast ablehnend, gegenüber. Seine innere Abneigung
gegen alles Unfertige und Zweifelhafte, sein klarer Blick für
das zur Zeit Erreichbare hielten ihn stets davon zurück, sich
auf Gebiete zu wagen, wo sichere Erfolge noch nicht möglich
waren. Aber wenn es ihm auch manche kurzsichtige Zeitgenossen verargten, dass er sich nicht über die Grenze

1) Schon am 7. Nov. 1807 hatte er darüber eine wichtige Unterredung mit ihm.

2) Näheres in Kap. IV.

3) Hartwig Derenbourg in „Silvestre de Sacy", Paris 1895.

semitischer Sprachvergleichung hinauswagte, so konnte ihm
doch niemand vorwerfen, dass er denen Hindernisse in den
Weg gelegt hätte, die mit jugendlichem Ungestüm in un-
erforschte Gegenden vordrangen. So hatte denn auch Champollion nicht über Unduldsamkeit seinerseits zu klagen. —
Ganz anders verfuhr Langlès, der ihn im Kolleg völlig ignorierte und sich ausschliesslich nur um den einzigen, ihm
ausser François noch übrigbleibenden Schüler kümmerte,
seitdem er die Hoffnung hatte aufgeben müssen, den widerstrebenden „Ägypter" im mittelasiatischen Sprachgebiet endgültig einzubürgern. Da aber der Professor gerade die dritte
Auflage seines Mandschualphabetes vorbereitete, das in
28 Buchstaben alle 1400 Silbenzeichen der Schriftgelehrten
von Peking wiedergeben sollte[1]), so gab er seinem rebellischen
Hörer dadurch Veranlassung zu einem erneuten Rückblick
auf das chinesische Schriftsystem.

In etwas anderer Weise tat dies auch Biot, der zu jener
Zeit im Mercure de France über Chinas älteste Kultur in
geistreicher Weise gegen Deguignes zu Felde zog und dem
bei seinen mündlichen Diskussionen in der ägypto-chinesischen Frage die Gegenwart seines jungen Freundes stets
erwünscht war, selbst wenn dieser ihm zu widersprechen
wagte. Denn dem gereiften Mann wurde der Jüngling nur
um so lieber wegen dieser absoluten geistigen Unabhängigkeit. Täglich mehr in ihr erstarkend, gab François seiner
Vorliebe für eine alle Sprachgebiete umfassende Etymologie
volle Genüge und suchte auf der Grundlage des von ihm
eifrig weiter getriebenen Sanskrit zwischen den verschiedenen
Sprachgruppen die verbindenden Fäden aufzufinden. Diese
Arbeiten füllten einen grossen Teil seiner Pariser Studienzeit
aus; nur wenige verstanden ihn in diesem beschwerlichen
Suchen, vielleicht nur Chézy allein in seiner Eigenschaft als
Sanskritforscher.

Moderne Sprachgelehrte, die in den nachgelassenen
Handschriften Champollions die zahllosen, leider nicht syste-

---

1) Schon Julius Klaproth griff 1814 und 1815 dieses Alphabet
sowohl wie Langlès selber an in seiner „Grande exécution d'au-
tomne" I. und II.

matisch geordneten Seiten durchblättern, die von jenen Bemühungen Zeugnis ablegen, würden im Hinblick auf die
heutigen Forschungsergebnisse gegen mehr als eine kühne
Hypothese protestieren, doch würden sie gleichzeitig auch
über die grosse Zahl der schwierigsten Sprachen erstaunen,
die sich der „Ägypter" in seiner Jugend zu eigen gemacht
hat, und auch hierin einen Hauch des mächtigen Geistes ver-
spüren, welchem späterhin eine der genialsten Taten menschlicher Intelligenz gelang.

Ging Champollion in seinem Eifer, „eine Sprache durch
die andere zu erklären und vermittels der Wortanalyse bis
zum Datum ihrer Entstehung vorzudringen", hier und da zu
weit — die Ausflüge ins Gebiet unbegrenzter Möglichkeit
waren allzu verlockend! — so verfiel Quatremère nach der
anderen Seite hin ins Extrem, indem er überhaupt nicht an
eine Verwandtschaft der Sprachen glaubte und vor allem die
hohe Bedeutung des Sanskrit völlig verkannte.

Nachdem François anfang April 1809 einige kleine Neben
arbeiten zum Ausbau seiner koptischen Grammatik beendet
und nebenher ägyptische Papyri ganz oder teilweise kopiert
hatte, begann er seine Kraft am demotischen Text der Rosettana zu erproben. Er hatte sein „demotisches Alphabet"
vom Sommer 1808 verändert[1]), wie er am 21 April seinem
Bruder gesteht, wohl um damit die lange Pause in den Ent-
zifferungsanfangen zu entschuldigen Doch blickte er schon
über den dreisprachigen Text, den notwendigen Anfang und
das Mittel zum Zweck im Geiste hinaus, dem eigentlichen
Ziel entgegen „die Papyri sind mir immer vor den Augen, —
es ist da eine so schöne Palme zu erringen! Ich hoffe, dass
sie mir bestimmt ist". Sein Blick richtet sich dann auf
Åkerblads Forschungsergebnisse, von denen ihm Tersan
soeben gesprochen hatte, und über die er nun dem Bruder
meldet· „Ich will Dir ganz im Vertrauen sagen, dass Åkerblad nicht mehr Koptisch weiss, als es eben zu erwarten
war. Ich kenne eine kostbare Anekdote, die allein schon
mich veranlassen konnte, mit peinlicher Genauigkeit die

---

1) Von diesem veränderten demotischen Alphabet aus dieser
Zeit ist bislang nichts aufgefunden.

Arbeiten unseres Schweden zu prüfen: Er selber hat dem
Abbé eingestanden, dass er trotz seines Alphabetes und seiner
schönen Entdeckung nicht drei Worte hintereinander in der
ägyptischen Inschrift lesen könne. Das beweist, dass seine
Arbeit über dies Denkmal ebenso vergeblich ist, wie die von
Palin über den hieroglyphischen Teil der Inschrift. Es
ist also, wie ich nun begreife, alles wieder von vorn anzu-
fangen . . . . ."

Zeigen diese etwas überhebenden Worte unleugbar eine
Unterschätzung von Akerblads sehr verdienstvollen Leistungen,
so beweisen sie doch auch die ehrliche Überzeugung Champollions, in seiner Arbeit unabhängig dazustehen. Diese erschien ihm trotz des verbesserten Alphabetes nun schwieriger
als im vorhergehenden Sommer.

Figeac, erfreut, ihn wieder bei der Rosettana zu wissen,
hatte ihm zur vollständigen Übersetzung aller griechischen
Sätze der Inschrift in reines Koptisch geraten, um somit den
Schlüssel zum demotischen Text zu gewinnen, doch erwidert
ihm François: „Ich habe grosse Angst, dass meine Versuche
vergeblich sein werden, aus dem Grunde, weil meine
koptischen Wörterbücher eine zu beschränkte Anzahl von
Wörtern enthalten, um die gesamte Übersetzung aller griechischen Sätze zu erhoffen . . ." — Zwar bemerkt er dann
am 13. Juni: „Ich habe die Arbeit [von Akerblad] durchforscht und zahlreiche Irrtümer in ihr entdeckt, die ich bis
zum Augenschein nachweise", doch kommt er selber dadurch
dem Ziel nicht näher und übermüdet vom Suchen fügt er
entmutigt hinzu: „Sieben Tage ohne Unterbrechung habe ich
auf die ägygtische Inschrift verwandt, und ich bin überzeugt,
dass man nie dahin kommen wird, sie völlig zu übersetzen."

Aber vier Tage später ist er wieder frischen Mutes an
der Arbeit, hat die Ursache des Misserfolges klar erkannt
und schaut nach geeigneteren Mitteln aus. So schreibt er
am 17. Juni: „Die von Dir angegebene Weise . . . . ist
nicht verwendbar. Die Eigennamen, die ich wie Akerblad
gelesen habe . . . . finden sich durchaus nicht in Übereinstimmung mit dem griechischen Text, was einen denken
lässt, dass der Sinn oder mindestens doch die Anordnung
der Sätze sehr verschieden ist. Dein Verfahren ist unzu-

lassig, weil es sich auf die vollige Ubereinstimmung des
gnechischen und agyptischen Textes stutzt " Aber zum
Trost für den Bruder fügt er bei „Ich bin scharf beschlagen,
was die geschnittenen Steine und die Denkmaler betrifft.
Das ist die einzige Art zu forschen. Man muss die Denkmaler
sehen, sie noch einmal sehen, sie um- und umwenden!"

Da er nunmehr das altagyptische Sprachstudium als
sein Monopol betrachtete, so uberschaute er mit scharfem
Blick alles, was dafur bislang geschehen war „Zoega," sagt
er, „hat zu einem weitlaufigen Bau eine ausserordentliche
Menge von Material gesammelt, hat aber keineswegs Stein
auf Stein gefugt " Die Absicht der Kommission, die religiosen Denkmalei Ägyptens zu erklaren, findet er allzu kuhn
„Wir werden ja sehen, was dabei herauskommt!" Und etwas
spater „Sie wird uns gute Zeichnungen geben konnen, aber
die Erklarungen . .' [die Kommission besteht aus In-
genieuren oder Professoren am College de France, die, aus
Ägypten zuruckgekommen, uber die Ägyptophilen herrschen
wollen!] Aber man wird nicht ganz plotzlich zum Altertumsforscher! Die Hauptsache dabei ist der vertraute Umgang
mit den Denkmalern, den aber kann allein die Zeit geben "

Champollions ubergrosse Sorglosigkeit im Mitteilen seiner
Ideen wurde schon damals in empfindlichster Weise, doch
ohne ihn deshalb vorsichtiger zu machen, missbraucht. In
einem direkt erwahnten Falle bedroht er in launiger Weise
den Delinquenten Arsenne Thiebaut de Berncaud mit seiner
Rache „ . Ich bin es", sagt er, „der ihm alles diktiert
hat, was das Koptische in seiner Notice betrifft und ebenso
habe ich ihm das Wesentliche all seiner Artikel uber
Agypten im Journal de Paris geliefert " Da nun
Thiébaut, der sich andern gegenuber immer mehi den
Anschein gab, Champollion inspirieren zu mussen, offentlich
ein Buch uber Agypten ankundigte und eine Menge dazu
verwendeter Notizen verbrannt hatte, anstatt sie dem „Ägypter",
der sie ihm geliehen, zuruckzugeben, so beschloss dieser,
ihm eine Lektion zu erteilen[1]). St Martin und er fabrizierten

---

1) „ c'est qu'il comptait sans l'hôte, et cet hôte c'est moi'
Il a vendu la peau de l'ours, avant de l'avoir écorché Assez et trop
il vecut de rapines, — urgent, que je lui rogne les ongles . ."

daher einen Keilschrifttext, gaben ihm Thiébaut gegenüber
als Kopie einer neu entdeckten Inschrift aus[1]) und gestatteten
ihm die Besichtigung derselben, — was den beabsichtigten
Erfolg hatte!

Ein sarkastischer Ausfall des Studenten richtete sich
gegen Châteaubriands eben erschienene Märtyrer, die damals ziemlich stark angefeindet wurden und zwar nicht nur
von Voltairianern und anderen von der Philosophie des
18. Jahrhunderts Durchdrungenen. Champollion, zu dessen
Künstler- und Denkernatur die Poesie und die tiefsinnige
Symbolik der alten Mythen in eigenartiger Beredtsamkeit
sprachen und der überhaupt, auf Plato gestützt, tiefinnerlich
überzeugt war, dass die vorchristlichen Religionen (Mythologien) ursprünglich aus inspirierter Weisheit und nicht
aus Torheit emporgewachsen seien, Champollion sah in den
Märtyrern einen Angriff auf sein geliebtes Altertum und er
beurteilte des Dichters Werk von diesem Standpunkt aus.

Die überschäumende Energie seines feurigen Temperamentes schien im Frühsommer 1809 ihren Höhepunkt erreicht zu haben und sich in allen Lebensformen zum Ausdruck bringen zu wollen. Nicht nur finden sich keine Klagen
mehr über schlechte Gesundheit, sondern er suchte nun die so
mannigfach auf ihn einstürmenden Eindrücke, von denen er
bislang verschiedene ausser acht gelassen, voll in sich aufzunehmen und so in sich nachwirken zu lassen, wie es seine
exaltierte Natur in dieser stürmischen Periode seines jungen
Lebens verlangte. — Der Zauberbann seiner ersten Liebe
war gebrochen, die volle Freiheit ihm zurückgegeben, und
eine Zeit hatte begonnen, wo Figeac, von Freunden verständigt, sich bekümmert fragte, ob er den Jüngling, von
dem er seit dessen Knabenjahren den vollen Ernst des gereiften Mannes erwartet hatte, nicht doch wohl allzufrüh

---

1) „... Nous lui avons annoncé connaître un Mons. C.... qui
a un cylindre persépolitain de 6 pouces et en pierre d'éméraude...
qui représente... Alexandre trouvant le corps de Darius mort.
Au-dessus des figures sont les noms des deux messieurs. Et M. Lichten-
stein, qui déjà explique une botte de clous, doit le publier dans son
ouvrage. Mon Thiébaut a avalé la pillule et croit à ce cylindre comme
les musulmans aux surates du Korân." (clous = Keilschriftzeichen.)

selbständig gemacht habe. Eine heftige, plötzlich empor-
geloderte Leidenschaft hatte überdies von Champollions
Herzen Besitz ergriffen, und glich sie auch wenig den idealen
Beziehungen zu Pauline, die ihn vordem so sehr beglückt
hatten, so entbehrte sie doch nicht eines starken poetischen
Reizes für ihn, um so mehr, als der Gegenstand derselben,
Frau Louise D . .., die jugendlich schöne Gattin eines alt-
lichen Beamten des Kriegsministeriums, dank unüberwind-
licher Hindernisse ihm vorenthalten blieb. „Auch ich bin ein
Dichter“, ruft er begeistert aus, „denn Liebe lässt die Leyer
oft genug ertönen!“[1])

Während der nachfolgenden fünf Wochen erreichte die
Erregtheit ihren höchsten Grad, was aber zugleich Veran-
lassung gab zu einer plötzlich und stark einsetzenden
Reaktion, denn schon am 21. Juli beurteilt er mit kühlen
Worten — wie ein Erwachender, der den verfluchtigten
Traum analysiert, ohne ihn zurückzuwünschen — seinen
Ausflug ins Gebiet mehr materieller Genüsse. „Ich habe
in meinem Brief vom 10. Juli durchaus nicht eine allgemeine
Absolution erbitten, sondern Dir nur beweisen wollen, dass
ich gar nicht so schuldig bin, wie Du glaubst. Wenn ich
etwas Geld vergeudet habe, so sei das der Tribut, den ich
Paris zahle, — ich habe mich billig genug losgekauft! Wenn
mein Herz sich hat betören lassen, so ist das meine Sache.
Es wird sich zu heilen wissen, — oder der Fatalismus muss
mich trösten. Bist Du skeptisch, so bin ich es doppelt so
viel und unter uns gesagt, zweifle ich an sehr vielem“[2]). —
„Ich wusste, dass dieser Moment kommen würde“, erwidert
ihm Figeac; „ . . . ich kenne den Gang des menschlichen
Herzens und des Deinen ganz besonders. Du bist zu offen,
als dass ich mich in Dir irren könnte.“

Mit den wenigen Wochen unterdrückter Selbstkontrolle
ging indessen die Leidenschaft für Frau D . . . nicht zu Ende,

---

1) „L'amour assez souvent fait résonner une lyre.“

2) Diese Worte beziehen sich auf des Bruders Mahnung „Si je
te rappelais tes diverses protestations qui ne connaissent que l'Éter-
nité, [que dirais-tu]! Apprends donc de douter un peu et surtout ne te
fies pas à toi-même. Un peu de scepticisme, sourtout sur nos
propres sentiments, ne gâte rien et prévient de bien des faux pas . . .“

sie erwies sich vielmehr von solch zwingender Gewalt, dass
sich der Jüngling trotz aller Anstrengung nicht aus ihren
Fesseln befreien konnte. Doch war er fest entschlossen,
bei seiner Abreise von Paris den unheilvollen Bann auf
immer zu brechen, — und mit der nun bevorstehenden Beendigung des zweiten und letzten Studienjahres richtete sich
sein Blick bereits nach Grenoble hin.

Schon am 20. Juli hatte ihm der Grossmeister persön-
lich mitgeteilt, dass er ihn zum Vertreter (suppléant) von
Dubois-Fontanelles ausersehen habe, — des 75 jährigen
Veteranen, den er bereits zum städtischen Bibliothekar von
Grenoble ernannt und nunmehr für die Geschichtsprofessur
der dort zu errichtenden Fakultät bestimmt hatte. Doch
konnte das Eintragen von Champollions Namen in die
Personallisten erst nach der offiziellen Ernennung des
Titulars erfolgen, so dass das letzte Wort immer noch
ausstand, als plötzlich das Gerücht von der Entlassung
Fontanes' auftauchte und grosse Unruhe erregte. Der
Marquis hatte als Präsident des Corps Législatif und als
„Orateur Impérial" dem Kaiser gegenüber stets mit Ehren
das Feld behauptet, — so dass man überzeugt war, dass
er besonders als Grossmeister der Université wie kein
anderer es verstände, zu jener kritischen Zeit die Menschenrechte im höheren Sinne gegen ihren Bedrücker zu verteidigen. Denn wenn er sich auch als Dichter unwiderstehlich angezogen fühlte von der Kraftfülle dieses meteor-
artig alles überstrahlenden Genies, so empörte sich trotzdem
der Staatsbürger in ihm unaufhörlich gegen die Eigen-
mächtigkeiten des Selbstherrschers.

Seit lange schon hatte er die etwas gefährlichen Gunst-
bezeugungen[1]) Napoleons dazu benutzt, um ihm gelegentlich

---

1) Am 15. Aug. 1797 hatte Fontanes in seinem vom Mémorial
gebrachten offenen Brief an Bonaparte diesem gesagt: „Je crois bien
que votre conduite n'est pas conforme aux règles d'une morale très-
sévère; mais l'héroïsme a ses licences et Voltaire ne manquerait pas
de vous dire que vous faites votre métier d'illustre brigand comme
Alexandre et Charlemagne. . . ." Es hiess, dass der ebenso
kühne wie originelle Brief Napoleons Vorliebe für den Schreiber
begründet hatte.

seiner offiziellen Reden mit Vorsicht und feinem Takt Mässigung zu predigen. Der Kaiser merkte die Absicht und zürnte dem überkühnen Redner nicht selten recht ernstlich, ohne jedoch von ihm lassen zu können. Und durch wen ihn ersetzen, da er nunmehr zwei der höchsten Staatsämter innehatte? Fourcroy hatte ja dem vorsichtig geformten Universitätskörper selbst unabsichtlich eine revolutionäre Seele eingehaucht.

Fontanes seinerseits wurde dennoch bald durch ihn, bald durch den Minister des Innern in seinem Vorgehen gehemmt, so dass er in seinem dritten Entlassungsgesuch klagt. „Ich suche den Posten des Grossmeisters und finde ihn nicht!" — Des Studenten Zukunftshoffnungen wurden durch die ihm bekannte Tatsache, dass der Marquis seines Abganges stündlich gewärtig war, stark erschüttert, da war ihm nun des Bruders Ankunft in Paris (am 12. August) um so trostreicher, als dieser, der nicht an Fontanes' Entsetzung glaubte, einen den liberalen Ideen günstigen Wechsel in der Umgebung desselben schnell benutzte, um die Interessen der werdenden Grenobler Fakultät, und daneben auch die eigenen, kräftig zu fordern

Ganz plötzlich streckte da die Militärverwaltung wieder die Hand nach dem Studenten aus Die Bestürzung war gross er schien also wirklich „nur dazu gut zu sein, die Muskete zu tragen!" und die vielen Bemühungen der hochstehenden Gönner hatten im Grunde noch gar nichts erreicht. Mit wenigen Federstrichen hatte Langlès seinen Schüler der Gefahr entheben können, aber er weigerte sich von neuem und François, eingedenk der vielen Kränkungen, die er von ihm hatte erdulden müssen, hatte dies vorhergesehen.

Übrigens trat es sogleich zutage, dass dieses seit lange von Langlès erbetene Zeugnis die Gefahren der Konsulatsfrage augenblicklich und in verschärfter Weise erneuern wurde, so dass sich der Student in jedem Falle den Gewaltmassregeln der Regierung schutzlos preisgegeben sah, falls er nicht augenblicklich zur Komödie seines Eintritts in die École Normale wieder seine Zuflucht nahm. Dies geschah und der Vorwand gab einstweilen Sicherheit Doch hatten Figeac und Fourier diesen neuen Angriff vorhergesehen und in aller

9

Stille dementsprechend gehandelt[1]). Als er erfolgt war, forderte der Präfekt in energischem Ton Fourcroy auf, das Seinige zu tun; zugleich richtete er eine neue Bittschrift an den Kaiser und ersuchte etwas später im Namen der Delphinatischen Akademie zum dritten Male[2]) den Minister Crétet, dem Studenten den Schutz der Regierung zu sichern. — Zwar liegt keine Erwiderung von seiten Napoleons vor, doch Fourcroys mächtige Hand, so scheint es, lenkte die Gefahr ab, so dass François wieder in Ruhe seine Arbeiten aufnehmen konnte, ohne dabei an die ihm verhasste Ecole Normale denken zu müssen.

Er stellte Nachforschungen an zugunsten seiner zukünftigen Geschichtsvorlesungen, und die Rosette - Inschrift lag seit Juni unangetastet da; Figeac, dem gegenüber er seit Jahresfrist eine andere Stellung einzunehmen begonnen hatte, — er fühlte sich ihm ebenbürtig und redete ihn brieflich auch nur noch „mein lieber Freund" an, Figeac musste sich darein ergeben. „. . . . Ich habe anderthalb Linien gelesen, ich habe ein, auf ein sehr bekanntes Denkmal gestütztes Alphabet aufgestellt, habe einen klaren, den Umständen entsprechenden Sinn gefunden und einen dazu passenden Stil, . . . Und doch bin ich nicht weitergekommen. Ich kann nicht vorwärtsgehen!" Dieser Klage mass der Mentor nicht allzuviel Bedeutung bei, — er wusste, dass seines Schützlings mehr als einmal energisch geäusserter Wunsch und Wille, auf der dornenvollen Entdeckerbahn weiterzuschreiten, durch nichts abgeschwächt werden konnte. Also Geduld, — der Tag des Wiederbeginnes dieser Studien musste kommen.

Indessen erfolgte Anfang Oktober, noch vor der Rückkehr des Kaisers (aus Österreich), dessen Aussöhnung mit dem Grossmeister; die Statuten der Provinzial-Fakultäten

---

1) „Nous combinerons quelque grand coup. . . ." Figeac an François.

2) „J'ai l'honneur de joindre ma recommandation spéciale au témoignage honorable que rend la Société à M. Jean-François Champollion, élève du cours des langues orientales. . . . Sa bonne conduite, son application et ses succès font espérer, qu'il se rendra digne de la protection du gouvernement et de celle de V. Exc." 9. Sept. 1809.

wurden gleich danach veroffentlicht und die beangstigende
Krisis war damit glucklich beendet. — Dankbar des Umstandes eingedenk, dass nunmehr seine nachste Zukunft gesichert war, erinnerte sich François nun mit Schmerz der hart
bedrangten Lage seines ehemaligen Lehrers Villars [1]), dessen
mannigfache Verdienste er uberdies nicht genugend gewurdigt
glaubte und dem er zur Erlangung eines der hochsten
Universitatsamter die Wege zu ebnen wunschte. Diese Angelegenheit, die den gewunschten Abschluss leider nicht fand,
beschaftigte Champollion bis zu seiner gegen Mitte Oktober
stattfindenden Abreise nach Grenoble hin.

„Die Freude des Wiedersehens erfullt mich ganz und
gar," schreibt er an seine Schwagerin, „und ich hoffe, dass
der kleine Araber [2]) trotz meines abstossenden Gesichtes . . .
sich bald mit mir befreunden wird. [Ich fuhle mich noch
Kind genug, um mit ihm zu lachen und zu spielen]" Die
ihm in hohem Grade innewohnende Gabe, sogar ganz
kleine Kinder zu unterhalten und wirkliche Freude dabei
zu empfinden [3]), kontrastierte gar seltsam mit seinem damaligen Aussehen, denn die Gesichtszuge des Achtzehn-
jahrigen hatten durchaus nichts Jugendliches. Ausser der
Uberlieferung bezeugt dies auch der Kupferstich, den der
ihm vertraute Miniaturmaler und Graveur Point [4]) zu dieser
Zeit von ihm anfertigte, aber leider nur nach dem Gedachtnis [5]), da es sich um eine Wette handelte, die schnell
zum Austrag gebracht werden musste.

---

1) Zum Teil infolge beispielloser Mildtatigkeit war Villars schon in
Grenoble oft in Not gekommen   Er starb in Strassburg i. J 1814.

2) Sein im Mai 1808 geb. altester Neffe Ali, dessen Entwicklung
er aus der Ferne mit zartlichem Interesse verfolgte Die Beanstandung
dieses Namens durch die Geistlichen machte er als vorsichtiger Pate
beizeiten hinfallig durch die Versicherung, dass Ali der Name eines
grossen Heiligen im Orient gewesen sei

3) Seine Pariser Freunde nannten ihn deshalb fan-fan = petit enfant.

4) In Paris wie in Grenoble sehr geschatztes Mitglied der Delph.
Akademie

5) Nur so wird es erklarlich, dass der untere Teil der Nase
vollig verfehlt ist   Im ubrigen soll das Portrait (s Illustr 5 auf
S 94) durchaus dem Original entsprochen haben

Der lebhafte Wunsch, durch die Prüfung einer grossen Anzahl von Originaldenkmälern schon jetzt der Lösung des hieroglyphischen Problems näher zu kommen, hatte in Champollion von neuem das heisse Verlangen rege gemacht, nach dem Lande der Pyramiden zu wandern. Hierin bestärkten ihn noch die Mitglieder der ägyptischen Kolonie, und in der ihn beglückenden Illusion alle materiellen Schwierigkeiten des Unternehmens übersehend, lässt er Frau Zoës Vater an sein einst gegebenes Versprechen erinnern und ihm melden, dass er nun hinreichend Araber sei, um mit ihm nach Ägypten gehen zu können[1]).

So wenig es ihn kümmerte, dass er nicht mehr Zeuge sein konnte von dem lauten militärischen Prunk, mit dem der Sieger von Wagram empfangen werden sollte, so sehr interessierte ihn das Pariser Tagesgespräch, dass der Kaiser — der den Pharaonen im Drang nach Selbstverherrlichung nicht nachzustehen schien — die Aufstellung eines Obelisken von 60 Meter Höhe zum bleibenden Gedächtnis seiner Grosstaten angeordnet habe; er sollte, wie es hiess, im Jahre 1814 vollendet dastehen, — die geschichtlichen Ereignisse legten jedoch ein ernstes Veto ein.

War auch der Abschied von Paris in mehr als einer Hinsicht für den Studenten eine Pein, so tröstete ihn doch der Gedanke an die schönen Dauphinéberge und an den dort seiner harrenden trauten Familienkreis; besonders erhebend wirkte auf ihn die Perspektive einer ehrenvollen Tätigkeit an der Fakultät. Sie half ihm, trotz des noch nicht beendeten Kampfes, den ihm sein unbedachtsames Herz geschaffen, mit grossem Ernst an der Wiederherstellung des verlorenen Gleichgewichtes in sich zu arbeiten, — wusste er doch bereits, wie sehr ein harmonisches Zusammenwirken aller Geisteskräfte durch die Ruhe der Seele gefördert wird.

---

1) „Je connais d'ailleurs quelques bourgeois du désert, qui nous donneront des lettres de recommandation pour leurs familles."

→ Kapitel IV. ←

Der Geschichtsprofessor und Politiker.

(15. Oktober 1809 bis 20. März 1816.)

> . . . . terre, terre chérie,
> Que la liberté sainte appelle sa patrie!

Mit diesen Worten, die André Chénier als begeisterte
Huldigung den Bergen des Dauphiné einst[1]) entgegen-
gerufen hatte, begrüsste François Champollion am 15. Oktober 1809 mit überströmender Freude aufs neue das Isère-
Departement und zugleich auch Thevenet, der ihm bis an
die Grenze desselben entgegengeeilt war. Dem treuen
Freunde bezeugte dieser Gruss, dass der Glanz des siegreichen Kaiserreiches und die sinnbetörenden Lobeshymnen,
die allerorten dem Selbstherrscher entgegenklangen, die bereits fest gewurzelten politischen Prinzipien des Jünglings nicht
hatten berühren können. So wie er gegangen, war er
wiedergekehrt, die Seele ganz erfüllt vom Ideal jener legitimen Freiheit im höheren Sinne, wie sie in Vizille so würde-
voll einst proklamiert worden war und wie er sie als
Historiker nicht nur für Frankreich, sondern für alle zivilisierten Völker forderte.

Der achtzehnjährige Champollion fühlte, dachte und
diskutierte in diesem Punkte seit Jahren bereits mit der Reife

---

1) „Au bord du Rhône, le 7 Juillet 1790". (Poésies diverses.)

eines Mannes, und in völligem Einklang damit erscheint der
Umstand, dass der heimkehrende Student seine amtliche
Ernennung zum Professor (an der im Werden begriffenen
philosophischen Fakultät) bereits mit sich brachte. Seine
Berufung nach Grenoble war insofern ein Ereignis für die
Stadt, als er dort der erste Vertreter der orientalischen
Sprachwissenschaft war. Nur einer hatte sich vor ihm mit
Arabisch und Koptisch dort befasst: der ehrwürdige Pfarrer
Pierre d'Herbetan in Terrasse bei Grenoble, aber sein Nach-
lass war durch eine Feuersbrunst vernichtet worden; auch
wusste man nichts von seinen Studienergebnissen.

Grenoble zählte damals nur 22 000 Einwohner und etwa
8000 Mann Garnison; es war jedoch von jeher durch hohe
Geisteskultur ausgezeichnet gewesen und bot vortreffliche
Hilfsmittel dazu. Darunter die städtische Bibliothek mit
80 000 Bänden und vielen wertvollen Handschriften, ausgezeichnete Privatbibliotheken, welche Champollion zugängig
waren, drei Fakultäten, sowie mehrere gute Spezialschulen
und überdies ein botanischer Garten mit der gesamten
Alpenflora, der von In- und Ausländern eifrig durchforscht
wurde. Durch das segensreiche Zusammenwirken des Präfekten mit dem Maire Renauldon hatte die Stadt auch nach
jeder anderen Richtung hin so sehr gewonnen, dass sie,
zudem von der Natur verschwenderisch ausgeschmückt,
unter allen Städten gleicher Grösse unerreicht dastand.

Die französische Regierung, für die sie als „uneinnehm-
bare strategische Position" von allerhöchster Wichtigkeit
war, hatte sie absichtlich überreichlich ausgestattet, um die
stets zum Aufruhr neigenden Delphinaten mit dem schweren
Verlust ihrer politischen Unabhängigkeit möglichst auszusöhnen. Dies war jedoch noch immer nicht in der ge-
wünschten Weise gelungen und der angehende Geschichtsprofessor hatte viel Verständnis für den Konflikt in der
Volksseele.

Für seine Studien kam ausser der städtischen Bibliothek,
deren Verwaltung seinem Bruder weit mehr als dem alters-
schwachen Dubois-Fontanelle oblag, auch ein Teil des
Materials der ägyptischen Kommission in Betracht, das
wegen Fouriers Arbeiten für dieselbe nach Grenoble ge-

schafft war Zur starken Anregung für Champollion gestaltete sich ferner der Umstand, dass dank des grossen
Physikers Anwesenheit die Delphinatische Akademie nunmehr mit vielen gelehrten Gesellschaften Europas in lebhaftem Verkehr stand. Ihr Ansehen war hierdurch so sehr
gestiegen, dass sie wieder einmal für ihre geistige Unabhängigkeit vom Institut de France energisch eintrat, um
ihren 50 Mitgliedern für ihre Arbeiten an noch ungelösten
Problemen die wissenschaftliche Freiheit zu lassen. Wie
sehr entsprach dies nicht den Ansichten des „Ägypters",
der immer mehr zu dem Entschlusse kam, keiner Autorität
bei seinen Forschungen Gewalt über sich zu geben.

Er hatte auch jetzt wieder ein Unterkommen im Hause
der Berriat gefunden, und da Figeac noch bis zum Dezember
hin in Paris blieb, so vertrat François ihn, so oft es nötig
wurde, beim Präfekten. Dieser veranlasste ihn dazu, schon
im November seine erwähnten Denkschriften über die Religion der Ägypter und über das Buch Esther vor der
Akademie zu lesen Besonders aber war er darauf bedacht,
mit seinem Schützling alles durchzunehmen, was dieser über
Ägypten verfasst hatte oder noch zu verfassen gedachte.

Diese intimeren Zusammenkünfte fanden meistens im
Schlosse Beauregard statt, das auf halber Bergeshöhe, durch
wunderbar schöne Aussicht seinen Namen rechtfertigend,
seine riesenhaften Formen selbstbewusst ausdehnt. So oft
es nur ging, zog sich Fourier dorthin zurück, um ganz
seinen Ideen zu leben. Die Wildwasser des Drac bildeten
dann die Grenze zwischen der lauten Welt und dem stillen
Bergparadies, und sobald die schwerfällige Fähre ans jen-
seitige Ufer stiess, warf der Präfekt von den müden Schultern
die gesamte Amtslast ab, die eine ihm verhasste Hand einst
darauf gelegt hatte. Wie J. J. Rousseau[1]) liebte er es, in
der nahen Bergschlucht („Le Desert") in tiefster Abge-
schiedenheit seinen Betrachtungen nachzuhangen, aber obwohl im Prinzip gleichsam tot für seine Bekannten, solange
er auf der Höhe von Beauregard verweilte, hatte er doch

---

1) I J. 1768 wohnte Rousseau vorübergehend in Seyssinet bei
Grenoble, von wo aus er mit Vorliebe nach Beauregard emporstieg

Figeac recht häufig dort empfangen, weil dessen glückliche
Art, auch ihm ferner Liegendes mit schnellem Griff in die
richtige Form zu bringen, dem zuweilen etwas unent-
schlossenen grossen Denker so sehr nützlich war. Nicht
minder willkommen war nun François, der hier in zwang-
loser Weise seinem Gönner von der Ideenfülle mitteilte, die
seine Begeisterung in alles legte, was dem Geiste des
ägyptischen Volkes seine Entstehung verdankte.

Aber auch der greise Titularprofessor der Geschichte
forderte häufig die Anwesenheit seines Assistenten (suppléant),
welcher ihm über Inhalt und Form seiner künftigen Geschichtsvorlesungen Rechenschaft abzulegen hatte, der aber
auch den poetischen Erzeugnissen seines Dekans lauschen
sollte, denn Dubois-Fontanelle hatte zwar seine Mittel-
mässigkeit als Dichter einsehen müssen, doch wollte er seine
kleinen Erfolge (die „Vestalin" usw.) nicht in Vergessenheit
geraten lassen. Neben den Vorlesungen an der Grenobler
Zentralschule (1796—1803) hatten sie die Glanzpunkte seines
Lebens gebildet, dem nun das Dekanat der neuen Fakultät
einen kaum je erträumten Abschluss gab.

Champollion, dem die herbe Einfachheit und träumerische
Ruhe in Beauregard so heimisch waren, fühlte sich nicht
sehr behaglich inmitten des lauten Verkehrs und der etwas
gesuchten Eleganz, mit der sich sein Dekan zu umgeben
liebte. Da dieser jedoch im Schlosse Echirolles residierte,
das malerisch in luftiger Höhe oberhalb der berühmten
Brücke[1]) thront, die Lesdiguières kühne Hand i. J. 1611 über
den Drac geworfen hat, so konnte sein Assistent, bevor er
„in den Wogen sentimentaler Genüsse unterzusinken Gefahr
lief", sich am Anblick der wilden Gebirgsromantik ringsum-
her seine Widerstandskraft stählen. So riet ihm scherzend
der Bruder, der zugleich aber darauf drang, dass François
auch dem alten General de Lasalette sich tunlichst oft zur
Verfügung stellen müsse, um dessen nun dem Abschluss
nahes Werk über die Musik, für welches er so emsig hatte
Material suchen helfen, bis zu Ende hin zu unterstützen.
Infolgedessen verlor er viel Zeit in lebhaften Debatten mit

---

[1]) Pont de Claix, mit 46 (neuerdings 52) m Spannweite.

dem etwas hartnackigen Verfasser, der sich zwar in allem das
Altertum Betreffenden den Ansichten seines jungen Freundes
fugte, aber von gewissen irrigen Anschauungen uber die Musik
des Mittelalters erst abliess, als es zu spat war fur sein Buch.

Lasalettes Haus war ein Vorbild schoner Gastlichkeit
fur den geselligen Verkehr in Grenoble, der damals zwar
sehr lebhaft, aber ebenso gemutlich war und dessen Formen
sich erst wahrend der Restauration weniger ansprechend gestalteten. Man stand sehr fruh auf und schloss fruhzeitig
mit dem Tagewerk ab. Von 6 Uhr abends an wurden
Freunde aufgesucht oder empfangen, und bei diesen zwanglosen Vereinigungen spielten — zum Teil improvisierte —
Deklamationen und Musikvortrage eine grosse Rolle. Ein
jeder trug ungenotigt das Seine dazu bei, denn Ziererei,
ebenso wie Luxus jeglicher Art waren streng verpont.

Champollions gesellschaftliche Talente machten ihn
schnell zu einem der begehrtesten Besucher der Grenobler
Salons. Zwar widerstand er mancher Einladung, doch hielt
dies schwer gegenuber dem Drangen seines jungeren Freundes
Charles Renauldon[1]), eines echten, heissblutigen Delphinaten,
den man bereits als den zukunftigen Fuhrer der liberal gesinnten
Jugend bezeichnete, die er spaterhin zu manchem unbedachten
Schritt mit sich fortriss. Kaum weniger exaltiert war der
schon erwahnte Augustin Thevenet, einer sehr geachteten
Patrizierfamilie entstammend, die sich mit der Geschichte
der Stadt verwachsen fuhlte. Obwohl fur Kunst und Wissenschaft begeistert, idealer Gesinnung und gut begabt, hatte
er sich dennoch dem Wunsche der Eltern gefugt und den
Interessen der alten Handelsfirma seine Neigungen zum
Opfer gebracht. Champollion liebte ihn um dieser Selbst-
verleugnung willen nur um so mehr und suchte ihm moglichst zu ersetzen, was das Geschick ihm vorenthielt Dieses
unausgesetzte Bestreben wurde von Thevenet mit wahrhaft
zartlicher Dankbarkeit empfunden, und das Band, das diese
beiden Freunde verband, wurde mit der Zeit so stark, dass
nichts, selbst nicht die grossen Erfolge des einen von ihnen,
es spaterhin zu lockern vermochte.

---

1) Sohn des Maire und Grosssohn von Dubois-Fontanelle.

Champollion, dem alles Zeremonielle tief verhasst war, fühlte sich zwar sehr glücklich in vertrautem Freundeskreise, doch behielt er stets die Hauptsache im Auge: die Arbeit, von der er durch seine drei Gönner allzuoft abgerufen wurde.

Am 23. November 1809 war die Liste der Angestellten der Université erschienen, auf der Figeac als Professor der griechischen Literatur und Sprache, sowie als Sekretär der Faculté des lettres von Grenoble verzeichnet steht. Erhielt nun auch François erst im Januar 1810 seine offizielle Ernennung, so hatte doch der Grossmeister Fontanes aus besonderer Güte den Erlass vom 20. Juli 1809[1]) datieren lassen, damit niemand unter den Universitätsdoktoren ihm in der Anciennität voranstände und er demnach aller mit dem Altersgrade verknüpften Vorteile teilhaftig würde. Allerdings bestand sein eigentlicher Jahresgehalt nur in 750 Franken, doch erhielt er, wie es das Gesetz verlangte, das Doppelte dieser Summe von seinem Titularprofessor. So stand nun der jüngste der Fakultätsprofessoren den ältesten im Dienstalter gleich, eine Gunst, von der er jedoch niemals profitieren sollte, und die ihm im Gegenteil zur Quelle bitteren Leides wurde.

Die Ahnung hiervon, wie auch die Sorge, ob er sich nicht gleich zu Beginn seiner Laufbahn durch die freie Entwicklung der unabhängigen Anschauungen in seinen Geschichtsvorlesungen gefährliche Feinde schaffen werde, beunruhigten ihn schon jetzt etwas. Zwar machte sich in der öffentlichen Meinung eine ausgesprochen freisinnige Strömung geltend — hatte man doch im Jahre 1807 den Freimaurern unumwunden beizustimmen gewagt! — doch war andrerseits die zahlreiche katholische Geistlichkeit nur um so fester zur Verteidigung ihrer Prinzipien entschlossen, und ihr Einfluss reichte bis ins Kabinet des Ministers und des Grossmeisters.

Dieser hatte die Eröffnung der Fakultät[2]) auf den 1. Mai

---

1) An dem Tage hatte er dem Studenten die persönl. Zusicherung gegeben.

2) Sie befand sich im 2. Stockwerk eines Gebäudekomplexes, dessen eine Seite auch jetzt noch Unterrichtszwecken dient, der aber zum Abbruch bestimmt ist. Der Eingang zu den Fakultäten war place des Halles.

1810 festgesetzt, doch konnte sie erst am 26. Mai, einem
Sonnabend, stattfinden. In der von Figeac ausgearbeiteten
und verlesenen Antrittsrede des Dekans wurde dem Geschichtsprofessor ein reiches Programm zugewiesen, dessen
Einzelheiten uns Champollion selber in seiner eigenen Eröffnungsrede vom 30. Mai 1810 mitteilt. Er gibt hier in
grossen, kühn gezogenen Linien ein Gesamtbild der alten
Geschichte, stellt ihren Nutzen und ihre Wichtigkeit fest und
gibt ihr als Grundlage die Chronologie und die Geographie.

Niemand erfasste damals mit mehr Scharfblick und
grosserem Ernst die Anforderungen, die das 19. Jahrhundert
an den Historiker stellen musste, als der junge Dozent, er
hatte deshalb schon in Paris begonnen, alle bekannten
Geschichtsquellen in strengem Verhor auf ihre Glaubwürdig-
keit hin zu prüfen und war Willens, auch seine Hörer dazu
anzuhalten. Andrerseits jedoch wollte er auf Grund seiner
eigenen Methode hochgesteckten neuen Zielen zustreben
und unermessliche Gebiete, über die er in Ermangelung jeglicher Handbücher nur mit grosster Mühe die nötige Auskunft sich verschafft hatte, der Geschichtsforschung erschliessen. Er gedachte ferner an der ihm unerlasslich
erscheinenden Verbindung der verschiedenen Geschichts-
epochen zum einheitlichen Ganzen zu arbeiten und mit starkem
Bande alle Völker der Erde zu umschlingen, ihre Herkunft
und Eigenart, ihre Geschicke und Aufeinanderfolge klarzulegen.

Mit diesem umfassenden Programm trat Champollion vor
seine Hörer, zumeist Altersgenossen und fruhere Schulkameraden, und suchte zweimal wochentlich in je anderthalb
Stunden, an der Hand seiner Originaltexte[1]) ihre Wissbegierde zu entflammen. Die erste Stunde füllte der Vortrag
aus; ihm folgte eine mundliche Diskussion, während welcher
der Professor jeden „ehrlichen Zweifler"[2]) unter seinen
Schulern willkommen hiess.

---

1) Indische, persische und sonstige alte Originaltexte hatte er
mit besonderer Rucksicht auf sein Kolleg durchgearbeitet und zum
Teil kopiert.

2) „Au loyal sceptique il faut la discussion. il n'y a qu'elle,
pour façonner l'esprit à la saine critique."

Auch seines Bruders Programm war inhaltschwer und erregte wegen der philosophischen Grundlage, die er dem Studium des Griechischen zu geben wünschte, die lebhafte Anerkennung von Ch. G. Heyne, der ihn „den Wiedererwecker des Interesses an griechischen Studien in Frankreich" nannte und seine Aufnahme in die Göttinger Akademie bewirkte. Figeac, der wiederholt die klassischen Philologen Deutschlands seinen Landsleuten zum Vorbild hinstellte und — im Gegensatz zum Grossmeister — sich eingehend für die gesamte deutsche Literatur interessierte, war nicht der einzige ausgesprochene Germanophile in Grenoble: Fourier trat dort für deutsche Wissenschaft ein, der Universitätsinspektor Sebastian Planta für deutsche Philosophie, Lasalette für deutsche Musik. Der ältere Champollion seinerseits war seit Jahren bei den Gelehrten diesseits des Rheines vorteilhaft bekannt; er erntete nun um so wärmeren Beifall für sein „Programm", als dasselbe einen mutigen Protest gegen Napoleons selbstsüchtige Nivellierungsgelüste bedeutete.

Mehr noch war dies mit François' Vorlesungen der Fall. Aber welche Ziele konnte sich denn auch ein Geschichtsprofessor nach dem Willen des Begründers der Université stecken, da dieser, den Selbstdenkern so abhold, für den Fakultätsunterricht eine ausführliche Geschichtstabelle für ausreichend hielt!

Der Historiker sollte zunächst, gleich seinen Kollegen, ein tüchtiger Examinator sein und daneben sozusagen ein zuverlässiges Auskunftsbureau bilden. Er sollte das positive geschichtliche Material ordnen, registrieren, mit bündigen Worten klar zur Anschauung bringen, aber weder Moralist, noch Kritiker, kaum ein Redner, am wenigsten aber ein Philosoph sein; denn Napoleon zufolge ist ein solcher zu nichts nütze und richtet nur Unheil an.

Man vergleiche hiermit, wie Champollion die Aufgabe des Historikers erfasst[1]).

Die grössere Hälfte seines Geschichtskursus ist, wenn

---

1) Siehe „Première leçon de l'histoire en général, et de ses bases, la chronologie et la géographie comparée." Nat. B. Mss. Champ. Vol. S. 45, p. 144 ff. Auszug davon in Anhang I. 5.

auch zumeist in losen Blattern, teils in der Pariser Nationalbibliothek, teils in den Familienpapieren der Champollion,
aufbewahrt, und diese interessanten Bruchstücke zeigen uns,
dass er, in der Gegenwart ebensosehr bewandert wie in der
fernen Vergangenheit, auch auf ihm etwas fremden Gebieten
stets seine ureigenen Wege ging, das Wort bestatigend, dass
ein Genie uberall originell bleibt. Sehr viele Bemerkungen
sind durch die Fortschritte der letzten Dezennien erledigt
worden, andere fordern Widerspruch heraus, nicht wenige
aber uberraschen durch die Reife des Urteils und den weiten
Blick des jugendlichen Forschers, der hier die Fruchte seiner
Pariser Studien verwertete. — Vom Historiker fordert er vor
allem eine unerschopfliche Fulle von Wohlwollen, das durch
strengste Unparteilichkeit zu adeln ist. So will er z. B
ausserste Sorgfalt angewandt wissen in der Klarlegung der
Motive grosser, weltgeschichtlicher Begebnisse, damit denselben nicht ungerechtfertigterweise ein frivoler Vorwand,
oder Beweggrunde untergeschoben werden, die mit der Vernunft und mit dem Nationalgeist des in Rede stehenden
Volkes unvereinbar seien, weshalb er im Hinblick auf Poly-
bius hervorhebt, dass mehr als „die Schonheit der Diktion“
die Wahrheit der Erzahlung und die Lauterkeit der
Absichten[1]) gelten mussen   Wie unentwegt er hierin mit
gutem Beispiel voranging zu jener Zeit, wo die machtige
Versuchung, dem Imperator Weihrauch zu streuen, ubei
viele Gewalt bekam, zeigt der Umstand, dass er desselben
nur dann in seinen Vortragen gedachte, wenn diese den
offiziellen Siegesfesten angepasst werden mussten. Der erhaltenen Weisung Folge leistend, aber unbestechlich in
seinem Freimut und nur mit Muhe sich zur Vorsicht zwingend,
besagt eine Uberlieferung, trat er dann vor sein Auditorium

---

1) Schon in seiner ersten Vorlesung sprach er von der „tendance
naturelle à l'esprit de l'homme, de juger les evènements d'apres leurs
résultats. Trop souvent“, sagt er, „l'écrivain, pour ainsi dire vendu à
l'aveugle fortune, fait l'eloge d'une coupable entreprise qu'elle a couronne par le succès . . Cette manière d'apprecier les faits est une
suite naturelle de cette lache et criminelle complaisance, née de l'oubli
des principes, qui trouve la justice là ou elle voit le triomphe Cette
servilite est de tous les temps et de tous les lieux . .“

hin, das unter der äusseren Ruhe die innere Erregtheit erriet[1]).

Übrigens war es dem sonst so feurigen, schnell aburteilenden und von Vergeltungsdrang keineswegs freien Dozenten eigen, sich zu weiser Ruhe zu mässigen, sich gleichsam moralisch zu reinigen und über sich selbst zu erheben, ehe er sein Heiligtum betrat: die Geschichtsforschung im Dienste der Wahrheit. — Er wählte sich Volney nur in negativer Weise zum Führer, denn die ätzende Schärfe desselben in der Behandlung seiner Themata, seine Erbitterung gegen Andersdenkende, seine zersetzende Philosophie und die systematische Anfeindung der Bibel als solcher erschienen ihm nicht zulässig für einen wahren Historiker. Er selber zog die h. Schrift beim Ausarbeiten seiner Chronologie und Geographie beständig zu Rate; allerdings mit derselben Unabhängigkeit im Urteil, mit der er den anderen alten Texten entgegentrat. Der ständigen Auslegung dieser letzteren dankte er es, dass er so manche neue Gesichtspunkte in der Beurteilung längst bekannter Tatsachen geben konnte.

Zu den vielen, nur für seine eigenen Augen (und zum Teil mit Geheimschrift) niedergeschriebenen kleinen Abhandlungen aus dieser Zeit dürfte auch die über die „Religionssysteme“ zu zählen sein, die trotz ihrer äusserst freisinnigen Tendenz höchst beachtenswert ist[2]). Ein über den Inhalt erschreckter Freund meinte, die Abhandlung als Produkt einer verschärften Augenblicksstimmung ansehen zu müssen, doch lässt sich nicht leugnen, dass in Champollions religiösen Ansichten eine Wandlung eingetreten war.

Er hatte auch einen hebräischen Kursus mit besonderer Berücksichtigung für junge Geistliche eingerichtet; es scheint aber, dass er zu gründliche Vorkenntnisse von seinen Hörern beanspruchte, — wenigstens verschwand das Hebräische wieder vom Stundenplan.

----

1) Nicht nur grollte er dem Eroberer als solchem, sondern nach dessen Vorgehen in Spanien, i. J. 1809, warf er in seinen Privatbriefen dem Kaiser auch Doppelzüngigkeit und verräterische Tücke vor.

2) Siehe Anhang I. 6.

Mit den Worten „Die Universite nannte sich einst die Tochter Karls des Grossen, — mit grosserem Stolz wird sie sich jetzt ihres zweiten Begrunders rühmen", hatte Fontanes am 9 November 1809 das fertige Werk der Neuschopfung des Unterrichtswesens dem Kaiser gleichsam zu Fussen gelegt Aber grosse politische Plane, sowie seine Familienangelegenheiten hatten Napoleon inzwischen von dieser nationalen Frage abgelenkt, auch scheint es, dass er, nun sie endlich geregelt und auf des Grossmeisters Schultern gelegt war, keine Lust verspurte, furs erste wieder daran zu ruhren. Da nun, wie erwahnt worden, Fontanes nicht glaubte dass der Kaiser das Volk nach seinem Willen neu gestalten konnte, so entwickelte sich von Anfang an die Sache in der Praxis anders, wie sie in der Theorie vorgeschrieben war. Gleich anderen wagten es daher auch die beiden Champollion, ihre eigenen Wege zu gehen, besonders da sie in Planta einen Inspektor hatten, der uber Kants Philosophie mit Vorliebe Napoleons starre Massregeln vergass Nur in bezug auf Chronologie wurde strengste Reserve beobachtet denn seitdem der heisse Kampf wegen des Alters des Tierkreises[1]) peinliche Konflikte mit der Geistlichkeit geschaffen hatte, war es eine allgemein bekannte Tatsache, dass der Kaiser aus Staatsklugheit darauf hielt, dass die gesamte Chronologie des Altertums dem Rahmen der biblischen Zeitrechnung angepasst wurde.

Inzwischen war Fouriers historische Einleitung zur Description de l'Egypte erschienen und Fontanes hatte ihrem Verfasser Gluck gewunscht zu der „Vereinigung von griechischer Anmut mit agyptischer Weisheit" Wie viel von letzterer Champollions jungem Haupt entsprossen war, ist nicht zu sagen, immerhin hatte Fourier jede Idee, jede Zeile desselben uber Agypten gekannt und reiflich erwogen, als er die letzte Hand an die beruhmt gewordene Abhandlung legte Indessen verzieh es François gern, dass sein Name weder in dieser, noch in den ubrigen von Fourier

---

1) Von einem Anonymus als „Blendwerk des Teufels" hingestellt, „von ihm auf Agyptens Steine geschrieben in der Nacht vor der Entdeckung des Denkmals "

über Ägypten verfassten, zum Teil inediert gebliebenen Denkschriften genannt wurde, denn der Präfekt hatte ihm zu oft
die Wege geebnet, als dass er nicht seines Schützlings
bedingungsloser Dankbarkeit hätte sicher sein dürfen.

Der kaum erblühten Fakultät drohte bereits Ende Juni
1810 plötzliche Aufhebung infolge von „Sparsamkeits-Mass-
regeln der Regierung", die damals manches schwere Leid
verursachten[1]. Aber noch an einem anderen Riff drohte sie
Schiffbruch zu erleiden: an den Intrignen nämlich, die sich
sogleich gegen die Brüder angesponnen hatten, weil zwei
ihrer Kollegen nebst deren Anhang weniger rührige Elemente
an ihrem Platz zu sehen wünschten. Dieser eigentliche
Grund der Anfeindung wurde durch den Vorwand „zu grosser
Jugend" maskiert: das traf dem Taufschein nach bei François
zu, doch besass er einen Altersdispens und wusste überdies
seine Amtswürde vollauf zu wahren, selbst während der
Prüfung von Examinanden, die doppelt so alt als er selber,
oder älter noch, waren. Der „schlechte Schüler (élève détes-
table)" war mit 19 Jahren höher gestellt, als seine meisten
früheren Lehrer, die ihr bescheidenes Pfund mehr oder
weniger anspruchsvoll im schützenden Dunkel der Mittel-
mässigkeit verwalteten; mehr als das: die beiden erwähnten
Fakultätskollegen waren ehemals seine grundsätzlichen
Peiniger im Lyceum gewesen, gerade diejenigen, welche
seinem unabweisbar zutage tretenden Erkenntnisdrang mit
harter Hand hatten Zaum und Zügel anlegen wollen. Es
waren ihnen dafür empfindlich treffende Schülerstreiche gespielt worden, — sie hatten das nicht vergessen und gedachten nun den Kampf wieder aufzunehmen. Aber der
heimkehrende Jüngling hatte den Kopf mit ganz anderen
Dingen erfüllt und bot den nunmehrigen Kollegen die Hand
zur Versöhnung, wurde jedoch schnell gewahr, dass eine

---

1) So wurde Scheftidschys Stellung an der ägypt. Kommission
unterdrückt, und, der Heimat für immer verlustig gegangen, stand er
nun mit seiner zahlreichen Familie nahezu brotlos da. Champollion,
der seine Verdienste um die frz. Armee kannte, war empört darüber
und bewog Fourier zu einem dringlichen Gesuch an die Regierung,
das er selber entwarf.

solche unmöglich war. Handelte es sich doch hier überdies
noch um den Kampf des alten Lehrsystems gegen das neue,
den Champollion in seiner (vorerst nur in Prosa verfassten)
Satire „Scholastichomachia" in symbolischer zwar, aber
doch sehr drastischer Weise anschaulich machte.

Einige Auszüge davon erregten in den Grenobler Salons
grosse Heiterkeit und da man den Verfasser sofort erriet,
verschärfte sich der schon bestehende Konflikt noch betrachtlich Je mehr daher die vom Präfekten ständig ausgezeichneten Bruder in den Mittelpunkt der Gesellschaft
traten, desto mehr waren sie andrerseits genötigt, eine
Defensivstellung gegen ihre Gegner einzunehmen. deren zu-
nehmender, durch Neid genährter Groll Mittel und Wege
fand, sie in Paris zu verdächtigen. — Es wäre sicherlich
vom Übel, die Intriguen aus dem Alltagsleben einer Provinzialstadt um ihrer selbst willen der wohlverdienten Vergessenheit zu entreissen: hier jedoch handelt es sich darum eine
authentische Erklärung für die fortgesetzten, sich im Lauf
der Jahre noch steigernden Drangsale zu geben, die Champollion das Leben in Grenoble zeitweise zur Qual machen
sollten, ohne dass er die Kraft gefunden hatte, aus eigenem
Antriebe die Stadt zu verlassen, mit der er sich völlig verwachsen fühlte

Andrerseits konnte vermutet werden — und dies ist auch
bereits geschehen, — dass die Bruder von einer Art von
Verfolgungswahn befallen gewesen seien. Dem widersprechen
jedoch in bündiger Weise die zahllosen Dokumente der
Familie aus jener Zeit, Briefe der verschiedensten Personen
und sehr viele behördliche Verfügungen, in denen sich aufs
deutlichste das Bild der Wirklichkeit wiederspiegelt, die hier
mit wenigen Worten in Erinnerung gebracht werden soll

Die Namen derer zu nennen die schon vor Figeacs
Ankunft in Paris (im August 1810) dem Grossmeister in den
Ohren gelegen hatten, um die Absetzung der beiden unbequemen Dozenten zu bewirken, unterbleibt wohl besser, sie
sind ohnehin dem Gedächtnis der Menschheit entschwunden.

„Es ist lächerlich, junge Leute Graubärten vorzuziehen,
die unter dem Käppchen gealtert sind", so lautete eine ihrer
Anklagen Sie war dem Kaiser vorgetragen worden, der

10·

erwidert hatte, man möge doch nicht die, welche lehren, mit denen verwechseln, welche verwalten; „denn die ersteren,“ sagte er, „sind meine Kinder, die anderen sind meine Diener!“ Die zwei Beschwerdeführenden gehörten, Napoleons Bestimmung zufolge, zugleich dem Lehrerkollegium der Fakultät und dem des Lyceums an, sowie der Verwaltung des letzteren.

Figeac, der wie kein anderer geeignet war, mit Hilfe von Fouriers Empfehlungen dem Grossmeister das Fortbestehen der neuen Grenobler Fakultät ans Herz zu legen, sorgte tatsächlich während seiner langen Anwesenheit in Paris dafür, dass sie vor jedem Handstreich gesichert wurde.

Aber noch einen anderen Handstreich, der speziell François bedrohte, konnte er im Einverständnis mit Fontanes dank einem Scheinmanöver mit der Ecole Normale endgültig unmöglich machen. Im Juli 1810 war nämlich seinem Bruder ganz plötzlich die Ordre zugegangen, binnen 24 Stunden mit einem Depôt des 24. Linienregiments nach Spanien abzugehen. Die Aushebungskommission glaubte ihn irrtümlich übergangen zu haben; sie wollte auf ihrem Recht bestehen, und der arglos am Schreibtisch sitzende Professor wurde gewissermassen von ihr überrumpelt. Der Schreck war unbeschreiblich gross gewesen, aber ein Machtwort des augenblicklich benachrichtigten Präfekten hatte momentan das Schlimmste verhüten können. Doch erst ein vom 9. September 1810 datierter Erlass des Kriegsministers[1]) brachte völlige Sicherung vor der Gefahr.

François, der inzwischen zum Doctor-ès-lettres[2]) promo-

---

1) „. . . . Sa Majesté a accordé le 30 Juillet dernier une exemption de service militaire au sieur Champollion, lequel est destiné à faire partie de l'Ecole Normale. Ce jeune homme resterait soumis à la conscription dans le cas qu'il sortirait de l'Ecole Normale avant d'avoir été admis dans l'Université, ou abandonnerait l'Université avant d'avoir, par longs et bons services dans l'instruction publique, mérité la faveur qu'il vient d'obtenir. . . . [Signé le comte Dumas.]“ An den Präfekten der Isère.

2) Pour être reçu Docteur: présenter le titre de licencié et deux thèses: l'une sur la philosophie, l'autre sur la littérature ancienne et moderne; la première écrite et soutenue en latin. La durée de chaque thèse = 2 heures. — Die Kosten des Doctorates betrugen 120 fr.

viert war, hatte den abwesenden Bruder auch in der Redaktion des Regierungsblattes vertreten, dem Fourier seit
Jahren schon eine ernstere Richtung gegeben hatte, da er
den Leserkreis „in möglichst enge Fühlung mit den neuesten
Ereignissen auf allen Gebieten" zu bringen wünschte und
dann von Figeac unterstützt wurde; er hatte dasselbe von
dessen Vertreter erwartet und sich nicht darin getäuscht

Da den besseren Produktionen der Schöngeister des
Departements ein Plätzchen im Regierungsblatte gegönnt
wurde, so las man dort am 8. September ein schwungvolles
Gedicht eines gewissen D. . (Ducoin) über die Zerstörung
der berühmten Bibliotheken von Alexandrien durch die
Araber Eine Zurückweisung des Opus wäre kaum möglich
gewesen, auch bot sich François durch dessen Annahme
eine Gelegenheit, auf Grund authentischer Beweise für die
historische Wahrheit einzutreten Er tat es in höflicher,
rein objektiver Weise[1]) und zeichnete seinen Artikel mit C. S.
(Cuique Suum), seit diesem Tage hatte er einen Neider mehr,
der späterhin sein hartnäckigster Feind wurde

Zu dieser Zeit, im Herbst 1810, lag die Geographie
der mehrfach erwähnte erste Teil des geplanten Riesenwerkes,
worin die Einzelheiten aller Institutionen des pharaonischen
Ägyptens zu einem einheitlichen Ganzen zusammengefügt
werden sollten, völlig druckfertig da, und nachdem die Verhandlungen mit dem Buchdrucker Peyronard wegen Verwendung der griechisch-koptischen Lettern am 23 August 1810
endlich ihren Abschluss gefunden, konnte am 1. September
der Druck des Buches beginnen, denn von Paris aus mahnte
Figeac zur Eile „Aller Augen sind auf Ägypten gerichtet,
. Akerblad versucht sich auf Deinem Gebiet, Sacy
hat gestern seinen Bericht über ein Memoire gelesen das
von koptischen Namen ägyptischer Städte und Dörfer handelt, beschleunige Deinen Druck!" — Nach reiflicher Über-
legung hatte Champollion letzthin die dem Werke ursprünglich beigegebene Karte des ganzen Landes auf das Delta
beschränkt, weil nämlich die Unterschiede zwischen seinen
eigenen Forschungsresultaten und der Karte im Aegyptus

---

1) Regierungsblatt vom 26. und vom 28 Okt 1810, Nr 128, 129.

antiqua des berühmten Geographen Bourguignon d'Anville (gestorben 1782) hauptsächlich das Delta betrafen.

Für dieses Gebiet kam auch die verwickelte Frage der sieben Nilmündungen der alten Zeit in Betracht, doch hatte ja der „Ägypter" seit dem Sommer 1806 an der Lösung dieses Problems hart gearbeitet; anderseits waren ihm die Schriften der Kopten und der Araber so nützlich für die Ortsbestimmungen der antiken Städte im Delta geworden, dass er nun mit gerechtfertigtem Stolz seine Karte als eine „verbürgte Wahrheit" ansah. Für Ober- und Mittelägypten dagegen glaubte er nicht genügend über d'Anville hinaus gekommen zu sein, um diesen genialen Forscher, der ihm so mannigfach nützlich gewesen war, in die Schranken zu fordern.

Während sich der junge Autor durch die wegen typographischer Schwierigkeiten nur langsam fortschreitende Drucklegung an Grenoble band, beschwor ihn St. Martin, nach Paris zu kommen, „um nicht stets von neuem Ägypten den Wüstenbeduinen preiszugeben, sondern diese Räuberhorden ernstlich zu verjagen". Aber François dachte um so weniger an die Befolgung dieses Rates, als ihm der Marquis de Pina Kopien koptischer Handschriften aus Rom senden wollte, deren schnelles Durcharbeiten dem Dozenten geboten schien. „Ägypten ist auf der Werft", meldet er deshalb dem „Armenier", dessen brennende Ungeduld der Entzifferung der Hieroglyphen entgegensah, als handelte es sich dabei nur noch um Tage oder Wochen.

Wie anders wirkte da ein Brief Sacys, der seines Schülers grosse Lebenshoffnung als nahezu aussichtslos bezeichnete[1]. Doch nur vorübergehend dämpften die klugen Worte dessen Eifer, denn mit verdoppelter Hartnäckigkeit griff er bald darnach auf den demotischen Text der Rosettana zurück, indessen Figeac den griechischen durcharbeitete. — Am 7. August las Champollion vor der Aka-

---

1) „. . . Je ne pense pas, qu'il doive s'attacher au déchiffrement de l'Inᵉ de Rosette. Le succès dans ces sortes de recherches est plutôt l'effet d'une heureuse combinaison de circonstances que celui d'un travail opiniâtre, qui met quelquefois dans le cas, de prendre des illusions pour des réalités." An Figeac, 28. März 1810.

demie ein Memoire über das altägyptische Schriftsystem, worin er bereits einige überraschend richtige, aber durch schwere Irrtümer neutralisierte Elemente seiner späteren Entdeckung niederlegte. Er nimmt hier mit Porphyrius vier Schriftarten[1]) an und sieht dementsprechend die „symbolische (anaglyphische, sazerdotale)" als ausserhalb der hieroglyphischen stehend an, welche ihm deshalb aber nicht als alphabetisch erscheint. Als alphabetisch gelten ihm dagegen die demotische und die hieratische Schrift, welche letztere er als identisch mit Herodots und Diodors ἱερὰ γράμματα ansieht, ohne aber dabei an die Hieroglyphen zu denken. Auf diese Weise meinte er mit Clemens Alexandrinus übereinzustimmen, doch war dies ein fundamentaler Irrtum.

Er kehrt hier seiner die Ableitung der drei Schriftarten um! Eine primitive Bilderschrift ist nicht ausgeschlossen doch aber gilt ihm die sehr komplizierte hieroglyphische Schrift als eine Art philosophischer Rückbildung des bereits hoch entwickelten alphabetischen Systems und sogar als die Krone des gesamten ägyptischen Schriftsystems, dem er bewundernd gegenübersteht.

Das Hieratische, meint er, weicht vom Demotischen, dem es entnommen, nur durch die Gruppierung der Zeichen ab und gleicht ihm sehr. Er bemerkt Hieroglyphen in den hieratischen Gruppen und deutet dies als den Übergang von der alphabetischen zur hieroglyphischen Schrift, die er nicht länger mehr mit der chinesischen verglichen sehen will. Bei den Hieroglyphen macht er die richtige Bemerkung, dass diese nicht nur die Begriffe, sondern auch die Laute wiedergeben mussten. Denn wie hatten sonst die Geschichte der Könige, die Namen der besiegten Völker, die Zahl der Tribute usw. für die Nachwelt gegeben werden können?

Leider übersieht er nun die Äusserung des Clemens Alexandrinus über die πρῶτα στοιχεῖα, den grossen Stützpunkt eines jeden Entzifferungssystems, und dies wurde verhängnisvoll. Er verwirft Clemens überhaupt ganz und geht zu Porphyrius über. Zwar sieht er nicht einen Begriff in

---

1) demotische (vulgäre) | hieroglyphische (monumentale)
   hieratische (liturgische) | anaglyphische (symbolische).

jedem hieroglyphischen Zeichen, sondern er schreibt ihm
Laute zu, ohne jedoch in der Sache klar zu sehen. Nicht
alphabetisch zu lesen seien sie, wie das Hieratische und
das Demotische, aber lautlich zu lesen dennoch. — Er verwickelt sich nun förmlich zwischen Clemens und Porphyrius.
Am Tierkreis studiert er den Unterschied zwischen den sogenannten Anaglyphen (als der symbolischen Geheimschrift
der Eingeweihten) und den Schrifthieroglyphen. Er protestiert
energisch gegen den Irrtum, dass letztere nur von wenigen
verstanden worden seien: „Viele lasen sie!" — Nun aber
geht er aufs Gesetz der Einsilbigkeit über, das er im Koptischen
findet, und denkt, die Hieroglyphen müssten dementsprechend
ein syllabisches Alphabet zur Basis gehabt haben, so dass
die hieroglyphischen Zeichen die einsilbigen Elemente in den
von diesen gebildeten Wörtern ersetzten. Aber eben diese Auffassung führte ihn irre. — Wie durch Eingebung sieht er, dass
eine Hieroglyphe lautlich und ideographisch verwendet werden
kann, berührt also auch hier die volle Wahrheit, ist aber zu
sehr vom koptischen Einsilbentum befangen gemacht, um
sie vollends zu erfassen. Dagegen löst er die Hieroglyphenschrift von der rein symbolischen Natur ganz los und ver-
weist dieses Element in die Geheimschrift der Priester. Es
gibt also vier Schriften:

1. die vulgäre   von den
2. die liturgische usw.   Gebildeten
3. die Monumentalschrift der Denkmäler   verstanden;
4. die wirkliche Geheimschrift, nur für die Priester be-
     stimmt, die nur wenige in sie einweihten.

Champollion ergänzt sich hier gewissermassen aus Porphyrius, was er in Clemens übersehen oder falsch verstanden
hat, und dies sollte ihm für lange Zeit zum Hemmnis werden.

Die versprochene Sendung langte im Februar 1811 aus Rom
an. Sie traf Champollion beim Verfassen eines sehr bemerkenswerten Artikels, worin er die Araber gegen den Vorwurf in
Schutz nimmt, sie seien die alleinigen und systematischen
Zerstörer der ägyptischen Denkmäler[1]). — Wenige Wochen

---

1) Siehe Reg.-Bl. der Isère vom 3. März 1811. „Des Arabes et
des Monuments." Anonym. (Fragmente des Entwurfes liegen vor.)

später sandte er auf Geheiss des Bruders, der angstvoll
Quatremère im Auge hielt, neben zwei Auszügen aus der
Geographie[1]), die viel Aufsehen erregten, 30 Sonder-
abzüge der seit Herbst 1807 so bekannt gewordenen Introduction dieses Werkes an die Pariser Inschriften-Akademie,
sowie an mehrere Gelehrte und persönliche Freunde. Figeac
glaubte damit alle Verdächtigungen, dass François ein soeben erschienenes Werk[2]) Quatremères noch für seine Geographie benutzen wolle, im Keime erstickt zu haben. doch
seine allzu grosse Vorsicht schuf auch hier, wie so manches
Mal, unvorhergesehene Ärgernisse.

Dacier und Millin suchten Sacy zu schneller und günstiger
Besprechung der Arbeit im Magasin Encyclopedique zu bewegen, und wirklich erstattete der Genannte schon am
10 Mai 1811 vor seiner Akademie Bericht darüber. Hierbei
entspann sich ein heftiger Wortstreit, denn fast allgemein
war man der Ansicht dass Jacques-Joseph der Verfasser sei
— ein Irrtum, der selbst im Kabinet des Grossmeisters hatte
aufkommen können und dem erst Sacy in aller Form ein
Ende machte. Dieses Gelehrten im Grunde ganz berechtigte,
aber anscheinend sehr rückhaltlos geäusserte Zweifel am
schnellen Zustandekommen des von Champollion geplanten
Riesenwerkes über Ägypten, sein Unwillen über des jugendlichen Forschers siegesgewissen Ton[3]) wurden allseitig bemerkt, und die Kunde davon verbreitete sich schnell in den
Pariser literarischen Kreisen, so dass Roquefort und St. Martin,
die ohnehin den grossen Orientalisten scharf bekrittelten,
eine Menge von Einzelheiten nach Grenoble hin berichteten,
die Champollion zwecklos bis zum Übermass gegen seinen
Lehrer aufbrachten.

Was Sacy am meisten verstimmt hatte, war der Um-

1) Die Broschüren „Memphis" und „Theben"

2) Mémoires geograph. et histor. sur l'Egypte (etc.), Paris 1811.

3) Noch im Nachruf (1833) sagte Sacy mit Bezug auf diesen
jugendlichen Optimismus Champollions: „Certes, la jeunesse de l'auteur,
la vivacité de son imagination, un enthousiasme peu refléchi avaient
beaucoup de part dans les esperances dont il se flattait et dans l'assurance
avec laquelle il les produisit au grand jour, et la critique qui hésitait à
accepter de telles promesses, n'était que prudente et equitable   ▪

stand, dass der wahre Grund der vorzeitigen Veröffentlichung
der Introduction nicht freimütig ausgesprochen war,
während ihm doch langst bekannt geworden, dass man allgemein der Ansicht war, er beschuldige seinen Schuler
schon vor dem Erscheinen der Geographie des Plagiates
an Quatremère! Auch in Grenobler Kreisen hatte sich diese
Ansicht in peinlichster Weise verbreitet, während sie aber
von den Neidern Champollions entsprechend verwertet wurde
deuteten dessen Freunde sie ganz anders   Sie meinten,
dass Sacy, da es ihm selber an Kraft gebrach, das ägyptische Rätsel zu lösen, einer Regung von Eifersucht Raum
gegeben habe, – dass er seinen früheren Schuler zu kühn,
zu ehrgeizig finde und dessen werdendes Werk im Keim
zu ersticken wünsche, so sehr er es auch gelobt habe, solange nicht von der Veröffentlichung die Rede gewesen sei.

Eine sehr pessimistisch gehaltene Zergliederung von
Sacys Besprechung der Introduction[1]), ein Vergleichen
derselben mit der von Quatremères Buch vom Jahre 1808
taten ein übriges, so dass die Erbitterung der unablässig
aufgestachelten Bruder bis zu dem Grade wuchs, dass Figeac
sich zu einem scharfen Brief an Sacy[2]) hinreissen liess, der
aber ebensosehr gelesen zu werden verdient, wie die auf
ihn erfolgte Antwort, in welcher Sacy vor allem die Beschuldigung des Plagiates leugnete[3]) Aber diese gegenseitigen Auseinandersetzungen verminderten nicht den Groll
der Bruder, sie verschärften Sacys Unwillen und Quatremères
an Geringschatzung grenzende Abneigung gegen Champollion Aber schon hatte dieser in der Frage des basch-
munischen Dialektes einen Sieg über seinen gelehrten
Widersacher zu verzeichnen, wovon er bald danach den
Beweis liefern wollte.

Inzwischen hatte er auch an Abel Remusat und an
Chezy seinen „Prodromos" (die Introduction) gesandt Die
Erwiderung des „Chinesen" hatte den in seinem Selbst-
gefuhl so tief gekränkten „Ägypter" wieder erheben können.

---

1) Magas Encyclop Mai 1811, XVI 3 p 196–201
2) Vom 17 Juni 1811 Siehe Anhang I 7
3) Vom 7 Juli 1811 Siehe Anhang I. 8

doch traute er den schmeichlerischen Worten nicht recht
und fand mehr Gefallen an dem schlichten Dank des
„Indiers", dessen verständige Art, für ihn einzutreten, da wo
es wirklich nötig war, einen wohltuenden Gegensatz bildete
zu den alarmierenden Briefen von St. Martin, mit den steten
Enthüllungen literarischer und anderer Missetaten Dieser
unermüdlich gefällige, aber durch lärmenden Übereifer oft
unbequeme und nicht selten sogar gefährliche Freund fühlte
sich berufen, die Vorsehung der Brüder zu spielen und sie
vor den Umtrieben der „Clique" zu schützen die sich ihm
zufolge in Paris gegen sie bildete, die aber zu dieser Zeit
der Hauptsache nach in St Martins sensationsbedürftiger
Natur und krankhaft überreizter Phantasie ihren Ursprung
nahm.

Dass alles dies in Champollions erregbarem Gemüt die
schlimmsten Befürchtungen für die Zukunft wachrief und
ihn nicht mehr zur Ruhe kommen liess, ist nicht zu leugnen,
anderseits quälte ihn die Notwendigkeit, wegen seiner Lehr-
tätigkeit und der erwähnten ausserordentlichen Vorbereitungen
dazu seine speziell ägyptischen Studien stark beschränken
zu müssen Doch lebte er sich schnell in seine neuen
Pflichten ein und war ein wohlwollender Lehrer, aber ein
strenger Examinator, weshalb auch die Delphinatische Akademie bei der Beurteilung ihrer Preisarbeiten viel Wert auf
seine Ansicht legte Am 14. April 1811, beispielsweise,
teilte er ihr als Vorsitzender der Prüfungskommission mit,
dass wegen Unzulänglichkeit der eingegangenen Denkschriften ein erneutes Preisausschreiben stattfinden müsse.
Dies zu erreichen, war ihm nicht leicht geworden, doch beharrte er fest auf seiner Meinung, dass die Akademie um
ihrer eigenen Würde willen sich stets auf der Höhe ihrer
berechtigten Anforderungen zu erhalten habe.

Am 13. August desselben Jahres las der junge Akademiker
eine Abhandlung über den Nil und seine Mündungen[1],
sowie ihre Namen im Altertum, deren Abweichungen bei
griechischen und lateinischen Autoren zum Ausgleich zu

---

[1] Band I der Geographie beginnt mit den Quellen, Band II mit
den Mündungen des Nils.

bringen er unternahm Am 5. September las er dann die
gleich danach veroffentlichte Denkschrift uber Zoegas nachgelassenen Katalog koptischer Handschriften[1], in welchei
er zunächst die Verdienste des danischen Altertumsforschers
wurdigt Neue Textauszuge in diesem Katalog bestatigten nun
Champollions Überzeugung, dass der baschmurische Dialekt,
„eine Vermischung des thebanischen und des memphitischen",
naturgemass auf Mittelagypten, speziell auf das Fayûm verlegt und darum (nach dessen Hauptstadt Arsinoe) besser
der arsinoitische genannt werden musse Leider fugt er
hinzu, dass man ihn trotzdem den baschmurischen nennen
konne, da „Baschmur" mit dem Fayûm identisch sei

Bei den koptisch-arabischen Grammatikern war die
Existenz eines als baschmurisch bezeichneten Dialektes uberliefert, ohne dass man wusste, wo die Landschaft Baschmur
lag, oder wo eine Spur des Dialektes zu finden war Da
waren neuerdings einige Fragmente einer ratselvollen Mundart wieder aufgetaucht und hatten zu lebhaften Erorterungen
Anlass gegeben: der Bischof Munter in Kopenhagen erkannte
keinen selbstandigen Dialekt in ihnen. Der Pater Georgi
in Rom tat dies zwar, verlegte ihn aber auf das Oasen- und
Wustengebiet westlich vom Nil, wo er die Baschmurenstamme
ansassig glaubte. Quatremère versetzte diese mit Recht in den
von Abu'lfeda Baschmur genannten Teil des Deltas, er sah
jedoch in den Textfragmenten einen vierten Dialekt, „den der
Oasen (oasitique)", und hielt den baschmurischen mit Ausnahme eines Wortes nach wie vor fur verschollen. — Sacy
wollte die erwähnten Textfragmente dem baschmurischen
Dialekt zuschreiben und erklarte ihr starkes Anklingen an die
sahidische Mundart damit, dass eine Kolonie von Oberagypten
aus sich im Baschmurgebiet (im Delta) angesiedelt habe,
und dass mit der Zeit ihr Dialekt durch die memphitisch
sprechenden Nachbarn derartig beeinflusst worden sei,
dass dieser Vermischung der baschmurische Dialekt ent-
sprungen sei.

---

[1] Observations sur le catalogue des mss coptes du Musee Borgia à Velletri (etc) Paris 1811, Sajou — (Extrait du Mag Encyclop
Octobre 1811)

Angesichts dieser von seiner eigenen Idee abweichenden Anschauungen, bei denen er aber das Richtige in Quatremères Ausführungen verworfen hatte, scherzt Champollion über seine Ketzerei[1]) gegenüber den heiligen Doktrinen der Evangelisten — Da er wusste, dass Sacy ebenfalls Zoegas Katalog bearbeitete, so hatte er ihm schon im Juni 1811 seine druckfertige Abhandlung, worin die heikle Frage erörtert wird, zur Durchsicht zugesandt und aus Rücksicht auf seinen Lehrer die Veröffentlichung davon verzögert Es erfolgte keine Antwort Trotzdem erhielt Sacy vor allen anderen ein Exemplar der gedruckten Broschüre zugesandt.

Champollions Entdeckung blieb damals völlig unbeachtet, oder vielmehr sie trug ihm nichts als ungebührlich harte Verurteilung ein und ihr richtiger Teil ist erst etwa 70 Jahre später wieder zu Ehren gekommen, indem Ludwig Stern, ohne des Meisters Ansichten darüber zu kennen, den fälschlich baschmurisch genannten Dialekt auf das Fayûm verwies[2])

Die Arbeitskraft der beiden Champollion wurde fortgesetzt auf eine harte Probe gestellt; dafür standen sie auch im Brennpunkt der gesamten intellektuellen Bewegung der geistig so regsamen Stadt, sie bildeten vor allem die Seele der neuen Fakultät, deren Ansehen in Paris und in den gelehrten Kreisen Europas sich in erster Linie auf ihre Tätigkeit an derselben stützte[3]).

Figeac hatte im Jahre 1811 ausser den gewöhnlichen

---

1) „ . Quelques nouvelles heresies que l'Esprit impur a fait eclore dans ma tête contre la sainte doctrine des Evangelistes "

2) Siehe Zeitschrift für ägypt Sprache, Berlin 1878, Band XVI, p. 21 ff.

3) „ Et l'on vit alors se produire un fait unique dans l'enseignement universitaire, c'etait du haut d'une chaire de province qu'on mettait en circulation les plus curieuses recherches, les plus importantes decouvertes de l'Europe savante et des voyageurs contemporains sur la science si vaste des langues et des monuments Des textes originaux, traduits pour la première fois, concouraient a compléter l'ensemble des témoignages originaux mis sous les yeux des auditeurs et à soutenir leur attention " Biographie du Dauphine (Rochas), Vol. I., 209.

Amtslasten, die ihm übrigens zumal in der Bibliothek, der
Bruder getreulich tragen half, mit Magistrats- und Schwur-
gerichtssitzungen zu tun und wurde überdies mit dem
Sekretariat des Wahlkollegiums betraut. Trotzdem fand er
noch Muße für manche zeitraubende Nebenarbeiten. Auch
schuldet man es seinem Andenken, hervorzuheben, dass
seine Hilfsbereitschaft unbegrenzt war. Sein erprobter Rat,
seine hohen Verbindungen, sein geschicktes Unterhandeln
waren sprichwörtlich und ließen selbst ihm persönlich
Fremde sich vertrauensvoll an ihn wenden. Er ging zuweilen so weit, selbst für seine Gegner einzutreten, erntete
dann aber meistens statt versöhnenden Dankes vermehrte
Abneigung, da man ihm dergleichen Bemühungen als Malice
auslegte und ihn als einen Intriganten hinstellte, der seine
Hand überall im Spiele zu haben begehre.

Fourier, dessen zögernde Langsamkeit zunahm, beneidete
die Bruder um ihre Elastizität im Denken und Handeln.
Seine Amtssorgen wurden fast verdoppelt durch umfassende
Neueinrichtungen und öffentliche Kalamitäten, weshalb ihm
das bislang mit weiser Geduld getragene Joch nunmehr unerträglich erschien. Denn der Republikaner in ihm mochte
nicht länger mehr durch prunkvolle Siegesfeste zu Napoleons
Selbstverherrlichung beitragen, — der Administrator sah
sich neuerdings in seinen humanen Bestrebungen mehrfach
verkannt, und der Gelehrte sehnte sich nach tiefer Stille zur
Vollendung seines Werkes über die Theorie der Hitze. —
Dieses allgemeine Unbehagen wurde noch vermehrt durch
die von dritter Seite erfolgreich angestrebte Entfremdung
zwischen ihm und den Brudern, denn beide waren seinem
ehrgeizigen Sekretär Ambroise Aug. Lepasquier ein Dorn
im Auge, besonders nachdem er inne geworden, dass seine
Stellung ihm nur erhalten geblieben war, weil Figeac, dem
Fourier sie wiederholt angetragen, sie stets ausgeschlagen
hatte.

Von einem hohen Präfekturbeamten wirksam unterstützt,
setzte Lepasquier sein Zerstörungswerk ungehindert fort, so
dass den Brudern ein neuer Herd von Feindseligkeiten eben
dort entstand, wo sie bislang am meisten willkommen gewesen waren, und wo niemand sie zu ersetzen vermochte.

— Auch bei Fontanes wollte man sie zu Fall bringen, als
daher infolge der Gebietserweiterung Frankreichs die Universite noch einige Generalinspektoren anstellen musste,
wurde Figeac von gewisser Seite her dermassen bedrängt,
sich zu diesem hohen Posten zu melden, dass er es schliesslich tat. Hierdurch arbeitete er seinen Feinden in die
Hände, denn da der Grossmeister ihn nunmehr für allzu
anspruchsvoll hielt, so sanken seine guten Beziehungen zu
diesem schnell bis auf den Gefrierpunkt nieder, und erst
während seines erneuten Aufenthaltes in Paris, im Herbst
1811, konnte Jacques-Joseph mit einiger Mühe sie wieder-
herstellen.

Zu dieser Zeit von Jomard um die Besprechung von
Fouriers historischer Einleitung ersucht, erfüllte Figeac diese
Bitte zur hohen Befriedigung des Präfekten, der ihm soeben
ein epochemachendes Resultat seiner physikalischen For-
schungen[1] anvertraut hatte, damit er diese Lösung einer
Preisaufgabe als „aus Deutschland kommend‘ persönlich im
Sekretariat der Akademie der Wissenschaften abgebe
Schlimme Erfahrungen einiger Kollegen, die das Wort vom
Propheten, der nichts gilt im eigenen Lande, nicht genug
beherzigt hatten, bewogen Fourier zu diesem Schritt, und
nur die beiden Champollion waren von ihm ins Vertrauen
gezogen worden.

Seines Bruders Bitten um neues Material[2] eingedenk,
ging Figeac mit St. Martins Hilfe auf die Entdeckung
inedierter Schriften aus. Ein koptisches Manuskript, das
von Sacy soeben als wertlos an Tersan zurückgesandt war,
konnte entlehen und François zugesandt werden, dem es
äusserst nützlich wurde

Die ägyptische Kommission dagegen verweigerte fortgesetzt jegliche Einsicht in ihr Material, trotzdem Figeac
von Jomard um die Besprechung der einzelnen Lieferungen

---

1) Theorie analytique de la chaleur Die von Figeac überreichte
1 Edit wurde am 6 Jan 1812 preisgekrönt

2) In Erinnerung an Chézys vielseitiges indisches Material
schreibt er ihm: „[mes matériaux sont bien pauvres à côte des votres‘]
Je ne puise que dans de tristes martyrologes, dans des liturgies et
des oraisons [Il y a un poeme copte,   mais sur le Saint Esprit‘]“

gebeten wurde „Die Kommission ist sehr schlau", meint ersterer, „denn sie legt sich selbst unter das Messer ich kann mich nun rachen'" Doch seiner Klugheit Gehor gebend, tat er dies nicht.

Bei Jomard hatte er auf Ziegelsteinen Konigsschilder mit Hieroglyphen bemerkt und in ihnen das Fabrikzeichen der altagyptischen Topfer zu erkennen gemeint. Hoch erfreut, als der erste somit den Beweis vom volkstumlichen Gebrauch der Hieroglyphen zu liefern, meldete er seine Entdeckung sofort dem Bruder, der sich aber ablehnend dazu verhielt. Er berichtete diesem zugleich auch, dass Sacy ihn sehr gut empfangen, aber kein Wort uber die Introduction geaussert, sondern nur bemerkt habe, die koptischen und griechischen Lettern mussten wohl recht teuer gekommen sein? „Wir werden auch noch einen arabischen Schrittkasten kaufen', war meine Antwort, die ihm hoffentlich viel Vergnugen gemacht hat", bemerkt Figeac hierzu.

Inzwischen war Ende September Millin beim Prafekten eingetroffen, und dieser beauftragte seinen Schutzling, den Gast auf dessen Ausflugen zu begleiten, da namlich Fourier „um nicht ganz zum Barometer zu werden', wegen der feuchten Witterung sich im Hause hielt. „Ich bin beim Chrysostomos[1]) in Pension", konnte François dem Bruder melden zugleich aber beschwerte sich bei diesem der Drucker uber die Unterbrechung der Arbeit

Millin war kein bequemer Gast Durch lebenslangliches Uberhasten vorzeitig gealtert, suchte er sich durch verdoppelte Emsigkeit uber das Schwinden der Krafte hinwegzutauschen und bald als Antiquar, bald als Historiker, Naturalist, Statistiker oder auch als Poet vom Morgen bis in die Nacht hinein uber alles Auskunft zu erfragen, daher ihm Fourier die Begleiter auf seinen Ausflugen derartig auswahlte, dass stets schnelle Belehrung zur Hand war

Drei Tage wurden auf den Gebirgsstock der grossen Chartreuse verwandt, dessen damals noch äussert gefahrvolle Felsenpfade infolge der Aufhebung des Klosters[2]) uberdies

---

1) Goldmund, Beiname Fouriers
2) 1792 bis 1816.

noch verwahrlost waren. Die senkrecht aufsteigenden Fels-
massen, der enge Horizont, die tosenden Wasser, die Wildnis
meilenweiter, schwarzlicher Fichtenwaldungen, wahrer Ur-
walder, und die Tragik der verodeten Statte grosser Erinnerungen wirkten um so ergreifender auf die Ankommenden,
als ein langsam hinsterbender Monch und ein treuer
Laienbruder, die dort oben der gespenstischen Einsamkeit
des ungeheuren, halb zerstorten Baues unbeirrt Trotz
boten, „den Kontrast zwischen sonst und jetzt" besonders
fuhlbar machten — Nur die malerische Waldlichtung lag
unverandert da, wo auf vorspringendem Granitblock neben
dem Silberquell die Kapelle Meister Brunos steht, dessen
Name seit mehr als acht Jahrhunderten diese Gebirgswelt
beherrscht.

Da Millins fieberisch rastloses Hirn selbst beim Anblick
dieser gewaltigen Natur keine volle Genuge fand ohne Vortrage aller Art, so veranlasste er seinen jungen Freund,
ihm inmitten der momentan durch Wolken verdusterten
Landschaft die lichten Regionen des Orients vors innere
Auge zu fuhren Champollion gehorchte, doch kehrte er
tunlichst schnell aus dem fernen Osten zuruck, um Zeit zur
eingehenden Besichtigung des Klosters zu erubrigen, die
denn auch stattfand. Er durchsuchte die Krypta[1]) nach angeblich dort versteckten Handschriften und es gelang ihm
endlich, trotz der List des ihn irreleitenden Laienbruders,
die Bibliothek zu betreten, die ihres ursprunglichen Eingangs
verlustig gegangen und aller Unbill preisgegeben war. Er
stellte nun in aller Eile den Bestand der kostbaren Sammlung fest, da zwischen ihm und Figeac von der Bergung
dieser Schatze schon die Rede gewesen war.

François beschrankte sich nicht darauf, Fouriers Gast
uberallhin zu begleiten, sondern er half ihm auch, die Erlebnisse zu einem langeren Bericht uber das Dauphiné zusammenzustellen. Hierfur erwies sich Millin insofern dankbar, als er unmittelbar darauf, wahrend seiner italienischen
Reise, mehrere nutzliche Beziehungen fur ihn anknupfte,
u. a. mit Cancellieri, Bibliothekar der Propaganda in Rom,

— · —

1) Er fand dort an 300 Monchsskelette

sowie mit dem Hellenisten Peyron und dem sehr einflussreichen Grafen Prosper Balbo in Turin.

Zu eben dieser Zeit machten die „Hieroglyphen-Ent-
zifferer" Raige[1]) und Rouge[2]) von sich reden, besonders
letzterer, der durch die Presse die bevorstehende Veröffentlichung seines „Alphabetes zur Inschrift von Rosette" ankündigte. „Es ist eine grosse Entdeckung, die nicht von den
Griechen, wohl aber von Akerblad her erneuert ist," scherzt
Champollion, „das Werk Rougés macht mich nicht bange,
weniger noch sein Worterbuch, denn je mehr Dummheiten
gedruckt werden, desto besser werden sich die vernünftigen
Sachen davon abheben."

Am 26 November fand in Grenoble die Eroffnung der
Faculté des Sciences statt, so dass dort die Lehrtatigkeit
den Hohepunkt ihrer Entwicklung erreicht hatte. Wenige
Monate spater wurden infolge des Todes Dubois-Fontanelles
(am 12. Februar 1812) der altere Champollion zum stadtischen Bibliothekar und der jungere zu seinem Assistenten
ernannt Dies erregte den heftigsten Unwillen ihrer
Neider und die Garung stieg noch bedeutend, als sich
Figeac, von Fourier und Renauldon dazu angespornt, um
das erledigte Dekanat fur sich, und um die Geschichtsprofessur fur seinen Bruder bewarb. Einige andere Aspiranten glaubten François mit Vorteil für die Fakultät ersetzen zu konnen, sie warfen ihm daher neben seiner Jugend
auch seine politische Gesinnung vor, stempelten ihn zum
„Jakobiner", ein Beiname, der ihm zeitlebens bleiben sollte,
und hatten ihn am liebsten, wie dies zwolf Jahre spater geschah, schon damals fur einen Genossen Robespierres
erklart.

Schon als zwolfjähriger Knabe, beim Lesen des Alten
Testamentes im Urtext, hatte Champollion aus ·eigenster
Initiative die republikanische Regierungsform als die allein
richtige, von Gott selber eingesetzte erklart Seitdem war
er dieser Überzeugung treu geblieben und folgte mit ehrlich-

---

1) In den Listen der ägyp Kommission als „Interprète" und
„Orientaliste" verzeichnet

2) Naheres uber ihn dem Verfasser nicht bekannt.

ster Absicht der Ideenströmung, die seit 1790 Frankreich
und mit ihm die ganze Menschheit in neue Bahnen hinein-
trieb. Doch war er sich seiner Verantwortung voll bewusst
und hielt im allgemeinen trotz der Kühnheit seiner Anschauungen die Grenze des Erlaubten streng inne; desto
rückhaltloser äusserte er sich dagegen vor Freunden und
mitunter vor solchen, die er dafür hielt.

Die erste Nachricht aus Paris war den Brüdern günstig,
doch schon am 10. März begann dort ein kontrarer Wind
zu wehen, so dass dann die Geschichtsprofessur zur öffentlichen Bewerbung ausgeschrieben wurde. Inzwischen hatte
François in gewohnter Weise seines Amtes zu walten, aber
mit nur 750 Franken Jahresgehalt, und ohne dass eine Ver-
gütung der weggefallenen 1500 Franken auch nur in Aussicht gestellt worden wäre. Diese plötzliche Unsicherheit
seiner Stellung, sowie die schmale Einnahme bei seiner
gänzlichen Vermögenslosigkeit und angesichts der durch die
fremden Lettern und die geographische Karte beträchtlich
vermehrten Druckkosten seines Werkes entmutigten ihn im
höchsten Grade. Auch vom Dekanat für Figeac war keine
Rede mehr. Die Kollegen vom Lyceum hatten zu guter
Stunde „ihre Eisen ins Feuer gelegt;" die lang ausge-
sponnenen Fäden ihrer Intriguen reichten bis in die Hände
mehrerer täglich mit dem Grossmeister verkehrenden Uni-
versitäts-Inspektoren, und Fontanes wie auch sein Generalsekretär Delangeac hüllten sich wieder in unheilverkunden-
des Schweigen.

Seit dem Tode des trefflichen Abbé Gattel[1]), des alten
Freundes der Brüder im Lyceum, hatte man dort in diskreter
Stille einen Plan ausgearbeitet und nach Paris gesandt, demzufolge der geschichtliche und der griechische Lehrstuhl der
Fakultät in Zukunft zu vereinigen waren. Falls dann beim
bevorstehenden Wettbewerb um die Geschichtsprofessur ein
Fremder siegte, so waren die beiden Champollion damit von
der Fakultätsliste gestrichen. Figeac liess den Mut nicht
sinken und langte siegesgewiss Anfang September in Paris
an. „An Deiner Stelle würde ich nach dem Grundsatz des

---

1) Gest. am 19. Juni 1812.

Brennus handeln· ‚Wehe den Besiegten!‘ Denn nur so kann
ein Gallier mit Normannen verfahren,“ ruft ihm der Bruder
nach, „Ich wünsche Dir des Herkules Arme und Keule, um
die giftige Hydra zu vernichten, deren Hauch uns beim
Grossmeister geschadet hat “

St. Martin und Chézy hatten auch François zu sehen
erwartet. Dieser wollte jedoch noch immer eine Begegnung
mit Frau Louise D. . . . vermeiden, zudem wünschte er nicht
vor der Veröffentlichung seiner Geographie in Paris zu erscheinen, überdies musste er, wie gewöhnlich, Figeac vertreten und zwar besonders in der Redaktion des Blattes.
Hier aber trugen etwas freimütige Betrachtungen seinerseits
über Napoleons Politik in Spanien und einige Verse zu
Ehren Talmas dem Präfekten eine kleine Unliebsamkeit ein,
die einfach im Sande verlaufen wäre, wenn nicht „zwei
Herren in dessen nächster Umgebung“ sie so weit auf-
gebauscht hatten, wie es ihren Zwecken dienlich erschien.
Fourier war diesen Einflüssen immer zugänglicher geworden
und fand nicht mehr die Kraft, für seine bessere Überzeugung energisch einzutreten. So kam es, dass er den
Gegnern der Brüder ein williges Ohr lieh, indessen Jacques-
Joseph ihm allerlei Besorgungen in Paris ausrichtete, mit
denen er niemand sonst betraut hatte, und während ihm
François ohne Murren seine knapp bemessene Zeit und
seine mannigfaltigen Kenntnisse zur Verfügung stellte Da
der Präfekt nicht den Mut fand, mit den einen oder den
anderen offen zu brechen, so bereitete er vielmehr eine
absichtslos erscheinende Entfremdung mit Figeac vor, indem
er seine lange geplante Reise nach Paris eben dann antrat,
als er jenen auf der Rückreise nach Grenoble wusste.

Inzwischen hatte François dem Publikum im Regierungsblatt die Einzelheiten des russischen Feldzugs mundgerecht
zu machen, weil dieser ihm aber als ein Frevel an den
Menschenrechten der dazu unter die Waffen gerufenen
Völker erschien, und da er, andererseits, in den Flammen
von Moskau „die Weltherrschaft des Tyrannen“ bereits un-
rettbar zusammenbrechen sah, so dünkte ihm die Aufgabe
eines derzeitigen Redakteurs unendlich schwer zu sein, und
er wünschte die gewandtere Hand des Bruders für diese

heikle Arbeit. Dennoch liegt nicht hierin der eigentliche Grund zu der Demission, die in bemerkenswert geschickter Weise von dem am 24. Oktober heimkehrenden Figeac erzwungen wurde Dies war ein harter Schlag, denn von dem materiellen Verlust abgesehen — das Redaktionsrecht war einst erkauft worden — machte sich als unmittelbare Folge davon ein ganzer Strom von hämischen Gerüchten bemerkbar, die aus der Prafektur, wo L. Royer, ein Gegner der Bruder, nun das Scepter führte, ungehindert ins Publikum drangen, dem man glauben machen wollte, der Prafekt werde jenen hinfort die Tur verbieten.

Und doch hatte François noch am 15. September geschrieben: „Ich verbrachte den ganzen Donnerstag . . . . mit Herrn Fourier zusammen. Er las mir sein astronomisches Memoire vor, das er mit einer 83 Seiten langen Darstellung des pharaonischen Ägyptens einleitet. Ich habe [mehrfach den Hut gezogen] vor den Ideen, die wir ihm eingepragt haben, die er aber mit seinem gewohnten Scharfsinn verwendet hat. . . . Dennoch habe ich ihn zehn oder zwolf Stellen . . . . verbessern lassen."

Diese Abhandlung hatte an die Spitze der ersten oder doch mindestens der zweiten Lieferung der Description treten sollen „Der Prafekt wunscht, dass dieser Gedanke in Jomard aufkomme, — dass Du ihn, ohne dass er es merkt, in ihm entstehen lassest, da er (Fourier) nicht möchte, dass es den Anschein hätte, als kame das von ihm. . . . Dies ist eine Gelegenheit, zu gleicher Zeit Fuchs und Kaninchen zu spielen. Jomard muss dahin geleitet werden, diese Abhandlung . . als eine Art von Gnade zu erflehen!" — Viele andere Auftrage folgten und Figeac hatte sie sämtlich ausgeführt, — — indessen der Prafekt an beiden Brüdern Verrat zu üben begann.

Er hatte mit der Zeit nur allzu sehr die Hilfsmittel schatzen gelernt, die ihm seines Schutzlings reiches Wissen fur die Ausarbeitung seiner Memoiren über Ägypten bot, uberdies hatte ihm der vertrauensselige junge Forscher sein gesamtes seit 1806 gesammeltes und im Hinblick auf die nachfolgenden Teile seines Werkes teilweise bereits gesichtetes Material zur Benutzung uberlassen. Es wird daher erklärlich, dass er späterhin gelegentlich genötigt war, Fouriers Aussprüche zu zitieren[1]), um seine eigenen Ideen darstellen zu können, ohne als Plagiator gebrandmarkt zu werden.

„Es ist wahr," klagt Figeac, „dass er nichts ohne uns getan hat, was sein Vorwort und seine Memoiren betrifft. . . . Aber uns zurückstossen, weil wir ihm gedient haben? Das wäre furchtbar! . . . . Das Werk meines Bruders kann jedoch ohne ihn erscheinen."

Da die Brüder nicht gleich klar sahen in diesen Vorgängen, so verhielten sie sich längere Zeit abwartend, doch nicht willens, ihre persönliche Ehre der Dankbarkeit gegen Fourier zum Opfer zu bringen, begann Figeac, den abwesenden Präfekten um Gerechtigkeit zu bitten, und sie endlich in ernstester Weise zu fordern. Der Präfekt blieb stumm, und es hiess daher bis zur Rückkehr desselben schweigend die schweren Verleumdungen erdulden, die zwar die erklärten Freunde nur um so energischer zu den Verfolgten halten liessen, die aber andrerseits viele bis dahin neutral Gebliebene gegen sie aufbrachten. So wurde hauptsächlich durch diese Vorkommnisse der Grund gelegt zu den fast unglaublich erscheinenden Gehässigkeiten und Vorurteilen, mit denen beide, ganz besonders aber François, späterhin in Grenoble zu rechnen hatten, — allerdings nur von seiten der Ultra-Royalisten und der sie aufhetzenden persönlichen Neider.

Figeac war im Herbst 1812 als Sieger von Paris zurückgekommen, indem er für sich und den Bruder, nachdem die feindlichen Reihen durchbrochen gewesen, beim Grossmeister bedeutende Vorteile errungen hatte. Fontanes und Delangeac hatten ihm rückhaltlos mitgeteilt, was bei ihnen an Schmähungen und Anklagen vorgebracht war: „Unsere frommen Freunde haben die möglichst infamsten, und demnach die möglichst falschesten Dinge von uns behauptet; Delangeac war ausser sich; er ist nun überzeugt, und wir haben einen Verteidigungsplan entworfen. . . . Ich bin auf

---

1) Z. B. p. 84, 85 der Préface histor. zur Description zitiert in L'Eg. sous les Pharaons, I. p. 231, 232.

einem Schlachtfelde, . . . wir wollen uns gut schlagen und nicht besiegt werden," hatte er gleich anfangs dem Bruder geschrieben; und nun Fontanes Tur ihm wieder einmal weit offen stand, sah er sich selber bald nachher zum Dekan (doyen) und François zum Sekretar der Fakultat ernannt. Von der Vereinigung der beiden Lehrstuhle war keine Rede mehr, so wenig wie von einem „Wettbewerb" fur die Geschichtsprofessur. „Alles sollte beim alten bleiben," und des Bruders Gehalt infolgedessen 2250 Franken betragen; so wenigstens wurde es Figeac mundlich und schriftlich versichert

„. . . Delangeac beteuert, dass er uns sehr lieb hat, — wers glaubt! Nun, Dein Patent hat er ausgefertigt, damit gut!"

Freudig hatte ihm François erwidert: „Du bist ein trefflicher Unterhandler, — gehst nach Paris, damit man mir eine Stellung nicht entziehe, und verschaffst mir sogar zwei! Ich weiss nicht, mit welchen Worten ich Dir danken soll. . Agypten singt bereits Dein Lob für alles Gute, das Du mir erwiesen hast, ich hoffe, dass Armenien bald in den Chor einstimmen wird. . . ." Letzteres bezieht sich auf St Martin, dem Figeac eine gute Stellung in den Archiven der Propaganda, die sich, wie erwahnt, damals in Paris befanden, verschafft hatte.

In eben jenen Tagen erhielt Champollion von seinem Bruder den Moniteur universel vom 5. Oktober 1812 mit der Weisung ubersandt, sich mit der von der historisch-philologischen Klasse der Berliner Akademie ausgeschriebenen Preisaufgabe uber das Verhaltnis der Griechen zu den Agyptern in den Gegenstanden der Religion, der Gebrauche „und besonders der schonen Kunste und Wissenschaften" zu befassen. Die Arbeiten sollten bis zum 31. Marz 1814 eingeliefert, und der Preis, 50 Dukaten, am 3. Juli 1814 in offentlicher Sitzung zuerkannt werden

Champollion war so fest davon uberzeugt, dass binnen kurzem die Entzifferung der alten Texte ein ganz neues Licht auf die antike Zivilisation Agyptens werfen wurde, dass er eine auch nur annahernd der Wahrheit entsprechende Losung des viel zu fruh gestellten Problems fur aus-

geschlossen hielt; überdies erschien ihm ein Passus der An-
kundigung[1]) wie eine schwerwiegende Unterschatzung der
kulturellen Verdienste der ihm so teuren Nation. Diese
schon im voraus dem hochfahrenden Griechenvolk so tief
unterstellt zu sehen, würde ihn allein schon zum Widerspruch reizen, warnte er den Bruder. Und dann „Wie
konnte ich — und gerade ich[1] — Verrat üben an dem
alten Volk, von dem die griechischen Weisen selber, allen
voran Plato, eine viel höhere Meinung hatten, als die Berliner Akademie.“ Er weigerte sich deshalb zum erstenmal
in seinem Leben, dem Bruder zu Willen zu sein, denn auch
das Gold, so sehr es ihm daran gebrach, lockte ihn nicht

Doch Figeac brach diesen Widerstand, sobald er aus
Paris zurückgekehrt war, und er berichtet am 12. Januar 1813
über François an St. Martin. „Er arbeitet am Berliner
Memoire, es ist eine recht schöne Sache, aber sie will getan
sein.“ — Inzwischen wuchs die schwere Verstimmung des
„Ägypters.“ Er wollte für sein erwähltes Land in die
Schranken treten, und noch waren die dazu nötigen Waffen
nicht vorhanden! Er glaubte fest, dass „die Lehrmeisterin
der antiken Nationen“ noch ungeahnte Aufschlüsse über die
wunderbare Grosse ihrer Kultur zu geben habe, und er sollte
nun dazu helfen, sie von ihrer Höhe hinuntersteigen zu
lassen, damit sie sich im Staube beuge vor dem alles überstrahlenden Glanz des griechischen Geistes!

Jacques-Joseph, der viel Hoffnung auf den Erfolg dieser
Preisschrift gesetzt hatte, merkte bald, dass ihm nur noch
eine Perspektive dazu offen blieb: falls nämlich die Berliner
Akademiker den Ideen des Grenobler Dozenten beistimmen

---

1) „. . La classe demande sur ces objets des discussions purement historiques, elle exige l'abnegation de toute opinion fondee sur
de simples théories; en même temps qu'elle se prémunit contre toute
interprétation que l'on pourrait donner à sa question, comme si elle
meconnaissait que les éminentes qualités qui élèvent les Grecs au-
dessus des autres nations, leur furent essentiellement et origi-
nairement propres, tellement que tout ce qu'ils peuvent avoir em-
prunté du dehors ne doit être considéré que comme des materiaux
dont leur esprit profond s'est empare, et qu'ils ont fécondés plus
efficacement qu'aucune autre nation ne l'eût fait à leur place . .“

wurden, der allein schon in der Stellung der Frau in
Altagypten einen Ruhmestitel fus dasselbe erblickte, den
Griechenland nicht aufzuweisen gehabt hatte — Um den in
etwas gefahrdeten Hausfrieden sich zu erhalten, bat Figeac
schliesslich Niebuhr in Bonn um seine Ansicht uber die
Sache, und es scheint, dass dessen Erwiderung die schless-
liche Absendung, oder vielleicht wohl schon die Fertigstellung[1]) der so viel Aufregung verursachenden Denkschrift
verhinderte[2]). Denn der erleuchtete Geschichtskritiker billigte
die Bedenken seines jungen Kollegen und eine etwas später
an die Berliner Akademie gerichtete Notiz[3]) von seiner
Hand ist in demselben Sinn gehalten.

Besonders von seiten des namhaften Juristen und
Schriftstellers Antoine Métral (damals in Grenoble) erntete
François warmen Beifall fur sein Verhalten in der eben erwähnten Angelegenheit. Aus diesem Grunde brachte Metral
den seinem jungen Freunde von Mitschulern einst gegebenen
Namen. „Phonix, Vogel der Sonne,'' wieder in Aufnahme
als eine Nummer mehr auf der Liste scherzhafter Beinamen,
die jener aus dem Munde ihm vertrauter Personen mit
heiterem Gleichmut entgegennahm.

Figeacs Briefe vom Herbst 1812 geben ein sehr anschauliches Bild des literarischen und politischen Paris jener
Tage, denn dank seinen mannigfaltigen Beziehungen horte
und sah er neben dem, was auf der offenen Szene vorging,
auch vieles von dem, was sich hinter den Kulissen zutrug.
Nicht am wenigsten anregend sind seine Berichte — und
etwas später diejenigen St. Martins — über die Streitigkeiten,

---

1) Der Entwurf dazu ist bislang nicht aufgefunden, er wurde
vielleicht vernichtet.

2) Die einschlagigen Akten der Berliner Konigl Akademie liefern
keinen Anhalt fur die Einsendung einer Arbeit Champollions.

3) „Uberzeugt, wie ich mich bei der Aufstellung unserer Preis-
frage geäussert, — dass sie keine andere als eine hypothetische und
in unbestimmten Betrachtungen umherirrende Beantwortung zulasse,
und dass mithin kein tuchtiger historischer Philologe sie aufnehmen
werde, konnte es mich nicht befremden, dass keine Abhandlung einging, welche zu kronen die Ehre der Akademie zuliess '' (Ohne
Datum)

zu denen fortgesetzt „der erste ägyptische Kurier" (die Introduction) Anlass gab.

Es waren besonders St. Martin, Roquefort und der Grenobler Literat Louis Bourgeat, die sehr nachdrücklich Stellung nahmen gegen Jourdain[1]) und andere Freunde Et. Quatremères, die überall verbreiteten, dass dessen Buch demjenigen Champollions „im voraus den Todesstoss gegeben" habe. Im Institut de France war es zwischen Bourgeat und Jourdain fast zu Handgreiflichkeiten gekommen, und der kampflustige St. Martin suchte vollauf die Drohung wahr zu machen, die er, von einer Krankheit genesen, ausgestossen hatte: „Dass meine Feinde und die Euern nun erzittern!"

Brief über Brief nach Grenoble hin mahnte dringend, Ägypten unter den Pharaonen herauszugeben, „damit es wie eine Bombe in die Koalition Langlès, Quatremère, Jourdain schlage und sie töte," meint Bourgeat; er wolle dann lachend die Leichenrede halten. Vergebens baten die Brüder um Mässigung dieses törichten Übereifers, doch glaubten auch sie die Zeit zur Veröffentlichung des Werkes gekommen, das nur infolge von Fouriers ständiger, etwas interessierter Mahnung, glücklichere Tage abzuwarten, dem Publikum solange schon vorenthalten wurde. In Erinnerung an des Präfekten Versprechen, die zwei Bände selber dem Minister überreichen und die Vergünstigung erbitten zu wollen, sie dem Kaiser zu widmen, übermittelte sie ihm Figeac zu Anfang April 1813. Seit dem Herbst 1811 bereits war das Werk fertig gedruckt, und „dem gefrässigen Zahn der Ratten preisgegeben," harrten die aufgestapelten Blätter ihrer endlichen Bestimmung, indessen der schärfere Zahn des Neides sie im voraus, in Grenoble wie in Paris, vernichten zu wollen schien. Der Verfasser nahm zu seinen Büchern Zuflucht, um seine Unruhe über diese Sachlage zu bemeistern.

Bereits im Sommer 1812 hatte er eine sehr erhebliche Veränderung seiner Ansichten über die ägyptischen Schrift-

---

1) Louis Jourdain, geb. 1788, Vater des bekannten Akademikers, vielversprechender Orientalist, † 1818.

arten festgestellt, indem ein fundamentaler Irrtum, von dem
das Memoire vom August 1810 Zeugnis gibt, uberwunden
war: nicht langer mehr hielt er die agyptische Kursivschrift
fur alter als die Hieroglyphen der offentlichen Denkmaler,
— aber die an sich ganz richtige Idee von der Einheit des
Sprach- und Schriftsystems der Agypter hatte ihn durch
Übertreibung dieses Grundprinzipes aufs neue in dem Irrtum
bestarkt, als brauche er nur die nationalen Schriftzeichen
durch die entsprechenden koptischen Buchstaben zu ersetzen,
um die alten Texte zu lesen und zu verstehen. Daher denn
sein brennender Eifer, das Koptische, und ganz besonders
den thebanischen Dialekt desselben, sich in Fleisch und Blut
ubergehen zu lassen. „. . . . Ich habe erstens mein Worterbuch des memphitischen Dialektes nach Stamm-
wortern beendet," schreibt er; „[es] bietet nur die einsilbigen
Stammworter und die am schwierigsten zu analysierenden
zweisilbigen dar.

Zweitens habe ich ein Worterbuch des baschmurischen
oder fayûmischen Dialektes gemacht. . . . Ich habe ein
grosses thebanisches Textfragment ubersetzt, das den Übergang bildet von der thebanischen zur baschmurischen Mundart.

Drittens Mein thebanisches Worterbuch kommt vorwarts.
Ich habe schon mehr als 3000 Stammworter und sehr viele
schwierige Derivative gefunden und werde es in diesen
Ferien vollenden.

Viertens Meine agyptische Grammatik ist noch nicht
vollig verfasst, aber der Plan dazu ist vollstandig fertig
Alles Material ist geordnet, und ich habe die koptische oder
agyptische Sprache dermassen analysiert, dass ich mich anheischig mache, ihre Grammatik in einem einzigen Tage
jemand beizubringen. Ich habe die unmerkbarsten Teile
davon erfasst und ich werde damit anfangen, zu beweisen,
dass die zweisilbigen Worter aus zwei anderen Wortern zusammengesetzt sind. Diese vollständige Analyse der agyptischen Sprache erschliesst mir unbestreitbar das Wesentliche
des hieroglyphischen Systems! . . .

Mit meiner Religion ist es beim alten (in statu quo):
ich habe viele Notizen gesammelt, aber ich erwarte das Werk
der [Kommission,] dessen Stiche mir mehr sagen werden, als

aller Mischmasch (farrago) der Alten und der Modernen über
diesen Punkt." — Acht Wochen später, am 12. November
1812 brachte ihm die Untersuchung eines funerären Gegenstandes eine bedeutende Förderung auf diesem mit der
ägyptischen Religion unlöslich verbundenen Gebiet, und
man merkt den während des Verfahrens niedergeschriebenen kurzen Sätzen[1]) die Erregtheit des Forschers an,
dem ein neuer Lichtstrahl in die Seele fällt. Monatelang
hütete er die Entdeckung wie einen kostbaren Schatz und
erst im Februar 1813 schreibt er darüber an St. Martin:
... ...[2]) Sie kennen die ägyptischen Vasen, deren Deckel
einen Frauen- oder einen Tierkopf zeigt. Unsere Altertumsforscher sehen in ihnen ägyptische Götterbilder, Kanopen genannt, zum Gedächtnis von Kanopus, oder vielmehr Kanobos,
dem Piloten des Menelaus, der, an der Küste Ägyptens gestorben, göttlich verehrt wurde von den Ägyptern, die, 'wie
alle Welt weiss, eine grosse Vorliebe für die Ausländer
hatten'.

So lächerlich diese Meinung auch ist, so wird sie doch
[hochgehalten und befolgt]. Ich hatte mich niemals zu
diesem Punkt der Doktrin bekennen wollen; — die Zeit ist
endlich gekommen, wo ich meine Vermutung habe bestätigen
können. Das Grenobler Antikenkabinet besitzt zwei herrliche ägyptische Kanopen[3]) in orientalischem Alabaster, die
eine mit einem Hundsaffenkopf, die andere mit einem
Schakalkopf. Die letztere war mit Mumienbalsam bis zu
zwei Finger breit vom Deckel angefüllt. Ich habe ihn im
Wasserbad schmelzen lassen und bin bis auf den Grund
gekommen, wo ich ein Päckchen Leinewand gefunden habe,
das eine einbalsamierte menschliche Leber[4]) enthält. Da ist

---

1) Bibl. Nat. Mss. Ch. Vol. 11 S. p. 14.

2) „Voici maintenant l'explication de l'énigme des canopes. C'est
une chose qui ma ouvert les yeux sur plusieurs points fort curieux
de la religion égyptienne."

3) Auf beiden steht der Name P—edje—Ḥur.

4) Späterhin kamen ihm Zweifel; er schreibt: „Le cervelet de
Buffon qui a été embeaumé avec du beaume de momie et qui est
conservé dans le cabinet de M. Faujas, ressemble beaucoup au dit
objet du canope."

nun der Gordische Knoten gelöst Die Kanopen, d. h. die
Vasen, die man so zu nennen beliebt[1]), waren also keine
Götter, Sinnbilder der Niluberschwemmung, Symbole des Wassers, des Anfangs aller Dinge, wie es
unsere Gelehrten, unsere Berühmtheiten, die Visconti, Millin,
Wolf usw. usw glauben, — es waren ganz einfach Vasen, die
zum System der Einbalsamierung gehörten. . . [Man schloss
darin] das Herz, die Leber, die Milz und das Gehirn
ein. Eben deshalb kennt man nur vier Arten ägyptischer
Kanopen. Sie haben einen Schakal-, einen Frauen-,
einen Sperber- und einen Hundsaffenkopf. . . . Diese
vier Köpfe sind diejenigen der vier Genien, die dem Totengericht im Ament vorstehen. . . . Der Genius mit dem
Frauenkopf führt die Seele zum Tribunal, der mit dem
Schakal- und der mit dem Sperberkopf wagen die Führung
(conduite) der Seele, gute oder schlechte, in den zwei
Schalen der Unterweltswage, und der Genius mit dem
Hundsaffenkopf setzt sich auf die Wage, um für die Genauigkeit der vom Schakal und vom Sperber vorgenommenen
Verrichtung aufzukommen.

Diese Genien sind die Sinnbilder von vier grossen
Eigenschaften Gottes die Frau stellt die Güte dar, welche
die Seele am Richterstuhl in Empfang nimmt, der Sperber
den lebenspendenden, der Schakal den todgebenden Gott, der
Hundskopfaffe die göttliche Gerechtigkeit. Die Gestalten
dieser vier Genien oder Symbole . . . . finden sich wieder,
gezeichnet und gemalt, auf dem Kasten und den inneren
Umhüllungen von allen möglichen Mumien. — Sie sehen,
dass ich das allgemeine, materielle und intellektuelle Einbalsamierungssystem der Ägypter, sowie auch, was nach
dem Absterben des Körpers aus ihrer Seele wird, erfasst
habe

---

1) Nachdem er die Fabel vom Piloten Kanobos beseitigt, sagt
Champ · „[Aristide avait appris que le nom Canope] était un mot ég
qui signifiait Terre d'or Κανωβη a en effet cette valeur en langue
egyptienne Outre cela il est a remarquer, qu'aucun auteur grec et
latin ne parle du dieu Canope" (Bibl. Nat Mss Ch. Vol. 11 S.
p. 15ff Notice sur l'ouverture et le contenu d'un Vase Eg [etc])

Die Darstellung dieses in allen seinen Teilen verbundenen und mit allen nur denkbaren materiellen Beweisen
unterstützten Systems ist .... wahr, neu und interessant."
Schon im Sommer 1810 hatte Champollion gelegentlich
der Loswicklung der beiden Mumien[1]) des Museums (deren
eine übrigens auch mehrere farbenprächtige Exemplare einer
unbekannten Art des Kolbenkäfers[2]) lieferte) eine andere
Entdeckung gemacht, — eine Wahrnehmung, die ihm bislang nur die gemalten oder skulptierten ägyptischen Köpfe
hatten begründen können. Er notierte sich darüber: „Die
ziemlich gross proportionierten Ohren überragen weit die
Linien der Augen und der Nase, zwischen denen sie nach
den auf die Natur gegründeten Kunstregeln unter den
europäischen Nationen begriffen sein müssen. Aber die
Ägypter haben sich fortgesetzt von diesen Grundregeln entfernt, und alles führt uns dahin, zu glauben, dass diese
treuen Nachbildner der Natur durch ihre eigene Körper-
bildung hierzu berechtigt wurden[3])." (Als er 17 Jahre
später zusammen mit Geoffroy Saint - Hilaire zahlreiche
Mumien untersuchte, fand er seine früh gemachte Äusserung
bestätigt.)
Über die Kanopen („ou plutôt les vases funéraires")
las er zwei Abhandlungen[4]) vor der Delphinatischen Akademie. Sie entsprechen im wesentlichen dem wahren
Tatbestand, und einzelne Punkte darin sind mit solch überraschender Präzision klargestellt, dass sich hier seine Gabe,
die Aussagen der alten Autoren zu kombinieren, aufs schärfste
kennzeichnet. Dass Figeac trotzdem diese Memoiren der
Pariser Inschriften - Akademie vorenthielt, geschah wohl aus
Besorgnis, dass der etwas siegesgewisse Ton des jungen
Professors die dort bereits gegen ihn herrschende Gereiztheit
noch verschlimmern möchte. Denn inzwischen (im September
1812) war Quatremères Kritik der Introduction er-

1) Sie gehören der äg. Spätzeit (nach 700 v. Chr.) an.

2) „Note sur une nouvelle espèce d'insecte du genre Corynétès."
(von Champollion-Figeac). Mag. Encyclop. 1814. Vol. 3, p. 41—46.

3) Im handschriftl. Verzeichnis, das Champ. um 1811 von den
äg. Altertümern des Grenobler Museums machte.

4) Nr. I ist die auf S. 173, Fussnote 1, erwähnte Abhandlung.

schienen[1]), und ob sie auch, mit ihres Verfassers sonstiger Schroffheit verglichen, fast wohlwollend zu nennen ist, so goss sie doch Öl ins Feuer. Denn einerseits hatten ebenso ungeschickte wie übertriebene Lobpreisungen Champollions von seiten unbedachtsamer Freunde diese Kritik herausgefordert, andrerseits wurde sie von eben jenen Freunden mit den denkbar gehässigsten Kommentaren an die in diesem Punkt nicht mehr unbefangen urteilenden Bruder gesandt.

Es ist mein Grundsatz, literarische Streitigkeiten zu vermeiden," schreibt François an Akerblad. „Doch verhehle ich Ihnen nicht, dass ich sehr schmerzlich von Quatremères Handlungsweise gegen mich berührt bin. Er wirft mir vor, als der erste eine Parallele zwischen seinem und meinem Werk gezogen zu haben; .... aber es ist Sacy, der geglaubt hat, dies tun zu müssen, und er hat es ganz zum Vorteil Quatremères getan! Ehe er mich angriff, hatte er mein Werk abwarten und die Gründe erfahren müssen, die mich zu der Lage bestimmen, die ich mehreren ägyptischen Städten gebe."

Niemand mehr als St. Martin zürnte Sacy wegen dessen ablehnender Kälte gegen Champollion, trotzdem widmete er ihm ein Werk, — allerdings nur, um es in der Sacy unterstehenden Kaiserlichen Druckerei kostenlos gedruckt zu erhalten. Diese Annäherung an Sacy war der erste Anfang zu der späterhin zwischen den beiden Freunden ausbrechenden Feindschaft. Vorläufig aber blieb alles beim alten. St Martin übte schärfste Kontrolle über jedes Wort, das ihm über die Bruder zu Ohren kam, und als Figeac, durch des Ministers Schweigen, sowie durch die immer häufiger von Paris aus nach Grenoble berichteten feindseligen Äusserungen über François geängstigt, um Aufklärung bittet, teilt ihm der unermüdliche Freund mit, dass nicht Sacy trotz all seiner Vorurteile, sondern Fourier des „Ägypters" schlimmster Feind sei[2]). Denn er habe versucht, seine Bekanntschaft

---

1) Observations sur quelques points de la géographie de l'Égypte. Paris, 1812.

2) „[Fourier est pour vous un] ennemi bien plus perfide que Sacy qui sait même, s'il ne dira pas ou fera dire un jour, que

mit ihm zu leugnen, und als dies nicht gegluckt sei, habe
er ihn in auffallend geringschatziger Weise als vollig un-
bedeutend bezeichnet

Wahrend man in der Prafektur zu Grenoble behauptete,
dass der Minister die ihm zu Anfang April von Fourier
uberreichten zwei Bande Champollions sehr gunstig beurteile
und dem Autor wichtige Vergunstigungen bewilligen werde,
erhielt Figeac auf eine im Juli abgesandte direkte Anfrage
den offiziellen Bescheid, dass im Ministerium nichts bekannt
sei von der Angelegenheit.   Er ubersandte nun dem wieder
zuruckgekehrten Prafekten eine sechsfache Anklage mit der
Bitte um Aufklarung uber sein feindseliges Verhalten.   Eine
mehrstundige Unterredung am 6. August — Fourier furchtete
stets, sich durch Briefe zu kompromittieren — ermoglichte
dann die Wiederaufnahme gesellschaftlicher Beziehungen,
welcher Umstand die Gegner der Bruder ihres Hauptstutz-
punktes beraubte.   Dies war Jacques-Josephs Absicht gewesen. er hatte sie erreicht.

Champollion war durch das Benehmen des Präfekten,
der sein wissenschaftliches Ansehen geschadigt und das Erscheinen seines Erstlingswerkes bereits um 20 Monate verzögert hatte, tief erschuttert   Ein ehrlicher Forderer unter
den akademischen Koryphaen der Hauptstadt tat ihm not,
aber Sacy hatte ihn nicht einmal der im Sommer 1811 erbetenen Begutachtung seiner Abhandlung uber Zoegas
Katalog gewurdigt und sein eisiges Schweigen konnte nicht
langer missverstanden werden.   Dennoch, und zwar im Hinblick auf Quatremère, der ihm ein unuberwindliches, man
mochte sagen krankhaftes Angstgefuhl einflosste[1]), hatte er
ihm Mitte Juni 1813, nach erfolgter Aufklarung uber Fouriers
Untreue ganz vertraulich ein Exemplar seines Werkes ubersandt mit der dringenden Bitte, demselben, wenn moglich,

la plupart des idées de votre frère vienne de lui, car il y aura ne-
cessairement plus d'une ressemblance entre les mémoires de Fourier
et l'Eg sous les Pharaons, grâce à l'imprudente confiance de votre
frere .   "   11. Juni 1813

1) „Polycarpe est plus à craindre que le grand serpent Adyses-
cham, celui-ci (Sacy) vivait dans la mer de lait, tandis que le premier
nage dans un étang de fiel"   Champollion an St Martin

beim Erscheinen das Wort zu reden. Er hatte sich sogar
so tief vor seinem ehemaligen Lehrer gebeugt, dass er die
Publikation der beiden Bande von dessen Sanktion dazu
abhangig machte. Aber Monate verrannen und Sacy blieb
stumm!

Um dem Bruder eine radikale Ablenkung von dessen
taglich wachsender Seelenqual zu schaffen, entfuhrte ihn
Figeac, vom Botaniker Julien begleitet, Anfang September
nach der Grossen Chartreuse. In der urwuchsigen, mit
einer geradezu wunderbaren Flora uberreichlich versehenen
Gebirgslandschaft des Grand-Som nahm François nun fur
einige Tage zu seinem Vergnugen die ehedem so emsig
betriebenen naturwissenschaftlichen Studien wieder auf, und
erst als er fur Körper und Geist frische Krafte gesammelt
und gleichsam neues Leben geschopft hatte aus dem Jung-
brunnen der Natur, begann er dem Bruder zu helfen bei
der Auswahl der etwa 2000 Bande — darunter viele orientalische Werke, — die aus der Bibliothek der Monche nunmehr in diejenige der Stadt Grenoble uberfuhrt werden sollten.

Bei seiner Ruckkehr aus den Bergen fand er in einer
seit lange dringend erbetenen Pariser Sendung eine Ablenkung ganz anderer Art vor· Text und Tafeln der ersten
Lieferung der Description de l'Egypte! -- Schon am 11. Februar 1813 hatte Champollion selber St. Martin einen wichtigen
Umschwung in seinen Ideen angedeutet. Bis dahin war er
zwar niemals — dank seinem peinlich genauen Vergleichen
der eigentlichen Hieroglyphen mit den hieratischen und
demotischen Zeichen — an der engen Zusammengehorigkeit
dieser drei Schriftarten irre geworden (die „wirklich sazerdotale Geheimschrift" als die vierte stellte er im Prinzip
immer noch ganz abseits), aber unter seinen vielen, teilweise so erleuchteten Vermutungen uber die wahre Natur
der dritten, also der hieroglyphischen Monumentalschrift,
hatte er noch daran festgehalten, dass sie in jedem Fall
recht kompliziert, weil auf philosophische Kombinationen gegründet sei. Auch hatte er vergeblich nach einem Mittel
zu ihrer besseren Unterscheidung von den Zeichen der „in
erster Linie den religiosen Mysterien dienenden Geheimschrift" gesucht.

Da nahm ei Horapollos Buch wiedei vor und fand
darin das Gesuchte „. . . Dies Werk wird Hieroglyphica genannt," sagt er, „aber es gibt durchaus nicht die Auslegung
dessen, was wir Hieroglyphen nennen, sondern die der
heiligen symbolischen Skulpturen, d. h der ägyptischen
Sinnbilder, die . . . . völlig verschieden sind von den eigentlichen Hieroglyphen Dies ist gegen die allgemeine Ansicht,
[allein] der Beweis für das, was ich vorbringe, findet sich auf
den ägyptischen Denkmälern Man sieht in den emblematischen Szenen die heiligen Skulpturen, von denen Horapollo
redet, wie die Schlange, die sich in den Schwanz beisst,
den Geier in der von ihm geschilderten Stellung, den
himmlischen Regen, den Mann ohne Kopf, die Taube mit
dem Lorbeerblatt usw., wahrend man sie nicht in den eigentlichen Hieroglyphen sieht."

Über letztere hatte er im selben Briefe hinsichtlich der
grammatischen Konstruktion geaussert: „Vor allem muss
beachtet werden, dass die agyptischen Nomina, Verben
und Adjektive keineswegs eine besondere Endung . . . .
haben, sondern dass alles mit Hilfe von Präfixen und
Suffixen gemacht wird, . . . die grammatischen Abwandlungen der Nomina und Verben der agyptischen Sprache
geschehen sämtlich vermittelst der Buchstaben I. K. T. C. Ч.
und Oⲧ, und dieselben Buchstaben finden sich in den Hieroglyphen unter ihrer agyptisch-alphabetischen Form wieder."[1]
Er sucht nun die bezeichneten koptischen Buchstaben auch
'im Hieratischen und Demotischen mit demselben Werte
nachzuweisen: „Es gibt also," schliesst er, „zwei Arten von
Zeichen in den Hieroglyphen erstens die sechs alphabetischen, oben genannten und zweitens eine betrachtliche,
aber festgesetzte Anzahl von Nachahmungen von Gegenstanden."

---

1) So ist wohl die folgende etwas schwer verstandliche Stelle
wiederzugeben „Les noms, les verbes et les adjectifs égyptiens n'ont
point de terminaison ou plutôt de desinence particulière,   . tout se
fait par des augments ou préfixes . . Les inflexions grammaticales
des noms et des verbes dans la langue ég. roulent toutes sur les
lettres I. K. T. C. Ч. Oⲧ. et ces mêmes lettres se retrouvent dans les
hiéroglyphes dans leur forme alphabetique égyptienne "

Zu dieser Zeit blickte er auch wieder nach Indien hin und wunschte sich im Sanskrit zu vervollkommnen. Er erbittet sich Texte „in der Bengali- oder in der Devanagaryschrift", um etwaigen Beziehungen zwischen der indischen und der altagyptischen Sprache nachzuspuren und zugleich auch zu erforschen, „ob die Religion und die Philosophie Ägyptens wirklich aus Indien stammen." — Er stellt den Konig Menes dem indischen Gesetzgeber Manu gegenuber, findet aber auffallendere Beziehungen „zwischen Krischna und unserem Christus." „Sie konnten (bemerkt er zu St. Martin) mir freilich wohl zurufen . . . . . 'Bezahme, o Verblendeter, Deinen Durst nach Reichtumern!' aber Sie fuhlen durch, dass ich starke Grunde habe zur Erwerbung dieser neuen Reichtumer: Ich will Agypten gegen die Inder verteidigen, ohne, wie mein Sesostris, Feuer und Blutbad an die Ufer des Ganges zu tragen."

Obwohl im allgemeinen fur die autochthone Natur aller Institutionen Ägyptens eintretend, hielt er doch, durch die Inschrift der „Vache de Kagomortz" irregeleitet, zu dieser Zeit einen Zusammenhang zwischen dem Alphabet der „popularen Kursivschrift" (Demotisch) und dem Zend, sowie auch dem Persisch der Sassanidenzeit nicht fur ausgeschlossen.

Am 22. August schreibt er an St Martin· „Ich werde Ihnen nachstens seltsame Dinge mitteilen." Als er nun aber im September angesichts des erwahnten Pariser Materials seinen Arbeitseifer sich verdoppeln fuhlte, versenkte er sich so ganzlich in seine neuen Ideen, dass an seiner Statt der Bruder an St. Martin berichtete. „[Das Erstaunlichste ist zweifellos], dass, was man Hieroglyphen nennt, keine sind. . . . Deshalb hat mein Bruder in der Vorrede seines Werkes[1]) . . . . gesagt· 'Die Manuskripte, die man hieroglyphische nennt!'

Und wirklich geschieht das mit Unrecht. . . Die Zeichen in den Manuskripten sind keine Hieroglyphen [und sobald man nun weiss, was eine Hieroglyphe ist], wird Horapollo zum ganz agyptischen Handbuch. . . . Es ist eine betracht-

---

1) L'Egypte sous les Pharaons, Préf. p. XI.

liche Anzahl ägyptischer Wörter darin, und mit den Stichen des grossen Werkes zur Seite der kleinen Abhandlung des Horus versteht man diesen und liest klar den Sinn der wahrhaften Hieroglyphen."

Diese Mitteilung genügte St. Martin nicht; auch wendet er sich direkt an François: „. . . . Um zu beweisen, dass die hieroglyphischen Zeichen diesen Namen nicht tragen dürfen, muss zuerst bewiesen werden, dass sie von allen Leuten ägyptischer Nationalität verstanden wurden, danach, dass sie durchaus nicht Begriffe, sondern nur Laute ausdrückten, — wenn ich so nach dem Inhalt Ihres Briefes vom Monat Februar urteilen darf.

Sie haben also gefunden, denke ich, dass die in Rede stehende Schrift die Laute der gesprochenen ausdrückt und gelesen wurde wie alle anderen, bei den übrigen Völkern gebräuchlichen Schriftsysteme, ausgenommen das der Chinesen. . . ." Leider liegt die Antwort Champollions auf diese Frage nicht vor, doch hatte er anscheinend zu jener Zeit wirklich mit allen, zumeist auf die Griechen zurückzuführenden Irrtümern gebrochen, die ihn bislang am erfolgreichen Eindringen ins hieroglyphische Schriftsystem verhindert hatten, und glaubte bereits, allerdings nur vorübergehend und ohne sie schon beweisen zu können, nicht nur an die enge Zusammengehörigkeit der nur in der äusseren Form verschiedenen drei Schriftarten, sondern auch an die durchgängig lautliche Lesung derselben.

Nachdem er noch eine Abhandlung über die dem König Salomo zugeschriebenen Oden[1]) beendigt hatte, trat die Sorge um sein Buch wieder in den Vordergrund: „Wir sind zum Warten gezwungen, denn die Ordre zur Publikation muss von weit her kommen," hatte Figeac zwar noch kurz zuvor bemerkt; nun aber wollten die Brüder Sacy übergehen und begannen mit Treuttel und Würtz zu verhandeln, denn Fourier selber, der sich infolge des energischen

---

1) Lettres sur les Odes gnostiques attribuées à Salomon; adressées à M. Grégoire (etc.). Mag. Encyclop. 1815. 2. p. 383—392. — Er löst hier eine das koptische Zeitwort „leben" betreffende Frage, die frühere Bearbeiter nicht hatten lösen können.

Appells an sein Selbstgefuhl zu einer veranderten Haltung gegenuber seiner Umgebung aufgerafft hatte, ermutigte sie zur sofortigen Veroffentlichung. Er bat den Minister Grafen Montalivet, einen Delphinaten, um eine reichliche Subskription auf das Werk und brachte es hoheren Ortes fur eine Widmung in Vorschlag

Aber schon funf Tage spater wurde in Anbetracht des sich stark verdusternden politischen Horizontes letzterer Antrag unter passendem Vorwand zuruckgezogen. Man stand unter dem Druck der nahenden Katastrophe, und Fourier insbesondere krankte in innerster Seele an der Notwendigkeit, mit gleissnerischen Worten sein Departement uber den Zusammenbruch des ihm verhassten Kaiserreiches hinwegtauschen zu mussen Zweifellos wunschte er sich nun Figeac als Redakteur des Blattes zuruck, besonders da dieser nach wie vor aufrichtige Bewunderung fur Napoleon empfand, im scharfen Gegensatz zu François, der zu eben dieser Zeit seiner zornigen Erbitterung uber den russischen Feldzug in einer Satire Ausdruck gab, die zugleich noch einem anderen Zweck dienen sollte[1]). Er kleidete sie deshalb in die Form einer sehr gelehrten Kanzelrede des Dorfpfarrers Riflard in Villard-Reculas, der seinen Bauern Napoleon als den Antichrist der Apokalypse darstellt und den gewaltigen Eindruck seiner Worte durch eine Hochflut von lateinischen Floskeln zu vermehren sucht.

Den Krieg verabscheuend, sah er nach besseren Zeiten aus, hielt sich aber noch fern von der Politik und ruft dem Bruder zu· „Mache Deine Felder urbar! . . . Im Zend-Avesta heisst es, dass es besser sei, 6 Gevierspannen durren Landes urbar zu machen, als 24 Schlachten zu gewinnen, und ich bin ganz derselben Meinung." — Jacques - Joseph hatte Landereien umbrechen lassen in der Feldmark von Vif[2]), dem Gebirgsstadtchen, wo Frau Zoés Eltern liegende Grunde

---

1) Er karrikiert hier einen Geistlichen der Grenobler Kathedrale

2) Etwa 16 Kilom. sudlich von Grenoble. 451 Meter hoch in einem schonen Tal gelegen, das ehedem wegen der auf den Bergeshohen ansassigen kampflustigen Ritter la Vallée des Preux oder Vallee chevalereuse genannt wurde

sowie das Herrenhaus (maison seigneuriale[1]) besassen, das
ehedem das Eigentum Gabriels de Bonnot gewesen war, des
Vaters der Philosophen Mably und Condillac, die hier ihre
erste Jugend verlebt hatten.

Da die Familien Berriat und Champollion - Figeac fast
ebenso oft in Vif wie in Grenoble wohnten, so bedurfte es
nicht selten eines Vermittlers bei ihrem altgewohnten Haus-
arzt in der Stadt. Niemand eignete sich hierzu so gut
wie François, als „Ägypter" konnte er jedoch nicht
umhin, einmal auf Grund eines koptischen Papyrus (medizinischen Inhaltes) eine Kur nach altägyptischer Art vorzuschlagen! — Über die Mediziner sagt er: „Ich habe es gern,
wenn ein Arzt sich die Mühe gibt, erst zu untersuchen,
ehe er verordnet. Die Dunstwolken der geistigen Spekulation beeinträchtigen die Klarheit des Urteils bei einem
Doktor. Aesculap hatte einen Bart — und rührte niemals
an seines Vaters Leyer." Und als er in einem ernsten
Krankheitsfall gegen Mitternacht noch eine beruhigende
Nachricht von seiten des Arztes nach Vif hatte senden
können, fügt er bei: „Gute Nacht, — der Schlummer ist
sanfter, wenn man vor dem Schlafengehen denen die man
liebt, eine frohe Kunde zu geben vermag." Es handelte
sich um Pauline Berriat, in deren seit lange schon hoffnungs-
losem Zustand anscheinende Besserung eingetreten war, die
aber trotzdem am 1. Juli 1813, 29 Jahre alt, aus dem Leben
schied, aufs tiefste von Champollion betrauert.

Im Herbst 1813 ging Figeac nicht nach Paris, weil der
voraussichtliche Wechsel im politischen Geschick Frankreichs
plötzlich alles ändern konnte, die Unterrichtsbehörde ein-
begriffen. Mit dieser lag er seit Anfang März im Streit, da
sich damals herausgestellt hatte, dass François infolge einer
Intrigue das Opfer einer kaum begreiflichen Ungerechtigkeit
geworden war. Wie erwähnt, hatte ihm der Grossmeister schon
im Sommer 1809 zugesichert, worauf ihm ein Paragraph des
Statutes vom 7. September 1810 späterhin ein formelles Anrecht

---

[1) Wurde i. J. 1770 von der Familie Bonnot an Pierre Berriat
späterhin avoué au tribunal civil) verkauft und gelangte durch Frau
Zoë in den Besitz der älteren Linie der Champollion.

gab· dass er namlich neben den 750 Franken Jahresgehalt eines professeur adjoint die Halfte des Gehaltes seines Titular-professors (also 1500 Franken) beziehen werde, fur dessen Kolleg er ja aufzukommen hatte, gar nicht zu reden von den nicht selten massenweise vorzunehmenden Examina für die verschiedenen Grade der Universite[1]), welche Last Dubois-Fontanelle ebenfalls auf Champollions Schultern hatte legen mussen.

Bis zum Tode des Greises (am 15. Februar 1812) erhielt sein junger Vertreter die ihm zukommende Jahreseinnahme von 2250 Franken. Dann aber, obwohl nun auch die volle Verantwortlichkeit eines Titularprofessors auf ihm lag, wurde er auf „seinen Gehalt" beschrankt. Monatelang hatten die Bruder schweigend auf eine Klarung dieser Angelegenheit gewartet, als Figeac dann zu reklamieren begann, wurde ihm endlich am 23 Februar 1813 durch den Rektor der Fakultat ein Auszug aus dem amtlichen Schreiben des Gross-meisters zugesandt, welches die Sachlage als gerechtfertigt hinstellt[2]). — So kam es, dass François, der seit drei Jahren schon die Aufmerksamkeit der europaischen Gelehrten erregte, vom 16. Februar 1812 an fur seine Muhen den vierten Teil des Gehaltes bezog, dessen sich derjenige seiner Kollegen erfreute, den man allgemein fur den Hauptintriganten ansah, und der ihm nicht einmal im Punkte der Anciennitat uber-legen war. Wenn man bedenkt, dass Champollion fur seine Leistungen als Hilfsbibliothekar und als Sekretar der Fakul-tat ebenfalls keine Entschadigung erhielt, so versteht man die bitteren Klagen des mit unbezahlter Arbeit völlig Uber-burdeten, dessen Stellung uberhaupt „nur eine provisorische" war, seitdem man die Geschichtsprofessur fur den Wett-

1) Unter 32 Baccalauréat-Aspiranten (am 8 Dez. 1811) befanden sich 29 fremd herzugereiste (vergl. hierzu Seite 102).

2) „· . Je vous ai informe que le traitement de ce professeur adjoint etait fixe [à 750 fr.] Aucune mesure ultérieure n'a change cette fixation Et mon arrêté du 12 Oct dernier porte expressément que [M Champollion], adjoint au professeur d'histoire, continuera le cours d'histoire avec le même titre et les mêmes appointements. Vous voudrez donc bien, Mons le Recteur, ne comprendre M. Cham-pollion Jeune que pour un traitement de 750 francs par an."

bewerb ausgeschrieben hatte. Aber niemand besass den
Ehrgeiz, den jungen Hilfsprofessor ersetzen zu wollen und
so sparte die Unterrichtsbehörde 2250 Franken pro Jahr, —
freilich auf Kosten der Lebenskraft ihres Dozenten, der infolge schwerer Entbehrungen leidend und missmutig wurde.

Erst als infolge der politischen Unruhen im Frühsommer
1814 die materiellen Sorgen noch vermehrt wurden, bewilligte man Champollion 1500 Franken, die Hälfte dessen,
was seine Kollegen „mit einigen Jahren mehr und etwas
Wissenschaft weniger,“ bezogen, wie er bitter spottete. „Aus
dem Nichts herauszukommen,“ ist denn auch sein Verlangen[1]), und als es wieder einmal am nötigsten fehlt,
bittet er: „Läute Sturm, wenn es sein muss!“ Aber Fontanes
war zu gründlich durch die Gegner der Brüder bearbeitet
worden, als dass Figeac die freundlichen Beziehungen von
ehedem hätte erneuern können.

Das Jahr 1814 hatte schlecht begonnen. Die Verbündeten bedrohten von zwei Seiten her die von Garnison
und von Bürgerwehr gänzlich entblösste Stadt, aus welcher
bereits Anfang Januar viele flüchteten. „. . . Wir haben
nicht einen Soldaten hier,“ schrieb Figeac damals an
St. Martin, „wir beziehen die Wache, so oft wir nur können[2]);
man ruft uns zu den Waffen, wir eilen herbei, aber ohne
klar zu sehen in all diesen vereinzelten Massregeln, die
nicht von einem gemeinsamen Zentrum ausgehen.“

Man baute Schanzen, armierte die Forts, bewaffnete die
Bürger, Waldschützen und Grenzwächter und richtete die
Kanonen zum Angriff her; „von den Höhen der Zitadelle
hinunter,“ heisst es weiter, „sieht man bereits die Gefangenen-
und Verwundetentransporte des Feindes vorüberkommen, der
alle Schluchten im Norden der Stadt besetzt hält, ohne doch
den Angriff zu unternehmen.“ Inmitten dieser aufreibenden
Unruhen klagt Figeac mit Recht, dass man „anderes zu tun
habe, als sich um die Hieroglyphen und die ägyptische

---

1) „Je ne me sens pas né pour le rôle d'un pauvre diable et je
veux vivre et non végéter. . . . [A la première] occasion favorable, je
jetterai la toque aux orties, pour aller brouter dans un plus gras pâturage.

2) Siehe Anhang I. 9.

Sprache zu kümmern." — Anfang April endlich geriet die keineswegs kriegstüchtige Stadt in die äusserste Gefahr und schon wollten ihre Verteidiger auf die anrückenden Österreicher und Sardinier das Feuer eröffnen, als Kuriere Nachrichten brachten über die weltumgestaltenden Ereignisse von Paris und Fontainebleau. Mit einem Schlage war alles verändert. Am 8. April wurde eine Konvention abgeschlossen, am 12. der Waffenstillstand unterzeichnet, am 13 erkannte Grenoble die Regierung Ludwigs XVIII. an, und am 19. zogen die Verbündeten ein.

Zwar war nun „die Herrschaft des Schwertes beendet," aber man war nicht ganz sicher, „ob die der Ideen begann." Jedenfalls missfiel es der grossen Mehrzahl der Delphinaten, die neue Ära als ein Geschenk der Bourbonen — obendrein „unter der Ägide der Fremden" — ansehen zu sollen. Die Erinnerung an Vizille lebte machtvoll weiter und nährte den glühenden Freiheitsdrang der Bevölkerung, die sich nur durch die Bewunderung von Napoleons grossen Taten eine Zeitlang über den Verlust ihrer nationalen Selbständigkeit hatte hinwegtäuschen lassen.

Die veränderte Sachlage veranlasste Figeac, Anfang Mai nach Paris zu reisen, wo ihm die Verhältnisse günstiger erschienen, als er geglaubt hatte. Sogar die Herausgabe des Buches hielt er nun endlich für möglich, wenn auch jede Hoffnung auf eine Ermutigung von seiten Sacys längst entschwunden war. François, hocherfreut, nahm sich vor, mit „orientalischer Ruhe" das Ergebnis der Veröffentlichung abzuwarten. Aber die nagende Unruhe gewann stets wieder die Oberhand, und nach einer abermaligen Verzögerung der Herausgabe schreibt er tief bekümmert „Ich glaube fest, in einem bösen Augenblick geboren zu sein, daher denn, was ich am meisten wünsche, nie in Erfüllung gehen wird. Mein Kopf, mein Herz, meine ganze Richtung drängt mich in Wege, die von stets sich erneuernden Hindernissen starren. Das ist mein Geschick, — ich muss es tragen."

Schlechtes Befinden verstärkte mitunter solche Anfälle von Schwarzseherei. — Die Hauptsorge war die Fakultät, und da er lieber „den Lobgesang Esras als die Klagelieder Jeremiae" anstimmen wollte, bittet er Figeac „Sei wachsam,

rede, schreibe, blick um Dich und handle so, dass wir nicht
gleich den Töchtern Zions unsere vergangene Grösse am
Euphrat — an fremden Gestaden! — beweinen müssen . . . ."
„Wir haben die Stille vor dem Sturm, zähle nicht mehr auf
Deine Amtstracht. . . . Was mich betrifft, so ist mein Los
entschieden: arm wie Diogenes, will ich versuchen, eine
Tonne zu kaufen und einen Sack für meine Bekleidung.
Danach werde ich meinen Unterhalt von der wohlbekannten
Grossmut der Athener erwarten. Ich glaubte mich auf dem
Wege zu Ehren und Reichtum und finde mich unterwegs
nach dem Hospital."

Nicht durch Neid und Eifersucht allein war die Stellung
der Brüder in Grenoble erschüttert worden; es lagen noch
andere Gründe dazu vor. So verziehen ihnen gewisse
Kreise nicht die freundschaftlichen Beziehungen zu dem verfemten Bischof und Deputierten Grafen Grégoire, dem
grossen Anwalt aller Unterdrückten, dessen mächtige Stimme
während der Revolution für die Rechte und für die Pflichten
des dritten Standes erklungen war, und der, obwohl vom
Klerus und vom Adel verleumderischer Weise als „Königs-
mörder" (régicide) gebrandmarkt, doch alles darangesetzt
hatte, um den Nationalkonvent zur Abschaffung der Todesstrafe zu bewegen, welches Gesetz dann Ludwigs XVI. Leben
hatte retten sollen!

Aber auch die Beziehungen der Brüder zu dem ebenfalls verfemten Cardinal de Bausset, dem Historiographen
Fénélons, fielen schwer in die Wagschale ihrer Schuld.
Überdies machte François in Privatkreisen so wenig Hehl
aus seiner abfälligen Beurteilung von zwei oder drei einflussreichen Geistlichen der Stadt, dass er allerdings jegliches
Anrecht auf Schonung von ihrer Seite verloren hatte. Er
beschuldigte sie eines unerhörten Despotismus, und als der
Priester Bouchard aus eigenster Initiative das Stadttheater
hatte schliessen lassen und, von den Ultra - Royalisten be-
günstigt, „mit täglich wachsender Kühnheit die Rolle des
Tiberius Gracchus in Rom zu spielen" begann, empörte er
sich dermassen über allerlei daraus erwachsende soziale
Übelstände, dass er angesichts dieser gewaltsamen Reaktions-
massregeln die furchtbaren Leiden in Betracht zu ziehen

vergass, welche die Revolution Jahre hindurch über den Klerus verhängt hatte.

In der Bibliothek empfing Champollion zu dieser Zeit häufig den Besuch der österreichischen Befehlshaber, was wohl nicht der Fall gewesen wäre, wenn sich Fourier nicht völlig unnahbar gemacht hätte. Denn ein krankhafter Abscheu vor den politischen Verhältnissen der Restauration hatte den grossen Gelehrten ergriffen, und er verzehrte sich in ohnmächtigem Grimm, seitdem der alte Adel es offen wagte, von seiner Absetzung zu sprechen, indessen Bouchard ihn sogar mit dem Bannstrahl des Vatikans bedroht hatte, falls er ein gewisses Theaterstück zur Aufführung zuliesse.

Der Republikaner Fourier wünschte beinahe den Kaiser zurück! Champollion dagegen bemühte sich redlich, Ludwig XVIII nach Gebühr zu würdigen und er versprach sich viel von dessen persönlicher Festigkeit. „Da der Lotse mutig ist, wird das gut ausgerüstete Schiff glücklich in den Hafen einlaufen," meint er. „Wir fürchten nicht unseren guten König, wohl aber seine Umgebung, die Kante ist des Tuches unwert." — Es war die seiner Ansicht nach ganz erbärmliche Haltung der hinsterbenden kaiserlichen Regierung gewesen, die ihn in etwas mit den Bourbonen ausgesöhnt hatte; die „elenden Mittel", mit denen man zugunsten Napoleons eine Massenerhebung angestrebt hatte, um den sinkenden Thron gewaltsam zu halten und neue Begeisterung zu entzünden, „als es bereits zu spät war, den in Fesseln geschlagenen Volksgeist[1]) zu freiem Entschluss aufzurütteln," hatten ihm seiner Zeit tiefen Unmut erregt. Als daher am 31. Mai 1814 beim Abzug der Verbündeten die sie ablösende Division Blanchi bonapartistische Lieder singend und mit den kaiserlichen Adlern und Farben geschmückt in Grenoble einzog, fand der momentan aufbrausende Jubel des Volkes in seiner Seele keinen noch so leisen Widerhall. „Ein Funken war neben ein Pulverfass gefallen," — die Napoleo-

---

1) „. . . . Ils ont cru qu'en tenant l'esprit public, ils seraient plus en sûreté et qu'ils pourraient tripoter plus a leur aise; maintenant ils sentent le besoin qu'ils en auraient; ils l'ont detruit et ils seront bientôt eux-mêmes la victime de leur meurtre."

nischen Adler verschwanden wie eine Vision, wenn auch nur,
um in sicherem Versteck gelegenere Zeiten abzuwarten.

Am Fortbestand der Fakultät verzweifelnd, riet François
nun seinem Bruder, sich den ihm angebotenen Posten eines
Generalsekretärs beim Herzog von Choiseul - Gouffier zu
sichern, den die öffentliche Meinung schon als Minister bezeichnete, — oder ihm wenigstens doch seine Angelegenheiten zu empfehlen, ehe er das Portefeuille in Händen
habe, „denn ein Privatmann hat ein leiseres Ohr, als eine
Exzellenz; diese aber liebt es, das Vertrauen zu belohnen,
das man dem Privatmann erwiesen hat." — „Dein Kopf
vermag das Fahrzeug eines Ministers zu leiten; das ist
Deine Bestimmung und Du wirst nur auf solcher Höhe frei
und leicht atmen können. . . . Jetzt ist der Augenblick, in
Paris Wurzel zu fassen; lässt Du ihn enteilen, wird er sich
nicht mehr darbieten. Es mag Dich wundern, dass der
dumme Hans (Gros Jean) seinem Pfarrer Weisheit predigen
will, aber ein Dummer kann auch einmal einen Rat erteilen [1])."

Mitte Juni meldete Figeac, dass das unveränderte Fortbestehen der Grenobler Fakultäten gesichert sei. Alles
atmete beruhigt auf und der Rektor las nicht länger mehr
Romane „um sich zu zerstreuen." Champollion seinerseits
litt schwer durch die auf ihm lastenden Verpflichtungen, da
er letzthin als stellvertretender Dekan auch noch in die
Examenkommission des Lyceums gewählt war und über
sämtliche Arbeiten der höheren Klassen endgültig aburteilen
musste. Schon um 5 Uhr morgens war er bei der Arbeit,
die ihm überdies sehr unsympathisch war, da er sich wegen
der geringen Leistungen mit den beabsichtigten Preisver-
teilungen nicht einverstanden erklären konnte. „Ich möchte
weniger Ruhm haben," seufzt er, „und mehr Zeit für mich,
aber darf ein armer Professor mit 1500 Franken gegen einen
Mann mit 7000 Franken ankämpfen?"

Der um seine Stellung besorgte Rektor Pal brachte
eben dann in Vorschlag, die Fakultäts- und Lyceumlehrstühle

---

1) Er fügt hinzu: „Un peu d'encens fait tourner la tête au dieu,
alors le pontife lui prend la main et le conduit. Voilà ta leçon."

aus Sparsamkeitsrucksichten zu vereinigen, so dass den Professoren der faculté des lettres eine empfindliche Rang-
erniedrigung, sowie — fur denselben Gehalt — stark vermehrte Arbeit bevorstand. Figeac gelang es, Fontanes zur
Verwerfung dieses Antrages zu bewegen, wie er, nach seiner
Gewohnheit, auch sonst noch fur gemeinnutzige Interessen
eintrat und mit infolge davon „die erste Klasse der Lilie mit
dem Bande" erhielt. Er nannte sich deshalb „einen Gefahrten des Ulysses[1]," wie diejenigen sagten, die den Orden
nicht besassen. François erwiderte ihm „[Die Liliendekoration wird] viel zu verschwenderisch ausgeteilt, um als Auszeichnung zu gelten Es ware mir sehr unlieb, wenn Du
Dich zum Gefahrten des Ulysses machtest! Alle, welche
ihn begleitet haben bei der Uberfahrt, sind umgekommen."
Und er rat dem Bruder, die Lilie nur im Koffer mit
sich zu tragen und nicht, wie der kaiserliche Gerichtshof in
Grenoble, im Knopfloch. Figeac jedoch war anderer Meinung
und als fursorglicher Dekan vergass er auch seine Fakultats-
kollegen nicht. Inzwischen hatte die Grenobler Nationalgarde durchgangig dieselbe „Auszeichnung" erhalten, weshalb Champollion, der seinen Orden vollig ignorierte. mit
seinen Neckereien fortfuhr: „Was ich Dir verkundige, wird
Dir Vergnugen machen Du zahlst unter Deinen ruhmreichen
Brudern, den Liliaceen, den tugendhaften P. und den un-
schuldigen D., das zeigt Dir. in welchem Ansehen dieser
Orden jetzt steht, der nunmehr von Turstehern, Schustern
[u. a. getragen wird].
Es ware sehr notig, die Liliendekoration zu organisieren,
denn dieser Orden oder vielmehr ‚Unorden'[2]) ist sehr gewohnlich geworden. Er hat jeglichen Wert verloren und
doch mochten so viele sich mit ihm schmucken. Was fur
Kinder doch die Menschen sind!" — Übrigens gab er anlasslich dieser Angelegenheit in schlichten Worten[3]) seinem
Bruder den fundamentalen Unterschied zwischen seinen
eigenen Anschauungen und Empfindungen und denen

---

1) Wortspiel lys = lis
2) Ordre-désordre
3) Siehe Anhang I. 10.

Jacques-Josephs zu bedenken, — obwohl der eine des anderen Erzieher gewesen sei.

Mitten in dieser sorgenvollen Zeit überkam den „Ägypter" ein heftiges Verlangen, „der dunstüberfüllten Atmosphäre des Abendlandes zu entfliehen und mit Dubois nach Griechenland und nach Ilion zu eilen" — von dort aus aber auch nach anderen Gestaden, um im Lande seiner Sehnsucht dem vorwärts strebenden Geiste neue Nahrung zu geben. Denn von seinem gewohnten Tagesprogramm war Ägypten seit langen Monaten gestrichen.

Um so mehr erstaunten ihn die hartnäckigen Versuche von Bernard Quatremère-Diljonval (des Onkels von Etienne), ihn zum Mitarbeiter für seinen „Hierogrammatismus" zu gewinnen. Den genialen Mann[1]) schienen, wie einige andere seiner Zeitgenossen, alle gesunden Ideen zu verlassen, sobald er sich, wie dies ja förmlich Sitte geworden war, mit der Erklärung der ältesten Schriftarten befasste. — Mit einem Hinweis auf Pindars bekanntes Wort über das Wasser machte er den Satz: „Striche sind die Grundelemente der Schrift; sie bezeichnen das Wasser, — so sind denn die alphabetischen Buchstaben Hieroglyphen, die den anderen vorangegangen sind," zum Stützpunkt seiner Theorien. Er setzte Champollion in langatmigen Diskussionen auseinander, dass im Durst, und danach im Hunger, aber nicht in der Liebe, der Ursprung aller Schriftsysteme zu suchen sei, und der so Belehrte fand kaum je den Mut, den schwergeprüften Mann, der nun alles von ihm hoffte und ihn tief ins Herz geschlossen hatte, ernstlich zurückzuweisen; und überwog auch zuweilen die Spottlust, so siegte doch schliesslich stets das Mitgefühl mit dem wegen „politischen Idealismus" aus Paris Verbannten.

Im Mai 1814 versuchte Diljonval wieder einmal, Fourier seine neuesten Erfindungen und Champollion seine letzten Entdeckungen anzupreisen. Er hoffte, dass der eine beim anderen sein Fürsprecher sein würde, aber die Zeit verging und keine seiner Hoffnungen verwirklichte sich. „Gestern war ich als dritter zu Tisch mit Lasalette und [Quatremère]-

---

1) Als Chemiker und Maschinentechniker sehr bedeutend.

Diljonval, dessen donnernde Stimme pyramidenhoch das sanfte, zitternde Organ des Musagetos übertonte. Sie sprachen beide zu gleicher Zeit und nur dann einzeln, wenn einer dem anderen Weihrauch streute," scherzt François, aber er fügt bei „[Der unglückliche Mann], — wie ein Bettler gekleidet . . ., erzählte mit dem Glase in der Hand, ein anderer Odysseus am Tische des Alkinous, seine vielfachen Missgeschicke!"

Der arg Enttäuschte erbat seit langer Zeit die Empfehlung seiner landwirtschaftlichen Maschinen, aber die moralische Erschlaffung des Präfekten hatte den Höhepunkt erreicht, und seine Stimme, die ehedem so kräftig überall durchtönte, verhallte selbst in der Delphinatischen Akademie fast ungehört, wozu Champollion bemerkt: „Fourier ist energielos, man will ihn nicht mehr, wer auf Seife geht, gleitet." Es war kein Geheimnis, welch günstigen Einfluss der energische Figeac auf des grossen Gelehrten Amtstätigkeit gehabt hatte, und man wusste nachzurechnen, dass die Wendung der Dinge dem Zeitpunkt nach mit der Entfremdung zwischen beiden zusammenfiel — Mitte Juni hatte der Präfekt Streit mit einem Regierungskommissar, und diese Energie zur Unzeit hatte seine amtliche Stellung vollends kompromittiert. Gleich darauf nötigte ihn die öffentliche Meinung, Lepasquier zu „beurlauben", was eine sofortige Annäherung an den „Ägypter" zur Folge hatte, der nun, nur der ihm einst erwiesenen Liebesbeweise eingedenk, mit dem Vereinsamten, dem Beauregard nicht mehr zur Verfügung stand, in den Anlagen vor der Präfektur dann und wann zusammentraf. Eines Tages betonte Fourier, dass die Zeiten verändert seien, dass er früher im Namen Napoleons das Volk bedrängt habe, und dass er es nun im Namen Ludwigs XVIII. zertrete!

Dies Wort machte Champollion sehr betroffen; es zeigte ihm den „demoralisierenden" Zwiespalt in des grossen Republikaners Seele, und in diesem schmerzlichen Dilemma verstand er ihn wie kein anderer. — Er wagte es, nochmals für das von der Restauration zurückgestossene „Vermächtnis Bonapartes" einzutreten, die koptische Kolonie! Sein sehnlicher Wunsch, wenigstens einem ihrer unglücklichen Zu-

gehörigen zu einer Stellung in Grenoble zu verhelfen, nämlich dem erwähnten Michael Sabagh, der mit dem Hunger-
tode kämpfte[1]), scheiterte an Fouriers Zaghaftigkeit, und da
er· selber kaum das Nötigste besass, so vermochte er dem
Opfer politischer Vorurteile nicht rechtzeitig zu Hilfe zu
kommen.

Inzwischen kam der Publikationstermin für die Geographie heran. Um den Subskriptionen besseren Erfolg zu
sichern, hatte Figeac das Werk dem König widmen lassen,
dem er ein Prachtexemplar davon am 12. August 1814 im
Audienzsaal der Tuilerien überreichen durfte: „Die Hand,
die den Vater heranbildete, hat ein Recht auf den Sohn;
mein Buch dankt es Dir, ans Licht gekommen zu sein;"
mit diesen Worten hatte François dem Bruder Ende Juli an-
heimgegeben, nach seinem Belieben zu handeln. Da er
selber jedoch grundsätzlich gegen Widmungen solcher Art
war, so schrieb er am 15. August in Eile, aber bereits zu
spät: „Ist der Wurf noch nicht getan, so hüte Dich, ihn zu
wagen!" Aber schon trafen der Bericht des Bruders und der
Moniteur mit der sogleich erfolgten offiziellen Meldung der
Widmung bei ihm· ein: „Ich bin sehr unruhig," sagt er infolgedessen, „was wird das Ergebnis sein? Nun, das Übel
ist geschehen!" Die Erledigung der heiklen Frage schien
ihm überhastet und besorgt fragt er sich, wie Sacy das Vorgefallene aufgefasst haben möge.

Um so mehr erstaunte er, als ihm St. Martin, der von
jenem am 23. August 1814 das ihm Mitte Juni 1813 übersandte Revisionsexemplar zurückgezogen hatte, mitteilte,
dass dasselbe „fast unversehrt aus den Händen des Grossinquisitors hervorgegangen" sei, und dass dieser „nur vier
Stückchen Holz zum Autodafé" darin gefunden habe: „Das
ist keine geringe Sache und wir werden nun bald alle
Blätter von Ihrem Namen ertönen lassen!" Dies verbat
sich jedoch der Autor ganz energisch, und als ihm Figeac
meldete, dass in der Soirée bei Millin einzig nur von seinem

---

1) An Entkräftung gestorben im Juli 1816, nachdem er kaum die
ihm schliesslich durch Langlès verschaffte Stellung (als Nachfolger von
Dom Raphaël an der Ecole spéciale) angetreten hatte.

Buche geredet worden sei[1]), bittet er seinen Mentor dafur zu
sorgen, dass ihm nicht, wie dem Gartner vom Baren, aus
lauter Liebe der Kopf zerschmettert werde. In gewissem
Sinne geschah dies etwas spater dennoch durch Joseph von
Hammer-Purgstalls Besprechung des Werkes[2]): „Er schlagt
alle Fensterscheiben ein um meinetwillen, und hebt mich in
den dritten Himmel!" klagt François, „. . . . er spricht von
den vorzuglichsten lebenden Autoren, die sich mit Agypten
befassen . . . . und ruft am Ende eines Absatzes aus. 'Aber
wie weit hat Herr Champollion sie hinter sich gelassen! Mit
einem grossen Ausrufungszeichen. Zu denen, die er mir so
weit nachstellt, gehoren auch Sacy und Quatremère! Das
wird mir ausserordentlich forderlich sein und erklart wohl
schon die Rauhheit des letzten Briefes meines ruhmreichen
Lehrers. Das also ist des Ratsels Losung! Die literarische Zeitung ist vom elften, der Brief des Barons vom
26 Oktober. O Tage des Zorns!"

Sacys Brief liegt leider nicht vor, dass er in der Tat
für François sehr ehrenruhrig gewesen, geht deutlich aus
Jacques-Josephs Bemerkungen daruber hervor. Die vollig
ungerechte Beschuldigung des Plagiates hatte sich bei
Sacy in verstarktem Masse wieder eingenistet[3]) und so
klagt denn auch Figeac mit Recht. „Wie kann denn
M. de Sacy nicht einsehen, dass zwei Autoren, die dasselbe Wort demselben Manuskript entnehmen, dasselbe
Manuskript und dieselbe Seite zitieren konnen? Aber man
sieht nur, was man sehen will . . . ."[4]). Indessen versprach Sacy,

---

1) Die Bände waren am 18. Sept. zum Vertrieb abgesandt

2) Siehe Wiener Allg. Literaturzeitung 1814, Nr. 81, p 1289 ff.

3) Erst etwa acht Jahre spater vermochte François Arago, der
ebenso erleuchtete wie energische und grosssinnige Schutzer Champollions, ihm diesen seltsamen Irrtum aus der Seele zu reissen Damit konnte jedoch dem durch ihn angerichteten Unheil nicht mehr ge-
steuert werden, — das Marchen von des „Agypters" ehrloser Gesinnung
war bereits uberall verbreitet Näheres in Kap VII

4) „. . . Il va jusqu'à croire que mon frère n'a pris ses citations
que dans l'ouvrage de Quatremère et non dans les mss originaux.
On ne peut rien ajouter à cela et si ce n'est pas là de la passion,
il n'y en a jamais eu . ."

gesprächsweise das Werk zu loben, wollte jedoch in
seiner „augenblicklichen Stimmung" in keiner Zeitschrift
Bericht darüber erstatten[1]). — Jacques-Joseph bat St. Martin,
seinem Bruder Mut zuzusprechen und ihn zur Wiederaufnahme seiner Arbeiten zu ermahnen, um dem lähmenden
Einfluss von seiten des Lehrers entgegen zu wirken.

Doch auch dieses Mal konnte der kalte Strahl den
Feuereifer des jungen Forschers nur vorübergehend dämpfen,
nicht auslöschen[2]). Er war seinem Anfang September
zurückgekehrten Bruder behilflich, das Datum der Rosettana
festzustellen, wozu es nötig war, das makedonische mit dem
ägyptischen Jahr und beide wiederum mit dem Julianischen
Kalender in Einklang zu bringen. — Auch unterhandelte er
zu dieser Zeit mit der Londoner Bibelgesellschaft, der er,
zunächst im Interesse der koptischen Priester, die Herausgabe einer zweisprachigen Bibel mit Anmerkungen vorgeschlagen hatte, und er nahm sich bereits vor, im Fall eines
Übereinkommens alle koptischen Bibeln von Paris, London
und Oxford eingehend zu besichtigen. Dringender als je
zuvor erbat er nun einschlägige Manuskripte von der ägyptischen Kommission, da ihm Figeac zumeist nur die Abschrift von solchen hatte verschaffen können, welche Namen
von Vätern enthielten, „die fortwährend Gott für sich und
die anderen bitten," die also geringe oder keine Bereicherung
seines Wortschatzes boten.

„Es wäre mir eine wahre Genugtuung," sagt er, „mit
diesem Unternehmen betraut zu werden. Überdies könnte
ich, falls ich für die Engländer schriebe, freier reden, als

---

1) „Il prie ensuite, qu'on ne mette pas cela sur le compte de la
prévention, 'parceque', dit-il textuellement, 'si je devais en avoir
d'après les procédés, ce serait plutôt en faveur de l'auteur de l'ouvrage, contre M. Quatremère'. — Vous qui avez de l'esprit et de la
métaphysique, vous arrangerez tout cela, si vous pouvez...."

2) „Quoiqu'il arrive, je n'en perdrai point pour cela la satisfaction que je sens, d'avoir mis au monde deux gros enfants qui peuvent
bien avoir quelque défaut, mais qui, du moins, donnent quelques
espérances. Les pédagogues seront sans doute aux aguets pour les
fustiger; mais comme des fils de Lacédémone, ils recevront les
coups sans sourciller." An St. Martin, 18. Sept. 1814.

wenn ich Witz und Wissen zugunsten meiner Landsleute verwerten musste Diese koptische Bibel wurde ein tuchtiges, mit vielen Notizen und Kommentaren versehenes Werk werden.‟

Leider kam diese Angelegenheit nicht zum gewunschten Abschluss.

Figeac war das Leben in Paris, „wo niemand hort, wo alles bittet und sucht,‟ so aufreibend erschienen, dass er schliesslich allerlei ihm in Aussicht Gestelltes abgelehnt hatte, um ins Dauphiné zuruckzukehren und in der landlichen Stille von Vif, in der belebenden Bergluft, die diesem altertumlichen Orte einst den Namen gegeben haben soll, vom Gerausch der Grossstadt auszuruhen „Fliehe Paris wie eine Versuchung des bosen Feindes, weil es Dir so gefahrlich erscheint,‟ hatte ihm François schon wochenlang vorher zugerufen.

Mitte Oktober fanden gelegentlich der Anwesenheit des Herzogs von Angoulème offentliche Festlichkeiten in Grenoble statt, die Fourier und Renauldon um so glanzender gestalteten, als die Delphinaten bereits anfingen, die Regierung lebhaft zu bekritteln Trotzdem war der Jubel der Bevolkerung gross, als bei der Illumination, am 17. Oktober, der ganze Talgrund von Grenoble mit dem umgebenden Gebirgspanorama im wechselnden Feuerschein erstrahlte. Die Pracht war feenhaft, — „der Himmel selber schien sich zu offnen und verheissende Boten auf die Erde zu senden, denn Palmen und Riesenlilien, Konigskronen, verschlungene Hande und Friedenstauben schwebten flammend aus den Luften hernieder.‟

Der Prinz, tief geruhrt, vielfach besungen und von den herbeigestromten Royalisten, besonders vom alten Adel, bis zu den Wolken erhoben, verliess Grenoble in leutseligster Stimmung. Die Stadt jedoch, durch Kriegslasten vollig verarmt, wurde aus der schonen Illusion des Festjubels durch erhohte Steuern und neu auflodernden Parteienhass unsanft aufgeruttelt. So warf man den „Jakobinern‟[1], d. h den

---

1) Die Mehrzahl der wirklichen Jakobiner von 1793 her nannten sich nun „Royalisten‟

liberal Gesinnten, vor, dass sie bei der Ankunft des Prinzen Grenoble in die Luft hätten sprengen wollen, was man nicht ermangelte, nach Paris zu melden und dabei auch Champollions Namen zu nennen.

Die Brüder hatten auf Befehl des Maire die antik gehaltenen Inschriften des Triumphbogens angefertigt. François fiel ausserdem die Arbeit zu, die Bibliothek mit ihrem gesamten Inhalt zum Empfang des Prinzen herzurichten. Um die Ehre des Hauses zu wahren, legte er dann selber tagelang mit Hand an, ordnete und gruppierte alles aufs beste, von den eigenhändig gereinigten Mineralien und den Insekten an bis zu den Prunkstücken des Antikenkabinets und der Handschriftensammlung hin. Bei der Besichtigung des Hauses durch den Prinzen hielt er sich jedoch völlig abseits und liess den mehr mit höfischer Sitte vertrauten Bruder, dessen politische Meinungen überdies in weit weniger scharfem Kontrast mit dem „väterlichen Regiment" der Bourbonen standen, als die seinen, die Honneurs allein machen.

Erst der letzte Ferienmonat brachte dem seit lange Übermüdeten ein wenig Ruhe, die er selbstverständlich zu seinen Privatstudien verwandte. Auf den Vorwurf seines Bruders, dass er zu langsam arbeite, erwidert er: „Dir scheint die Sache leicht zu sein, da Du nicht am Erfolg zweifelst; ich dagegen habe die Schwierigkeiten unter den Augen und Händen; . . . . zudem bin ich den Ansichten und der Geschicklichkeit derer unterworfen, welche die Tafeln gestochen haben, die ich untersuche. Auf dem Gebiet der Wissenschaften, wie auf dem der Politik muss man den Ehrgeiz haben, gut, nicht aber den, eilig zu arbeiten."

Diese im November 1814 geschriebenen Worte zeigen, dass Champollion damals auf die schnelle Lösung seiner Aufgabe keinen grossen Wert legte. Nicht willens, nur die streng philologische Seite derselben ins Auge zu fassen, wollte er vielmehr stets Herr aller seiner vielfachen Kenntnisse bleiben und nicht einen Augenblick das volle Gesamtbild Ägyptens über trockenen grammatischen Formen aus dem Auge verlieren. Er verglich und kontrollierte deshalb beständig sämtliche Berichte und Urteile aus den fernsten

Zeiten bis auf seine Tage hin, die über das alte Land geschrieben und gesprochen waren, daher er sich denn
später, bei seiner Ankunft dort, nach jeder Richtung hin
orientiert sah.

Aus dem angegebenen Grunde blieb er auch seiner
Gewohnheit treu, gleichzeitig eine Anzahl kleiner Übungs-
arbeiten in verschiedenen Sprachen und über die verschiedensten Themata im Gange zu erhalten, wie er auch
fortfuhr, hier und da sein verbessertes demotisches Alphabet
dazu zu verwenden. Hierbei muss wiederholt werden, dass
die erhalten gebliebenen Aufzeichnungen dieser Art mehrfach das höchste Staunen der Fachgelehrten erregt haben
wegen der für jene Periode von Champollions Studien nicht
selten ganz rätselhaft richtigen Erfassung des Geistes des altägyptischen Schriftsystems.

Seine eigentliche Entdeckung stand zu dieser Zeit zum
Kummer seiner ungeduldigen Freunde in der Periode stiller
Vorbereitung, von der nichts nach aussen drang. Es ist
die Periode, von der Alfred Maury so hübsch gesagt hat.
„Er versucht, die von der Zeit hermetisch verschlossene Tür
der ägyptischen Wissenschaft zu öffnen, aber er will sie
weder einschlagen, noch aufbrechen; er macht sich vielmehr alle möglichen Schlüssel, die er geduldig einen nach
dem anderen probiert, ohne je den Mut zu verlieren."

Wie erwähnt, hatte er schon im Herbst 1811, nach be-
endetem Druck seines lediglich auf koptische Dokumente
gestützten Werkes die vollständige Entzifferung der altägyptischen Kursivschrift, also der hieratischen und demotischen Texte, als nahe bevorstehend angesehen. Nachdem
er nun vollends im Sommer 1813 erkannt hatte, dass er nicht
mit „hieroglyphischen Texten und anderen, mit alphabetischer Schrift" zu rechnen habe, sondern dass die Texte
aller drei Schriftarten nach denselben Grundregeln zu lesen
seien, da fühlte er sich völlig des Erfolges sicher: das analytische und synthetische Studium des Koptischen, als der
jüngsten Sprach- und Schriftform des uralten Idioms musste
ihn zum Ziele führen. Aber er liess dabei den äusserst
erschwerenden Umstand ausser acht, dass dieses Idiom
im Lauf ungezählter Jahrhunderte ganz beträchtliche Wand-

lungen durchgemacht haben musste: „Es ist dieselbe Sprache, dieselbe Konstruktion, dieselbe Wendung der Sätze. Nur die äussere Umhüllung ist eine andere."

So setzte er seine schon früh begonnenen Bemühungen, auf Grund seines eigenen, fehlerhaften demotisch-koptischen Alphabetes durch Transcription in koptische Wörter und Satzgefüge die ägyptische Kursivschrift der Rosettana zu erklären, unentwegt fort. Aber er hatte die Fundamente auf schwankendem Grunde errichtet und mehrfach stürzte ihm der Entzifferungsaufbau rettungslos über dem Kopfe zusammen, wobei man unter anderem auch berücksichtigen muss, dass die einzige in seinen Händen befindliche englische Kopie der berühmten Inschrift viel zu wünschen übrig liess und ihn häufig in qualvolle Ungewissheiten versetzte: „Du hast gut reden," ruft er dem Bruder zu, der ihn, gleich St. Martin, hart bedrängte, die Rosettana zu publizieren, „verschaffe mir die [Kopie] der ägyptischen Kommission, so wird eine der anderen beistehen, und ich selber kann mir dann helfen. Ich plage fortgesetzt die Inschrift von Rosette, aber ohne nennenswerten Erfolg."

Er meinte zu wenige koptische Wörter zu wissen, und durchforschte zur Vervollkommnung seines selbstverfassten Lexikons nochmals die von Zoëga publizierten Manuskripte, „aber nichts als Kopfschmerzen und zwei oder drei neue Wörter täglich" waren der Erfolg. Doch er wollte auch noch tiefer in den Bau dieser Sprache eindringen und arbeitete emsig an seiner längst begonnenen koptischen Grammatik, wobei er, wie auch bei seinem Wörterbuch, dem sahidischen (oder thebanischen) Dialekt, „als dem am wenigsten fremden Einflüssen ausgesetzt gewesen," sein Hauptaugenmerk zuwandte.

An „neuen Entdeckungen" fehlte es natürlich nicht: „Es gibt nur ein Verb in der ganzen ägyptischen Sprache," schreibt Figeac am 16. Januar 1814 im Namen des Bruders, „es ist das Hilfszeitwort, das, mit einigen Präpositionen zusammengesetzt, allen anderen Zeitwörtern, die nur im Präsens des Infinitif stehen, eine Unendlichkeit von Erscheinungsformen gibt. [Man braucht nur], um alle ägyptischen Verben zu wissen, das Hilfszeitwort, vier oder fünf

Präpositionen, und das Wort zu erlernen, welches lieben, trinken, tanzen usw. bezeichnet." — Dieses Grundprinzip, worin sich wieder Wahrheit und Irrtum vermischt zeigen, sollte sich auch auf die Hieroglyphen beziehen, von denen er zu dieser Zeit jede einzelne der ihm bekannt gewordenen auf eine besondere Karte schrieb, — „von den verschiedenen Sätzen begleitet, worin sie sich befindet er erfährt dadurch, dass das Zeichen beständig ein anderes schafft[1]) und hieraus entstehen wichtige Resultate." Diesem etwas dunkeln Ausspruch seines Bruders gab François bald darauf eine bestimmtere Fassung. Er hatte, wie gesagt, im Februar 1813 den Hieroglyphen sechs alphabetische Zeichen als sicher zugeschrieben Wie die Masse der übrigen zu lesen seien, war ihm damals noch völlig unklar; jetzt aber, im Mai 1814, glaubte er sich der Erkenntnis zu nähern „Ich habe viele Ideen," sagt er, „wage aber noch kein Vertrauen in sie zu setzen, ehe ich nicht einige klare und stichhaltige Erfolge aufweisen kann. .. Das ist nach meiner Ansicht die wahre Arbeitsweise und ich glaube, dass man nicht genug auf der Hut sein kann vor sich selber. .. Ich habe schon ein sehr wichtiges Resultat gewonnen, — die Gewissheit, dass eine Hieroglyphe allein, d. h. isoliert, gar keine Bedeutung hat, sondern dass sie in Gruppen geordnet sind, die ich bereits mit Leichtigkeit unterscheide. . Sie sehen, dass diese rein materiellen Resultate mich nur ermutigen können, auf meiner Meinung zu beharren, dass das System der Hieroglyphen wie dasjenige der ägyptischen Sprache gänzlich syllabisch ist."

Er glaubte also fälschlicherweise zu dieser Zeit, dass die „aus Einsilben bestehende" altägyptische Sprache durch die syllabische Schrift der Hieroglyphen und durch die alphabetische der beiden Kursivschriften zum Ausdruck komme Man sieht aus den Widersprüchen zwischen dieser Notiz und den vorhergehenden, wie sehr seine Ansichten damals im Fluss waren; sie sind deshalb auch schwer zu fixieren. — Obwohl er im Sommer 1814 verschiedene Über-

---

1) „ ... que le signe va perpétuellement créei un autre, et de la naissent des résultats importants "

setzungsversuche (aus demotischen Texten) machte, für deren
Richtigkeit er einstehen zu können meinte, so weigerte er
sich doch, etwas darüber zu drucken und bemerkt: „Ich
sehe vollkommen die Gründe ein, die Sie mir darlegen, um
meiner Arbeit über die geschriebenen Denkmäler des antiken
Ägyptens die Anteriorität der Publikation zu sichern, aber es
erscheint mir notwendig, vorher meine ägyptische (koptische)
Grammatik und mein Lexikon der drei Dialekte herauszugeben. Ohne dies halte ich es für unmöglich, dass das Publikum
die Richtigkeit der Methode meiner Auslegung der Inschrift
von Rosette abschätzen könnte. Es wäre genötigt, den
Wert der Wörter auf meine Versicherung hin zu glauben. . . .

Eine noch zwingendere Erwägung bewegt mich zur
Veröffentlichung meiner Vokabularien vor derjenigen der
Abhandlung über die ägyptischen Schriften. In den Händen
der Gelehrten existiert nur das kleine koptische Wörterbuch
von Lacroze. Dies Wörterbuch ist im memphitischen Dialekt und die ägyptischen Texte, die ich bekannt geben
werde, sowie die Manuskripte der Mumien und der Inschrift
von Rosette selber sind im thebanischen Dialekt. . . . Diese
Dialekte weichen in der Orthographie der Wörter von einander ab, und gäbe ich die Lesung eines Fragmentes, so
würden sich die Wörter gar nicht in Lacrozes Wörterbuch
finden, weil es memphitisch ist und meine Texte thebanisch
sind. Dann würde man sagen, dass ich nach Willkür ver-
fahre, während man, mit meinem thebanischen Wörterbuch in
der Hand, diese selben Wörter dort in gleicher Weise
orthographiert sehen und ihren Wert bewiesen finden würde
durch die Anführung des koptischen Textes, aus dem ich
ihn genommen habe."

Nach Erläuterung durch Beispiele, die seinen irrigen
Anschauungen entsprechen, fügt er hinzu: „Hiernach ist
nicht mehr daran zu zweifeln, dass die Inschrift von Rosette
im thebanischen Dialekt geschrieben ist. Diese Idee wird
sich stets dem Erfolg von Akerblads Arbeiten . . . . wider-
setzen, da er glaubt, sie sei im memphitischen Dialekt verfasst. Auch hat er mir in einem seiner Briefe gestanden,
dass er nichts mehr davon begreifen könne."

Champollions Ansicht, dass die ägyptischen Dialekte

schon in der ältesten Zeit bestanden hatten, war zweifellos
richtig. Auch wusste er genau, dass sie sich im Koptischen
vor allem in der Vokalisation unterscheiden und er nahm
daher an, dass dies von jeher so gewesen sein müsse. Aber
er konnte damals noch nicht erkennen, dass das unvollkommene hieroglyphische Schriftsystem die Vokale gar nicht
oder ganz unzureichend bezeichnet, weshalb es denn auch
noch heute kaum möglich sein würde, hieroglyphische Texte
nach Dialekten zu scheiden.

Strengstes Schweigen wurde auch nun wieder St. Martin
anbefohlen, und tatsächlich hatte ausser ihm niemand in
Paris über Champollions hieroglyphische Studien Einzelheiten berichten können. Aber seine grosse Vorsicht und
völlig begründete Reserve hatte zur Folge, dass der weit
weniger zaghafte Thomas Young, obwohl ein Fremdling auf
dem Gebiet, wo jener sich seit lange eingebürgert hatte,
ihm zuvor kam mit seiner Veröffentlichung über den demotischen Text der Rosettana.

Dank seiner ungewöhnlichen Arbeitskraft begann Champollion eine neue, mit erklärenden Noten versehene Übersetzung des Horapollo, sowie eine schon in der Schulzeit
geplante Bearbeitung des zweiten Buches Herodots, dessen
damals geläufige Übersetzung ihm als „nicht im Sinne des
Verfassers gemacht" erschien und die er eines Tages mit
Erläuterungen und Abbildungen „die neues und pikantes"
darbieten sollten, zu veröffentlichen gedachte.

Ende November 1814 gelang es ihm — es ist leider nicht
zu sagen, wie — sich zu der Überzeugung durchzuringen,
dass die Hieroglyphen lediglich die Töne der gesprochenen
Sprache zum Ausdruck bringen. Figeac schrieb darüber
an St. Martin: „Ich weiss nicht, wie sich Ihre Barone[1] da-

---

1) Champollion, der zeitlebens nichts auf äussere Auszeichnungen
gab, empfand es bitter, dass Sacy, der 1813 zum baron de l'Empire
ernannt war, seine Briefe an ihn mit „Le Baron Silvestre de Sacy"
zeichnete „Voilà les hommes," bemerkt er dazu, „ils aiment les
hochets et il faut caresser leur faiblesse, [le titre] de son elève que
je porte ne me dispense donc pas de payer le tribut qu'un simple
roturier doit à un Baron quelque nouvel eclos qu'il soit d'ailleurs.
En voilà assez sur ce sujet". An St Martin

mit abfinden werden, aber die Sache muss schon ihren Weg
machen und diesmal wird man nicht sagen können, dass
man die Zitate . . . . entlehnt hat!"

Dies geschah freilich nicht, während aber der emsige
Forscher mit stetem Rückblick auf das altägyptische Sprach-
und Schriftsystem seine „ägyptische", d. h. koptische Grammatik, welche den zweiten Teil seiner grossen Encyclopädie
bilden sollte, zum Abschluss brachte, ahnte ihm bereits, dass
sie zum neuen Stein des Anstosses werden würde, da er ja
in der Préface seiner Geographie ihre Anordnung dargestellt hatte.

Nur die unerschöpfliche Fülle seines vielseitigen Geistes
und das Bedürfnis häufigen Wechsels in der Beschäftigung
erklären es, wie Champollion, trotz der Arbeitslast, die ihm
das Jahr 1814 auferlegte, noch zu allerlei erheiterndem Zeitvertreib in Form von Satiren und Lustspielen Musse und
Neigung fand.

So wurden im Frühling 1814, mehrfach sogar vor den
österreichischen Offizieren, mehrere seiner Produktionen
frisch von der Feder weg in den Salons von Grenoble aufgeführt und erregten grosse Heiterkeit. Von ihnen sind:
Bajazet[1]) oder „la manie des romans," — Iphigénie oder
„Ce n'est pas pour l'argent qu'un héros se marie," Andro-
maque und ein Fragment von Dido erhalten geblieben.

Im Herbst 1814 dramatisierte er die erwähnte merkwürdige Satire Scholastichomachia[2]), in der die als Vertreter des alten Lehrsystems fungierenden beiden „Pedanten",
seine mehrfach erwähnten Gegner vom Lyceum her, viel zu
deutlich gezeichnet waren, um nicht sogleich wiedererkannt
zu werden. In Anbetracht der grossen Schärfen dieser „tragi-
schen Oper" erlaubte er deshalb weder die öffentliche Aufführung derselben, noch selbst das Abschreiben des Textes.

Hatte Champollion trotz seiner eifersüchtigen Überwachung aller Volksrechte anfangs die Rückkehr der Bourbonen nicht als der Übel grösstes angesehen, so fand er

---

1) Eine etwas groteske Parodie, „vraie plaisanterie de carnaval,"
am Mardi gras 1814 im Hause der Berriat aufgeführt.
2) Siehe Anhang I. 11.

sich doch bald in seinen Hoffnungen getauscht, trat aber
deshalb nicht aus seiner Reserve hervor, wenn er auch im
vertrauten Kreise seiner improvisierenden Muse auf Kosten
der Regierung freien Lauf liess. Da diese Verse meistens
popularen Melodien angepasst waren, so schrieben eilfertige
Freunde sie sogleich nieder und verteilten die anonymen
Produkte auf losen Blattern in der Menge, wo sie begierig
aufgegriffen, und zum Leidwesen der Polizei zumeist in den
spaten Abendstunden in den schlecht beleuchteten Strassen
gesungen wurden.

Trotz des personlich so einsichtsvollen Monarchen
wuchs die Missstimmung im Dauphine taglich mehr, da der
Schmerz um die verlorene Souveranitat durch den Revolutions-
larm und die nachfolgende Ara der Siegesfeste, wie schon
gesagt, nur eingeschlafert war Schon rustete sich allerorten der Oppositionsgeist der Delphinaten zu neuer Betatigung, als Napoleon urplotzlich wieder am Horizonte erschien Zundende Proklamationen waren bereits Ende Februar verteilt worden Am 1 Marz landete bekanntlich der
Fluchtling im Golf von St. Juan, am 4. erhielt Fourier die
Nachricht von seinem Marsch auf Grenoble[1]), von wo ab
seit elf Monaten in Geheimschrift verfasste, und in Waren-
ballen versteckte Briefe durch Vermittlung des Chirurgen
Emery und des Handschuhfabrikanten Dumoulin mit aus-
fuhrlichen Berichten uber die Zustande in Frankreich nach
Elba gesandt worden waren

Am 5. Marz, Sonntags fruh, wurde Napoleons Ankunft
amtlich bekannt gemacht; -- von nun an war kein Halten
mehr, die Ereignisse ubersturzten sich und gaben zu den
starksten Konflikten Anlass. Keine Massregel war mehr
von Nutzen, alles verwirrte sich, den Royalisten wich der
Boden unter den Fussen und die Erregtheit auf beiden Seiten
kannte keine Grenzen mehr

Fourier, der soeben noch aufs heftigste gegen Napoleons

---

1) Siehe u a Napoléon et les Cent Jours von Champ -Figeac,
Paris 1844 Napoleon a Grenoble v Berriat St Prix, Gren 1861
Resumé de l'histoire du Dauphine v P M Laurent, Paris 1825 Documents
pour servir à l'histoire de Grenoble (etc) v. G Valher, Gren. 1860.

Rückkehr protestiert hatte[1]), kam am 7. März, gegen Abend,
aus einer stürmisch verlaufenen Magistratssitzung zurück;
moralisch wie körperlich halb vernichtet betrat er zum
letztenmal seine Amtswohnung, die er mit peinlicher Sorgfalt für Besuch hatte herrichten lassen, und übergab dem
Wachtposten einen Brief an den Grossmarschall Bertrand,
ehemals seinen intimen Freund, den er bat, in der Präfektur
zu logieren. — Still und einsam, wie ein schuldbelasteter
Mann den Schutz der sinkenden Nacht benutzend, verliess
er dann gegen 9 Uhr abends Grenoble, das er einst unter
dem Jubel von Tausenden betreten hatte!

Zur selben Zeit erschien vor dem entgegengesetzten
Tore der Stadt (Porte de Bonne) an der Spitze seiner Garde,
gefolgt von bereits übergetretenen Truppenteilen der Garnison
von Grenoble und von der lawinenartig angewachsenen
Landbevölkerung, der wieder zum Imperator gewordene Verbannte von Elba, der Kriegsmann, mit dem der stille
Denker Fourier nunmehr auf immer gebrochen zu haben
meinte.

Von Fackellicht hell beleuchtet, zu Pferde, und in der
wohlbekannten Tracht, — so sah ihn die Menge, die ihn
von den Wällen herunter mit betäubenden Hochrufen begrüsste. „Öffnet, — öffnet doch! — aber es wird ja nicht
geöffnet,“ rief Napoleon, mit seiner Tabaksdose ans Tor
klopfend. Es hiess, der Stadtkommandant, General Marchand,
enthalte die Schlüssel vor. Schon versuchte das Volk, die
Torflügel zu sprengen, als eine Bewegung der Kanoniere
auf dem Walle die entsetzte Menge glauben liess, dass sie
Feuer geben würden. Alles flüchtete, und Napoleon blieb
allein auf der Zugbrücke, — angesichts der Batterien! Doch
seine stolze Ruhe, sein siegesgewisser Blick erwiesen sich
wieder einmal als zauberkräftig, — und unter dem erneuten

---

1) „. . . . L'ennemi audacieux qui nous menace [nous enverra
bientôt] des émissaires pour ordonner le meurtre et le pillage. Un
si grand criminel envers la France et l'humanité entière est condamné
par toutes les lois divines et humaines et je pense qu'il est permis à
tout individu, et même prescrit, d'user contre lui des ressources
que peut suggérer une vengeance si juste et si nécessaire. . .“ Fourier
an den Minister, 4. März 1815.

Ansturm des Volkes gab das Tor nach. Unter brausendem
Jubelgeschrei ritt „der tollkühne Abenteurer, der Grenoble
als Kaiser verliess," in die Stadt ein. Es kam ein anderer
kritischer Augenblick[1]), — danach geleitete man Napoleon

Fig. 6. Jacques-Joseph Champollion-Figeac.

---

1) „Il n'est point de bataille, où l'empereur ait couru plus de
danger qu'en entrant à Grenoble. Les soldats se ruèrent sur lui avec
tous les gestes de la fureur et de la rage; on frémit un moment, on
eût pu croire, qu'il allait être mis en pièces: ce n'était que le délire
de l'amour et de la joie." P. M. Laurent.

ins „Hôtel des Trois Dauphins", wo der Wirt Labarre, „le
père grenadier" aus der Schlacht bei den Pyramiden, das
Quartier[1]) schon bereitet hatte. — Die Nacht verging mit
Huldigungsszenen, Verteilung von Proklamationen und Entsendung von Eilboten.

Am nächsten Morgen wurde Figeac vom Maire Renauldon dem Kaiser, der nach einem Geheimsekretär verlangte,
zugeführt. Napoleon notierte sich den wohl nicht unabsichtlich Champoléon orthographierten Namen und rief erfreut aus: „Welch gutes Omen, — er trägt die Hälfte meines
Namens!" Er begrüsste ihn daher aufs freundlichste, und
die vornehme Erscheinung, das gefällige Wesen und die
ungewöhnliche Schlagfertigkeit des älteren Champollion
nahmen den Kaiser vollends für ihn ein. Auch übertrug
er ihm sofort die Redaktion des Departementsblattes und
beauftragte ihn mit der Abfassung eines langen Artikels
über die Ereignisse der letzten Tage und Stunden, „mit
starker Hervorhebung der friedfertigen sowohl, wie liberalen
Gesinnung" Napoleons. Dieser war nun Herr eines strate-
gischen Platzes ersten Ranges mit reichem Kriegsmaterial,
mit 8000 Mann erlesener Truppen und einer trefflichen
Nationalgarde. Er hatte vorher gewusst, dass nur die Geistlichkeit, der alte Adel und ein Teil der Offiziere Royalisten
waren, und einmal inmitten dieser Stadt, galt ihm auch der
Einzug in Paris gesichert.

Unter den vielen Deputationen, am 8. März, war die der
Fakultäten von Grenoble nicht die letzte. Kaum erblickte
jedoch der Kaiser die Dekane in ihrer Amtstracht, als er
sich unverhohlen über diese lustig machte und fragte, wer
die Herren mit solch schönen Gewändern beglückt habe?
„Der kaiserliche Erlass vom 7. März 1808," erwiderte Figeac.

Auch François war gegenwärtig und Napoleon, der
sich dessen Befreiung vom Militärdienst erinnerte, er-
kundigte sich nach dem Fortgang seiner Arbeiten, worauf
ihm der Gefragte über die eben beendete koptische Grammatik nebst Wörterbuch berichtete. Der Kaiser, der die

---

[1]) Die beiden „Kaiserzimmer" des historischen Gasthauses sind
pietätvoll so wie sie damals waren, erhalten worden.

fixe Idee hatte, das Koptische musse wieder zur Volkssprache Ägyptens werden, beurteilte die Antwort von diesem Gesichtspunkt aus und zeigte sich sehr befriedigt. Er erbot sich sogleich, beide Werke in Paris drucken zu lassen und meinte scherzend· „Sie werden leichter zu drucken sein, als das chinesische Wörterbuch, an dem man bereits 100 Jahre arbeitete, und das ich durch eine Verfügung in drei Jahren zustande gebracht habe." — So standen sich in dem alteitumlichen Gemach zwei Eroberer Ägyptens gegenüber, deren Namen niemals aus dem Gedächtnis der Menschheit verschwinden werden· der eine mit dem ihm ratselvollen hieroglyphischen Talisman auf der Brust, durch den er sich gefeit glaubte, blickte sehnsuchtsvoll nach Ägypten zurück, dem Lande der Zukunft in seinen politischen Visionen, das er zur höchsten materiellen Vollkommenheit hatte emporheben[1]) und in den Brennpunkt des ertraumten neuen Weltreiches von Indien bis zum atlantischen Ozean stellen mögen; — der andere, der das antike Ägypten auf den ihm gebuhrenden Platz erheben wollte, hatte sein „gelobtes Land" nur erst im Geiste betreten und sah nicht weniger verlangend als Napoleon der Verwirklichung der erhofften Besitzergreifung (in seinem besonderen Sinne) entgegen.

Nachmittags liess sich der Kaiser durch Figeac in der Bibliothek über alle Einzelheiten des grossen Werkes der agyptischen Kommission berichten, dessen Herausgabe er zwar angeordnet, das er aber im Drang der Ereignisse aus den Augen verloren hatte Er besichtigte hier auch Champollions zwei koptische Werke und wiederholte sein Versprechen. Auch später, im Gasthause, kehrte er stets wieder auf agyptische Themata zurück, und die ruhige Entwicklung seiner Ideen zeigte deutlich, dass er sich frei fühlte von jeglicher Besorgnis über seine Lage. Er unterliess es dagegen nicht, warend der Audienzen ein gewisses Verzeichnis im Auge zu behalten, wo neben dem Namen aller Grenobler von Belang durch entsprechende Zeichen deren politische Gesinnung aufs genauste vermerkt war.

---

1) Mittels 1000 Schleusen wünschte er Ägyptens Zukunft zu sichern

Figeac wusste, dass Fourier durch eine Spezialverfügung
(vom 8. März frühmorgens) zu augenblicklichem Verlassen
des Isère-Departements aufgefordert, und im Weigerungsfall
mit Arrest und strenger Strafe bedroht worden war; im geeigneten Augenblick fasste er daher Mut und flehte um
Gnade für den Entflohenen, dessen hohe Verdienste er, vom
Marschall Bertrand unterstützt, ins hellste Licht setzte.
Napoleon liess sich erweichen, der Arrestbefehl wurde zurückgezogen, Fouriers Sicherheit garantiert und er sofort
davon in Kenntnis gesetzt. Auch die ihm zugedachte Demütigung, dem Imperator persönlich Abbitte zu tun, blieb
ihm erspart, so dass er ungehindert sein Versteck verlassen
konnte[1]). Am 11. März, in Lyon, wurde er sogar zum Präfekten des Rhône-Departements und zum comte de l'Empire
ernannt. Denn Napoleon hatte den aufflammenden Zorn
bemeistert, — „er war nicht umsonst 40 Stunden in Grenoble
gewesen!" wie man damals bedeutungsvoll scherzte. Tatsächlich hatte er sich dort vor einer Macht beugen müssen,
die er als Herrscher niemals hatte anerkennen wollen: vor
der Macht der öffentlichen Meinung!

Die Delphinaten, in denen weder Ludwig XI. noch
Lesdiguières, Richelieu und Robespierre das heisse Verlangen
nach Freiheit und Frieden hatten ersticken können, hatten
zwar dem grossen Verbannten ihre Stadt geöffnet und damit
den Weg zum Throne freigelegt, doch gleichzeitig hatten sie
ihm noch am Abend seiner Ankunft ihre Bedingungen gestellt: „Sire, keine Ehrsucht mehr und keinen Despotismus,
denn wir wollen frei sein und glücklich. Sie müssen das
Eroberungs- und Weltherrschaftssystem abschwören, Sire,
denn es hat zum Unglück Frankreichs und zu Ihrem eigenen
geführt! . . ."[2])

---

1) Die Erlebnisse zweier Tage löschten im Herzen der Brüder
die Erinnerung an die peinlichen Vorkommnisse der letzten drei Jahre
aus. Herzliche Freundschaft verband sie fortan wieder mit ihrem
ehemaligen Protektor.

2) Graf Huchet de La Bédoyère, glühender Verehrer Napoleons,
dem er das 7. Regiment eigenmächtig bis fast nach Vizille entgegen-
geführt hatte: „Colonel, vous me replacez sur le trône!" rief Napoleon
und umarmte ihn. — Eine Kugel, im Juli 1815, war der Dank der
Bourbonen. La Bédoyère hatte sich in vielen Schlachten ausgezeichnet.

Mit unerhorter Kuhnheit rief ihm der Advokat Joseph
Rey entgegen „Nein, Du bist nicht verraten worden,
Napoleon, Du hast Dich selber verraten!" Und er
warnt ihn vor erneuter Diktatur und vor der Ruckkehr zur
Feudalherrschaft. „Sei wahrhaft gross, gib Deinem Lande
die Freiheit zuruck!" — Diese Anrede wurde (Stendhal-Beyle
zufolge) auf der Stelle gedruckt und am selben Abend „von
aller Welt dem Kaiser wiederholt." Und der noch nicht
gesicherten Krone gedenkend, bezwang er seinen Ingrimm!

Am Morgen des 9. Marz flammte die Begeisterung des
Volkes neu empor, denn Napoleon, der zu Fuss durch die
Strassen schritt, elektrisierte es formlich mit seinen Freiheit
verheissenden, knapp gefassten Worten, deren jedes „wie
ein Ereignis auf die Horer wirkte," da es ihnen zeigte, wie
sehr es der Kaiser zu wurdigen wusste, dass er hier „auf
dem klassischen Boden grosser Ideen und kuhner Entschlusse" stand.

Zwar klang ihm auch jetzt wieder manches uberkuhne
Wort uber das, was man in Zukunft von ihm erwartete,
aus der erregten Menge entgegen, aber nichts — so schien
es wenigstens — konnte ihm die gute Laune verderben.
So ertrug er es auch mit geduldigem Lacheln, dass die
Musik der Nationalgarde wiederholt die Hymne der Freiheit
spielte, was abermals einen energischen Warnruf bedeutete.

Beim Scheiden, gegen Mittag, gab Napoleon mehrere
Auftrage administrativer Natur an Figeac und forderte
ihn auf, nach Erledigung derselben ihm nach Paris zu
folgen.

Von der offiziell gebotenen Vorstellung abgesehen,
war François dem Kaiser ferngeblieben. Dennoch hatte
er ihn von weitem beobachtet, aber ohne sich, wie der
Bruder, vom Zauber seiner grossen Personlichkeit bestricken
zu lassen. Der Mann, dem vier Funftel der Delphinaten
als dem Retter in der Not zujubelten, indessen die übrigen
ihn die Verkörperung alles Ubels nannten, interessierte ihn
vorlaufig nur durch seine volltonenden Versprechungen
Wurde er sie wahr machen? — Wie auch immer, nichts in
der Welt hatte den Dozenten vermocht, nach Paris zu eilen,
um dort, wie Tausende es zu tun versuchten, sich an der

kaiserlichen Huld zu sonnen und dementsprechende Vorteile
zu erjagen.

Ende März etwa folgte Figeac Napoleons Aufforderung
und François übernahm von neuem seines Bruders gesamte
Arbeitslast neben der eigenen. Die Redaktion des Blattes
unter solch erschwerenden Umständen übernehmen zu
müssen, machte ihm anfangs Sorge, doch traf er bald den
richtigen Ton, da ihm sein wachsendes Vertrauen in die
nächste Zukunft zu Hilfe kam. Er sandte täglich Berichte
nach Paris über die Sachlage in Grenoble, wo man trotz
des Wiener Kongresses des Kaisers Sache für gesichert hielt.
Diese nahm bekanntlich bald eine recht bedenkliche Wendung, aber die grosse Hoffnung der Nation war die vom
Kaiser zugesagte und ganz speziell den Delphinaten feierlich
versprochene neue Verfassung. Als sich diese jedoch
durch eine Laune Napoleons am 22. April binnen weniger
Nachtstunden in den „Acte additionnel" der alten verwandelte, und der Traum von 1790 trotz aller Versprechungen sich nun doch nicht erfüllte, war die Bestürzung
darüber besonders im Dauphiné sehr gross. Während man
aber in Paris „bonapartistisch unter den Bourbonen gewesen und königlich unter Napoleon" war, sah das Isère-
Departement, das sogleich eine Revision des „Acte additionnel" forderte, in dem Korsen trotzdem den einzigen Erretter von Fremdherrschaft und vom drohenden Wiederbeginn
sozialer Wirren, so dass dort des Kaisers Interessen fortgesetzt
als die der Nation angesehen wurden.

Als man daher zum Kriege „gegen die Bourbonen und
ihre Freunde, die Feinde Frankreichs" rüstete, wurde besonders in Grenoble eine fieberhafte Tätigkeit entfaltet, und
Champollion, aus seiner Reserve plötzlich hervortretend,
stellte sich in den Mittelpunkt der Bewegung, nicht um
Napoleon, sondern um durch ihn das Vaterland schützen
zu helfen, nun es galt, durch Neuwahlen des Kaisers Regierung zu sichern und seine Generäle in den Alpen und
jenseits derselben zu unterstützen.

„Der Satan mischt sich in unsere nationalen Angelegenheiten," schreibt Figeac am 28. April, „den einen
scheint alles gerettet, den anderen alles verloren!" Letzteres

liess François nicht gelten. Mit hoffnungsfrohem Eifer war
er, auf Kosten seiner geschwächten Gesundheit, vom frühesten Morgen bis tief in die Nacht tätig· — von der Fakultät
nach der Bibliothek, vom Redaktionsbureau zu den Militär-
und Zivilbehorden, oder aufs Wahlbureau eilend und
zwischendurch für eine Stunde nach Vif, zur Familie des
Bruders, um auch dort nach dem Rechten zu sehen.

Überdies hatten sich schwere Konflikte in der Verwaltung der drei Fakultäten gebildet, wo infolge des langen
Aufenthaltes ihres Rektors in Paris dessen Sohn und der
Universitätsinspektor Des Guidi um die Herrschaft stritten
und sich derartig befehdeten, dass die Würde und das Gedeihen dieser Institutionen auf dem Spiele standen. Angesichts dieses Elends, das er energisch bekämpfte, hoffte
Champollion, dass sein Bruder den seit lange geplanten
Eintritt ins hohere Verwaltungsfach nun endlich in Paris
verwirklichen werde. „Gehe aus der Kampfbahn als Sieger
hervor oder sei überhaupt kein Kämpfer!" mahnt er ihn,
„du musst einen Meisterwurf tun!"

Fontanes war nicht mehr Grossmeister der Universite,
da diese Würde im Februar 1815 durch die Presidence du
Conseil ersetzt war. Als ihn Napoleon Mitte März auf
seinen Posten zurückrief, verliess der Marquis stillschweigend
Paris und die Wahl des Nachfolgers verzögerte sich. Man
nannte unter anderen den Kardinal de Bausset und Fourier;
jeder von ihnen, das stand bereits fest, hatte sich Figeac
zum Generalsekretar erkoren, — doch dazu sollte es nicht
kommen; vielmehr bereiteten sich Ereignisse vor, welche
geeignet waren, die Existenz beider Bruder aufs Spiel zu
setzen. François hatte eine schmerzliche Ahnung hiervon
und ganz unvermittelt griff er zuweilen auf seine Privatstudien zurück, „um sich zu beruhigen." So wünschte er
sich eine Amharische Bibel, um ägyptische Worter darin zu
suchen, da er sich davon überzeugen wollte, ob das Amharische wirklich die Volkssprache der Äthiopier sei. Auch
fällt in eben diese so stark bewegte Zeit der Beginn seiner
persönlichen Beziehungen zu Thomas Young, der ihm am
10 März 1815 als Sekretär der Royal Society im Namen
dieser Gesellschaft für die Übersendung der „ägyptischen

14

Geographie" dankte, was Anlass zum Austausch verschiedener Bemerkungen über das im British Museum auf-
bewahrte Original des Steines von Rosette gab. Aber
Champollion konnte zur Zeit Youngs Briefen, die überdies
mit grosser Verspätung an ihn gelangten, wenig Beachtung
schenken, da ihn die Umstände mehr und mehr zwangen,
sich den brennenden Tagesfragen zuzuwenden. Daher denn
seine erregten, stellenweise sehr humoristisch gehaltenen
und stets in grösster Eile aufs Papier geworfenen Mitteilungen an seinen Bruder ein zutreffendes Bild-von seiner
starken Persönlichkeit geben, sowie von dem Hintergrund,
von dem sie sich in jenen Tagen weithin sichtbar abhob.

Das ganze Departement hielt ihn scharf im Auge: die
Nationalgarde (Bürgerwehr) jeder Gemeinde wünschte im
kaiserlichen Regierungsblatt gelobt zu werden, und dass
Figeac in einer Pariser Zeitung irrtümlich den Leuten der
Mure zugeschrieben hatte, was die von Vizille sich als
Heldentat zurechneten, brachte das Mass der redaktionellen
Freuden des Grenobler Professors zum Überfliessen[1]. Aber
auch in den ernstesten Fragen wandte man sich an ihn.
So liess ihn der Marschall Grouchy noch am Tage seiner
Ankunft zu sich bescheiden, um die zuverlässigsten Bücher
und Karten über das Dauphiné zu erhalten, sowie eine
wichtige Handschrift der Bibliothek über militärische Opera-
tionen in den Alpen, von welcher Champollion jedoch nur
die Kopie weggeben wollte, so sehr auch der Marschall zum
Abmarsch nach Chambéry drängte. So wurde ihm denn die
Abschrift durch einen Kurier dorthin nachgesandt.

Mit grosser Besorgnis begann er bereits die Jakobiner
von 1793 zu überwachen, denn sie hatten Napoleon nur zugejubelt, um sich der Bourbonen zu entledigen; — sie

---

1) „Toutes les gardes nationales veulent être louées [dans la
feuille]; je l'ai déjà fait en bloc, on veut des détails. . . . Le plus
tenace de tous est le maire Boulon de Vizille; il m'a écrit lettres sur
lettres et menacé d'en référer à l'Empereur si je ne rendais justice à
ses voltigeurs que bien innocemment tu dépouillas du plus beau
rayon de leur gloire. . . . Vizille menace d'une insurrection si je ne
fais l'article désiré et je le ferai en sacrifiant l'opiniâtreté du rédacteur
aux grands intérêts de la Patrie."

„wuteten" nun unter dem Vorwande des Acte additionnel
gegen ihn an und schwachten im Verein mit den Ultra-
royalisten, welche diese politische Untat ebenfalls auszunutzen begannen, in bedenklicher Weise den machtigen
Eindruck ab, den des Kaisers Gegenwart in Grenoble gemacht hatte Mitten in dieser Brandung von taglich sich
mehr entfesselnden politischen Leidenschaften stehend,
wunschte sich François Gluck, durch eine formelle Berichtigung
von Jacques-Josephs Irrtum „die Tapferen von Vizille" beruhigt zu haben, denn er sah bereits, dass die ungeheure
Begeisterung des Departements fur den wiedererstandenen
Imperator im gegebenen Moment Schutz gewahren konnte
gegen die einer Katastrophe entgegendrangenden Zustande
in Grenoble. Wie alle gemassigten Liberalen hielt auch er
einstweilen Napoleon fur absolut unentbehrlich und im
Gegensatz zu Joseph Rey hoffte er sogar, dass jener mit
der Zeit Ernst machen wurde mit den versprochenen
liberalen Ideen, — trotz des Acte additionnel!

Die Wahlen fielen nach Champollions Wunsch aus,
und er scherzt im Hinblick auf die Ernennung von Lucien
Bonaparte zum Deputierten des Isere-Departements. „Man
wird uberall sagen, dass die Grenobler sich endgultig als
die Schutzer der Familie Bonaparte dargestellt haben, dem
einen ihrer Zugehorigen haben sie die Wurde eines Burgers
von Frankreich verliehen, den alteren haben sie zum Deputierten mit 18 Franken taglich ernannt Was werden wir nun
den ubrigen geben?" Die Jakobiner „tobten" wegen der
Wahl Luciens, die Royalisten dagegen begannen Trotz zu
bieten und Steuern fur Ludwig XVIII einzukassieren, wofur
ihnen ein lebhafter Artikel im Regierungsblatt zuteil wurde
Zugleich arbeitete der Redakteur den uberall umher-
schwirrenden royalistischen Flugblattern dadurch entgegen,
dass er dem Fortgang der Eieignisse angepasste Verse improvisierte, die wie ehedem von den Freunden niedergeschrieben und verteilt wurden und die sich sogleich einer
durchschlagenden Popularitat erfreuten. Die scharfste dieser
Waffen bildete vielleicht das (ebenfalls anonyme) lange
Potpourri, fur dessen drastischen Inhalt die volkstumlichsten

Melodien in Anwendung kamen, — zum Leide des alten Landesadels!

Aber diese nützliche Spielerei genügte nicht. Nachdem das Departement nochmals 5000 Mann erlesener Truppen und überdies 15000 Mann Nationalgarde dem Kaiser zur Verfügung gestellt hatte, wurde am 21. Mai von den Liberalen der Delphinatische Bund geschaffen, und zwar in der Mairie, um die Sache von Anfang an als von der Obrigkeit genehmigt und geschützt hinzustellen. Champollion verfasste den „Aufruf ans Volk", worin es heisst: „Mitbürger, ... die Rasse der Männer ohne Furcht und Tadel[1]) lebt noch auf ihrem alten Grund und Boden weiter!" Und nicht nur zum Schutz der von Wehrkräften nahezu entblössten Stadt entstand diese Fédération Dauphinoise, sondern sie sollte selbstverständlich in erster Linie den Interessen des bedrängten Vaterlandes dienen. Die frei aus allen Schichten des Volkes hervorgehenden Mitglieder wurden eidlich verpflichtet, den Patriotismus zu heben[2]), Frankreichs innere wie äussere Feinde zu überwachen und im Notfall für Freiheit und Vaterland Gut und Blut zu opfern. Champollion, dem es ein mit Fieberanfällen und grossen Schmerzen verbundenes inneres Leiden nicht erlaubte, in Reih und Glied zu treten, — er hatte sich trotzdem am 14. Mai der Aushebungskommission gestellt, war aber zurückgewiesen — Champollion machte sich dafür zur Seele des Bundes, der, obwohl streng diszipliniert, doch nicht eigentlich militärisch organisiert war. „Wir sind endgültig konstituiert," meldet er am 27. Mai; „die am Donnerstag Morgen von der Generalversammlung ernannte Zentralkommission hat gestern Sitzung gehalten. Der Maire ist Präsident. . . . [Der Delphinatische Bund ist ganz express vom kaiserlichen Kommissar und vom Präfekten genehmigt worden.]"

Vorher schon, am 20. Mai, waren der Marschall Suchet

---

1) Der Ritter Bayart wurde unweit Grenoble geboren, wo seine Grabstätte in der Kirche Saint-André wie ein Kleinod gehütet wird. 1823 errichtete ihm die Stadt ein Denkmal.

2) „[La fédération est] instituée surtout pour créer, diriger et enflammer l'esprit public. . ."

und der kaiserliche Kommissar Graf Roderer erschienen; die wahrend der Ruhmesjahre vernachlassigten Walle wurden infolgedessen schnellstens restauriert und die Stadt in Belagerungszustand versetzt. Denn die Alarmnachrichten mehrten sich, doch auch die Menge der patriotischen Gaben. Die Lyceumschuler beteiligten sich mit 400 Franken, die Professoren der Fakultaten gaben den 30. Teil ihres Jahresgehalts usw Alle Geschenke dieser Art gelangten direkt an den Kaiser.

Murats entscheidende Niederlage bei Tolentino (am 2. Mai) fand in Grenoble noch immer keinen Glauben, nur Suchet sah deutlich ein, dass die Verlegung seines Hauptquartiers nach Chambery nutzlos war, da dem in Massen vorruckenden Feinde das Dauphiné bereits offen stand Aber auch Champollion war dies vollig klar geworden, weshalb er denn als Generalsekretar des Bundes eine leidenschaftliche Tatigkeit entfaltete, um diesen mit analogen Gesellschaften der hervorragenden Stadte Frankreichs in Verbindung zu setzen und ein gewaltiges Schutz- und Trutzbundnis zu organisieren — Sein gluhender Eifer im Dienst des Vaterlandes liess seine Familie ernstlich fur seine Gesundheit, ja fur sein Leben furchten, die Freunde dagegen bedauerten die ganzliche Unterbrechung seiner Privatstudien. Sein Interesse fur diese war jedoch unvermindert. So sinnt er am 3. Juni daruber nach, wie er 1000 Franken zusammenbringen konnte zum Ankauf eines agyptischen Papyrus fur die Bibliothek „Ich ware im dritten Himmel, — wurde ihn selber bearbeiten, entrollen und stechen ...."

Zugleich aber klagt er, dass eine Menge geheimer Agenten Ludwigs XVIII. bereits das Terrain unterwuhlten und die Stimmung der Liberalen herabdruckten. Doch geht er energisch gegen die Entmutigung an und dringt auf erhohte Tatkraft der Behorden. „Die Herren hemmen den Bund! Wir zahlen nur noch auf die Landbevolkerung und ich glaube, dass uns im Jahre 1815 vielleicht ein wenig von 1793 notig ware, wenn alles gut gehen sollte! Die Regierung, die 1812, 1813 und 1814 zuviel Gewalt ausubte, zeigt jetzt zu wenig Kraft"

Mit grosster Kuhnheit ging er in seinen Leitartikeln

gegen diese Sachlage an; die begeisterten Nachrichten über das vom Kaiser am 1. Juni abgehaltene Bundesfest (Champ de Mai) kamen ihm dabei zu Hilfe, besonders da Napoleon durch die Zaubermacht seiner Rede alle Herzen entflammt hatte, bei welcher Gelegenheit die Deputierten von der Isère — „aufrecht auf den Stufen des Thrones wie ihr Departement selber" — mit besonderer Auszeichnung empfangen waren. Die Befugnis der Kammer, die Verfassung wieder durchzusehen, erfüllte Champollion mit neuem Mut und liess ihn hoffen, der Kaiser werde fortan derartig regieren, „dass er die Herren jenseits des Rheins verstimmt, und dass sie sagen werden, er verderbe ihnen das Handwerk."

Während sich François ausschliesslich nur für Napoleon als Herrscher interessierte, fühlte sich Figeac, der ihm häufig ganz nahe kam, so unwiderstehlich von dessen Person angezogen, dass er nach einem Empfang in den Tuilerien ausruft: „. . . . Es war ein sehr grossartiger Anblick; aber der eine Mann machte alles aus! Ich bekenne, dass dieser Kopf, der mir wie eine Werkstatt gewaltiger Gedanken und Entwürfe erscheint, mich bezaubert und mich hinreisst: Es ist Satanas!" — Man glaubte dann Figeac allmächtig am Hofe und viele bestürmten ihn mit Anliegen jeder Art, z. B. auch wegen der Ehrenlegion[1]), worüber sich François (wie ehedem über die Lilie der Bourbonen) in sehr herben Worten äusserte.

Die Ereignisse drängten, und die Sitzungen des Delphinatischen Bundes wurden immer stürmischer, aber Champollion wich nicht zurück. Seinem Grundsatz getreu: „der Stimme des souveränen Volkes muss gehorcht werden!" machte er sich täglich mehr zum Mittelpunkt der Bewegung, die er im Sinne aller Ordnungsliebenden zu beherrschen strebte: „. . . . Ich arbeite vom Morgen bis zum späten Abend, zuerst für die sonstigen Angelegenheiten, dann für den Bund. . . . Aber ich bin auch seit fünf Tagen wieder in merkwürdiger Weise überhitzt, muss Bäder und Arznei

---

[1] Figeac wurde am 25. Juni zum Ritter der Ehrenlegion ernannt, die schon mehr als 6000 Mitglieder zählte.

nehmen, damit die Schmerzen erträglich bleiben. Eure
Pariser Blatter melden, dass 40 000 Österreicher den Mont-
Cenis und 30 000 den Simplon herniedersteigen In meiner
Beilage wird allen solchen Nachrichten widersprochen
werden.“

14 Juni· „Was sagst Du zu meinen Artikeln? Da sie
ein wenig heiss sind und es noch mehr werden konnen, so
sehe ich es gern, dass sie vom Hauptblatt getrennt[1]) sind,
damit es nicht auf Dich und Dein Blatt falle, was auch
immer man dagegen schreien sollte!   “

16. Juni: „[Marschall] Suchet ruckt vorwarts. Dessaix
marschiert auf Genf zu. Der Ball hat also begonnen, und
es ist beinahe sicher, dass die Alliierten die Musik bezahlen
mussen. Ich fur meinen Teil zweifle nicht daran. Unsere
Festungswerke werden aufs schnellste vollendet; Du wirst
sie nicht wiederkennen . “

17 Juni „Der Herzog Jules de Polignac ist von unseren
Truppen aufgegriffen worden Er hat sich zwolf Tage lang
verkleidet in Grenoble aufgehalten und von den Eteignoirs[2])
80 000 Francs als patriotische Gabe erhalten, die ihm ab-
genommen sind Bei dieser Nachricht haben viele Leute
ihre Nachtmutze umgedreht und trinken nun fleissig Kamillen-
tee.“

19. Juni· „Unsere Deputierten haben guten Bescheid
vom Chambéry mitgebracht. Du weisst, dass Suchet an den
General Lasalcette[3]) geschrieben und sich bitter uber uns
beklagt hatte. Der Brief war gedruckt und an allen Ecken
der Stadt angeschlagen worden. Ich berief die Zentralkommission zusammen und schrieb nach erfolgter Beratung
einen Brief an den Marschall, worin all sein Unrecht gegen
uns durch sieben oder acht gute Beweisfuhrungen augen-
scheinlich gemacht worden war. Die Deputierten wurden
beauftragt, ihm das Schreiben zu ubergeben. Suchet hat es
gelesen und sofort Widerruf geleistet, indem er zugleich

---

1) Seit dem 9 Juni erschienen foderalistische Beilagen. Letzte
Nummer vom 25. Juni 1815 dauert

2) Spottname fur die Ultra-Royalisten, einfach „les Ultra“ genannt.

3) Nicht zu verwechseln mit dem erwähnten Gen. a D Lasalette

auch allen unseren Forderungen Gerechtigkeit hat widerfahren lassen. Sein Brief an uns wäscht uns völlig rein.
Suchet hat aus eigenem Antrieb unserem Bunde beitreten
wollen, was natürlich von der Generalversammlung einstimmig angenommen ist. Die Begeisterung hat gewisse
Herren dazu verleitet, ihn zum Ehrenpräsidenten des Bundes
vorzuschlagen. Die Ernennung ist fast einstimmig auf der
Stelle erfolgt. Ich habe mich nebst mehreren Freunden aufs
stärkste gegen dieses ungesetzliche Vorgehen verwahrt. Die
Angelegenheit ist vertagt worden, zur grossen Unzufrieden-
heit der 1793er, die wir nur mit vieler Mühe im Zaum halten.
Die Sitzung ist sehr stürmisch verlaufen."

22. Juni: „. . . . Der Antrag war ohne vorhergehende
Erörterung zur Abstimmung gebracht. Man schrie, man
applaudierte, und die Sache war fertig und unterschrieben.
Ich nahm jedoch das Wort und stellte der Versammlung in
kräftigen Ausdrücken vor, dass der Akt, den sie soeben
vollzogen, dem Bunde den freien und völlig volkstümlichen
Charakter entziehe, den er notwendig bewahren müsse, dass
die Regierung nichts damit zu schaffen habe, und dass es
schliesslich ehrenvoller für uns wie auch für den Marschall
sei, ihn als einen der Unseren neben uns stehen, als ihn
in der Hast hoch über unsere Köpfe erhoben zu sehen, da
das eine Huldigung für sein Gewand, nicht aber für seine
Person sei. Ich erklärte ferner, dass unter den letzten Regierungen alle derartigen Bürgervereine jeglichen Anschein
von Freiheit verloren hätten, weil Regierungsbeamte an ihre
Spitze gestellt waren und endlich, dass die Verbündeten von
Grenoble keinesfalls einen Präsidenten des Delphinatischen
Bundes wählen könnten ohne die Beteiligung aller vier Departements des Dauphiné.

Die Freunde fassten Mut und sprachen nun im selben
Sinne. Die Rasenden aber erhoben sich voll Wut und
kämpften in der ihnen eigenen Weise gegen die Gründe an,
durch die ich die Ernennung hinfällig machen wollte. Ich
erwiderte kräftiger noch als zuvor, worauf der Oppositions-
führer, als er meinen Einfluss auf die Versammlung gewahrte,
in hellem Zorn den Saal verliess, von einer Anzahl seiner
Vorstadtgenossen begleitet. Die Ernennung wurde vertagt.

Vergangenen Montag sind die Erörterungen wieder aufgenommen worden, sie haben zur Aufhebung von des Marschalls Ernennung geführt. . . .

Die Bundesversammlungen nehmen eine schlechte Färbung an durch die wachsende Anzahl von Würdenträgern, Generalen usw, die ihnen beiwohnen. Die Jakobinerpartei, d h diejenigen, die sich nicht mit der weisen Haltung der konstitutionellen Napoleonisten und Vaterlandsfreunde begnügen wollen, gewinnt fast die Überhand. Sie fordern übertriebene Massregeln gegen diejenigen ihrer Landsleute, die nicht die neue Ordnung der Dinge anerkennen wollen und senden dem Kaiser sowie den zwei Kammern eine Denkschrift, in der sie verlangen, dass man die Eteignoirs die ausserste Strenge der Gesetze erleiden lasse und mit deren Vollstreckung die Jakobiner selber betraue. Wir haben dieserhalb drei sehr zahlreich besuchte Versammlungen abgehalten. Die Redner für und wider haben das Wort gehabt. Es ist mir gelungen, diesen entsetzlichen Antrag nacheinander an zwei Kommissionen zu verweisen, die ihn bis zu einem gewissen Grade abgeschwächt haben. Die letzte Abfassung, mit der aber nicht einer der Vernünftigen zufrieden war, ist vorgestern verlesen, ich habe sie ein viertes Mal verwerfen lassen wollen, aber obwohl ich allein anderthalb Stunden lang gegen hundert Personen angekampft habe, ist meine Ansicht nicht durchgedrungen, weil die Freunde des Antrages mich nicht unterstutzten, da sie offenbar meine Beweggründe für bündig genug hielten, um ohne ihre Hilfe durchzudringen.

So ist die Versammlung auf der Seite der Schreier geblieben, weil vier jakobinische Mäuler vom stärksten Kaliber und etwa zwanzig Raufgesellen aus den Vorstädten auf meine gemässigten, wenn auch nachdrücklichen Reden mit masslosen Zornesausbrüchen geantwortet haben. Die Adresse ist noch nicht abgesandt, sie ist zur Unterschrift ausgelegt; es scheint, dass meine Gründe gegen sie viele Verbundete, die Zeit zum Überlegen hatten, von diesem Schritt zurückhielten. Denn man rechnete auf 300 Unterschriften und wird vielleicht nur 40 haben; bis jetzt sind es erst 20. Der Kampf der Minister gegen die Kammern darüber, wem das Antrags-

recht des Gesetzes über die Repressivmassregeln zukommt,
beweist, dass ich Grund hatte, den Kammern dieses Recht
nicht zuweisen zu wollen. Ich habe ein Drittel des Prozesses
verloren, aber zwei Drittel gewonnen zu haben, erscheint
mir recht viel. . . . Alle Parteien stehen sich gegenüber, —
man treibt Politik und sonst nichts. Alle Welt ist aufgeregt,
und wehe, wenn unser Kaiser uns nicht häufig solch gute
Berichte sendet, wie wir sie soeben empfangen haben."
Aber an eben diesem 22. Juni gab Duchesne, Deputierter der
Isère (und „suppléant de Lucien Bonaparte"), vor der Kammer
in Paris die offizielle Erklärung ab, dass der Nimbus
Napoleons erloschen sei, und dass seine abermalige
Thronentsagung nötig werde!

Am 25. Juni langte durch Figeac die Hiobspost von
Waterloo an und Tags darauf stand sie gedruckt an allen
Strassenecken. Dennoch war Champollions Mut ungebrochen:
„. . . . Frankreich wird keine Schwäche zeigen und nicht
schwanken zwischen Erniedrigung und nationaler Ehre,
zwischen Freiheit und dem Joch der Fremdherrschaft!
Fürchte nichts für uns. Sei ruhig. Hier in der Stadt ist
alles still, die bösen Elemente werden sich nicht ungestraft
rühren dürfen. . . . Einigkeit, Kraft und Mut: das ist unser
Wahlspruch!"

Der Bund beschloss die Absendung zweier Deputierten
an Suchet; einer davon war Champollion: „Alle Deine
Briefe sind angekommen," schreibt er, „und machen einen
ausgezeichneten Eindruck auf die, die noch zu überlegen
vermögen und nicht einen Augenblick an der Rettung des
Vaterlandes verzweifelt sind. Nur der letzte erscheint mir
weniger befriedigend, auch halte ich ihn zurück. Es scheint,
dass zur Zeit, wo Du ihn geschrieben hast, die Kammern
unseren neuen Kaiser (Napoleon II.) noch nicht proklamiert
hatten; diese gestern Abend hier eingetroffene Nachricht
hat unsere Wünsche aufs beste erfüllt. Die Stimmung ist
ausgezeichnet. Die Royalisten sind erschreckt worden durch
den Umzug von mehr als 1000 Verbündeten, die in geschlossenen Reihen, patriotische Lieder singend, mit der
Trikolore an der Spitze, die Hauptstrassen und -plätze
durchzogen haben. . . . Seit unserer letzten Generalversamm-

lung hört man ununterbrochen den Ruf: 'Es lebe der
Kaiser' und besonders: 'Es lebe die Nation' Es lebe die
Freiheit!'

Diese neu auflebende Energie der Grenobler ist das
Ergebnis meiner Entsendung nach Chambery mit dem Advokaten Chavasse Hin und zurück mit Extrapost, auf
Kosten der Nation, und nur 24 Stunden abwesend geblieben!
Der Marschall hat uns ausgezeichnet empfangen und sich
über manches mit uns ausgesprochen. Sein Hass gegen die
Bourbonen und sein glühender Patriotismus haben völlig
unseren Erwartungen entsprochen. er sieht nur noch das
Vaterland, und das vor allem muss gerettet werden Es
handelt sich nicht mehr um Menschen, sondern um Prinzipien, sagt er, die Menschen verschwinden, das Vaterland
bleibt! Er heisst alle unsere Bestimmungen gut, billigt
alle unsere Pläne und hat geschworen, dass wir auf seinen
Eifer, auf seine Liebe zu Frankreich und zur Freiheit
rechnen können. Durch seine Worte neu gekräftigt, sind
wir augenblicklich nach Grenoble zurückgekehrt, wo die
Royalisten bereits Triumphe feierten. Unsere Reden, unsere
Versicherungen haben die Stimmung wieder gehoben, so
dass sich um 10 Uhr morgens die Ultra-Royalisten im
Korps zum General Lasalcette begeben haben, um in der
vermeintlichen Gefahr seinen Beistand zu erflehen. Sie
glaubten sich verloren und auf dem Punkt, niedergehauen
zu werden, woran sicherlich kein Verbündeter gedacht hat!
Heute erfahren wir nun, dass alle Ultra-Royalisten in Prozession diese Nacht die Stadt verlassen haben und auf dem
Lande sind. Gott sei mit ihnen! So also steht es bei uns,
es wäre ein Unglück, wenn die Kammer feige genug wäre,
sich für die Bourbonen (la Bourbe) zu entschliessen.'

30 Juni „ ... Suchet hat gestern einen Waffenstillstand
mit den Österreichern abgeschlossen. Wir wissen noch
nicht die Bedingungen; sie sollen nicht allzu glänzend sein,
wie man sagt.''

1. Juli „ ... Die Österreicher bei uns' schreit die
ganze Stadt Tatsächlich sind sie jedoch nicht von der
savoyischen Grenze abgewichen, wie der Waffenstillstand
verlangt '

Noch am 18. Juni hatte Champollion in seinem födera-
listischen Beiblatt zugunsten Napoleons der Legitimität
der Bourbonen, dem Hauptbollwerk der Dynastie, einen
harten Stoss versetzt[1]) und seinen Artikel durch einen Auszug aus der Baltimore-Gazette unterstützt[2]). Als er aber
eingesehen, dass der Imperator, den er für den grossen
Retter in der Not gehalten, diese Aufgabe durchaus nicht
erfüllen konnte, wendet er sich von ihm und seinem Sohn
ohne Bedauern ab, und einzig nur Frankreichs Wohl und
die souveränen Rechte des Volkes im Auge haltend, die
Meinung, aber nicht die Partei aufgebend, wendet er sich
zum ersten Male energisch seinen eigentlichen Idealen zu
und schreibt sein politisches Bekenntnis nieder in dem Anfang Juli entstandenen Toast auf die Republik.

3. Juli: „.... Jede Partei macht sich ihre eigenen Nachrichten. Die Behörden beharren in erhabenem Schweigen;
sie werden so platt, wie es nur gehen will, um schliesslich
ganz zu verschwinden. Inzwischen verlangt man von uns
die Ernährung der Österreicher, und der Stadtrat bedroht
uns im Namen des Grafen von Bubna, des österreichischen
Höchstkommandierenden. O Vaterland! O unergründliches
Rätsel! — Wir sind also im Rachen des Feindes, der uns
verschlingen kann, falls ihm das passt; so wenigstens hat
es den Anschein. Falls die Karte eine Kehrseite hat, wie
viele vermuten, so halten Suchet und Bubna ihr Spiel gut
verdeckt und spielen so heimlich, dass man zu jeder Minute
des Tages die Partie gewonnen oder verloren glaubt.
Übrigens ist seit dem Waffenstillstand kein Schuss abge-
feuert. Man hält hartnäckig daran fest, dass die Österreicher
wirklich unsere Verbündeten seien zum Zweck der Unterstützung Napoleons II. Doch das ist noch abzuwarten. Man

---

1) „Notice historique sur l'avènement de Hugues Capet au trône."
Der Schluss lautet: „Il n'y a point de loi de succession pour le trône
de France. Le peuple seul décerne la couronne; il la donna autrefois
à Hugues Capet et maintenant il l'ôte à ses descendants pour la con-
fier à un plus digne. Son choix fait la seule légitimité. Napoléon
est donc notre prince légitime." Un fédéré.

2) Actes des fédérations de l'Empire. — Beiblatt Nr. 4 des Reg.-
Blattes vom 23. Juni 1815.

ist hier so ruhig, wie dies nur möglich ist, jetzt, wo wir
nicht wissen, welchem Heiligen wir uns zu weihen haben
und unter welchem Panier wir uns morgen zur Prozession
zusammenfinden werden. So wahr ist es, dass jeder auf
seine Fahne schwört und sie, wie es billig ist, für die allein
gute hält. . . .."

Und sorgenvoll alle Möglichkeiten ins Auge fassend,
fügt er hinzu. „. . . Denke zuerst an Deine Rettung, aus
mir mag werden, was Gott will. Ich habe meine Meinung
kundgegeben, weil ich sie für die richtige hielt und noch
halte. Will man mich dafür bestrafen, so mag man es tun
Ich bin nicht umsonst Philosoph. Wird Dir der „Jakobinis-
mus" Deines Blattes vorgeworfen, so sage dreist heraus,
dass ich die Schuld daran trage; wie es ja wahr ist. Suche
nur Dich allein loszumachen! Wenn ein Opfer nötig wird,
so bin ich am Platze. Ich habe weder Weib noch Kind,
all meine Habe besteht in meiner Haut — was liegt viel
daran? Ich weiss wohl, dass es Dir nahe gehen wird, und
dass die, die mich lieb haben, darunter leiden werden, aber
trotzdem, — benutze mich wie einen Schwamm, wasche
Dich rein und lass Dich den Rest nicht kümmern Die
Hauptsache ist, dass Du ungefährdet aus der Krise hervorgehst,
ich will mich hier um Deine Angelegenheiten kümmern.''

Bereits am 25. Juni hatte sich der Bund in Permanenz
erklärt je fünf Mitglieder waren Tag und Nacht mit der
Korrespondenz zur Regelung des allgemeinen Schutz- und
Trutzbundnisses beschäftigt. Am meisten war Champollion
dort anwesend

Grenoble hatte sich nicht vergeblich gerüstet Nach
einem Vorpostengefecht am 5. Juli erfolgte der Hauptangriff
am 6. Juli um 6 Uhr morgens durch 5000 Österreicher und
Piemontesen. Bereits am 3 desselben Monats waren vom
Maire einige tausend Waffen verteilt worden, denn nur
wenn alle kampffähigen Bürger die geringe Anzahl der
zurückgebliebenen Militärdepôts und der Nationalgarde
kräftig unterstützten, konnte man auf eine ehrenvolle Verteidigung der Stadt hoffen. Sämtliche Lyceumschuler bis
zu den zwölfjährigen hinunter waren im voraus bei sengen-
der Hitze einexerziert worden; sie halfen während des

Kampfes die Kanonen bedienen, und Tapferkeit wie Disziplin
waren allerorten so musterhaft, dass jeder Versuch des
Feindes, die Stadt im Sturm zu nehmen, fehlschlug. Schon
um 10 Uhr zählte er an 600 Tote und etwa 500 Verwundete.
Eine halbe Stunde später ersuchte der General Latour um
einen dreitägigen Waffenstillstand, den die Belagerten gewährten.

Champollion war seit 4 Uhr morgens auf den Wällen
gewesen. Er hatte „die Herren herankommen sehen, ge-
mächlich, im kleinen Schritt, als ginge es zur Hochzeit."
Latour hatte in der Tat nicht auf Widerstand gerechnet, da
ihm die Royalisten die Einnahme von Grenoble als ein
Kinderspiel hingestellt hatten. Über seine schweren Verluste sehr erbittert, liess er eine grosse Menge von Bomben
über die Stadt hinschleudern, um durch den Schreck die
Übergabe zu erzwingen. Champollion gewahrte kaum die
ausserordentliche Gefahr, in welche die ihm anvertraute
Bibliothek hierdurch geraten war, als er in den zweiten
Stock des grossen Gebäudes[1]) hinaufstieg, in dem sie sich
damals befand, und dort auf seinem Posten ausharrte, bis
die Geschütze verstummten.

Am 9. Juli war die Stadt bereit, den Kampf wieder aufzunehmen, aber der unter den Waffen ergraute Platz-
kommandant kannte die grossen Mängel der noch nicht
völlig restaurierten Festungswerke und scheute sich überdies,
die Verantwortung für das infolge der politischen Sachlage
völlig unnütz gewordene Blutvergiessen auf sich zu nehmen.
Eine für Grenoble ehrenvolle Kapitulation machte daher den
Feindseligkeiten ein Ende.

Champollion verhehlt nicht seine Genugtuung über die
tapfere Haltung der Stadt, die als die letzte „den Freunden,
welche auf den Spitzen ihrer Bajonette die Bourbonen zu-
rückbringen," ihre Tore geöffnet hatte, doch drücken ihn
schwere Sorgen wegen der nächsten Zukunft nieder.
„. . . . Unserer Nation bleibt nur noch eins übrig," sagt er,
„dass sie mit Würde das Gewicht der Ketten und der
Schmach zu tragen sucht, womit das verhängnisvolle Bünd-

---

1) Das alte Lyceum, vormals die Zentralschule; siehe Kap. II.

nis ihrer Feinde von aussen und von innen sie zu erdrücken
sucht . ."

„Der König ist auf seinem Thron — sagt man!" —
schrieb dagegen Figeac, „aber ich habe so [vieles] gesehen, was ich glauben musste, und das doch nur Trugbild war, dass ich nicht mehr glaube, was man sagt, beinahe nicht mehr, was ich sehe, und kaum noch an das,
was ich berühre!" François meldet ihm dann. „Dein
Blatt ist den Intriganten zurückgegeben, die es Dir einst
entrissen haben. . Man wird Dir niemals weder Deine
Unterredungen mit dem Kaiser, noch Dein Ordensband ver-
zeihen, es wird zu einem Strick für Dich werden, — das
ist ein neues Unglück. Ich kann nur immer wiederholen,
dass Du Dich mit mir waschen musst, es bleibt Dir nur
dies Mittel."

Körperlich und moralisch wie gebrochen, suchte er nun
bei seinen Büchern Trost. „So bin ich denn ins Reich der
Musen zurückgekehrt, um es für lange Zeit nicht mehr zu
verlassen Ich entfernte mich daraus, um Gutes zu wirken,
ich komme zurück, nun nichts mehr zu tun übrig bleibt,
als Übles anzustiften oder im Schlamm zu kriechen. — Es
ist gut, dass unser Rektor endlich wieder am Platze ist
Seitdem sich das Blatt gewandt hat, spielt uns das akademische Pack hart mit. Es hat einen siegesgewissen Ton
und eine Miene angenommen, die wir mit echt römischer
Würde zurückweisen Noch gestern, bei der dritten Abstimmung über eine Huldigungsadresse, vergass sich Burdet
so weit, von ‚Schurken‘, „Mordgesellen" und „Räubern" zu
sprechen. Der Rektor, bleich und zitternd vor Wut, schwieg
still und nahm in der bekannten derben Weise sein Taschen-
tuch zur Hand. . . .

Heute wird das Te Deum gesungen! Das Wetter be-
günstigt es nicht allzu sehr, denn es regnet, donnert und
stürmt So war es in Italien einst bei der Ankunft Hanni-
bals auf dem Gipfel der Alpen! — Es freut mich, dass Du
ohne Schmerz in der unteren Ecke eines gewissen Blattes
einen anderen Namen als den Deinen gesehen hast· es
ware doch unzulässig. den Mantel nach dem Winde zu
drehen Das ist eine Rolle die weder Dir noch mir genehm

sein darf. Ich glaube mehr als je, dass die Zeit gekommen
ist, wo wir Franzosen uns freimütig unter die eine oder
andere Fahne scharen müssen. Ich hätte, offen gestanden,
niemals den Mut gehabt, dem jetzt herrschenden Geiste entsprechend Dein Blatt zu leiten, dennoch würde ich mich
Deinetwegen bis zum äussersten entschlossen haben, aber
das wäre das grösste Liebesopfer gewesen, das ich Dir je
hätte bringen können; doch das Geschick hat es anders
beschlossen. Gib jeglichen Versuch nach dieser Richtung
auf. Vielleicht sehen wir trotz allem noch bessere Tage.

Seit der Ankunft der Feinde habe ich die Bibliothek
so zu sagen nicht verlassen. Leser kommen nicht, — aber
piemontesische Offiziere, alle sehr begierig, silberne Münzen
zu bewundern; allein „die Bibliothek ist so arm" sage ich
ihnen, „dass sie nur Bronzemünzen hat." Ich erbiete mich
dann, sie ihnen zu zeigen, aber die Herren überheben mich
dieser Mühe in der allerliebenswürdigsten Weise."

Trotz des redlich denkenden Rektors nahmen bereits
die Intriguen innerhalb der Fakultäten einen neuen Aufschwung, da missliebige Kollegen begannen, Champollion
wegen seines politischen Vorgehens schwer zu verdächtigen.
Auch hatte der Inspektor Des Guidi, obwohl fanatischer
Royalist, als stellvertretender Rektor bereits am 14. Juni
auf des Ministers Carnot Ansuchen genaue Berichte mit
vertraulichen Randbemerkungen über alle Professoren nach
Paris gesandt und durchmerken lassen, wie schlecht der
„Jakobiner" dabei weggekommen war. Diese Notizen sollten
erst jetzt, während der Reaktion, ihre ganze Gefährlichkeit
betätigen. Auch half es wenig, dass Champollions Freunde
— meistens selber verfehmt — nicht müde wurden, zu
beteuern, dass gerade er, und er allein es gewesen
war, der mehrfach vier oder fünf wütende Sansculotten,
die von 1793 her noch in Erinnerung standen und die
sich in den Bund eingeschlichen, in Schranken gehalten
hatte. Diese Herren hatten bei Ludwigs XVIII. Rückkehr
die Trikolore ganz einfach mit der weissen Kokarde ver-
tauscht, ihren „Irrtum eingesehen" und waren unbeanstandet
in Grenoble geblieben, obwohl sie tatsächlich einen mörde-
rischen Anschlag auf den ultraroyalistischen Adel geplant

hatten. Sie waren nun die schlimmsten Gegner Champollions, da er es gewagt hatte, ihre ruchlosen Absichten zu vereiteln, und ihre Verleumdungen machten seine Stellung an der Fakultät (die täglich mehr zum Kampfplatz der Parteien wurde) binnen kurzem nahezu unhaltbar. Figeac weilte immer noch in Paris, so dass ihm dessen starker Beistand fehlte und er sich vorkam wie ein von der Meute verfolgtes Wild. Mit Schmerz wandte er da den Blick nach Deutschlands Universitäten hin, die vom Geiste reiner Wissenschaft in einer Weise beseelt waren, dass sie nicht unter dem Wechsel politischer Anschauungen oder unter anderen temporären Umständen zu leiden hatten, — „die hoch erhaben dastanden über dem Streit der Staaten und in brüderlicher Eintracht die ganze Menschheit umfassten."

Auch das unvorhergesehene Geschick seiner koptischen Grammatik und seines Wörterbuches beunruhigte ihn Der Minister Carnot, der François zu fördern wünschte, sowie Lucien Bonaparte, welcher an Figeac[1]) viel Gefallen fand, hatten geglaubt, durch ein Machtwort Napoleons das Forum der Inschriften-Akademie ganz umgehen und die beiden Werke sofort drucken lassen zu können, doch so gern auch Dacier, der schon erwähnte Generalsekretär, in dieses Komplott gewilligt hatte, so liess es sich doch nicht machen Inzwischen hatte schon die Einsendung der Manuskripte an die Akademie dort einen wahren Aufruhr verursacht, da Langlès eine Beeinträchtigung der Interessen Quatremères fürchtete, dessen koptisches Wörterbuch er gänzlich auf Staatskosten gedruckt sehen wollte, weshalb er sich auch für seines Schützlings soeben stattgefundenen Eintritt in die Akademie ausserordentlich bemüht hatte — Als Millin, Gosselin u. a. zugunsten Champollions redeten, geriet Langles dermassen ausser sich[2]), dass man, Figeac

1) „Lucien," sagt dieser „est un homme superieur, excepté quand il fait des vers " Figeac war mehrfach in den Tuilerien des Prinzen Gast, musste dann aber über dessen dichterische Erzeugnisse mit ihm reden, was ihm trotz seiner grossen Gewandtheit nicht immer leicht wurde

2) „[Duguet] etait à la seance, il a reconnu Langles a sa fureur, il voulait lui faire un mauvais parti à l'issue de la séance " Figeac an François.

zufolge, für den Rest der Sitzung einander kaum verstehen
und sich nicht ernstlich mit anderen Dingen beschäftigen
konnte.

Von Sacy wusste man bereits, dass er seinem Schüler
nicht beistimmen konnte; da ihm nebst Langlès und Caussin
de Perceval die Prüfung der zwei Werke übertragen wurde,
so hätten daher die Brüder von Anfang an sich auf den
Schlag vorbereiten müssen, den der Kommissionsbericht
vom 25. Juli 1815 für sie bedeutete: es wurden beide Werke
darin verworfen; die Grammatik, weil sie derjenigen von
Scholtz-Woide nachstehe; das Wörterbuch, weil die Gruppierung der Wörter nach ihren Stammformen und Wurzeln
nicht empfehlenswert sei. Ausserdem wurde der Autor beschuldigt, die Wichtigkeit des Koptischen übertrieben zu
haben, wenn man auch zugab, dass die Hoffnung, dereinst
die ägyptischen Texte, „sei es in alphabetischer Schrift, sei
es in hieroglyphischer, vermittelst dieser Sprache lesen zu
können,“ ihr „einen starken Reiz zu verleihen vermöchte.“
Aber die Rückschlüsse, die der Verfasser beider Arbeiten von
der jüngsten ägyptischen Sprach- und Schriftform auf diejenige der Texte der alten Zeit gemacht hatte, forderten die
Bemerkung heraus: „Wir möchten fragen, in welchen Werken
er das grammatische System der ägyptischen Sprache vor
der Zeit von Alexanders Eroberung gefunden hat? Wäre
es etwa in den mit hieroglyphischen oder selbst mit alphabetischen Zeichen beschriebenen oder skulptierten Denkmälern? Aber dann wäre ja die Veröffentlichung einer
solchen Entdeckung ungleich interessanter, als die einer
neuen Grammatik.

Wenn dagegen, wie wir zu behaupten wagen, Herr
Champollion nur die Schriften der Kopten zur Abfassung
seiner Grammatik gehabt hat, Schriften, ... von denen
kaum einige bis ins zweite Jahrhundert unserer Ära zurückgeführt werden können, so sind wir dazu ermächtigt, Herrn
Champollions Urteile über seine eigene Arbeit und diejenige seiner Vorgänger auf ihren wahren Wert zu reduzieren. . . .“

Wieder hielt es also Sacy (der den Bericht geschrieben
hatte) für seine Pflicht, dem allzu kühnen jungen Neuerer

Zaum und Zügel anzulegen, was ihm diesmal auf lange Zeit hinaus gelang, denn nicht nur die schwere Ungunst der Verhältnisse hielt jenen fortgesetzt von dem bisherigen Lieblingsstudium fern, sondern mehr noch seine an Widerwillen grenzende Erbitterung gegen den, wie er meinte, zugleich parteiischen und kurzsichtigen Schiedsrichter.

Wer heute diesen Kommissionsbericht durchliest, wird mit Staunen inne, dass durch die treibende Kraft der Wahrheit des gefeierten Meisters damals allerdings nicht ganz ungerechtfertigt scheinender Vorwurf[1]) sich zum hohen Ruhme für den gemassregelten Schüler gestaltet hat. Denn dieser hatte bereits zu betonen gewagt[2]), dass die Hieroglyphen im engeren Sinne ebenfalls lautlich zu lesen seien

Durch das Verdikt seines Lehrers weit mehr zu Boden geworfen als es nötig gewesen wäre, empfand François nun doppelt schwer die ersten Folgen der veränderten politischen Lage „Kehre zurück in unsere Berge!" ruft er erregt dem Bruder zu, „ — das Dauphiné im Namen Österreichs regiert", Und sein bitterer Sarkasmus gewinnt, wie gewöhnlich in solchen Momenten, wieder die Oberhand und macht sich in der Satire[3]) Luft Hatte er einige Monate früher das Potpourri (oder Rückkehr Napoleons) verfasst, so entstand nun das Gegenstück Abzug des Adlers, — Rückkehr der Lilien, dem sich das Kolloquium anreiht, sehr humorvolle Debatten mehrerer grosser Heiliger, unter ihnen Sankt-Napoleon, über irdische Politik. — Sorgsam ausgearbeitet war

---

1) „Ce n'est point que nous pensions avec M Champollion, que les hiéroglyphes ne sont que des signes représentatifs des sons de la langue parlée et non des signes de la pensée Sans contredire par une semblable assertion, qui nous paraît très hasardée, le témoignage de toute l'antiquité, nous croyons néanmoins qu'avec une connaissance profonde de la marche synthétique de la langue egyptienne et du rapport établi dans la langue parlée, entre les objets physiques et sensibles tels que la bouche, la main, etc., [man in der Sache klarer sehen würde] "

2) „Partout il devait plus a sa propre application qu'à ses maitres." (Biot)

3) Siehe Anhang I 12.

vor allem der Dialog (auch die Konstitution genannt),
eine Unterredung zwischen einem asiatischen Despoten und
einem abendländischen Selbstherrscher, der jenem die Nach-
teile einer freien Verfassung höchst anschaulich macht.
Dieses Opus erfreute sich grosser Popularität in Paris, doch
blieb der Verfasser dort ungenannt.

Dagegen fügte es sich, dass in Grenoble einige andere,
ganz besonders belastende Verse Champollions dem neu-
ankommenden Präfekten Comte de Montlivault zur Kenn-
zeichnung des „Jakobiners" vorgelegt wurden! Montlivault
war Privatsekretär Josephines gewesen; während der Hundert
Tage hatte er heimlich, aber vergeblich Napoleons Gunst
erfleht und war nunmehr ein energisch vorgehender Agent
des Grafen von Artois, dessen „okkulte Regierung" sich
bereits über ganz Frankreich auszudehnen begann. Um die
politischen Interessen des Thronfolgers zu fördern, mussten
alle Liberalen, bis ins Hausministerium des Königs hinein,
zu Fall gebracht werden. Besonders das Dauphiné, das der
Prinz bereist und als ständig drohenden Revolutionsherd
erkannt hatte, sollte gegeisselt und geknechtet werden, bis
ihm die unzeitigen Gelüste nach freier Verfassung im
stummen Jammer erstickt würden. Daher denn Leuten wie
dem Grafen Montlivault, dem Marquis de Lavalette (Maire)
dem Vicomte Donnadieu (Divisions-General) und dem Grafen
Bastard d'Estang, ausserordentlichem Polizeikommissar, Gewalt gegeben wurde über das stolze Bergvolk, „dem der
Geist der Unabhängigkeit von den Firnen seiner herrlichen
Alpen hernieder durch die Seele zu wehen scheint."

So brach nun die politische Reaktion — als „weisse
Schreckenszeit" noch jetzt bei den Delphinaten in schmerzlicher Erinnerung — mit solcher Wucht über Grenoble herein, dass es bald nachher, so schreibt das „Echo des Alpes"
v. J. 1820, dort nur noch Verbanner und Verbannte, Henker
und Opfer gab." Beide Brüder wurden am 28. Juli unter
„unmittelbare Überwachung"[1]) gestellt, wogegen sie lebhaft
— aber vergeblich — protestierten. François stand, wenn

---

1) „. . . . La police peut choisir le lieu de résidence de tels in-
dividus en surveillance [immédiate]." Brief des Polizeikommissars.

möglich, noch belasteter da als Figeac, denn die bonapartistische Sache galt für nahezu aussichtslos, indessen die
Partei der Republikaner seit der Niederlage von Waterloo
für ausserst gefährlich erachtet wurde. Man glaubte daher,
die „Untaten" des Bundessekretärs Champollion ruckhaltlos
aufdecken zu müssen, denn die Fédération Dauphinoise
wurde nachtraglich als das Ergebnis nicht nur republika-
nischer, sondern sogar jakobinischer Tendenzen hingestellt,
während sie doch von Ordnungsliebenden aller Parteien
zur Verhutung anarchischer Wirren gegrundet war. Vergeblich berichtete deshalb der Gerichtsprasident Barral amtlich an die Regierung, dass der Bund die lautersten Absichten gehabt habe, ob auch anderswo das Wort „féderation"
von Ruchlosen als Deckmantel für ihre Interessen gebraucht
sei, — der erste Sekretar war belastet und blieb es, doch
kannte er ja seine Anklager.

Unter dem Einfluss des Prinzen von Artois — und
zwar durch Gueneau de Mussys Vorgehen — wurde die
Université ebenfalls des liberalen Geistes beraubt, der sie
bis dahin den Regierenden zum Trotz beseelt hatte. Man
wünschte sich deshalb im Publikum bereits Fontanes zurück,
da keiner seiner provisorischen[1]) Nachfolger ihn wirklich
ersetzt hatte. — Zahllose Absetzungen standen bevor, der
Rektor Pal musste dem royalistischen Abbé de Sordes
weichen, und die Aufhebung der faculté des lettres, teils
aus Sparsamkeitsgründen, teils wegen der beiden Champollion, war im Prinzip bereits beschlossen Die letzteren
fragten sich, ob ihnen die Bibliothek bleiben werde? „[Die
Casinisten[2]) sind in Verlegenheit, durch wen sie uns ersetzen
sollen]," meint Francois, „[denn sie finden doch wohl], dass
es schwerer ist, uns nachzufolgen als Ducros, der aus der
Stellung des Bibliothekars ein wahres Kanonikat gemacht
hatte ."

Die Bibliothek hatte während der Amtsfuhrung der
Bruder nicht zum wenigsten dadurch gewonnen, dass Figeac

---

1) Napoleon war nicht mit der Neuwahl zustande gekommen,
weil er überall Jakobiner witterte

2) Ihrer Spottname für die royalistischen Streber

niemals von Paris heimkehrte, ohne für sie selber oder für die mit ihr verbundenen Sammlungen allerlei Nützliches mitzubringen, und zwar aus den Depôts der Nationalbibliothek und aus denen der Museen. Niemand war geeigneter für solche Vermittlungen als er; nun kam François plötzlich in eine peinliche Lage durch die zum Teil dem Auslande entstammenden Gegenstände. Er verwaltete nämlich seit Ende September provisorisch auch die Gemäldesammlung und musste gleich in den ersten Tagen sechs schöne Bilder dem König von Preussen, der sie reklamiert hatte, zurückschicken. „Wenn auch die anderen Souveräne und der Papst ihre Listen senden," meint er, „so bleiben uns nur schlechte Gemälde (croûtes) und Hoffnungen übrig." Und weil sich ein Erzherzog angemeldet hatte, so liess er inzwischen eine Reihe von Bildern für einige Zeit verschwinden.

Da die Absicht, die Bibliothek in andere Hände zu geben, immer deutlicher zutage trat, so schienen der Behörde alle Mittel erlaubt zu sein, die zum Zweck führten, denn die Schuld daran sollte auf Champollion fallen. Man beschuldigte ihn also politischer Umtriebe und liess von 8 Uhr abends ab die Eingänge zur Bibliothek — wo sich zugleich auch seine Wohnung befand — scharf überwachen „wegen der dort stattfindenden nächtlichen Versammlungen." Vergebens protestierte der Angeklagte, man berichtete seine erfundenen Missetaten nach Paris und Jacques-Joseph hatte zu dieser Zeit keine einflussreichen Freunde in den hohen Regierungskreisen. — Nach des Ministers Fouché Abgang erhitzte sich die Sachlage noch; seine Mahnung: „Die Könige wollen die Wahrheit wissen, aber sie nicht hören!" — und des Polizeiministers Decazes Warnruf: „Es darf nicht zwei Könige in Frankreich geben!" blieben unbeachtet. Die Angebereien und Verhaftungen nahmen allerorten so sehr überhand, dass Champollion riet, sich darauf zu abonnieren.

„Man misstraut seinen nächsten Verwandten," klagt er am 12. Oktober, und da die „Casinisten" das Kommando hatten, überdies auch die demnächstige Amtsentsetzung ganz sicher war[1]), so fasste er nun den Entschluss, Notar

---

1) „Cette mesure les jettera par terre et certainement nous ne

zu werden und übersendet dem Bruder den sorgfältig ausgearbeiteten Plan mit den Worten. „Weg mit dem Hoch-
mut, wir müssen leben — das ist die grosse Hauptsache!
Ich glaube bereits das Mittel gefunden zu haben, das mich
den Krallen des Elends entreissen wird. Die Herren wollen
uns auf der Bresche niedersinken lassen Wir müssen also
unsere Vorlesungen beginnen, ohne uns deshalb fest auf
den Füssen zu fühlen. . . . Wir dürfen keinesfalls unsere
Hörer veranlassen, sich einzuschreiben, da es ja zu nichts
führen würde. . . . Lass uns kaltblütig die Sachlage betrachten, und ohne fernerhin Hoffnungen in Betracht zu
ziehen, die uns so oft getäuscht haben. Wer sein Haus
nicht mit kostbarem Marmor bauen kann, der nehme rohe
Steine Es regnet, — lass uns irgendwo untertreten. . . .
Es ist wohl nur scherzweise, dass Du mir noch rätst, unsere
Zeit mit Bücherschreiben zu verbringen Verbrühte Katze
fürchtet das Wasser, das ist mein Fall.“

Champollion der zu Anfang 1813 durch die Nachricht
von der plötzlichen Wiederverheiratung der Frau Louise
D . . . . in Paris schmerzlich betroffen wurde, hatte sich ein
Jahr später (etwa sechs Monate nach Pauline Berriats Tode)
mit Frau Zoës Cousine Rose Blanc[1]) verlobt, der Tochter
eines angesehenen Fabrikanten, der dem „aussichtslosen“
Dozenten jedoch häufig nahelegte, wie sehr er wünschte,
das Verlöbnis rückgängig zu machen Die gegenwärtigen
Bedrängnisse schienen den Bruch zu beschleunigen, — auch
nach dieser Richtung hin war also das Notariat des Ver-
lobten letzte Hoffnung, um so mehr, als der pessimistische
Schwiegervater alle Staatsämter für eitel Dunst ansah und
ausser dem Geschäft des Handschuhfabrikanten[2]) nur noch
das des Notars für wirklich sicher und einträglich hielt.

Gewohnt, selbst in den leidvollsten Stunden noch zu

---

les releverons jamais “ Royer-Collard, Mitte Nov 1815 Er bildete
zusammen mit Sacy, Cuvier, Guenau de Mussy und dem Abbé Frayssinous die Commission de l'Instruction Publique (Conseil Royal)

1) Geb am 11 Februar 1794. Sie wurde späterhin Rosine
genannt

2) Die Grenobler Handschuhfabrikation steht unübertroffen da,
sie dankt ihre Berühmtheit zum Teil der Eigenart des Isèrewassers

scherzen, bemerkt Champollion im Hinblick auf das zum
Ankauf eines Notariats zu entleihende Kapital: „Es ist,
glaube ich, der einzige Fall im Menschenleben, wo Gott
Amor der Themis zu Hilfe kommt. Ich stehe mich hinreichend gut mit ihm, um darauf zu rechnen, dass ein
kräftiger Handschlag von ihm den Fusstritt heilen wird, den
uns die hohe Schulkommission gibt. . . ." Die frohe Gewissheit, sich nun bald verheiraten zu können, liess ihn sogar
auf dem neuen Arbeitsfelde nur „Blumen ohne Dornen",
und „ausserhalb des Notariats kein Heil mehr" für sich erblicken.

Da inzwischen die Vorlesungen „einstweilen" wieder
begonnen hatten, so bat er den Maire, nun endlich auch
die Bibliothek am 30. November wieder öffnen zu dürfen:
„doch nicht ohne strenge Inventaraufnahme von seiten einer
Kommission." Er forderte dies im Hinblick auf Lepasquier
(Figeac zufolge „das denkbar rührigste Reptil"), der eine
Anzahl ihm lange zuvor unter der Hand geliehener Biblio-
theksbücher nicht nur dem Hilfsbibliothekar hartnäckig vorenthielt, sondern diesen Umstand mit Vorbedacht einer
schweren Anklage zugrunde gelegt hatte, wie er überhaupt
die beiden Brüder vollends zu Fall zu bringen suchte. Doch
Fourier, der nun wieder in Paris wohnte und tief bekümmert
war, ihm einst sein Ohr geliehen zu haben, arbeitete nach
Möglichkeit seinen Intriguen entgegen.

Ein Erlass des Ministers, der fortan an Stelle des Maire
die städtischen Bibliothekare Frankreichs selber ernennen
wollte, gab im Dezember den beiden Champollion die Gewissheit, dass sie den letzten Stützpunkt ebenfalls verlieren
würden, so dass ihnen Jomards Mahnung, nun endlich mit
der „Lancaster"-Methode in den Volksschulen von Grenoble
Versuche anzustellen, fast wie Ironie erschien, — schwand
ihnen doch der Boden zusehends unter den Füssen! Dom
Raphaël hatte die Bitte übermittelt, denn er war im Spätherbst nach Grenoble gereist, um die Brüder wiederzusehen.
Heimweh nach Ägypten und gewisse, auch ihn in Mitleidenschaft ziehende Massregeln der Regierung liessen ihn bereits
nach Kairo hinblicken (wohin er denn auch einige Monate
später zurückkehrte).

Was er in Paris missbilligte, das fand er in ungleich verstärktem Masse im Dauphiné vor, — die schamlose Willkür, mit der die ultraroyalistischen Behörden zugunsten Artois' die Regierung Ludwigs XVIII. brandmarkten! Sie wurde noch unterstützt und gleichsam sanktioniert durch die „Cour Prévôtale", als deren „grand prévôt" zum Kummer der beiden Bruder ihr einstiger Freund und Beschützer, Sebastian Planta, ernannt wurde, der sich somit den wutend-sten Ultra zur Seite stellte.

Am 18 Januar 1816 erhielt die faculté des lettres den Todesstoss, wenige Wochen spater widerfuhr den Brudern das Ungluck, der Privatrache des Prafekten zu verfallen. Sie hatten erfahren, dass von einem im Jahre 1806 ge-druckten, aber wegen einiger Fehler im Text noch nicht veroffentlichten kostbaren Werke uber das Isere-Departement lose Blatter zum Einwickeln in Kaufladen verwandt wurden. Ein grobes Vergehen von seiten eines Unterbeamten der Prafektur vermutend, brachte Figeac als stadtischer Biblio-thekar am 12. Februar die Sache zur Anzeige mit dem Er-suchen um strenge Nachforschung. Zu spat wurde er inne, dass der Prafekt selber die wertvolle „Makulatur" nach Ge-wicht hatte verkaufen lassen

Seine Antwort, — einen Monat spater — war die Ver-bannungsordre Und doch hatten sich die Bruder nach dem Zusammenbruch ihrer Hoffnungen auf eine annehmbare Verfassung politisch vollig still verhalten. Zwar hatte Figeac monatelang den zum Tode verurteilten, wegen mangelnden Passes an der Flucht ins Ausland verhinderten General Drouet, Comte d'Erlon, versteckt gehalten und ihn schliess-lich mit ausserster Gefahr fur sich selber an die Grenze ge-leitet, doch war diese kuhne Tat unentdeckt geblieben. Ebenso geheim blieb die Tatsache, dass François, im Uber-mass seiner Erbitterung über die obwaltenden Verhaltnisse, der Aufforderung des erwahnten Juristen Rey eines der edelsten Manner seiner Zeit, Folge leistete und ihm bei der Grundung einer „société secrete"[1]) behilflich war, deren erste Sitzung anscheinend am 28. Februar 1816 stattfand

___

1) „   La seconde personne , qui se parla de mon plan fut

Übrigens stellte es sich heraus und wurde auch dem Polizeiminister berichtet, dass die schweren Verleumdungen, die unmittelbar zur Verbannung der Brüder Anlass gaben, sich viel weniger auf die Vorkommnisse während des Interregnums, als auf gewisse aufrührerische Plakate stützten, die sich in Grenoble gefunden haben sollten und mit denen man geflissentlich, aber sehr mit Unrecht, den Namen Champollion verflochten hatte, weshalb denn der Präfekt, welcher in dieser Sache klar sah, von „relativer Ungerechtigkeit" gegen die beiden Champollion zu sprechen schliesslich nicht umhin konnte. Es war besonders der Polizist (agent provocateur) Cadet Vincent, den man späterhin als Urheber der lügenhaften Polizeiberichte kennzeichnete, welche die Behörden über die Brüder erhielten. Infolgedessen schreibt der Graf Bastard im Bericht vom 22. Februar 1816: „. . . . Diese gefährlichen Männer, wie z. B. Champoléon (sic), Proby, Boissonet, haben alle eine Hauptrolle gespielt in den Hundert Tagen der Usurpation; sie waren an der Spitze der Föderierten und alles, was nicht taugt, richtet den Blick auf sie. . . ." — Der Minister ordnete an, sie nach Valence, Aix, Digne und Nîmes zu senden, der Präfekt übte jedoch insofern Nachsicht, als er den Brüdern am 19. März befahl, sich nach ihrer Geburtsstadt Figeac zu begeben[1]. Dies war auf dringendes Bitten der Familie Berriat geschehen, die ihre Verwandten in den genannten Städten, die durchweg der

---

Champollion Jeune, excellent homme aussi dans ses relations privées. . . . Après avoir médité le plan de notre association, dont nous rédigeâmes les articles, précédés d'un préambule explicatif de nos motifs, nous songeâmes à nous constituer d'abord dans la ville de Grenoble, où se trouvaient alors tant de bons élements. . . ." Journal „Le Patriote des Alpes" No. 1772, 26. Oct. 1847. Notice histor. von Joseph Rey.

[1] M. le préfet a pensé que, dans un moment où se renouvelaient des faux bruits, qui, en s'accréditant dans l'esprit du peuple, pouvaient entretenir de criminelles espérances, il était bien de montrer de l'énergie contre ces hommes pour qui rien n'est sacré. . . . Depuis longtemps, les frères Champoléon étaient désignés par l'opinion générale comme ennemis du gouvernement, d'autant plus à craindre qu'ils réunissent beaucoup d'hypocrisie à beaucoup de talent, d'esprit et de connaissances. . . ." Bastard an den Minister, 19. März 1816.

starksten ultraroyalistischen Extravaganzen beschuldigt wurden,
zu sehr gefährdet glaubte· wurden doch in Nîmes sogar viele
Todesurteile vollstreckt! — Am genannten Tage mussten
die Brüder die Bibliothek abgeben und am nächsten Morgen
abreisen, sie waren trotzdem nicht allzu mutlos, da ihnen
Monthvault noch beim Scheiden wiederholte, dass sie nach
kaum einem Monat zurückgerufen werden würden, doch
waren ernste Zweifel daran erlaubt, und die sinnverwirrende
Eile, mit der man sie, die kaum von ihrer Bestürzung zurückgekommen waren, entfernte, verhinderte ein sachgemasses
Ordnen ihrer Angelegenheiten.

„Warum ist man strenger gegen sie, als gegen andere,
die als Redakteure sehr viel heftiger gewesen sind?" fragte
kategorisch der Ingenieur Duguet den Polizeiminister, —
und des Bundessekretärs „Untaten" betreffend, heisst es in
einer Schrift, die der Deputierte Sappey demselben Minister
überreichte, u a

1 Er kämpfte beständig gegen die Versuche einiger
   einflussreicher Exaltierter und widerstrebte ihren Unternehmungen.
2. Er hinderte die Bewaffnung der Föderierten.
3. Er stritt vier Tage nacheinander gegen die Abfassung einer Petition in Form einer Adresse, zum
   Zweck heftiger und ungesetzlicher Massregeln [gegen
   die Ultra-Royalisten] und wenig befriedigt von den
   stattgefundenen Milderungen, wagte er es,
4. sie ihrer Bestimmung zu entziehen.
5 Er kämpfte also gegen Massregeln an denen er
   heute unterliegt. . . . Die Brüder sind das Opfer
   des Irrtums und verbrecherischer Umtriebe . "[1]).

Doch alle diese Rechtfertigungsversuche konnten nicht
den erwähnten Artikel über die Legitimität in Vergessenheit
bringen, der in den Tagen der Federation Dauphinoise soviel Aufsehen erregt hatte — Ungleich einigen seiner ge-
fährlichsten ehemaligen Bundesgenossen, die sich durch die
schriftlich gegebene Lüge vom völligen Umschwung ihrer
politischen Gesinnung die Freiheit erkauften, nahm Cham-

1) Eingabe vom 19 März 1816

pollion erhobenen Hauptes die unverdiente Strafe auf sich in
dem Bewusstsein, dass seine lautere Gesinnung nur noch
geadelt werden könnte durch die Verbannung! So verliess
er Grenoble, wie er es im Herbst 1809 betreten hatte: die
Seele durchglüht von politischen Idealen, die nicht durch die
Wechselfälle der Völkergeschicke beeinflusst werden konnten.

> Comme un autre j'ai mes amours,
> Et puisqu'il faut que je m'explique,
> Je porte et porterai toujours
> Tous mes voeux à la République!
>
> Cette Belle, pleine d'attraits,
> Chérit l'honneur et le courage,
> C'est dire que de tout Français
> Elle ambitionne l'hommage.

Juli 1815. Auszug aus dem „Toast".

Kapitel V.

Der Verbannte.

(Ende März 1816 bis Mitte Oktober 1817.)

Infolge der mangelhaften Verkehrsmittel, sowie der vom
Präfekten vorgeschriebenen Reiseroute konnten die Verbannten ihre Vaterstadt, wo sie am 2. April anlangten, nur
auf grossen Umwegen erreichen[1]). Um die Späher irre zu
führen, ahmte François die Sprache der Ultra nach, als er
Thevenet Auskunft gab über die politischen Zustände der
sechs durchquerten Departements, deren zumeist aus Liberalen bestehende Bevölkerung schwer zu leiden hatte.
„. . . . Diese Besessenen," schreibt er, „möchten sogleich
[Ruhe und Frieden haben; aber das ist nicht eher möglich],
als bis die guten Diener unseres Königs und die Freunde
der wahren Grundsätze alle Ämter inne haben und mit der
vollen Gunst der Regierung beglückt sein werden. Die
Reinen, obwohl in der Minderheit wie bei uns, beeilen sich
denn auch (wie bei uns), die lokalen Autoritäten über die
unwürdige Führung der Individuen aufzuklären, welche die
einträglichsten Stellen innehaben; so reinigt man denn täglich
die verschiedenen Verwaltungszweige, und die Schurken
werden durch rechtliche Leute ersetzt."

Zum Glück für die Brüder waren die Behörden des Lot-
Departements und somit auch die des Kantons und der

---

1) Über Lyon, Clermont, Aurillac.

Stadt Figeac durchweg konstitutionell - monarchischer Ge-
sinnung, so dass die nicht zahlreichen Ultra mit starker
Hand niedergehalten wurden. — Im übrigen hatte sich die
Stadt mit ihrem altertümlichen Aussehen nur insofern verändert, als jetzt Ruhe und Ordnung, sowie gedeihliche
Wohlhabenheit in ihr herrschten. So wurde denn durch
verhältnismässig freundliche Eindrücke das Bild des Jammers
verdrängt, das sich mit grausamer Schärfe in Champollions
Gedächtnis aus der Zeit her eingegraben hatte, wo vom
Turm der Saint-Sauveur-Kirche aus die rote Jakobinermütze
wie zum Hohn auf die im Elend beinahe untersinkende Stadt
herniedergeblickt hatte.

Das ehrwürdige Haus in der unwirtlichen Bodousquerie
(eigentlich Boudousquairie)-Gasse stand, äusserlich betrachtet,
ganz wie vordem da: innen aber fehlte die Mutter und damit war alles verändert! Denn der Vater, einst ein umsichtiger Geschäftsmann und sehr verdienstvoller Bürger,
war seit Jahren schon von falschen Freunden in verkehrte
Bahnen geleitet worden, so dass die Führung der kleinen
Buchhandlung in der Hauptsache seiner ältesten Tochter
Therese oblag, während sich deren viel jüngere Schwester
Marie der Häuslichkeit widmete. Sie war eine hochgewachsene schlanke Blondine, anmutig und von seltener
Herzensgüte, tief religiös veranlagt und zu jeglicher Selbst-
verleugnung fähig.

Die zwei auch äusserlich sehr verschiedenen Schwestern[1])
verstanden sich nur in einem Punkte völlig: im Kult ihrer
Brüder, die ihnen, von ihrer einfachen Sphäre aus gesehen,
gleichsam wie höhere Wesen erschienen; dem jüngeren fiel
dabei aus den erwähnten bis in die Kindheit zurückreichenden
Gründen unwillkürlich der grössere Teil zu, und er sollte
bald Gelegenheit finden, sich dafür erkenntlich zu zeigen.

Die beiden Champollion waren nunmehr dem Präfekten
des Lot-Departements, Graf Lézay-Marnésia und speziell dem

---

1) Pétronille, die dritte Schwester, hatte sich bereits im Februar
1803 mit Michel Desplas in Figeac verheiratet; sie wird nur einmal
in der Korrespondenz erwähnt, und zwar als François jeder seiner
drei Schwestern ein kleines Schmuckstück übersandte. Eine Urenkelin
Pétronilles ist die in Figeac lebende Frau Armandine Cornède.

Unter-Präfekten ihres Kantons, Baron de Campagne, unterstellt; doch liessen ihnen diese Herren freien Spielraum, verkehrten freundschaftlich mit ihnen und befürworteten nachdrücklich ihre Rückberufung. — Die erste Zeit des Exils wurde teilweise mit Ablassung von Beschwerde- und Protestschriften[1]) ausgefüllt, die einen tiefen Einblick in die äusserst komplizierte Sachlage gewähren, deren Einzelheiten hier jedoch keinen Raum finden können. Der schlimmste Gegner der Brüder unter den Grenobler Würdenträgern war keineswegs Montlivault. Der fortgesetzte Verrat, den dessen Handlungen an seinen mündlichen Versprechungen übten, entsprang vielmehr der Angst vor den eigenen Parteigenossen, die ihm in Paris bereits wegen zu grosser Milde die Stellung unterminierten; in den leitenden Kreisen der „okkulten Regierung", die man fortgesetzt von derjenigen Ludwigs XVIII. unterschied, war nämlich der Unwille über das Dauphiné, das man beschuldigte, „durch seinen starken Gärungsprozess unaufhörlich den Sussteig ultraroyalistischer Lauterkeit zu versauern," viel zu stark, um nicht unter Umständen die empörendsten Gewaltmassregeln noch zu gelinde erscheinen zu lassen.

So bekannte Montlivault der Familie Bernat und andern mündlich stets mit warmen Worten, keinen Grund für des Ministers scharfes Vorgehen gegen die Brüder zu finden, setzte er aber die Feder an, so überwältigte ihn seine Pontius Pilatus-Natur, und der Bericht floss derartig aufs Papier, dass er neue Verwicklungen heraufbeschwor. Beschuldigte man ihn dann der Wortbrüchigkeit, so schützte er den Polizeikommissar vor. Dieser war es tatsächlich, der ursprünglich vom Minister die Verbannungsordre gefordert hatte, obwohl er die beiden Brüder so wenig kannte, dass er ihre Ämter wie ihre Vergehen im Bericht vom 22. Februar auf einen Kopf gehäuft und auch tatsächlich in der ersten Antwort des Ministers vom 3. März nur für einen Champollion (le sieur Champoléon) die erbetene Ordre erhalten hatte, — ohne im Grunde zu wissen, für welchen

---

1) Die Entwürfe dazu, sowie die behördlichen Aktenstücke (Original oder Kopie) liegen vor.

Grausamerweise hatte sie ganz geflissentlich nur auf solche
Städte gelautet, in denen die Erinnerung an Napoleon,
den beide Champollion auf den Schild gehoben hatten, verfehmt war[1]). Gleich danach hatten sich zwar Minister und
Kommissar über die wahre Sachlage aufgeklärt gezeigt, aber
das unerhörte Versehen der Personenverwechslung wurde
damit nicht ungeschehen gemacht, sondern lebte in den
Akten weiter. Die Sache war heikel, und die Abreise der
Brüder wurde vielleicht deshalb so sehr überhastet, denn sie
war vorläufig die einfachste Lösung der komplizierten Frage
und machte dem unbequemen Drängen gewisser Leute ein
Ende, die in ihrem Eifer für die „gute Sache" es auf sich
genommen hatten, einige Geheimpolizisten zur Fälschung
ihrer Berichte zu verführen.

Dass eigentlich nur einer oder vielmehr keiner von
ihnen verbannt worden, da ja das bezeichnete Individuum
weder mit dem einen noch mit dem anderen identisch war,
hatten die Brüder nun bei ihrer Ankunft in Figeac mit aller
Bestimmtheit erfahren (und zwar aus dem Inhalt der ihnen
von Freunden vertraulich übersendeten Kopien einschlägiger
Aktenstücke der Behörden), welcher Umstand den energischen
Ton der Beschwerdeschriften von Jacques-Joseph erklärlich
macht. So beschuldigt er den Präfekten Montlivault ganz
direkt, sich in seinem letzten Bericht an den Minister
malitiöser Auslegungen und strafbarer Unterschiebungen bedient zu haben; und Duguet, der Brüder rührigster Freund,
derselbe, der ihnen über alles, was in den Ministerien
schriftlich über sie einging, Auskunft gab, hatte ohne Scheu
dem Polizeiminister geschrieben: „Es ist ein Unglück, dass
sie Plätze inne haben, nach denen zwei oder drei ehemalige
Jakobiner trachten, die jetzt begeisterte Royalisten sind. . . ."

Duguet ging in Paris den grossen Bekanntenkreis der
Brüder durch, um ihnen Freunde in der Not zu gewinnen
— und Helfer. Der Kardinal de Bausset, Arago, Cuvier,
Fourier, Dacier und Millin, sowie verschiedene Deputierte des
Dauphiné erboten sich zu warmer Fürsprache; sogar Jomard,
Quatremère de Quincy und Langlès zeigten sich willig dazu,

---

1) Wie gesagt, drang schliesslich Montlivaults günstigere Bestimmung durch.

nur der eine von dessen Einfluss man das meiste, wenn
nicht alles gehofft hatte, verhielt sich zur grossen Erbitterung
vieler zum mindesten völlig ablehnend. Duguet wurde deshalb von glühendem Hass erfüllt gegen den grossen Gelehrten, mit dem er eine lange Unterredung gehabt hatte,
und er vermochte von seinem tiefwurzelnden Groll erst in
etwas zurückzukommen, als Sacy etwa acht Jahre später für
Champollions Entdeckung energisch in die Schranken trat,
— aber freilich damit zugleich auch für die Ehre franzö-
sischer Wissenschaft

Eines Abends glaubte Duguet gesiegt zu haben am
andern Morgen zeigte ihm jedoch Decazes den erwähnten
Bericht Montlivaults, der eine Menge von Tatsachen aus
dem Interregnum zutage förderte, die das Amnestiegesetz
hatte zugedeckt lassen müssen.

„Die Vernunft hat keine Macht mehr über das Delirium
der Handvoll Menschen, die alles regieren," klagt der
Freund und übersendet seinen Protest gegen Montlivault an
Frau Zoé, damit diese ihn persönlich übergeben und vom
Präfekten unter vier Augen eine Erklärung für sein Benehmen fordern möge Der somit zur Rechenschaft Ge-
zogene beteuerte ihr, dass sein Wohlwollen unvermindert
sei, warnte aber vor allzu schneller Rückkehr, da sie grosse
Gefahren biete, und weil ein zweites Exil sich ungleich ver-
hängnisvoller gestalten würde als das erste. „Sie wissen
nicht, was Sie erbitten,' sagte er zu seiner Rechtfertigung,
„erst wenn kein Platz mehr zu erjagen ist, werden die
Nachstellungen aufhören " und er riet den Brüdern, „wegen
der Wut ihrer Verfolger" die Stadt fürs erste zu meiden
Zugleich wurde aus Grenoble vertraulich gemeldet „Ducoin
lärmt wie der Teufel (fait le diable à quatre) um Eure
Stellung zu bekommen." — Pierre Antoine Amedée Ducoin
(geboren 1777) war ein begabter, aber rücksichtslos empor-
strebender Mann, der sich, um seine Ziele zu erreichen,
zur rechten Hand und zum Panegyriker des heissblütigen
Divisionsgenerals Vicomte Donnadieu gemacht hatte, der
Hauptstütze des Grafen von Artois im Dauphiné, wo sein
Name in Verbindung mit der „zweiten Schreckenszeit" noch
lange genannt werden wird

Nach der Abreise der Brüder war die Bibliothek zuerst
vom alten Abbé Lesbros, dann von Aug. Pellat, dem Freund
und Schüler Champollions, verwaltet worden: diesen ersetzte
jedoch der Maire, Marquis de Lavalette, schon am 25. Mai
durch Ducoin, allerdings auf Grund schriftlichen Abkommens
mit Champollion-Figeac, nur provisorisch und mit aus-
drücklicher Betonung der Rechte der abwesenden Brüder.

„Einige hungrige Geier machen sich die Bibliothek
streitig,“ klagt François, dem die endgültige Absetzung
schon zweifellos schien, in einer Erörterung über eine
epidemische Krankheit, die er als „Plaçomanie“ bezeichnet,
denn auch Ducoin hatte schon rührige Neider, die ihm die
kaum erlangte Stellung zu entreissen drohten. Inzwischen
hatte es Duguet beinahe erreicht, dass den Brüdern ein
Aufenthalt in Paris erlaubt würde, — aber am 1. und 2. Mai
fanden dort derartige Massenverhaftungen statt, dass die
Gefangenen nachts nach ausserhalb transportiert wurden,
um nur regelrechte Unterkunft zu finden. Die Gärung war
ungeheuer gross, eine Krisis stand bevor und die Gefahr
für die Brüder lag so sehr auf der Hand, dass der treue,
selber stark gefährdete Duguet sie nun seinerseits dringend
bat, in Figeac geduldig auszuharren.

Bereits in der Nacht vom 4. zum 5. Mai brachen dann
in Grenoble blutige Unruhen aus, die nur allzu sehr diese
Warnung rechtfertigten. Es war gleichsam ein Ventil, das
der polypenartig ganz Frankreich umstrickenden, bis an ausländische Höfe reichenden Verschwörung geöffnet wurde,
deren eigentliches Wesen selbst jetzt noch nicht völlig auf-
geklärt sein dürfte und deren Devise anscheinend lautete:
Alles andere — nur nicht das, was ist! Man drohte den
„beiden Königen in Frankreich“ mit einem dritten, dem
Herzog von Orléans, fils d'Egalité; doch waren auch die
Wahl eines fremden Prinzen oder die Wiederherstellung der
Republik ins Auge gefasst. Vorläufig jedoch schrieb der
Rechtsgelehrte Paul Didier, einer der Hauptagenten, den
Namen Napoleon auf seine Flagge, als er für sein blutiges
Experiment ganz geflissentlich das Dauphiné, und in diesem
speziell das Isère-Departement erwählte. Denn dort hatte
der gewaltige Name für die grosse Mehrzahl der Bevölkerung

noch nichts eingebusst von seiner faszinierenden Macht und
war wie kein anderer geeignet, sie zu politischen Wagnissen
hinzureissen.

Wie das Ereignis, welches das uberlistete Departement[1]
von neuem dem Rachedurst der Ultra uberlieferte, seinen
vorlaufigen Abschluss fand, zeigen die pomphaft aufge-
bauschten Siegesdepeschen Donnadieus, deren eine lautet
„Alle Zugange zur Stadt sind mit den Leichen der Feinde
bedeckt, — das Blut der Schuldigen ist nach Gebuhr ge-
flossen. . " — Nicht umsonst hatte das „okkulte Regiment"
hiermit die Bluttaufe erhalten[2]), denn die Gewalttatigkeiten
der ultraroyalistischen Machthaber nahmen nun erschreckende
Dimensionen an, und sehr beangstigend war es fur die den
beiden Verbannten Nahestehenden, dass deren Namen beim
Aufspuren der Verschworer laut oder leise immer wieder
genannt wurden. Geheimnisvolle Andeutungen von einem
sie schwer kompromittierenden Papier in Ducoins Handen
machten die Runde und ein dunkles Gerucht brachte den
Namen des Marschalls Drouet, dessen Unterstutzung bei der
Flucht einst mit Todesstrafe bedroht gewesen war, mit dem
der Bruder in Zusammenhang, so dass die Erinnerung an
die kuhne Tat des alteren von ihnen nun wie ein Damokles-
schwert uber beider Haupte hing

Didier, Delphinat und vordem Professor an der Grenobler
juristischen Fakultat, war selbstverstandlich nicht selten mit
ihnen zusammengekommen, und gemeinsam mit ihm hatte
Figeac im Mai 1815 in den Tuilerien des Kaisers Huld erfahren[3]) Sobald jedoch den Brudern die Teilnahme an der
Verschworung (vor welcher sogar der feurige Charles
Renauldon zuruckschreckte) angetragen wurde, hatten sie
alle Beziehungen zu ihrem verblendeten Kollegen abgebrochen. Dennoch hatte ihre Anwesenheit in Grenoble genugt, um sie sofort in ausserste Gefahr zu versetzen, denn

----

1) Hier fristeten viele schwer bedrangte Halbsold-Offiziere der
„Grossen Armee" ihr jammervolles Dasein und Didier rechnete auf sie

2) Didier wurde am 10. Juni 1816 zu Grenoble hingerichtet, eine
Anzahl der von ihm verfuhrten „Verschworer" wurden standrechtlich
erschossen, unter ihnen ein Greis und ein 16jahriger Jungling

3) „[Il] nous a ecrasés de compliments, comme Grenoblois " Figeac

das entdeckte Komplott wurde dort von den Ultra sehr geschickt dazu benutzt, sich unbequem Gewordener zu entledigen, und da die gefürchtete „Cour Prévotale" nicht als
zweckentsprechend erschien, so wurde eine Militärkom-
mission eingesetzt, „die in Zeit von einer Stunde zu
richten und zum Tode zu verurteilen" die Befugnis hatte.

Waren ihnen somit Grenoble verschlossen, so sahen die
Brüder mit desto grösserem Verlangen nach Paris hin, aber
nochmals warnte sie Duguet, als er selber der Hauptstadt
entfloh: „Der leiseste Argwohn kann grausame Folgen
haben; [zwar ist die Pariser Polizei für Euch, doch sind
die Zeiten so furchtbar, dass selbst sie oft machtlos ist!]."

Angesichts dieser Sachlage ergaben sich die Verbannten
einstweilen in ihr Geschick. — Während nun Jacques-Joseph
sogleich seine alten Bekanntschaften erneuert und sich möglichst wieder in seinem Geburtsort einzubürgern gesucht
hatte, war François geraume Zeitlang „mit seinen Ideen
allein geblieben," um sein moralisches Gleichgewicht erst
wiederzufinden, ehe er sich dem kritischen Blick seiner ihm
völlig entfremdeten nunmehrigen Mitbürger aussetzte, die
ihn „dem Marius gleich, aufrecht auf den Ruinen Karthagos
stehend" — sehen sollten. So heimisch er sich auch bei
den Schwestern fühlte, so gedachte er doch mit Schmerz
der letzten Geschehnisse. „Überdies," schreibt er an Thevenet,
„bin ich ... durch mein Wesen und meine Geschmacksrichtung
Delphinat bis auf den Grund meiner Seele! Figeac ist mir
wie ein neues Land erschienen; ausser dem Hause begegne
ich keinem bekannten Gesicht; alle die, zu denen ich in der
Kindheit Beziehungen hatte, sind gestorben oder anderswo.
Und wäre dem auch nicht so, so würde es mich doch nicht
hindern, mich ebenso vereinsamt zu fühlen, wie ich es bin.
Denn da ich meine früheren Gefährten ... so jung und
für so lange Zeit aus dem Auge verloren habe, so würden
meine Beschäftigungsart und ihre Gewohnheiten ohnehin
eine Scheidewand zwischen uns aufrichten, die zu über-
schreiten ich nicht über mich gewinnen könnte.

Die jungen Leute in unserer Stadt, wie diejenigen aller
fruchtbaren Distrikte ohne lokale Industrie interessieren sich
nur für Pferde, fürs Spiel und für das sogenannte schöne

Geschlecht. Man kann nichts Gutes von ihnen erwarten.
Und in Figeac Soireen einrichten zu wollen, wäre vergeb-
liche Mühe. Es gibt hier keine Gesellschaft, weil diese ver-
teufelten politischen Meinungen die Salons auflösen. Nichts
also von allem, was unsere Jugend hier tut, kann weder,
noch darf es mir konvenieren. So bin ich denn allein mit
den angenehmsten Erinnerungen." — Diese Zurückgezogen-
heit kam dem mit den Brüdern nach Figeac gekommenen
achtjährigen Ali zugute, dessen seit Jahresfrist begonnene
Unterweisung der fürsorgliche Onkel auf sich genommen
hatte.

Drei bald nach der Ankunft in Figeac flüchtig hingeworfene kleine Abhandlungen philosophischer Natur sind
sehr bemerkenswert und geben zugleich einen Beweis von
der wechselnden Stimmung ihres Verfassers. Die erste[1]
von Bitterkeit durchtränkt, erscheint wie eine Art von
Selbstverhöhnung, in der sich die Ereignisse widerspiegeln,
denen er zum Opfer gefallen war. Hier steht er in vollem
Aufruhr da gegen das Geschick, das ihm keine andere Waffe
mehr übrig gelassen, als Ironie! Seltsam genug folgt aber
am selben Tage bereits ein zweiter Aufsatz[2] nach, der
zusammen mit dem dritten[3], am nachfolgenden Tage ver-
faßten, mit fernem Wetterleuchten nach dem Gewittersturm
verglichen werden darf. Ein wohltuender Hauch von Re-
signation weht uns aus diesen scharf gedachten und gut entwickelten Sätzen entgegen, in denen der Autor über sich
selbst hinausgeht und nicht mehr fühlt, sondern denkt. —
Das Bemerkenswerte an diesen flüchtig hingeworfenen Ideen

---

1) „Les hommes tels qu'ils sont" (20. April 1816.) In
welcher Stimmung dieser packende Aufsatz geschrieben ist, sieht man
aus dem Schlußsatz „Le plus sot animal à mon avis c'est l'homme!"

2) „La Providence, — le Destin ou le Hasard" (20. April 1816.)

3) „Le libre arbitre" (21. April 1816.) Der Kernpunkt dieses
Artikels liegt in den Sätzen „L'homme [n'est pas] libre d'opérer sa
perception, puisque les idées naissent des circonstances, dont la
première cause est en Dieu. La volonté est donc la seule faculté
libre dans l'homme, si le libre arbitre est autre chose que le désir
de faire le bien ou le mal, c. à d. la volonté, il n'existe point
et c'est une des nombreuses rêveries théologiques."

ist, dass sie niedergeschrieben wurden in einer Zeit, die sie noch nicht völlig verstehen konnte.

Champollion kam übrigens bald von der etwas harten Beurteilung der jungen Leute in Figeac genügend zurück, um sich mit ihnen zu befreunden und manche heitere Stunde in ihrem Kreise zu verleben, besonders abends, bei zwanglosen Zusammenkünften unter freiem Himmel, wenn Reiten, Wettlaufen, Ständchenbringen die Zeit verkürzten. — In diese ihm ganz ungewohnte Umgebung versetzt, wo er keinerlei Amtswürde zu wahren, keine politischen Kämpfe auszufechten hatte, wo kein vorgestecktes Studienziel ihn zu rastlosem Fleiss antrieb, fühlte sich François zum erstenmal im Leben wirklich jung und mit der ihn umgebenden Jugend[1]) zu allerlei Kurzweil aufgelegt. Der Reiz der Neuheit dieser körperlich so anregenden Existenz vermochte ihn somit für einige Stunden täglich über alles was ihn drückte hinwegzutäuschen, so dass er sich leicht fühlte und frei — trotz der Verbannung. Aber die Briefe an Thevenet zeigen, dass das Leid immer wieder die Oberhand gewann.

„Wann werde ich unsere schönen Berge wiedersehen; ich habe sie nie so malerisch, nie so bezaubernd gefunden wie jetzt, wo meine Augen sie nicht mehr vor sich haben!" klagt er im Monat Mai, in Erinnerung an den strahlend blauen Himmel, der zu dieser Jahreszeit dem Gebirgspanorama von Grenoble einen in Wort und Bild nicht zu beschreibenden wunderbaren Reiz zu verleihen pflegt. — Da war es nun doppelt schlimm für des Verbannten heimwehkranke Seele, dass die ohnehin so düsterblickende Stadt Figeac eines der gefürchteten (zum Glück seltenen) „Oxicrat"[2]) Jahre zu verzeichnen hatte. Ein kalter Nordwest führte fast ununterbrochen schwere Regenmassen mit sich, so dass die Sonne nur selten „bleich und matt aus den Wolken hervorblicken" konnte. Man heizte noch im Juni und begann erst im August mit dem Mähen des kaum notreifen Getreides, das vielfach Garbe um Garbe am Herdfeuer getrocknet

---

1) Durch gesunden Humor zeichnete sich vor allen Jean Veyssié aus, der Sohn eines reichen Grundbesitzers.

2) Lokale Bezeichnung für den schlechten Wein solcher Jahre.

wurde. In solchen Unglücksjahren hangen die Trauben noch im November in den verschneiten Weinbergen neben Eiszapfen am blattlosen Rebstock, und die Winzer müssen zahlreiche Feuer anzünden, um ihrer traurigen Arbeit Herr werden zu können.

Die beiden Verbannten, die zu ihnen Fernerstehenden immer nur von ihrem „Aufenthalt auf dem Lande" redeten wurden binnen kurzem sehr populär in ihrer Vaterstadt und dank ihrer ungewöhnlich anregenden Eigenart traten sie auch bald in den Mittelpunkt des dortigen gesellschaftlichen Lebens, dem sie nicht nur wieder aufhalfen, sondern das sie auch für eine kurze Spanne Zeit völlig umgestalteten.

All dieser Ablenkungen ungeachtet richtete François den Blick stets nach Grenoble hin, denn dort befand sich ja, was ihm Geist und Gemüt fortwährend beschäftigte vor allem sein ägyptisches Arbeitsmaterial, von welchem mehr als das mitzunehmen, was zum Umarbeiten der beiden koptischen Werke nötig war, er durch die hastige Abreise und durch Monthvaults trügerische Versprechungen verhindert worden war — Dass Rosine nun mehr noch als zuvor unter den scharfen Vorwürfen ihres übellaunigen Vaters zu leiden hatte, schmerzte ihn ebenfalls, — war doch seine äusserst missliche Lage die Veranlassung dazu. Daher die stete Bitte an Thevenet[1]), sich der Bedrängten „mit bruderlicher Sorgfalt" anzunehmen „Zerstreue sie möglichst, verhindere sie, sich den schwarzen Gedanken hinzugeben, mit denen sie sich so häufig quält und die ihr so sehr schaden Erfinde, wenn es nötig ist, um sie zu beruhigen"

In die zarte Innigkeit, mit der er stets seiner „Schwester (hier im orientalischen Sinne), seiner „Anais" gedenkt, für die ihm der Name Rosine[2]) zu unpoetisch erscheint, tönt wie ein rauher Missklang sein Groll über die Grenobler Bibliotheksverhältnisse hinein: „Wir haben ihm (Ducom) alle

---

1) Um Thevenet von einer unglücklichen Liebe zu heilen, rät er ihm „Une indifférente ne vaut pas un soupir, une ingrate ne vaut pas un regret, une infidèle ne vaut pas une larme Prends ta règle de conduite dans un de ces vers "

2) Weshalb sie nicht mit ihrem schöneren Taufnamen Rose genannt wurde, ist nicht zu sagen.

Bücher, die er haben wollte, geliehen und für seine Studien
alle in unserer Macht stehenden Erleichterungen verschafft.
Überdies hat mein Bruder in Paris lange daran gearbeitet,
ihm eine Anstellung im Unterrichtswesen zu verschaffen.
Und gerade dieser Mann will uns aus unserem Platz drängen.
So ist die Menschheit!" Fast schmerzlicher noch berührte
es ihn persönlich, dass man einem gewissen Boissonet,
„Jakobiner vom reinsten Wasser im Jahre 1793," die über ihn
verhängte Verbannung erlassen hatte — demselben Mann,
gegen den er ganz allein (als Generalsekretär der Föde-
ration) um der gesetzlichen Ordnung willen drei Tage lang
angekämpft hatte, damit nicht den Ultra durch Gewaltmassregeln Besitz und Leben gefährdet würden! Aber Boissonet
trug längst wieder die Lilie am Knopfloch — und Champollion nicht!

„[Seine Mässigung]," spottet er, „verdiente ganz gewiss
viel eher diese Gunst, als der revolutionäre Geist, der Blut-
durst und die extreme Heftigkeit der Gesinnung Deines
Freundes, des alten Revolutionsmannes und Oberhauptes der
Grenobler Jakobiner. . . . Nochmals: So ist die Menschheit!"

Seinem schmerzlich bewegten Gemüt gaben die Briefe
Rosines und Thevenets den besten Trost. Beide waren
gleich ihm begeisterte Musikfreunde und sorgten dafür, dass
in Freundeskreisen verschiedene Lieder Champollions, die
Thevenet selber in Musik gesetzt oder bekannten Melodien
angepasst hatte, „zu Ehren des Verbannten" gesungen
wurden. Für das musikalische Empfinden dieses letzteren
sind folgende Worte an Thevenet kennzeichnend: „Ich bitte
Dich, die notwendigen Änderungen mit der Melodie vorzunehmen, damit sie sich meiner Poesie anpassen kann, denn
Du hast mich gelehrt, dass die Melodien nicht immer zu
den verschiedenen Worten passen, wenn diese auch dasselbe Versmass haben. Ich vermute, dass es ebenso mit den
beiden Romanzen sein wird. Deine [ist eine] Reihenfolge
von Distichen; doch meine feurige Phantasie wird sich niemals in diese Symmetrie, die ihr sehr kalt erscheint, ein-
zwängen können. Meine Verse wie mein Kopf sind voll
Beweglichkeit, guter oder schlechter! Jede Strophe ist

in der Abschattung verschieden von der vorhergehenden,
und ich bezweifle, dass diese Ungleichheiten, die dem Wesen
der Poesie entspringen und häufig ihre Schönheit aus-
machen, nach dem Geschmack unserer Tonkünstler sind, weil
sie, falls sie etwas gesunden Verstand haben, ... einsehen,
dass jeder Vers seine eigene Melodie haben musste[1]
Ihre Abneigung hinsichtlich dieses Punktes hat unsere lyrische
Poesie mehr beeinflusst, als man denken sollte unsere Romanzen sind kraftlos, ohne Aufschwung und ohne Nachdruck, auch komponiert man keine Oden mehr wie die
Alten, die nichts anderes sangen, und es wird von der
erotischen Poesie der Franzosen gesagt, dass man bei ihnen
singt, was nicht der Mühe lohnt, gelesen zu werden.
Doch ist dies keineswegs eine Regel ohne Ausnahme "

Aber auch an Anregungen ganz anderer Art fehlte es
nicht So grub der Archäologe Baron Chaudruc de Cra-
zannes in der Stadt selbst und in ihrer Umgebung nach
römischen Altertümern, daneben suchte und fand man
Gräber aus der Gallierzeit, die unter Aufsicht der beiden
Brüder geöffnet wurden[2] Ferner liess der langjährige
Freund der Familie Champollion, J. A. Delpon[3] auf Kosten
der Distriktsverwaltung unfern des Städtchens Cap-de-Nac
auf einem romantisch gelegenen felsigen Bergrücken Ausgrabungen vornehmen, die in erster Linie Jacques-Joseph
interessierten, da er nun seine Behauptung, dass dort Uxellodunum, die letzte von Cäsar persönlich belagerte Gallier-
stadt, gestanden habe, wissenschaftlich nachweisen zu können
hoffte[4] François, der bald zu Fuss bald zu Pferd die

---

1) Champollion sah also auch auf diesem Gebiet gleichsam in
die Zukunft hinein und ging seinen eigenen Weg Denn die durch-
komponierte Musik war damals noch nicht in Frankreich eingeführt.
Bei uns hatten Bach, Mozart und Beethoven diese Bahn schon geöffnet,
auf welcher dann Schubert und andere weiterschritten

2) Bei Reilhac fand man in einem Tumulus zwölf Kadaver im
Kreise liegen, die Köpfe in der Mitte, ohne Waffen und Geräte

3) 1778—1833, Procureur du Roi und Deputierter Bedeutender
Geologe und Landwirt, umsichtiger Philanthrop Der Besten einer in
seiner Zeit.

4) Seine Ausführungen galten lange für überzeugend, werden
aber seit Jahrzehnten bereits angefochten

Gegend durchstreifte und hier und da wieder zu botanisieren
begann, begleitete zwar seinen Bruder häufig nach Cap-de-
Nac, um ihm behilflich zu sein, am liebsten jedoch ging er
nach Livernon, einem altersgrauen Städtchen, das mit seinem
historischen Kirchlein aus der Merovingerzeit und seinen
schön gepflegten Gärten, heute noch wie damals als eine
Oase in seiner beispiellos steinigen Umgebung daliegt, und
wo die Nachkommen von Jean Veyssié und von Delpon
pietätvoll die Erinnerung an allerlei kleine Begebnisse rege
erhalten, die einst gelegentlich der Besuche des Verbannten
dort stattgefunden hatten.

Eine Ablenkung edelster Art von ihrer sorgenvollen
Lage fanden die Brüder in ihren Vorbereitungen zur Er-

Fig. 7.

richtung einer Volksschule nach
der soeben in Frankreich wieder
neu aufgekommenen soge-
nannten „Lancaster"-Methode,
die hauptsächlich auf dem
gegenseitigen Unterricht[1] der
Kinder, nach Anweisung des
Lehrers und unter seiner Beaufsichtigung, beruhte.

Mit dem Volksunterricht
war es damals schlecht bestellt
in Frankreich. Zwar hatte die
Revolution, aus ihrem Taumel
erwachend, gegen Ende 1794 auf die liberalen Ideen des
Anfangs zurückgegriffen und mit viel Eifer und Verständnis
treffliche Pläne für den Elementarunterricht entworfen,
aber nicht die Zeit zur sachgemässen Ausführung derselben
gefunden, so dass schon das Direktorium, und vollends das
Kaiserreich, sie wieder von der Bildfläche verschwinden sah.
— Hatte nun auch das Gesetz vom 1. Mai 1802 die Ge-
meinden zur Gründung von Elementarschulen verpflichtet.
so fehlte doch von oben herunter die nötige Anregung, so
dass der Ruf Raffrons (am 22. Oktober 1792) nach Erziehung

---

1) Daher „Enseignement mutuel". Im Englischen damals
„Monitorialsystem" genannt.

und Unterricht für das Volk noch immer übertönt wurde
von dem Worte Napoleons, dass die unteren Volksschichten
keines Unterrichtes bedürfen, um zu gehorchen. Und um
dem Imperator zu gefallen, hatte der Republikaner Fourcroy
es über sich vermocht, die Staatsunterstützung ausschliesslich
für Lyceen und Spezialschulen zu verwenden! Der Kostenpunkt, einer der traditionellen Einwürfe gegen die Hebung
der Volksschule, war hierdurch als Hindernis noch schwer-
wiegender in die Wagschale gefallen.

Nun glaubte Jomard, dessen pädagogische Talente sehr
bedeutend waren, die Lösung des ihn stark beschäftigen-
den Problems gefunden zu haben und auf billige Weise der
Unwissenheit der unteren Klassen abhelfen zu können. Er
hatte im Jahre 1814 in London das Verfahren des Lehrers
Joseph Lancaster[1]) kennen gelernt, der beim Volks- und
Elementarunterricht je einen lehrenden Schüler auf fünf
bis acht lernende verwandte, dadurch den Fleiss und die
Ehrliebe der Kinder ungemein steigerte und derartig
glänzende Erfolge mit seinen 500 Schülern erzielte, dass die
königliche Familie dieses Unterrichtssystem unter ihren
speziellen Schutz genommen hatte. Die Macht des Beispiels
und der deutlich zutage tretende Gewinn an Zeit und Geld
bei dieser Mechanik des Unterrichts in ihrer Vollendung
machten die „Lancaster"-Schulen, die man das „Wunder
Londons" nannte, in Grossbritannien schnell populär.

Diese Methode war in Frankreich schon um 1744 von
Herbault im Hospice de la Pitié (nahe dem Jardin des Plantes
in Paris) bei 300 Schülern mit grossem Erfolg verwendet
worden, doch wurde Herbault zwar sehr bewundert, doch
nicht unterstützt. Dasselbe erlebte der aus Irland gekommene
Chevalier Paulet 30 Jahre später, als er mit dem neuen
Unterrichtssystem in seinem Militär-Institut Instruktion und
Disziplin in aufsehenerregender Weise zu fördern verstand.
Dass sich schliesslich Ludwig XVI. für ihn und seine Methode

---

1) Sein Buch: Ein einziger Schulmeister unter tausend Kindern
in einer Schule, übersetzt und mit Anmerkungen versehen von
B. C. L. Natorp (Duisburg u. Essen, 1808) fand auch in Deutschland
vorübergehend Anklang.

interessierte, wurde dann aber der Grund, weshalb diese als
royalistische Institution von der Revolution verworfen
wurde. Französische Emigranten hatten sie jedoch so sehr
in England gerühmt, dass infolgedessen Lancaster im Jahre
1798 seine erste auf sie gestützte Schule eröffnet hatte. Doch
führte sie der Quäker Andrew Bell (geboren 1753 in Schott-
land) aus Indien her zur selben Zeit als „System of Madras"
ebenfalls ein. Er hatte in Egmore bei Madras im Jahre 1792
eine Schule solcher Art gegründet und hatte damit nur die
(schon von Cicero erwähnten) uralten Gepflogenheiten Indiens
in etwas modernisiert! — Bells hohe Verdienste wurden durch
Lancasters durchschlagendes Organisationstalent mehr als
billig überschattet, doch war es die Übersetzung[1]) seines trefflichen Leitfadens, die dem nun als neu in Frankreich eingeführten System zur Grundlage diente, — merkwürdiger-
weise jedoch unter dem Namen Lancasters.

Im Frühling 1815 traten in Paris eine Anzahl Männer
aller Parteien zusammen und bildeten auf Anregung Jomards
ein Zentralkomitee[2]), das sich, mit reichen Mitteln versehen,
netzartig über das Land auszudehnen strebte und in jedem
Bezirk geeignete Männer mit der Verwirklichung seiner
Pläne betraute. So gehörten denn auch die beiden Brüder
zu dieser Gesellschaft, die ihnen bereits die nötigen Proben
des Unterrichtsmaterials zugesandt hatte, das der eigenartigen Methode angepasst war und nun in entsprechender
Anzahl für die Schülergruppen vervielfältigt werden musste.
In seiner völligen Isoliertheit während der ersten Zeit hatte
sich François schon damit beschäftigt, weil er auf Grund der
gedruckten Anleitung einen jungen Lehrer für die kleineren
Schulkinder der Stadt Figeac auszubilden gedachte. Denn
die eingehende Beschäftigung mit Ali hatte ihm gezeigt, welch
grosse Genugtuung ihm die Verwertung seines pädagogischen
Talentes bei Kindern verschaffte.

Aus diesem Grunde schrieb er auch zu jener Zeit eine
auf die allgemeine Grammatik der Sprachen sich

---

1) Instructions pour la direction des écoles selon le système de
Madras, Londres 1798.

2) Société pour l'encouragement de l'Enseignement Elémentaire.

grundende französische Grammatik, deren einfachere Anordnung dem „Lancaster‚-System angepasst und, auf grossen
Bogen lithographisch vervielfältigt, den verschiedenen „Lan-
caster‚-Schulen zugesandt wurden, indessen eine komplizier-
tere Form für den Privatunterricht bestimmt wurde[1] Diese
„literarische Erziehungsmethode‘ sollte die Kinder von Anfang an auf die Erlernung fremder Sprachen vorbereiten und
ihnen „die Drangsale der Anfangsgründe bei den Pedanten
der Schulgeissel und der klassischen Zuchtrute ersparen.‘‘

Wie lebhaft sein Interesse für die Schuljugend seines
Geburtsortes war, hatte er schon gelegentlich der im August
1816 stattgefundenen Preisverteilung im dortigen College
Royal bewiesen, wo er die Schüler eingehend geprüft hatte.
Desto mehr bedauerte er deshalb, dass die von Jaques-
Joseph und ihm selber vertretene neue Lehrmethode für
den Elementarunterricht und für die Volksschulen auf den
Widerstand der Schulbehörde stiess. Zwar durften beide
hoffen, dass ihnen der Einfluss des Präfekten und des Unter-
präfekten zu Hilfe kommen würde in dieser Angelegenheit,
doch konnte fürs erste von der Eröffnung einer „Lancaster‘-
Schule nicht die Rede sein

Inzwischen waren zwei schlimme Nachrichten aus
Grenoble eingetroffen, wo der Marquis de Pina, einst der
Brüder Freund ganz eigenmächtig am 2. September Ducom
zum Bibliothekar ernannt und den begangenen Vertrauens-
bruch in einem Brief an den Präfekten wie folgt zu rechtfertigen gesucht hatte „ ‚. Da der Bibliothekar gewissermassen ein öffentlicher Lehrer für sehr viele junge Leute
ist, so folgt daraus, dass eine solche Stellung nur an Männer
gegeben werden darf, deren Moralität, sowie religiöse und
politische Grundsätze alle wünschenswerten Garantien
bieten . .‘‘ Der schon damals sehr angesehene Rechtsgelehrte Berriat Saint-Prix[2] dagegen meldete den Brüdern
„die Ernennung des Diebes Ducom‘‘

----

[1] Zum grösseren Teil erhalten geblieben Inediert, da sie von
den Schülern kopiert wurde

[2] Er nannte seitdem Ducom schlichtweg le voleur Ducom
wusste es und schwieg dazu

Da die Stellung des Assistenten ebenfalls aufgehoben war, so brach nun ein wahrer Sturm aus in der Familie Blanc, indem der Vater das Verlöbnis seiner Tochter mit dem „aussichtslosen" Dozenten formell löste, weshalb denn fortan nur wenige heimliche Briefe zwischen den Liebenden gewechselt werden konnten. François schreibt darüber: „Von allen Seiten zugleich kommt das Unglück über mich, doch hätte ich das vorher wissen können! . . . Ich kenne ihn, er ist wankelmütig und davon gerade hoffe ich das Beste. . . . Der Mond hat seine Phasen und mein zukünftiger Schwiegervater auch. . . . Übrigens bin ich reicher als ich glaubte: ich habe 750 Franken sichere Renten aus der Universitätskasse[1]; . . . ausserdem habe ich auch im „Grossen Buch" 44 Sous Jahresrente, als meinen Anteil an der Hundert-Millionen-Anleihe."

War dies alles sehr betrübend, so begann sich dagegen der politische Horizont genügend zu klären, um eine sofortige Änderung zum Besseren in den Grenobler Zuständen, und damit auch eine Möglichkeit zur Rückkehr der Verbannten, erwarten zu dürfen. Zwar wurde Decazes noch immer durch Verdächtigungen der Brüder seitens der Ultra alarmiert, doch fielen die Berichte aus dem Lot-Departement um so beruhigender aus. Hier hatten Lézay-Marnésia und Campagne bereits im September den Präfekten Montlivault um dessen Verwendung beim Minister gebeten, da alsdann die Auflösung der Kammer durch den König eine glückverheissende Änderung des Regierungskurses erwarten liess. Man rechnete bereits stark auf den liberalen Geist des Ministeriums und glaubte, dass es sich beeilen werde, die Ungerechtigkeiten und die Missgriffe wieder gut zu machen, die in seinem Namen während der letzten Session begangen worden waren.

Montlivault, der die Sache der Ultra verloren glaubte, begann sich mit schneller Wendung der konstitutionellen Liga zu nähern und liess wiederholt an die Brüder schreiben, dass er nicht sein Herz, wohl aber die Umstände befragt

---

1) Der halbe Gehalt war nachträglich den Professoren bewilligt worden.

habe, indem er die baldige Ruckkehr der Bruder vereitelte,
„um nicht die Hand zu bieten zu den vielen Bosheiten, die
noch immer gegen sie geplant wurden," — von ihrem
grossen Einfluss auf den Kampf der Parteien, den ihre
Wiederkehr notgedrungen zu neuem Brande anschuren werde,
ganz zu schweigen.

Nach endlosen Debatten wurde er aber von den
Grenobler Liberalen doch noch soweit gewonnen, dass er
selber am 19. November 1816 die Zuruckberufung des alteren
Bruders beantragte, sie wurde bewilligt, und zu gleicher Zeit
stellte der Minister die des jungeren in des Prafekten eigenes
Belieben. Da nun aber fur Champollion-Figeac die Uber-
wachung fortbestehen sollte, so ignorierte dieser seine „Be-
gnadigung", weil er sie vorlaufig als eine Illusion ansah —
Wie schon erwahnt worden, galt François in Regierungskreisen wegen seiner nicht unbekannt gebliebenen republi-
kanischen Gesinnung und seiner unter Umstanden zundenden
Beredsamkeit zu jener Zeit fur gefahrlicher als sein Bruder,
der politisch so gut wie aussichtslose Bonapartist, dem man
aber trotzdem zum mindesten ebenso sehr misstraute.

Frau Zoe, welche Montlivault mehrfach noch besturmt
hatte wegen ihres Gatten, war so tief betroffen uber ihres
Schwagers dauernde Verbannung, dass sie sich Vorwurfe
daruber machte, nicht auch fur diesen eingekommen zu sein;
einzig nur ihr teilnehmendes Herz zu Rate ziehend, fuhrte
sie nun in erneuten Bittgesuchen alle nur irgend annehmbaren Grunde auf, um auch seine Freilassung zu erwirken.
Montlivault wurde inzwischen durch die Intriguen seiner
fruheren Parteigenossen gesturzt und durch den Grafen
Berthier de Sauvigny ersetzt. An diesen wendet sich nun
der mittlerweile ebenfalls konstitutionell uberfarbte Polizeikommissar Graf Bastard und bittet um des jungeren Verbannten Freilassung, verwechselt ihn aber wieder mit dem
Bruder, und nimmt ihn uberdies fur Frau Zoes Gatten, so
dass der, fur den er bittet, wie ehedem mit keinem der
beiden Champollion identisch ist. Selbst dieser an gewalt-
same Willkur gewohnte Mann bestand nun aber auf beider
Verbannten Ruckkehr und zwar „weil das Gesetz uber die
individuelle Freiheit erscheinen werde, und weil alle in der-

selben Lage befindlichen Individuen bereits zurückgerufen
seien."

Auch Duguet, Sappey u. a. waren längst wieder mit
dieser kaleidoskopartig wechselnden Sache beschäftigt. ohne
jedoch zu hoffen, dass vor dem Erscheinen des neuen Gesetzes — der Amnestie zum Trotz — den Brüdern überhaupt Gerechtigkeit zuteil werden würde.

Noch manches Aktenstück wurde geschrieben. bevor
man François am 14. Januar 1817 endlich erlaubte, sich „in
Grenoble aufzuhalten." Beide Brüder bestanden jedoch
darauf, Pässe ohne Einschränkung zu erhalten und der
offiziellen Überwachung entzogen zu werden; sie blieben
daher in Figeac, bis ihnen endlich (nicht die Gerechtigkeits-
pflege im Lande, sondern) das langersehnte Gesetz über die
persönliche Freiheit auch im letzten Punkte Abhilfe schaffte.
— Wirklich teilt alsdann der Präfekt der Isère am 20. Februar
1817 Frau Zoë mit, dass nun die Brüder Herr ihrer Bewegung seien; da die letzteren jedoch nur vom Präfekten
des Lot-Departements das zu ihrer unbehinderten Abreise
Notwendige erlangen konnten, diesem jedoch keinerlei amtliche Nachricht darüber zuging, so überreichte Duguet am
11. März dem Minister eine Eingabe über das Benehmen
des Isère-Präfekten, den er zur Erfüllung seiner Amtspflichten
sofort veranlassen zu wollen bat.

Am 10. April endlich konnte Lézay - Marnésia dem
älteren Champollion einen Pass nach Paris ausstellen, wohin
dieser sogleich abreiste, während François mit seinem Neffen
Ali noch zurückblieb. Auch er war nun also völlig frei —
und sein erster Gedanke war, „den schönen Roman endlich
zu vollenden," der seit drei Jahren im Gange war, aber
Fesseln ganz eigener Art schlangen sich immer dichter um
ihn. eben jetzt, da er nach Grenoble zu eilen wünschte, wo
er im Geiste bereits weilte. Thevenet, dem er einst, wie um
seine stete Sorge um ihn zu entschuldigen, zugerufen hatte:
„Die Liebe hat Flügel, — die Freundschaft nicht; das Auge
der Liebe ist fast immer gehalten, die Freundschaft aber hat
Luchsaugen, um über dem Glück derer zu wachen, denen
das Geschick die Gunst erweist wahrer Freundschaft teilhaftig zu werden," — Thevenet musste nun seinerseits den

Freund sowohl, wie auch Rosine trosten, und in seiner Vertrauensseligkeit erwidert ihm François

Ich bitte Dich also, ihr in meinem Namen, — horst Du wohl? — alles zu sagen, was Du von zärtlichsten und schönsten Dingen ersinnen kannst Habe keine Angst, dass ich Dich Lugen strafen werde."

Dank den Bemuhungen beider Bruder war der letzte Winter in Figeac fur die dortige Gesellschaft ungewohnlich heiter verlaufen, denn die altgewohnten monotonen Vergnugungen hatte ein vollig neues Programm in geistig derartig anregende Zusammenkunfte umgestaltet, dass die Erinnerung an sie noch heute in der Stadt fortbesteht, leben doch dort noch Nachkommen derer, die Zeuge jener glanzvollen Tage gewesen waren. Das Haus in der Bodousquerie-Gasse, das solange unbeachtet gestanden hatte, sah sich nun plotzlich zum Mittelpunkt der Stadt werden, von dem das neue Leben dort wie der Pulsschlag vom Herzen ausging.

Aber die Tage vergingen und glichen sich nicht, denn noch wahrend Jacques-Josephs Anwesenheit war es plotzlich den Geschwistern klar geworden, dass die heimliche Vergeudung des mutterlichen Erbes[1]) durch den Vater so weit vorgeschritten war, dass gewisse „Freunde" desselben unvorhergesehen die Maske abwarfen und mit brutalen Gewaltmassregeln drohten, falls ihren gewissenlosen Forderungen nicht sogleich volle Genuge gegeben wurde Nur die Anwesenheit der Bruder und ihr tatkraftiges Eingreifen in diese Verhaltnisse konnte das Haus noch vor ganzlichem Zusammenbruch retten, da aber der altere von ihnen seine Abreise nach Paris nicht langer mehr verschieben wollte, so fiel die ganze Geschaftslast auf des jungeren Schultern. Der schwere Konflikt zwischen kindlicher Pietat und der Notwendigkeit, die Wurde des Hauses, sowie die Zukunft des Vaters und der Schwestern zu sichern (auf das eigene Erbteil hatten die Bruder langst verzichtet), wurde zur Quelle

---

1) Es hatte in ausgedehnten Landereien bestanden; zur Deckung der Schulden musste nun der in Kap I erwähnte parkahnliche Garten verkauft werden

17

schwerster Leiden für François, doch nur seine Briefe an
den Bruder enthalten bittere Klagen darüber, mit gemeinen
Naturen in demütigender Weise um Geldwerte streiten zu
müssen: „. . . Ich, ohne jegliche Kenntnis derartiger Angelegenheiten, ich muss nun den ganzen Verdruss und Ekel
davon tragen. — O diese letzten Tage — schrecklichere
habe ich nie erlebt!“ schreibt er am 13. Mai, nachdem es
ihm soeben noch gelungen war, die Gerichtsvollzieher von
der Schwelle des ehrwürdigen Elternhauses zurückzutreiben.

Halb vernichtet von Beschämung und Kummer über die
ungeahnt hereingebrochene Katastrophe, erkennt er es
dankbar an, dass zwei Freunde[1]) ungerufen erscheinen, um
Hilfe zu leisten: „. . . Diese also sind wahre Freunde! . . .
Niemand sonst ist gekommen, sie aber sind meiner Bitte,
die ich ihnen übrigens niemals ausgesprochen hätte, sogar
zuvorgekommen! Es sind doch immer die Ärmsten, die
am meisten Herz besitzen. Das haben sie bewiesen und
lange Zeit werde ich dessen noch gedenken, wenn Gott
will.“ — Champollion lehnte standhaft das Dargebotene ab;
er verschaffte sich vielmehr, nachdem er seine geringe Habe
geopfert hatte, anderswo Hilfe, bat aber den Bruder um
Übersendung eines kleinen Geschenkes für die Freunde,
„eine Bagatelle, — denn die Hand, die sie gibt, erhöht den
Wert.“

„Nur Ali ist seines Lebens froh,“ klagt er etwas später,
„glückliches Alter, wo man nur sieht, was Vergnügen macht.“
Übrigens hatte er inmitten seiner Verzweiflung darüber, das
Haus dem Stadtklatsch preisgegeben und fortan vielleicht
von allen gemieden zu sehen, die Genugtuung, dass der
ganz plötzlich abberufene Unterpräfekt, Baron de Campagne,
nur allein von ihm persönlich Abschied nahm: „. . . er hat
mich gestern Abend zärtlich umarmt und heute Morgen
noch meinen Pass freundlichst selber ausgefüllt.“ Auch
der Nachfolger, Herr de Saint-Félix, fand sogleich den Weg
nach dem bedrängten Hause und ersuchte Champollion um
Auskunft über Land und Leute[2]). — Zu dieser Zeit er-

---

[1] Das Ehepaar Jausion.
[2] Casimir Périer in Paris hatte ihm Champollion dazu empfohlen.

innerte ihn ein Brief Ducoins daran, welcher Mittel sich
seine Neider in Grenoble bedienten, um ihn fortgesetzt von
dort fernzuhalten. Über seine Erwiderung an den Zensor
und Bibliothekar schreibt François an Thevenet „. . . Du
hast seine Infamie gegen uns nicht vergessen. .. (Er) hatte,
man weiss nicht wie, in meinen Papieren einen Brief
meines Bruders[1]) aus der Zeit des Interregnums ausgegraben
und ihn der Behörde ausgeliefert, um uns hängen zu
lassen" . Falls er einen Funken von Ehrgefühl hat, wird
ihn mein Brief vernichten. . . .“ Auf seine Bitte, wegen der
gewaltsamen Entwendung dieses überdies zu unlauteren
Zwecken missbrauchten Papieres ein strafrechtliches Verfahren gegen Ducoin einzuleiten, hatte Bernat Saint-Prix nur
die eine Antwort, dass halb Grenoble darüber zugrunde
gehen würde, — ohne Nutzen für die Brüder.

Gerade in diesen Tagen häuslichen Elends schien es
Champollion ein Bedürfnis zu sein, in heiter erscheinenden
Briefen an liebe Freunde sich momentan von der trüben
Gegenwart loszureissen. So entstanden einige humoristische
Briefe an James Bougy, der ihn und Rosine zu Paten
seines Kindes zu haben wünschte, die charakteristisch sind
für den ausserordentlich starken Familiensinn ihres Schreibers.

Dass er selber in Figeac sehr hart bedrängt war,
schärfte ihm noch den schon von Natur so hellen Blick für
die Not anderer. Ein in Cahors weilender Verwandter seines
ehemaligen alten Lehrers, des Abbé Calmet, „ist dem Ver-
hungern nahe," weil er nicht zum Unterrichten zugelassen
werden soll. „Schaffe ihm Gerechtigkeit. . Eile tut Not!“
bittet er den Bruder, und dann wieder, im Hinblick auf
zwei Unglückliche, „[denen das liebe Brot fehlt, und die es
sich redlich verdienen möchten] Mache das schöne Wort
wahr: ‘Selber im Elend, lerne ich anderer Elend mildern’ "
Seine Bitten konnten erfüllt werden; manche ähnliche Anliegen noch wurden nach Paris übermittelt und direkt oder
durch den Bruder erledigt, die Kunde von den hohen Beziehungen und von der unerschöpflichen Hilfsbereitschaft
Champollions durchdrang alle Schichten der Bevölkerung,

1) Näheres in Kapitel VI

so dass das eben noch wegen peinlicher Vorkommnisse gemiedene alte Haus nochmals in den Mittelpunkt des allgemeinen Interesses trat und vorübergehend wieder wurde,
was es 25 Jahre früher gewesen war: ein Hort der Menschenliebe, wo Bedrängte vertrauensvoll Rat und Hilfe erbaten. Der
Umstand, dass Champollion im Frühling 1817 sich gegen die
harten Massregeln ereifert hatte, denen die Ultra-Royalisten
ihrerseits nach dem Siege der Konstitutionellen zum Opfer
fielen, hatte manche, die sein Geschick, nicht aber seinen
Charakter kannten, in Erstaunen gesetzt und das Vertrauen
bestärkt, das ihm allmählich von allen Seiten, auch in
politischer Hinsicht, vollauf entgegengebracht wurde. Denn
von den Konstitutionellen verlangte er nun die Mässigung,
die sie selber 1815 und 1816 ihren Bedrückern gepredigt
hatten. „Aber so ist der Mensch," schreibt er an Thevenet,
„er missbraucht stets die Waffe, vor der er sich gefürchtet
hatte, ehe er sie zur Hand genommen."

Anfang Juli endlich konnte er dank der Umsicht und
eisernen Willenskraft, die er im monatelangen Kampf gegen
die wucherischen Gläubiger entwickelt hatte, die Furcht aufgeben, „den Vater und die Schwestern binnen Jahresfrist im
Armenhause zu sehen;" und blieb auch noch viel zu ordnen
übrig, so vermochte er sich doch nun mit aller Energie der
Förderung seiner soeben mit einem Lehrer aus Paris eröffneten „Lancaster"-Schule zuzuwenden. Im Verlauf der
Zeit hatten sich nämlich nicht nur die Schulbehörde — die
anfangs den ungerechtfertigten Bedenken des Klerus Gehör
gegeben hatte, — sondern auch die Bewohner von Figeac
und Umgegend der genannten Lehrweise als einer wirklich
segensreichen Neuerung zugewendet und damit dem unter
ihnen weilenden selbstlosen Apostel des Systems eine wahre
Herzensfreude bereitet. Dass überdies nun auch die Präfekten des Tarn- und des Aveyron-Departements Champollions' Anwesenheit noch dazu benutzen wollten, um junge
Leute zur Erlernung der neuen Methode nach Figeac zu
senden, war eine öffentliche Genugtuung für den monatelang in seinen idealsten Bestrebungen Verkannten.

Noch am 3. Juli waren seine Aussichten für eine gesicherte Zukunft so gering, dass er schreibt: „Weniger als

je zuvor erkenne ich jetzt, wann ein gunstiger Wind stark
genug wehen wird, um mich zu Dir und zu allen zuruckzufuhren, die mir teuer sind. Ich mache seit 16 Monaten
eine harte Schule durch, und diese Zeit wird in meinem
Leben zahlen . . Das Resultat all dieser Betrachtungen,
der Zustand meines Herzens und meines Kopfes, alles bis
zu meiner Abmagerung hin, tragt dazu bei, mich zu uberzeugen, dass ein tuckischer Damon meinem Geschick vor-
steht und mich geradewegs in eine Holle von Leid fuhrt,
wahrend doch alle meine Bestrebungen dahin zielen, mich
zum Himmel emporzuheben . Getrennt von meiner Blume
und von einem Freunde wie Du ... ist es noch ein grosser
Trost, ganz sicher zu sein, dass Ihr, Rosine und Du, mich
keinen einzigen Augenblick vergesst."

Zum Leide Champollions lag dessen agyptisches Arbeitsmaterial nach wie vor in einem Arbeitskabinet auf-
gestapelt, das, obwohl zu den Raumen der Grenobler Bibliothek gehorig, zurzeit nicht zuganglich war In diesem
„gelben Zimmer" hatten die Bruder mit Vorliebe gearbeitet,
und da ihnen beim plotzlichen Eintreffen der Verbannungsordre, wie erwahnt worden, baldige Ruckkehr versprochen
wurde, so hatten sie es einfach verschlossen um es erst bei
der Wiederaufnahme ihrer Amtsgeschafte selber wieder zu
offnen. Seit ihrer Entsetzung durch Pina wurde dann, zum
Beweis ihres Protestes, dies Zimmer dem Nachfolger hartnackig vorenthalten. Da nun aber François wegen der ihm
feindlich gesinnten Grenobler Behorden und der ganzlichen
Aussichtslosigkeit auf eine neue Stellung letzthin beschlossen
hatte, seinen Aufenthalt in Figeac zu verlangern, so bat er
am 18 Juli Thevenet, das wichtigste von diesem Material,
welches der Freund heimlich zuruckziehen sollte, ihm zu ubersenden; die kleine Liste[1]) lasst interessante Ruckschlusse zu

---

1) „I. Une gravure d'I^n égypt et grecque [collee sur toile], c'est
l'I^n de Rosette

II La même I^n en hieroglyphes et collee sur un carton

III Dans une liasse de papiers, intitulee I^n de Ros prendre
tous les papiers et feuilles de papier intitules Alphabet
Egn ; d'autres, intitules passages lus.

auf mehrere wichtige, zu Anfang März 1816 im „Arsenal"
des Entzifferers vorhanden gewesene „Waffen".

Monate hatte er in Figeac vergehen lassen, bevor er
die ihm schmerzliche Umarbeitung seiner koptischen Grammatik und des drei Bände umfassenden Wörterbuches im
Sommer 1816 begann, so dass dann mehr als ein Jahr ver-
flossen war seit dem Tage, wo er erbittert ausgerufen hatte:
„Man will zu Gericht sitzen über meiner Arbeit. Sei es so, ...
einmal noch will ich mich dem Urteilsspruch unterwerfen ....')"
Und um auf andere Gedanken zu kommen, hatte er sich
mit Interesse der seltsam bewegten Geschichte seiner Vaterstadt zugewendet und den Plan gefasst, sie eingehend zu
bearbeiten. Ganz besonders der Aufklärung bedürftig erschienen ihm die fast unglaublich zu nennenden Geschicke
des Ortes während der 46 Jahre, wo die Protestanten ihn
in ihrer Gewalt²) gehabt hatten. Was er darüber durch
mündliche und schriftliche Überlieferungen in Erfahrung
brachte, wird sich zweifellos mit den Nachrichten decken,
die ein Zeitgenosse von ihm in seinen nicht zur Veröffentlichung bestimmten Privatpapieren verzeichnet hat²).

IV. Un cahier intitulé: Iⁿ Egne. — en caractère démotique ou
    vulgaire.

V. Une douzaine de feuilles sur grand papier blanc, chargées
    de la copie en grand de l'Iⁿ de Ros. Chaque ligne est
    numerotée; il y en a 32 lignes, au-dessous desquelles il y
    a du français ou du grec.

VI. Un vol. in-4⁰ imprimé, [intitulé] Iⁿ de Ros. par Ameilhon."

1) „On bride l'aiglon, mais l'aigle finit toujours par briser et
emporter le lacet!" 2. Juni 1815.

2) Siehe Kap. I p. 22.

3) Um 1600, so scheint es, war die damals mit Wällen und
Zitadelle versehene Stadt jedem Angriff gewachsen. Um sie zu einem
Bollwerk der Hugenotten zu machen und deren Macht noch zu ver-
stärken, wandte sich der Gouverneur de Chambré an Heinrichs IV.
Minister, den bekannten Herzog von Sully, der schliesslich, i. J. 1614.
für eine gewisse Summe die Stadt als sein „Eigentum" von ihm erwarb. Seltsame Zustände schuf besonders noch ein Abt (qui aima
mieux sabre que crosse), mit dem Sully die ehrwürdige Benediktiner-
abtei bedacht hatte. Späterhin erzürnte sich Ludwig XIII. mit Sully,
der es zu sehr mit den Hugenotten hielt, inzwischen aber für 12 000

Champollion führte sein Vorhaben leider nicht aus, — wahrscheinlich weil ihm sein Instinkt, oder auch eine Mahnung des Bruders anheim gab, sein eigentliches Gebiet, das Altertum, nicht um dieser zeitraubenden Nachforschungen willen zu verlassen. So unternahm er denn die erwähnte Neugestaltung der beiden koptischen Werke und hatte er schon am 31. Dezember 1816 berichtet. „[Mein koptisches Wörterbuch] wird alle Tage dicker, während es seinem Verfasser umgekehrt ergeht," so schreibt er fünf Monate später „Ich habe [es] vermehrt, vervollkommnet und kopiert, das härteste dabei ist, dass es noch nicht fertig ist, obwohl ich an Seite 1069 bin " — Er hatte bis zum Eintreffen des erwähnten Berichtes der Akademie gehofft, Sacy mit der Anordnung nach Wurzelwörtern aussöhnen zu können, da ja dies System auch früher schon bei semitischen Sprachen gebräuchlich gewesen war, doch liess er völlig ausser acht, dass das Studium des Koptischen damals noch in seinen Anfängen stand und eine solche Anordnung also kaum gelingen konnte. Seine (ebenfalls im Jahre 1808 begonnene) Grammatik betreffend[1]), die in den Archiven der Nationalbibliothek schlummert, so sagt ein Fachgelehrter der neueren Zeit, dass sie sich durch grosse Klarheit und Präzision auszeichne, obwohl sie an Methode und Originalität zu wünschen übrig lasse. Dies erklärt sich dadurch, dass Champollion das Studium des Koptischen nur als Mittel zum Zweck ansah, - als den Weg, der ihn zum Ziele führen würde, ohne dass er sich nach allen Seiten hin in alle Einzelheiten dieses Weges zu vertiefen brauchte.

Die ersehnten Papiere trafen im August 1817 ein (zur

---

ecus seine angeblich persönlichen Anrechte an die Stadt an den Herzog d'Uzes verkauft hatte, der durch diesen Handel die bedrängte Stadt freimachen wollte Weil nun Sullys Sohn den König ebenfalls erbittert hatte, so liess dieser Figeac belagern und nach der am 9 Juli 1622 erfolgten Erstürmung den Katholiken zurückgeben Da sich diese aber beim Niederreissen der Walle allzusehr beeilten, so wurde viel Schaden angerichtet Ganz besonders jedoch hatte die schöne Bergkirche zu leiden gehabt, „unter dem Vorwand, dass sie entweiht worden war "

1) Siehe p XV. XVI. der Préface seiner Geographie über die Anordnung nach Wurzelwörtern für seine Gram u. s. Wörterbuch

selben Zeit, als François der häuslichen Wirren endlich
Herr geworden war), so dass er sie nun, zum erstenmal
nach 17 Monaten, wieder durchsehen konnte. — Mit den
Hieroglyphen im engeren Sinne hatte er sich seit Anfang
März 1815 nicht wieder befasst, denn den monatelangen
Wirren war ja Sacys herbe Zurechtweisung gefolgt, die ihn,
mochte er wollen oder nicht, an der Natur der Bilderschrift
wieder irre gemacht hatte. Eine veränderte Auffassung
Horapollos wird noch dazu beigetragen haben, — jedenfalls
wagte er nicht mehr, die Hieroglyphen als drittes Glied eines
einheitlichen Systems hinzustellen, dessen zwei andere Glieder
das Hieratische und das Demotische wären. Von neuem
hielt er mehr zu Porphyrius als zu Clemens und fiel deshalb
wieder in den Irrtum zurück, dass die ἱερὰ γράμματα Herodots
und Diodors die Hieroglyphen nicht umfassen könnten! Sie
standen also — für ihn — wieder abseits von den beiden
anderen Schriftarten da. Er wollte deshalb zunächst die
Beziehungen des Demotischen zum Koptischen einerseits
und zum Hieratischen andrerseits ergründen.

Seine zu vier Quartbänden angewachsene koptische
Grammatik und das naturgemäss noch nicht abgeschlossene
Wörterbuch neben sich, setzte er also die in Grenoble begonnene, sowohl synthetische wie analytische Untersuchung
des demotisch-griechischen Textes der Rosettana fort, eine
wichtige und umfassende Vorarbeit zu der späterhin in Paris —
einen Monat vor der Verkündigung des hieroglyphischen
Alphabetes — vor der Inschriften-Akademie verlesenen grossen
Denkschrift über das Demotische.

Der fürsorgliche Bruder hatte sich seit seiner Ankunft
in Paris vergeblich bemüht, den Stich der Kommission vom
Rosettestein für ihn zu erlangen, da er sich seit Jahren
schon beklagte, durch die zweifelhaften Stellen des Londoner
Stiches, des einzigen, den er besass, zu fehlerhafter Arbeit
verleitet zu werden: Jomard blieb unerbittlich. Überdies erfuhr der „Ägypter", dass man ihn literarisch bereits mehrfach
missbraucht und ausgebeutet hatte: „Künftighin," erwidert
er deshalb, „will ich ... frisch und froh auf die literarischen
Piraten und System-Extravaganten einhauen. Wer sich zum
Lamm macht, den fressen die Wölfe, ich aber habe Zähne

wie ein anderer" Doch unterscheidet er unter den Beweg-
grunden und meint z. B. von Sicard, dem Verfasser der
Theorie des signes, der ihm einst so gern gelauscht hatte
und nun so manche Ideen des Studenten durchklingen liess·
„Ich verzeihe ihm, denn er hat es ohne Vorbedacht getan."

Dagegen beunruhigten ihn die noch inedierten astronomischen Memoiren Fouriers im Interesse der wissenschaftlichen Wahrheit „Ich weiss gewiss, dass das, was ich
ihm ehedem uber die Monate, ihre Namen und ihre Bedeutung gesagt habe, obwohl es damals das Beste war,
was man daruber wusste, mir heute nicht sehr richtig erscheint ich betrachtete die Monatsbenennungen wie Namen
von Gottheiten¹) und heute bin ich uberzeugt, dass es Namen
von Festen sind, so dass in Agypten, wie in anderen Gegenden
des Orients, die Monatsnamen sich auf burgerliche und
religiose Gebrauche beziehen."

Vom Bruder immer wieder dazu gedrangt, viel zu
publizieren, welchem Ansinnen er selber im allgemeinen
widerstrebte, hatte er im Juni 1817 „Bemerkungen" zu
Engelbreths Arbeit uber die baschmurischen Textfragmente
geschrieben·²) „Wenn das Magasin Encyclopédique den Geist
aufgibt," scherzt er, „so durfen wir uns ruhmen, dazu beigetragen zu haben durch die hochst unverdaulichen Bissen,
mit denen wir ihm den Magen beschweren"

Schon in den ersten 16 Seiten fand er 60 Varianten
zwischen Zoega und Engelbreth und wunschte „ein Buch
im germanischen Sinne" anstatt eines Aufsatzes fur die
Annales Encyclopediques, wie sich das „Magasin" nunmehr
nannte, daruber schreiben zu konnen. Letzteren schliesst er
mit einem Ausfall gegen verschiedene Zeitgenossen, die das
gesamte Altagyptertum ausschliesslich mit arabischen und
hebraischen Texten erklaren wollten, „als hatten die Agypter
[keine] Nationalsprache gehabt, sondern sich des Idioms
benachbarter Volkerstamme bedient"

Diese scharfe Ruge der Hebraisierungsmanie schuf ihm

---

1) Diese fruhere Annahme trifft zum Teil ebenfalls zu

2) Observations sur les fragments coptes en dial. baschmourique
(etc). Paris 1818 Extrait des Annales Encyclop 1817

neue literarische Widersacher, wie Fabre d'Olivet, Johanneau und andere; doch schreckte ihn das nicht: „Es freut mich, dass der Kelte Johanneau seinen gefürchteten Streitkolben gegen mich schwingt," sagt er; „mag er nur bedenken, dass ... die wahren Ägypter ebenso harte Schädel hatten, wie die Niederbretonen. Fehlt er mich, so ist's um ihn geschehen!"

Aber auch aus der Verschiedenheit der politischen Meinungen waren Champollion neue Gegner in Paris erwachsen, und zwar aus ehemaligen Freunden, für welche die Verbannung der Brüder zum Prüfstein ihrer Gesinnung gegen sie geworden zu sein schien. Viele Freunde und Gönner, besonders Dacier, Arago, Millin, die Brüder Périer, hatten ihnen ihre altgewohnte Freundschaft bewahrt, andere, wie z. B. Letronne, Langlès, Jomard, äusserten zum mindesten ihre Freude über die Aufhebung des Exils, nur Sacy, der wiederholt um eine wenn auch noch so bescheidene Anstellung für seinen Schüler gebeten wurde, blieb stumm, daher denn François in zornsprühenden Worten seinen Bruder beschwört, nicht nochmals zu ihm zu gehen: „[Er] kennt unsere Lage, und falls er etwas Gefühl hätte, so würde er allen kleinlichen Parteihader zum Opfer gebracht haben, um sie weniger grausam zu gestalten. Von ihm hing es ab, es zu tun, und er hat es nicht einmal versucht."

Da Sacy seit Februar 1815 Rektor der Pariser Fakultäten und seit April desselben Jahres Mitglied der Commission de l'Instruction Publique war, die späterhin den Titel Conseil Royal annahm, da ferner sein Einfluss in einschlägigen Fragen ausserordentlich weit reichte und er völlig unterrichtet war vom Notstand des „Ägypters", so kann man sich einer peinlichen Vermutung kaum erwehren: der grosse Orientalist, den man allgemein als einen Schützer der Bedrängten pries, musste Gründe ganz persönlicher Art haben, um in diesem speziellen Fall unerbittlich zu bleiben.

Seinen Aufenthalt in Paris wie immer nach Möglichkeit ausnutzend, versäumte Figeac nicht, seinem Bruder allerlei Material zu senden, und zwar meistens durch Bekannte, wegen der Indiskretion der Postbehörden, die heimlich im Dienste Karls von Artois standen: „Du bist mein Bruder,

— und ich bin der Deine!" so entschuldigt sich François,
wenn es der Bitten und Aufträge allzuviele waren — „Sollte
die Gerechtigkeit über den Kanal ausgewandert sein?" fragte
er am 3 Juli, als man ihm von einem Artikel in der „Monthly
Review"[1] berichtet hatte, der ihm im allgemeinen günstig
war, obgleich man ihm darin vorwarf, die biblischen Dokumente,
„wahrhafte Quellen der Geschichte," vernachlässigt zu haben
und sie viel mehr mit den Vorurteilen eines Ungläubigen, als
mit der Unparteilichkeit eines Philosophen zu betrachten
Hierbei kam ihm das soeben erschienene Werk[2] des Marquis
Pierre de Pastoret in den Sinn, mit dem er (bei Millin) einst
manches heisse Wortgefecht über Themata solcher Art gehabt hatte.

Sehr erregt über dieses Autors Darstellungen vom Despotismus der Pharaonen, erklärt er: „[Pastoret hat die Beweise
dazu aus der Genesis gezogen. Es wird mir leicht, ihn zu
widerlegen und seine Schlüsse zu zerstören. Seine Tatsachen
sind aus der Zeit der Hirtenkönige genommen, die Fremde
waren in Ägypten'] Joseph machte sein Glück an dem Hofe
eines Beduinenarabers; unter den Königen ägyptischer Rasse
wurde der Sohn Jacobs in den untersten Reihen des Volkes
geblieben sein, und er hatte sicherlich den schändlichen
Plan der Regierung nicht zur Ausführung bringen können,
der ja nur von einem grimmigen Beduinen ersonnen, und
nur von einem durch die Fremdherrschaft zertretenen Volke
ertragen werden konnte. Ich bin froh, dass des edlen Pairs
Nase nicht so weit gereicht hat, ich werde das Vergnügen
haben, ihn in meinem historischen Teil[3] aufzuklären [Er
hat auch vom ägyptischen Kult gesprochen!' — aber] man
muss zehn Jahre über den Denkmälern und den Autoren ge-
schwitzt haben, bevor man sich erlauben kann, eine Ansicht
über diesen Punkt zu äussern."

Auch über alle „Entdeckungen" auf dem ägyptischen
Sprachgebiet erhielt er Kunde, so hatte Louis Ripault im

---

1) 1816, Vol 79 p 463—472

2) Histoire de la legislation   Band II. Legislature des Egyptiens

3) Er denkt hier an die geplante Fortsetzung seines L'Egypte sous
les Pharaons

Juni 1817 vor der Kommission, deren Mitglied er war, in
langstündiger Sitzung das Geheimnis seines „hieroglyphischen
Schlüssels" enthüllt, aber keine Gnade damit vor seinen
Kollegen gefunden und sich eben deshalb sofort an Champollion
gewandt; er hatte ihn eingeladen, zu ihm auf sein Landgut
bei Orléans zu kommen, dort das vorhandene Material durchzusehen und in des „Entzifferers" Namen druckfertig zu
machen. Zugleich schlug er dem „Ägypter" vor, ein Schutz-
und Trutzbündnis mit ihm einzugehn, doch dieser liess sich auf
nichts ein, obwohl ihm von seinen nun allerorten auftauchenden
Rivalen gerade Ripault persönlich so sympathisch war, dass
er nicht unterliess, ihm Trost zuzusprechen, als jenem von
offizieller Seite her allerlei Unliebsames zugefügt wurde.

Ein anderer Entdecker, Dr. med. Roulhac aus Aurillac,
wünschte ebenfalls seine wissenschaftliche Beteiligung und
kam im August 1817 nach Figeac, um ihm sein sensationelles,
auch Ägypten umfassendes·etymologisches System zu unter-
breiten: „Er hat den Schlüssel zu allen Mythen des Altertums gefunden," scherzt Champollion darüber und geht im
selben Briefe über Günther Wahls Entzifferungen als einer
„teutschen (tudesque) Träumerei" leicht hinweg, fügt aber hinzu: „Was ich von den Entdeckungen des Dr. Young aus
seinem an mich gerichteten Briefe über die Inschrift von
Rosette weiss, beruhigt mich was ihn betrifft. Akerblad schrieb
mir ebenfalls, dass er seine Arbeiten aufgegeben habe; den
Rabbi[1]) zu nennen, ist nicht der Mühe wert. Fürchte also nicht,
dass man mir zuvorkommt; ich habe genügend Zeit für meine
Arbeiten über die [Inschrift], doch werde ich bei passender
Gelegenheit über das Museum Criticum[2]) sprechen." Ein Aufsatz Sacys war es, der ihm so sehr missfiel, dass er schon am
1. August bemerkt hatte: „Ich muss mich endgültig dieses
Faches [bemächtigen]. Es ist an Dir, mir das nötige Material
zu senden, damit ich meine Geissel schwingen kann nach dem
Vorbild des Rabbis. Jeder der Reihe nach . . ."

---

1) Rabbin, —— Sacy.
2) Nr. VI (im Band 1826) p. 155—204. Extracts of letters (etc.)
gez. A. B. C. D. (Young). Enthält dessen „Conjectural translation" des
demotischen Textes des Rosettesteines.

Die Überzeugung dass sein Platz nicht langer mehr in
Figeac sei, brachte sich im Herbst 1817 in peinlichster Weise
zur Geltung, doch wünschte er eine sichere Stellung in Aussicht zu haben, bevor er, infolge der häuslichen Trübsale
völlig verarmt und verschuldet, überdies gesundheitlich arg
geschädigt, das schützende Dach des Elternhauses verliesse.
Der Bruder mahnte ihn, ins Dauphiné zurückzukehren

„Nur mein Herz würde der Reise nach Grenoble froh
werden," erwidert er und bittet nochmals, ihm eine ganz
geringe Anstellung in Paris zu verschaffen, damit sie, verbunden mit dem halben Gehalt, ihm zu leben, und die
Neugestaltung des Unterrichtswesens abzuwarten gestatte.

Er hatte dringend gewünscht, Millins Privatsekretar zu
werden, oder besser noch der des Kardinals de Bausset, seines
väterlichen Freundes, um während dessen geplanten einjährigen Aufenthalts in Rom die dortigen koptischen Handschriften, sowie die Löwen des Kapitols, besonders aber die
Obelisken, eingehend zu studieren. Leider zerschlugen sich
alle Plane dieser Art, obwohl er dem Bruder die Wahl des
Ortes „zwischen Lissabon und Petersburg" freigestellt hatte.
Er tröstete sich damit, durch seine orientalischen Studien
„zwar nicht Reichtum und Ehre, wohl aber den grösseren
Schatz leidenschaftloser Hingabe ans Geschick und völlige
Gleichgültigkeit gegen die Zukunft" gewonnen zu haben

Eine grosse Lücke im Briefwechsel macht es ungewiss,
welcher Art die Garantien für eine gesicherte Zukunft waren,
die Champollion anscheinend ganz plötzlich nach seiner
zweiten Heimatstadt zurückführten, doch steht es fest, dass die
Ernennung des konstitutionell gesinnten Choppin d'Arnouville
zum Prafekten der Isère, sowie das sehr bestimmt auftretende
Gerücht von der unmittelbar bevorstehenden Wiederherstellung
der philosophischen Fakultat von Grenoble den Anlass zur
Abreise gaben. Immerhin traf Champollion dort am 21. Oktober 1817 mit Ali wieder ein und wurde zu seiner Freude
sogleich von Planta, dem Exprasidenten der gefürchteten
„Cour Prévôtale", der „aus seinem bösen Traum erwacht,"
d h ins Lager der Liberalen zurückgekehrt war, auf wärmste
bewillkommnet und zu festlichem Mahle geladen Danach
führte ihn Planta zum neuen Prafekten, auf dessen Klugheit

und Herzensgüte die liberale Partei des Departements ihre
Hoffnungen auf eine bessere Zukunft gründete.

Aber die Agenten des Grafen von Artois dachten trotz
der stark hervortretenden konstitutionellen Richtung der
offiziellen Regierungskreise weniger als je ans Abrüsten.
Im Prinzip bereits besiegt, sannen sie trotzdem auf neue
Hilfsmittel, um gerade im Dauphiné und speziell im Isère-
Departement, wo starke politische Krisen an der Tagesordnung
waren, die seit lange angestrebte grosse Gegenrevolution
zum Ausbruch kommen zu lassen:

Den konstitutionellen Geist auslöschen, alle alten Rechte
des Adels und der Geistlichkeit wieder einsetzen, willkürliche
indirekte Abgaben und Frondienste einführen und im Notfall eine Bartholomäusnacht für die Widerstrebenden einrichten
zu wollen, — dies und anderes mehr warf ihnen das „Echo
des Alpes" fortgesetzt vor, besonders aber klagte es sie an,
durch ihr Verfolgungsdelirium bereits mehr als 1000 Familien
in Grenoble und Umgegend ruiniert zu haben. Je liberaler
daher die Ministerien im Dauphiné vorgingen, das der König
für die blutigen Exzesse d. J. 1816 zu entschädigen suchte,
desto hitziger wurden die Ultra, deren vereinigte Angriffe,
nachdem einige der ihren aus dem Sattel gehoben waren,
dem trefflichen Präfekten galten, obgleich dieser mit der
ernsten Weisung nach Grenoble gesandt war, die geängstete
und verbitterte Bevölkerung durch Gerechtigkeit und Milde
mit der Regierung Ludwig XVIII. auszusöhnen!

Choppin d'Arnouville bemerkte sogleich die ungeheuren
Schwierigkeiten, die sich seinem schönen Friedenswerk ent-
gegenstellten und sah sich daher nach hervorragenden
Männern um, die ihm behilflich sein könnten. Planta, der
sein begangenes Unrecht dadurch sühnte, dass er sich zur
Hauptstütze der ministeriell-liberalen Partei machte, hatte sich
deshalb beeilt, den Verbannten noch vor dessen Rückkehr
aufs dringendste dem Präfekten zu empfehlen, und gleich die
erste Begegnung liess beide erkennen, dass sie sehr freundschaftlich zueinander stehen würden. Champollion erhielt die
formelle Zusicherung, dass er nicht mehr verfolgt, sondern
beschützt und gefördert werden solle. Hierdurch fiel die
drückende Sorgenlast schon zur Hälfte von seinen Schultern.

Er musste versprechen, so oft es ihm möglich sei, den Abend
in der Präfektur zu verbringen, und zu einer besonders kostbaren Garantie für dauernde gute Beziehungen galt ihm der
Umstand, dass des Präfekten Sohn, ein angehender Hellenist
der nach Anregung verlangte, sogleich in Beziehungen zu
ihm zu treten begann.

Auch der schon erwähnte Rektor, Abbé de Sordes, begrüsste ihn sofort und gab der Hoffnung auf die Wiederherstellung der philosophischen Fakultät neue Nahrung; es hiess
sogar, dass eine zweifache Professur, nämlich alte Geschichte
und Hebräisch, ihm beschieden werden sollte — Durch
diese ungeahnt günstigen Perspektiven in sehr gehobene
Stimmung versetzt, widerstand er nicht lange den Bitten
Plantas und Camille Teisseires, welche in ihn drangen, die
von dem Deputierten Savoye de Rollin dringend gewünschte
Gründung einer „Lancaster"-Schule in Grenoble zu übernehmen und sich an die Spitze der Anstalt, die dem Departement zum Vorbild dienen sollte, zu stellen. Sogleich
verbreitete sich die Kunde von seiner Zusage in der Stadt,
und mit aus diesem Grunde strömte nun alles, was sich zur
liberalen Partei bekannte, herzu, um ihn willkommen zu
heissen, so dass er mit Recht sagen konnte. „Ich bin von
aller Welt gefeiert und umarmt worden, selbst von Leuten,
die ich weder von Adam, noch von Eva her kannte! . . Die
öffentliche und private Meinung ist für uns, einige Masken
sind verschwunden, doch viele neue Freunde gewonnen"
— Der an ihn ergangenen Aufforderung war Nachstehendes
vorangegangen

Am 20. Oktober hatte durch eine öffentliche Sitzung die
Wiederbelebung der Delphinatischen Akademie stattgefunden,
die infolge der politischen Zerrüttung des Dauphinés und der
Verbannung ihrer namhaftesten Mitglieder jahrelang brach gelegen hatte Champollion selber hatte bestimmt, dass er am
Tage dieser Sitzung noch nicht in Grenoble sein würde.
Denn da er infolge seines Exils der erwähnten Akademie
bis auf weiteres nicht mehr angehörte, so hatte seine
Anwesenheit in der Stadt zu argen Verlegenheiten
geführt Dennoch war gerade seine Rückkehr der Anlass
geworden zu der glänzenden Kundgebung für die nützlichen

Hartleben Champollion 18

Bestrebungen der ministeriell-liberalen Partei, zu der sich die
Sitzung gestaltete. Denn im Beisein des Präfekten und vieler
hoher Beamten und Offiziere[1]) hatten Teisseire und besonders
Planta dargetan, wie segensreich für das Departement die
Einführung des „Lancaster"-Systems in grösserem Massstabe
sein würde.

Die Ultra sprachen aus ähnlichen Gründen wie Napoleon
einst den unteren Volksklassen das Anrecht auf ordnungs-
mässigen Unterricht ab. Nun forderte Planta sofortige
Hebung des Volksschulwesens und erörterte die drei Punkte:

    1. Ist es möglich, das Volk aufzuklären?

    2. Ist es nützlich, das Volk aufzuklären?

    3. Schuldet man ihm den Elementarunterricht?

Alle drei Fragen wurden ebenso energisch wie einstimmig
von den Anwesenden bejaht, und von diesem Moment an
hatte man mit freudiger Erwartung dem sich nahenden
Champollion entgegengesehen, so dass dessen Rückkehr nach
Grenoble in ebenso hohem Grade willkommen war, wie
seine Abreise aus Figeac dort Trauer erregt hatte.

---

    1) Der Herzog von Ragusa (Marschall Marmont), als Regierungs-
kommissar nach Grenoble gesandt, war ebenfalls anwesend.

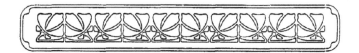

Kapitel VI

Der Pädagoge und Volksfreund.

(Oktober 1817 bis Juli 1821.)

„ . . . Mit grossem Eifer wandte er sich dem Elementarunterricht zu und achtete es nicht zu gering und unscheinbar
für sich, ihm eine gute Richtung zu geben und dadurch der
Menschheit einen wirklichen Dienst zu erweisen." — Es ist
Sacy, der gefeierte Pädagoge, der nach Champollions Tode
in seinem schönen Nachruf nicht umhin konnte, ihm dieses
aller Parteilichkeit unverdächtige Lob zu spenden. Vielleicht
schrieb er diese Worte mit nachträglichem Bedauern, seinem
ehemaligen Schüler in jenen stürmischen Tagen, wo dessen
Tätigkeit auf dem genannten Gebiet mit vielen Kämpfen und
Gefahren verbunden war, in keiner Weise zu Hilfe gekommen
zu sein.

Die Übernahme und Instandsetzung des neuen Schulwesens durch den jungen Professor galt bei allen Wohl-
gesinnten von vornherein als öffentlich sanktioniert. Da aber
die „Lancaster"-Methode bereits als das Wahrzeichen der liberalen Partei angesehen wurde und sogar als eins ihrer Mittel
zur Bekämpfung der Übergriffe des Klerus und der Ultra, so
erschien sein Vorgehen einigen älteren Freunden bedenklich
kühn, weil ja der von neuem auf den Schild Gehobene sogleich
wieder dem Angriff seiner Gegner preisgegeben wurde.
— Hierzu kommt noch, dass die fast durchweg liberal gesinnten Söhne der zahlreichen Grenobler Patrizierfamilien,

18

die jetzt wieder Feste feiern durften, dies in überströmender
Freude auch zu Ehren Champollions taten, obwohl dies ebenfalls den Groll seiner Widersacher beträchtlich vermehrte.
Je unbedachter ihn nun seine Parteigenossen auszeichneten,
desto mehr bestrebte er sich, massvoll zu sein, und der Präfekt
war ihm eine stete Mahnung und ein schönes Vorbild dazu.
Doch konnte dieser ihn nicht vor den Ärgernissen schützen, die
ihm aus dem schroffen Widerstand erwuchsen, den der
Maire, Marquis de Pina, der neuen Schuleinrichtung entgegen-
setzte, so dass diese Angelegenheit immer wieder ins Stocken
geriet.

Andrerseits stellte der Bibliothekar Ducoin seine Geduld
auf die Probe durch beständiges Reklamieren des „gelben
Zimmers", dem schon hohe Aktenstösse in Paris wie in
Grenoble ihr Dasein verdankten und das den Unbeteiligten
viel Anlass zum Scherzen gab. Zwar suchte der Maire bald
mit List bald mit Gewalt dieser Fehde ein Ende zu machen,
doch stets vergeblich, da Berriat Saint-Prix sowie der Präfekt
selber den Brüdern energisch zur Fortsetzung des passiven
Widerstandes rieten.

Inzwischen war es zweifellos geworden, dass trotz der
Bemühungen Cuviers die philosophische Fakultät zu Grenoble
nicht wieder erstehen würde, da nämlich die übrigen Mitglieder des Conseil Royal der Ansicht waren, dass die
Professoren derselben sich zu sehr kompromittiert hätten.
Besonders rückhaltlos redete hierüber Gueneau de Mussy,
eine Hauptstütze der okkulten Regierung, unter dessen Einfluss, wie gesagt worden, die Université der Möglichkeit,
sich zu immer grösserer Unabhängigkeit zu entwickeln, verlustig ging.

So sah sich denn Champollion ganz ausschliesslich auf
seine im Entstehen begriffene Schule angewiesen, doch gewahrte er mit Schmerz die täglich zunehmende Feindseligkeit
der katholischen Geistlichkeit gegen sein Vorhaben, das trotz
seiner friedlichen Tendenz zur Brandfackel zwischen den
Parteien zu werden drohte. Scheute sich doch selbst der
Divisionsgeneral Donnadieu nicht, dies Werk der Gerechtigkeit öffentlich zu verunglimpfen, noch ehe es fertig dastand.
Der Rektor dagegen, Abbé de Sordes, war zum Glück

konstitutioneller Royalist und wollte das Übel in der Wurzel angreifen. Mit Genugtuung meldet François daher dem Bruder. „Sordes will seinen Feldzug gegen den Klerus beginnen, der die Universite völlig ersticken mochte mit seinen kleinen Seminaren, deren Kühnheit und teuflische Politik . . die öffentlichen Lehranstalten unterminieren."

Zum Abwarten gezwungen, vertiefte er sich einstweilen in den Plan eines grösseren Werkes über das Verhältnis des Judentums zum Altägyptertum, wozu ihn der israelitische Schriftsteller Michel Berr aufforderte, der ihn in Paris einst kennen gelernt hatte. Nur seinem Wunsche Gehör gebend, für Ägypten eintreten zu können, begann er damit eine Arbeit, für die den Besten unserer Tage sogar der Zeitpunkt verfrüht erscheinen mochte, und was ihn einzig dabei schreckte, war nicht etwa seine Kühnheit, sondern der Zorn der Rabbiner „[die ebenso fanatisch sind hinsichtlich ihrer Texte, wie die Katholiken, wenn man an die heilige Vulgata rührt]." An dieser Klippe scheint denn auch das Werk gescheitert zu sein, denn der „Ägypter" stellte die Bedingung, seine Ergebnisse rückhaltlos aussprechen zu dürfen. Wie arg dieselben aber dem nationalen Selbstgefühl der Juden mitzuspielen geeignet waren, lasst schon die Disposition erraten, die Figeac, um Missverständnissen vorzubeugen, in ihrer ursprünglichen, nicht fürs Publikum bestimmten Fassung[1]) Michel Berr vorlegte. — Nachdem sich diese Sache zerschlagen hatte, wandte sich Champollion, wie in Paris einst, mit Eifer den nordischen Sprachen zu, um durch die in ihnen verfassten Heldensagen neue Gesichtspunkte zu gewinnen

---

1) Ein Satz darin lautet „Si ce fut sous une dynastie égypt. ou arabe que Joseph etablit son horrible administration qui rendit la nation égypt une propriété du Roi et rien de plus "

Ein anderer „Quels sont les emprunts faits par la langue hébraïque à la langue egyptienne. (Barthélemy [a mis] la charrue devant les boeufs, en cherchant les mots ég. empruntés aux Juifs) " — Dieser Teil seiner Studien hatte als Parallele Untersuchungen, über die er bereits am 2 Juni 1815 mit Bezug auf seine von der akad. Kommission verworfenen zwei kopt Werke gesagt hatte „Emprunts faits à l'égyptien par la langue arabe: c'est une idee mère que je ne veux point leur mettre sous les yeux "

für die älteste Geschichte der germanischen Völker. Hiervon ganz abgesehen, erhielten die jüngeren seiner zahlreichen Gesinnungsgenossen starke Anregung zur Erlernung fremder Sprachen von ihm durch den Umstand, dass zu eben jener Zeit auf seinen, vom Präfekten unterstützten Wunsch viele in verschiedenen Sprachen verfasste Broschüren liberalen Inhalts ihren Weg nach Grenoble fanden, „um gute und gesunde Ideen" unter der Jugend zu verbreiten. Selbstverständlich war auch Jacques-Joseph in Paris sehr rührig·für diese Angelegenheit; Planta seinerseits sorgte vor allem für deutsche Schriften, da sie ihm zufolge die annehmbarste Form des Protestes gegen den Absolutismus enthielten.

Choppin d'Arnouville machte sich zum Mittelpunkt dieser Bestrebung und es gelang ihm, wenn auch nicht ohne Mühe, die Umtriebe der Ultra geraume Zeit lang niederzuhalten. Zugleich bemühte er sich, den Pariser Regierungskreisen endlich einmal eine richtige Anschauung vom Isère-Departement zu geben, dem „der wilde Drang nach anarchischen Wirren," dessen man es seit Jahren beschuldigte, völlig fremd war, da seine (am 22. März 1804 Bonaparte kundgegebenen) politischen Ideale nach wie vor in dem Wunsche gipfelten: „Freiheit — durch weise Gesetze geregelt!"

Bei seinen Bestrebungen, „Wunden zu heilen und Tränen zu trocknen", zog der Präfekt als land- und leutekundigen Ratgeber stets auch Champollion heran, der ihn täglich in der Einsicht bestärkte, dass die loyalen, aber sehr unruhigen Delphinaten zwischen ihren eingebüssten Landesprivilegien und den jungen Freiheiten der Revolution noch nicht das nötige Gleichgewicht gefunden hätten und deshalb viel mehr mit Schonung und Langmut, als mit grausamer Härte zu lenken seien, — von illegaler Willkür ganz zu schweigen.

Unglücklicherweise hatten Pina und Donnadieu schon im Oktober 1817 verschärfte Massregeln für das Isère-Departement gefordert, sowie die Absetzung Choppin d'Arnouvilles. Als Antwort hatte aber der König den Herzog von Ragusa zur zeitweiligen Unterstützung des Angeklagten nach Grenoble gesandt. Beide jedoch vermochten nichts zur Überbrückung der täglich sich erweiternden Kluft zwischen dem Lager der

Ultra und dem der Liberalen zu tun. Pina und Donnadieu
standen dem ersteren vor, der Prafekt, Planta und Champollion
galten als die Seele des letzteren. Zu bestimmten Tagen
und Stunden empfingen sie ihre Gesinnungsgenossen, wozu
bemerkt werden muss, dass sich angesichts der immer ernster
werdenden Sachlage die konstitutionellen Royalisten („Char-
trains") neben die gemässigten Liberalen stellten, um die Umtriebe der Absolutisten zu bekämpfen. Verrat an der Korrespondenz, auf die Berichte bestochener Geheimpolizisten gestützte Denunziationen, boswillig ausgestreute Verschwörungs-
gerüchte und das Anbringen aufrührerischer Plakate[1]), — das
waren die Mittel der von machtigen Pariser Parteigenossen
standig ermutigten Ultra, um sich die Herrschaft im Isère-
Bezirk wieder zu verschaffen Und die offizielle Landes-
regierung zeigte sich machtlos, den ministeriellen Präfekten
vor Pina und Donnadieu zu schützen!

Champollion drangte es, wie im Fruhsommer 1815 in
den Mittelpunkt der Bewegung zu treten, um seinen Mitburgern zu Hilfe zu kommen. Aber des Prafekten Mahnungen
eingedenk, liess er es dabei bewenden, in den Ausschuss-
sitzungen seiner Partei der gesetzlichen Freiheit und dem
wahren Patriotismus das Wort zu reden, doch flehte er unaufhörlich seinen Bruder an, bei den Ministern vorstellig zu
werden, damit sie die fortgesetzten Beschwerdeschriften des
Isere-Prafekten nun endlich berucksichtigen mochten. „[Die
Erregtheit ist fieberhaft, der Kampf wird immer grimmiger,
eine Behorde unterminiert die andere, man legt Minen und
Gegenminen]," klagt er und bittet, aus seinen eigenen
Briefen Einzelheiten zu geben zur besseren Beleuchtung der
skandalosen Vorgange. Diese hatten besonders darin ihren
Grund, dass Donnadieu, im Gegensatz zu dem lautlos vor-
gehenden Marquis de Pina, seiner wutenden Leidenschaft
freien Lauf liess und die unwurdigsten Mittel anwandte, um
den Prafekten gewaltsam aus seiner weisen Ruhe aufzustacheln
und die Schuld auf dessen Seite zu bringen Dies gelang
ihm aber nicht, und Champollion hebt mehrfach freudig hervor, dass das Tribunal zugunsten Choppin d Arnouvilles
entschieden habe.

1) Die Polizisten Brun und Basset wurden dabei abgefasst

Man schuldet es dem Andenken Champollions, bei diesen
Einzelheiten etwas zu verweilen, denn nur so wird es verständlich, wie sehr die heftigen Zornesausbrüche, zu denen ihn sein
unbestechlich rechtlicher Sinn immer wieder hinriss, mit der
Zeit sein Nervensystem zerrütteten und seiner leicht erregbaren Natur etwas wie agressive Bitterkeit beimischten, die
ihr eigentlich ganz fremd war.

Zur Verschlimmerung der anarchischen Zustände trug
noch die Anwesenheit von Missionaren bei, die mit vielem
Gepränge im Januar 1818 ihren Einzug in Grenoble gehalten
hatten und die nicht nur die Bewohner der Stadt selber,
sondern, innerhalb ihrer Mauern, auch die gesamte Landbevölkerung bis auf fünf Meilen in der Runde „bekehren"
wollten, so dass vom Bischof Massenaufgebote an jene er-
gingen, die einem Befehl gleichkamen. Der Präfekt wusste im
voraus, dass diese Missionare im Dienste von Artois standen
und weit mehr politische Zwecke als religiöse verfolgten.
Die schwersten Unzuträglichkeiten liessen denn auch nicht
auf sich warten, nicht nur, weil verschiedene Elemente der
Bevölkerung von der Kanzel herab angegriffen wurden und
nun, in allerdings nur harmloser Weise, gegen die Missionare
Stellung nahmen, sondern auch, weil diese ihre Predigten
so früh morgens begannen und derartig spät am Abend
beschlossen, dass die scharenweise herzuströmenden Land-
leute während der wenigen Nachtstunden sich unterbrachten,
wie es ihnen gut schien, und dadurch viel Ärgernis erregten,
„indessen die Missionare sorglos der Ruhe pflegten."

Ungehalten über diesen „Skandal zu Nutzen des Glaubens
und des Zuwachses der Bevölkerung," sowie über die
gewissenlose Verleumdung der Stadt[1]), in der den Berichten
der Ultra zufolge die Missionare als „Märtyrer" weilten,
stellte Champollion im „Journal Général," sowie im „Journal
du Commerce" auf des Präfekten Wunsch in massvollen
Worten die wahren Tatsachen fest. Ludwigs XIV. Klage:
„Ich bezahle die Missionare sehr teuer und ernte nichts als
viele Beschwerden und wenige Bekehrungen,"[2]) kam wieder

---

1) In Pariser ultraroyal. Blättern und in Broschüren.
2) Frau von Maintenon an Fénélon, 1667.

in Erinnerung, und man wunderte sich nicht allzusehr über
den Erfolg der Mission in Loriol, wo , zwei Katholiken im
Begriff standen, zum Protestantismus überzutreten "

Eine grosse Prozession schloss endlich am 25. Februar
diese religiosen Übungen ab. Mit recht gemischten Gefühlen — denen er in einer sehr scharfen Satire sogleich
Ausdruck gab[1]), — sah Champollion den Maire, den Divisionsgeneral und alle sonstigen Ultra als demütige Büsser im
Pönitentenanzug hinter dem grossen Kreuze herziehen, das
unter Beteiligung eines Teiles der Garnison als „Trophäe
herrlicher Siege" aufgestellt wurde

Recht kühl verhielt sich zu diesem religiosen Eifer die
juristische Fakultät, die als Zentrum der Liberalen so arg
geschmäht worden war, dass ihr, auf des Rektors Beschwerde,
die Missionare öffentlich Abbitte tun mussten. Im Auftrage
des Präfekten schrieb Champollion bald darauf eine längere,
zugleich in Paris und in Grenoble verbreitete Broschüre als
Antwort auf eine masslos rüde Schmähschrift, die nicht unerwidert bleiben durfte. Diese „Observations sur la brochure
intitulée la mission à Grenoble," die das Motto „Suum
cuique" tragen und mit „Cuique suum' unterzeichnet sind,
enthalten in durchweg höflichen, wenn auch strengen Worten
eine Kritik weniger der Missionare selber, als derer, die sie
in ungeschickter Weise zu unlauteren Zwecken missbraucht
hatten Auch die besonders humorvolle Satire Confession
d'un Ultra entstand damals, die auf Kosten des Missionars
Rauzan und des Pamphletisten Jayet Fontenay mit sturm-
schem Jubel von der juristischen Fakultät begrüsst wurde.

Übrigens glich Grenoble nach dem Abzug der politi-
sierenden Moralprediger „einer Arena, in der die Parteien
mit allen Mitteln kämpften" „Was sagen denn nur die
Ministerien zu diesem Skandal?" fragt François den Bruder,
„.. . was tut Ihr denn nur in Paris, dass der Marquis noch
immer hier weilt? Was noch hoffen? was noch fürchten? —
wir stehen alle auf Kohlen."

Die fromme Beschaulichkeit Pinas und Donnadieus hatte
nicht vorgehalten, und der General, von dem man sagte, er

---

1) Siehe Anhang I, 13

halte in einer Hand das Kruzifix, in der anderen den Dolch,
konnte seinen Hass so wenig meistern, dass er sich auf
offener Strasse zu Ausfällen hinreissen liess[1]), die eine baldige Katastrophe unvermeidlich machten. Sie brach herein
mit der Abberufungsordre für den heissblütigen Gewalthaber,
der ebenso eigenmächtig wie plötzlich den Garnisonwechsel[2])
eines Regimentes vorgenommen hatte, dessen Oberst Choppin
d'Arnouville besuchte, trotzdem der General bei der Parade
sämtlichen Offizieren seiner Division verboten hatte, „die
Höhle des Präfekten" zu betreten.

Während sich in Donnadieus Hause, wo während der
ganzen letzten Nacht der kondolierende hohe Adel mit
Zahlung fordernden Gläubigern zusammentraf, die merkwürdigsten Szenen zutrugen, befestigten die Getreuen des
Generals verstohlener Weise aufrührerische Plakate, damit
jener, wie schon so oft, auch in letzter Stunde noch „das
Vaterland retten" könnte. Ganz zufällig jedoch wurde der
Präfekt selber Augenzeuge davon, so dass dank seinen sofortigen Gegenmassregeln die kritischen Stunden den Ultra
zum Trotz ruhig verliefen.

Mit prunkhaften Reden und militärischem Gepränge zog
der Divisionsgeneral ab, — ganz leise, zur Nachtzeit, langte
sein Nachfolger an und stellte sich geräuschlos an seinen
Platz: der ministeriell-liberale Ledrut-Des-Essarts, „ein schönes
Geschenk der Regierung", wie die begeisterte Jugend ihn
nannte. Ein allgemeines Aufatmen machte sich geltend,
Ruhe und Frieden winkten der gequälten Stadt, denn vom
Marquis de Pina, der nun unter den drei massgebenden
Machthabern vereinzelt stand, hoffte man auch bald befreit
zu werden.

---

1) „Le recteur se promenant à la Porte de France, le général,
accompagné de sa garde [et de quelques officiers], passe en même
temps [et s'écrie] en apostrophant le recteur, qui ne faisait attention
à lui: „Si sur la grande route on rencontre un coquin
   On peut dire à coup sûr: c'est l'ami de Choppin!" etc.
8. März 1818, François an J.-Joseph.

2) La légion de la Haute Loire wurde mit einem Regiment in
Barreaux ausgewechselt Die Rücksendung beider Truppenteile geschah auf Donnadieus Kosten.

Champollion konnte also endlich seine Schule vorwärts
bringen, denn der nunmehr eingeschüchterte Maire wagte
nicht länger mehr den Bestimmungen des Präfekten geharnischten Widerstand entgegenzusetzen — In seiner Freude
über die veränderte Sachlage glaubte François, dem der
Übergang aus verzweifelnder Schwarzseherei zu illusorischen
Glückshoffnungen nicht schwer wurde, bereits an eine nahe
und durchgreifende Wendung seines widrigen Geschickes.

Nur eins jedoch stand wirklich fest: dass das alte historische Präfekturgebäude wieder den Mittelpunkt der Stadt
für ihn bildete. Denn wo der Knabe und wo der Jüngling
einst von Fourier inspiriert worden war, dahin lenkte nun
der sorgenvolle Mann mit Vorliebe den Schritt, weil es ihn
drängte, dort eines anderen „Chrysostomos" bald anregenden
und belehrenden, bald trostreichen und beruhigenden Worten
zu lauschen. Und hatte er ehedem an stillen Abenden an
Fouriers Seite den schönen, ausserordentlich erinnerungsreichen[1]) Stadtpark neben der Präfektur in traulichem Gespräch durchschnitten, so vermochte er es nun mit Choppin
d'Arnouville zu tun — Solange dieser am Ruder blieb,
solange war sein Schützling vor direkten Angriffen geborgen, aber ein Nichts konnte den trefflichen Mann zu Fall
bringen, „wehe dann! . . die Rache des Maire!" sagte sich
Champollion im Hinblick auf seine prekäre Lage Nannte
man doch den Präfekten bereits einen „verwegenen Jakobiner," weil man „Robespierre-Champollion" neben ihm in der
Theaterloge gesehen hatte.

Die Freundschaft des Präfekten für den „aussichtslosen
Dozenten" hatte übrigens Rosines Vater dazu bewogen, das
Verlöbnis des Paares wieder als gültig zu betrachten und
mit sich reden zu lassen. Während er aber nur noch vom

---

1) Die Präfektur war einst die Wohnung Lesdiguières' gewesen,
und vieles im Jardin de Ville, bis zu den hohen Kastanienbäumen
vor dem Hôtel des Trois Dauphins, das dem historischen Park ganz
nahe ist, erinnerte hier noch an den „eisernen Connétable". — Napoleon
hatte von seinen Fenstern aus den Jardin de Ville und das umgebende
grossartige Gebirgspanorama übersehen können und die Überlieferung
besagt, dass er des „Königs des Dauphinés", wie Heinrich IV Lesdiguières betitelte, mit lebhaftem Interesse hier gedachte.

Notariat hören wollte für seinen Schwiegersohn, so hatte
dieser das Projekt längst aufgegeben und wandte sich mit
ungeteiltem Interesse seinem pädagogischen Unternehmen zu.

Der Adel und der Klerus, die beide die bescheidene
Lehrweise der Frères des Ecoles chrétiennes für mehr als
ausreichend fanden für die Kinder der niederen Volksklassen,
sagten von der neuen Methode, dass sie Gott und dem
Könige feindlich sei, und hierin lag eine wirklich Gefahr für
Champollion. Er erkannte die grossen Verdienste der christlichen Brüder um Grenoble, wo die Kinder der Armut lange
Dezennien hindurch ihnen allein ihre Unterweisung verdankt
hatten, gebührend an, doch meinte er, dass eine neue Zeit
gekommen sei, und mit der ganzen Kühnheit seiner politischen und sozialen Ideen beschuldigte er seine Gegner,
das Volk am Denken hindern und nur zur Arbeit und zu
knechtischem Gehorsam abrichten zu wollen. Das schnelle,
sichere, die Kinder zum Selbstdenken und -handeln anregende
Verfahren der neuen Methode hielt er für das einzige radikale
Heilmittel gegen den alten Krebsschaden der Zivilisation. —
Teisseire wünschte sonderbarerweise, dass Champollion die
Schule einrichten und sie dann den christlichen Brüdern übergeben möchte, doch widerstand François diesem Verlangen.
Hatte er doch bereits erfahren, dass die Gegner der Methode
sich ihrer bedienten, um sie durch absichtlich verkehrte
Handhabung öffentlich an den Pranger zu stellen und
solchergestalt endgültig zu beseitigen. Daher bat er denn
etwas später die Pariser Zentralgesellschaft, vor der Übersendung von Hilfsgeldern ins Dauphiné erst bei ihm Erkundigungen über die Empfänger einzuziehen.

Inzwischen hatten Freunde der Sache ihm 1000 Taler
(écus) zur ersten Einrichtung der „Musterschule (école
modèle)" des Isère-Departements überwiesen. Da nun auch
ein Teil des eigenartigen, speziell für die „Lancaster"-Methode
ersonnenen Schulmaterials hier wie überall, vom Zentralkomitee geschenkt wurde, und da der Präfekt mit 300 Franken
für die Hälfte der Miete des Schulraumes aufkam, so wurde
bereits im Januar 1818 im Hause Royer-Descombes, Rue
Chenoise, ein grosser Saal für 250 Schüler auf 20 Bänken,
und daneben ein kleinerer für 60 erste Anfänger gemietet.

Die vier Leiter des Unternehmens: Champollion — dem die oberste Führung oblag, — Durand, Froussard und Bois glaubten nun, bei durchschnittlich 1 Franken Schulgeld monatlich ohne allzu grosses Risiko die Sache auf eigene Kosten betreiben zu können. Da der Maire jegliche Beihilfe verweigerte, mussten indessen die geplanten 50 Freistellen bis auf wenige wegfallen.

Champollion wollte keinen Lehrer aus Paris kommen lassen, sondern einen von ihm selber gewählten und vom Rektor bestätigten jungen Philologen für die Methode ausbilden. Dies geschah und die Hauptlast fiel dabei wieder auf ihn selber zurück, einerseits, weil das vorzügliche Gedeihen der Schule in Figeac ihm schon das Vertrauen aller Billigdenkenden sicherte, dann aber auch, weil man sich von ihm allerlei praktische Neuerungen für die spezielle Anwendung der Methode in Grenoble versprach. Im „Klub der Liberalen" war man gleich ihm der Ansicht, dass die schnelle Eröffnung der Schule eine Ehrensache für die Parteigenossen sei, auch liess er alle anderen Interessen momentan beiseite, um sich in die Anfertigung der vielen grossen Blätter zu vertiefen, die, auf Pappe oder Holz befestigt, die ersten Schulbücher der Kinder ersetzten.

Ganz von seinen philanthropischen Ideen erwärmt und schliesslich sogar dafür begeistert, liess sich Champollion weder Mühe noch Ärger verdriessen und hatte die Freude, mit einer Abteilung der 175 angemeldeten Schüler am 1. Februar 1818 beginnen zu können, und zwar so, dass die tüchtigsten unter ihnen die je 12 Tage später eintretenden als „Motoren"[1]) schon belehren helfen konnten.

Das ganze Verhalten der kleinen Lehrmeister und das ihrer Schüler war zwar aufs strengste geordnet und bis zu den erforderlichen Bewegungen hin durch Bilder veranschaulicht, doch genügte dies dem strebsamen Pädagogen keineswegs; er benutzte daher seine zwei ältesten Neffen Ali und Jules dazu, um im Hause noch allerlei Verbesserungen auszuprobieren, wobei er jedoch berücksichtigte, dass anderen Kindern weniger gründliche Vorbildung zuteil wurde. —

---

1) Siehe die Illustration auf Seite 252

Auch die ganz kleinen Anfänger, denen nach uralter indischer
Sitte durch Spielen mit Sand die ersten Begriffe beigebracht
wurden, begannen ihre Stunden, und die neue Schule stand
zeitweilig im Vordergrund des öffentlichen Interesses: „Der
Präfekt freut sich — die Ultra sind wütend, — und auch ich
sehe, dass ich auf gutem Wege bin," bemerkt ihr Leiter,
als er ersteren in der Schule empfangen, und warmes
Lob von ihm geerntet hatte.

Übrigens berichtete der Präfekt den zuständigen Ministern
über Champollions Bemühungen und stellte ihn als einen
„guten Diener des Königs" hin, was jenem freilich nur vom
konstitutionellen Standpunkt aus, in Anbetracht der ihm
widerfahrenen Ungerechtigkeiten nicht unlieb war. Dagegen
forderte er vom Bruder, dass bei der Erwähnung seiner
Musterschule in Pariser Blättern nur dem Präfekten, dem
Rektor und der Stadt die Ehre davon zu geben und
höchstens in zweiter Linie „vom Eifer einiger Personen" zu
reden sei, ohne dass deren Namen genannt würden. „Lobe
mich nicht so sehr wegen meiner Schule," sagte er späterhin,
„denn es erregt die Eifersucht, und dann — — andere
haben auch ihre grossen Verdienste um sie." Leider erfüllte
Figeac Bitten solcher Art nicht immer.

Der Abzug der Missionare, die seine Methode bekämpften, hatte ihn aufatmen lassen: „das Departement
'mutualisiert' sich," scherzt er, „und unsere Schule wird der
Mittelpunkt der Verbreitung. Man schreit, verläumdet, intriguiert, aber alles geht dennoch gut." Am 15. April zählte
er bereits 300 Schüler, und er begann nun mit dem Ausbilden von Lehrern für verschiedene Berggemeinden, für
welche er das nötige Material ebenfalls aus Paris erhielt,
und dessen erforderliche Ergänzungen er selber mit ausarbeitete. In einem solcher Pakete langten u. a. 20 Neue
Testamente an, denen andere nachfolgten, ein Umstand, der
den Groll der katholischen Geistlichkeit, welcher nichts verborgen blieb, noch bedeutend verschärfte.

Die Liebe zu den Kleinen, deren Herzen er mühelos gewann, half ihm über die Kümmernisse dieser sorgenschweren
Zeit hinweg, während welcher er seine ganze Kraft im Dienste
der Kinderwelt verausgabte. So verschmähte er nicht,

Schiefertafeln zu reinigen, Bleistifte zu spitzen oder die
Gänsefedern selber zu schneiden, damit die kleinen Schüler
sorgsam mit Tinte die Buchstaben nachziehen konnten, die
er ihnen in Rot vorgemalt hatte.

Farben, möglichst harmonisch zusammengestellt, wurden
zur Entwicklung des Schönheitssinnes oder zum besseren
Verständnis[1]) des Lehrgegenstandes auf den Vorlegetafeln
vielfach verwandt, aber auch die Musik, und zwar nach
deutscher Art, so wie sie Champollion schon seit 1811 in
den Schulen des Dauphinés eingeführt zu sehen gewünscht
hatte, fand nun endlich die ihr gebührende Beachtung
Dagegen verwarf er grundsätzlich den damals auch für
kleinere Kinder noch üblichen lateinischen Chorgesang ohne
Begleitung, nicht nur wegen der schlechten lateinischen
Aussprache, sondern auch als etwas den jugendlichen Sängern
Unerfreuliches, „da sie doch nicht alle zu Chorkindern herangezogen werden" sollten.

Blieb zu dieser Zeit, wo bereits neue Pläne wegen Gründung einer kleinen Privatschule mit vervollkommnetem
System ihn beschäftigten und ihm mit den entsprechenden
Arbeiten die Abendstunden ausfüllten, nur hier und da eine
Stunde für die Freunde übrig, so sehen wir ihn dagegen die
Nachtruhe opfern, um am Bettchen seines Patenkindes, der
einjährigen Estelle Bougy, zu wachen, die an Gehirnentzün-
dung erkrankt war und seiner Meinung nach von den Ärzten
verkehrt behandelt wurde Eine eilige Anfrage in Paris beantwortete der Bruder umgehend, doch kam der Rat zu spät
zum grossen Kummer seines Paten war das Kind bereits
gestorben

Indessen sich Champollion solchergestalt völlig hinab-
beugte, um die leisesten Regungen der Kindesseele zu er-
lauschen, und demgemäss sein Erziehungssystem zu vervollkommnen, fiel ihm ganz unerwartet eine diplomatische
Mission zu, mit der ihn der Präfekt betraute und deren
Gegenstand ihn ins Jahr 1219, in die Glanzperiode des Dauphinés, zurückführte: Um diese Zeit bat Adelais, Regentin

---

1) Z. B. rot und grün, zur Unterscheidung von Stamm und Endung
in der Konjugation

des Marquisates Saluces-Montferrat, den ritterlichen
Dauphin Guido VI. um Schutz gegen raublustige Nachbarn,
und als sie ihr schönes, im Schatten der piemontesischen
Alpen gelegenes Ländchen dann gerettet sah, ernannte sie
ihn zum Dank, aber auch zu fernerer Sicherung, zum Ober-
herrn desselben, so dass es ein Lehen des Dauphinés wurde.
Dieses Marquisat[1]), das mehr als fünf Jahrhunderte lang in
gerader Linie von Vater auf Sohn überging, die sich rühmten,
dem sächsischen Kaiserhause entsprossen zu sein, fiel späterhin, doch erst nach manchem Schwertstreich und Federzug,
an Piemont. Die französische Regierung sah nun mit arg-
wöhnischem Befremden, dass der König von Sardinien mehr
als 300 Akten über jene Vorkommnisse vom Rechnungshofe
des Dauphinés zurückverlangte und seinen Kommissar, den
Staatssekretär Costa[2]), zur energischen Betreibung der Sache
nach Grenoble sandte.

Es galt jetzt, durch diplomatische Winkelzüge den Sardinier so lange hinzuhalten, bis heimlich jedes Aktenstück
mit peinlicher Sorgfalt geprüft, und bis entschieden war,
welche Papiere man ohne Gefahr weggeben könne. Inzwischen
sollte Costa auf geschickte Weise über etwaige geheime
Zwecke seiner Regierung sondiert werden. — Mit Bewilligung des Ministers wurde Champollion zu dieser Vertrauens-
sache ausersehen und vom Präfekten am 7. April 1818 offiziell
zum Kommissar ernannt.

„Es ist eine heikle, aber mit meinen Grundsätzen
völlig im Einklang stehende Arbeit," bemerkte er dazu
und begann tags darauf den Angriff auf die ungeheuren,
hoch aufgetürmten und völlig ungeordneten Mengen alter
Dokumente, die Grenoble als ehemaliger[3]) Regierungssitz
damals noch barg, und von denen, wie es heisst, nicht
wenige Zentner buchstäblich in Staub zerfallen sind, während im Jahre 1793 ungeheure Mengen davon auf den öffentlichen Plätzen verbrannt worden waren.

---

1) Siehe L'hist. du marquisat de Saluces, p. Geoffroy de la Chiesa.
2) Ludovico Costa, Graf von Castelnuovo-Scrivia, namhafter Jurist.
3) Bis 1790 hatte das Dauphiné seinen eigenen Rechnungshof
gehabt.

„Ich werde meinem Kollegen den Kuchen hoch halten und ihn auszuforschen suchen," versicherte Champollion; doch persönlich kam er dem Grafen Costa bald recht nahe und behielt auch zeitlebens einen Freund und Fürsprecher an ihm. Dem offiziellen „Kommissar" jedoch trat er sehr kühl entgegen und wollte ihm aus der Menge verstaubter Dokumente hervor nur 63 Nummern für die sardinische Regierung zuerkennen. Sein ausführlicher Bericht über seine Arbeitsergebnisse fand vollen Beifall im Ministerium. Nie hatte er sich so sehr Delphinat gefühlt, wie bei dieser Tätigkeit, so ereifert er sich gegen die beabsichtigte Übersendung gewisser Akten nach Paris. „Ich habe sehr dringend darauf bestanden, dass man eine grosse Menge von Dokumenten, welche die Geschichte des Dauphinés angehen und ihm gehören, uns hier lasse." Auch dieser Punkt seines vertraulichen Berichtes wurde genehmigt, so dass er im September mit Genugtuung sein diplomatisches Amt niederlegen konnte „Ich habe 600 Franken Entschädigung für das Staubschlucken erhalten; [300 davon sind für die Vettern[1]) und 300 stehen zu Deiner Verfügung]. Auch der Gehalt für ein Vierteljahr ist unter dem Titel „Hilfsgelder"[2]) angekommen· — das Pack (la canaille)!"

Er konnte sich nun wieder ausschliesslich dem Unterricht widmen, und auf diesem Gebiet harrte seiner stark vermehrte Arbeit, denn nicht nur wurde er mit der Gründung einer Zweiggesellschaft der Pariser Zentralgesellschaft betraut, sondern es war inzwischen auch die seit Herbst 1817 vorbereitete „lateinische Schule" am 3. Juli[3]) mit 32 Schülern eröffnet worden.

Angesichts dieser fiebernden Hast durch die gesteigerte Tätigkeit schaute Champollion gerade damals sehnsüchtig

---

1) Sie hatten zur Regelung der häuslichen Wirrsale in Figeac beigetragen.

2) „Subsides"; als Halbsold-Entschädigung für die verlorene Professur.

3) Es ist bezeichnend, dass die Eröffnung wegen der Anwesenheit eines Pariser Univers.-Inspektors verschoben war, aus Angst vor dem Conseil Royal, der grundsätzlich alles schlecht hiess, was die Grenobler „jeunesse séditieuse" unternahm

nach Ruhe aus für Körper und Geist! Vielleich hängt es
damit zusammen, dass er sich zu jener Zeit — freilich nur
hier und da nachts, wenn ihm der Schlaf so nötig gewesen wäre — mit dem Studium des Buddhismus abgab.
Die welthistorische Person des Buddha und die hohen Schönheiten seiner Lehre hatten von jeher einen starken Zauber
auf ihn ausgeübt, und wenn er auch mehrfach betonte, dass
beständige Erregtheit des Geistes ein Leben interessant
macht, so hätte er doch vielmehr in stiller Beschaulichkeit
das Wesen der Dinge ergründen mögen. Aber sein feuriges
Temperament, der harte Kampf ums tägliche Brot und
späterhin seine Entdeckung brachten ihn in lebenslänglichen
schweren Konflikt mit dem ihm angeborenen tiefinnersten
Sehnen nach jener Ruhe des Geistes und des Gemütes, die
ihm als die Krone des irdischen Daseins galt.

Einen Augenblick glaubte er, dass sie ihm jenseits der
Alpen winke: Costa hatte ihm das Anerbieten einer Professur in Turin für Geschichte und alte Sprachen vom
dortigen Unterrichtsminister, dem schon erwähnten Grafen
Balbo, übermittelt. Reiche Studienquellen, eine ehrenvolle
Stellung und ein gutes Einkommen waren ihm dort sicher,
und die Königliche Akademie entbot ihm bereits ihren Willkommengruss, — — aber erst jetzt fühlte er, wie sehr er
mit jeder Faser am Dauphiné festhielt. „Nach Piemont, wenn
es nicht anders wäre, ginge ich noch am liebsten," meint er
freilich, „denn ich verlasse ja damit nicht das alte Gallien!
. . . . Würden aber die Vorteile dem Abschiedsschmerz entsprechen? Hier die Not — dort die Fremde!!"

Auch ein starker Hauch aus Ägypten wehte ihn an:
Dacier nämlich übersandte ihm einen Brief von Henry Salt,
dem Generalkonsul für England in Ägypten, der dort umfassende Ausgrabungen machte. Der Brief war am 30. November 1817 im Totental bei Theben geschrieben, wo der
Italiener Belzoni soeben fünf Königsgräber (darunter das
Sethos' I.) auf Salts Rechnung geöffnet hatte. Auch Pläne
und Beschreibungen, sowie Nachrichten über Caviglias Entdeckungen auf dem Pyramidenfelde enthielt diese spät erst in
Paris eingetroffene Sendung, vor allem aber die dringende Bitte
Salts, ihn in Verbindung mit französischen Gelehrten zu setzen.

Dacier, von dem Wunsche beseelt, sein junger Freund mochte selber nach Ägypten gehen, setzte ihn von allem in Kenntnis. Champollion aber musste sich am Wunsche genügen lassen. Die Pharaonengräber bei Theben, — der eben dann vom Sande freigelegte grosse Sphinx von Gizeh, — sie redeten ihm mit gewaltigen Lockungen zu, aber das Geschick bannte ihn an die Scholle, so meinte er wenigstens und wies deshalb leider auch das Turiner Anerbieten zuruck, um sich ganz ausschliesslich seinen beiden Schulen in Grenoble widmen zu konnen

Wahrend die Musterschule uberhaupt nicht auf Gewinn fur die Begrunder berechnet war, sollte die lateinische ihnen, im Gegenteil, zum sicheren Broderwerb, „zur Planke im Schiffbruch" werden. Wie Champollion im gedruckten Prospektus selber sagt, hatten ihn „zahlreiche Kombinationen und langwierige Arbeiten" dahin gefuhrt, die neue Methode, deren im Grunde uberwiegend mechanischen Charakter er aber keineswegs uberschatzte, zu ihrer hochsten Leistungsfahigkeit auszuarbeiten, indem er sie auf alle Unterrichtsfacher, sogar auf Physik und auf populare Astronomie ubertrug und sie somit auch den mittleren Klassen der hohen Schulen anpasste, wahrend man sie in Paris bislang nur zum Elementar- und Volksunterricht verwandt hatte.

Die Monate Juli und August sollten die Probezeit des vervollkommneten neuen Systems bilden, und um den Rektor nicht zu verstimmen, da er eine starke Hilfe im Kampf gegen die Geistlichkeit war, hielt man einstweilen am Buchstaben des Gesetzes fest und sandte die Schuler zu gewissen Stunden ins Lyceum; doch suchte Figeac in Paris die vollige Unabhangigkeit der Anstalt zu erlangen. Fur die Musterschule war dies bereits erreicht, und die Geistlichkeit zeigte sich sehr alarmiert daruber „Wenn das so weiter geht, ist alles verloren!" war der standige Notschrei von dieser Seite, und um dem Ubel in etwas zu steuern, liess man die Kinder, ob sie auch sieben Monate lang in regelrechter Weise den Katechismus gelernt hatten, weder zur ersten Kommunion zu, noch erlaubte man ihnen, den ihnen gebuhrenden Platz in der Kirche einzunehmen.

Champollion, mehr als je des Prafekten rechte Hand,

19*

erlangte dessen Vermittlung beim Minister in dieser schwierigen Frage und übernahm dagegen die gesamte Anordnung einer etwas gewagten Angelegenheit, deren Zustandekommen jedoch Choppin d'Arnouville sehr am Herzen lag: eine Feier zur Erinnerung an die tapfere Verteidigung der Stadt, die in einem Festessen der von den Ultra schmählich verlästerten Nationalgarde gipfeln sollte. François hatte 1815 gelernt, zur Wahrung grosser Interessen seine ganze Person einzusetzen und sich mitten unter das Volk zu stellen, er rechnete es sich nun zur Ehre, diese Gesinnung abermals zu betätigen. So verlief die Feier trotz der lärmenden Herausforderung durch die Gegner ganz im Sinne des Präfekten. Dieser unterstützte ihn überall, wo es nötig war, so z. B. in der überaus aufregenden und lange nachwirkenden „Affäre Bertram," welcher eine seltsame Szene beim Begräbnis eines Bauunternehmers dieses Namens zugrunde lag, ‚[welcher das Unglück gehabt hatte, einen Prozess] gegen die Priester der Kathedrale zu gewinnen." Er starb, ohne die Sterbesakramente gefordert zu haben, weshalb der erzürnte Geistliche das gesamte zur Bestattung erschienene Leichengefolge als der ewigen Verdammnis verfallen erklärte, in der härtesten Weise den Kadaver zur Rede stellte und ihn in einer Art von Vision bereits im Fegefeuer brennén sah. Der Vater des Toten war dermassen empört über diese dogmatische Schroffheit, dass er seine übrigen Kinder zu enterben drohte, falls sie bei seinem Hinscheiden einen Geistlichen zuziehen würden. Als er starb, folgten nur zwei Polizisten seinem Sarge, doch sogleich gesellte sich eine grosse Volksmenge zu ihnen, um dem sehr geachteten Mitbürger an seinem Grabe Lebewohl zu sagen. Dies gab Veranlassung zu abermaligen schweren Verleumdungen der Stadt, wo man gewissen Pariser Hetzblättern zufolge gerufen haben sollte: Nieder mit Gott! Es lebe die Hölle! usw. Da war es wieder Champollion, der schriftlich wie mündlich Grenoble zu verteidigen unternahm, wobei auch zwei recht drastische Satiren sich als sehr wirkungsvoll erwiesen.

Donnadieus Weggang war ebenfalls zur Quelle von öffentlichen Ärgernissen geworden: Klerus und Adel stritten sich darüber, wer die Krisis verschuldet habe, und in einigen

Truppenteilen der politisch in zwei Lager zerfallenden Garnison
wirkte des Vicomtes kriegerischer Geist dermassen energisch
weiter, dass sich die Mannschaften mit blanker Waffe befehdeten Champollions stark entwickeltem Ordnungssinn,
besonders aber seinem tief empfundenen Patriotismus widerstrebten diese anarchischen Zustande, die zu arg eingerissen
waren, als dass der neue Divisionsgeneral sie sogleich hätte
gründlich abstellen konnen, so sehr, dass er mit Genehmigung des letzteren, sowie des Prafekten, einige kurze (anonyme) Aufsatze verfasste, die in Form kleiner Flugblatter
an die Soldaten der gesamten Garnison verteilt wurden und
die nicht ohne Erfolg blieben. Dieser Umstand trug noch
dazu bei, dass die Offiziere in Menge nach der vorher auf
Befehl gemiedenen Präfektur zurückkehrten, wo Champollion
an Empfangsabenden dem Prafekten stets zur Seite stand
und gleich ihm, um des Friedens willen, selbst diejenigen willkommen hiess, denen er das Wort. „Schone Maske, ich kenne
dich!" hatte zuraunen mögen. — Die Ultra wurden unruhig;
nur mit Angst offneten sie „die Pariser Pakete", da jeder
Schlimmes fur sich zu erhalten furchtete. Pina blieb, —
aber er zog sich aufs Land zuruck. „Ducom zittert am
ganzen Leibe, ... ware das nicht der Augenblick, in deine
alten Rechte wieder einzutreten?" schreibt François dem
Bruder. Doch Ducom ahnte den Angriff, und von der
Maine unterstutzt, hielt er es fur angezeigt, durch einen
jener vernichtenden Briefe[1]), in deren Abfassung er Meister
war, den Behoiden die Unmoglichkeit der Wiedereinsetzung
Jacques-Josephs oder seines Bruders darzutun

Dagegen bot der Rektor Champollion die Geschichtsprofessur am Lyceum an. Aus dem berühmten Lycée Impérial
war ein mittelmassiges College Royal geworden, denn die
zweite Restauration wusste nicht nur, dass am 22. Juli 1788
fruhmorgens vom monumentalen Portal des Hauses die ersten

---

1) U a. einen Brief vom 16 Mai 1818, der in den Grenobler
Archiven weiterlebt. Es ist zu bedauern, dass sich neben diesen
Schriftstücken nicht die Briefe Champollions an Ducom befinden, doch
hatte ersterer ganz richtig vorhergesagt, dass „der Liebhaber von
autographischen Briefen" die von ihm erhaltenen niemand zeigen
werde, „der lesen gelernt habe "

Fahnen die über Nacht zu Vizille geborene grosse Revolution gegrüsst hatten, sondern es war ihr auch bekannt, dass die stürmische Begeisterung für Napoleon allen Ultra zum Trotz wie ein verborgener Funke im Herzen der Schüler weiterglimmte.

Die Verwaltung der Anstalt und ihr Lehrerkollegium waren nunmehr völlig klerikal, und da der gebotene Gehalt überdies gering war, so zögerte Champollion[1]). „Lieber wie Adam, unser Urahn, im Schweisse meines Angesichts mein Brod verdienen," sagt er, „als mich unter die Abbés stecken ... Es lebe die Freiheit im eigenen Heim, da bin ich Herr, und niemand hat mir zu befehlen! Das ist etwas!"

Aber mit Rücksicht auf die „demnächst wiedererstehende Fakultät" und zugleich auf den noch immer ohne Anstellung gebliebenen Bruder nahm er das Anerbieten dennoch an: — „Vivendum est .... Im Notfall nimm die Professur für Dich, [ich habe viel Material dazu vorrätig; jedenfalls gebührt sie in erster Linie dem Familienvater]!"

Im Oktober endlich konnte er eine langersehnte Nachricht geben: „Pina ist abgesetzt! — Aber niemand will sein Nachfolger werden: der einäugige Beaufort hat es verweigert, der blinde Pasquier hat es nicht gewollt, der kurzsichtige Montal ist zurückgewichen und selbst der hellseherische Papa Giroud hat seine grosse Verneigung gemacht ... der 'Interim' droht sich zurückzuziehen, — wir sind in voller Anarchie: besser dies, als das väterliche Regiment des Herrn Marquis, meinen manche ....." Sein dringender Wunsch, „es möchte endlich einmal ein Bürgerlicher diesen Thron besteigen," erfüllte sich nun; denn der Deputierte Royer-Deloche wurde erwählt, ein Mann, der vorläufig weder den Ultra noch den Liberalen angehörte, sondern den Lauf der Dinge abwarten zu wollen schien. Er kam daher Champollion für dessen Schulen ebensowenig wie für die Bibliotheksinteressen zu Hilfe, weshalb letzterer, dies voraussehend und sich mit der Autorität des Rektors deckend, nach eigenem Ermessen vorging. Er übertrug dem Maler Triolle, der gleich ihm verbannt gewesen war und „zu Wasser

---

1) „Ouvrirai-je le bec pour si peu? ...."

wie zu Lande nichts als seine Pinsel" besass, den Zeichen-
unterricht nach der neuen Methode an beiden Schulen und
verschaffte dem tüchtigen, aber armen, von ihm selber aus-
gebildeten Lehrer der Musterschule eine Stellung in Vienne
an der Rhône, da sie ihm an Gehalt das Doppelte eintrug. „Um seinem Glück nicht hinderlich zu sein," brachte
der junge Direktor dies Opfer, wofür ihm die alte Stadt der
Dauphins dankbar war.

Jomard, um sich ihm für die Übersendung so manches
neu erdachten und eigenhändig ausgeführten Materials
erkenntlich zu erweisen, sandte ihm zum Ersatz den trefflichen Lehrer Sabathier, einen ehemaligen Offizier, mit dem
die Musterschule das neue Studienjahr begann.

Weniger gut gestellt war die lateinische Schule, denn
für diese Neuschöpfung war natürlich kein vorgearbeitetes
Material in Paris vorhanden, daher ihr Begründer sich genötigt sah, es während seines Ferienaufenthaltes in Vif
sämtlich selber anzufertigen. — Hier schaffte seine Ankunft
stets eine durchgreifende Wandlung: Frau Zoe, Sklavin ihrer
wilden Kinder, konnte sich dann in Musse ihrer Seiden-
wurmerzucht widmen, der Grossvater Bernat wurde seines
Lebens wieder froh und spielte allabendlich seine Partie
Tarock, die er nur mit diesem Besucher stets gewann! Die
Nachbarn führten keine Beschwerden mehr, die Strassen-
kinder dagegen trauerten, dass man ihnen ihre besten Spiel-
gefährten vorenthielt. Denn Champollions Liebe zu seines
Bruders Kindern äusserte sich vor allem in guter Zucht.
„Deine Kinder haben einen etwas strengen Polizeiminister
nötig," schreibt er an Figeac, „da sie sonst die Umgegend
verheeren und die Galle des Grossvaters unaufhörlich entzünden würden." Dass es ihm aber nicht an der nötigen
Nachsicht fehlte, zeigt folgende Äusserung über Ali „Ich
brauche nicht den Wütenden zu spielen, um ihn im Zaum
zu halten, solche Gewaltmittel sind meinem Charakter fremd
Er benimmt sich gut, einige Unbesonnenheiten ausgenommen,
doch muss jedem die nötige Freiheit gelassen werden."

Mit der ihm eigenen psychologischen Wissbegier machte
er jedes der Kinder zum Gegenstand einer Charakterstudie
und wünschte auch ein jedes in der ihm zukommenden Weise

behandelt zu sehen, um ihm vollauf die Individualität zu
sichern. Denn er gedachte mit unvermindertem Unwillen der
Leiden, die er als Interner im Lyceum erduldet hatte, wo vor
der alles nivellierenden Gewalt des militärischen Drills und
vor dem systematischen Zwang der Schablonenwirtschaft
weder die Eigenart der geistigen Veranlagung noch diejenige
des Gemütes Gnade gefunden hatten.

Sorgsam überwachte er Studien, Sprache und Benehmen
besonders der beiden ältesten Neffen, da er sie zu ausgezeichneten Motoren der lateinischen Schule heranbilden
wollte: Ali musste Jules, und dieser den sechsjährigen Aimé
unter seiner Aufsicht unterrichten. Auf diese Weise wurden
alle Systeme im Hause erst ausprobiert und er hatte nun
die Freude, seine neu durchgearbeitete Grammatik[1]) bei den
Kindern sich völlig bewähren zu sehen; denn mit den allen
Sprachen gemeinsamen Elementen vertraut gemacht, befanden
sie sich beim frühen Beginn des Griechischen und bald
danach des Lateinischen „nicht im fremden Lande," sondern
verfügten über eine Menge von Anknüpfungspunkten.

Arbeitete er angestrengt mit den Kindern, so spielte er
auch mit ihnen; und wie er Geschichten und Märchen erzählen, d. h. erfinden konnte! Seine mächtige Phantasie
liess sie sich „wie einen Blütenregen" über sie ergiessen:
daher trotz aller Freiheitsbeschränkung der Jubel, wenn der
Onkel nach Vif kam. Waren die „kleinen Wilden," die allein
schon durch die Macht seines Blickes bedingungslos seinem
Willen unterworfen wurden, abends zur Ruhe gegangen, so
malte seine geduldige Hand oft bis tief in die Nacht hinein
endlos lange Darstellungen mehr oder minder elementarer
Begriffe auf grobes, widerstrebendes Papier[2]): „Ich mache
mit Gewalt französische, griechische, lateinische Tafeln und
Geographiekarten für kleine Kinder . . . .," schreibt er, und
mit Bezug auf die ihm soeben zugegangene Aufforderung,
um seine Pensionierung als Geschichtsprofessor einzu-

---

1) Principes de la grammaire générale, appliqués à la langue française. Ebenfalls inediert. Zum Teil noch erhalten geblieben.

2) Eine Anzahl von diesen Blättern, die man nur mit Wehmut
ansehen kann, ist noch vorhanden.

kommen[1]), fugt er erbittert bei· „Nun, der Kelch, den uns
die Gewalthaber des Jahrhunderts so freundlich darreichen,
muss bis zur Neige geleert werden. Gott vergelte es
ihnen."

„Meine Bücher schlafen!" ruft er bekummert, „die
„Lancaster"-Schule nimmt mich ganz hin, ich habe Arbeit bis
über die Ohren hinauf und tue doch stets nur das Wichtigste!" „Ich habe mich zum Galeerensklaven gemacht, ...
es kommt mir hart an, aber es muss sein!"

Man hatte ihm zwei bescheidene Zimmer im zweiten
Stock des Hauses eingeraumt, wegen der herrlichen Fern-
sicht, die sich gerade von dort ab darbietet: ein Park[2]) mit hoch-
ragenden, schwarzlichen Buchsbaumlauben und schattigen
Baumgangen bildete damals den Vordergrund, dahinter die
Wiesen- und Waldgelande kuhn gruppierter Vorberge und
daruber hinweg, durch den lichten Schimmer selbst am
nachtlichen Horizont erkennbar, die wildzerkluftete Kette der
Taille-fer-Alpen

Immer haufiger wurden die Augenblicke, wo der einsam
Schaffende sich plotzlich auflehnte gegen das ihn so grausam
niederhaltende Geschick und gegen das mechanische Tun,
wozu es ihn verpflichtete. Dass eine leise Stimme in seinem
Innern ihm unablassig das Turnei Anerbieten ins Gedachtnis zuruckrief, wahrend er es doch fur seine heiligste
Pflicht hielt, seinem Lande und nicht der Fremde zu dienen,
das vermehrte noch seine Qual! Kam es zum aussersten, so
bot er die heisse Stirn dem kuhlenden Nachtwind dar[3]), und
der Anblick des grossen Naturbildes in feierlicher Stille
starkte und beruhigte ihn. Stunde um Stunde pflegte dann
zu verrinnen, so sagt die Uberlieferung, ehe er sich dem
zauberischen Einfluss zu entziehen vermochte: „denn weit
uber die Sphare des Alltagslebens der Gegenwart hinaus-

---

1) Dies bedeutete den Zusammenbruch seiner Hoffnungen hinsichtlich der philosophischen Fakultat.

2) Ein hubscher Garten mit einer uralten Buchsbaumlaube, eine
Allee neueren Datums und eine grosse Wiese nehmen jetzt die Stelle
des fruheren Parkes ein

3) Das eine ganz offene Fenster in der Abbildung war das seines
Zimmers. Das daneben befindliche gehorte zu seinem Arbeitsraum.

gehoben, lauschte er dem murmelnden Quell im grün um-
rankten Brunnenstein[1]) und dem Rauschen der Baumkronen,

Fig. 8. Das Champollion-Haus zu Vif.

1) Unverändert geblieben. Das kristallklare Wasser kommt aus
einem 1787 dorthin geleiteten altberühmten Quell. (Fontaine du Merle.)

als konnten sie zu ihm reden von allem, was des Tages
Last und Hitze ins Vergessen brachte," — auch vom Lande
seiner Sehnsucht, weit jenseits der hohen Grenzwächter des
Dauphinés.

War er seit Jahresfrist der Lösung des hieroglyphischen
Problems, und damit Ägypten, etwas näher gekommen?
Jedenfalls hatte sich das Verlangen danach wieder sehr stark
in ihm geregt, denn im Februar 1818 hatte er seine Bitte
um einen Stich oder Abdruck der in Paris veröffentlichten
Tafel von Rosette dringender als je wiederholt, doch den
Mitgliedern der Kommission war er ein Dorn im Auge, besonders seitdem sie erfahren hatten, dass er geglaubt hatte,
bei der Publikation der Rosettana zu Rate gezogen zu
werden Statt seiner wurden jedoch Ripault, Villoteau u. a.
konsultiert. Noch am 28. März hatte er geschrieben „Mit
einer guten Kopie wäre ich imstande, in einem Monat eine
wissenschaftlich erläuterte Denkschrift über diese Inschrift zu
machen, unter jede hieroglyphische Gruppe das französische
Wort und das der ägyptischen Kursivschrift zu setzen; und
wenn sie mein zukünftiges Memoire [ihrem Werk beifügen]
will, wird sie besser tun, als sich bei dem zu beruhigen, was
sie aus eigenem Vorrat geben kann."

Aber es erfolgte nichts, und er musste mit der Durchzeichnung (calque) des englischen Stiches, „die wie das
Original selber an einigen Stellen wenig sorgsam gemacht"
war, sich genügen lassen, so oft oder vielmehr so selten er,
zu nächtlicher Stunde, seinen Lieblingsstudien oblag Und
selbst dann noch, als die Durchsicht der ungeheuren Massen
verstaubter Archivdokumente von Anfang April an sein
Tagewerk erdrückend schwer machte, griff er „mit müdem
Kopf und brennenden Augen" vor dem Schlafengehen nach
seinen ägyptischen Papieren Auch meldete er am 19 April:
„ . . Die Arbeit ist zu drei Vierteln beendet Ich weiss, wo
die hieroglyphische Inschrift anfängt und aufhört, ich werde
beweisen, dass wenigstens zwei Drittel davon fehlen, dies wird
Dich die Auslegung von Palin würdigen lassen, der in der
hieroglyphischen Partie den ganzen griechischen Text
wiedergefunden hat Ich zweifle kaum daran, dass Jomard
dasselbe getan hat ... Ich füge hier eine Probe meiner

Arbeit bei; d. h. einige Beispiele meiner Erklärung: Du wirst
sehen, dass sie sich gegenseitig unterstützen und dem kursiven
und dem griechischen Text entsprechen. Auf meiner
Seite ist weder Charlatanismus noch Geheimniskrämerei.
Alles ist das Ergebnis der Vergleichung und nicht das
Ergebnis eines im voraus gemachten Systems. Ich habe
schon die Artikel, die Mehrheitsbildung[1]) und einige Binde-
wörter wiedergefunden, aber das genügt keineswegs, um also-
bald dieses Schriftsystem festzustellen. Meine Resultate haben
schon alle Vorstellungen, die ich mir von den Hieroglyphen
gemacht hatte, umgestossen, und bis auf weiteres sehe ich,
dass man, mit Vorbehalt einiger Modifikationen, zu dem was
Clemens von Alexandrien sagt, zurückkehren muss . . .‟
Ob er nun aber auch nicht länger mehr (mit Porphyrius) als
eine vierte altägyptische Schriftart „die symbolische, ausserhalb der hieroglyphischen stehende‟ ansah, so gab er doch
immer mehr einem anderen folgenschweren Irrtum über sich
Gewalt: dem Irrtum von der bildschriftlichen Natur der
Hieroglyphen, im Gegensatz zur alphabetisch-lautlichen der
beiden Kursiven. Wenig oder nichts änderten hieran einige
wichtige Entdeckungen, unter ihnen die geniale Erkenntnis
des lautlichen hieroglyphischen Buchstabens f[2]), über die er
am 6. Mai 1818 berichtete und die allein schon ihn in die
verlassene richtige Bahn hätte zurückführen können. Zum
Haupthindernis hierfür wurde ihm die verkehrte Lesung des
Namens Ptolemäus[3]), da das Verkennen der lautlichen Zeichen
in diesem ihn für lange Zeit hinaus in seinen verkehrten Anschauungen bestärkte. — Dagegen begann er wieder, die
chinesischen Hieroglyphen zu Rat zu ziehen, die ihm tatsächlich späterhin einige sehr nützliche Vergleichungspunkte
lieferten.

Nachdem er gelegentlich einmal betont hatte, dass die
Einfachheit „die Seele‟ von den Schöpfungen (conceptions)

---

1) In seinen Briefen gab er das Wort Ultra häufig durch das
Bild eines Lichtlöschers (Eteignoir) wieder, dem Spottnamen jener
Partei entsprechend. Den Plural dieser „Hieroglyphe neuen Datums‟
bezeichnete er dann mit 3 Strichen, dem altäg. Pluralzeichen.

2) Siehe Anhang II, 6. Mai 1818.

3) Näheres in Kapitel VII.

der Ägypter gewesen sei, bemerkte er: „Es ist deshalb erstaunlich, dass sie die Zahlen von 1 bis wahrscheinlich zu
10 hin durch Striche darstellten." Während er aber „3 Tage,
5 Tage" und anderes richtig erkannt hatte, liess die schlechte
Kopie der Inschrift ihn sich in Irrtümer verwickeln, die ihn
momentan am Fortschreiten hinderten. — Figeac, dem man
in Paris hart zusetzte, die von ihm seit lange in Aussicht
gestellten Entzifferungsresultate bekannt zu geben, war nicht
befriedigt durch die übersandte Probe einer Texterklärung.
„[Du willst also gegen meine armen Hieroglyphen zu Felde
ziehen]?" bemerkt François dazu. „Sie haben genau das
Los einer Person, der man unendlich viel mehr Geist zu-
mutete, als sie besitzt, und die man dumm findet, weil sie
nicht der hohen Idee entspricht, die man sich von ihr gemacht
hat, mag sie auch im übrigen noch so liebenswert sein."

So geht es, wenn einem ein zu hoher Ruf vorangeht!
Ich hoffe jedoch, dass Du Dich nach und nach an ihre
Naivität gewöhnst, da sie in vielen Fällen zu erhabenen
Kombinationen führen können, die man im ersten Augenblick nicht erfasst. — Es mag sich mit ihnen verhalten, wie
mit der ägyptischen Architektur, deren Prinzipien äusserst
einfach, um nicht zu sagen beschränkt (bornés) sind, die
aber dennoch die grossartigsten Wirkungen und Schönheiten
erhabenster Art zu erzielen vermögen. ... Die Ideen von
Ripault stimmen längst nicht mit den meinigen überein ...
Während ich auf Grund der Materie arbeite, wirft er sich in
den Spiritualismus. [Ich kann mich also mit dem mystischen
Ripault nicht einigen]."

Lebhafte Freude überkam ihn, als ihm endlich, im Juni 1818,
Abzüge eines von Jollois einst gemachten Abdruckes der
Rosettana angemeldet wurden. „das heisst beinahe das
Denkmal selber sehen, dem ich eine unermessliche Menge
von Fragen zu stellen habe. ... Viele mir bislang dunkel
gebliebene Punkte werden sich bei eingehendem Studium
des Faksimile erhellen lassen." Doch bald danach meldet
er, dass es ihm nur zum Vergleichen nützlich sei:
„... Trotz seiner Unvollkommenheit habe ich aber schon gesehen, dass eine Verbesserung, die ich [in der 5. Linie der
hieroglyphischen Inschrift gemacht habe] völlig gerechtfertigt

ist. . . ." Er gedenkt dann der Kommission und meint,
dass sie ihren Hieroglyphen, nach einer Probe davon zu
urteilen, zuviel Vollendung und Einzelheiten[1]) geben werde.
Seine in diesem Sinne gemachte Verbesserung des hieroglyphischen Bildes: die Statue[2]) zeigt wieder sein feines
epigraphisches Verständnis für die geringsten Details der
einzelnen Zeichen. Es kam ihm dies sehr zustatten bei seinem
nun mit grösster Sorgfalt begonnenen Entwurf eines hieroglyphischen Wörterbuches[3]), dessen erste Seiten bereits
manches Richtige enthalten. Diese Arbeit war in ihren Anfängen das Ergebnis einer mehr materiellen Vergleichung
der Hieroglyphen des Rosettetextes, die hier und da von den
Angaben des Horapollo beleuchtet wird. So sehr auch Figeac
in ihn drang, etwas darüber zu veröffentlichen, damit Young
sich nicht als den einzig berufenen Entzifferer ansehe, so beharrte doch François darauf, nur Fertiges, und vor allem nur
Bewiesenes geben zu wollen.

Nachdem er am 19. August 1818[4]) vor der Delphi-
natischen Akademie ein Memoire über diese Studien-
resultate gelesen hatte[5]), musste er zu seinem Schmerz die
Inschrift von Rosette für lange Zeit wieder zur Seite legen.
Sein Bruder wünschte die im Exil umgearbeitete koptische
Grammatik nebst Wörterbuch zu veröffentlichen, da aber Sacy,
dessen Befürwortung dazu nötig war, ihr keinesfalls das
Wort geredet hätte, so unterblieb auch diese Publikation.

1) „Sur la pierre les hiéroglyphes sont gravés en creux, c. à. d.
qu'ils ne doivent paraître sur la gravure que comme des silhouettes. . . .
Tu pourras leur donner un conseil à cet égard, s'il en est temps encore."

2) Aus der letzten Linie des hieroglyphischen Textes, die über
dem Stich des demotischen Textes sichtbar ist.

3) „I^r Essai d'un Dictionnaire des hiéroglyphes égyptiens. J. Fr. Ch.
1818, 1819. Davus sum, non Oedipus."

4) Dieses Datum konnte berechnet werden. Ch. setzte häufig
unvollkommene oder gar keine Daten und zuweilen, aus Zerstreutheit,
sogar durchaus verkehrte.

5) „La société des sciences et des arts veut absolument renaître.
On a indiqué une séance pour lundi prochain." Datum: „le 16."
Die eine Sitzung vom 20. Okt. 1817 hatte die Wiederbelebung der
Gesellschaft nicht so, wie es wünschenswert erschien, zur Folge gehabt.

Dagegen hoffte er durch die Bearbeitung[1]) des schon erwahnten koptischen Fragmentes medizinischen Inhaltes eine bescheidene Einnahme erzielen zu konnen, doch als sie (nach endlosen Unterbrechungen) druckfertig war, fand sich kein Kaufer dazu

Noch vor dem Ende der Ferien kehrte er nach Grenoble zuruck, um die Wiedereroffnung seiner beiden Schulen vorzubereiten Auch im Lyceum trat er am 1. November sein neues Amt als Professor der Geschichte an, allerdings etwas widerwillig wegen der starken Überburdung und des geringen Gehaltes. Immerhin kamen seine Heiratsplane, denen Frau Zoè eifrigst das Wort redete, in den Vordergrund, denn er meinte, dass angesichts seines nun gesicherten Einkommens langeres Zogern unehrenhaft sei, zumal es stadtbekannt war, dass Rosine Blanc durch des Vaters bose Launen und durch die Missgunst des altesten Bruders viel Schweres zu erdulden hatte. Figeac, der immer noch auf eine Losung des Verhaltnisses gehofft hatte, beklagte fortgesetzt, dass seinem Bruder keine glanzendere Verbindung beschieden gewesen; auch hielt er die Braut fur viel zu einfach, um jenem in vorteilhafter Weise zur Seite stehen zu konnen. Dieser Konflikt war ein Tropfen Wermut mehr im Lebenskelch Champollions.

„Nach keiner Seite hin Ruhe!" klagt er und stellt das tiefe Verlangen danach als das Ergebnis seines moralischen und religiosen Systems hin „Ich fange an, einzusehen, welch herrliche Sache das ist, obwohl ich sie bis jetzt nie gekannt habe, — weder fur den Korper, noch fur den Geist, und weniger noch für das Herz! Dieses ist die schwache Seite und unglucklicherweise vielleicht die, welche meine ganze Existenz beherrschen wird Das Geschick will es so!"

Dies schrieb er in Vif — und dort war es auch, wo er den Bruder voll eifersuchtiger Sehnsucht bittet· „Grusse Deine Gaste, — aber bei Tisch, denn dann ist man wohl eher geneigt von Abwesenden zu horen " Die Freunde waren Thevenet und die beiden Jausion[2]) aus Figeac. Frau

---

1) Herausgeg v Poitevin, Rev. Archéol. 1854, Vol 11, p 333 ff
2) Siehe Kap V, p 260.

Adeles anmutig schönes Bild trat häufig vor François' Auge; die Erinnerung an ihre Güte und ihren seelischen Mut in Stunden, wo Näherstehende zurückgewichen waren, gaben ihr ein lebenslängliches Anrecht an seine Dankbarkeit. Überdies hatte ihn ihre geistvolle Art wahrhaft bezaubert und ihn längst zu der Erkenntnis gebracht, dass er sich diesem Einfluss niemals ganz zu entziehen vermöchte. Dies alles war, äusserlich betrachtet, zwar nicht von Belang für seine Beziehungen zu Rosine, doch ahnte auch er nun bereits, dass die Verbindung mit ihr nicht alle erträumten Ideale verwirklichen werde. Dass er aber seine Pflicht gegen sie erfüllen müsse, und dass ein Zurückweichen nicht denkbar sei, stand so fest bei ihm, dass er des Bruders dringende Mahnungen unberücksichtigt liess, freilich nicht ohne schmerzliche Beängstigung.

Eifriger als je war er in dieser Zeit inneren Zwiespaltes bemüht, wenigstens die äusseren Angelegenheiten dauernd zu ordnen: „Die Eisen sind ins Feuer gelegt, — komme; Ducoin ist erschreckt und entmutigt," schreibt er am 30. Oktober an Figeac; aber die Gleichgütigkeit des Maire vereitelte alle Bemühungen und Jacques-Joseph blieb in Paris. Hier drängten die politischen Zwistigkeiten wieder einmal einer Krisis entgegen und eines der vielen, sie heraufbeschwörenden Ärgernisse war der Abzug der Verbündeten.

Hocharistokratische „Patrioten", unter ihnen Chateaubriand, hatten bekanntlich im Sommer 1818 eine Bittschrift an die Alliierten gerichtet und deren verlängerten Aufenthalt im Lande erfleht. Die bereits beschlossene Entführung des Königs sollte die Notwendigkeit des Antrages dartun, aber diese Pläne scheiterten, was den Zorn der Ultra neu entflammte: hatte doch die Gegenwart der fremden Truppen ihren inquisitorischen Gelüsten, zumal im Dauphiné, trefflich Vorschub geleistet.

Zum grossen Abschiedsfest, das man am 9. Dezember den Verbündeten in Grenoble gab, fanden sich unterschiedslos Ultra und Liberale ein, „doch weinten jene und diese lachten;" freilich nicht allzu stark, denn man sah sich am Vorabend eines ministeriellen Kampfes, dessen Ausgang niemand vorhersah, und für den alle Gemässigten hauptsächlich

Chateaubriand verantwortlich machten, „der mehr als jeder andere in Paris die zweite Restauration in verkehrte Bahnen getrieben" hatte. Sein tötlicher Hass gegen Decazes, den er moralisch zu vernichten strebte, gab allein schon zu unzähligen, folgenschweren Verwicklungen Anlass.

Decazes aber hatten die Verhältnisse zum Hort der liberalen Partei gemacht, sein Sturz musste demnach den Zusammenbruch der konstitutionellen Prinzipien und den Sieg der Ultra bedeuten

Choppin d'Arnouville war sehr erregt; „. . . er schwebt zwischen Tod und Leben und alle Weisen teilen seine Angst," schreibt Champollion und bittet den Bruder, eiligst alles Neue über die Lage zu berichten, damit er es dem Präfekten dann mitteilen könne. „Mein eigener Kopf ist an Ideen leer," klagt er, berichtet aber zugleich, dass sein Ehekontrakt endlich unterzeichnet sei. Der Kampf gegen die bösen Launen des alten Blanc, der mit jedem seiner Kinder, wie auch mit dem „armen Professor" Krieg führte, hatte François wieder viel Leid geschaffen, das durch des Bruders Missmut noch verschärft wurde. Er schreibt ihm deshalb „Alle rings um mich her freuen sich, — ich allein kann nicht von Herzen froh sein; ich fühle, dass ich den Schmerz mit mir an den Altar nehme, Deinen Ansichten, deren Weisheit und Notwendigkeit ich mehr und mehr einsehe, nicht haben Rechnung tragen zu können. Ich habe zu diesem Zweck alles getan, was möglich war und würde weniger Kummer haben, wenn Du davon überzeugt wärst."

Die Trauung des Paares fand am 30 Dezember 1818 in der Kathedrale statt. Champollion überliess es seinem Schwager Bernat Saint-Prix, über die sich daran schliessende Feier im engeren Familien- und Freundeskreise zu berichten; er selber bemerkt nur: „So habe ich denn das neue Jahr in neuen Verhältnissen begonnen und nach Ausnutzung der vier Tage Urlaub, die ich vor mir hatte, meine gewohnte Lebensweise wieder aufgenommen. ... Bis jetzt ist alles wundervoll und das Glück wäre vollkommen, wenn Du Zeuge davon sein konntest. ... [Es ist nichts verändert, weder in den Herzen, noch in den Personen, nur eine gute Schwester mehr wirst Du finden!]"

Auch die Politik begann das Jahr 1819 mit neuen Verhältnissen, und zwar mit dem Siege der Konstitutionellen
unter der Ägide des nunmehrigen Ministerpräsidenten Decazes.
Der Maire von Grenoble, vor dem Sturm lässig und unent-
schlossen, trat nun zum Präfekten über. „Die Obskuranten
sind besiegt, — die Herrschaft des Lichtes muss beginnen,
... man wird die Epaulettes denen, die sie verdienen, auf
dem Schlachtfelde selber zurückgeben," sagt Champollion
freudig und er verfasste etwas später den Wortlaut der
Adresse, den die liberale Partei von Grenoble anlässlich des
„Sieges" an die Deputiertenkammer absandte.

Doch die Ruhe dauerte niemals lange; schon am 2. März
heisst es gelegentlich der Flucht des Grafen Chamans-Lava-
lette[1]) nach München, dass sie auch Grenoble in Aufregung
versetzt habe: „Alle Parteien sind in Gärung geraten, aller
Hass ist neu angeschürt, — und der Krieg wiederum erklärt!" Und mit aufflammendem Groll seiner einstigen
momentanen Annäherung an Napoleon eingedenk, der seinen
Erwartungen nicht entsprochen hatte, bemerkt er, als er
soeben auch die „Adresse"[2]) verfasst hatte, welche anlässlich
der Flucht des Bonapartisten von den Grenobler Liberalen an
die Deputiertenkammer gesandt wurde: „Dieser Elende und
seine Knechte sind doch im Grunde an all unserm Unglück
schuld!" — Bald stand es auch wieder derartig in der Stadt, dass
man abends nicht ohne Waffen ging, da sich die Ultra gewisser
Individuen bedienten, um einen ständigen Alarmzustand zu
unterhalten. Auch der Kampf gegen die neue Unterrichts-
methode wurde eifrig fortgesetzt, und Champollion durfte sich
Glück wünschen, seine Musterschule am 11. Februar 1819
der vorwiegend von ihm selber organisierten Zweiggesellschaft des Pariser Zentralkomitees unterstellen zu können,
was ihn, wenn nicht der Sorge um ihr Gedeihen, so doch
der persönlichen Verantwortung und der stets drohenden
finanziellen Einbusse von dieser Seite her überhob.

---

1) Er hatte den Staatsstreich vom 18. Brumaire und die Rückkehr von Elba anbahnen helfen.

2) „... C'est moi qui ai rédigé notre adresse ..." (2. März 1819).
Diese Adresse trug 700 Unterschriften. .

Andere Sorgen setzten dafür ein die beiden Mitbegründer der trefflich gedeihenden lateinischen Schule
nämlich fassten plötzlich den Entschluss, sie nach dem etwa
vier Kilometer vor Grenoble gelegenen Kloster Montfleury
zu verlegen und sie mit einer Pension im grossen Stil zu
verbinden. Champollion war gerade sehr leidend, als ihn
diese Nachricht erreichte, auch stand er eben im Kampf mit
der Pariser Unterrichtskommission, die er der Ungerechtigkeit hinsichtlich seines Gehaltes am Lyceum beschuldigte
„.. . 1500 Franken Fixum! Und ich allein habe keinen
Anteil an den Nebeneinkünften der anderen Lehrer! [Mit
mir macht man eben alles nur halb] Das verringert nun
meine Einnahme um mehr als 800 Franken . ., weil ich kein
Klassenlehrer bin sondern alle Klassen durchgehe Das ist
hart. Mehr Mühe als die anderen und schlechter bezahlt!
[Allen ist der Gehalt erhöht, nur mir nicht.]" Nicht nur
er allein meinte zu wissen, dass man in Paris, wo sein
Bruder beim Conseil Royal vorstellig geworden war, diese
Anordnung getroffen habe, um ihn zu peinigen. Noch war
der Rektor Sordes sein Freund, doch ahnte ihm mit Bestimmtheit, dass Montfleury dies andern wurde. Er sollte
sich dort zu einem Viertel an Ausgaben und Einnahmen
beteiligen, da aber die Renovierung des Hauses und die
neue Einrichtung grosse Summen beanspruchten, so konnte
erst nach zwei Jahren von wirklichem Gewinn die Rede sein.
Der Dozent schrak daher entmutigt zurück ‚Woher so viel Geld
nehmen? Ich kann unmöglich die Mitgift meiner Frau so
stark angreifen, auch binde ich mich damit für die Zukunft
Zweimal täglich die Reise nach Montfleury' — Und ich bin
es so satt, immer nur mit kleinen Kindern zu tun zu haben'"
    Trotzdem weigerte er sich[1]), nach Paris zu übersiedeln,
wo Figeac ihn endlich zu sehen wünschte. Er marterte vielmehr sein Hirn mit neuen Plänen für die Sicherung seiner
Zukunft im Dauphiné, denn die lateinische Schule. seine
Haupterwerbsquelle, sollte schon am 30 April geschlossen

---

1) Je n'ai jamais songé à me fixer sur ce grand théâtre . . . Je
suis d'ailleurs convaincu par le sentiment que j'ai de mon caractère
que la capitale ne me convient pas " 12 Nov. 1818

20

werden und den neuen Verhältnissen in Montfleury misstraute er noch. Andrerseits waren die vom Grafen Balbo
neuerdings in bestimmte Form gebrachten Bedingungen für
die Turiner Professur aussergewöhnlich glänzend. Das ging
dem hart Bedrängten viel durch den Sinn und er meinte
schliesslich, dass es ihm gleichgültig sein müsse, ob er „im
Lande der Eteignoirs (Ultra) oder in dem der Murmeltiere"
lebe.

Er hätte schon damals manche Freunde in Italien vorgefunden; seine dortigen Korrespondenten hatten sich letzthin um Angelo Maï[1]) und Costanzo Gazzera[2]) vermehrt,
und seine Ankunft in Turin wurde bereits für gewiss gehalten, doch sollte ihm dieses Land noch für Jahre hinaus
verschlossen bleiben: den Begründern der neuen Schule
in Montfleury, die zugleich eine Mustererziehungsanstalt sein
sollte, galt nämlich sein Name als der Glanzpunkt ihres Programms, weshalb sie alles aufboten, um ihn sich wenigstens
als Lehrer zu sichern. Dies gelang ihnen, denn Champollion hatte sich in letzter Stunde doch noch mit der veränderten Sachlage befreundet, obwohl er sich zugleich auch
entschlossen hatte, des Bruders Kindern persönlich die lateinische Schule zu ersetzen, „sie einen guten Teil des Tages
bei sich zu haben und ihnen vier Privatstunden täglich zu
geben."

Montfleury liegt auf dem ersten Vorsprung des nord-
östlich von Grenoble sich kühn aufbauenden Gebirgsstocks
der Grossen Chartreuse: der junge Dauphin Guido VIII.
hatte im Jahre 1333, indem er mit fester Hand den Pfeil aus
seiner Todeswunde riss, unter seinen letzten Bestimmungen
auch die Errichtung eines Frauenklosters auf der romantischen
Gebirgsterrasse ausgesprochen. — Das Haus war mit der
Zeit sehr verweltlicht und seine „Empfangstage", an denen
die Aristokratie der Umgegend sich Rendez-vous gab, hatten
schliesslich Anstoss in Rom erregt. Nun fand sich in den
weiten Hallen und Höfen, in den Alleen und Blumengärten
dieser schönen Bergeinsamkeit eine fröhliche Knabenschar

---

1) Damals Bibliothekar der Ambrosiana in Mailand.
2) Professor der orientalischen Sprachen in Turin.

zusammen, für deren körperliches und geistiges Wohl so
ausgezeichnet gesorgt wurde, dass schon kaum fünf Wochen
nach der Eröffnung der Anstalt ein Engländer seine vier
Söhne anmeldete. — Einesteils war es die von Champollion
in seinem eigensten Sinne immer mehr vervollständigte
„Lancaster“-Methode, die dem Hause so schnell zu hoher
Blüte verhalf, andrerseits erregte die vielseitige, vom bisherigen System der Internate abweichende liebevolle Erziehungsweise das wohlwollende Interesse des Publikums.

Hier sollte kein ermüdendes Einsammeln von totem
Wissen stattfinden, sondern eine selbstschöpferische, fröhliche Entwicklung aller Geisteskräfte erzielt werden. Eine
harmonische Ausbildung des ganzen Menschen mit steter
Berücksichtigung des Individuums! Das war die Aufgabe,
die man sich in Montfleury stellte die Lehrer sollten dort
vertraute Freunde, die Natur die grosse Lehrmeisterin sein

Zwischen Champollion und seinen im Erziehungs- und
Unterrichtswesen schon trefflich bewährten drei Freunden[1]),
denen sich zum Vorteil von Montfleury nun seine Cousine
Casarine Champollion, als Gattin des jungen Froussard, anschloss, herrschte vollste Übereinstimmung über das einzu-
schlagende Verfahren, und es ist bemerkenswert, dass diese
vier Pädagogen nun in direkte Beziehungen mit Pestalozzis Lehr- und Erziehungsweise traten, indem sie einen
ausgezeichneten Schüler desselben engagierten, den Champollion im März 1816 in Lyon kennen gelernt hatte. Dieser
noch in Yverdun ausgebildete, auch mit Fröbel bekannt gewordene Lehrer hatte den Zöglingen Deutsch und Mathematik beizubringen, und zwar nach der Weise seines
Meisters, so dass nun zwei verschiedene Unterrichtsmethoden
in Montfleury vertreten waren In der Erziehung gab es
jedoch nur eine, denn was Pestalozzis Schüler im Schlosse
zu Yverdun nach dieser Richtung hin einst gelernt hatte,
das war ja, wie man aus dem oben Gesagten bereits gesehen
hat, der Hauptsache nach auch im Kloster von Montfleury
an der Tagesordnung.

So war denn das kleine Bergparadies im Schatten von

---

1) Froussard aîné, Froussard jeune, Durand

Meister Brunos weltberühmter Kloster-Anlage wohl geeignet,
ganz Grenoble mit stolzer Freude[1]) über die dort entstandene
Neuschöpfung zu erfüllen. Aber das reichere Schulpro-
gramm, die grössere Schülerzahl, der stets ersichtliche Froh-
sinn der Zöglinge, erregten sogleich den Neid der Lyceum-
verwaltung, die so lange dem Rektor zusetzte, bis sie ihm
über seinen bisherigen Schützling und über die von dessen
Geist erfüllte neue Anstalt „die Augen geöffnet" hatte. Die
sinnlosesten Verleumdungen über die systematische Sitten-
verderbnis der Jugend und über das „schlechte Lehrsystem"
in Montfleury wurden nun in Umlauf gesetzt und den Eltern
schulpflichtiger Söhne gingen freundliche Warnungen zu.
Schon am 19. Juni klagt Champollion:

„Wer nur etwas Anstandsgefühl besitzt, der kann mir
durchaus nichts Unrechtes nachsagen, aber [Neid und Eigen-
nutz führen weit]... Herr Morin, Inspektor der Université,
verbreitet tausend alberne Gerüchte über Montfleury im
Departement: die Direktoren — Bonapartisten! .... Der
Rektor ebenfalls ist boshaft in seinen Bemerkungen." Letzterer liess ihm bald nachher durch Mittelspersonen den Bescheid zugehen, dass er ihn seiner Stellung am Lyceum entsetzen und ihn nicht auf die Professorenliste der „zukünftigen
Fakultät" setzen werde, falls er noch länger in Montfleury
unterrichte.

„Niemand wagt es, mir das ins Gesicht zu sagen, —
so mutig ist man also, wenn es gilt, etwas Gutes zu tun.
Und das sind die Stützen unseres öffentlichen Unterrichtes
hier! ...[2]). Es scheint doch wirklich, dass die verdammte
Soutane alles verdirbt, was sie berührt. [Man will über
unsere Methode in alten Büchern lesen und sich nicht nach
Montfleury hinbemühen, wo sie doch in voller Blüte steht]."

---

1) Lange Jahre hindurch lebte in dem längst wieder zum Frauen-
kloster umgewandelten Montfleury (religieuses du Sacré-Coeur) die
Chanoinesse Antoinette Virginie Gras, die sich eine Nichte Champollions nannte und eifrig darauf bedacht war, sein Andenken an
dieser Stätte lebendig zu erhalten. Sie starb am 11. April 1892 und
ruht auf dem Friedhof der Nonnen, im Tal..

2) Er denkt hier an das Lehrerkollegium des Lyceums (Collège
Royal).

Sich seines Pflichteifers gegen seine Lyceumschuler, sowie deren Liebe zu ihm voll bewusst, fügt er bei „Ich erwarte stehenden Fusses alle Angriffe [jener Herren], die vor Scham erröten mussten, wenn sie den wahren Grund davon eingestehen sollten." — Bereits Monate früher hatte der General de Maubec ihn „wegen verderblicher Einwirkung auf die Jugend im Geschichtsunterricht" mit Namen angeklagt und auf seine schnelle Absetzung gedrungen, doch verteidigte er sich so geschickt mit einer Stelle der Genesis und mit einigen Paragraphen Cuviers, dass fernerhin es niemand mehr wagte, ihn direkt anzugreifen. Aber er fürchtete nicht die offenen Angriffe, sondern nur den „im Dunkel vorbereiteten Schlag."

Der Präfekt vereitelte ihn im letzten Moment, so dass Champollion an beiden Lehranstalten tätig blieb Montfleury war ihm schnell sehr lieb geworden und seinen dortigen Schulern blieben lebenslang die Unterweisungen unvergessen, die sie auch ausserhalb der Lehrstunden von ihm empfangen hatten Denn von der hohen Terrasse aus, die einst der Lieblingsplatz von Claudine de Tencin[1]), „dem Stern von Montfleury", gewesen war, lenkte er oft den Blick der Jugend auf das umgebende Naturpanorama hin und knüpfte an diesen oder jenen Punkt zwanglos anregende Mitteilungen an.

Inzwischen hatte der Prafekt, dem nun der Maire beitrat, Figeacs Wiederernennung zum Bibliothekar selber in die Hand genommen, doch Ducoin, dem man die Abdankung nahelegte, leistete Widerstand. „Er will einen Platz behalten, den er mit dem Preis seiner Ehre bezahlt hat," bemerkte François dazu und machte im Namen des Bruders eine Eingabe an den Minister, die vom Maire übersandt wurde, und in der er die Wiedereinsetzung ins Amt nicht als eine Gnade erbittet, sondern als einen Akt der Gerechtigkeit fordert[!]

Die Angst um den Bruder, den „Familienvater ohne sicheres Einkommen" trieb ihn schliesslich dazu, Montfleury

---

1) Die Mutter d'Alemberts; geboren 1681 zu Grenoble, verlebte in ihrer ersten Jugend gezwungenermassen fünf Jahre als Klosterdame in Montfleury, zu dessen Verweltlichung sie viel beitrug.

mit all seinen Vorteilen aufs Spiel zu setzen, um jenem zu
Hilfe zu kommen: [„du kannst in Paris bleiben, — ich will
die Arbeit für Dich tun, ob das auch meine Pläne durch-
kreuzt. 1500 Franken mehr für Dich! Ich werde nicht
zurückweichen]. Du hast auf diese Weise immer einen Platz
gesichert, falls Deine Pariser Projekte fehlschlagen . . .,“
schreibt er ihm und betont nochmals, dass er ja stets Provin-
ziale bleiben wolle. — Er trat also bereits am Ende des
Schuljahres (August 1819) aus dem Verbande von Montfleury wieder aus und wirklich vermochten Decazes und
Montalivet trotz aller damit verbundenen Schwierigkeiten[1])
die Entsetzung Ducoins so schnell zu bewerkstelligen, dass
sie schon am nachfolgenden 17. September stattfinden konnte.
Sogleich trat nun Figeac, der zu diesem Zweck nach Gie-
noble eilte, wieder in seine alten Rechte ein. So erwies
sich denn das ihm von François gebrachte Opfer von grossem
Nutzen, denn da Jacques-Joseph wegen des Druckes seines
preisgekrönten Werkes über Uxellodunum bald wieder nach
Paris zurückzukehren wünschte, so hatte er kaum (Mitte
November) die Bibliothek eröffnet, als er ihre Verwaltung
dem von neuem zu seinem Assistenten ernannten Bruder
übertrug. Dieser führte nun zunächst den gerade erst mit
Figeac begonnenen Katalog der ausländischen Literatur, sowie
denjenigen der Karten und Kupferstiche weiter.

Im gelben Zimmer, das so ehrenvoll die lange Belagerung
ausgehalten hatte, sah er nun zum erstenmal seit März 1816
sein ägyptisches Arbeitsmaterial wieder, von dem ihm ja nur
ein Bruchteil nach seinem Heimatsort gefolgt war; aber wie
wenig er jetzt an eine ernstliche Fortsetzung dieser Studien
dachte, zeigt der Umstand, dass er in einem am 23. September
1819 vor der Académie Delphinale gelesenen Memoire
lediglich das Thema „Über die Art, Geschichte zu schreiben,“
erörterte[2]).

Da ihm fortan die Überwachung seiner Neffen neben
seiner Arbeit in der Bibliothek und im Lyceum oblag, so

---

1) Ducoin war am 24. Sept. 1817 zur grösseren Sicherung vom
Minister selber bestätigt worden.

2) „Sur la manière d'écrire l'histoire.“ Seinem Geschichtskursus
entnommen.

blieb kaum je ein flüchtiger Blick für die Musterschule
übrig, die lebensfroh weiterschritt, — aber ohne Gratisplätze
und mit verschärften Zahlungsbedingungen, da von keiner
Seite eine wirklich durchgreifende Unterstützung der Anstalt
stattfand. — Montfleury betreffend, konnte er Ende November
seinen Freunden dort mitteilen, dass sein so streng vom Rektor
verurteiltes System des auf die „allgemeine Grammatik"
gestützten Sprachunterrichts dann ganz unter der Hand in
den unteren Klassen des Lyceums eingeführt wurde.

Die Forderung des Ministers, den Katalog der Bibliothek
zu vervollständigen und eine genaue Kopie davon nach
Paris zu senden[1]), überhäufte Champollion damals für Monate
hinaus mit angestrengtester Arbeit, wobei er täglich noch
zwei Stunden auf die von Rémusat angeregte Übersetzung
eines wertvollen Handbuches der chinesischen Sou-
verane bis auf Kienlong[2]) verwandte.

Sonntags und Dienstags war die Bibliothek geschlossen,
aber ein Paragraph der Dienstordnung verfügte, dass even-
tuelle Besucher auch dann verlangen konnten, vom Bibliothekar umhergeführt zu werden. Leider wurde nun François
von gewissen Seiten unaufhörlich nach dieser Richtung hin
missbraucht, so dass er niemals ungestört seiner Arbeit
angehören konnte. — Hierzu kam, dass die notwendigen
Renovierungsarbeiten in seiner Dienstwohnung vor den Ultra
so peinlich geheim gehalten werden mussten, dass sich die
Arbeiter wie Diebe in der Nacht einzuschleichen hatten und
z. B. einen für unentbehrlich erachteten Kamin nicht herstellen konnten, weil dies alles verraten hatte. So erklärt es
sich, dass ihm die Schlüssel zu seiner Amtswohnung, aus der
Ducom nur nach heftigen Protesten und zwei Monate nach
seiner Entsetzung gewichen war, erst Ende Januar überreicht wurden. — Widerwärtiger noch berührte ihn der unausgesetzte Kampf den ihm Rolland lieferte, Ducoms intimer
Freund, Konservator der neben den Bibliotheksälen befind-

---

1) Champ. wünschte den alten Katalog nach Paris zu senden,
doch forderte man dort den neu angefertigten, sodass von seiner
mühevollen Arbeit keine Spur in Grenoble erhalten blieb

2) No 2075 der Grenobler Bibliothek

lichen Kunstabteilung, ein Mann, der viele gute Eigenschaften, aber kein unabhängiges Urteil besass. So adoptierte
er blindlings Ducoins gehässige Vorurteile und meinte seinen
Freund rächen zu müssen, indem er dessen Nachfolger in
unerhörter Weise das Leben erschwerte[1].

All diesen Drangsalen gegenüber blieb Champollion
einstweilen stumm, da er den Maire, der als Deputierter in
Paris weilte, erst wieder zur Seite haben wollte, bevor er sich
zur Wehr setzte.

Inzwischen hatte ein im „Conservateur"[2] erschienener
Artikel gegen Figeac Mitte Januar 1820 ungeheures Aufsehen
in Paris wie in Grenoble erregt. Denn Ducoin hatte hier
den einst von ihm entwandten Brief, den Figeac in den be-
wegtesten Tagen des Interregnums an die „Grenobler Freunde"
gesandt hatte und der von vielen für die Copie eines
Schreibens von Didier gehalten wurde[3], in einer Weise
verwendet, die seinen ganzen rachsüchtigen Hass gegen
Jacques-Joseph offenbarte. Es charakterisiert Ducoin, dass er
gerade die Sätze[4], welche sehr zu Gunsten des Schreibers
jenes Briefes sprachen, beim Abdruck unterdrückte.

François, dessen Schmerz gross war, hatte den Trost,
dass die einflussreiche Familie Mounier, Verwandte Ducoins,
dessen Vorgehen scharf verurteilte und gleich vielen anderen
ihm eine öffentliche Genugtuung anbot: „Ich habe alles zurückgewiesen" schreibt er an Figeac. „Ich behalte mir nur
vor, [Ducoin und dem Konservator] ein Gericht nach meiner

---

1) Wie Rolland dabei verfuhr, lässt sich aus seiner von Zeitgenossen (z. B. von Herrn Aristide Albert) völlig bestätigten und „im
buchstäblichen Sinne des Wortes zu nehmenden" Gewohnheit erraten,
dass er Türen, die sich nicht schnell genug öffneten, mit seinem Kopf
„im Sturm zu nehmen" versuchte (de prendre d'assaut).

2) Siehe Le Conservateur, Paris 1820, Tome VIe p. 36 ff. Art.
„Sur la nomination du sieur C . . . à la place du bibliothécaire à . . ."

3) Siehe Kapitel V. p. 245.

4) „ . . . Soyez sages et prudents, brûlants de patriotisme, mais
respectant les personnes et la propriété, parlant Principes, donnant
l'exemple de leur respect; ayez toute la sérénité du véritable patriotisme, mais qu'il soit vertueux et pur comme la cause que vous
défendez est belle et sacrée." Es handelt sich hier um die Verfassung.

Art zu servieren. Lies in diesen Tagen das Journal de
l'Isère, der nach Form und Inhalt ziemlich originelle Artikel
sagt alles nur mit halbem Wort. Da aber das Publikum
heute der Vertraute unserer Angelegenheiten ist, so wird
nichts „zur Erde fallen". Der Bastard (Ducoin) besonders
soll an der Stirn gebrandmarkt werden und er wird trotzdem
nicht das Recht haben, wieder zur Verleumdung zurückzu-
greifen."

Der Angriff auf beide lag versteckt in einer kleinen Satire,
der Bittschrift einiger Statuen, die ihren Konservator anflehen,
die Kattundraperien wieder zu entfernen, mit denen er sie
auf Ansuchen eines Missionars hatte bekleiden lassen. Der
Artikel blieb unerwidert, das Publikum jedoch kam den gekränkten Statuen zu Hilfe und forderte nun ebenfalls, und
mit Erfolg, das Verschwinden der Gewandung. Da überdies
die wuchtigen Schläge vollauf erfasst wurden, die aus den
humoristischen Worten weit mehr auf Ducoin als auf Rolland
herniederfielen, so war der doppelte Zweck des Artikels erfüllt.

Im übrigen tat das mutige Auftreten der Familie Mounier,
die seit den Tagen von Vizille das denkbar höchste Ansehen
in Paris wie im Dauphiné genoss, dass ihrige in der leidigen
Briefaffäre, um in Grenoble die Lacher vollends auf die Seite
des Hilfsbibliothekars zu bringen, dem diese ungesuchte
Ehrenerklärung, der alle ehrlich Denkenden zustimmten, eine
Genugtuung war, ohne ihn doch ganz mit der Sachlage auszusöhnen.

Schwer überarbeitet und von den Ultra täglich durch
Wespenstiche verwundet, verfiel er zu dieser Zeit mehrfach
in einen derartig apathischen Zustand, dass er förmliche
Abscheu empfand vor allem, was ihm die innere und äussere
Ruhe unmöglich machte.

„Ich möchte mich süssem Nichtstun und Nichtsdenken
überlassen," klagt er in seiner Übermüdung, „aber es geht
nicht; .. so müssen wir denn bis in den Tod uns weiter
quälen "

Die Bitte eines Pariser Freundes, dessen Bruder in
Grenoble zur Bezahlung einer Schuld aufzufordern, weist er
entrüstet zurück: „[Ich kann ihn nicht hetzen] — er sieht
gar so unglücklich aus . Es gibt Gesichter, die ich nicht

sehen mag, wenn ich nicht helfen kann; weniger noch
möchte ich da harte Forderungen stellen!"

Er wusste sich nur zu sehr in die Lage dieses armen
Menschen hinein zu denken; hatte er doch kürzlich durch
sein Ausscheiden aus dem Verbande von Montfleury eine
sehr empfindliche Verminderung seines Einkommens erlitten,
ein Grund mehr zur Besorgnis angesichts der ihm in Figeac
auferlegten Schuldenlast. Es mag hierzu bemerkt werden,
dass ihm von Seiten Rosines keine Erleichterung dieser
finanziellen Schwierigkeiten kam, denn der vorsichtige
Schwiegervater hatte die seiner Tochter bewilligte Mitgift
zurückbehalten, und Champollion war nicht der Mann, der
„um des elenden Metalles willen" Streitigkeiten hervorgerufen
hätte. Andrerseits hielt er es für seine heilige Pflicht, „bis
zum letzten Atemzug" alles, was er sein eigen nannte —
und ganz besonders seine Arbeitskraft — dem Bruder zum
Opfer zu bringen, der ihn einst „aus dem Nichts hervor-
gezogen" hatte.

Ein heftiger Schreck rüttelte ihn zur vollen Spannkraft
empor: Choppin d'Arnouville wurde durch einen Gewaltakt
der Ultraroyalisten zu Fall gebracht! Diese hatten am
12. September den erwähnten Bischof Grégoire, den „Königs-
mörder", zum Deputierten gewählt, da sie wussten, dass die
Regierung den Präfekten dafür verantwortlich machen und
zugleich auch bestrafen würde[1]). Ein heisser Kampf hatte
wegen dieser Wahl, die am 6. Dezember wieder aufgehoben
wurde, zwischen den Parteien stattgefunden, denn um sich
Choppin d'Arnouville zu erhalten, hatten es die Liberalen
niemals gewagt, dem ihnen so teuren Grégoire ihre Stimmen zu
geben. Nun wurde er ihnen aufgedrungen! Diese Tatsache
wirkte wie ein Blitz aus heiterem Himmel, und selbst Decazes,
über dessen Kopf hinweg die okkulte Regierung arbeitete,
war machtlos, des Präfekten Protest gegen seine Abberufung
zu berücksichtigen. Denn der Schlag war zu listig und
schnell geführt worden, um pariert werden zu können. —
Champollion, und mit ihm die grosse Mehrzahl der Grenobler,

---

1) „Nous avalons Grégoire, pour faire vomir le préfet!" war die
Parole der Ultra.

wurde in tiefste Trauer versetzt durch die am 19. Februar 1820
erfolgende Abreise Choppin d'Arnouvilles, um so mehr, als
dessen Nachfolger der Baron d'Haussez war, „der Messias
der Ultra". Er langte aus Nîmes an, dem Brennpunkt der
ultraroyalistischen Reaktionsbewegung, und der Hof der
Prafektur, „vordem so still und nur von bescheidenen Fussgangern durchschnitten", fullte sich sogleich wieder mit den
Karossen des alten Adels, der den Ankommenden formlich
besturmte, dass er die Stadt in Belagerungszustand versetzen
moge Aber d'Haussez liess sich weder durch diese Forderung
noch durch die gefälschten Berichte einiger Geheimpolizisten
(unter denen ein gewisser Martainville bei solchen Anlassen
besonders gefurchtet war) beeinflussen; vielmehr liess er in
aller Stille der „geplanten Revolution" nachforschen und
fand, dass alles in Ordnung war.

Diese kluge Haltung des neuen Prafekten beruhigte in
etwas die liberale Partei, welcher ohnehin durch den Rück-
tritt des Ministeriums Decazes ein neuer Schlag versetzt
worden war, und die den durch die Presse gegangenen
Warnruf aus Nîmes[1]) nicht vergessen konnte, da er zugleich
den Beweis dafur lieferte, wie grundsätzlich alles, was man
im Dauphiné und speziell im Isère-Departement sagte und
tat, der Regierung in falschem Lichte dargestellt wurde. —
D'Haussez hatte einst Bonaparte gehuldigt und ihm gedient,
Ludwig XVIII. verargte ihm dies immer noch, Artois dagegen
erkannte seine aussergewohnliche Tuchtigkeit und begunstigte
ihn. Auch meinten die Gegner des Prafekten zu wissen,
dass dieser nur deshalb die Interessen der Ultra mit grosstem
Eifer forderte, um sich späterhin zu den höchsten Staats-
amtern aufzuschwingen

Der hochgewachsene, vollendet vornehme und schone
Mann, der zunachst „unterschiedlos wie die Sonne die Strahlen
seiner Huld auf Reine und Unreine, Ultra und Liberale,
scheinen liess," schien die verkorperte Gute und Weisheit
zu sein, so dass auch Champollion sich täuschen liess und

---

1) „[M. d'Haussez] va, dit-on, administrer le département qui a
nommé M. Grégoire Il faut que le ministère porte bien loin l'esprit
de vengeance."

seinen freundlichen Zusagen amtlichen Schutzes traute. —
Doch kaum hatte sein Adlerblick Personen und Sachlage
genügend geprüft, als er seine glänzenden Verwaltungstalente
auf Kosten der Liberalen zu entfalten begann und zu ihrem
Entsetzen einen „Staatsstreich" dem andern folgen liess:
das Departement wollte z. B. den ihm um teuren Preis
„gegebenen" Deputierten Grégoire behalten, — er wurde
von der Wahlliste gestrichen! Grenoble war stolz auf den
grossen Einfluss, den es vermittels der sprüchwörtlichen
Kühnheit seines Wahlkollegiums auf den Gang der Ereignisse
auszuüben pflegte, — das Kollegium wurde mit einem Feder-
strich nach Vienne verlegt! — Die Grenobler liebten über alles,
der Regierung in die Karten zu sehen und sie zu kritisieren —
d'Haussez wollte sie von dieser „Unart" abbringen und begann eine durchgreifende Revision des ganzen Bezirkes, um
sie durch ihre eigenen Angelegenheiten zu zerstreuen. Mit
verbindlichem Lächeln und Händedruck knickte er manche
berechtigte Hoffnung und stand plötzlich als ein Selbstherrscher da, der vor keinem Gewaltmittel zurückschreckte,
das seine Ziele fördern konnte.

Grégoires Wahl hatte viel böses Blut in Paris gemacht:
„Die Ultra haben also Recht mit ihren ewigen Beschuldigungen?" hiess es bei Hofe und in den Ministerien. In
Grenoble dagegen fragte man sich mit Angst, wie die „Freiheit-
mörder (liberticides)" nun den edlen Ledrut-des-Essarts und
den Maire zu Fall bringen würden. — Champollion seinerseits fühlte sich schon unsicher im Amt, als er Mitte März,
sechs Monate nach seinem Dienstantritt, seine Amtswohnung
endlich beziehen konnte. Ducoin, der sich sogleich des
Barons Gunst erworben hatte, war zum Zensor ernannt
worden, was zu einem scharfen, schnell populär werdenden
Witzwort[1] Champollions Anlass gab, welches jenen empfindlich berührte. Er verbreitete deshalb von neuem das Gerücht,
Figeac werde keinesfalls seinen Posten bewahren können und
er wiederholte zugleich seinen Appell an den Gerechtigkeitssinn seines Verwandten, des Pairs Mounier. Unmittelbar

---

1) „Caton du coin."

darauf gab die Familie Mounier einen ihrer Sohne in die spezielle Obhut Champollions!

Dieser hatte namlich, um die erwahnte finanzielle Einbusse in etwas auszugleichen, eine kleine Privatklasse gebildet, zu der auch seine drei altesten Neffen gehorten, und die bereits viel von sich reden machte. denn er gewohnte seine Schuler daran, ohne jegliche Nachhilfe ihre Schularbeiten zu machen, was damals in Grenoble, wo ein „Repetitor" zur Hausordnung gehorte, vollig unerhört war. Bald jedoch fand dies Radikalmittel fur selbständige Geistesentwicklung, wie alle andern von demselben Padagogen herruhrenden Erziehungsmethoden, lebhafte Anerkennung. Mit Ali zumal probierte er mit Erfolg „ein neues System"[1]) aus, das ihm viel Zeit und Mühe kostete, das aber infolge von Missverstandnissen seitens des ubellaunigen Grossvaters der Kinder, der in verkehrter Weise daruber an Figeac berichtete, vorubergehend zu Argernissen Anlass gab, die François tief bekummerten Nach einer besonders schmerzlichen Erfahrung ruft er deshalb dem Bruder zu „Ich verzeihe Dir, was ich sonst niemand verzeihe, — eine Ungerechtigkeit!"

Um sich den hauslichen Frieden zu sichern, war er zeitlebens zu den schwersten Opfern bereit. „Man kann ihn nicht teuer genug erkaufen in dieser Zeit des Unfriedens und Streites," klagt er zu Anfang Mai 1820, als die Stadt durch ein Vorkommnis an der juristischen Fakultat wieder einmal alarmiert wurde Die bereits bis zum aussersten uberhitzten Gemuter der Grenobler Studenten hatten namlich an der Entsetzung von Fries in Jena Feuer gefangen Mit ungeheurer Begeisterung sahen sie auf diesen „zwölften grossen Dozenten, der seinen Freiheitsidealen zum Opfer fiel," und auf dessen elf Genossen hin, und die Betrachtung, „dass in Deutschland die Sache der Freiheit von den unterrichtetsten Mannern vertreten" werde, brachte sich energisch zum Ausdruck Da uberdies die Wiederkehr der Missionare neue Argernisse schuf und die Studenten taglich zu den lebhaftesten Protesten

---

1) Eine rationellere Verwendung der Mnemonik, als sie bislang bekannt gewesen war So viel Anklang diese Neuerung auch fand, so sind doch keine Einzelheiten darubei erhalten geblieben

gegen dieselben hinriss, so sollte die gefahrliche Garung
gewaltsam unterdruckt werden. Man verlas also den Stu-
dierenden am 25. April einen „Brief von Cuvier“, worin ihnen
in ebenso unklarer wie derber Weise anbefohlen wurde, sich
vor dem vierzigsten Jahre nicht mit Politik zu befassen. Be-
leidigende Kommentare des Vorlesenden erhohten noch den
Unwillen der Hörer, und als eine Kopie des apokryphen
Schriftstuckes verweigert wurde, kam am 3. Mai eine regelrechte Revolte zustande.

Einige Tage spater setzte dann die Ankunft des Herzogs
von Angoulème (des Dauphins) die Stadt vollends in Flammen.
Er sollte die Versohnung der Parteien anbahnen und er
hatte den besten Willen, des Konigs Wunsch zu erfullen,
aber des Prafekten starre Massregeln verdarben alles, denn
dieser war des Monarchen weiser Mahnung¹) nicht einen
Augenblick eingedenk. Champollion war stiller Zeuge der
aufregenden Szenen, die sich in Gegenwart des Prinzen vor
der Stadt und in ihr abspielten, weil die Rufe: „Es lebe der
Konig!“ — „Es lebe die Verfassung!“ welche die gemassigten
Royalisten und die Liberalen „aus demselben Munde“ horen
wollten, von d'Haussez scharf unterschieden wurden. Es
geschah dies gegen den Willen des Herzogs, der schliesslich
machtlos dastand, da auch seine eigenen Adjutanten der
immer erregter werdenden Menge mit grosser Erbitterung
bestatigen wollten, dass „Es lebe die Verfassung!“ ein auf-
ruhrerischer Ruf sei. Nun wurde „nach rechts und nach
links hin verhaftet, protestiert, gedroht . . .“ Das Volk wunschte
die Abreise des Prinzen, der seinerseits, weil er nicht klar
sah in der Sache, dem Maire arg mitspielte und ihn sehr
mit Unrecht fur den Aufruhr verantwortlich machte

„Von allen Seiten Unvernunft, — Massigung nirgends.“
schreibt François seinem Bruder; „so ist denn unsere arme
Stadt wieder hilflos dem Argwohn und der Verleumdung
preisgegeben!“ — Er hatte die Bibliothek fur den Empfang
des Dauphins hergerichtet und gerade mit diesem Prinzen,
dessen Abneigung gegen das okkulte Regiment ihm Achtung
einfloste, ware ihm wohl eine Unterredung ganz lieb gewesen,

---

1) „Surtout, ayez la main légère!“

doch musste er schliesslich seinem Chef berichten: „Der Herzog hat die Bibliothek nicht betreten." — Wie man später erfuhr, hatte nämlich Ducoin dem Prinzen eine von d'Haussez warm befürwortete Bittschrift um seine Wiedereinsetzung überreicht und musste des Erfolges wohl sehr sicher sein, da sein Benehmen dementsprechend sich veränderte, was Champollion auffiel. Bald jedoch sagten ihm Frau Ducoins zornige Blicke, dass es nichts damit sei, „denn Wut und Hoffnung gesellen sich nicht."

Um des Präfekten Berichten über die „skandalösen Vorfälle" in Grenoble das Gegengewicht zu halten, schrieb Champollion im Einvernehmen mit Ledrut-des-Essarts die Mitte Mai bereits in Paris veröffentlichte und viel gelesene Broschüre: „Attention!"[1]), die einen sehr ernsten Appell an den Gerechtigkeitssinn der Regierung enthält und nicht unbeachtet blieb. Die Vorstellungen des Divisionsgenerals taten ein übriges, so dass die in heftiger Weise von den Ultra geforderte „schwere Bestrafung" der Stadt unterblieb und selbst der Maire nicht abgesetzt wurde. Man schwieg in Paris die Angelegenheit einfach tot. D'Haussez jedoch verzieh seinen beiden Opponenten diese Niederlage nicht und ruhte nicht eher, bis Ledrut-des-Essarts abberufen wurde. „Allen rechtlichen Leuten blutet das Herz," ruft Champollion aus, erbittert über den „Schülerstreich" des Ministeriums, „das den Bezirk des letzten Friedenshortes beraubt, des Mannes, dessen Gegenwart allein schon die Ruhe sicherte." — Die glänzende Anerkennung, die dem Scheidenden auf Veranlassung des Maire zuteil wurde, brachte auch diesen letzteren bald zu Fall. Nun wurde zwar nicht, wie man gefürchtet hatte, ein ganz besonders exaltierter Ultra mit dem bedeutsamen Beinamen „Pendez-les!" sein Nachfolger, sondern der Marquis de Lavalette, doch war er immerhin ein geeigneter Verbündeter für den Baron d'Haussez[2]), und dass auf des Dauphins Veranlassung Ledrut-des-Essarts durch den Grafen Pamphile de Lacroix ersetzt wurde, der nicht (wie Donnadieu) „die mit

[1] Als „Article Nr. I." (Corréard, Paris) erhalten geblieben.

[2] Es wurde mit Bestimmtheit behauptet, d'Haussez habe gedroht, dem Departement die Alpen wegzunehmen! Ein Scherz, der immerhin sehr kennzeichnend war.

Kanonen und Bayonetten bewaffnete Übertreibung (l'exagération)" personifizierte, änderte nichts an dem gewalt-
tatigen Vorgehen der beiden anderen Machthaber.

Champollion seinerseits hatte Schwiengkeiten personlicher
Art mit dem Prafekten durchzukampfen. Dieser hatte sich
sehr liebenswurdig erboten, nach Art seiner Vorganger die
Korrespondenz der Bruder auf amtlichem Wege zwischen
Paris und Grenoble zu vermitteln. Bald gingen jedoch so
manche Sendungen verloren, von unerhörten Verspatungen
gar nicht zu reden, dass dem Baron nichts mehr anvertraut
wurde Besonders wichtige Briefe, falls nicht reisende Freunde
damit betraut werden konnten, erhielten weder Datum, Anrede
noch Schluss, wurden von fremder Hand oder auch mit
Geheimschrift geschrieben und an Freunde adressiert.
D'Haussez liess es an malitiösen Andeutungen und schliesslich
an versteckten Drohungen nicht fehlen, denen gegenuber
Champollion vorlaufig moglichst unbefangen zu bleiben sich
bestrebte. Sich jeglichen Gewaltaktes von seiten des ruhrigen
Diplomaten, dem Ducoin bestandig im Ohre lag, versehend,
waltete er dagegen mit ausserster Pflichtstrenge seines Amtes,
um dem Angreifer keine Bresche zu bieten. Doch war er schwer
leidend seit Ende Mai und uberdies oft allein, da er Rosine
ihrem kranklichen Vater nicht ganz vorenthalten wollte
Ohnmachtszufalle und Schlaflosigkeit, steter Schwindel und
ein Magenleiden nahmen so sehr uberhand, dass der Arzt,
das Schlimmste furchtend, absolute Ruhe und Nichtstun ver-
ordnete, um dem stets drohenden Schlaganfall vorzubeugen

Aber fester Wille und die eiserne Notwendigkeit hielten
ihn aufrecht, bis eine Katastrophe den niemals Rastenden
fur mindestens acht Tage widerstandslos an sein Lager
fesselte, von dem er sich aber am 13. Juni wieder erhob

Zu seiner Zerstreuung nahm er die grundliche Reinigung
der ausgestopften Vogel des Naturalienkabinets vor, wobei
er mehreren „verseuchten Individuen" den Kopf abschnitt,
„da die Augen," so sagte er, „noch verwendbar sind,
ware es auch nur, um sie denen zu geben, die keine haben
in der Zeit, die wir durchmachen mussen!"

So kam ihm die unselige Politik nie aus dem Sinn und
dieses stete Grubeln uber Verhaltnisse, die er nicht zu andern

vermochte, raubte ihm auch den „festen Bauernschlaf"
früherer Jahre. „Nur Bewegung kann mich retten," sagt
er selber, doch der durch allzuhäufige Blutentziehung erschöpfte
Körper fand keine Kraft mehr dazu. Auch kam er von
neuem zum Liegen und schleppte sich nur mühsam „vom
Bett nach dem Lehnstuhl (im Bibliotheksaal) und vom Lehnstuhl ans Bett zurück."

Trotzdem war abends und nachts das Haus von
Geheimpolizisten umstellt, da die Krankheit als ein Vorwand
für besonders gefährliche Umtriebe gehalten wurde. Der
Präfekt ging noch weiter und liess sich von seinem Hass zu
Schritten hinreissen, die seiner Amtswürde übel anstanden.
So blieb die Bibliothek am 8. Juli wegen der offiziellen
Erinnerungsfeier der Rückkehr des Königs geschlossen, wie
dies alljährlich der Fall war. Champollion, nachdem seine
kleine Klasse sich verabschiedet hatte, lag auf seinem Ruhe-
bett und lauschte den Trostworten einiger Freunde, als gleich
nach deren Ankunft der Präfekt folgendes wohl schon bereit
gehaltene Schreiben übersandte: „ . . . Man beklagt sich,
dass die Bibliothek dem Publikum heute geschlossen bleibt,
während doch eine gewisse Anzahl von Personen dort zugelassen worden sind. Ich ersuche Sie, mich über die Ursache dieser Massregel aufzuklären und diesem Sachverhalt
sofort ein Ende zu machen." Zugleich erfolgte die mündliche
Weisung durch den Polizisten, sich auf der Stelle in die
Präfektur zu verfügen. Champollion rechtfertigte sich brieflich
und nannte dem Präfekten die Namen der drei Angeber, da
dieselben von seinen Freunden auf ihrem Lauscherposten
gesehen waren.

Des Barons feindliches Benehmen bei der ersten Begegnung nach diesem Vorfall veranlasste François, seinen
Bruder zur sofortigen Rückkehr zu ermahnen, da dessen
lange Abwesenheit zum Vorwand seiner Entsetzung dienen
sollte. Doch ehe noch der Brief Paris erreichte, stand sie
schon in mehreren Blättern dort verzeichnet, so z. B. in der
Gazette de France vom 22. Juli 1820, und zwar am Vorabend
einer Institutswahl, so dass Figeac diesem Handstreich des
Ministers — von dem die Grenobler Behörden nicht vorher
in Kenntnis gesetzt waren — das Fehlschlagen seines bereits

21

als sicher geltenden Eintritts in die Inschriften-Akademie (als membre résidant) zuschrieb.

Inzwischen hatte sich François energisch dagegen verwahrt, dass seine Amtsführung, wie d'Haussez behauptete, die Entsetzung des Bruders nötig mache, zugleich auch liess er diese letztere im Journal libre de l'Isère[1]) widerrufen und er erhielt nachtraglich vom demissionierten Maire die Bestatigung, dass er „einwandsfrei und emsig‟ seines Amtes gewaltet, auch nichts getan oder angeordnet habe, ohne vorherige offizielle Anfrage bei ihm, so dass keinerlei auf den Assistenten Bezug nehmende Klage zu verzeichnen gewesen sei Auch arztliche Atteste uber die ernste Natur der noch nicht ganz gehobenen Krankheitserscheinungen lagen bei.

Nur die grosse Aufregung verlieh ihm in dieser Zeit qualvoller Unsicherheit trugerische Kraft, er war jedoch fest entschlossen, dieses Mal nur der brutalen Gewalt zu weichen, denn Figeac war im November 1819 mit unbegrenztem Urlaub vom Minister und vom Maire wieder abgereist, und er selber offiziell zum Vertreter ernannt worden. „Nur mit Axthieben wird man mich entwurzeln. .‟ „Ich werde alle Schritte tun, die sich mit der Ehre vertragen, [und gewisse Mitteilungen] an den Bibliothekar, der mir ja nicht aufgetragen hat, in seinem Namen die Absetzung anzunehmen, verweigern Nur mit bewaffneter Macht soll man mich dem Sessel entreissen, und es soweit zu treiben, werden sie nicht wagen . Ich will nichts ubereilen, keine Bitterkeit, kein Geschrei, — sondern stillen und festen Widerstand! So will ich ihnen entgegentreten. . .‟

Er machte nun seine von 1812 datierenden Rechte als Assistent geltend, damit man, „um ungerecht zu sein, uber zwei Leichen schreiten‟ musse, aber dies kuhne Vorgehen erbitterte den Prafekten bis zum Ubermass. Eine sehr stuamische Unteredung zwischen beiden war die Folge davon; im Verlauf derselben las d'Haussez zum Beleg seiner Behauptungen Auszuge vor aus den heimlich geoffneten Briefen der Bruder während der letzten Wahlkampagne. — Zum Gluck fur Champollion traf zu dieser Zeit, Anfang

---

1) Vom 29 Juli 1820.

August 1820, der soeben wegen seiner politischen Gesinnung seiner Stellung enthobene Victor Cousin, dem des „Ägypters" aufreibende Sorgen sehr zu Herzen gingen, aus Paris ein. Sein Versuch, den Präfekten versöhnlicher zu stimmen, scheiterte jedoch nicht nur, sondern d'Haussez drohte sogar, dass er den Geschichtsprofessor „wegen Verbreitung schlechter Grundsätze" auch vom Lyceum entfernen werde. „Der Strohhalm ist zerbrochen," schreibt Champollion dazu, ohne aber seinen Widerstand aufzugeben; er hatte einen regelrechten Verteidigungsplan entworfen und seitdem der Maire Royer-Deloche „mit allen kriegerischen Ehren abgezogen" war, konnte er angesichts des neuen behördlichen Triumvirates freilich wohl ausrufen: „Ich stehe allein da im Kampf!"

Die politische Krisis verlängerte sich, weil eine neue „Verschwörung" in Grenoble den Ministerien zu schaffen machte. Doch die wirksamen Mittel der Kaiserzeit zur Veranstaltung solcher Komödien waren auch im Dauphiné erschöpft: „Unterstehe sich so leicht niemand, eine Verschwörung anzuzetteln," spottet Champollion; „niemand hat hier daran glauben wollen, obgleich der Präfekt . . . . sich viel Mühe gibt, um sie ganz schrecklich darzustellen." „Aber diese kleinen Macchiavelli (die Ultra) zittern auf Befehl und in der frommen Absicht, ihr Mütchen zu kühlen an den Liberalen, deren friedlich mokante Miene sie zur Verzweiflung bringt." — „Zur Rettung ist uns hier nun jede Tür verschlossen! [Der Minister allein kann die Stösse parieren, die diese zwei reissenden Tiere (der Präfekt und der Maire) uns versetzen.]"

Er verliess das schon oft erwähnte sehr umfangreiche Gebäude, das den Schauplatz seiner gesamten Tätigkeit umschloss, nur noch, wenn es nötig wurde, Frau Rosine am Lager ihres todkranken Vaters in etwas zu unterstützen, und wie man auch suchte und sann, selbst die kühnste Phantasie und der beste Wille der Späher vermochten ihn nicht in die verworrenen Intriguen der lokalen Tagespolitik zu verwickeln, nun es galt, dem Bruder das Amt zu bewahren.

Erst im September, während der allgemeinen Ferien, ging er zum ersten Male seit langen Monaten wieder nach Vif, um frische Bergluft zu atmen: „Ich habe die Bibliothek noch unter unserer Herrschaft zurückgelassen," meldet er seinem

Chef; „kein Anzeichen, nah oder fern, scheint auf Sturm zu
deuten, . . denn die Behorden befassen sich nui damit, die
„Verschworung" auszubeuten." Leider beorderte ihn der neue
Maire schon wenige Tage spater wegen einer Extraarbeit
in die Bibliothek zuruck und liess ihn merken, dass er einen
Hoflichkeitsbesuch zu gunsten der gefahrdeten Stellung von
ihm erwarte. Aber hienn dem Marquis zu Willen zu sein,
gewann der Hilfsbibliothekar nicht uber sich. „Man wid von
diesen Leuten[1]) nur empfangen, um beschimpft zu weiden,
wir haben tausend Beispiele dafur, und nicht ich bin der
Mann, heiteren Sinnes ihrer adligen Unverschamtheit die
Stin zu bieten. Nie werde ich das aus eigenem Antrieb
tun! Gingst Du hin, so wurde ich Dich begleiten, weil ich
Dir uberall hin folge, bis in den Rachen Satans hinein, aber
niemals konnte ich mich entschliessen, in anstandiger Weise
mit diesen beiden Menschen zu reden, — ich sage Menschen,
weil es ja noch keinen besonderen Ausdruck zur Bezeichnung
dieser Spezies gibt!"

Wahrend Champollion in tiefer Einsamkeit die „Fron-
arbeit" anfertigte, benutzte er die dazwischen liegenden Stunden
zum Wiederdurchsehen des agyptischen Materials.   Zwei
Jahre waren dahin gegangen, seitdem er seine letzte Schrift
uber die Hieroglyphen vor der Delphinatischen Akademie
gelesen hatte, und die „Eroberung Altagyptens" war inzwischen
kaum in etwas gefordert worden   Hatten doch Kampfe ganz
anderer Art seine Krafte beansprucht und nahezu abgenutzt.
Aus diesem Grunde war auch im Januar 1819 die beabsichtigte
Herausgabe einer kommentierten Übersetzung von Zoegas
Werk uber die Obelisken wieder aufgegeben. Etwas spater
hatte ihm Figeac den Abdruck der mehrsprachigen Inschrift
gesandt, die man auf einem stark verwitterten Stein bei Menûf
im Delta entdeckt hatte und die fur eine Kopie der Inschrift
von Rosette gehalten wurde   Champollion stellte dies in
Abrede, und weil die kursiven Texte „mit sehr unsicherer
Hand gemacht" waren, so versprach er sich überhaupt keinen
Nutzen von diesem damals besonders in England viel dis-
kutierten „Menûfstein"

---

1) Nicht der Adel als solcher, sondern die Ultra, unter denen dei
alte Adel jedoch stark vertreten war, sind hiei gemeint.

Desto interessanter waren ihm die griechischen Inschriften am Sphinx, da er meinte, die in ihnen vorkommenden Titel desselben könnten möglicherweise eine direkte Umschreibung der altägyptischen Namen sein, so wie sie in der Hieroglyphenschrift vorkamen, von der er im Gegensatz zu anderen Gelehrten mit Recht annahm, dass sie noch unter römischer Herrschaft angewendet wurde.

Sehr wichtig erschienen ihm auch die Inschriften der Vasen und Halsbänder[1] des „Palastes von Karnak" (d. h. des Reichstempels); „da ich aber bedachtsamer bin, als viele andere, ehe ich eine Ansicht ohne vorherige sichere Grundlage gebe," sagt er, „so habe ich klüglich alle Vermutungen aufgegeben, ... Jomard ist kühner als ich!" Dieser war eine sehr viel genannte Persönlichkeit: während nämlich seine wissenschaftlichen und pädagogischen Verdienste allseitig gebührende Anerkennung fanden, konnte man doch nicht umhin zu finden, dass er, der die Seele des grossen Werkes der Kommission war, dort vorzeitig alles erklärt zu sehen und durch die Masse des Gebotenen, sowie die Art der Bearbeitung das Publikum zu blenden wünsche[2].

So bedauerte Champollion häufig, dass sich die Kommission hinsichtlich der Denkmäler nicht „bis auf weiteres" an genauer Beschreibung, an Zeichnungen und Maassen genügen lasse. — Nicht selten erlaubte er sich, ihr durch Figeac in vorsichtiger Weise einen Rat zu erteilen, was Jomards Freundschaft für die Brüder nicht gerade vergrösserte. Denn er sah die Entzifferung, oder mindestens doch die „Erklärung" der Hieroglyphen als seine spezielle Aufgabe an und hatte es gern, wenn seine Freunde ihm nachrühmten, dass er „alles selber tun könne." — „Lieber will ich zwanzig Jahre lang untersuchen, als mit gewagten Vermutungen und neuen Träumereien [à la Kircher] auftreten," versichert dagegen

---

1) Darstellung der Beutestücke aus Thutmes III. Feldzügen.

2) „[L'expédition d'Egypte] dont les résultats scientifiques eussent peut-être été appréciés non-seulement avec plus de faveur, mais même avec une sorte d'honorable partialité, si moins d'efforts avaient été faits pour en amplifier l'image aux yeux des spectateurs éblouis". Sacy.

Champollion immer wieder im Hinblick auf Jomard und auf
Young

Ersterem warf er besonders vor, dass er in seinem Eifer,
als der erste das altägyptische Zahlensystem klarstellen zu
wollen, die Hieroglyphen zu „arithmetisieren" trachte, er
selber las z. B „in allen Tempeln", wo jener „am 30 Mesori"
las[1]). — Inzwischen hatte er schon am 7. April 1819 dem
Bruder berichtet „Unter den ʻheiligen Buchstaben· muss
zweifellos verstanden werden. ʻin hieroglyphischer Schrift',
denn warum hatten die Ägypter zur Zeit des Germanicus aufgehört, die geheiligten Zeichen für die öffentlichen Denkmäler
zu verwenden, weil sie doch unter den letzten Ptolemaern
noch bei ihnen im Gebrauch waren? Übrigens bezeichnen
ʻdie heiligen Buchstaben' auch in der Inschrift von Rosette die
Hieroglyphen. Dies war die Schrift der Götter, heisst
es im kursiven Text, und zufolge dem hieroglyphischen Text
ʻdie göttlichen Schriftzeichen[2])." — So standen also nun Herodots und Diodors ἱερὰ γράμματα im richtigen Lichte vor ihm

Er war seiner Auslegung einiger Stellen des kursiven,
wie des hieroglyphischen Textes der Rosettana so sicher, dass
er am 8. Mai 1819 dem Bruder vorschlägt Du kannst die
Notiz im Appendix Deines Werkes dreist drucken. ich stehe
für jede einzelne (corps pour corps) der zitierten Stellen des
ägyptischen Textes ein. Du kannst sogar die elfte Linie des
hieroglyphischen Textes anführen."

Über Youngs weitere Entzifferungsresultate hatte er
eingehend durch den Bruder Kenntnis erhalten, allerdings
nur indirekte, so dass er ihn noch am 24 März 1820 bittet.
ihm nun endlich die Originalabhandlungen[3]) zu senden
Anscheinend erhielt er sie aber nicht, doch hatten sie ja
seine eigenen Anschauungen in keinem Punkte geändert
und ebensowenig das nicht immer zu rechtfertigende

---

1) War Jomard hier völlig im Irrtum, so enthielt doch seine „Notice
sur les signes numeriques des anciens Egyptiens", Paris, Sept 1819,
manches Richtige über das ag. Zahlensystem

2) Er führt hier die Hieroglyphen an, die umschrieben wie folgt
lauten ȝẖ n mdw ntr

3) Young hatte ihm nun die Conject. translat einst geliehen.

Vorurteil gemildert, mit dem er von Anfang an allen Arbeiten
des grossen Physikers auf dem ägyptischen Sprachgebiet ent-
gegengetreten war. Er wusste, ohne im geringsten dadurch
beeinflusst zu sein, dass Young seit etwa vier Jahren schon
an dem lautlichen Charakter der beiden Kursiven irre geworden
war und nunmehr das gesamte Schriftsystem als bildschriftlich
ansah, dass er aber an der lautlichen Lesung fremdländischer
Namen, wie z. B. Ptolemäus, festhielt, indessen er selber,
durch die Ausführungen der Kommission irregeleitet, seit
dem Frühling 1819 überzeugt war, dass dieser Name (in der
Hieroglyphenschrift im engeren Sinn) auf nationalägyptische,
d. h. „symbolische"[1]) Weise übertragen worden sei.

Dass Young „Arsinoë" aus dem hieroglyphischen Text
der Rosettana herauslas, erregte Champollions heftigen
Widerspruch; im übrigen sagt er im Hinblick auf die damals
geflissentlich verbreitete Ansicht, dass Young bereits eine
sichere Anleitung zum Übersetzen der altägyptischen Texte
gebe: „Nur auf der Inschrift von Rosette hat er sich zu
wirklicher Kenntnis erheben können; nun aber glaube ich
diese ebensogut zu kennen und zergliedert zu haben, wie
er. In diesem Falle wird er gleich mir nur vereinzelte
Notizen und die genaue Kenntnis mehrerer hieroglyphischer
Zeichen erlangt haben, — weiter nichts." „Ich beklage also
wirklich die unglücklichen englischen Reisenden, die mit dem
Hauptschlüssel Dr. Youngs in der Hand, die Inschriften von
Theben übersetzen sollen! . . . Ich habe nur allzuviel Lust,
seine Kühnheit zu strafen, und könnte die Pressfreiheit benutzen, um den Londoner Ödipus zur Ordnung zu rufen
und indirekt den Pariser Sphinxinet zu vermahnen, der so
einfältig ist, jenem die Bissen streitig zu machen."

Mit Sphinxinet bezeichnete er Louis Ripault, der seine
neuesten „Erfolge" mit literarischen Trompetenstössen ver-
kündigen liess und nach wie vor Champollion dabei ins Auge
fasste. Dieser seinerseits schrieb im September 1820 ganz
bescheidentlich an den Museumdirektor Artaud in Lyon, der
ihm soeben einige Zeichnungen und Abgüsse von Altertümern
zugesandt hatte: „Der Scarabäus ist bei mir in einem Zustand

---

[1]) Näheres in Kapitel VII.

angelangt, dass die Inschrift, ich will keineswegs sagen unleserlich ist, — so weit sind wir noch nicht, — sondern
dass man sie selbst mit der Lupe nicht zu unterscheiden vermag." Die erste Sendung war freilich missgluckt, doch hatten
ihm allein schon die Scherben einer kleinen Saule (cippe),
worauf er „den Triumph des Horus uber die Machte der
Finsternis"[1]) erkannte, viel Freude bereitet.

Es war die erwahnte wohltuende Einsamkeit seiner
Bibliotheksraume, die ihm gegen Ende September 1820 die
notige Musse zur Durchsicht aller Lyoner Sendungen verschaffte. Er kam auch nun wieder bahnbrechenden Wahrheiten oft ganz nahe, — um sich dann plotzlich abzuwenden
und wieder in verkehrte Wege einzulenken. Die Lithographie
eines funeraren Reliefs[2]) gab ihm z. B. Anlass zur genialen Erkenntnis der Charakteristik in der Darstellung verschiedener
Gottheiten, aber gleich danach verleitet ihn die hieroglyphische
Gruppe „Osiris" zu Erklarungen a la Kircher, — ungeachtet
des dabei entwickelten Scharfsinns

Artaud hatte ihm von vielen Papyri, einem Geschenk
des Generalkonsuls Drovetti, gesprochen, die nur an Ort und
Stelle gepruft werden konnten. Er begab sich deshalb trotz
seiner korperlichen Hinfalligkeit Anfang Oktober nach Lyon,
dessen reiche, seit 1802 unter Artauds fordernder Fursorge in
dem historischen Riesenbau des Palais de Saint-Pierre[3]) vereinigte archaologische Sammlungen ihn schon als Studenten
erfreut hatten. Er vertiefte sich nun derartig ins Studium
der dortigen Papyri, dass er das Zeichnen von Mumien und
anderen Gegenstanden als eine Erholung davon ansah
Zwar klagt er dem Bruder· „Dies Jahr hat mich vernichtet,

---

1) Wohl eine der bekannten Darstellungen des „Horus auf den
Krokodilen," die man als Schutz gegen wilde Tiere oder als Dank
fur die Errettung vor ihnen in Tempel und Haus haufig anbrachte.

2) Dieses Relief ist nicht mehr im Lyoner Museum, denn Artaud ver-
machte diesem nicht alle Stucke seiner dort mitaufgestellten Privat-
sammlung

3) Ursprunglich im 5 Jahrh gegrundete Benediktinerinnen-Abtei,
wurde zerstort von den Sarazenen, neu errichtet von 1659—1687.
Von der Stadt i J 1802 angekauft und zum „Palais des Arts" umgewandelt.

etwas anhaltende Arbeit ... erregt mir Schwindel oder vielmehr Ohnmacht; kurz, ich bin zu nichts mehr gut, — und doch erweitert sich das Feld meiner ägyptischen Arbeiten in jedem Augenblick. Spannende Erwägungen fordern verdoppelte Anstrengung, um wichtige Ergebnisse zu erzielen und das genau in dem Moment, wo meine Körperkräfte versagen. Es ist um toll zu werden, aber ich muss es dulden!" Doch die grosse Freude über neu sich vor ihm öffnende Perspektiven stählte ihm Stunde um Stunde die sinkende Kraft.

Das angestrengte Vergleichen der drei Schriftarten hatte ihm nicht nur unwiderleglich bewiesen, dass „hieroglyphische Texte" keinesfalls als ausserhalb des im täglichen Leben gebräuchlichen altägyptischen Schriftsystems stehend anzusehen seien, sondern es hatte ihn auch gelehrt, die demotischen Schriftzeichen von den hieratischen scharf zu unterscheiden. Überdies hatte er entdeckt, dass letztere eine Art von Kurzschrift („tachygraphie") der Hieroglyphen sind, und dass die demotischen Zeichen etwa im selben Verhältnis zu den hieratischen stehen. — Damit war viel gewonnen; vor allem sah er nun klar in der Ableitung und Reihenfolge der drei Schriftarten sowie in ihrem engen Zusammenhang; auch nahm er sich sogleich vor, zunächst das Verhältnis der hieratischen zur hieroglyphischen Schrift in einer Broschüre darzustellen und durch lithographierte Tafeln anschaulich zu machen

Leider führte ihn gerade diese grosse Errungenschaft um die Jahreswende ganz plötzlich zu dem verhängnisvollen Irrtum, dass das als einheitlich erkannte System nicht aus lautlichen, sondern durchweg aus begriffschriftlichen Elementen bestehe, welche er bislang nur in den Hieroglyphen im engeren Sinne zu erkennen gemeint hatte.

„Sende mir den Katalog der geschnittenen Steine von Raspe", bittet er den Bruder, da ihm neues Material zur Vergleichung nötig war, und zum ersten Mal zuckt der Wunsch in ihm auf, an einem der Zentren arbeiten zu können, wohin die abendländischen Generalkonsuln von Ägypten aus zu jener Zeit die Ergebnisse ihrer Grabungen

sandten [1]). „Doch nein, — das hiesse ja Grenoble verlassen, —
unmöglich!" Die Stadt hatte es ihm angetan, trotz des
Leidenskelches, den man ihm fortgesetzt dort darbot, vermochte er noch nicht den Zauberbann zu lösen, mit dem
sie ihn seit seinem zehnten Lebensjahre an sich fesselte. So
kehrte er denn mit dem inzwischen von Paris in Lyon eingetroffenen Bruder in gehobener Stimmung nach seiner
„zweiten Heimatstadt" zurück, wo beide gemeinsam am
1. November die Bibliothek wieder eröffneten.

François, dem die Herbstluft den Kopf etwas gestärkt
hatte, besass fortan den feindlichen Behörden gegenüber
in Jacques-Joseph einen starken Verbündeten, und diese Gewissheit an sich schaffte ihm schon einige Ruhe für Körper
und Geist, so dass er sich nun mit vorläufiger Hintansetzung
seiner liebsten Arbeitsinteressen wieder dem Wohlergehen
seiner „drei Schulen"[2]) widmete — Durch seine Vorträge
über alte Geschichte am Lyceum dazu angeregt, vertiefte er
sich von neuem in sein vormals so gern betriebenes Studium der
Wasserverhältnisse Afrikas, wobei selbstverständlich das
Problem der Nilquellen im Vordergrund stand Vorübergehend trat er deswegen wieder mit Friedrich Creuzer in
Verbindung, der ihn bereits vielfach zitiert hatte[3]).

Die in der Musterschule mehr als je zuvor in Blüte
stehende „Lancaster"-Methode betreffend, war Champollion
zu dieser Zeit eifrig bemüht, einen lange gehegten Wunsch
erfüllt zu sehen und mit Hilfe opferwilliger Freunde eine
völlig unentgeltliche Volksschule im grossen Massstabe
und auf Grund des neuen Systems zu eröffnen. — Schon
waren reiche Gaben in Aussicht gestellt und mit aus diesem
Grunde, da ja fortgesetzt Propaganda gemacht werden musste
für den guten Zweck, richtete er, nun auch Frau Rosine
endlich wieder in den lange vereinsamt gewesenen Hausstand
hatte zurückkehren können, ständige Empfangsabende für
seine intimeren Gesinnungsgenossen ein Diese hatten eine

---

1) In erster Linie Livorno, Marseille, London, wo grosse Nieder-
lagen dafür errichtet waren

2) Das Lyceum, die Musterschule und die kleine Privatklasse

3) In den Commentationes Herodoteae, Leipzig 1819

besondere Freude daran, in seinem einfach ausgestatteten
Heim (in der Dienstwohnung des Bibliothekars, für die ja
Figeac keine Verwendung hatte) noch die bei den Ultra verpönte zwangslos gemütliche Gesellschaftsordnung der früheren
Jahre vorzufinden. — Nur treu bewährte Menschen wollte
er in seinen Privaträumen um sich sehen, „keine Gäste,
sondern Freunde," und nicht nur aus angeborener Neigung,
sondern auch um sich vor den „Pseudo-Liberalen" zu schützen,
welche in jenen schlimmen Tagen sich überall einzuschleichen
suchten und die dem Maire und dem Präfekten zu wertvollen
Berichterstattern wurden.

Die unwürdige Bedrückung der Bürgerschaft hielt
während des Winters unvermindert an und erreichte einen
derartig bedrohlichen Höhepunkt, dass Champollion nicht
länger zögerte, von neuem mit der ihm eigenen Entschiedenheit zu der unerhörten Sachlage Stellung zu nehmen, denn
er hatte ja nun nicht mehr dem Bruder das Amt zu verwahren,
da dieser seit dem 30. Oktober 1820 die Bibliothek selber
verwaltete[1]. Durch sein Vorgehen, obwohl es in den durch
das Gesetz bedingten Grenzen blieb, erregte François von
neuem die Erbitterung der leitenden Kreise; man meldete
seine abermaligen „Untaten" nach Paris und er wurde infolgedessen vom Conseil Royal am 3. März „vorläufig" seiner
Stellung am Lyceum enthoben. Unter den obwaltenden
Verhältnissen tat dies viel weniger ihm selber als seinen
Schülern leid, und als echte Delphinaten scheuten sie sich
nicht, es ihm, allen Behörden zum Trotz, in wärmster Weise
zu erkennen zu geben.

Sie rühmten ihm zeitlebens[2] nach, sie zu geistiger Unabhängigkeit und zu selbstloser Hingabe an Pflichterfüllung
im höheren Sinne angehalten zu haben und es blieb ihnen
stets in Erinnerung, in wie wohltuender Weise seine gewohnte
Strenge im gegebenen Augenblick durch liebevolles Interesse

---

1) Nur eine ganz kurze Reise Jacques-Josephs nach Figeac, wo
am 31. Jan. 1821 der Buchhändler Champollion gestorben war, rief
François ein letztes Mal auf den Posten zurück.

2) Einige dieser Lyceumschüler Champollions erreichten ein sehr
hohes Alter.

an Freud und Leid eines jeden unter ihnen ausgeglichen wurde. Und der Lehrer[1]) war zum mindesten dem Pädagogen ebenbürtig, besonders wenn es sich um die historische Literatur der verschiedenen Nationen des Altertums handelte. Denn nicht nur überschaute er selber klaren Blickes von hoher Warte aus die Weltgeschichte, sondern er verstand es auch, seine Schüler „in kurzer Zeit auf ein höheres Niveau der Anschauung emporzuheben."

Seinen Bruder tröstete Champollion über den erlittenen Verlust mit den Worten. „Es soll meinen ägyptischen Studien zugute kommen!" Tatsächlich begann er sogleich mit der Abfassung der geplanten Schrift über das Hieratische und mit der Vorbereitung der dazu nötigen Tafeln. Doch nur zwei Wochen etwa blieben ihm dazu vor dem heraufkommenden Sturm Der Baron d'Haussez, dem nichts entging, hatte schon gegen Ende Februar in den Bergen von Piemont eine Sturmwolke aufsteigen sehen, und da er die Ausdehnung des Unwetters auf das Isère-Departement vorher sah, dringende Warnungen an den sardinischen Hof gesandt. Vergeblich, — man dankte für die gute Absicht und hielt noch ferner die Augen geschlossen, bis die Turiner Ereignisse vom 5. und besonders vom 12. März alle Befürchtungen des Präfekten rechtfertigten, denn machtvoll und ewig jung in seinem heissen Begehren loderte bald danach der angestammte Freiheitsdrang in den Delphinaten plötzlich wieder empor Ein Gluthauch schien von den Piemontesischen Bergen her über Grenoble hinzuziehen und die Herzen der Jugend in Flammen zu setzen — und Champollion blieb dieser Bewegung der gequälten Volksseele nicht fremd. Im Gegenteil bildete er, dem Freund und Feind stets so aufmerksam lauschten, den Mittelpunkt im Klub der gemässigten Liberalen[2]). Wie in den Tagen der „Federation Dauphinoise" elektrisierten seine Worte auch jetzt wieder die Gesinnungsgenossen. die seit der Streichung von Gregoires Namen aus der Wahlliste des

---

1) Das Heft eines dieser Schüler, Namens Breton, mit Diktaten des Professors über vergleichende Geschichte und Geographie (1819, 1820) ist erhalten geblieben

2) Das Ausschusskomitee bestand aus 5 Mitgliedern, unter ihnen Renauldon und Thevenet Champollion gehörte ihm nominell nicht an

Isère-Departements sämtlich dem Grundsatz huldigten: „Die
Völker wollen nicht mehr leiden, ohne sich zu beklagen."

Der Präfekt, der sogleich die Zahl seiner Späher verdoppelte, erfuhr, was am 19. März abends bei Charles Renauldon abgemacht wurde und warnte noch in der Nacht den
Divisionsgeneral vor dem zu einem Handstreich gewonnenen
10. Regiment. Aber Pamphile de Lacroix wollte dies nicht
glauben. Als daher morgens früh die Nachricht auftauchte
und sich blitzschnell verbreitete, dass eine Depesche[1]) Ludwigs XVIII. Entthronung verkündet habe, war kein Halten
mehr: auch Champollion, von dem heissblütigen Thevenet
bestürmt, verlor nun den letzten Rest jener weisen Mässigung,
deren er sich, Choppin d'Arnouvilles eingedenk, so lange
Zeit befleissigt hatte. Halb gewaltsam entführt, vergass er
seine Bücher und seine körperlichen Leiden, nun man „den
Pariser Herren, die durch die Duldung der schmachvollen
Verhältnisse selber die Fackel ins Stroh geworfen" hatten,
beweisen wollte, „wie zahlreich die Freiheit ihre Wachen im
Dauphiné ausgestellt hat."

Es strömten nun von allen Seiten die durch das Vorgehen
der okkulten Regierung zu wahren Märtyrern gewordenen
Krieger der „Grossen Armee" sowie alle andern herbei,
welche einst auf den Wällen der Stadt für diese gekämpft
hatten. Aus tiefstem Versteck tauchten wie durch Zauberkraft
eine Menge kaiserlicher Kokarden und Adler empor, auch
die dreifarbigen „Fahnen der Freiheit" wehten keck im Morgen-
wind und fanatischer Jubel[2]) grüsste die Reliquien aus un-
vergessenen Tagen. Im Munde vieler tönte wieder der grosse
Name, dessen faszinierende Macht über die lebhafte Phantasie
des Volkes bereits zweimal Grenoble betört hatte. Die Leute
der Vorstädte glaubten tatsächlich, dass der sterbende Mann
von St. Helena zurückgekehrt sei, denn der Gewaltige, den
sie einst zu nächtlicher Stunde von magischem Licht umstrahlt
gesehen haben wollten, konnte von nichts auf die Dauer ge-

---

1) D'Haussez hielt sie für ein Machwerk der „Grenobler Rebellen."
— Taulier, Histoire du Dauphiné, p. 356, sagt: „Cette nouvelle venait
d'être apportée par un habitant de la ville, qui arrivait de Lyon.

2) „Vive le Roi pour trois jours! — Vive Napoléon pour toujours!"

lesselt und besiegt werden, sagten sie sich Einsichtigere
stimmten den Ruf· „Es lebe der Kaiser!" lediglich zu
gunsten Napoleons II. an.

Was die übrigen Rebellen wollten? Wer hatte es genau
angeben können! „Nieder mit den Bourbonen!" das war der
Schrei, der sich laut oder leise jeder Brust entrang Einige
Voisichtige riefen dazwischen „Es lebe der Herzog von
Orléans!" Andere, mit mehr Wärme „Es lebe die Republik!"
Alle aber einigten sich unterschiedslos in dem gewaltig über
die Stadt hinbrausenden Ruf „Wir fordern eine freie Ver-
fassung!"

Die Tore wurden geschlossen, mit allen Glocken läutete
man Sturm, — die Zitadelle gab von der Höhe ihres herrlichen Felsenamphitheaters hinunter weithin dröhnende Alarm-
signale, doch die Aufruhrer, immer in der Hoffnung, die gesamte Garnison gewinnen zu können, wurden nur um so
kuhner.

Neben dem Advokaten Perrin war Charles Renauldon
der Hauptführer der Bewegung und seine Tollkühnheit hatte
ihn schon früh morgens, als er in drohender Haltung zum
Präfekten vorgedrungen war, fünf Minuten lang unmittelbar
vor den Lauf von dessen Pistole gebannt. D'Haussez, der
wegen momentanen Zwiespaltes mit dem Divisionsgeneral der
schutzenden Eskorte, auf die er Anspruch hatte, verlustig
gegangen war, mischte sich trotzdem unter die Menge und
setzte durch seine umsichtige Tapferkeit Freund und Feind
in Erstaunen, als er sich mit dem Degen in der erhobenen
Rechten einen Weg durch die Aufruhrer bahnte Der, den sein
Auge vor allem suchen mochte, war nicht an dem hin und
wieder tosenden Strassentumult beteiligt. Denn in der Überzeugung, dass der mit grosser Truppenmacht heranziehende
General die Zitadelle nahezu ihrer gesamten Besatzung ent-
blosst habe, hatte Champollion den Plan gefasst, einen
Hauptstreich zu wagen, um das „690 Pariser Fuss hoch
über der Isère" wehende[1]) verhasste Lilienbanner zu Fall zu
bringen. Äusserste Eile nur konnte die Ausführung der Idee
sichern.

--- --- -

1) Auf dem Fort Rabot, 307 m über dem Meere — 188 m höher
hinauf liegt das Fort La Bastille.

Fig. 9. Der untere Teil der Citadelle von Grenoble, das Fort Rabot.

Abseits vom grossen Haufen waren bald die nötigen
Teilnehmer gefunden, die schnell und lautlos, von Champollion
und Thevenet geführt, die Zickzackpfade zur Zitadelle empor-
stiegen. Die Wache am Festungstor wurde überrumpelt, der
Eintritt erzwungen und eine Kompagnie vom 10. Regiment
sogleich für das Unternehmen gewonnen. Nur eine Abteilung
Lanzenreiter, die in den Pferdestallen beschäftigt war, wollte
Widerstand leisten, doch verrammelte man Türen und Fenster,
so dass sie machtlos wurde Wenige Minuten später zog
eine kühne Hand, diejenige Champollions, die weisse Fahne
ein und liess auf der höchsten Spitze des Fort Rabot die
Trikolore sich entfalten, so dass sie als „Banner der Freiheit"
weithin in der Runde sichtbar und von Tausenden freudig
begrüsst wurde! — Erst mehrere Stunden später, als der
Divisionsgeneral wieder Ordnung geschaffen und die Stadt
in Belagerungszustand versetzt hatte, verschwand zum
Kummer vieler das Symbol des ersehnten Glückes von der
luftigen Höhe.

Champollion suchte seinen über dieses Wagnis völlig
entsetzten Bruder durch einen Scherz[1]) zu beruhigen, als
er, mehr tot als lebendig, nach Hause kam.

Die Stadt glich nun einem grossen Feldlager, denn
Tausende von Soldaten kampierten in den Strassen und auf
den Wallen, und als man nachts auf den Bergen Signalfeuer
emporlodern sah, meinte der Höchstkommandierende, der anfangs zu wenig und nun zu viel sah, dass mit den Verschwörern
wie in den blutigen Tagen von 1816 verfahren werden
musse D'Haussez seinerseits schloss vorläufig die arg kom-
promittierte juristische Fakultät und erklärte Grenoble für
unwürdig, überhaupt noch Hochschulen zu besitzen. — Dass
in seinen Berichten nach Paris Champollion ebenfalls als
Volksverführer gebrandmarkt wurde, braucht kaum hervorgehoben zu werden; dennoch empfand dieser keine Reue, an
der Massenkundgebung teilgenommen zu haben, da seiner
Ansicht nach gegenüber den vielen nutzlos verhallten Klagen

---

1) „Peut-être un jour, la prise de la citadelle de Grenoble par un
archeologue, et sans effusion de sang, figurera avantageusement dans
ses etats de service littéraire en temps extraordinaire "

nur noch solche Mittel übrig blieben, um Ludwig XVIII. auf
die Notlage des schutzlos der okkulten Regierung preis-
gegebenen Isère-Bezirkes aufmerksam zu machen. Nicht als
Hochverrat, sondern als Protest des Volkes gegen die „Frei-
beuterei unter königlicher Flagge," der es zum Opfer gefallen
war, und als einen Akt legitimer, wenn auch etwas brutaler
Notwehr wollte er die ganze Sache aufgefasst sehen. Mehrere
ausgezeichnete Grenobler Advokaten stimmten ihm bei und
gaben Figeac die Art an, wie er seine langen, nach Paris sowie
an den akademischen Rat von Grenoble zu sendenden Berichte
behufs Rechtfertigung „des Hochverräters" zu schreiben
hatte.

Mehr als alles sonst kam es letzterem jedoch zugute,
dass der König persönlich die Angelegenheit ziemlich leicht
nahm und den Marschall Duc de Bellune nach Grenoble
sandte, um sie in möglichst versöhnlicher Weise vollends beizulegen. Hierdurch wurden die Ultra um den von ihnen
beantragten blutigen Hochverratsprozess, in den zwei Drittel
der Bürgerschaft verwickelt worden wären, betrogen.

Bellune, den der Grenobler Volksmund sogleich in Beau-
soleil umtaufte, hatte seine glänzende Laufbahn einst als
Trompeter im Regiment des Generals (damals Oberst) Joubert
de Lasalette, des langjährigen Freundes der Brüder, begonnen,
der manche schöne Weise für Claude Perrins Trompete
selber komponiert und ihn auch sonst noch freundlich gefördert
hatte. Der Herzog suchte sogleich seinen alten Gönner auf
und dieser legte ihm aufs allerdringendste die Interessen des
jüngeren Champollion ans Herz, dessen politische Grundsätze
überdies den seinigen entsprachen. — Diese energische Fürsprache, sowie der Hinweis von seiten anderer Grenobler auf
die sehr bedeutenden Verdienste, die sich François ver-
schiedentlich um die Ruhe und Sicherheit der Stadt erworben
hatte, taten ihre Wirkung: Der Marschall überzeugte sich
schnell, dass die „revolutionäre Gesinnung" des Delinquenten
lediglich in seinem Verlangen nach Gerechtigkeit und
Gesetzlichkeit bestand. Auch konnte der Angeklagte, der
gegen Kaution auf freiem Fusse belassen war, sich schon
anfangs Juni als gesichert betrachten vor dem ihm bestimmt
gewesenen Hochverratsprozess. Eine glänzende Genugtuung

22

war es fur ihn, dass mehrere der Pairs de France[1] mit ungewohnlichem Nachdruck die Lauterkeit seiner Gesinnung, sowie die mannigfache Betatigung seiner Menschenliebe darstellten und dass sie die dem schwer Verlaumdeten seit lange geschuldete Gerechtigkeit insbesondere vom Conseil Royal (de l'Instruction publique) erbaten! Dies wurde sogleich in Paris bekannt, und somit konnten Sacys wie seiner Kollegen[2] ebenso ruckhaltlos geausserte wie ungerechte Beschuldigungen Champollions[3] endlich wirkungslos gemacht werden.

Der Conseil Royal bestimmte schliesslich, dass der Grenobler Professor vor einem „tribunal ordinaire" wegen einfachen Vergehens abgeurteilt werden sollte Leider fehlen alle Einzelheiten dieses Vorganges, doch steht es fest, dass François dank den Bemuhungen seiner Schutzer auch aus dieser kurzen Prufung ungeschadigt an Ehre und Freiheit hervorging Dagegen enthob ihn dieselbe Verfugung[4] endgultig seines Lehramtes am Lyceum, doch sollte ein Brief des schon erwahnten Inspektors Morin[5] die Pille in etwas versussen.

Die Bibliothek war bereits im Marz Ducoin wieder zugesichert, sie wurde ihm am 25. Mai amtlich ubergeben und Figeac kehrte nach Paris zuruck, sobald er François den Rachegelusten der Ultra endgultig entzogen wusste. Letzterer konnte ihm nicht sogleich folgen, obwohl ihm nunmehr der Boden unter den Fussen brannte, nach einer abermaligen,

---

1) Casimir und Alexandre Perier Le Duc de Raguse (Maréchal Marmont). Le Duc de Bausset, Cardinal Sapey, Député de l'Isère. Le Comte de Nantes (Isère) Le Comte de Lézay-Marnésia (Lot).

2) Nur Cuvier hatte im Conseil die Angebereien aus Grenoble stets bekampft.

3) „ . . Sa conduite politique, pendant le règne de 3 mois d'Ahriman, lui a fait peu d'honneur et il n'a sans doute plus ose m'eciire " Sacy an Thomas Young, 20 Januar 1816

4) „ . Mais quoique votre nomination à la chaire d'histoire soit annulée, vous ne restez pas moins membre de l'Université, et vous pouvez être replacé partout ailleurs, si le Conseil Royal le juge à propos Dans votre situation actuelle, vous êtes libre de vous absenter et d'aller où vous voudrez, sans avoir besoin d'un conge de ma part. Je fais des vœux pour que l'Universite ne laisse pas longtemps vos talents inutiles" (etc). Morin Verfugung vom 23 Juni 1821.

wenn auch ganz privaten Unterredung mit dem Präfekten. Dieser beschuldigte ihn, gesagt zu haben, dass er das System gewaltsamer Massenaushebungen unter Napoleon dem „Obscuranten-, Denunzianten- und Spionensystem unter Artois" vorziehe, und dass er überdies den satirischen Artikel Necrologie im Septemberheft 1819 des Echo des Alpes (p. 234, 235) verfasst habe, der von einer „physiologico-politischen" mit Versteinerung des Herzens endigenden Epidemie unter den Führern des „[anti-humanen Ultracismus]" handelt.

Das Geschick fügte es, dass kurz darauf die beiden Gegner sich in ganz anderer Weise gegenübertraten, was im Hinblick auf spätere Ereignisse hier erwähnt werden·muss:

Einige Studenten von der geschlossenen juristischen Fakultät wollten dem Präfekten, dem Maire und einem Arzt, der in den Thermen von Uriage[1]) Ausgrabungen machte, einen empfindlichen Streich spielen. Sie fabrizierten deshalb eine Vase nach antikem Muster, taten einige von Champollion entliehene alte Münzen hinein und gravierten eine Inschrift in stark archaisierten römischen Lettern darauf, deren schwierige Entzifferung dem Marquis de Pina, einem tüchtigen Numismatiker, zufallen sollte. Als aber die heimlich versteckte Urne schliesslich im Beisein vieler Besucher des Arztes ausgegraben wurde, war der Maire nicht anwesend, da ihn eine kleine Reise am Kommen verhindert hatte.

Von Neugier gepeinigt, beschloss man endlich, Champollion aufzusuchen, und um der Wissenschaft willen liess sich sogar der Baron d'Haussez überreden, die übrigen Herren zu begleiten. Dieser völlig unvorhergesehene Abschluss der kleinen Komödie nötigte Champollion, seinen unfreiwilligen Besuchern die Inschrift zu lesen; sie lautete in ganz modernem Französisch: „Nous sommes tous cousins et cousines."

Diese Szene machte besonders dem Präfekten sehr geringes Vergnügen, doch hütete er sich, den kranken und müden Mann, der vor ihm stand, dafür verantwortlich zu machen. Dieser war ohnehin seinem strafenden Arm völlig enthoben und wartete nur noch die Fertigstellung einer

---

1) Mit berühmten Heilquellen. Etwa 6 km. von Grenoble entfernt.

kleinen Druckschrift ab, die das Wichtigste aus seiner inzwischen vollendeten grossen Abhandlung[1]) enthielt, sowie
diejenige der lithographierten Tafeln[2]), die viel Zeit beanspruchte „Ich setze deshalb moglichst viel auf meine
Tafeln und publiziere nur zehn bis zwölf statt zwanzig;"
schreibt er, und etwas spater. „. . Das geringste Nachdenken
wirft mich auf mein Bett. Meine letzte Tafel mit 700 hieroglyphischen und hieratischen Zeichen hat mich zugrunde
gerichtet . . ." Sein schlechtes Allgemeinbefinden hatte sich
seit der „Einnahme der Zitadelle" arg verschlimmert, und
durch Nervenzerruttung und Schlaflosigkeit war sein Aussehen
in trauriger Weise verandert worden; denn an seinem
Lebensmark zehrte der Schmerz, das Dauphiné, wo er sich
nun vollig entwurzelt fuhlte, verlassen zu mussen! Er, der
noch vor kurzem um Grenoble und seiner Berge willen der
ganzen ubrigen Welt freiwillig entsagt hatte, rief nun ganz
verzweifelt aus. „Ich mochte lieber in Sibirien erfrieren, als
noch zwei Monate hintereinander in dieser ungluckseligen
Stadt bleiben "

Trotz dieser trostlosen Verfassung wahrte er bis zum
letzten Moment seines Bruders Interessen: „Die Kinder arbeiten, und ich bin bei ihnen, so viel es mir moglich ist
Es ware vielleicht gut, auch die Kleinen — Jules und Aimé —
mit mir zu nehmen und somit nichts zu hinterlassen." Dies
erlaubten jedoch die Verhaltnisse nicht, auch Frau Zoe und
Frau Rosine blieben vorlaufig in Grenoble zuruck, und nur
der von seinem Onkel unzertrennliche Ali wurde dazu ausersehen, ihn nach Paris zu begleiten Fur die etwa siebzig-
stundige Fahrt war aber noch ein zuverlassigerer Begleiter
fur den Kranken notig und er fand sich in seinem Freunde
Dufléard, dem ebenfalls eine Luftveranderung aus politischen
Grunden notwendig geworden war.

„So ware denn mein Grenobler Leidenskelch endlich bis
zum Grunde geleert," konnte Champollion dem harrenden
Bruder am 8. Juli 1821 zurufen „keine Ungerechtigkeit kann
mich hier mehr erreichen und ich habe nichts mehr einzu-

---

1) Einzelheiten in Kap. VII.
2) Beides bei Peyronard in Grenoble

büssen. . . . Ich bin nun völlig entwaffnet und nichts bleibt
mir mehr übrig, als meine Krankheit, die nicht von mir genommen werden will. Das ganze Weltall ruft mir zu: 'Gehe
fort! Reise, — zerstreue Dich!' Nun, ich gehe — — und
Gott wird für das Weitere sorgen!"

Eine herzerhebende Freude wurde ihm übrigens vor seinem
Weggehen zuteil: ungeachtet der schweren politischen
Kämpfe konnte binnen kurzem (am 20. Juli 1821) eine
von der Musterschule unabhängige unentgeltliche Volksschule
eröffnet werden! Überdies stand nun die neue Methode (die
im Dauphiné speziell das Gepräge mancher sinnreicher Ver-
vollkommnungen von seiten Champollions trug) im gesamten
Isère-Bezirk in hoher Blüte, und es war nicht belanglos, dass
auch die protestantischen Geistlichen (die katholischen be-
harrten auf ihrem Protest) und die Juden sie in ihren Schulen
einführten. Was der zurückkehrende Verbannte einst versprochen, das hatte er gehalten.

Doch auf wie manchen anderen Gebieten hatten nicht
er selbst und seinerzeit auch Figeac für das Gemeinwohl
der Stadt und des Departements gewirkt! Allen billig
Denkenden war es in dankbarer Erinnerung und Augustin
Périer, der Besitzer des historischen Schlosses zu Vizille, gab
in einem Brief an seine in Paris lebenden Brüder der Ansicht
der grossen Mehrzahl seiner Mitbürger in schlichter Weise Ausdruck: „Wir sehen mit grossem Kummer," sagt er, „zwei
Männer von Verdienst Grenoble verlassen, für die wir ganz
bestimmt lange Zeit keinen Ersatz finden werden." (11. Juli 1821.)

Bis zum Übermass erschüttert durch den Abschiedsschmerz und im Dunkel der nächsten Zukunft kaum noch
dem einen hellen Punkte Glauben schenkend, den die
glückverheissende neue Richtung in seinen Forschungen
bildete, äusserte Champollion im Augenblick der Abfahrt zu
Thevenet: „Das unerbittliche Geschick wird mich hindern, —
falls ich überhaupt weiter lebe!" — „Fasse Mut, dein Genie
wird endlich das Geschick überwinden!" rief ihm der Freund
mit siegesgewissem Tone nach.

Bei Artaud in Lyon wurde für zwei Tage Halt gemacht,
und in den schattigen Hallen des Palastes von Saint-Pierre,
wo alles Frieden und Wohlsein atmete, konnte der Reisende

es ermoglichen, die erwahnten Papyri nochmals durchzusehen
Angesichts der dortigen agyptischen Altertumer fuhlte er sich
seiner eigentlichen Bestimmung vollig und „unabanderlich
zuruckgegeben," wie er dem daruber begluckten Freunde
fest versicherte. — Weit hinter ihm schienen bereits die
politischen Sturme, sowie die Feindseligkeiten seiner Gegner
zu liegen, denen er kaum erst entronnen war und die seine
Feuernatur zum Teil selber heraufbeschworen hatte. Eine
andere Welt umgab ihn, neue Perspektiven offneten sich vor
ihm, doch wagte er kaum noch zu hoffen, dass ihn sein Weg
nicht abwarts in die fruhe Gruft, sondern dass er ihn empor-
fuhren werde zu den Hohen grosser wissenschaftlicher Erfolge.

Kapitel VII

Der Entzifferer.

(20. Juli 1821 bis 25. Mai 1824.)

Mehr als elf Jahre war Champollion Paris fern geblieben.
Schaffensfroh, die Seele von den höchsten Lebensidealen
erfüllt, hatte er es im Oktober 1809 verlassen, — durch
Überarbeitung und Kümmernisse frühzeitig gealtert, anscheinend nicht mehr lebensfähig, kehrte er am 20. Juli 1821 dorthin zurück. An diesem Wendepunkt seines Lebens angelangt, fühlte der nun dreissigjährige Mann, dass ihn, der bislang so manche Interessen verfochten, so manche Ziele angestrebt hatte, fortan nur noch eine Arbeit beschäftigen
dürfte: der Wissenschaft die Denkmälerwelt Ägyptens zu
erschliessen und dieses Land damit an den ihm in den
Annalen der Kulturgeschichte gebührenden Platz zu stellen.
Im Wirrsal seiner Leiden aller Art hatte die Hoffnung, dies
dereinst tun zu können, wie eine heimliche Kraft den oft-
mals sinkenden Mut immer wieder gestählt und dem suchen-
den Blick über die rauhe Gegenwart hinweg ganz von fern
das „Land der Verheissung (la terre promise)" gezeigt.

Gerade das Übermass seines Unglücks führte ihn nun
plötzlich dem Ziele näher, sodass die qualvollen Reisetage
den Übergang zu einem neuen Dasein bildeten. Noch
fürchtete er zwar allen Ernstes, dass ihn der Tod von der
Schwelle desselben zurückweisen würde, denn in seinem

fiebergeschwächten Körper schien jegliche Widerstandskraft
erloschen zu sein, — aber der erfahrene Bruder arbeitete
dieser gefährlichen Selbstsuggestion mit dem oft wiederholten
Ausruf: „Du musst und du wirst weiter leben!" sehr wirksam entgegen.

War Champollion ein anderer geworden, so stellte sich
auch Paris verändert dar. Der Siegestaumel der Kaiserzeit
war verrauscht, Napoleons Militärdespotismus hatte dem
Selbstherrschertum der Bourbonen und insbesondere der
Inquisitionspolitik des Grafen von Artois Platz gemacht.
Adel und Priestertum bekämpften immer mehr die Rechte
des Volkes und suchten die Freiheitsideen von 1790 bis zur
Erinnerung daran auszulöschen.

Die Université stand nunmehr unter dem späterhin zum
Grafen ernannten Prälaten Denis Frayssinous, dessen streng
klerikale Herrschaft das milde Zepter und den freien, weitsehenden Geist des Marquis de Fontanes von vielen ver-
missen liess. — Unabhängig wie immer stand dagegen das
ausserhalb des nationalen Unterrichtsverbandes gestellte
Collège de France da, wo inzwischen der erste europäische
Lehrstuhl für Sanskrit, sowie einer für Chinesisch und ein
anderer für Armenisch errichtet waren, denen Chézy,
Rémusat und St. Martin vorstanden.

Champollion hatte hinfort sein Hauptaugenmerk auf das
Institut de France zu richten, das nicht nur den Hort
von Frankreichs wissenschaftlicher Ehre darstellte, sondern
damals in gewisser Weise auch noch den obersten Gerichtshof
des gesamten schaffenden Menschengeistes. Dem werdenden
Entzifferungswerk musste deshalb von Anfang an seine Pro-
tektion gesichert werden, zu welchem Zweck in erster Linie
das wohlwollende Interesse von seiten der Inschriften-Akademie
erforderlich war.

Das Institut, anfänglich mit Académie française bezeichnet, wurde 1634 von Richelieu begründet. Colbert
fügte 1663 die „Petite Académie" hinzu, die 1701 Académie
des Inscriptions et Médailles und 1716 Académie des
Inscriptions et Belles-Lettres getauft wurde. Von
Ludwig XIV. sehr gefördert, war das Institut, dem sich allmählich drei andere Akademien anschlossen, schon zu Leibniz'

Zeiten zum Brennpunkt des geistigen Fortschrittes in Europa geworden. Die Revolution hatte es, als ihr Zerstörungsdrang das Gute in Böses zu verwandeln begann, vernichten wollen, aber obgleich die fünf Akademien nach energischer Gegenwehr am 8. August 1793 den Todesstoss empfingen, wurde dennoch zwei Jahre später das Institut vom Nationalkonvent ins Leben zurückgerufen, freilich mit abweichender und nicht zweckentsprechender Organisation. — Der Erste Konsul beraubte das Haus seiner Freiheit und teilte es im Jahre 1803 in vier Klassen ein, deren dritte annähernd der Akademie der Inschriften entsprach. Die Restauration gab indessen dem Institut den altgewohnten Charakter zurück, allerdings erst am 5. März 1815, als Napoleon bereits wieder erschienen war. Dieser liess am 24. März durch Carnot das Klassensystem wieder einsetzen, welches seinerseits im Juli 1815 von neuem beseitigt wurde[1]).

In allen Wechselfällen, die seit vier Jahrzehnten über das Haus dahingezogen waren, hatte ein Mann, in dem wir fortan einen treuen Freund und starken Förderer Champollions sehen werden, wie ein Eichbaum dagestanden, den der Sturm entblättert, der Blitz gezeichnet hatte, dessen innere Kraftfülle ihn sich aber immer wieder zu neuem Leben entfalten liess.

Bon-Joseph Dacier, Baron de l'Empire, geboren 1742, durch vaterländische Geschichtswerke früh bekannt geworden, war seit 1782 Secrétaire perpétuel der Inschriften-Akademie, sodass nun die zweite Gelehrtengeneration in ihm den Nestor französischen Geistes und literarischen Kunstsinnes, sowie die Seele des gesamten Instituts erblickte, dessen Interessen er klug und kühn in mancher kritischen Stunde verteidigt hatte, selbst Napoleon gegenüber, der

---

1) Die jetzigen fünf Akademien stehen den vier Klassen so gegenüber:

I. Académie française.
II. Acad. des Ins. et Belles-Lettres.
III. Acad. des Sciences.
IV. Acad. des Beaux-Arts.
V. Acad. des Sciences morales et politiques.

I. Sciences.
II. Langue et littér. françaises.
III. Histoire et littér. ancienne.
IV. Beaux-Arts.

trotzdem, vielleicht aber gerade darum, mehrfach seinen Rat
gefordert — und befolgt hatte!

Die Bourbonen endlich waren grossinnig genug, ein
Urbild selbstloser Pflichttreue in ihm zu ehren, weshalb sie
seine stark ausgepragte geistige Unabhangigkeit nicht anzu-
tasten wagten.   Diese war es auch, die dem Greise eine
Stellung ausserhalb der Parteien schuf, deren jede ihm willig
den Tribut ihrer Hochachtung zollte. Denn der Heldenmut
seiner Menschenliebe wahrend der Revolutionszeit war unvergessen, ebenso sein gerechter Sinn, der ihn bewog, Sache
und Person stets scharf von einander zu scheiden. So war
er, obwohl vom Geist der neuen Zeit völlig durchdrungen,
der fürsorglichste und begehrteste Troster Ludwigs XVI. und
Marie Antoinettes in deren bittersten Leidenstagen gewesen.
Wahrend der Schreckenszeit war es ihm gelungen, als
städtischer Beamter manches Menschenleben zu retten, und
schliesslich selber schwer bedroht, hatte er sich trotzdem
verkleidet in Paris eingeschlichen, um seinen dort versteckten
Freunden Brot zu bringen.

Trotz gelegentlicher satirischer Ausfalle, deren Herbheit
mit der Zeit zunahm, war Dacier sehr beliebt bei der
akademischen Jugend, die jede Gelegenheit benutzte, um aus
seiner bald gemutvollen, bald witzspruhenden Unterhaltung
starke und gesunde Anregung zu schopfen. — Für Figeac,
der ihm seit 1818[1]) als Privatsekretar zur Seite stand, war
es ein grosser Trost, dass sich der Greis mit dem ganzen
Nachdruck seiner energischen Personlichkeit von früheren
Jahren her für François interessierte. Er war nicht einen
Augenblick an ihm irre geworden und hatte nur Worte des
Lobes gehabt für den mutigen Organisator der Fédération
Dauphinoise, denn es stand bei ihm fest, dass diese nichts
gemein gehabt hatte mit dem widerwartigen Verhalten der
Pariser Foderierten wahrend des Interregnums.

Dacier zurnte seit Jahren St. Martin, weil dieser die

_____

1) Daciers nach dieser Zeit gelesenen akad Nachrufe sind zum
Teil von Figeac verfasst. Aus den früheren Nachrufen sehe man den
zum Gedachtnis von Klopstock gelesenen (22. Marz 1805) und besonders den zu Ehren Ch. G. Heynes (19. Juli 1816), der ein schones
Denkmal für unsern grossen Landsmann bildet.

leidige Angelegenheit in grausamer Weise zum Nachteil Champollions verwertet hatte. Denn aus dem vormals durchaus liberal gesinnten „Armenier" war während der „Hundert Tage" — (man wusste nicht recht, wie) — ein fanatischer Royalist geworden, dessen hitzige Broschüre: „Motif de mon vote négatif sur l'acte additionnel aux constitutions de l'Empire" man allgemein von Sacy inspiriert glaubte.

St. Martin kam diesem so nahe, dass infolgedessen auch Etienne Quatremère dem grossen Orientalisten völlig entfremdet wurde[1]. Ob und inwieweit dieser letztere durch den abtrünnigen „Armenier" erfuhr, was alles der „Ägypter", von diesem aufgestachelt, über seinen Lehrer Unliebsames geäussert hatte, ist nicht zu sagen, doch ergibt sich aus Sacys Briefen an Young, dass seine feindselige Stimmung gegen Champollion zu Anfang 1816 den Höhepunkt erreicht hatte.

Im Frühling 1817 machte St. Martin Friedensvorschläge, da er sagen hörte, der „Grenobler Robespierre" sei plötzlich zum Ultra-Royalisten geworden[2]. Champollion bot sogleich die Hand zur Versöhnung, machte aber zur Bedingung, dass nie wieder von Politik zwischen ihnen die Rede sein dürfe. Inzwischen hatte jedoch der „Armenier" seinen Irrtum eingesehen, anstatt aber dem Gerechtigkeitssinne des ehemaligen Freundes versöhnliche Anerkennung zu zollen, trat er erbittert in seine verschanzte Stellung zurück. Immer mehr glaubte François, ihn des „heuchlerischen Jesuitismus" beschuldigen zu müssen, wozu Figeac bemerkte: „Er erwartet Berge des Guten von Sacy, aber ich weiss nicht, ob für diese Welt oder fürs Jenseits."

Es ist ausgeführt worden, dass einflussreiche Männer für den Nutzen sowohl wie für die Lauterkeit von Champollions Bestrebungen in die Schranken getreten waren, nicht nur,

---

1) Zwischen Sacy und Q., deren strengkirchliche, an Formalitäten haftende Frömmigkeit bekannt war, trat somit ein Mensch, der von sich selber bekannte: „Il y a longtemps, depuis que j'ai envoyé au diable Dieu, l'immortalité de l'âme, son existence, la création, la justice, la vertu, le crime, l'enfer, le paradis et bien d'autres sottises ..."

2) Ch. tadelte die ungesetzliche Bedrückung der Ultraroyalisten. Siehe p. 262.

um ihn vor einem gefährlichen Prozess zu retten, sondern
um zugleich auch den in Paris über ihn bekannt gewordenen
boshaften Verleumdungen entgegenzuwirken. Dennoch sah
sich Figeac noch nach anderen Schutzern für seinen Bruder
um, denn dieser stand nicht nur krank und mittellos, ohne
Aussicht auf Wiederanstellung da, sondern es war auch zu
furchten, dass man noch fernerhin von Grenoble aus versuchen wurde, ihm den Boden unter den Fussen wegzu-
graben

    Audran, Fontanes, Fourcroy, Millin, Tersan und Volney,
die ihm so förderlich gewesen, waren tot; Langlès und Sacy
wurden im besten Falle neutral bleiben; von letzterem
nahmen die Bruder und deren Freunde an dass er, einer
tief in der Menschenbrust begründeten Schwache nachgebend,
weit lieber einen auslandischen Entzifferer der Hieroglyphen
als einen französischen begrussen wurde. Überdies war sich
François mehr als je bewusst, dass ihn sein Lehrer vom
Standpunkt des strengen Royalisten, des strengen Methodi-
kers und des strengglaubigen Jansenisten aus verurteilte.

    Andere, z. B. der Senator Alex. Lenoir, sowie Ripault
und Jomard glaubten sich selber zur Losung des agyptischen
Problems berufen. Jomard besonders arbeitete mit fieber-
hafter Anstrengung im Verborgenen weiter, denn obwohl
wegen seiner Liebenswurdigkeit gepriesen, verstand er doch
in diesem einen Punkte keinen Scherz. Und der wachsende
Groll uber die Erfolge anderer auf dem dornenvollen Arbeitsfelde begann bereits ihm schlaflose Nachte zu bereiten.
Aber auch St Martin fand trotz der ihm obliegenden Durch-
forschung des armenischen Gebietes und trotz seiner vielen
politischen Extravaganzen noch Zeit zu verschiedenen Entzifferungsversuchen, bei denen die Keilschrift und die Hieroglyphen obenan standen Ein Grund mehr fur ihn, den
„Ägypter" nicht willkommen zu heissen.

    Aber selbst ein Letronne blickte nach England hin, wo
ja Sacy ebenfalls den erwarteten Ödipus zu finden einst
gehofft hatte!

    Champollion war uber diese Sachlage im voraus genau
unterrichtet worden. Er bezog deshalb die Warnung nun
auf sich selber, die er unlangst zuvor seinem Bruder bei

dessen Rückkehr nach der Hauptstadt ausgesprochen hatte, erwartete doch auch ihn „manches Kreuz unter den Friedenspalmen", mit denen er bei seiner Rückkehr nach Paris begrüsst wurde. Denn nicht wenige erlesene Geister hatten es für nötig erachtet, dem Manne ihre Hochachtung auszusprechen, dem bislang für seine selbstlosen Bemühungen im Dienste der Menschheit nur schwarzer Undank zuteil geworden war. So fanden sich bald nach seiner Ankunft Arago, Biot, Cuvier und Fourier in dem bescheidenen Zimmer ein, wo Figeac und der treue Duguet[1]) um den infolge mehr als 60stündiger Fahrt völlig erschöpften Kranken bemüht waren. Welche Genugtuung für diesen, — um so mehr, als Cuvier, wie gesagt worden, dem Conseil Royal angehörte, der dem Grenobler Dozenten, zum steten Bedauern des berühmten Naturforschers, ein Quell bitteren Leides gewesen war.

Begrüssten die Koryphäen von der Akademie der Wissenschaften den Menschen in Champollion, so galt der später erfolgende Besuch Daciers dem werdenden Entzifferer in ihm. Niemand wünschte inbrünstiger, dass ein Sohn Frankreichs den Preis erringen möchte, niemand glaubte fester an die Mission des „Ägypters" und hatte ungeduldiger seiner Ankunft geharrt, als der Veteran vom Institut de France!

Der Greis nahm selber das schon in Grenoble verfasste, aber das Datum der Ankunft in Paris tragende Schreiben in Empfang, in welchem François ihn bat, der Inschriften-Akademie seine Entdeckungen über die Natur der hieratischen Schriftform mitteilen zu dürfen. Neben dem Lager seines Schützlings sitzend, den durchdringenden Blick fest auf ihn gerichtet, so lauschte er mit regem Interesse der ermatteten Stimme Champollions, der ihn mit wenigen Worten und in Absätzen über das bislang von ihm Erreichte aufzuklären suchte. Diese Szene prägte sich so tief ins Gedächtnis des älteren Bruders ein, dass er sie späterhin seinen Söhnen als die erste, wenn auch ganz private, Huldigung

---

1) Bei diesem schon erwähnten Freunde (24, rue des Saints-Pères) wohnte Figeac, weshalb für die ersten Monate auch François dort ein Unterkommen fand.

bezeichnete, die ihres Onkels heranreifender Entdeckung
zuteil geworden sei

Es mag hier ein kurzer Überblick uber das gesamte
Gebiet der agyptischen Forschung, so wie es sich in jenen
Tagen darstellte, gestattet sein·

Wissbegierige griechische Reisende, unter ihnen in erster
Linie Herodot, hatten zwar vieles uber Land und Leute
niedergeschrieben, waren aber vor einer grundlichen Einsicht in das komplizierte Schriftsystem zuruckgeschreckt,
daher ihre Berichte, sobald sie ganz beilaufig dieses Gebiet
streifen, nur als Angaben ohne Kritik bezeichnet werden
konnen, die entweder vieldeutig, oder uberhaupt vollig dunkel
sind Selbst der Kirchenvater Clemens Alexandrinus, der
um 211 n. Chr. am eingehendsten dieses Thema behandelte,
schreibt daruber wie jemand, der nicht recht verstanden hat,
was ihm gesagt wurde. Dennoch findet der bereits Wissende
des Ratsels Losung in der Hauptsache bei ihm wieder. —
Unklarer noch ist die beinahe ein Jahrhundert spater von
Porphyrius gegebene Darstellung, die infolgedessen spaterhin
die sich auf sie stutzenden Forscher in verkehrte Bahnen leitete.

Der grossen Verderbtheit und Verwirrung der spaten
Ptolemaei- und Romertexte entsprechend waren die darauf
fussenden Erklärungen von Diodor, Plutarch, Eusebius
und Horapollo[1]) — die ubrigen alten Autoren kommen
weniger noch in Betracht — fast ausnahmslos auf die
nicht lautlichen, gemeinhin symbolisch genannten Hieroglyphen, sowie auf die rebusartige („anigmatische") Schriftspielerei jener Zeit offenen Verfalles gerichtet. Wenn
daher ihre Aussagen auch fur einen Teil der Zeichen in
den hier in Rede stehenden Texten einer verhaltnismassig
kurzen Spanne Zeit im ganzen zutreffend sind, so mussten
sie doch einen Entzifferer des gesamten, mindestens vier
Jahrtausende umfassenden Schriftsystems des historischen
Ägyptens unvermeidlich in schwere Irrtumer fuhren. Hieraus
erklaren sich vor allem die beiden noch ums Jahr 1822
vorherrschenden, geradezu verhängnisvollen Ansichten, dass

---

1) Siehe die Terminologie für die wichtigsten Stellen bei den
alten Autoren.

1. alle Hieroglyphen rein symbolischer Natur seien, und dass sie

2. Ideen darstellen, welche der Inbegriff der höchsten, geheimnisvollsten Wahrheiten seien, die aber durch die rätselvollen Zeichen vor der Entweihung durch die profane Menge geschützt seien.

Überdies erfasste niemand, oder sprach es doch in den uns überkommenen Berichten nicht mit genügender Begründung aus, dass

1. die drei altägyptischen Schriftformen, also die Hieroglyphen, das Hieratische und das Demotische, wie wir sie nennen, im Grunde dasselbe einheitliche System darstellen, und

2. dass dieses System aus einem Gemisch von etwa neun Zehnteln phonetischer (lautlicher) und einem Zehntel teils figurativer, teils symbolischer Elemente (um hier Champollions Benennungen[1]) zu setzen) besteht,

zwei ausserordentlich wichtige Paragraphen, die den eigentlichen „Schlüssel" zum ägyptischen Schriftsystem bilden.

Champollions Genie entwickelte sie aus eigener Anschauung heraus und warf damit den erhellenden Strahl in das Wirrsal der fragmentartigen Berichte aus dem Altertum, die dann nachträglich zur Bestätigung einiger Sätze der Entzifferungsmethode dienten, welcher sie beim Aufbau kein wirklicher Stützpunkt hatten sein können.

So war denn die Schrift, die von dem historischen Ägypter im Grunde als eine lautliche gehandhabt und von der Mehrzahl des Volkes verstanden worden war, in den Ruf gekommen, eine rein symbolische zu sein, die nur wenige gekannt hätten.

Seit Champollions Entzifferung wissen wir also, dass es beim Volk der Pharaonen

nur ein Schriftsystem

gab. Die vollständigen Formen der ägyptischen Schriftzeichen, die eigentlichen Hieroglyphen, die noch deutlich die Bilder der natürlichen Gegenstände erkennen lassen,

---

1) Siehe Terminologie.

welche der Schrift zugrunde liegen, werden fast nur in In-
schriften verwendet. Beim gewöhnlichen Schreiben kurzte
man diese Formen stark ab. Diese abgekurzte Form der
Hieroglyphen, die sich zu ihnen etwa so verhalt, wie unsere
Schreibschrift zur Druckschrift, haben wir uns gewöhnt,
Hieratisch zu nennen.

Um die Wende des achten Jahrhunderts v. Chr. wurde
diese Verkehrsschrift durch weitere, zum Teil systematische
Verkurzung der Zeichen zu der von uns heute Demotisch
genannten Schrift. Die ältere Form der Kursive hielt sich
daneben immer noch, wurde aber auf den Gebrauch in
religiösen Texten beschränkt. Aus den Verhältnissen in
dieser späten Zeit erklaren sich die heute gebrauchlichen
Namen fur die drei Formen, in denen die agyptischen Texte
uns erhalten sind Hieroglyphen = „heilige Schriftzeichen",
Hieratisch = „Priesterschrift", Demotisch = „Volksschrift".

Champollion als Entzifferer hat zahlreiche Vorlaufer gehabt, seitdem mit der Wiederbelebung der Wissenschaften
auch Ägypten, wo schon sehr früh romische Missionare tatig
waren und alte Handschriften sammelten, den Blick der
Gelehrten auf sich zog. Die resultatlos gebliebenen Schriften
von Valeriani, Pierius, Mercati u. a. geben davon Kunde.
Aber erst der Jesuit Athanasius Kircher trat mit uber-
setzten Texten in die Öffentlichkeit, er missbrauchte jedoch
mit beispielloser Dreistigkeit die lange anhaltende Geduld
seiner Zeitgenossen, indem er aus den Hieroglyphen herauslas, was ihm zum Aufbau seines aufgestellten Systems gut
dunkte. Den phantasiereichen Hypothesen dieses Odipus
ist langst das Urteil gesprochen, ein grosses Verdienst
ist ihm jedoch nicht abzustreiten, dass er namlich zuerst
das Koptische mit Bestimmtheit als die altagyptische Volkssprache bezeichnet hat[1]), eine Wahrheit, die spaterhin vergeblich von neuem geleugnet wurde. Auch regte er kraftig
zum Studium dieses, bereits im 17. Jahrhundert als Volkssprache erloschenen[2]) alten Idioms an durch die Herausgabe koptischer Worterbucher und einer Grammatik

---

1) Lingua aegyptiaca restituta usw. Romae 1643.

2) Vansleb sagt von dem 80jahrigen Muallim Athanasius, den er
im Marz 1673 in Siut sah „J'eus la satisfaction de voir l'homme
avec qui mourra la langue copte entierement "

In der Tat ist das Koptische nichts weiter als die späteste Form der altägyptischen Sprache, wie sie etwa vom Ende des dritten Jahrhunderts nach Christi an gebräuchlich war. Damals fing man an, in immer weiterem Umfange das alte komplizierte Schriftsystem aufzugeben und das griechische Alphabet, das nun um mehrere demotische Buchstaben erweitert wurde, zur Schreibung der ägyptischen Volkssprache zu verwenden. Dieser Umschwung ist eng verbunden mit der Ausbreitung des Christentums in Ägypten, sodass man das Koptische mit Recht als Sprache und Schrift der Ägypter seit ihrer Bekehrung zum Christentum bezeichnen kann.

Anstatt jedoch auf der für die Sprachwissenschaft so fruchtbaren Erkenntnis weiter zu bauen, sah Kircher den Nutzen koptischer Texte lediglich im besseren Kommentieren der Bibel. Auch durchflog er allzuschnell das Koptische, um sich in die Hieroglyphen[1]) zu versenken, wodurch er im Laufe der Zeit in unverzeihlicher Weise die allgemeine Annahme von den in ihnen verborgen gehaltenen Weisheitslehren bestärkte.

Der Pater Bonjour, geboren 1670 zu Toulouse, dessen Werke auf koptischem Gebiet[2]) von Lacroze und Montfaucon sehr bewundert wurden, fiel mit 43 Jahren einer schwierigen Mission in China zum Opfer. — Inzwischen hatte Saumaise den hohen Wert des Koptischen erkannt, indem er die von den Klassikern übertragenen altägyptischen Worte durch dasselbe zu erklären suchte und es somit dem philologischen Studium eröffnete.

Die Ansichten von Vossius und Hardouin, welche die Identität des Koptischen mit der altägyptischen Volkssprache leugneten, sowie diejenige von Andreas Akoluthus, der jenes Idiom mit dem Armenischen identifiziert hatte (was übrigens schon Leibniz nicht zugeben wollte) wurden damit hinfällig.

Infolge der eingehenden, in erster Linie freilich im Dienst der Bibelforschung stehenden Studien vom Abbé Renaudot,

---

1) Oedipus Aegyptiacus usw. Romae 1652—54.

2) Exercitatio in monumenta coptica, Romae 1699. — Explication de la légende d'une pierre gravée ég. — Dissertatio de Epochis Aegyptiacis. Inediert: Grammaire cophte, — Histoire des dynasties ég. u. anderes. — Champ. war er nützlich gewesen. Siehe p. 45.

23

von David Wilkins, der die beiden ersten koptischen Bucher
herausgab¹), und von La Croze, der den Geist dieser Sprache
richtig erfasste, aber in ihr „den universellen Schlussel"
furs Ägyptische und zugleich den furs Chinesische suchte,
— wendete sich etwas spater auch die Altertumswissenschaft
Agypten wieder zu und suchte mit Hilfe der Klassiker und
der koptischen Texte dessen Religionssystem und Kultus-
formen zu erklaren — Jablonski meinte sogar schon genug
koptische Wurzelworter zu kennen, um alle Namen der
agyptischen Gottheiten damit zu erklaren, leider liess er,
gleich La Croze, zu fruh von seinen Versuchen ab, um
wirklich grundlegende Resultate zu erzielen.

Die Losung des hieroglyphischen Problems war nicht
gefordert worden durch die hochst mangelhafte Herausgabe
agyptischer Denkmaler durch La Chausse, Gordon, Caylus,
Montfaucon, Bouchard, Winckelmann und Visconti, auch die
Studien von Fréret, Goguet, Schumacher, Court de Gebelin
und d'Origny führten dem Ziel nicht naher. Zum Haupt-
argernis wurden dabei, wegen der Widerspruche mit der
Chronologie der Bibel, Manethos' Listen der agyptischen
Dynastien. Der Pater Pétau leugnete prinzipiell die Richtigkeit aller, indessen Marsham, Pezron, Fourmont, Jackson sie
ganz willkurlich anders, und zwar so zusammenstellten,
dass zwei oder mehrere Dynastien als gleichzeitig erschienen.

Auch die in Ägypten selber gemachten Kopien von
Paul Lucas, Norden und Pococke forderten das Studium
nicht, erst Carsten Niebuhr bahnte durch seine genauen
Zeichnungen²) bessere Wege an und hatte manchem spateren
Reisenden zum Vorbild dienen konnen.

Inzwischen hatten sich inmitten wild wuchernder Hypothesen auch einige gesunde Ideen ans Licht gewagt,
— wenn auch nur als Vermutungen· so hatte der
protestantische Bischof Warburton in England durch scharf-

---

1) Novum Testamentum aegyptuum, vulgo copticum, Oxford, 1716.
Pentateuchus sive quinque libri Moysis prophetae in lingua
aegyptiaca usw London, 1731

2) Reisebeschreibung nach Arabien und anderen umliegenden
Landern, Kopenhagen Bd I II 1774—78. Bd. III 1837.

sinniges Vergleichen der Klassiker ein lautliches Element in
den Hieroglyphen zu erkennen gemeint, von denen er überdies annahm, dass sie der Volkssprache entsprochen und
demnach Ideen des täglichen Lebens zum Ausdruck gebracht
hätten. In seinem rein theoretischen System nahm er mehrere
Arten ägyptischer Schriftelemente an, hielt aber deren
Zusammengehörigkeit, sowie die Vermischung von lautlichen
(phonetischen) mit ideographischen Hieroglyphen für unmöglich und wagte sich daher nicht an praktische Versuche
an den Denkmälern. — Letztere wurden um die Mitte des
18. Jahrhunderts eingehend vom Grafen Caylus[1]), von
Balthasar Joseph Gibert, von Joseph de Guignes (dem Älteren)
und vom Abbé Barthélemy untersucht. Caylus erklärte das
Hieratische für alphabetisch, glaubte, dass es zugleich auch
dem Demotischen eignende Buchstaben habe, und suchte
den Ursprung beider Schriftarten in den Hieroglyphen, und
zwar so, dass die Buchstaben des neuentstandenen Alphabetes
nur die Gestalt, nicht die Bedeutung der altbekannten
Schriftzeichen angenommen hätten.

De Guignes war besonders hoffnungsfroh und erklärte
am 14. November 1756 vor der Pariser Inschriften-Akademie,
dass die Chinesen ägyptische Kolonisten seien. Auch
der Abbé Barthélemy, der soeben das phönizische Alphabet
entziffert, und mehrfach mit den ägyptischen und chinesischen
Hieroglyphen verglichen hatte, war dieser Ansicht. Die Idee
war nicht neu, aber de Guignes zuerst suchte sie zu
begründen[2]) und glaubte dementsprechend die ägyptischen
Texte mit chinesischen Wörterbüchern übersetzen zu können.
Ob nun auch sein System auf wankendem Grunde stand,
— denn er wusste kaum mehr über Ägypten, als was die
Klassiker berichten, so kam er doch oft der Wahrheit nahe.

Er erkannte z. B. durch die Analyse eines Textes hieroglyphische Gruppen mit erklärenden Determinativen, die er
den „chinesischen Schlüsseln" oder „Wurzeln" gegenüber-
stellt. Seine Resultate gipfeln in dem Satz: Die Ägypter

---

1) Recueil d'antiquités, Paris 1752, 1767.

2) Die Abhandlungen von J. de Guignes, Barthélemy und Gibert
stehen in den Mémoires de l'Ac. des Ins. Tome XXVIII (1754) u. ff.

haben den Chinesen ihr gesamtes Schriftsystem gegeben . . .,
denn ein Teil der chinesischen Zeichen sind hieroglyphische,
die anderen alphabetische Buchstaben. — Da er nun in der
chinesischen Schrift die phönizischen Buchstaben wiederfindet,
so meint er, auf der Sage vom König Athothis fussend,
dass demnach die alphabetischen Buchstaben der Phönizier die von den Hieroglyphen hergeleiteten altägyptischen Buchstaben seien, die er ihrerseits in vielen
chinesischen Schriftzeichen wiederzuerkennen glaubte.

Die „barbarische Sprache der modernen Chinesen"
schien ihm nicht zu der fein durchdachten, uralten Schrift
derselben zu passen, deren eigentliche Laute „phonizisch
oder agyptisch" seien, wie er meinte. Leroux-Deshaute-
rayes wies ihn scharf zurück, verkehrte aber u. a. seinem
Gegner die richtige Lesung „Menes" eines hieroglyphischen
Königsnamens in „Manouph" Dieser Streit veranlasste
Voltaire zu seinem bekannten Ausfall gegen die Etymologen
„für welche die Vokale nicht mitzählen und denen an den
Konsonanten wenig gelegen ist."

Auch in England erörterte man damals lebhaft die
agypto-chinesische Frage, doch hess man dort die Agypter
oder mindestens doch ihre Kultur aus China kommen.

Dass de Guignes nicht entmutigt war, zeigen seine am
18. April 1758 und zu Ostern 1766 verlesenen Abhandlungen,
die trotz schwerer Irrtümer und zu starker Anlehnung ans
Chinesische von lichtvollen Ideen formlich durchleuchtet
sind. So sagt er im ersten, dass die agyptischen Zeichen
keineswegs drei Arten von verschiedenen Schriften kon-
stituierten, sondern dass bei den Agyptern wie bei den
Chinesen das Schriftsystem eine Gesamtheit (corps entier)
bildete, dessen Bestandteile zugleich verwendet werden
mussten. — In der zweiten Denkschrift meint er, dass in den
„Ovalen" ein Eigenname oder ein Titel enthalten sein musse,
und er kommt weiterhin zu dem Schluss, dass die hieroglyphische Schrift der Ägypter zugleich alphabetisch und
syllabisch sei. Er sagt ferner· „[Die orientalischen Sprachen]
haben mit der agyptischen Schrift das uberein, dass sie die
Vokale nicht ausdrücken, obwohl anscheinend einige Zeichen

hierin, wie Aleph, Yod, Aïn, Hé, Vau . . ., dafür aufkommen
sollen."

Auch Barthélemy, der sich eingehend mit dem Koptischen
beschäftigte, berührt in seinen tiefdurchdachten Denkschriften
mehr als einmal die Wahrheit. Er geht in seiner am
12. April 1763 gelesenen Abhandlung von folgendem Gesichtspunkt aus: Die ehemals im Orient und in Afrika verbreitet
gewesene allgemeine Sprache (langue générale) hat,
entsprechend der Verschiedenheit der Länder, den Namen
phönizisch, punisch, syrisch, chaldäisch, palmyrisch, hebräisch,
arabisch, äthiopisch angenommen. Sie hat sich überall
beinahe denselben Geist und dieselben Wurzeln bewahrt.
— Er stellt nun das Koptische neben einen dieser Dialekte
der allgemeinen Sprache, das Phönizische, um Wörter,
Grammatik usw. miteinander zu vergleichen, wobei er viel
Erstaunliches findet, aber zugeben muss, dass das Ägyptische
viele ihm ausschliesslich eignende Wörter besitze und sich
mehr von den übrigen Sprachen unterscheide, als sich
diese untereinander unterscheiden. — Die Verschiedenheit
der Dialekte führt er auf die verschiedene Aussprache der
„Monogramme" (Bildzeichen, Ideogramme) zurück, von denen
ursprünglich die Kursivschriften abstammen.

Gibert seinerseits erläuterte in seiner am 20. August
1765 gelesenen Schrift mit grossem Scharfsinn des Clemens
Aussage und verteidigte ihn gegen Warburtons Angriff, die
Reihenfolge der ägyptischen Schriftarten verkehrt zu haben.
Er erfasst gut die Natur der beiden Kursivschriften und
widerlegt die Ansicht „einiger Kritiker", dass es keine „hie-
roglyphisch-alphabetische Schrift" gegeben haben könne.
„Was die Hieroglyphen kennzeichnet," sagt er, „ist nicht die
Natur der Sache, auf die man sie bezieht, sondern das ihnen
ursprünglich eignende Wesen . . . . sodass diese Figuren stets
Hieroglyphen bleiben, gleichviel ob man ein Alphabet
daraus macht und sie als Buchstaben gebraucht, aus denen
man die Wörter zusammenstellt, oder ob man sie als Symbole
und Repräsentanten der Idee verwendet . . . ." Und er sagt
ferner: „Die Buchstaben der vulgären wie die der priester-
lichen Kursivschrift . . . bestanden nur aus verschieden kom-
binierten Strichen und Linien ohne jede feste und erkenn-

bare (sensible) Beziehung zu welcher Hieroglyphe auch immer, aber sie hatten ein aus wirklichen (décidés) Hieroglyphen geformtes Alphabet ... und aus diesem Alphabet bestand die erste hieroglyphische Schriftart des Clemens, welche alphabetisch und kyriologisch war."

Dass neben diesen ernsten Studien geschulter Denker und ihren teilweise richtigen, wenn auch nicht bewiesenen Ergebnissen fortgesetzt so viele törichte Vermutungen über das ägyptische Schriftsystem aufkommen und sich den Weg ins Publikum bahnen konnten, muss damit erklärt werden, dass von ihren meist ganz willkürlich verfahrenden Urhebern die gute Grundlage die das Koptische gewahrte, nicht berücksichtigt wurde. — Ernst Koch nahm wieder die Textvergleichung auf und Tychsen sagt über „die Bilderschrift, die erste Schriftart der Ägypter". „Sie ging von ganzen Figuren aus und ward, je nachdem sie sich ausbildete, immer mehr abgekürzt und mit willkürlichen Zeichen vermischt .. Noch mehr musste sie in eigentliche Zeichenschrift übergehen, als man anfing, Bücher zu schreiben. Nun unterschied man Gelehrten- oder Priesterschrift (ἱερατική) und die eigentlichen Hieroglyphen oder Bilderschrift, als zwei verschiedene Systeme .... Hernach ward auch Buchstabenschrift eingeführt, die man im gemeinen Leben brauchte." Diese, meint er, sei von den Ägyptern erfunden oder von den Phöniziern eingeführt, reiche aber schwerlich über Psammetich hinaus[1]).

Zur selben Zeit wies der Hofrat Koch in Petersburg „fünf ägyptische Alphabete fürs ägyptische Altertum" nach, indessen Severin Vater, von den „Schriftarten der Mumienbinden" (dem Hieratischen) ausgehend, bis „zur Klassifizierung sämtlicher Züge in etliche und dreissig", also bis zur ungefähren Aufstellung eines Alphabetes[2]) gelangte, durch welches jedoch die Entzifferung der Hieroglyphen nicht gefördert wurde.

Besondere Beachtung verdient der dänische Forscher Georg Zoega, Ch. G Heynes Lieblingsschüler, der wie jener

---

1) Über die Buchstabenschrift der alten Agypter, 1789, Gottingen
2) Mithridates III 1812, p. 69, 70   Fussnote **

dem Studium des Altertums durch streng wissenschaftliche
Beleuchtung der antiken Denkmäler eine würdige Grundlage
geben wollte. Im Bann von Rom und Griechenland stehend,
hatte er im Jahre 1783 durch die ihm vom Kardinal Borgia
aufgetragene Herausgabe der ägyptischen Münzen aus der
Römerzeit den Blick plötzlich auf Ägypten gerichtet, das
seine faszinierende Macht an dem nordischen Enthusiasten
nicht vergeblich versuchte; denn anlässlich seiner kritischen
Untersuchungen unwiderstehlich von der neuen Perspektive
angezogen, erlernte Zoëga nun das Koptische, um die
genannten Münzen sowohl, wie auch die ägyptischen Altertümer Roms dem Verständnis näher zu bringen[1]).

Er bewies, dass die Hieroglyphen bis zum Verfall des
Heidentums verwendet worden sind. Alles törichte Hypo-
thesenwerk streng verwerfend erkannte er, obwohl von
schweren Irrtümern umfangen, das lautliche Element in den
Hieroglyphen, beschränkte es aber auf einige Zeichen, die
in der Weise unserer Rebusschrift zu lesen seien, eine Auffassung, die de Guignes bereits scharf bestritten hatte. Er
vermutet des weiteren, dass die Zeichen innerhalb der ovalen
Ringe alphabetisch geschriebene Königsnamen seien[2]), und
nimmt mit dem Bischof Warburton an, dass die ägyptischen
Hieroglyphen im engsten Zusammenhang mit der gesprochenen Sprache gestanden hätten.

Einem Winckelmann entgegen behauptet der geniale
Beobachter ganz richtig, dass die ägyptische Kunst nicht
stabil gewesen sei, sondern abwechselnd Blüte- und Verfall-
zeit aufweise, und dass sie durch die griechische Kunst
weder veredelt noch wiedererweckt sei. — Von dem heissen
Wunsche beseelt, Ägyptens Geist ganz zu erfassen, wollte
er in ihm seinen Ausgangspunkt nehmen für die schon in
Göttingen unter Heynes anregendem Einfluss geplante Geschichte der Religionen. Auch sollte sein 1797 gedrucktes Werk
über die Obelisken, worin die bislang so spärlich auf diese
stummen Zeugen einer grossen Vergangenheit gefallenen

---

1) Sein Katalog mit kritischen Bemerkungen (siehe oben, p. 156)
ist von bleibendem Wert.

2) De Origine et Usu Obeliscorum, Romae, 1797.

Lichtstrahlen sich konzentriert und durch die Kraft seines
kritischen Geistes neu belebt zeigen, die sichere Grundlage
zu einem regelrecht aufzuführenden Neubau der Wissenschaft
bilden, — zu dem er selber jedoch nicht berufen war.

Der tiefe Zwiespalt in seiner Seele, die zwischen der
Dankbarkeit gegen die nordische Heimat und der Leidenschaft für Rom, sowie zwischen protestantischen und katholischen Anschauungen hilflos hin und her schwankte, —
Kränklichkeit und häusliche Schwierigkeiten, vor allem aber
gewisse schiefe Auffassungen vom ägyptischen Schriftsystem
hinderten ihn, sich am Entziffern zu versuchen Ja er bekennt sogar am Schluss des Obeliskenwerkes, dass eigentlich nichts erreicht sei, und dass man die Losung des
Problems vorläufig nicht zu erwarten habe.

In den ersten Frühlingstagen des Jahres 1798, als das
Direktorium bereits seit Monaten Agypten im Auge hielt,
und Leibniz' Traum sich zu verwirklichen schien, stand ein
Akademiker eigener Art im Sitzungssaal des Instituts,
Niebuhrs Voyage en Arabie (2 Vol. 1761—1780) in der
Hand, dessen genaue Zeichnungen ihn im Gegensatz zu ·
dem bis dahin gelieferten fast ausnahmslos wertlosen Material dieser Art mit Bewunderung erfüllten In seiner
knappen klaren Weise redete er zu einigen ihn umstehenden
Mitgliedern[1]), die mit Spannung seinen inhaltschweren Worten
lauschten. Denn der General Bonaparte sprach von den
hohen Erwartungen, die er, — die ganz Europa an die
Leistungen der ihn nach Ägypten begleitenden Gelehrten
stellen musse. Diese denkwürdige Stunde bedeutete das
Morgenrot eines neu heraufkommenden Tages für die Forschung, denn die Expedition Bonapartes, eines der wichtigsten
Begebnisse unserer Ära, wurde zur politischen Erschliessung des modernen und zur wissenschaftlichen Erschliessung des antiken Ägyptens, des Landes, das uns
Leibniz als den Mittelpunkt dreier Erdteile hinstellt.

War die agyptische Archäologie an der Schwelle des

---

1) Unter ihnen Berthollet, Dolomieu, Monge. Dass mehrere Gelehrte um die im übrigen streng geheim gehaltenen Zwecke der
Expedition schon vor der Abreise wussten, ist auf p 16 ausgeführt

neuen Jahrhunderts mit einer Überfülle von paradoxen Hirn-
gespinsten und mit nur wenigen, vorläufig unverwertbaren
gesunden Ideen angelangt, so wurde doch gerade zu dieser
Zeit durch den Fund eines Steines die sinkende Hoffnung
neu belebt. Der Generalstabsoffizier Bouchard[1]) liess im
August 1799 im alten Fort von Raschîd, nun Fort Julien
(7,5 Km. nordwestlich von Rosette) arbeiten und die Soldaten
stiessen dabei auf eine arg beschädigte, ursprünglich recht-
eckig und schön poliert gewesene schwarze Granittafel, die
drei Inschriften aufwies, eine in ägyptischen Hieroglyphen,
eine in altägyptischer Kursivschrift und eine griechische.

Diese granitene Tafel wurde im Ägyptischen Institut
zu Kairo aufgestellt, da aber Frankreich im September 1801,
nach der Kapitulation von Alexandrien, alle während Bonapartes Expedition erworbenen ägyptischen Altertümer an
England abtreten musste, so wurde sie von General Hutchin-
son nach London gesandt. Georg III. überwies sie dem
British Museum, dessen ägyptische Sammlungen überhaupt
erst ihre Bedeutung gewannen durch die zahlreichen Wert-
stücke, die ihnen aus dem französischen Besitz zuflossen.

Der etwas verwitterte, an den Ecken abgestossene Stein
weist am oberen Teil nur noch das letzte Drittel der hieroglyphischen Inschrift in 14 Linien auf; die ägyptische
Kursive (Demotisch) ist an einigen Stellen verwischt, und
dem 54 Linien zählenden griechischen Text fehlt das Ende.

Glücklicherweise waren die von der französischen Kom-
mission gemachten Zeichnungen und Abgüsse der drei
Inschriften ungehindert in Paris angelangt, und kaum hatten
verschiedene Hellenisten[2]) festgestellt, dass es sich um eine
Widmung der Priester von Memphis handelte, die Ptolemäus V.
Epiphanes im Jahre 196 vor Chr. für empfangene Wohl-
taten preisen, so gab der kostbare Stein „das verbindende
Glied zwischen der alten und unserer Zeit", auch schon
Anlass zum Beginn einer Entzifferung des Demotischen,

---

1) 1772—1832. Starb zur selben Zeit wie Champollion. Über
die Auffindung der Tafel siehe Anh. I. 1.

2) Bearbeitet von: Ameilhon, Villoison und späterhin auch von
Champollion-Figeac in Frankreich, von Heyne in Göttingen, von Porson
in England, und von Anderen.

indem Sacy[1]) die Gruppen bestimmte, die den im griechischen
Text mehrfach stehenden Namen Ptolemaus, Alexander,
Alexandrien, Arsinoe und Epiphanes entsprechen; doch die
Buchstaben, die er in den Eigennamen zu erkennen geglaubt
hatte, liessen sich nicht zur Lesung von Gattungsnamen
wie Tempel, Gott usw. verwenden er vermochte also keine
engeren Beziehungen zwischen den beiden Sprachen zu entdecken und gab die Sache als hoffnungslos auf[2]).

Der schwedische Archäologe David Åkerblad hielt gleich
Sacy das Demotische für rein alphabetisch und deshalb zum
Beginn des Entzifferungswerkes geeigneter als die Hieroglyphen, obwohl im Gegenteil die besser unterscheidbaren
Figurenzeichen in einer Weise die Aufgabe erleichtert
hatten Freilich schreckten der verstummelte Text und die
falsche Idee, die man sich von der Natur der Hieroglyphen
machte, von ihrer Inangriffnahme ab

Åkerblad, der im Winter von 1801 auf 1802 in Paris
die koptische Literatur durcharbeitete, hatte zum Studium
der Rosettana zwei noch in Kairo angefertigte Darstellungen
derselben zu seiner Verfügung die von Jean Joseph Marcel
gemachte Kopie und den ausgezeichneten, von Raffeneau
Delile aus Schwefelmasse angefertigten Abguss (empreinte).
Ein Stich der dreifachen Inschrift existierte damals noch
nicht, oder mindestens nicht in Frankreich. — In den
klassischen und orientalischen Sprachen sehr bewandert, gelang es dem trefflichen Gelehrten, auf dem Wege der Vergleichung die im Demotischen zitierten griechischen Eigennamen zu analysieren und ein Alphabet von 16 in ihnen
enthaltenen Buchstaben aufzustellen, von denen er die Mehrzahl richtig bestimmt hatte Da er jedoch, wie Sacy, das
Gesetz der orientalischen Schriften über die Vokal-Unter-
druckung unbeachtet gelassen und weder die gleich-
lautenden Zeichen (Homophone), noch die den Sinn an-

---

[1]) Lettre au citoyen Chaptal, au sujet de l'In Egyptienne.
Paris 1802.

[2]) Ibid. p. 45. „[Je pourrais] ajouter quelques autres observations
que je supprime à dessein, parce qu'elles ne serviraient qu'à prouver
l'inutilité des diverses combinaisons que j'ai essayées pour déchiffrer
quelques endroits de cette Inscription "

gebenden Deutzeichen (Determinative) hatte unterscheiden
können, so taugte sein Alphabet doch nur in ganz be-
schränkter Weise, nämlich zur Lesung eben jener Eigennamen, in denen er es gefunden hatte.

Überdies schreckte ihn die Menge der „Buchstaben"
zurück, denn er meinte deren über 200 zu erkennen; was
ihn vollends entmutigte, war Sacys Erwiderung auf seinen
im Sommer 1802 an jenen gerichteten Brief[1]), dem das
Alphabet (auf Tafel II) beiliegt. Denn diese Antwort[2]) gibt
in liebenswürdigster Form unüberwundenen Zweifeln Ausdruck. Und doch hätte Åkerblad bei einiger Ausdauer noch
Grosses auf einem Gebiet geleistet, wo die ersten namhaften
Erfolge tatsächlich ihm zu danken sind[3]). Sein wichtigstes
Resultat war also, dass das Demotische die fremden Eigennamen durch alphabetische Buchstaben ausdrückte. —
Ausserdem erkannte er fünf bis sechs andere Wörter
und stellte durch ganz materielles Aneinanderhalten drei
Zahlenwerte am Ende des hieroglyphischen Textes fest.

Im übrigen hatte sich an den hieroglyphischen Teil
noch kein berufener Forscher gewagt, und für das Demotische
verloren ernster Denkende nun den Mut, denn wer hätte
sich damals stark genug gefühlt, einen Faden weiter zu
spinnen, den ein Sacy gewissermassen durchschnitten hatte?
Zoëgas Zweifel, Åkerblads Stillschweigen erschienen nur
allzu gerechtfertigt und nach dem ersten Ansturm von seiten
der neugierigen Menge und der Wissbegierde einiger weniger
schien der Rosettestein vergeblich einer sachlichen und
energischen Verwendung zu harren.

Desto kühner keimten wieder in ungezählten Köpfen
die ungereimtesten Vermutungen empor, denn der
Hieroglyphendämon trieb sein loses Spiel auch mit Menschen,
die ohne jegliche Vorbildung für die ägyptische Frage zu

---

1) Lettre sur l'In ég. du monument de Rosette, adressée au
citoyen S. de Sacy. Paris 1802.

2) Réponse du citoyen S. de Sacy, Paris 15 Messidor an X.

3) Sein Bild hat leider nicht ermittelt und deshalb nicht gebracht
werden können, trotz der gütigen Bemühungen der Herren Andersson
(Upsala), Lange (Kopenhagen) und Lundstädt (Stockholm).

ihi Stellung nahmen und die duich plotzliche Eingebung
allein zum Ziel hatten gelangen konnen. Alles, — nur
nicht die nuchterne Wahrheit! schien die Losung zu
sein. Hatte man bereits das System eines mystischen
Epikuraertums, sowie kabbalistische, astrologische und
gnostische Geheimlehren oder auch landwirtschaftliche und
sonstige Anweisungen furs praktische Leben in den Hieroglyphen dargestellt gesehen so las man zur Veranderung
auch Bibelabschnitte und sogar vorsintflutliche Literatui
aus ihnen heraus, sowie chaldaische und hebraische Abhandlungen, „gerade als ob die Ägypter gai keine eigene
Sprache zum Ausdruck zu bringen gehabt hatten,“ bemerkt
Champollion hierzu. — Da konnte Graf Palins Entzifferungs-
rezept kaum noch uberraschen Es lautete etwa so Man
ubertrage eine Ausgabe der Psalmen Davids in modernem
Chinesich in altchinesische Schriftzeichen und man wird eine
Reproduktion der agyptischen Papyri erzielen.

Zur eigentlichen Wortanalyse der drei Inschriften verstand
sich, mit Ausnahme eines Anonymus in Dresden, der im Jahre
1804 aus dem kurzen hieroglyphischen Fragment den gesamten griechischen Text herausbuchstabierte, zurzeit niemand, denn dass auch Lenoir, Raige und Ripault die Sache
ganz verkehrt betrieben, ist gesagt worden; dasselbe gilt von
dem Araber Ahmed Bin Abubekr und seinen Enthullungen,[1]
zu deren Ubersetzung Hammer-Purgstall sich betoren liess. —
Ein Pariser Anonymus erkannte in der Inschrift am Portikus des
Tempels von Dendera den 100. Psalm und im Jahre 1821,
das besonders fruchtbar an Entzifferungshypothesen war,
wurde in Genf die Ubersetzung der Inschriften des sogenannten
Pamphilischen Obelisken in Rom herausgegeben, die sich
als ein „4000 Jahie v Chr geschriebener Bericht vom Sieg
der Frommen uber die Bosen“ erwies. Zu gleicher Zeit
erschien in Bordeaux eine Schrift des Archaologen Pierre
Lacour, der biblische Abschnitte in den agyptischen Texten
nachwies. In Wien dagegen erklarte Senkler zehn hieroglyphische Gemalde auf einem agyptischen Mumienkasten
von dem Grundsatz ausgehend, dass die Hieroglyphen

---

[1] Ancient Alphabets, London 1806.

metaphorisch und in der Art der Rebus den Klang des Namens der dargestellten Gegenstände angeben.

Günther Wahl konnte nicht nur wie Kircher und Palin alles erklären, sondern er wurde sogar einer Inschrift Herr, ob er sie von oben oder von unten, von vorwärts oder von rückwärts in Angriff nahm und er massregelt Grotefend, den Entzifferer der Keilschrift, wegen dessen „Verbesserung" eines von Caylus und Büttner aufgestellten „hieratischen Alphabetes"[1]. — Viel Aufsehen erregten die nun vergessenen „phänomenalen Resultate" des Grafen Palin. Er behauptete, auf den ersten Blick das Wesen der hieroglyphischen Inschrift der Rosettana ergründet zu haben. Auf Horapollo, auf Pythagoräische Doktrinen und auf die Kabbala gestützt, symbolisierte er sie dann dermassen schnell, dass er schon in einer Nachtwache zum Abschluss gelangte und sich dadurch vor den „systematischen Irrtümern bewahrte, die einzig nur aus langem Nachdenken hervorgehen können ...[2]". Entsprechend diesem Grundsatz wurde die Arbeit schon acht Tage später dem Publikum übergeben, allerdings mit der Bitte um freundliche Nachsicht. Inmitten dieser Entzifferungswirrsale versicherte der Abbé Tandeau de St. Nicolas von neuem, dass die Hieroglyphen nur ein Dekorationsmittel gewesen seien.

Dagegen eröffnete nun der Hellenist Letronne durch scharfsinnige Auslegung griechischer Texte der Forschung neue Perspektiven, indem er nachwies, dass in Ägypten die griechischen und lateinischen Inschriften meistens die Zeitgenossen des Tempels oder doch des Tempelteils sind, an dem sie stehen. Er verfügte jedoch nur über etwa zehn Inschriften, da die Kommission wegen der Neuheit der Sache und inmitten drohender Kriegsgefahren all ihre Kräfte auf ägyptische Texte konzentrieren zu müssen geglaubt hatte. Überdies hielt sie alle in ägyptischem Styl erbaute Denkmäler für viel zu alt, als dass griechische und lateinische Inschriften sie erhellen könnten. Letronne seinerseits hörte nicht auf, neues Material zu reklamieren, und hierzu sollte endlich Rat

---

1) Fundgruben des Orients, Band II, p. 240.
2) Analyse de l'Inscription de Rosette, Dresden 1824.

geschafft werden, denn durch Bonapartes Expedition waren
in dem bis dahin fast unzuganglichen Ägypten fur erneute
Forschungsreisen die Wege geöffnet; uberdies hatte das
systematische Vorgehen der französischen Gelehrten dort zu
mehr sachgemassem Verfahren das Beispiel gegeben

Zwar schien sich der politische Horizont in Ägypten
nochmals dauernd verfinstern zu wollen und Anarchie drohte
von neuem das unglückliche Land zu verschliessen, doch
bald nach Mehemed Alis Regierungsantritt (1806) traten
bessere Verhaltnisse ein, was ganz besonders von England
benutzt wurde.

Hier erschien im Mai 1816 im Museum Criticum Nr. VI
(Cambridge) die 1814 ausgearbeitete „Mutmassliche Übersetzung"[1]) des demotischen Textes der Rosettana von A. B.
C D, namlich dem grossen Physiker Thomas Young, der
seiner Arbeit auch das von ihm etwas erweiterte demotische
Alphabet von Åkerblad beigefugt hatte. Dieser, damals in
Rom, hatte auf den Wunsch Youngs das ägyptische Studium
wieder aufgenommen und ihm eine Analyse der funf ersten
Linien des demotischen Textes mit koptischer Transcription
ubersandt, uber die er mit der ihm eigenen Schuchternheit
am 14. Mai 1816 an Sacy schreibt, dass er „diese Ansichten
oder vielmehr Zweifel, mit aller nur erdenklichen Bescheidenheit und oft nur in Form eines Scherzes vorgeschlagen"
habe.

Hiermit schliesst leider seine Tatigkeit auf ägyptischem
Gebiete ab. Sacy wie Young glaubten ihn der grossen
Aufgabe nicht gewachsen und er fuhlte es mit Schmerz
heraus, wovon einer seiner Briefe an Champollion Zeugnis
gibt. Auch hat erst die Nachwelt sein Verdienst um die
Losung des agyptischen Problems richtig gewurdigt und dem
allzu bescheidenen Mann den ihm gebuhrenden Platz in den
Annalen der Forschung gesichert

Wie dachte nun wohl Sacy uber Young? — Und was
hatte Young, den hochbegnadeten Forscher, von seinen
unsterblichen Theorien vom Schall und vom Licht hinweg
an die agyptische Frage gerufen?

---

[1] Conjectural translation of the Enchorial Inscription usw.. .

Begabt wie wenige, hatte er von früh an sich auf verschiedenen Gebieten versucht. Nachdem er im Jahre 1796 als Göttinger Student in einer These ausgeführt hatte, dass nur ein Alphabet von 47 Buchstaben die Fähigkeit des menschlichen Stimmorganes erschöpfen könne, hielt er gelegentlich Umschau unter den Alphabeten der Völker, und weil er für griechische Forschung als Autorität galt und sich mit peinlicher Sorgfalt kalligraphischer Übungen befleissigte, so vertraute man ihm gern beschädigte alte Texte zum Ausbessern an. Dies tat im Frühling 1814 Sir Rouse Boughton mit einem demotischen Papyrus, und da Young kurz zuvor in Adelungs Mithridates die erwähnte Bemerkung von Severin Vater gelesen hatte, so nahm er im Mai desselben Jahres mit überraschender Kühnheit den demotischen Text von Rosette in Angriff, sendete die Arbeit bereits im Oktober an Sacy und meinte, ebenso schnell auch mit der hieroglyphischen Inschrift fertig werden zu können, die „unangetastet wie die heilige Bundeslade" dastand.

Einmal von dem ihn so unvorbereitet findenden neuen Problem angezogen, stand er gewissermassen nur noch mit einem Fuss in der seinem Genius heimischen Sphäre der Naturwissenschaften. Andrerseits konnte bei der Eile, mit der er des Problems Herr zu werden suchte, dessen Lösung eine philologische Schulung und die Kenntnis orientalischer Sprachen gefordert hätte, nur von rein materieller Vergleichung der Texte die Rede sein. Auch rechnete er, seinem mathematischen Instinkt folgend, seine Ergebnisse durch mechanisches Zusammenstellen und Aneinanderpassen heraus.

Er hatte anfangs geglaubt, mit dem von Akerblad aufgestellten und von ihm selbst vermehrten Alphabet 80 Gruppen des demotischen Textes lesen zu können, da er ihn, wie alle Welt damals, für rein alphabetisch hielt. Inzwischen hatte er jedoch die Identität des demotischen mit dem hieroglyphischen System herausgefühlt, aber ohne sie zu begründen und ohne das Hieratische als Mittelglied zu erkennen, da er blindlings Herodot und Diodor[1]) vertraute,

---

1) Diese sprechen nur von hierogl. u. demotischer Schrift.

anstatt sich durch einige von seinem Freunde Will. J. Bankes erhaltene demotische Papyri mit hieratischer Übertragung eines Besseren zu belehren.

So begann er nun die instinktiv erkannte Wahrheit in schiefem Licht zu sehen und sagte sich, dass die abgeleitete demotische Schrift („enchorial" bei ihm) ebenso bildschriftlich sein musse, wie die Hieroglyphen selber, denn niemand glaubte diese lautlich lesen zu konnen. — Der neue Kurs gibt sich deutlich in seinem Artikel „Ägypten" zu erkennen[1]), wo er gar nicht mehr an wirklich alphabetische Zeichen im agyptischen Schriftsystem glaubt, sondern annimmt, die Ägypter hätten gleich den Chinesen einige ihrer durchgangig ideographischen Schriftzeichen bedingungsweise ihrer eigentlichen Natur entfremdet, um somit bei der Schreibung von fremdlandischen Wörtern deren Laute ausdrucken zu können. Von diesem Standpunkt aus suchte er nun die Namen Ptolemaus und Berenike zu lesen, zerlegte sie aber ganz willkurlich in Buchstaben-, Einsilben- und Zweisilben-werte und konnte auf diesem falschgelegten Fundament nicht weiter bauen. Immerhin erkannte, oder vielmehr erriet er, die hieroglyphischen Buchstaben i, n, p, t, f, sowie den Sinn verschiedener Gruppen der beiden agyptischen Texte und vermochte mit einigen von der Rosettana unabhangigen Hilfsmitteln die Identitat gewisser „Symbole" des hiero-glyphischen Textes mit den entsprechenden griechischen Wortern festzustellen. Hier sind seine Vermutungen nicht selten sehr geistvoll, und die Liste seiner 221 symbolischen Gruppen — unter denen Champollion 76 fur richtig erklarte, ist noch heute, trotz der darin herrschenden Verwirrung, interessant und lehrreich

Samuel Birch[2]) erklarte im Jahre 1857, dass Youngs Art zu analysieren recht oberflachlich gewesen sei angesichts der trefflichen Hilfsmittel, die er dazu hatte benutzen konnen, — dass seine Übersetzungsversuche, „ebensowenig gegrundet wie diejenigen Kirchers, unter aller Kritik" gewesen seien, und dass uberhaupt nichts in seinen Arbeiten die Hoffnungen

---

1) „Egypt," geschrieben 1818. Siehe Encycl. Brit. 4. Band des Supplem erschienen 1819

2) Rev. Archéol. 1857, Vol. 14, p. 463.

rechtfertige, zu denen sein erster Schritt berechtigt habe.
Und allerdings hat er weder das Wesen der ägyptischen
Schrift und ihr Verhältnis zur gesprochenen Sprache, noch
die Anzahl, die Natur und die Vermischungsgesetze ihrer
Grundelemente zu erforschen vermocht.

Kaum war er, Ende September 1814, durch Sacy über
Åkerblads Entzifferungsaussichten beruhigt worden, als
Champollion die Royal Society in London am 10. November
desselben Jahres um eine Vergleichung seiner voneinander
abweichenden beiden Kopien der Rosettana mit dem Original
ersuchte, weil er seine „bereits einige Erfolge aufweisenden
Entzifferungsversuche" mit mehr Sicherheit fortzusetzen
wünsche. Erst am 10. März 1815 beantwortete Young, als
Sekretär für die ausländische Korrespondenz der Gesellschaft,
diesen Brief und sandte die wegen „nicht sehr günstiger"
Beleuchtung des Steines nur unvollkommen verbesserten
Kopien zurück, und zwar mit einer die Arbeitsweise des
englischen Entzifferers kennzeichnenden Bemerkung[1]). Zugleich bot er Champollion seine „mutmassliche Übersetzung"
an, über welche Sacy, der ziemlich schnell von seinen an-
fänglichen Erwartungen zurückgekommen war, am 20. Januar 1816 an Young schreibt: „ . . . Ich glaube wohl, dass man
häufig, wie Sie es getan haben, den Platz bestimmen kann, den
in der alphabetischen ägyptischen Schrift dieses oder jenes
griechische Wort einnimmt, wie man das auch mit einer
rein hieroglyphischen Inschrift machen würde; aber dann den
Wert der das Wort bildenden Zeichen angeben, ihre Lesung
feststellen, es in ganz anderen Buchstaben niederschreiben,
— hic labor, hoc opus est!" — Noch einige verbindliche
Zeilen Sacys an Young, dem er, am 14. Mai 1816, eine
Inschrift übersandte, danach der Dank des Empfängers,
— und beider Briefwechsel hatte ein Ende.

---

[1] „Malgré ces petites différences, ceux qui voudront se donner
la peine d'étudier cette In trouveront toutes les 2 copies assez exactes,
pour s'assurer du sens de la plupart des mots." — Champollion
dagegen betont in seiner höflichen Antwort vom 9. Mai 1815:
„ . . . l'extrême utilité que les savants qui s'occupent du déchiffrement
de cette In ne pourraient manquer de trouver dans la possession d'un
simple plâtre coulé sur l'original . . ."

24

Auch von Åkerblad, dem er im Gefuhl seiner vermeintlichen
Überlegenheit so manches krankende Wort geschrieben hatte,
erfuhr Young nun seinerseits die herbe Abweisung. „Von
Ihrer Übersetzung des Demotischen kann ich wirklich nicht
den Zweck einsehen, da es sich doch um die Entdeckung
des Alphabetes handelt, also. die Worter zu trennen und
zu lesen, — nicht aber um die Feststellung des Inhaltes,
der ja zweifellos mit dem griechischen Text ubereinstimmt"
Und in Erinnerung an allerlei, das ihn tief verwundet und
erbittert hatte, lehnt sich hier Åkerblad gegen Sacys Schieds-
richteramt zwischen ihm und Young auf und meint, nur
Quatremère oder Champollion die besser Koptisch wussten,
kame dieses Recht zu

Ein scharfer Brief Youngs, der den Vorwurf Åkerblads,
ihn stillschweigend benutzt zu haben, zuruckweist[1]), schloss
die Beziehungen beider Gelehrten zueinander ab.   Denn
wahrend Young fast nur auf das Griechische seine Hoffnungen
setzte, beharrte Åkerblad fest auf dem hohen Wert des
Koptischen fur die agyptische Forschung, verzichtete aber
nunmehr darauf, gegen Sacy und Young, die diese Sprache
nur aus dem in veralteten Grammatiken gebotenen durftigen
Material aburteilten, ohne die koptischen Schriften zu befragen,
noch ferner anzukampfen.   Doch zehrte der Gram uber die
erfahrene Zuruckweisung am Lebensmark des ohnehin so
unglucklichen[2]) Mannes.

Vorubergehend von Sacy und Åkerblad in seinem Ent-
zifferungseifer abgekuhlt, wurde Young durch Landsleute
nicht nur, sondern auch durch Fremde wieder darin bestarkt.
„Ihnen ist zweifellos die Losung des verwickelten Problems
vorbehalten," ruft ihm Jomard nicht ohne Berechnung zu und

---

1) Bezuglich der von Åkerblad gefundenen Namen sagt er hier.
„   [It] was natural, that most of them should have occured both to
you and to me, even if I had never heard of the existence of your
letter . . ." Diesen sehr berechtigten Gesichtspunkt liess er spaterhin
Champollion gegenuber ganzlich ausser acht'

2) Seine Leidenschaft fur Rom u. seine polit Grundsatze hatten
ihm schwere Konflikte mit seiner Regierung geschaffen, der er einst
im diplomat. Amt treffliche Dienste geleistet hatte.   Er starb in Rom,
8 Febr. 1819 und wurde neben der Pyramide des Cestius bestattet

verspricht, ihm seinen in Arbeit stehenden hieroglyphischen Katalog zu senden, — in der Hoffnung auf erhebliche Gegendienste, denn Young, dessen vermeintliche Erfolge auf ägyptischem Gebiet dem englischen Nationalstolz als eine glänzende Genugtuung gegenüber den grossartigen Leistungen der französischen Kommission erschienen, erhielt von den wissenschaftlichen Reisenden und den reichen Sammlern seines Landes alles zur Verfügung gestellt, was das Nilland ihnen geliefert hatte. Zudem ging nun Henry Salt als britischer Generalkonsul nach Ägypten, auf welches England wieder die Hand zu legen suchte. Da war denn auf reiche archäologische Ausbeute zu hoffen.

Jomard hatte bereits vor Young die hieroglyphischen Zahlen, von denen Åkerblad drei[1] erkannt hatte, ins Auge gefasst und beeilte sich, seine Ergebnisse zu veröffentlichen, als Young beinahe das gleiche in seinem „Ägypten" darbot. Von Bewunderung für den grossen Physiker hingerissen, in dem er zugleich auch den Überwinder der ägyptischen Hieroglyphen zu sehen wünschte, glaubte Alex. v. Humboldt nun Jomard des Plagiates beschuldigen zu müssen, doch konnte dieser seine Unabhängigkeit vollauf beweisen und Young hätte auch hier, wie mehrfach späterhin, sagen können, was er von einigen Entdeckungen auf mathematischem Gebiet, deren Urheber er zu sein geglaubt hatte, so liebenswürdig eingesteht: „. . . . Inzwischen fand ich heraus, dass ausländische Mathematiker mich bereits 'entdeckt' und 'demonstriert' hatten." Doch lieh der sonst an Geist und Gemüt gleich ausgezeichnete Mann gerade auf dem einen Gebiet, wo seine Genialität ihn im Stich liess, bei Abwägung fremden Verdienstes einzig nur seinem persönlichen Ehrgeiz Gehör.

Sacys böser Warnung[2] eingedenk, hatte er nach der

---

1) 5, 10, 30, gefunden durch: 5 Tage, 10 Kronen, 30. Mesori.

2) „. . Si j'ai un conseil à vous donner, c'est de ne pas trop communiquer vos découvertes à M. Champ. Il se pourrait faire qu'il prétendât ensuite à la priorité. Il cherche en plusieurs endroits de son ouvrage à faire croire qu'il a découvert beaucoup des mots (sic) de l'In Eg. de Rosette. J'ai bien peur que ce ne soit là que du charlatanisme; j'ajoute même que j'ai de fortes raisons de le penser."

„mutmaasslichen Übersetzung" des demotischen Textes Champollion, als seinem gefahrlichsten Rivalen, nichts mehr zugesandt. dennoch kannte dieser den Inhalt des Artikels „Ägypten", der die Grundlage einer neuen Wissenschaft bilden sollte, zum mindesten der Hauptsache nach, doch ohne ihm viel Bedeutung beizumessen. Gleich ihm erkannten es viele andere, dass dieser Arbeit nicht die allergeringste Keimkraft innewohnte, so dass sie, trotzdem Youngs Freunde die ubertriebensten Hoffnungen auf sie setzten, in Gelehrtenkreisen wenig oder gar keinen Eindruck machte und in den Folianten der britischen Encyklopadie „wie eingesargt lag", als der Grenobler Geschichtsprofessor in Paris anlangte.

Vergegenwartigen wir uns noch einmal, wie weit er damals mit seinen Entzifferungsversuchen gekommen war: — Seit seinem „ersten Schritt" am 30. August 1808 hatte er manchen verkehrten Weg eingeschlagen, war vorubergehend manchem Irrlicht gefolgt, aber stets der Stunde eingedenk geblieben, wo er am 1. September 1807 der Académie Delphinale den Plan seines „L'Egypte sous les Pharaons" nebst selbst dazu entworfener geographischer Karte uberreicht und die gewissermaassen von ihr sanktionierte Mission der agyptischen Forschung als ernste Verpflichtung auf seine 16jahrigen Schultern genommen hatte.

„Ägypten durch die Ägypter kennen lernen", — direkt an der Quelle schopfen, anstatt mit getrubten Berichten halbe Arbeit tun, — mit diesem Vorsatz eilte der Jungling nach Paris, um vor der Hingabe an die Sonderdisziplin sein Wissensgebiet nach allen Seiten hin bis an die Grenzen der Moglichkeit zu erweitern.

Ausser dem Koptischen trieb er anfangs besonders das Arabische, da neben manchen anderen antiken Benennungen die Araber von den Kopten auch die altagyptischen Ortsnamen angenommen hatten, die gelegentlich durch die nebenher gehenden griechisch-romischen Namen derselben

---

(20 Juli 1815) „[Il aura vu], par un rapport que lui-même avait provoqué, et dont j'avais été chargé, que je n'étais pas dupe de son charlatanisme .. ... Il est sujet à jouer le rôle du geai paré des plumes du paon. Ce rôle-là finit souvent fort mal." (20. Januar 1816.).

Orte gut beleuchtet wurden. — Nicht sobald meinte er genügendes Material für den ersten Teil seiner ägyptischen Enzyklopädie — die Geographie des Pharaonenreiches — gesammelt zu haben, als er begann, zahllose Handschriften durchzuarbeiten, um durch stete Vergleichung mit dem Koptischen dem Ursprung des altägyptischen Idioms näher zu kommen. Neben dem Sanskrit betrieb er ganz besonders alle semitischen Sprachen; aber auch die systematischen Bilderschriften Chinas und Mexikos behielt er stets im Auge, ja, bis zu den nordischen Runen hin wandte sich sein suchender Blick.

Um genügendes Material für den Aufenthalt in der Provinzialstadt zu sammeln und sich in die noch unverstandenen Schriftzeichen Ägyptens möglichst einzuleben, kopierte er alles, was er in Paris an hieroglyphischen, hieratischen und demotischen Texten vorfand. Freilich unterschied er letztere noch nicht von einander, sondern sah neben den Hieroglyphen nur erst „ägyptische", d. h. kursive Texte, die man in Frankreich damals zumeist noch mit dem gemeinsamen Namen demotische, in Deutschland als hieratische und in England als enchorische Texte bezeichnete.

So war z. B. der Papyrus, den er im August 1808 neben der Rosettana durchforschte, um sein „demotisches" Alphabet[1]) zusammenzustellen, von welchem 12 Buchstaben mit denen von Åkerblad übereinstimmten, in Wahrheit ein hieratischer. Mit diesem „ersten Schritt" wähnte er sich bereits auf dem direkt zum Ziele führenden Wege, da er ja die „ägyptischen" Texte nach erfolgter Transcription in koptische Buchstaben lesen zu können glaubte. Weil seine Idee aber nur teilweise der Wahrheit entspricht, so fand er diese Arbeit auch dann noch viel schwieriger, als er geglaubt hatte, nachdem es ihm im Frühling 1809 gelungen war, sein „demotisches" Alphabet zu verbessern.

Man erlaubte ihm endlich, die drei Inschriften des Rosettesteines zu kopieren, aber in grosser Hast und nach schlechten Vorlagen, da Jomard, der seine Schätze eifer-

---

1) Siehe Anhang II, 1. und Kap. III, p. 108, 109.

suchtig hutete, fur gut fand, ihm nur solche zu zeigen.
Daher denn das standige, verzweifelte Bitten um besseres
Material, nachdem er im Oktober 1809 nach Grenoble zu-
ruckgekehrt war. Den hieroglyphischen Teil der Inschrift
wagte er damals noch nicht zu bearbeiten; wie eifrig er aber
in den nachfolgenden Monaten über das Wesen des altägyptischen Schriftsystems nachgesonnen hatte, zeigt die am
7 August 1810 vor der Delphinatischen Akademie von ihm
gelesene Abhandlung, worin er jedoch den Irrtum begeht,
die Entwicklung der drei Schriftarten (denn er unterschied
nun bereits, als der erste, das Hieratische ganz genau), in
der Reihenfolge umzukehren. Zwar mochte es, so fuhrt er
aus, in der Urzeit eine primitive Bilderschrift gegeben haben,
aber im historischen Ägypten stand die alphabetische Schrift,
so wie sie im Demotischen vorliegt, als die älteste da. Aus
ihr entwickelte sich das ebenfalls alphabetische, doch wegen
der verwickelten Gruppierung der bis dahin einfachen Zeichen
nicht recht mehr kursiv zu nennende Hieratische. das er
schon hier als das natürliche Mittelglied der untereinander
eng verbundenen drei Schriftarten erkannte. In den ihm
viel komplizierter erscheinenden Hieroglyphen, die er, als
eine Art von Schrift-Hieroglyphen, ganz ausserhalb der
„rein symbolischen Anaglyphen" stellt, sieht er den Inbegriff
hochster Vollendung des agyptischen Schriftsystems.

Das „Vulgar-Alphabetische" (Demotisch) meint er,
zeige bei seiner Verfeinerung in „Geheiligtes Alphabetisch"
(Hieratisch) bereits vereinzelte Hieroglyphen, wodurch deutlich der Übergangscharakter dieser zweiten Form bewiesen
sei. Die Hieroglyphen selber, mit ihren 7—800 Zeichen,
seien unmöglich alphabetisch. dennoch geben auch sie
den Ton der Worter, deren Bedeutung sie zeichnen und
seien dadurch mit der gesprochenen Sprache eng verbunden.
„denn wie sollten sie sonst die Geschichte der Konige, die
Namen der besiegten Völker, die Zahl der Tribute .   der
Nachwelt uberliefern?"

Und nun sagt Champollion, vier Jahre bevor Young
uberhaupt den Blick auf Ägypten richtete, in klaren Worten,
dass zum mindesten die Namen fremder Konige und
Volker durch phonetisch zu lesende Hieroglyphen

wiedergegeben wurden. Er war aber damals durch seine
umfassende gründliche Vorbereitung, vor allem durch seine
Erfahrungen über das Verhalten der chinesischen Schrift in
ähnlichen Fällen zu befangen geworden, um wirklich den
Versuch zu machen, die Buchstaben des Namens Ptolemäus
in der hieroglyphischen Darstellung desselben zu suchen.

Er führt aus, dass die hieroglyphische Schrift zu ihrer
Zeit nicht zu verwickelt und dunkel gewesen sei, um nicht
von vielen gelesen zu sein, und hebt wiederholt hervor,
dass sie keineswegs eine Idee in jedem Zeichen ausgedrückt
habe, sondern dass sie, ohne streng alphabetisch zu
sein, dennoch lautlich habe gelesen werden können. Da
er aber, wie erwähnt, die Schrifthieroglyphen fälschlich von
der rein symbolischen Natur völlig losgetrennt und
Zeichen dieser Art in die Anaglyphen, „die Geheimschrift
der Priester" verwiesen hatte, so beschuldigt er den Clemens
Alexandrinus, dessen Aussage über die πρῶτα στοιχεῖα er verkehrt auffasste, dem in sich einheitlichen hieroglyphischen
System das ihm völlig fremde symbolische Element
aufgedrungen zu haben. Nur Porphyrius, meint er, habe
dieses richtig dargestellt; er selber erkennt es vor allem in
den Kopien der ägyptischen Tierkreise, wo ihm der Unterschied zwischen den „emblematischen und symbolischen"
Figuren (den Anaglyphen) einerseits und den erklärenden
Schrifthieroglyphen andererseits scharf in die Augen fällt.

Vorstehendes zeigt deutlich des jungen Forschers ständige
Unabhängigkeit im Ergründen des ägyptischen Schriftsystems
auf Grund seines tiefen und ausgebreiteten Quellenstudiums.
Seine Irrungen zu dieser, wie in der nachfolgenden Zeit ändern
nichts an dieser Tatsache.

In dieser Abhandlung widerlegt er ferner endgültig die
damals noch viel verbreitete Theorie über die ausschliesslich
dekorative Bestimmung der Hieroglyphen mit dem Hinweis
auf hieratische Papyri, deren Kolumnen man Hieroglyphen
beigegeben habe als „Übersetzung des Textes".

Schon hier findet er zur Erschliessung des Altägyptischen
seinen zuverlässigsten Schlüssel im Koptischen. Dessen
angebliches Einsilbentum stellt er als dem alten System
entstammend hin, da diesem ein solches Einsilbentum in

Gestalt eines syllabischen Alphabetes zugrunde liege,
indem die Hieroglyphenzeichen die Einsilben in den von
diesen gebildeten Wortern ersetzten. Aber diese aus Irrtum
und Wahrheit zusammengesetzte Theorie führte ihn vom
rechten Wege wieder ab, da er ja zu jener Zeit die dreifache
Mischung der hieroglyphischen Schrift noch nicht erkannt hatte.
Ob sich aber auch stets ein grosser Irrtum in seine scharf
durchdachten Hypothesen einschlich, so blieb Champollion
der bahnbrechenden Idee von den phonetischen Hieroglyphen
trotzdem noch jahrelang getreu.

Nachdem er im Jahre 1811 der Sprachenvergleichung
wegen sich wieder dem Chinesischen, dem Sanskrit- und
dem Zendstudium zugewandt und auch das Koptische tuchtig
durchgearbeitet hatte, um dessen verschiedenen Dialekten
auf den Grund zu kommen, schreibt er am 15. September
1812, dass diese „völlige Analyse" des Koptischen ihm
die Natur des hieroglyphischen Systems offenbaren werde,
von dessen syllabischem Grundgesetz er nunmehr fest
uberzeugt sei. Inzwischen hatte er Grammatik und Wörterbuch dieser Sprache, als der „modernen agyptischen" mit
vielem Eifer niederzuschreiben begonnen, denn wenn er die
antiken Schriftformen auch hauptsachlich mit Hilfe der
standig im Auge behaltenen Rosettana zu ergrunden suchte,
so sollte ihm doch das völlige Sicheinleben in den Geist
des koptischen Idioms in der Zukunft die antike Sprache
wiedergeben, zu welchem grossen Endziel die Entzifferung
ja nur der Weg war.

Am 11. Februar 1813 erklarte er, dass in seinem hieroglyphischen System die Endungen und grammatischen
Flexionen durch Prafixe und Suffixe (augments) ausgedruckt
wurden, und dass dafur, wie im Koptischen, die Buchstaben
ı, k, t, s, f und ou von Belang seien, weshalb er ihre hieroglyphischen, hieratischen und demotischen Formen wieder-
gibt, — freilich mit Irrtümern. So ist denn hier zum ersten
Male von wirklich alphabetischen Hieroglyphen die
Rede, daneben halt er bezuglich der „betrachtlichen, aber
bestimmten Anzahl von Nachahmungen natürlicher Gegenstande" an der früher erwahnten Silbenschrift fest, und damit an einem alphabetisch-syllabischen Schriftsystem.

„Was man Hieroglyphen nennt, sind gar keine!" versichert er am 20. September 1813, weshalb er denn auch in
seinem anfangs 1814 geschriebenen Vorwort zu seiner
Geographie von sogenannten hieroglyphischen Papyri
redet.

Dies wird verständlich, wenn man daran denkt, dass
sich im Lauf der Zeit für das Wort Hieroglyphe die
Deutung herausgebildet hatte: Zeichen, das keinen Laut,
sondern eine Idee ausdrückt; er konnte also den Hieroglyphen ihren Namen nicht mehr lassen, weil er nachweisen
zu können glaubte, dass sie Laute und keine Ideen ausdrücken, und dass sie sich lesen lassen, wie alle anderen
alten Schriftsysteme, mit Ausnahme des Chinesischen. —
Monatelang trug er sich mit allen möglichen, oft wechselnden Theorien, fühlte sich aber auf schwankendem Boden
stehen und wagte es deshalb nicht, sich auf seine „vielen
Ideen" zu stützen: „Alles noch nicht klar und solide genug,"
klagt er am 21. Mai 1814 und verfällt dann in den Irrtum,
dass eine Hieroglyphe allein (isolé) nichts bedeutet; dass
sie vielmehr in Gruppen stehen „und völlig syllabisch sind
wie das Koptische."

„Unsere Perrückenhäupter sind nicht recht bei Sinnen,"
sagt er, „wenn sie behaupten, dass eine Hieroglyphe eine
Idee darstellt; ich meinerseits verweigere ihnen schon die
Möglichkeit, ein volles Wort auszudrücken." So sieht er
also in diesen ihn so sehr fesselnden Zeichen, die er bereits
für alphabetisch gehalten, nunmehr die uralte Silbensprache,
die er im Koptischen entdeckt haben will, niedergelegt, indessen ihm die beiden Kursiven fortgesetzt rein alphabetisch
erscheinen, und zwar um so mehr, als er inzwischen durch
die von Clemens angegebene Reihenfolge, in welcher die
Ägypter ihre drei Schriften erlernten, und in der er plötzlich
die Idee gradweiser Vereinfachung erfasst hatte, die
wahre Entwicklungsart der einen aus der anderen klar vor
sich sah. Infolgedessen erschienen ihm nun die eigentlichen
Hieroglyphen als die Urform des Systems.

Damit war ein grosses Hemmnis aus dem Wege ge-
räumt und man sollte denken, er hätte nun mit aller Kraft
seines Geistes die Lösung des Rätsels angestrebt und auch

gefunden, — doch nein. Zwai enthalt sein Erstlingswerk, die Geographie, die er nur mit dem Rustzeug des Koptischen, dei Klassiker und der Araber geschaffen hatte, mehrere, drei Jahre vor Youngs erster Kundgebung niedergeschriebene gute Bemerkungen uber das agyptische System[1]), sowie Fragmente des von ihm übersetzten demotischen Textes dei Rosettana[2]), dennoch wagte ei es nicht, mit der gesamten Ubersetzung vor die Offentlichkeit zu treten, wie sehr auch Akerblad und andere darauf warteten, dass er sich danach ausschliesslich den Hieroglyphen widmen mochte. Vielmehr griff er immer wieder zum Koptischen, da er nach wie vor annahm, dass, mit Ausnahme der griechischen Worter, der Unterschied zwischen den koptischen und demotischen Texten nur ein ausserer, durch die abweichenden Buchstaben bewirkter sei, daher denn die mangelhafte Kenntnis des Koptischen die Erschliessung der altagyptischen Texte hindere Auch glaubte er bei dem systematischen Aufbau seines Werkes uber Ägypten den Zeitpunkt noch nicht gekommen, wo er sich auf die Rosettana und ahnliches Material zu konzentrieren hatte Er sammelte und sichtete vielmehr zu jener Zeit das Material zur Religions- und Sittengeschichte Agyptens und wartete auf neue Hilfsmittel zur Bewaltigung der schwierigsten Aufgabe. — der Spracherforschung.

Denn er war immer noch auf seine alten Kopien angewiesen und jeglichem Originaldenkmal fern, zudem ohne Mittel zu einer Reise nach London, wo er den soeben in die agyptische Arena eingetretenen Thomas Young inmitten seiner archaologischen Schatze hatte kennen lernen mogen. — Nicht einmal die lange erbeteten guten Kopien der beiden agyptischen Texte der Rosettana besass er im Sommer 1814. Denn obwohl ihm Fréjus im Oktober 1812 die gute Londoner Ausgabe des griechischen Textes gesandt hatte, liess sich doch Jomard vergeblich bitten — Im Herbst 1814 endlich verfugte er uber einen Londoner Stich des hieroglyphischen Textes, doch wich dieser erheblich ab von der

---

1) Siehe Beispiele dafur in Anhang II
2) Tome I. p 103, 105, 106, 327, 362. Tome II. p. 197, 265

erwahnten minderwertigen Kopie der Kommission, und weil
Young nur ungenugende Abhilfe schaffte, so erflehte er von
neuem besseres Material von Jomard. Da jedoch dessen
passiver Widerstand anhielt, so musste sich Champollion
noch vier Jahre hindurch mit Material abmuhen, dessen
Fehler und sonstige Mangel er bereits deutlich durchfuhlte
und stellenweise klar erkannte Dank der ihm eigenen Genauigkeit fertigte er nichtsdestoweniger eine Menge grosser,
auf Leinwand oder Pappe geklebter Blatter an, auf die er,
von seinem Instinkt fur das Richtige oft wunderbar geleitet,
die einzelnen Teile der drei Inschriften in den verschiedensten Zusammensetzungen und Transcriptionen niederschrieb.

Nach mehrjahriger Unterbrechung seiner agyptischen
Studien infolge verschiedener, im vierten Kapitel geschilderter
Hemmnisse, griff er endlich wieder zum demotischen Text
der Rosettana, um davon eine bessere Übersetzung vorzubereiten, die freilich auch diesmal nur erst auf materieller
Vergleichung beruhen konnte. Zwar wollte er nicht, wie
Åkerblad, alle koptischen Silben und Vokale aus den entsprechenden demotischen Wortern herauslesen und wurde
auch nicht, wie Young im Jahre 1816, durch die Menge der
Zeichen am alphabetischen Charakter derselben irre, doch
fiel es ihm schwer, die vielfach ungeschriebenen Vokale
im Demotischen — wenn auch mit Hilfe des Koptischen —
stets richtig zu rekonstruieren. So nahm er denn griechische,
arabische und hebraische Übertragungen agyptischer Worter
zu Hilfe, denn die genaue Übersetzung des Demotischen
ins Koptische wollte ihm noch immer nicht gelingen. Liegt
doch in dem Demotischen der Rosettana eine Sprachform
vor, die etwa 500 Jahre alter ist, als die fruhesten koptischen
Texte!

Diese, meist religioser Natur, stellen die agyptische
Volkssprache, die zu Ptolemaus V Zeiten noch verhaltnismassig rein war, als ein stark grazisiertes, uberdies mit
griechischen Lehnwortern durchsetztes Idiom dar, das durch
die christlichen Ideen auf ein dem antiken Sprachgeist vollig
fremdes Gebiet verpflanzt war. — Aber auch vom Standpunkt des griechischen Textes aus betrachtet, bot die Entzifferung der demotischen Übersetzung erhebliche Schwierig-

keiten, da nicht zu hoffen war, sie in solch peinlich genauer, wortlich angepasster Form vorzufinden, wie es einem Entzifferer unserer Zeit erwunscht sein musste. Tatsachlich ist sie auch keine wortliche, sondern, ihrer Entstehungsperiode entsprechend, eine noch mit allem Vorbehalt nationalen Empfindens gemachte freie Übersetzung

Da ist es denn interessant, Champollion schon im Juli 1817, im Gegensatz zu Gunther Wahl, versichern zu horen, dass die demotische Inschrift alle grammatischen Formen streng beobachte und keineswegs isolierte Worter ohne grammatische Endungen aufweise [1]). — Er liebte es nicht, in dieser Zeit unsicheren Tastens anderen Rechenschaft zu geben von seinen oft wechselnden Anschauungen. Doch steht es fest, dass er im April 1818 sich wieder dem Clemens Alexandrinus zuwandte, — dass er also von Porphyrius, der ihn schon im Jahre 1810 bei der Einteilung der Schriftarten irregefuhrt hatte, zuruckgekommen war und nicht langer mehr als eine vierte derselben „die symbolische, ausserhalb der hieroglyphischen stehende" annahm.

Hierdurch wurde nun aber seine bis zum Sommer 1815 festgehaltene Überzeugung, dass die Hieroglyphen „die Reprasentanten der Tone der gesprochenen Sprache und nicht ideographische Zeichen" seien, mehr noch als zuvor erschuttert, doch ist nicht genau festzustellen, wann und wie er diese selbstgewonnene Meinung vollig aufgab, um in verkehrte Bahnen einzulenken, nachdem er so oft hervorgehoben hatte, dass die Verwechslung der Schrifthieroglyphen „mit den Symbolen oder Anaglyphen" zu dem Irrtum gefuhrt habe, die ersteren seien nicht lautlich, sondern durchweg bildschriftlich. Immerhin gibt er selber in zwei Briefen [2]) uber seine veranderte Ansicht Auskunft und es liegt nahe, dass das Studium der agyptischen Symbole und figurativen Zeichen, von denen er gleichzeitig mit Young zu jener Zeit eine grossere Anzahl erklarte, sowie Missdeutung der gefahrlichen Schrift Horapollos und der dunklen Worte des

---

1) Er ubersieht hier die spater so scharf von ihm gekennzeichneten Ideogramme und Determinative, hat aber im ubrigen Recht
2) Oktober 1817 und 6. Mai 1818

Clemens zusammengewirkt hatten, um ihn das lautliche
Prinzip der Hieroglyphen im engeren Sinne verwerfen zu
lassen. — Auch das nochmalige Zusammenstellen aller
Zeugnisse des Altertums, die, von den Worten des Clemens
abgesehen, den Glauben an jenes phonetische Element nicht
recht aufkommen lassen, vor allem aber die erwähnte, im
Juli 1815 ausgesprochene Rüge Sacys hatten noch dazu beigetragen, Champollion wieder irrezuführen.

Eine Vorahnung von der Wahrheit leuchtete jedoch im
Dunkel des Irrtums wieder auf in dem langen Brief vom 6. Mai
1818 (worin auch einige, ein Jahr später von Young veröffentlichte Entdeckungen als beiläufige Bemerkungen stehen).
Hier nun liegen Beispiele vor von Champollions ausserordentlich scharfsinnigem Vergleichen aller Gruppen und Zeichen der
drei Schriftarten und von den genialen Kombinationen, zu
denen es ihn führte. Durch eine derselben, die leider nur
ganz vertraulich dem Bruder mitgeteilte klare Erkenntnis der
lautlichen Hieroglyphe ⟨⟩ (f), deren Verwendung als pro-
nominales Suffixum er nachweist, kam er zu dem Schluss,
dass im ⟨⟩ ein alphabetischer Buchstabe vorliegt. Aber
diese Annahme durchkreuzte andererseits seine Vorstellung
vom hieroglyphischen Schriftsystem so stark, dass er den
alphabetischen Charakter des Zeichens nur für die älteste
Zeit zulässt und damit in den schon einmal überwundenen
Irrtum über die Ableitung der drei Schriftarten zurückfällt.

„Dieser letztere Abschnitt," sagt er[1], „kann dazu dienen,
die Frage wegen des Früheren oder Späteren (antériorité ou
postériorité) der hieroglyphischen Schrift in bezug auf
die Kursive zu entscheiden. Ich glaube, dass das alphabetische
System vor dem hieroglyphischen vervollkommnet wurde
und den Beweis dazu liefert der in den ältesten hieroglyphischen
Texten vorkommende kursive Buchstabe $\mathcal{Y}$ . . ."

Er hatte also klar erkannt, dass dieser noch im koptischen Alphabet vorhandene Buchstabe ($\mathcal{Y}$ im Hieratischen,
$\mathcal{Y}$ im Demotischen und ⲁ im Koptischen) von der Horn-
schlange[2] (céraste, ⟨⟩) herkommt, eine Tatsache, die erst

---

1) Siehe Anhang II, 6. Mai 1818.
2) Jetzt als Schnecke angesehen.

mehr als ein halbes Jahrhundert später wieder neuentdeckt wurde.

Es ist schwer zu begreifen, wie er mit solch richtigen Wahrnehmungen zur Idee vom ideographischen Charakter der Hieroglyphen zuruckkehren, und so hartnackig daran festhalten konnte. Weniger noch versteht man, wie eigentlich er sich das Anbringen von Kasus-, Numerus-, Konjugations-endungen usw bei einer Bilderschrift vorstellte Denn erkennt er hier das lautliche Element nicht mehr als den Grundcharakter der Hieroglyphen im engeren Sinne an, so gesteht er ihnen doch lautliche Abwandlungen zu und bekennt. „Das hieroglyphische System konnte also . . in allen seinen Teilen vollkommen verbunden sein und vor allem direkte Beziehungen haben mit der Sprache, obwohl diese nicht ganz so intim sind, wie ich es zuerst (d. h. im Jahre 1810) geglaubt hatte . . . Die Anordnung der hieroglyphischen Zeichen folgt der Anordnung der Worte im Gefuge eines Satzes der gesprochenen Sprache, dieselben Wortverbindungen machen sich dort bemerkbar. So stellt sich das Furwort ans Ende des Zeitwortes und wird eins mit ihm in der gesprochenen Sprache . " Letzteres entspricht der Wahrheit, denn tat-sachlich wird in den Hieroglyphen das ᐸ⸝ (f) als Personal-suffix der dritten Person Masc. Sing. verwendet.

Im Juni 1818 erhielt er von Prosper Jollois leihweise den von diesem selber angefertigten Abdruck der Rosettana, doch erwies er sich als sehr unzureichend, so dass Champollion nicht ohne Bitterkeit des grossen Vorzuges gedachte, den Young hinsichtlich des kostbaren Originaldenkmals vor ihm hatte. Den „hieroglyphischen Schlussel" seines Londoner Kollegen betreffend, sagt er im Fruhling 1819 „Ich habe mathematisch nachgewiesen, dass ein solcher Schlussel un-moglich ist und niemals in einem System existiert hat, das wie die Hieroglyphen aus stummen Zeichen besteht, die in solch verschiedener Bedeutung verwendet werden namlich bald im eigentlichen, bald im figurlichen Sinne, dann wieder als Symbol usw. usw." — Er betont hier also die Vermischung verschiedener Elemente im System — statt der „stummen Zeichen" die Theorie von der funf Jahre lang energisch betonten lautlichen Natur der Hieroglyphen, und die Entdeckung wäre im Prinzip bereits vollständig ausgesprochen gewesen. In einem überaus wichtigen Punkt führte ihn gerade seine scharfe Kombinationsgabe vollends irre: weil er auf thebanischen Tempeln, die von der Kommission als weit in die Pharaonenzeit hinaufgehend dargestellt waren, die aber in Wirklichkeit ganz oder teilweise aus der Ptolemäerzeit stammen, den hieroglyphischen Namen des Ptolemäus mit dessen der antiken Zeit entlehnten Ehrentiteln (Liebling des Ptah, — Ewig Lebende — usw.) vorfindet, meint er, dass „Ptolemäus", der mit der gleichen Schreibung auf dem Rosettestein erscheint, dort also nur durch einen symbolischen Gleichwert, etwa „der Kriegerische" Ptolemaios, von Ptolemos) ausgedrückt sein könne. „Man bemerkt tatsächlich in den Hieroglyphen einen liegenden Löwen, der die Kraft, den kriegerischen Mut, darstellen könnte," sagt er. „Die Hieroglyphen drücken keineswegs durch sich selber Laute aus; die Ägypter nahmen also etwas der Idee Nahekommendes und fanden es im Namen eines ihrer alten Könige, der die Tempel Thebens verschönert hatte; übrigens gaben sie bekanntlich den sie beherrschenden Königen fremder Rasse stets nationale Namen."

Nur so wird es verständlich, dass Champollion, der diesen Namen vier Jahre vor Youngs erstem Eindringen ins ägyptische Sprachgebiet für lautlich lesbar erklärt hatte, trotz der ihm bekannten lautlichen Leseversuche dieses selben Wortes von seiten seines Rivalen auf seiner irrtümlichen Anschauung seit dem Frühling 1819 beharren blieb, ein Umstand der ihm zum schweren Hemmniss für den vorwärts strebenden Fuss wurde.

Im April 1819 weist er dagegen — als der erste — nach, dass kaum ein Drittel der hieroglyphischen Inschrift erhalten sei und zeigt im Griechischen die Stelle, wo jene einsetzt, infolgedessen er mit Recht gegen Young behauptete, dass sich der Name Arsinoë nicht im hieroglyphischen Fragment finden könne.

Zugleich spricht er aus, dass Herodots und Diodors ἱερὰ γράμματα nicht nur, wie man allgemein annahm, die hieratische und die demotische Schrift umfassen, sondern auch die Hieroglyphen im engeren Sinne. Er schreitet fort

in der Feststellung grammatischer Einzelheiten und bestimmt
im September 1819 in einer Inschrift des Lyoner Museums
auf Grund der Rosettana die meisten Gruppen richtig, wenn
er auch einiges nach der Art Kirchers liest, wie es ebenso
in der 1820 am 28. Mai vollendeten Übersetzung des hieroglyphischen Rosettetextes noch der Fall ist.

Von der phonetischen Lösung des Rätsels entfernte er
sich nur noch weiter durch die neue Entdeckung von der
völligen Einheit des Systems· Wie erwähnt, hatte er bereits
im Jahre 1810 das Hieratische als Mittelglied der drei Schriftformen erkannt und ihm seine fortgesetzte Aufmerksamkeit
zugewandt, im Gegensatz zu Young, der nur eine Kursive
anerkannte und unter Hieratisch die in religiosen Handschriften sich findenden schematischen oder Linienhiero-
glyphen („hiéroglyphes linéaires") verstand, die Champollion
richtig als eine hieroglyphische Übergangsform von der
Monumentalschrift zur Buchschrift bezeichnet.

In den Jahren 1819 und 1820 machte er es sich dann
zur Pflicht, sämtliche Formen des dreiteiligen Schriftsystems
bis in die feinsten Einzelheiten und geringsten Varianten
hinein zu ergründen, um so zur unwiderleglichen Feststellung
der eigentlichen Natur des Hieratischen zu gelangen
Zwei Umstände kamen ihm bei diesen, im Drang der Ereignisse nur schwer zu ermöglichenden Arbeiten sehr zu-
statten· seine eingehende Beschäftigung mit epigraphischen
und paläographischen Studien seit seiner frühen Jugendzeit,
und die von ihm zuerst beachtete oder mindestens doch zuerst verwertete Tatsache, dass die bald mit hieratischer,
bald mit hieroglyphischer Schrift auf Sargdeckeln, auf
Papyri usw. verzeichneten Kapitel des Totenbuches[1]) mit
denselben Vignetten verziert waren, was ihn auf einen
gemeinsamen Inhalt dieser Texte schliessen, und die
entsprechenden Stellen hier und dort nur um so schärfer
untersuchen liess[2]) Wieder drängte sich ihm dabei
die Frage auf, ob nicht doch die Kursiven alphabetisch

---

1) Bei Champollion Ritual, bei Lepsius besser Totenbuch genannt
2) Bes wichtig wurden ihm hierzu „le texte hiératique No I
du Grand Atlas de la Description" und „le texte hiérat. No 74, Ibid "

oder syllabisch seien, — und zwar zu einem Zehntel
etwa mit „Hieroglyphen" (d.h. ideographischen Elementen)
untermischt?

Das entspricht vollständig der Wahrheit; leider jedoch
hielt er diesen Gedanken nicht fest, denn die vielen Zeichen
und ihre von der Anordnung derer in notorisch lautlich zu
lesenden Schriftsystemen zu stark abweichende Stellung und
Schreibweise machten ihn von neuem irre.

(Mehr als vier Jahre früher hatte Young, wie erwähnt,
die lautliche Natur des Demotischen über Bord geworfen,
doch blieb er zeitlebens, und nicht wie Champollion monatelang, an dem verhängnisvollen Irrtum haften.)

Im Mai 1821 endlich vermochte der Entzifferer, der
auch sein hieroglyphisches Wörterbuch emsig weitergeführt
hatte, jedes hieratische Zeichen seiner entsprechenden
Hieroglyphe gegenüberzusetzen und seine Abstammung
davon nachzuweisen, sodass ihm die erste Kursive unwiderruflich als eine konsequent durchgeführte Kurzschrift dastand.
Da er bereits mit Sicherheit nun auch das Demotische
als weitere graphische Abkürzung des Hieratischen fest-
stellte, so war damit die Entwicklung der beiden Buchschriften
aus der hieroglyphischen Urform endgültig und in richtiger
Reihenfolge dargetan. Ein verloren gewesenes fundamen-
tales Gesetz war damit wieder neu aufgefunden: Es gibt
nur ein ägyptisches Schriftsystem! Dieses galt ihm
nun als einheitlich ideographisch, und — zumal in der Urform — als enge Verbindung von „figurativen und symbolischen" Zeichen[1]), deren Wiedergabe im Hieratischen derartig erfolge, dass ein in dieses übertragener hieroglyphischer
Text dort zwar weniger Raum einnehme, aber genau so
viele Schriftzeichen aufweise, wie die Originalform. Man
sieht, dass er nach Beseitigung des phonetischen Elementes
das „symbolische" durchweg an dessen Stelle setzte.

Die graphische Natur beider Schriftarten, heisst es
weiter, bietet in ihrer Anordnung keine nennenswerten
Unterschiede dar; jedes hieratische Zeichen entspricht einem
hieroglyphischen, daher denn jeder hieratische Text genau

---

1) Siehe die Terminologie.

denselben Inhalt gibt, wie der hieroglyphische, dessen Schriftformen den hieratischen entsprechen. Folglich, so meint
er, könne die Buchschrift so wenig phonetisch sein, wie
die Hieroglyphen selber, von denen sie eine lediglich
graphische Verkürzung darbiete.

Allen Hindernissen zum Trotz war die lange Abhandlung[1]), die zu mehr als zwei Dritteln Frau Rosines Handschrift
aufweist, noch in Grenoble vollendet, und ein kleiner Abriss
davon in 50 Exemplaren als erklärender Text für die sechs
Tafeln lithographierter Schriftzeichen gedruckt worden. Auch
die hieratischen Ziffern figurieren in diesem Memoire, doch
weist er ihnen hier fälschlich einen Stellungswert zu, nachdem er sie im übrigen richtig erkannt hatte.

Sobald er sich in Paris hinreichend erholt hatte, —
und sein Arbeitseifer, die Luftveränderung und der tiefe
Frieden rings um ihn her nach den in Grenoble erlittenen
Stürmen taten Wunder an ihm — verlas er Mitte August
1821 seine Denkschrift vor der Inschriften-Akademie und trat
damit, wie er scherzend meinte, aus seiner „verschanzten
Stellung vor das Feuer der Batterien.‟

Vor Beginn der Sitzung hatte Figeac an die Akademiker
und an einige vertraute Freunde je ein Exemplar des gedruckten Abrisses gegeben, ohne zu ahnen, dass dieses kleine
Opus späterhin in grausamer Weise und zumeist gegen
bessere Überzeugung zu Angriffen auf seines Bruders
persönliche Ehre sowohl wie auf sein System verwandt
werden würde Letzteres gelang umsomehr, als in diesem
Abriss naturgemäss der fundamentale Irrtum der ganzen
Denkschrift stark hervortritt, indessen ihre vielen richtigen
Ausführungen hier fehlen

Im August 1821 jedoch begrüsste man die so viel
Neues bietende Abhandlung Champollions lebhaft, und sogar
Sacy, obwohl seit etwa elf Jahren grundsätzlich bestrebt,
den „Ägypter‟ niederzuhalten, zeigte sich ernstlich bemüht,
seinem gewohnten Pessimismus gegenüber sämtlichen Leistungen Champollions für dieses Mal Schweigen zu gebieten,

---

1) 68 grosse Seiten Text und 20 grosse Seiten Vergleichungen
„Concordance du Ms. hieroglyph. avec les Mss. hiératiques‟.

ohne dass er deshalb eine Garantie fur spatere, durch-
schlagendere Erfolge in der Abhandlung sehen wollte, die
er 14 Jahre spater „einen tuchtigen Hieb in den agyptischen
Erzgang" nannte.

Und das war sie, — trotz ihrer Leugnung des phonetischen Prinzipes. Auch fand Sacy personlich hier viel
Interessantes vor, denn Champollion hatte anlasslich der
richtigen Klassenordnung der hieratischen (und spaterhin
der hieroglyphischen) Zeichen nichts geringeres im Sinn, als
die zweiteilige antike „Generaltabelle (tableau genéral)"
wieder herzustellen, mittels deren die Altagypter, seiner unabweisbaren Idee zufolge, die Hieroglyphen systematisch erlernt hatten, — und welcher eine Anleitung zur Erlernung
der hieratischen Zeichen, vermutlich auf derselben Zeichen-
liste, parallel gelaufen ware. Zu letzterer Tabelle legt er
sogar schon im Blatte Nr. 6 des Anhanges der Denkschrift
den Grund.

Bezuglich des Urtypus dieser synoptischen Tafeln stellt
er den ersten Teil desselben als von den figurativen (= im
eigentlichen Sinne gebrauchten), den zweiten als von den
symbolischen (= im ubertragenen Sinne gebrauchten)[1]
Hieroglyphen handelnd hin, welch letztere naturlich viel
schwieriger zu erlernen gewesen sein mussten.

Wahrend also die Hieroglyphentabelle Nr. I die Zeichen
ausschliesslich nach ihrer ausseren Erscheinung gruppierte,
— ordnete Nr. II das Material lediglich nach der den Zeichen
beigelegten Bedeutung, sodass das Symbol, der Gedanke,
nicht aber die ihm verliehene Form hier in Betracht kam[2].

Zwar gesteht Champollion ein, dass nicht das geringste
Zeugnis des Altertums fur die Existenz dieser Tafeln vorliege, glaubt aber einen Beweis dafur im gegebenen Moment
um so sicherer zu finden, als er eine direkte Erinnerung an
die antike Generaltabelle[3] nicht nur in der ganzen Anord-

---

1) Figurative = Ideogramme und Determinative,
   Symbolische = nur den letzten Jahrhunderten des Agyptertums angehorend
2) Nr. I = table cyriologique; Nr. II. = table tropique.
3) Es ist in Tanis 1884 ein Schulbuch mit hieroglyph.-hierat.
Wörterliste gefunden worden, die allerdings an jene Tabelle erinnert

nung der koptischen Lexiken — deren Kapiteluberschriften
ihm ohnehin schon die der Hermesbucher Altagyptens vors
Auge fuhren, — sondern auch in derjenigen einiger kopto-
arabischer Vokabularien wie „As-Sullam ul-Kebir"[1])
u a. vorfindet und als er selbst in dem im Jahre 1000 v. Chr.
verfassten chinesischen Wörterbuch „Eul-ya" ahnliches sieht.

Wie fruh schon Champollion von der Idee durchdrungen
war, seine Anordnung und Gruppierung des gesamten
agyptischen Schriftmaterials diesem antiken Rahmen anpassen
zu mussen, zeigte sich deutlich bei der Abfassung seines
von Sacy eben deshalb verworfenen koptischen Worter-
buches vom Jahre 1812—15 Auch dort wollte er nach
Gegenstanden, und nicht nach dem Alphabet ordnen. —
Dasselbe Prinzip zeigt sich spaterhin im „Précis du système
hieroglyphique"[2]) bei der Sichtung des hieroglyphischen
Materials, sowie in dem erwahnten, im Jahre 1818 begonnenen und bis zu seines Autors letzter Krankheit fort-
gefuhrten hieroglyphischen Worterbuch[3]), das in erster Linie
den Wiederaufbau jener Tabelle anstreben sollte.   Eine
genauere Durchsicht des dazu verwandten, zum grosseren
Teil noch vorhandenen Materials gewahrt einen tiefen Einblick in die scharf durchdachte, umfassende Arbeitsweise
seines Urhebers.

Nach einstweiligem Abschluss der hieratischen Arbeiten,
im Spatsommer 1821, widmete sich Champollion vor allem
der Ergrundung des demotischen Systems, das ihn wegen
seiner engeren Verwandtschaft mit dem aus ihm hervor-
gewachsenen Koptischen mit frohen Hoffnungen erfullte

Mancherlei Ablenkungen jedoch liessen ihm vorlaufig
wenig Zeit fur die bislang von niemand versuchte wissenschaftliche Analyse des demotischen Rosettetextes. — So
half er z. B. durch Verwendung bei seinen einflussreichen
Freunden dem jugendlich unbedachten Grenobler Aug.

---

1) D h. Scala magna = die grosse Leiter Man nannte scalae
die kopt.-arab. Glossare, die koptische Worter, bisweilen auch ganze
Satze, im Arabischen wiedergaben
2) Précis I, p 267, 268
3) Von Figeac geordnet und 1843 autographisch herausgegeben.

Barginet, den Kopf aus der Schlinge zu ziehen, da man
ihn auf Grund seiner „Apokalypse von 1821" der Aufreizung
zum Burgerkrieg beschuldigt hatte — Dann wieder verbrachte er manche Stunde am Krankenbett des Kopten
Ellius Bocthor, dessen unverdiente Leiden seine innige Teilnahme erregten. Denn es ist bereits gesagt worden,
dass sein liebevolles Interesse für die kleine agyptische Gemeinde in Paris sehr weit ging, gleichsam als hatte es auf
dem Gefuhl instinktiver Zusammengehorigkeit beruht. Bocthor,
geboren 1781 zu Siut, mit 18 Jahren als Dragoman von
Bonaparte ausgezeichnet, nachmals Übersetzer im franzosischen
Kriegsministerium, war aus Kummer uber ihm zugefugtes
Leid schwer erkrankt und lag im Sterben.   Zwar hatte
Jomard gegen Sacys Willen[1]) im Jahre 1820 seine Anstellung
als Professor des Vulgararabischen an der Ecole spéciale
durchgesetzt, aber die sofortige Untergrabung dieser Stellung
gab dem ohnehin schwachlichen Mann den Todesstoss.
Sein von Jomard und Langlès bitter empfundenes Hinscheiden war ein Verlust fur die nationale Sache, denn er
hatte ein lebendes Band zwischen Frankreich und Agypten
gebildet, indem die zu hoherer Ausbildung nach Paris
gesandten jungen Agypter unter seiner sicheren Leitung in das geistige Leben der Metropole eingefuhrt, —
vor allem aber von der ihn selber beseelenden leidenschaftlichen Liebe fur franzosische Art inspiriert wurden. Nachdem sie solchergestalt vorbereitet waren, verfugte Jomard
dann das weitere zur Wahl des geeigneten Spezialfaches
    In die fur Champollion sehr trüben Tage, wo er den
Buchernachlass des in Armut Verstorbenen ordnen, und fur
die Hinterbliebenen verwerten half, fiel die hauptsachlich
von Langlès bewerkstelligte Grundung der Geographischen
Gesellschaft, deren erster vorbereitender Sitzung er beiwohnte. „. . . Ich befand mich," schreibt er, „zwischen
Rémusat und St. Martin. Ersterer war sehr heiterer Stimmung,

---

1) Die arabischen Lektoren der Anstalt waren Sacy von jeher
unsympathisch gewesen, da er die ihm eigene Aussprache des
klassischen, wie des vulgaren Arabischen mit der ihrigen weder ver
glichen, noch von ihr beeinflusst sehen wollte. Bocthor war in seiner
Antrittsrede, wie Sacy meinte, diesem zu nahe getreten.

weil er mich von der Asiatischen Gesellschaft sprechen
horte, deren Statuten er gerade ausarbeitete, und welcher
beizutreten er mich in aller Form ersuchte "

Gleich darauf finden wir ihn mit dem nun 13jahrigen Ali
in Gretz, auf dem Landsitz seines Freundes Aribert aus
Grenoble, um sich einige Wochen lang der frischen Luft zu
erfreuen Aber Daciers Bitten und die Sorge um den neu einzu-
richtenden Hausstand — Frau Rosine wurde namlich mit
Jacques-Joseph zu bleibendem Aufenthalt in Paris erwartet,
indessen Frau Zoe mit Alis Geschwistern noch im Dauphiné
wohnen blieb — trieben François vor der Zeit nach der
Hauptstadt zuruck

Alle Muhen des Umzuges nach Nr. 28 der rue Mazarine[1])
lagen somit auf seinen Schultern und es kennzeichnet ihn,
dass es ihm fast unmoglich gewesen war, der fruheren
Hauswirtin zu kundigen. Endlich hatte er es dennoch tun
mussen, doch bittet er sehr, ihm Auftrage solcher Art nie
wieder zu geben: „Ich bin nur froh, es hinter mir zu haben,"
bekennt er, „sie hat sich darin ergeben, auch habe ich ihr
zum Trost von B. gesprochen," und er hofft, dass der Verlust sogleich wieder ausgeglichen werden konne. Diese
merkwurdige Weichheit, die ja auch kein Mahnen zuliess,
besonders wenn es sich um Ungluckliche handelte, schlagt
unvermittelt im selben Brief in scharfste Gereiztheit um, als
er auf den ebenso ultraromischen wie ultraroyalistischen
Grossmeister der Université ubergeht, Denis Frayssinous,
dem man zum Erstaunen vieler den Titel eines Bischofs von
Hermopolis beigelegt hatte. Dieser „Agypter wider Willen
(malgré lui)" widerstrebte namlich mit bestem Erfolg den
Bemuhungen des Ministers Grafen Siméon und des Herzogs
Alexis de Noailles, die den Brudern zur Wiederaufnahme
ihrer akademischen Lehrtatigkeit verhelfen wollten. — Ihren
ehemaligen Rektor, Abbé de Sordes, hatte er in Corsika anstellen wollen, und sie selber meinten im besten Falle eine

---

1) Die Hausnummer ist unverandert geblieben Das altertumliche
Gebaude, zur Seite des Institut de France, soll einer Strassen-
verlangerung zum Opfer fallen, — als Geburtsstätte der Agyptologie
muss es aber zu den historischen Bauten gezahlt werden und hatte
demnach vielleicht ein Anrecht auf pietatvolle Erhaltung.

ähnliche Begünstigung zu erlangen, besonders da Sacy noch in der Unterrichtskommission und überdies Rektor der Pariser Fakultäten war.

„Es wird der Protestant den römischen Katholiken von sich stossen, weil er ihm nicht orthodox genug ist," meinte Champollion dazu.

Einige Freunde, die den Brüdern zu Dank verpflichtet waren, versuchten mehrfach, den „ägyptischen Bischof" zum mindesten mit dem „Ägypter" auszusöhnen, doch sah dieser im Oktober 1821 ein, dass alle Bemühungen vergeblich waren; er ermahnte deshalb „Mons. de Belespoir", wie er scherzweise seinen ihm zu optimistisch erscheinenden Bruder betitelte, zur schleunigen Rückkehr nach Paris und beeilte sich, für die sehnlich Erwarteten alles bereit zu stellen. Ein herzlicher Empfang, aber eine recht bescheidene Häuslichkeit harrten ihrer „nur Bücher und Papiere im Überfluss!" An der offiziellen Eröffnungsfeier der Geographischen Gesellschaft, am 7. November, nahmen beide Brüder teil François traf fortan in ihren Sitzungen mit seinem späteren mächtigen Beschützer, dem Herzog von Doudeauville zusammen, sowie mit dem Grafen Funchal, portugiesischem Bevollmächtigten, und mit dem geistig hervorragenden, allgemein beliebten Generalstabsoffizier Baron de Férussac, nachmals zwei seiner zuverlässigsten Freunde. Auch mit Alexander von Humboldt und mit Chateaubriand, den beiden Vizepräsidenten der Gesellschaft, die viel Interesse für seine Studien zeigten, wurde er dort näher bekannt und zu Mitteilungen angeregt

Mit Langles hatte er sich an Elius Bocthors Krankenlager völlig ausgesöhnt und ihn, sowie auch Jomard und Fourier, zum Hausverkehr herangezogen, nun Frau Rosine für ein gemütliches Heim Sorge trug.

An Freitagabenden versammelte man sich bei Jomard Aber die trauliche Stätte verwandelte sich häufig unversehens in einen lauten Kampfplatz, z. B. sobald Letronne erschien, der dort wegen der ständigen Anwesenheit von Mitgliedern der Kommission den erwünschten Explosivstoff vorrätig fand, an den sein äusserst streitbarer Geist Feuer zu legen liebte. Denn er warf den Herren immer wieder vor,

nicht 20 Jahre fruher beieits die griechisch-romischen Inschriften gesammelt zu haben, die er endlich durch Bankes,
Huyot und Gau aus Agypten erhalten hatte. Im Dienst der
Wahrheit bis zur scharfsten Rucksichtslosigkeit zu disputieren,
kennzeichnete ihn. Doch blieben seine Angriffe objektiv;
auch vermochte er etwaige Irrtumer seinerseits einzugestehen
und selbst seine zahlreichen Gegner bewunderten die Kraft
und Klarheit seiner Ideen

Wie anders St. Martin, dessen etwas gehassiges und
streitsuchtiges Wesen ihn allzuleicht personlich werden liess,
und den man kaum willkommen hiess, falls nicht neben ihm
wie ein versohnendes Element sein ihm recht ungleicher
Freund Abel Rémusat, „der Chinese". erschien   Seine
Geisteskraft zersplitternd. ein Sklave gefahrlicher Vorurteile,
mit fieberndem Hirn und rastloser Seele. schien St Martin
sich und anderen zum Leid zu leben.

Sein exzentrisches Wesen, sowie die Manie, alle Probleme der Sprachwissenschaft losen zu wollen, machten ihn
zu einer der bekanntesten Personlichkeiten des literarischen
Paris; sein vernachlassigtes Ausseres entschuldigte Champollion scherzweise damit, dass jeder die Sitten des Volkes
annehme, mit dessen Literatur er sich am meisten beschaftige.
„Daher wundert mich sein schlechtes Aussehen nicht langer
mehr — aber es dauert mich!" fugt er bei. — Er hatte bereits an sich selber erfahren, wie fanatisch der „Armenier"
in der Freundschaft wie im Hass zu sein pflegte, und auch
Jomard erhielt Proben davon, seitdem St. Martin mit der
ihm eigenen Zuversicht den Hieroglyphen ebenfalls zu Leibe
ging.

Doch der Herausgeber der Description, meist kranklich und etwas zaghafter Natur, wich gern den gegen ihn
gefuhrten Stossen aus, zumal er empfindsam war und seinen
Ehrgeiz ebensosehr, wie seine Entzifferungsversuche vor
der Welt zu verbergen trachtete. Die unausgesetzte Angst,
uberflugelt zu werden, schadete nicht nur seiner Gesundheit,
sondern mit der Zeit nur allzusehr seinem von Natur so
grossherzigen Charakter. So schien denn den Hieroglyphen
eine bose Kraft innezuwohnen, gegen deren Wirkung selbst
die Weisesten und Edelsten nicht vollig gefeit waren

Hatte sie auch über Champollion Gewalt? Julius Klaproth
spottete späterhin, er habe nicht zugegeben, dass überhaupt
nur von Ägypten geredet sei — — ohne seine Erlaubnis!
Aber wäre dem selbst so gewesen, so müsste doch immer
wieder die verbürgte Tatsache betont werden, dass er nur
allzu freigebig mit seinem auf eigenen Erfolgen beruhenden
inedierten Material, und im intimeren Verkehr auch mit
seinen stets so anregenden Ideen gewesen ist. In grösserem
Kreise dagegen, und ganz besonders in der Zeit stillen
Suchens, die seiner Entdeckung vorherging, beobachtete er
fortgesetzt strenge Reserve, liess lieber andere reden und
war, im Gegensatz zu seinem Bruder, den stürmischen
Debatten sehr abhold.

An solchen fehlte es jedoch kaum jemals an diesen
Abenden bei Jomard, und Laplace, Biot, sowie andere
Astronomen beteiligten sich lebhaft an ihnen, seitdem der
Tierkreis von Dendera zum zweiten Male alle Köpfe er-
hitzte und zur brennenden Tagesfrage wurde, obwohl Na-
poleon einst den gefährlichen Streit, in den sich Kirche und
Wissenschaft in ungebührlicher Weise verwickelten, unter-
drückt hatte.

Während man früher alle vier durch die Kopien der
Kommission und diejenigen Denons bekannt gewordenen
Denkmäler dieser Art kritisiert hatte, stürzte sich nun alles
auf den grossen runden[1]) Tierkreis, den Lelorrain auf
Kosten Saulniers unter vielen Schwierigkeiten[2]) im Mai 1821
vom Plafond der oberen Tempelhalle des grossen Tempels
von Dendera losgelöst hatte[3]). Das wertvolle Stück langte

---

1) Mehrere dieser Darstellungen in den ägypt. Tempeln haben
die Form von Rechtecken.

2) Journ. des Sav^ts, Okt. 1821, p. 632, 633 u. Jan. 1822, p. 53 ff.

3) Mehemed Ali, eine Abwesenheit Salts benutzend, der rings um
den Tempel her grub, hatte seine Erlaubnis zu dem Wagnis gegeben,
das um so zeitraubender war, als zuvor das Tempeldach von den
dort befindlichen Fellachenhütten gesäubert werden musste. Aber
kaum hatte Lelorrain mit seiner Beute Kairo erreicht, als er mit dem
plötzlich aus dem Delta herzueilenden Generalkonsul einen heissen
Kampf auszufechten bekam, den ein Machtwort des Paschas nur mit
Mühe schlichtete.

Ende September in Marseille, und „nach uberstandener Quarantane" im Januar 1822 in Paris an, „wo es unbeschreibliche Aufregung hervorrief und die ganze Stadt beunruhigte," wie der Abbé Greppo in seinem Essai sur le système hiéroglyphique (1829) erzahlt. Menschen, die bis dahin nicht das Wort Tierkreis (Zodiaque) gekannt hatten, warteten stundenlang im furchterlichsten Gedrange, um das Wunderding betrachten zu konnen, denn „ganz Paris dachte sah nur das, sprach nur davon." „Haben Sie den Tierkreis schon gesehen?" — ,Wie denken Sie uber den Tierkreis?" so schwirrte es unaufhorlich in den Hausern und auf den Strassen „Da hiess es denn sofort antworten, falls man nicht seinen Ruf feinerer Gesittung ernstlich aufs Spiel setzen wollte. Die Mode des Tages wollte es so."

Die alten, d. h. 20 Jahre fruher gegebenen „Erklarungen" des Denkmals befriedigten nicht mehr, man verlangte nach anderen, und mancher Unberufene benutzte diese Spannung, um mit heiterem Mut die sinnlosesten Hypothesen als verburgte Wahrheit zu geben. Daneben regnete es wissenschaftliche Kommentare und theologische Streitschriften — der Abbé Halma gab deren drei auf einmal heraus, — und grosste Aufregung herrschte im Vatikan, wo man durch den „Skandal" die biblische Chronologie bereits verloren wahnte, denn die Septuaginta zahlen (nach Strack) zwischen der Sintflut und Abrahams Berufung 1245 Jahre, der Samaritanus gestattet 1015 Jahre und die Vulgata gar nur 365, gegenuber den Zahlenreihen einiger Gelehrten, die das Tierkreissystem bis zu 15 000 Jahren vor Chr hinaufruckten!

Die Astronomen und Astrologen tauchten mit ihren Berechnungen in den fernsten Tiefen der Vergangenheit unter, um den Stand der Gestirne zu erspahen, der genau dem Himmelsbilde des Tierkreises entsprochen hatte, wobei sie bald ihr System dem Monument, bald dieses ihrem System anpassten[1]). — Young sah in diesem Denkmal ein Geburts-

---

[1]) Neuere Anschauungen daruber geben u a H Brugsch Agyptologie, p 342 ff, — Thes Aegypt, Bd. I. p. 60 ff., und Franz Boll Sphaera, Kap X, p. 232 ff. und Tafeln

horoskop der Isis, Letronne entdeckte Anklänge an den
Totenkult darin, Champollion endlich nahm an, dass ihm
ein Gemisch von astronomischen, astrologischen und religiösen
Begriffen zugrunde liege, und warnte davor, der mehr symbolisch aufzufassenden Sache eine streng gelehrte Deutung
zu geben. Aber seine Erklärung beachtete vorläufig niemand
in diesen Tagen heissen Wort- und Federstreites.

Die „Antizodiakalisten" hatten im Interesse der mosai-
schen Zeitrechnung bis zuletzt gehofft, den griechischen
Meissel am Original zu entdecken. Aber von der durch
hellenischen Einfluss entstandenen mehr runden Form und
von der gefälligen Gruppierung der Figuren innerhalb des
Kreises abgesehen, machte das Werk in Wirklichkeit einen
noch ägyptischeren Eindruck als in den Papieren der Kommission. Champollion, der schon im Jahre 1814 auf Grund
einer Kopie des Tierkreises die ägyptischen Sternbilder
untersucht hatte, nahm diese Studien wieder auf und schrieb
daneben eine 64 Seiten lange Abhandlung[1] über eine Inschrift[2] die sechs ägyptische Gottheiten mit ihren Namen
und den entsprechenden griechischen Benennungen aufwies.
Ed. Rüppell hatte sie 1817 von der Insel Sehēl mitgebracht
und in den „Fundgruben des Orients" (V. 4. p. 433) veröffentlichen lassen.

Nach Beendigung dieser Denkschrift wandte er sich wieder
seinen demotischen Arbeiten zu. Für diese von England
her frisches Material zu erhalten, gelang ihm zwar nicht,
andrerseits aber machte er keineswegs, wie es jenseits des
Kanals geschah, das Gelingen der Entzifferung vom Auffinden neuer Bilinguen abhängig. Dass sie für die grundlegende Arbeit, nämlich die Ermittlung des Schriftsystems
ausserordentlich wichtig waren, wusste er nur zu gut, doch
fand er die Rosettana ausreichend und hielt das Koptische
für ungleich nötiger zur Erschliessung der Sprache, aus
welcher das Schriftsystem aufgewachsen war. Dies zieht
sich durch alle seine Studien betreffenden Bemerkungen in
seiner Korrespondenz hindurch.

---

1) Eclaircissements sur l'Iⁿ de Sehhélé. Inedirt.
2) Corp. Ins. Graec. 4893. — Der Stein ist in Frankfurt a. M.

An anderen Bilinguen wurde nichts Nennenswertes gefunden, so sehr auch die beiden Hauptausgraber, Henry
Salt und Drovetti, uber deren rucksichtsloses Vorgehen ihr
italienischer Konkurrent Belzoni bittere Klage fuhrte, von
Young und Jomard unausgesetzt in Atem erhalten wurden
nicht einmal eine Dublette des Rosettesteines wollte zum
Vorschein kommen!

Die Hauptmasse der Papyri, die in dieser Zeit schonungs-
loser Ausplunderung der agyptischen Totenstadte erbeutet
wurden, sowie fast alle neuangefertigten Kopien von Inschriften gelangten nach England, blieben aber zum grosseren
Teil inediert, so z. B. die uberaus reiche und kostbare
Sammlung von W. J. Bankes[1]), fur deren geflissentliches
Vorenthalten — nur Young und einigen wenigen ausser ihm
war sie zuganglich — die nutzlichen Publikationen von
Burckhardt, Hamilton, Cailliaud und Gau nicht entschadigten
Die Geschichte des beruhmt gewordenen kleinen Obelisken
von Philae bestatigt dies

Der Malei Beechy, Fréderic Cailliaud und Belzoni hatten
ihn unweit eines Sockels von derselben roten Granitsorte
neben dem Isistempel auf der Insel Philae liegen sehen und
die griechische Inschrift dieses Sockels kopiert. Etwas spater
legte Bankes beide Stucke frei und kopierte im Oktober 1815
auch die Hieroglyphen des Obelisken. Aber erst im Oktober
1821 kam Cailliauds griechische Kopie an Letronne, der
ihren Zusammenhang mit den ihm nur erst vom Horensagen
bekannten Hieroglyphen des Obelisken alsbald vermutete
Inzwischen hatte Belzoni auf Bankes' Rechnung den Obelisken nebst Sockel nach England transportiert[2]), wo man
sich bereits mit diesem neuen Hilfsmittel fur die Hieroglyphen-
entzifferung stark beschaftigte.

Trotzdem zog Young nicht den allergeringsten Vorteil
aus der Untersuchung der offenbar zusammengehorigen
Stucke Und doch hatte ihm sein Freund Bankes (anscheinend schon im Jahre 1818) die Vermutung ausgesprochen,

---

1) Nicht mit Sir Joseph Banks, † 1821, zu verwechseln, der
sich ebenfalls sehr fur Agypten interessierte
2) Wurde damals in Kingstone Hall, Sommerset, aufgestellt

dass zufolge der griechischen Inschrift, welche die Namen
Ptolemaus und Kleopatra aufweist, der eine der elliptischen
Ringe den letzteren enthalten möge, da im anderen die
Zeichen stehen, die in der Rosettana Ptolemaus bedeuten.

Champollion erfuhr nichts von alledem

Er blieb nach wie vor hauptsächlich auf die Texte der
„Stele von Raschíd" (Rosettana) angewiesen, aber seine
wunderbare Kombinationsbeweglichkeit begann in die toten
Zeichen Leben zu bringen. Auch hatte er sich aus allen
vorhandenen Abzugen und Kopien der berühmten Bilingue
ein Exemplar von ihr angefertigt, das einzig in seiner Art
dastand und späterhin selbst von Young sehr bewundert
wurde.

Mit Zuhilfenahme alles einschlägigen Materials bemühte
er sich, durch seine neue Analyse des demotischen Rosettetextes das System dieser jüngsten der altägyptischen
Schriftformen in den grossen Linien festzustellen, denn
glaubte er auch mit Recht, dass nur die Kenntnis der Hieroglyphen ein erschöpfendes Studium ihrer beiden Kurz-
schriften ermöglichen könnte, so wusste er doch auch,
dass das Demotische, sowie er dessen Entwicklung aus der
Grundform bereits nachgewiesen hatte[1]), ihm den Ausgangspunkt zur Lesung phonetischer Hieroglyphen
bieten musse[2]) Denn in wie manche Irrwege er auch im
Verlauf seiner Forschung geraten war, so hatte er doch
glücklicherweise die Schreibung der fremden Eigennamen im
demotischen Text der Rosettana durch wirklich lautliche Zeichen niemals bezweifelt

Seitdem er die Analogie der drei Schriftformen[3]) in ihrer
allgemeinen Anordnung erkannt, und die entsprechenden
Gleichwerte auf den drei parallelen Gebieten strengstens zu
fixieren begonnen hatte, hielt er an der logischen Folgerung
fest, dass ein phonetisch geschriebener Name in allen
drei Formen dieselbe Behandlung, und angesichts der
nur graphischen Abkurzung, auch dieselben Beziehungen der Zeichen unter sich aufweisen musse.

1) Précis du Syst hiératique, 1821   Grenoble.
2) Brief an Dacier; (im Precis II p. 41 ff)
3) Hieratische Denkschrift, 1821

Zwar muhte er sich vergeblich ab, fur jedes demotische
Zeichen den entsprechenden hieroglyphischen Wert zur Vervollstandigung seiner Gleichungen aufzustellen — wusste er
doch noch nicht, bis wieweit, nach jeder Richtung hin, diese
Schriftform die Fuhlung mit den Hieroglyphen verloren hat, —
doch konnte diese ihm nicht unuberwindlich erscheinende
Schwierigkeit um so weniger seinen Glauben an die einheitliche Anordnung des Systems erschuttern, als er plotzlich,
am 23. Dezember[1]) 1821, durch eine eigentumliche Schluss-
folgerung die Theorie von der rein ideographischen
Natur der agyptischen Schriftformen als unhaltbar erkannte.
Es war das genaue Auszahlen aller Zeichen des hieroglyphischen Textes und des entsprechenden Teils des
griechischen Textes der Rosettana, welches ihm zeigte, dass
zur Wiedergabe von etwa 486 griechischen Wortern 1419
Hieroglyphen notig gewesen waren, daher diese keine Ideen-
zeichen sein konnten. Weil er nun ferner die 1419 Hieroglyphen auf 166 zu reduzieren vermochte, so sah er auch,
dass diese fundamentalen Schriftelemente des Systems der
Zahl nach sich nicht mit den materiellen Formen deckten.

Er glaubte deshalb, dass es sich weder um eine Ideen-,
noch um eine eigentliche Buchstabenschrift beim agyptischen System handelte, jedenfalls aber um viele lautliche
Zeichen. Auf diesem Grunde emsig weiter bauend, bemerkte
er schnell, dass dieselben im Demotischen weit uber die
Grenzen der bislang nur beachteten fremden Namen und
Worter hinausgingen; ebenso musste es sich mit der
massgebenden Urform, den Hieroglyphen, verhalten
(Dies war ein ganz naturgemasser Gedankengang, doch
muss hierbei betont werden, dass Champollion nur erst die
Texte der Spatzeit ins Auge fasste, die ihm der Zufall zu
dieser Zeit in die Hand gab, namlich Inschriften von Bauten
aus der griechisch-romischen Epoche, im grossen Werke der
Kommission) Nun beschloss er, die Ideen anderer uberhaupt nicht mehr zu beachten und ausschliesslich auf Grund
seiner eigenen Vorarbeiten weiterzugehen. An einem sozu-

---

1) Die Uberlieferung betont das Datum in Anbetracht von Champollions Geburtstag

sagen selbstgesponnenen und selbstbefestigten Faden
gelangte er also aus dem Labyrinth der Irrungen heraus,
aber nicht an der leitenden Hand Youngs, — die ihn, hatte
er sie überhaupt jemals ergriffen, wieder hineingeführt, und
auf immer darin festgehalten haben würde.

Die Übertragung der die zehn Personennamen des
griechischen[1]) Textes wiedergebenden, durch Gleichungen
bereits gesicherten demotischen Lautwerte ins Hieratische
und von da in die entsprechenden Hieroglyphen hatte ihn
zwischen letzteren mehrere ausserlich verschiedene, aber den
gleichen Lautwert bietende Zeichen erkennen lassen, die
er deshalb Homophone[2]) nannte und als sehr wertvolle
Bestätigung des häufigen Vorkommens phonetischer Zeichen
in den ägyptischen Texten begrüsste. Mehr und mehr auch
erklärten sie ihm das oben erwähnte Problem, denn da er
nicht umhin konnte, immer mehr wirkliche Buchstabenwerte zu erkennen, so halfen ihm nun die auffallend vielen
Homophone derselben anfangs verhältnismässig leicht über
die aus der grossen Anzahl der Zeichen entspringende Verlegenheit hinweg

Dass der auf Grund des Griechischen völlig gesicherte
Königsname Ptolemaus auch im hieroglyphischen Text rein
lautlich geschrieben war, erkannte er nun mit vollster Bestimmtheit auf Grund seiner verbürgten demotisch-
hieroglyphischen Gleichungen und er vermochte auch
alle Konsequenzen daraus zu ziehen. Sollte er nun mit
einer Berichtigung von Youngs Irrtümern in dessen will-
kürlicher Bestimmung der lautlichen Werte des „Ptolemaus"
vor die Öffentlichkeit treten? Er dachte nicht daran, schritt er
doch in ganz anderen Bahnen seinem Ziele zu, als es der
englische Gelehrte tat. Young hatte ihn nichts gelehrt, hatte
ihm nicht, wie die alte Fabel trotz Le Page Renoufs energischen Protestes vom 2. Juni 1897 noch weiter berichtet,
erst die Idee gegeben, dass man überhaupt Buchstaben
aus dem Königsring loslösen könne, Young hatte ihn, ganz
im Gegenteil, geraume Zeitlang daran verhindert, dies zu ver-

---

1) Z B. Ptolemaus, Alexander, Arsinoe, Berenike.

2) Zu den frühesten von ihm erkannten gehören· ⟨glyph⟩ u. ⟨glyph⟩ für a.

suchen, da er z. B mit seinem Alphabet Arsinoé aus einer Stelle herauslas[1]), wo dieser Name uberhaupt nicht stehen konnte, wie Champollion schon im Fruhling 1817 nachge-wiesen hatte

Durch Youngs voreilige Publikation seiner Vermutungen zu ausserster Vorsicht gemahnt, gedachte Champollion, der alles, was zum systematischen Wiederaufbau des Systems diente, nicht nur erkennen und wissen, sondern auch in absoluter Weise begrunden[2]) wollte, nichts zu ver-öffentlichen, ehe er nicht erstens das Gesetz ergrundet hatte, das gerade solche und nicht andere Hieroglyphen zur Wiedergabe der Laute des Namens Ptolemaus bestimmte, und zweitens, ehe er nicht durch andere Bilinguen das notige Gleichungsmaterial zur unantastbaren Feststellung eines jeden der bereits gefundenen Einzelwerte beschafft hatte. Auch suchte er lange — naturlich vergeblich — nach einem Zeichen, das etwa die phonetische Verwendung der Hieroglyphen andeuten mochte, ahnlich wie er es im Chine-sischen bemerkt hatte

Inzwischen verschaffte, ihm der vom König neu ange-kaufte demotische Papyrus Casati die dringend ersehnte, im ägyptischen Rosettanatext nicht vorhandene Schreibung des Namens Kleopatra, den er sogleich in Hieroglyphen transcri-bierte, wobei er, seiner aus der Kindheit datierenden grossen Vorliebe fur Lowen eingedenk, im gegebenen Augen-blick freudig ausrief. „Die beiden Lowen werden dem

---

1) „I thought, I had reason to call it Arsinoë," hiermit begründet Young seine Lesung Arsinoe anstatt Autocrator. Le Page Renouf sagt hieruber etwas scharf „He worked mechanically, like the schoolboy who finding in a translation that Arma virumque means „arms and the man" reads arma = arms, virum = and, que = the man "

2) „Pour quelqu'un qui aurait fait une longue étude du texte démotique de Rosette, il ne pouvait rester douteux, à la 1e inspec-tion du texte hieroglyphique que le cartouche renfermait le nom de Ptolémée. Mais une découverte véritable, ce serait d'avoir réellement lu ce nom hiéroglyphique, c'est à dire, d'avoir fixe la valeur propre à chacun des caracteres qui le composent, et de telle manière que ces valeurs fussent applicables partout où ces mêmes caractères se présentent." Champollion

Lowen[1]) zum Siege verhelfen!'" Er sagte dies, weil er hoffte
das hieroglyphische l in Kleopatra ebenso wie in Ptolemaus
mit dem Bilde des Lowen geschrieben zu sehen Diese
Hoffnung erfullte sich auch, aber erst, nachdem er monatelang in banger Erwartung der hieroglyphischen Inschrift
des Philae-Obelisken geharrt hatte, die ihm, dem griechischen
Text des Sockels zufolge, neben Ptolemäus zweifellos
auch Kleopatra geben musste, falls die zwei antiken
Reste uberhaupt zusammengehorten. — Im steten Hinblick auf diese beiden erhofften Stutzpunkte fur seine
geschichtliche Orientierung sowohl, wie fur sein Alphabet,
sammelte er eine Anzahl von hieroglyphisch geschriebenen
Herrschernamen Agyptens, — zufallig sämtlich der griechisch-
römischen Zeit entstammend, — setzte sie in Hieratisch,
Demotisch, Griechisch und Koptisch um und verglich die
Ergebnisse mit der von ihm aufgestellten Liste der agypti-
schen Souveräne bis zur Teilung des Romischen Reiches.
Daneben suchte er die koptischen Benennungen fur alle
Gegenstände festzustellen, die er in den hieroglyphischen
Zeichen zu erkennen vermochte und analysierte dieserhalb
unermudlich alle ihm zuganglichen Texte.

Beim Sichten seines ungeheuren, zum grosseren Teil
selbstgeschaffenen Arbeitsmaterials kam es ihm zugute, sich
in fruher Jugendzeit so ernstlich mit der Naturwissenschaft
befasst zu haben. Denn das emsige Sammeln und systematische
Ordnen einer Menge von Gegenstanden, das geistige Klassi-
fizieren von den vielen aus ihnen abstrahierten Betrachtungen
hatten ihn zu methodischem Denken erzogen und die ihm
angeborene Gabe, empfangene Eindrucke, Ideen und Tatsachen zu entwirren, zu klaren und ubersichtlich zusammenzustellen, zur denkbar hochsten Entwicklung gebracht.

Was schon das Kind, einem inneren Drange folgend,
zu tun versucht hatte auf den ersten Blick das Wesentliche eines Gegenstandes zu erfassen und seinem Verstandnis nahe zu bringen, das hatte der heranwachsende
Schuler dahin ausgedehnt, dass er gewohnheitsmassig sein
Studienmaterial, wenn irgend moglich, bis zu den kleinsten
Einzelheiten hin in Teile zerlegte, die er dann unter dem

---

1) Siehe Kap I, p. 11.

Gesichtspunkt ihrer wesentlichsten Erscheinungsformen zu vergleichen und zu einem methodischen Ganzen wieder aufzubauen suchte   Seine stark hervortretende Organisationsgabe war somit zugleich analytisch und synthetisch ausgebildet worden, denn schon der Lyceumschuler hatte sich gesagt, dass die Macht der Analyse ihm die geistige Kraft stahlen wurde. Auch der Geschichtsprofessor war diesem Verfahren treu geblieben, denn zahllose, in seinem Nachlass zumeist arg zerstreute Seiten geben seine in Form von Dispositionen geordneten Ansichten uber Entwicklung und Eigenart der Volker und ihrer Sprachen wieder.

Von der Rosettana abgesehen, deren Hieroglyphen, wie erwahnt worden, noch verhaltnismassig rein gehalten sind, lagen ihm zumeist sehr spate, also ausserst verderbte und komplizierte Texte vor, deren aller Logik spottende Schriftspielerei[1]) ihn immer wieder uber das wahre Wesen der agyptischen Schrift hinwegtauschte. Denn er musste sie z. B. mit vielen symbolischen Zeichen durchsetzt glauben, wahrend diese doch nur als ein Auswuchs des Systems in der Zeit des beginnenden Verfalls entstanden waren. So wie die Sache lag, war er gezwungen, sich durch Schwierigkeiten hindurchzuringen, bei deren Uberwaltigung sogar einem Sacy der Atem vollig versagt hatte, indessen Young sich ihrer gar nicht bewusst geworden war.

In das langsame Fortschreiten der Entdeckungsarbeiten, die der belebenden Kraft harrten, fiel im Januar 1822 das Erscheinen einer kleinen Lithographie der hieroglyphischen Inschrift des Obelisken von Philae, die Bankes sich endlich entschlossen hatte, dem Institut zu ubersenden[2]). Dieses liess sie sogleich Letronne zukommen, der sie seinerseits Champollion ubergab

---

1) Die Priester der Ptolemaerzeit entwickelten, an fruhere Anfange wiederanknupfend, ein besonderes, „anigmatisches" Hieroglyphensystem (Anaglyphen), eine Schriftspielerei, die anscheinend mehr auf dekorative Wirkung, als auf Verhullen von Geheimlehren abzielte, die aber so sehr uberhand nahm, dass sie schliesslich das ganze Schriftsystem verwirrte und masslos erschwerte.

2) Er tat dies anlasslich Letronnes Abhandlung uber die griechische Sockelinschrift Journ. des Savants, Nov. 1821, p 657

Der Entzifferer fühlte sich förmlich elektrisiert bei ihrem
Anblick, denn hier stand im zweiten Königsschilde Kleopatra Zeichen für Zeichen ebenso geschrieben, wie er sich
diesen Namen durch Rückbildung des Demotischen
in die Urform schon so manches Mal mit heisser Ungeduld nach endlicher Bestätigung niedergeschrieben
hatte! Wer hatte dies vor ihm zu tun vermocht? Wer
hatte eine solche systematische Schulung für ägyptische
Forschungszwecke überhaupt nur angestrebt?

Dem Wort, das sich meistens so verstummelt zeigt[1]),
fehlte hier nicht ein einziger Buchstabe, so dass es ausser
der Gleichung für vier Lautwerte von Ptolemaus — ein
Homophon für T mitgerechnet — vier neue Buchstaben und
die wichtige Gewissheit gewahrte, dass die durch sieben
Buchstaben bewirkte Schreibung „Ptolmes‟ richtig erfasst
war. Denn während Young, verlegen gemacht durch die
wenigen Hieroglyphen gegenuber den griechischen Buchstaben, auf eine Art von „Rebusleseart‟ verfallen war, hatte
Champollion hier ohne Zögern, gesehen, dass die Schrift
eine ähnliche Vernachlässigung der Vokalbezeichnung aufwies, wie sie die semitischen Schriften zum Prinzip erhoben
hatten. Wir wissen jetzt, dass die ältere ägyptische Schrift
dieses Prinzip ebenfalls durchfuhr.

So gab denn die lautliche Analyse zweier Namen (durch
alle drei Schriftarten hindurch) zwolf verschiedene hieroglyphische Buchstaben, welche Champollion zufolge im
Griechischen dem a, ai, l, i, k, l, m, o, p, r, s, t entsprechen,
und an denen der heutige Stand der Wissenschaft nur in
den Nuancierungen der Laute Änderungen gemacht hat.
— Mit einem Schlage war die Entdeckung gesichert und
dem zu errichtenden Bau der nötige Felsengrund gegeben.

Auf der Lithographie hatte Bankes, als Mutmassung,
mit Blei das eine Wort Kleopatra vermerkt, ohne aber das
geringste über die Natur der Zeichen hinzuzufugen
Champollion, der diesen Namen seit Monaten im Geiste zur
Seite des „Ptolemaus‟ gelesen, analysiert und demonstriert
hatte, erwähnte jenen Umstand weder in seinem ersten

---

1) Kloptra, Kleptra, Klptra usw.

Artikel über die Inschrift[1]), noch im späteren Brief an Dacier. Unterliess er es, weil er auf Mutmassungen solcher Art, wie sie inzwischen mehrfach laut geworden waren, kein Gewicht mehr legte, seitdem er jedes Zeichen des ihm so wichtigen Namens nunmehr unwiderruflich bestimmen konnte? Immerhin kam ihm die Unterlassungssünde, falls es wirklich eine war, teuer zu stehen, denn Bankes, der ihn inspiriert zu haben glaubte, überhäufte ihn fortan mit Schmähungen gröbster Art[2]) und enthielt ihm allerlei für die Entzifferung äusserst wichtige Texte — u. a. eine hieroglyphisch-keilschrift-liche Bilingue — trotz aller Bitten hartnäckig vor.

　　· Merkwürdig berührt es nun, dass Young seinerseits über Bankes Klage führte, weil dieser nicht hervorgehoben hatte, dass er die „Lesung" (!) doch nur der ihm übersandten Anweisung verdanke, weshalb denn nur er selber, als deren Autor, sich über Champollion zu beschweren habe. Man vergleiche hiermit die Tatsache, dass Young jahrelang das Wort unerkannt und unbeachtet in Händen gehabt hatte, welches sein „Schüler" entziffert haben sollte, wodurch der Lehrer selber den Schüler hoch über sich stellt. — So dient dieser denkwürdige Obeliskentext an sich schon als Prüfstein zwischen dem französischen und dem englischen Entzifferer, denn dem einen ward er zum Lebensspender, dem anderen blieb er eine tote Sache; — dort alles, hier nichts. Young jedoch dachte zeitlebens ganz anders darüber[3]).

　　Dass Letronne ebenfalls, als dritter, den Löwenanteil

---

1) Rev. Encycl. Vol. 13. März 1822, p. 512—521.

2) Ein Teil davon sichtbar in der Korrespondenz mit Young und anderen.

3) „M. Ch. peut dater l'époque de son système de l'acquisition du nom de Cléopâtre qu'il a reçu de M. Bankes; et c'est à une lettre que j'avais adressée à M. Bankes en Egypte, que ce voyageur illustre est redevable, selon son propre aveu, des connaissances qui l'ont mené à distinguer ce nom". — Young an San-Quintino. Und an den Grafen Pollon: „ . . . it was after my return from Italy, that Champollion received the name of Cleopatra, as ascertained in Egypt by Mr. Bankes from my letters; it is hence that he himself dates the origin of his system: Ergo opera illius mea sunt! And I willingly add, of this new Achilles, fortemque in fortia misi!" 20. Dez. 1826.

an der Entdeckung der Lesung beanspruchte, die er sogar
ganz direkt abhangig machte[1]) von seiner Vermutung, der
Namensring könne Kleopatra enthalten, muss befremden,
da ihm nur das Verdienst zuerkannt werden kann, Bankes'
Sendung tatsachlich veranlasst und Champollion ubermittelt
zu haben, doch hatte der schliesslich auch andere Wege
als diesen zum Ziel gefunden.

Nachdem er in diesem Namensschild die zwei letzten
Zeichen richtig als das hieroglyphische Merkmal des
Femininum erkannt hatte, obwohl eins derselben sich ihm
anderswo aufs bestimmteste nachweisbar als ein t darstellte,
übersetzte er die Namen der gezeichneten Gegenstande ins
Koptische, und blieben ihm auch zwei derselben hinsichtlich
ihrer sachlichen Bedeutung noch dunkel, so konnte er
doch bereits das Gesetz aufstellen welches — in den Ptole-
maertexten wenigstens — der Wahl der Hieroglyphen fur
deren alphabetische Verwendung zugrunde liegt· „. . .Wollten
die Ägypter einen Vokal, einen Konsonanten, oder eine
Silbe eines fremden Namens wiedergeben, so bedienten sie
sich dazu eines hieroglyphischen Zeichens, das einen Gegenstand ausdruckt oder darstellt, dessen Name in der gesprochenen Sprache entweder im ganzen, oder im ersten
Teil den Lautwert des Vokals, oder des Konsonanten
oder der Silbe enthielt, die es zu schreiben galt."

Es ist demnach Champollion nicht abzusprechen, dass
er zuerst (1810 und 1822) und lange vor Seyffarth und
Lepsius, — das Prinzip der syllabischen Hieroglyphengruppen
erkannt und in klaren Worten zum Ausdruck gebracht, das
System ein syllabisch-alphabetisches genannt und die
scharfe Fassung der Idee damit gegeben hat. Liess er,
durch die spaten Texte irregefuhrt, die richtige Benennung:
Silben wieder fallen, so deckte die andere Form „Ab-
kurzungen" (abbréviations) doch denselben Inhalt und fuhrte
praktisch zu denselben Resultaten. Überhaupt darf nie vergessen werden, dass der Entzifferer in der Praxis schon
manche Schwierigkeiten glucklich uberwunden hat, die etwas zu
schnell zum Gesetz von ihm abstrahiert, Unklarheiten und

---

1) Recherches pour servir usw. 1823 p XXX, Note 3.

Mangel aufweisen. denen abzuhelfen sein fruher Tod ihm keine Zeit liess.

So nahm er in Kleopatra: Laboi (Löwe) für L'); Achōm (Adler) fur A; Tot (Hand) fur T; Ro (Mund) fui R, usw. — Die sehr komplizierte Natur des Schilfblattes, das in der Urzeit (wie auch das Zeichen fur A) konsonantisch gewesen war, hier aber völlig entartet ist, deutete er mit den wechselnden Vokalen e, a, i, und zwar mit e in Kleopatra Es ist wunderbar, wie er hier also vorahnend den Ursprung des agyptischen Alphabetes im wesentlichen richtig erkannt hat.

Der Name Alexander gab ihm drei neue Buchstaben, so dass nun 15 hieroglyphische Lautwerte (drei Homophone fur k, t, s mitgerechnet), feststanden. In dieser Weise arbeitete er sein Material nunmehr durch. — Trotz der kaum noch erkennbaren Formen, die besonders die Imperatorennamen oft aufweisen[2]), widerstand ihm doch nicht einer mehr von den ihm vorliegenden und uberall fand er seine Theorie von der phonetischen Kraft der Zeichen bestatigt. Verschaffte ihm nun einerseits die vergleichende Analyse der griechisch-romischen Herrschernamen, die in ihrem lautlichen Teil durchweg alphabetisch sind, die erste Grundlage seines Systems. so wurde er hier doch wiederum auch in verhangnisvoller Weise von der bereits zweimal gewonnenen Erkenntnis der syllabisch-alphabetischen Mischung des lautlichen Elementes wieder abgewandt, denn er gestand nun den Buchstaben zu viel Raum zu; daher die immer wachsende Zahl der Homophone dieser Buchstaben ihm einige Verlegenheiten brachte, welche ihm durch das Lesen alterer Texte erspart geblieben waren.

Gleich nach Besichtigung der hieroglyphischen Inschrift von Philae hatte Champollion erklärt[3]), dass sie weder, wie

---

1) Das Studium der koptischen Dialekte liess ihn schnell die Verwirrung zwischen L u R, T u. D, K u. G, P u. Ph, sowie die Ursache davon erkennen

2) Z. B. Tbls (Tiberius); Krmneks (Germanikus); Trms (Trajanus); Ouspsins (Vespasian), Tomtius (Domitian); Kesls (Casar) usw. nach Champollions Lesung.

3) Siehe Observations sur l'obél Eg. etc. Rev. Encycl. Marz 1822, Vol 13, p. 516—518.

man in England glaubte, die Übersetzung der griechischen sei,
noch, wie Letronne meinte, die von den Priestern im Fall
der Erhorung ihrer Bitte[1]) zu errichtende Stele, — „da ja
Obelisken und Stelen von den Ägyptern scharf voneinander gehalten" seien. Ferner bemerkt er hier, dass der
Obelisk, nebst einem verschwundenen Genossen, von einem
Ptolemäer zu Ehren der Götter des Osiriskreises errichtet sei,
und dass er an jeder seiner vier Seiten eine parallel laufende
Doppelinschrift trage. Mehr konnte oder wollte er für den
Augenblick nicht sagen, da er ungern blosse Vermutungen
in die Öffentlichkeit sandte, nun bereits viele mit Spannung
die Resultate seiner Arbeiten erwarteten.

Trotz des Drangens seiner Freunde veröffentlichte Champollion auch jetzt noch nichts, denn seine südländische Feuernatur wurde durch die Geduld des Denkers und die Selbstkontrolle des Kritikers in ihm hinreichend im Zaum gehalten.
Doch las er vor der Akademie eine Abhandlung über den
Tierkreis, dessen hohes Alter er von jeher bestritten hatte,
und zwar allein schon vom Standpunkt der ägyptischen
Kunst aus. Der Historiker in ihm verlangte nach bün-
digeren Beweisen, die ihm jedoch das Denkmal selber verweigerte, da nämlich Lelorrain zu Champollions lebhaftem
Unwillen die im Tempel ihm zur Seite befindlichen Basreliefs
nebst zwei dazu gehörigen Hieroglyphenkolumnen an Ort
und Stelle gelassen hatte. All dieses befand sich in den
Papieren der Description und in denen Denons. Doch
traute er nicht ihrer unbedingten Richtigkeit.

In Privatkreisen war seit lange Champollions Ansicht
über den Tierkreis bekannt und hatte unter der Geistlichkeit
die sonderbare Idee gezeitigt, dass er „der Freigeisterei
müde", sich als Vorkämpfer der christlichen Chronologie zu einem Stützpunkt der römischen Dogmen
machen wolle Nichts lag ihm ferner als dies, da er hier
wie überall einzig und allein die Wahrheit zu ergründen begehrte, welches Verdikt sie auch sprechen mochte. Durch

1) Die Isis-Priesterschaft von Philae bittet, dass man ihr die
Verpflegung der Truppen erlassen möge, damit sie selber und der
Tempel nicht völlig verarmten Im Fall der Erhorung will sie dem
Ptolem. Euergetes und den zwei Kleopatren eine Stele errichten.

die Grenobler Vorgänge klug gemacht, schwieg er jedoch,
um nicht von neuem den fur seine Wissenschaft gefährlichen
Unwillen des Klerus heraufzubeschworen. Übrigens verdankte er diesem, ihm selber so peinlichen Irrtum, der auch
beim Herzog von Doudeauville und durch ihn am Hofe
Glauben gefunden hatte, seine Rettung aus einer im Dunkel
der Bureauakten lauernden Gefahr: denn, wahrend er sozusagen von der Gegenwart losgelost, ganz im Bann des Altertums stand, erregten gewisse unversohnliche Elemente vom
Dauphiné her in den hochsten Kreisen, zum Teil durch
anonyme Briefe, schwere Bedenken uber den „Robespierre
von Grenoble", den „Antichrist".

Geheime Depeschen mit der Forderung endgultiger
Aufklarung uber die Bruder gingen an deren ehemalige politische Peiniger in die Provinz ab Graf Montlivault, der
inzwischen zur Einsicht gekommen war, antwortete recht
versohnlich, aber ein Schreiben gefahrdrohender Art lief
von dem noch immer in Grenoble weilenden Baron d'Haussez
ein, demzufolge die beiden Volksverfuhrer fortgesetzt zu uberwachen seien. Doudeauville, der von seinem Sohn, Vicomte
Sosthène de la Rochefoucauld, welcher die Bruder kannte,
das Gegenteil vernahm, hatte den Mut, sie bei Hofe zu verteidigen. Er schrieb in diesem Sinne am 22. Mai 1822 an
den ubereifrigen Prafekten und betonte besonders noch, wie
empfehlenswert die beiden Gelehrten seien, da „ihre Entdeckungen bislang den heiligen Doktrinen lediglich zum
Schutz gereicht" hatten.

Champollion hörte erst von der Sache, als sie langst
ausgeglichen war, und hatte nur ein erstauntes Lächeln
dafur. Wie unendlich ferne schien ihm schon die Zeit der
schlimmen Drangsale zu liegen, die ihn aus seinen herrlichen
Bergen vertrieben hatten, und wie undenkbar dunkte es ihn,
wieder in politische Umtriebe verwickelt zu werden, nun er
nur noch den einen Wunsch hegte, in Frieden die reine
Hohenluft der Wissenschaft atmen zu durfen Dass aber
selbst in diese Regionen durch menschliche Leidenschaften
und Irrtumer viel Staub hineingetragen wird, wurde er
schnell gewahr, nun auch er in den Mittelpunkt der Tier-
kreisbewegung getreten war. — Besonders die Astro-

nomen, welche die Sorge um ihre wissenschaftliche Ehre
nicht ruhen liess, befehdeten sich untereinander in arger
Weise und zogen ihn in Mitleidenschaft. Neben Laplace,
Delambre, Biot traten besonders Fourier, Jomard, Letronne,
St. Martin, Visconti in die Schranken, und Humboldt fühlte
sich derartig belustigt durch dieses Kreuzfeuer gewappneter
Hypothesen, dass er seinem Freunde Young beschreibt, wie
die gelehrten Herren, auf dem Stein ausgestreckt liegend,
mit dem Kompass Polardistanzen und Aszensionen aus-
messen „Mit einigen Konzessionen," meint er, „ist der Roman
einer Sternenkarte recht anziehend, aber ich glaube, dass
man auf dieselbe Weise die Geschichte des Telemach von
den Basreliefs der Vendômesaule ablesen konnte . . . ." Und
er bittet Young, nach Paris zu kommen, „um die franzosischen Gelehrten zu belehren." Aber der Gerufene kam
nicht, er hatte mit Visconti und Delambre die nicht neue
Idee wieder aufgenommen, dass der Tierkreis die Stellung
der Himmelskorper bezeichne, welcher zur Zeit der Erbauung
des Tempels der Monat Thoth des Wandeljahres entsprochen
habe, und da der Löwe das herrschende Zeichen des runden
Tierkreises ist, so stellte Delambres Berechnung drei Zeitperioden zur Auswahl hin[1]).

St Martin setzte ihn zwischen 900 und 569 vor Chr.,
indessen Jomard, trotz Letronnes heftigen Widerspruches, am
hohen Alter gewisser Tempel, und damit auch des Tierkreises, festhielt und Champollion Unterschatzung der altagyptischen Astronomie vorwarf.

Letzterer, der es immer bitterer empfand, durch die
Altersangaben der Kommission uber die Ptolemaerbauten
so lange an der phonetischen Lesung der Konigsnamen
verhindert worden zu sein, bekampfte nun um so eifriger
„die Menge der sich selber seit 20 Jahren widersprechenden
Systeme", ohne jedoch Delambres schliessliche Entmutigung
wegen der Unlösbarkeit des Problems zu teilen[2]).

Im Gegenteil hatte ihn die Lesung des einen Wortes

---

1) 2857 bis 2738 $\Big|$ vor $\Big\|$ 9 vor Chr.
   1433 bis 1314 $\Big|$ Chr $\Big\|$ bis
                          110 nach Chi

2) Rapport des Nouvelles Annales des Voyages, Bd VIII, p. 389.

„Autokrator", das er am linken Ende der zweireihigen
hieroglyphischen Inschrift des Tierkreises in den Tafeln der
Description entdeckt hatte, des Ratsels bereits Herr werden
lassen, doch nach besserer Begrundung der Einzelheiten
ausschauend, hielt er gewaltsam an sich, um nicht vorzeitig
den kampfenden Parteien den Fehdehandschuh hinzuwerfen.
Inzwischen hatte Biot, der in mehreren Sternen des Tierkreises bekannte Gestirne, wie Fomalhaut, Antares, Arcturus
usw. zu erkennen meinte und dementsprechend als Zeit-
periode 716 vor Chr. bestimmte, am 19 Juli vor der Inschriften-
Akademie eine Denkschrift daruber gelesen, auf welche
sein Opponent, der ihn vergeblich gebeten hatte, noch eine
Weile lang damit zu warten, am 25. Juli mit einem offenen
Brief[1]) antwortete, worin es am Schluss heisst: „ . Die
agyptischen Studien gewinnen taglich an Gewissheit; die
Zeit ist gekommen, wo mit den lediglich nur mutmassenden
Spekulationssystemen, die schon allzulange diese Studien
beherrscht haben, gebrochen werden muss . . . ."

Biot, welcher der Lekture des Schriftstuckes vor der Inschriften-Akademie beigewohnt hatte, war schmerzlich dadurch beruhrt worden, doch verhallte des „Ägypters" Mahnung, dass nur ein sehr intimes Vertrautsein mit agyptischen
Denkmalern sie verstehen lernen konne, nicht ungehort;
schweigend harrte er der nahenden Aufklarung — und dies
tat auch Fourier, der soeben drei seit Jahren vorbereitete
Denkschriften hatte veröffentlichen wollen, die sich auf die
ungeheuerlichen Zahlenangaben von Dupuis und Genossen
stutzten.

Der Aufsatz gegen Biot enthalt ein von wenigen damals bemerktes Ergebnis der Entzifferungsarbeiten den
sichern Nachweis der Determinative, d. h. der das Verstandnis erleichternden Sinn- oder Deutzeichen im agyptischen
Schriftsystem, die hier — in der Form von Sternchen —
hinter gewissen hieroglyphischen Namen Biots System aus
dem Felde schlagen halfen. Zunachst freilich stutzte sich
Champollion darauf, dass die 35, symmetrisch gruppierten, von
Biot „erkannten Sterne" einen Kreis bilden, dessen Mittel-

---

1) Rev Encycl Vol 15. Aug 1822, p 232—239.

punkt mit dem des Tierkreises zusammenfalle, welche Gruppierung von Himmelskorpern aber in Wirklichkeit nicht
existiere.

Bezuglich der Verwechslung von den als „Gattungszeichen"[1]) zum Schriftsystem gehorenden Hieroglyphen
mit den Zeichen, die in wirklicher oder ubertragener Bedeutung die Himmelskorper darstellen, sagt Champollion,
nachdem er dargetan, dass die hieroglyphischen Gruppen
uber dem Kopf und an der Seite der 38 Figuren, deren
Namen, oder irgend welche besondere Bezeichnung ausdrucken: „. . . . Also gehort „Fomalhaut" zum darunter
stehenden Namen des Widders."

. Hier geht Champollion zu weit, denn wie verkehrt Biots
Ansichten der Hauptsache nach auch waren, so sah ersterer
doch seinerseits auch verschiedene Sterne irrtumlich fur
Determinative an, da namlich die Gestirne des Tierkreises
zugleich durch die den Konstellationen prasidierenden
Figuren, wie auch durch uber und neben ihnen befindliche
wirkliche Sterne dargestellt sind

Ganz richtig jedoch fahrt er mit Bezug auf die kurzen
Hieroglyphengruppen fort „. . . . Es steht fest bei mir,
dass jede hieroglyphische Inschrift an der Seite beginnt,
nach der sich die Kopfe der in den Zeichen dargestellten
lebenden Wesen richten. Der Stern neben diesen Inschriften
steht demnach als letzte Hieroglyphe jeder Gruppe und muss
daher nicht als Darstellung eines Himmelskorpers, sondern
als einfaches hieroglyphisches Schriftelement, also als eine
Art Buchstabe und nicht als Nachbildung eines Gegenstandes
angesehen werden.

Bei der Mehrzahl der Namen von Individuen derselben Gattung steht vor- oder hinterher ein diese Gattung
anzeigendes hieroglyphisches Zeichen (z. B. Gott . . Monat .).
Es scheint mir also erwiesen, dass in den 38 kurzen hieroglyphischen Gruppen, die sich auf 38 der Tierkreisfiguren
beziehen, der Stern einfach nur das hieroglyphische Zeichen
der Gattung ist, welcher die Individuen angehoren, die diese
Inschriften oder Eigennamen bezeichnen Da nun diese

---

1) „Signes hierogl. de l'espece"; bald nachher „determinatifs"

Personlichkeiten Sterne, Konstellationen oder Teile derselben darstellen mussen, so musste ihr hieroglyphischer Name ebenso naturlich als Gattungszeichen einen Stern enthalten."

Etwa vier Wochen nach der am 26. Juli erfolgten Lektüre dieses Briefes an Biot, las Champollion seine grosse Abhandlung[1]) uber das Demotische, das durch seine Studien zur Auffindung des hieroglyphischen Alphabetes oft unterbrochen, ebenso haufig aber auch zur Förderung desselben zu Rate gezogen war. Dieses inediert gebliebene, 198 Folioseiten haltende Memoire wurde durch folgende funf Beilagen erlautert.

    I. Generaltabelle aller in vier Serien zerfallenden demotischen Zeichen (der Rosettana).

    II. Tabelle der grammatischen Zeichen.

    III. Tabelle der Zeichen und Gruppen, deren Wert Champollion schon bestimmt hatte.

    IV. Analyse des gesamten demotischen Textes der Rosettana, deren sechs korrespondierende Linien Nachstehendes darbieten:

        Linie 1, den in Gruppen zerlegten Text.

        Linie 2, das korrespondierende griechische Wort.

        Linie 3, die koptische Lesung

        Linie 4, das gleichwertige franzosische Wort.

        Linie 5, mit Ziffern bezeichnete Stellen, wo sich dieselbe Gruppe mit demselben Wert in den anderen Linien des Textes findet.

        Linie 6, den hieroglyphischen Text, soweit dessen erhalten gebliebenes Dritteil mit dem demotischen korrespondiert.

    V. Liste der verglichenen Varianten des griechischen und koptischen Textes und Verwendung dieses letzteren zur Ausfullung der Lucken des griechischen Textes.

Die „Analyse", also Nr. IV, betreffend, darf nicht vergessen werden, dass sie schon fast zwei Jahre lang fertig

---

1) Der Entwurf zur Anmeld beim Sekretariat ist vom 16 Aug 1822 datiert

dagelegen hatte. Auch erhebt sie sich uber die Leistung des Mathemathikers Young auf demselben Gebiet im wesentlichen nur erst dadurch, dass der Philologe Champollion hier den griechischen Text ins Koptische ubersetzte, womit er keine eigentliche Entzifferung der demotischen Gruppen ausgefuhrt, wohl aber dem griechischen Text ein agyptisches Gewand angezogen hat. Wunderbar jedoch ist es, dass ganze Reihen des Koptischen mit dem Demotischen genau korrespondieren.

Anders liegt es mit dem im Sommer 1822 verfassten Memoire und dessen Beilagen I, II, III, V, worin er sich tatsachlich, und vielfach mit uberraschendem Erfolg, an die regelrechte Entzifferung demotischer Gruppen begeben hat.

Sich weit von Youngs Ansicht uber nur ausnahmsweise phonetisch verwendete demotische Zeichen entfernend stellt er diese hier bereits als rein grammatisch und feststehend hin und beginnt, obwohl mit noch nicht sicherer Hand, die wissenschaftliche Entwicklung des Systems. So steht denn auch manche Entdeckung, die erst Jahrzehnte spater von neuem wieder gemacht wurde, in diesen Blattern schon verzeichnet, die inediert und nahezu unbekannt in den Archiven der Pariser Bibliothek schlummern. Vor allem tritt hier seine Beherrschung des Koptischen klar zutage, von dessen Eigenart er sich durchdrungen fuhlte und das er nicht umsonst seine Sprache nannte. So hat er hier die Natur des koptischen Verbums, die Schreibung der vier Hauptformen derselben, im wesentlichen klar erkannt und niedergeschrieben.

Die in dieser Abhandlung entwickelten Theorien mit praktischer Nutzanwendung beim systematischen Lesen verschiedener Namen und Worter, sowie das hier gut nachgewiesene Einheitsprinzip des agyptischen Schriftsystems, dem, wie er betont, „zu seiner Vervollstandigung nur noch die mit der besseren Kenntnis der Denkmaler gradweise zu erlangende synonymische Tabelle der Wurzelzeichen und -Gruppen der drei Formen" fehlte, machten tiefen Eindruck auf die Versammlung.

Hier waren endlich einige handgreifliche Erfolge! Auch bedurfte es kaum der Andeutung des Vortragenden, dass er bald mehr und besseres zu geben hoffe, um den von Sacy

selber gestellten Antrag wegen Publikation auf Regierungs-
kosten sofort einstimmig durchzubringen[1]).

Mehr noch: der grosse Orientalist, der die ihm vorgelegte
Analyse gar nicht genug bewundern konnte, fühlte sich
plötzlich von einer inneren Aufwallung so übermächtig
· erfüllt, dass alle persönliche Verstimmung wie Nebel vor
der Sonne dahinschwand. So erhob er sich denn und
reichte vor der ganzen Versammlung seinem allzulange missachteten Landsmann zu warmster Beglückwunschung beide
Hände hin. Unaussprechliche Genugtuung für Champollion,
der nach mehr als elfjähriger schmerzlichster Erbitterung
gegen den einst so hochverehrten Lehrer sich wieder mit
ihm vereint fühlte, mit dem Meister, dessen unwandelbarer
und mächtiger Schutz — er fühlte es deutlich — ihm fortan
nicht mehr fehlen würde. Etwa einen Monat später sollte
Sacys endlich erwachtes Vertrauen noch mehr gefestigt werden.

Inzwischen fuhr Champollion fort, aus allen erreichbaren
hieroglyphischen Königsringen (und sie gehörten zufälliger
Weise alle der griechisch-römischen Zeit an) das phonetische
Element herauszulösen und sein Alphabet in dem Maasse
zu vergrossern, als die Analyse neuer Gruppen den Wert
eines neuen Buchstaben vermuten, oder einen schon gefundenen voll bestätigen liess.

Anfang September 1822 besass er noch nicht alle Namen
der Lagiden, wohl aber diejenigen aller Imperatoren von
Augustus bis Antoninus Pius, ausgenommen Galba, Otho,
Vitellius, deren kurze Regierung jedoch das Fehlen ihrer
Namensschilder erklärte Er fand die römischen Namen und
Titel mittels griechischer Übersetzung in den Hieroglyphen
wiedergegeben, also Sebastos für Augustus, Autokrator
für Imperator usw Das gesamte „Arsenal", für das er
seit lange „die verschiedensten Waffen angefertigt" hatte,
kam nun zur Verwendung und seinen fast alle Wissensgebiete
umfassenden Vorarbeiten gegenüber berührt es eigentümlich,
dass die meisten seiner Mitbewerber, Young nicht ausgenommen, mit der Untersuchung der Rosettana ihre Studien
auf diesem Gebiet überhaupt erst begannen, und dass sie

---

1) Diesem Antrage wurde leider nicht Folge geleistet.

trotzdem von dieser Inschrift eine schnelle und völlige Er-
leuchtung forderten. Für Champollion dagegen bildete die
methodische Durcharbeitung des Rosettetextes nur eine,
aber freilich die glanzvollste unter den vielen Waffen, mit
denen er die ägyptische Feste erobern wollte. Auch ist
seine Einnahme derselben kein plötzlich geführter Handstreich,
keine Überrumpelung im allzu kühnen Vertrauen auf die
Hilfe des Zufalls, wie sie anderen vorschweben mochte, sondern
ein ehrlich erkämpfter Sieg nach klug und geduldig durch-
geführter Belagerung.

Einer sehr fühlbar werdenden Überreizung des Nerven-
systems wurde er durch den festen Willen Herr, das nächst-
gesteckte Ziel ohne Zeitverlust zu erreichen, nämlich für
alle Buchstaben des griechischen Alphabetes die entsprechenden
Lautwerte nebst verschiedenen Homophonen in den Formen I
und III[1]) des ägyptischen Schriftsystems nachweisen zu
können. Daneben fesselte ihn immer noch der Tierkreis,
denn in der Zeichnung von Denon sah er die zwei Königsringe am Ende der die Isisfigur umrahmenden Hieroglyphenkolumnen leer, während in der Kopie der Kommission der
linke den sonst nie allein stehenden Titel Autokrator, und
der andere, seltsamer noch, die symbolische Gruppe Tempel
aufwies. Jomards Versicherungen zufolge musste Denon ein
Versehen begangen haben[2]).

„Welchen Kaiser bezeichnet denn dieses vereinzelte
Autokrator?" fragte sich Champollion.

Er hatte auf ägyptischen Münzen des Claudius und ganz
besonders des Nero bemerkt, dass diese ausnahmsweise auf
der Rückseite das Wort Autokrator trugen und glaubte daher, dass der grosse Tierkreis von Dendera der Regierungszeit eines dieser beiden Herrscher entstammen könne, obgleich

---

1) Für die hierat. Buchstabenwerte fehlten ihm noch die
Gleichungen

2) 1828 sah Champollion im Tempel zu Dendera, dass diese beiden
Namensschilder des Originals leer sind. Dies änderte jedoch nicht
viel am mutmasslichen Alter des Tierkreises. Denn die Kommission,
die nach ihrer Rückkehr an ein Versehen ihrerseits glaubte, schrieb
Autokrator nur deshalb hinein, weil sie diesen vermeintlichen
Herrschernamen überall im Tempel bemerkt hatte.

er der schlechten Ausfuhrung der Hieroglyphen zufolge
schon damals das Denkmal um weitere hundert Jahre ver-
jungen zu mussen meinte, doch fehlte vorlaufig jeder
historische Beweis dafur, weshalb er einstweilen mit dem erhaltenen Resultat abschloss.

Es muss noch erwahnt werden, dass er, den Blick stets
auf sein demotisches Material gerichtet, bemerkt zu haben
meinte, dass das hinter den Namen der Gottheiten stehende
Deutzeichen im Verein mit einer denselben Namen voran-
stehenden Einfuhrungsgruppe eine wichtige Perspektive uber
das eigentliche Wesen des agyptischen Schriftsystems eroffne.
Die Zeichen innerhalb dieser sich gleichformig wiederholenden
Merkmale der alten national-agyptischen Gotteinamen
erschienen ihm namlich als uberwiegend lautlich geschrieben,
ein Umstand der geeignet war, seine Theorien von der lautlichen Schreibung einzig nur der fremden Eigennamen zu
erschuttern und die langst verworfene Idee von der phonetischen Natur des gesamten Schriftsystems wieder hoch
zu bringen. Noch wagte er nicht an die Tatsache zu glauben,
ob er auch einsah, dass griechischer Einfluss sie keineswegs
herausgebildet haben konnte. Weitere Klarung war also
dringend notig.

Bis Mitte August hatte ihn das Durcharbeiten der demotischen Texte und die Feststellung des demotischen Alphabetes beschaftigt, wodurch ihm dank endlosen Gleichungen
und Transcriptionen die letzthin erfolgte Sicherung seiner
25 hieroglyphischen Buchstaben und vieler Homophone
(Gleichwerte) zugleich erleichtert und begrundet worden war. —
Sehr nutzlich erwies sich ihm nun fur die Erschliessung des
Systems die Klarstellung des Gattungsnamens (signe détermi-
natif), das ihm besonders deutlich zunachst in den vielen
hieroglyphischen Namensringen der Herrscher entgegentrat,
die er neuerdings so eingehend analysierte und transcribierte,
wobei er aber bis zum 13 September abends fortgesetzt nur
solche aus der griechisch-romischen Zeit in Handen gehabt
zu haben scheint.

So erklart es sich, dass er, ob er auch mit 19 Jahren
und noch lange nachher vom gesamten agyptischen
Schriftsystem aller Zeiten angenommen hatte, dass es

von Grund aus lautlich gewesen sei, sich neuerdings noch nicht
von dem schliesslich auch ihn uberkommenen Irrtum hatte
losmachen konnen, der damals wie ein magischer Kreis alle
Intelligenzen im Banne hielt: dass nämlich erst durch
griechischen Einfluss das lautliche Element dem von
Natur ideographischen Schriftsystem Ägyptens eingeimpft
worden sei[1]). Das hiess dem Historiker zum mindesten alle
vor Psametich I. liegenden Jahrhunderte verschliessen, wenn
nicht uberhaupt nur die drei letzten Jahrhunderte v Chr.
fur ihn in Betracht kommen konnten!

Die Summa seiner nunmehrigen Erkenntnis bildete also
die Annahme, dass in der Zeit nach Alexander die nationale
Schrift der Agypter in ihrer Urform neben den Begriffen
auch die Laute der Sprache wiedergeben konnte, indem eine
gewisse Anzahl der Hieroglyphen lautlich gelesen wurde,
wahrend die grosse Mehrzahl nach wie vor teils im eigentlichen, teils im ubertragenen Sinne aufgefasst wurde,
so dass eine dreifache Mischung von Schriftzeichen[2]) vorlag.

So kam der 14. September heran, der in dem schon damals duster und unwirtlich blickenden alten Hause, das der
entstehenden Ägyptologie ein bescheidenes Asyl darbot, eine
formliche Revolution ausbrechen sah Champollion bewohnte
mit Figeac und dessen Sohn Ali den zweiten Stock des Hauses,
hatte sich aber sein „Arsenal" eine Etage hoher eingerichtet,
in dem luftigen und hellen, mit einer Galerie umgebenen
Raum, wo vor ihm Horace Vernet eine Zeit lang sein Atelier
gehabt hatte[3]).

---

1) „ . . J'ai persisté dans cette fausse route jusqu' au moment,
ou l'evidence des faits m'a présenté l'écriture ég. hieroglyphique
ous un point de vue tout-à-fait inattendu, en me forçant, . . de
reconnaitre une valeur phonétique à une foule de groupes hiéroglyphiques compris dans les I[ns] qui décorent les monuments ég de
tous les ages " Précis I. Ed., p. 250.

2) Bei Champ. „phonétiques, cyriologiques (auch figures)
und tropiques (auch symboliques).

3) Dieses weite Gelass ist auch jetzt wieder ein Atelier; doch
nichts in ihm, noch in den ubrigen Raumen des Hauses erinnert an die
dort gemachte grosse Entdeckung. Leider sind auch die Hieroglyphen
verschwunden, welche einst im Treppenhause und im Atelier von des
Entzifferers origineller Art Kunde gaben

27

Von den Musen war in dieser Werkstätte des Genius
die ernste Klio zurückgeblieben, als dem grossen Künstler
der Historiker und Entzifferer gefolgt war, der sich hier inmitten seiner täglich beredter werdenden Papiermassen seit
einigen Wochen in einer Weise auf sich selber hatte konzentrieren können, wie es ihm niemals zuvor möglich gewesen war. Frühmorgens schon, am genannten Tage, hatte
er nach der von Hermapion hinterlassenen griechischen Übersetzung eines Obeliskentextes gegriffen, um die darin enthaltenen konventionellen Ehrentitel der ägyptischen Herrscher
(„der von Amon Geliebte, — der Freund des Horus", usw.)
in hieroglyphische Zeichen zurückzuübersetzen und die so
gebildeten Gruppen mit den in den Königsschildern der
Description enthaltenen zu vergleichen.

Natürlich genug nahm er auch alles übrige einschlägige
Material zur Hand. Die von W. Bankes i. J. 1818 kopierte,
und bald nach dessen Rückkehr nach England lithographierte
Inschrift der sogenannten Tafel von Abydos[1]), die seit Jahren be-
reits von Young, sowie von dessen Freunden Nibby und Gell in
Rom ohne den geringsten Nutzen für die Wissenschaft unter-
sucht wurde, war ihm noch völlig unbekannt, da der französische
Reisende Cailliaud, der sie inzwischen ebenfalls nach dem
Original kopiert hatte, noch nicht in Paris angekommen war.
Dagegen hatte er von dem Architekten Huyot[2]) zu eben dieser
Morgenstunde ausgezeichnete Kopien von Basreliefs pharao-
nischer Tempel zugeschickt bekommen. Sein hieroglyphisches
Alphabet stets im Sinn führend, nimmt er schnell das erste
Blatt[3]) zur Hand, sieht dort ein doppeltes s im königlichen

---

1) Eine schnell berühmt gewordene, von Bankes auf einer Seiten-
wand des Osiristempels zu Abydos (nun ʿArâbat El-Madfûne) entdeckte
In., jetzt im Brit. Mus. Sie enthält zwei lange, ohne Zweifel chrono-
logisch geordnete, aber durch eine Lücke von acht fehlenden Königs-
ringen unterbrochene, Reihen von Pharaonennamen, deren zweite eine
Folge von siebzehn der bedeutendsten und am häufigsten genannten
Herrscher Ägyptens aufweist, von denen auch Manetho Kunde gibt
und die zumeist der Blütezeit des Neuen Reiches angehören. Mit
Ramses dem Grossen, der diese Listen anfertigen liess, schliessen die
Namen naturgemäss ab.

2) Huyot war damals noch nicht nach Paris zurückgekehrt.

3) Mit Darstellungen vom Felsentempel zu Abu-Simbel.

Namensschild stehen, wovon er eins, zusammen mit einem
davorstehenden anderen Zeichen, sogleich als die phonetische
Gruppe mes (⸙ koptisch ⲙⲥ) wiedererkennt. Daruber die
Sonnenscheibe, sinnbildlich fur den Sonnengott gesetzt,
„Rê oder Râ zu sprechen"· Rameses[1]), Ramesse, Ramses'
liest er und seiner Sinne kaum noch machtig vor Erregtheit,
uberwaltigt von Freude und zugleich von der Angst, er
mochte sich irren, sucht und findet er auf demselben Blatt
mehrere Varianten des grossen Namens[2]), in denen ihm in
den Texten der Spatzeit erkannte Homophone mit demselben
Lautwert und derselben Art, sich unterschiedlos auszuwechseln.
vors Auge treten. Auch der Titel „der von Amon Geliebte"
stand hier in der ihm schon bekannten Weise vermerkt, so
dass ihm der Name des Pharaos, zu dem er seit seinem elften
Lebensjahre mit inniger Verehrung emporgeschaut hatte, nun
zu einer wahren Offenbarung wurde.

Huyots zweites Blatt enthielt Namen der noch hoher in
die Vorzeit hinaufragenden Thutmessiden, in derselben gemischten Art mit dem ihm schon bekannten Symbol des
Gottes Thoth und der lautlichen Gruppe mes geschrieben.

So waren es denn wieder Konigsnamen, die ihm halfen
und durch die Anwendung seines Alphabetes auf diese
Namen stellte er zu gleicher Zeit das Alter der Denkmaler
fest, auf denen diese Inschriften standen, sowie das Alter des
lautlichen Elementes, das in diesen Inschriften enthalten war.
Aber auch ausserhalb dieser Namensringe, in den sie begleitenden Textfragmenten der alten Zeit, erwies sich ihm,
das Alphabet nebst all seinen Homophonen als verwendbar
so dass kein Zweifel mehr aufkommen konnte in dem ge-
wissenhaft prufenden Entzifferer. Die Binde war ihm vom
Auge gefallen, und mit dem lange gesuchten „Schlussel",
namlich der Erkenntnis von dem ins hohe Altertum zuruck-
gehenden dreifach gemischten Schriftsystem der
Agypter, hatte er eine lange Jahrhunderte hindurch verschlossen gewesene Pforte weit geoffnet. Selbst die fernsten
Tiefen von Agyptens Vergangenheit musste ihm, er fuhlte

---

1)

2) Z. B und

es deutlich, das Licht dieser neuen Erkenntnis mit der Zeit
erhellen konnen, so dass das ihm teure alte Volk wieder aus
der Vergessenheit auferstehen wurde: denn nicht nur der
Schlussel zu dessen gesamtem Schriftsystem sondern damit
zugleich derjenige zu seiner gesamten Geschichte und
Zivilisation ruhte nach hartem Ringen nun in der Hand
des „Ägypters"[1])

Gegen Mittag war es, als er sich zur unumstosslichen
Gewissheit durchgearbeitet hatte und nun, sein umfassendes
Beweismaterial zusammenraffend, so wie er war, vom Schreibtisch wegeilte, um dem Bruder alles mitzuteilen Dieser
arbeitete, wie gewohnlich, im Institut[2]) und erstaunte nicht
wenig, als er François hastig auf sich zukommen und mit
dem Ausruf. „Ich hab es' (Je tiens l'affaire!)" einen Haufen
Papiere auf den Tisch werfen sah. Kaum jedoch hatte der
in hochste Extase Geratene mit schnellen Worten seinen
Ausspruch zu motivieren begonnen, als er plotzlich wie leblos
zu Boden fiel

Figeac, obwohl einen Augenblick wie gelahmt vor Entsetzen, gewahrte schnell genug, dass nicht der Tod, sondern
eine an Erstarrung grenzende Ohnmacht seinen uberreizten
Bruder befallen hatte. Man schaffte ihn in die nahe Wohnung
und uberliess ihn ungestort der absoluten Ruhe, deren Korper
und Geist allzusehr bedurften. Auch wahrte dieser lethargische
Zustand volle funf Tage Kaum jedoch offneten sich, am
19. September abends, die Augen Champollions wieder, als
er auch mit einem Schlage wieder mitten in seinen geistigen
Interessen stand. Doch der mude Korper bedurfte noch der
Ruhe

---

1) We have already pointed out the work performed by Young,
while Champollion, if not a mere bystander, was working to little or
no purpose, his efforts being altogether misdirected and abortive when
he attempted more than simple imitation, and we have also demon-
strated that the latter did not become a bonâ fide workman, until he
had obtained possession of Youngs tools, or rather, to speak the plain
truth, stolen them . . ." John Leitch, auf Grund von Youngs Auffassung

2) Vom Hause Nr. 28 rue Nazarine gelangt man, quer uber die
Strasse weg, nach wenigen Schritten in die den Fussgangern offen-
stehenden Hofe des Institut de France

Am 21. September war er soweit hergestellt, dass er alles klar entwickeln und die für die Akademie bestimmte Abhandlung eingehend mit Figeac durchsprechen konnte, worauf dieser, neben dem Lager seines Bruders sitzend, den Entwurf dazu niederschrieb. Die am 22 September vollendete Abschrift[1]) wurde dann lithographiert, da sie bereits gedruckt gelesen werden sollte. — François ordnete inzwischen sein Alphabet mit Beifugung der demotischen, koptischen und griechischen Gleichwerte, welches dann, nebst den Listen der Herrschernamen, in denen er die 21 hieroglyphischen Buchstaben mit ihren Homophonen und einem Silbenzeichen gefunden hatte ebenfalls, und zwar in zahlreichen Exemplaren, lithographiert wurde, da dieses Alphabet vor dem Beginn der Sitzung an alle Anwesenden verteilt werden sollte.

Am 26 September uberreichte Figeac den ublichen Brief mit der Bitte um Zulassung zur Sitzung der Inschriften-Akademie an Dacier, dem die Epoche machende Denkschrift gewidmet worden war. Am Freitag den 27. fruh begab sich Dacier seinerseits zu Sacy, dem Prasidenten, der nicht sobald von dem Vorgefallenen verständigt war, als er auch augenblicklich eine Einladung an Champollion ergehen liess, in der am selben Tage stattfindenden Akademiesitzung zu erscheinen. — Schnell verbreitete sich die Kunde davon unter den Mitgliedern der ubrigen Akademien, so dass sich eine Menge namhafter Gaste, unter ihnen Alexander v Humboldt und Thomas Young, einfanden[2]), obwohl es ein sehr regnerischer und dunkler Tag war, der am geistigen Horizont der Menschheit einen neuen Stern heraufkommen sah: die junge Wissenschaft der Ägyptologie.

Eine seltsame Fugung wollte es, dass eben dann, auf Frachtschiffen die Seine heraufkommend, das Material zum Aufbau des Kolossal-Faksimile vom Felsengrabe Sethos I., welches Belzoni, wie erwahnt, im Jahre 1817 im Totental bei Theben erschlossen hatte, in Paris anlangte. — Auch

---

1) Daher der Brief an M. Dacier dieses Datum hat.

2) Aber nicht der Herzog von Blacas, Champollions spaterer Protektor, obwohl die politischen Missionen, welche dieses Diplomaten „exil honorable" in Rom maskierten, nahezu erledigt waren.

hier, im Institut de France, an welchem die wunderbare
Nachbildung des schonsten aller Pharaonenmausoleen langsam vorubergltt, wurde nun der Stein von einem welthistorischen Grabe gelost und zaghaft anfangs, aber doch
neu belebt, trat der nationale Geist des Altagyptertums daraus
hervor, nachdem er 15 Jahrhunderte hindurch in scheintoten
Formen erstarrt gelegen hatte.

Was Champollion verlas, beruhrte keineswegs die Tatsache von der ihn am 14 September so plotzlich uberkommenen Aufklarung, die ihm mit einem Schlage
den Lautbestand der Schrift inmitten des zweiten Jahrtausends
vor Chr. veranschaulichte   Seine Zuhorer (wie spaterhin
auch seine Leser) gewannen vielmehr den Eindruck, dass
ihm die Erkenntnis ganz allmahlich gekommen sei.

Die Spannung der Anwesenden war gross, denn neben
der Theorie und der praktischen Verwendung des hieroglyphischen Alphabetes wurde hier zugleich auch die
geschichtliche Grundlage zur chronologischen Anordnung
einer Menge grosser Baudenkmaler Ägyptens dargeboten,
wobei von besonderem Interesse die Ausfuhrungen uber
die Regentennamen von Casars und Kleopatras Sohn
(Ptolemaus-Casarion) am Tempel von Dendera waren, da sie
neue historische Gewissheit gaben.   Voi allem jedoch wurde
das Alter des Tierkreises klargelegt, der, wie Champollion
dem ihm vorliegenden Material zufolge annehmen musste,
nun selber geredet hatte.   Auch die ubrigen Denkmaler dieser
Art konnten als agyptische Arbeit unter romischen
Herrschern bestimmt werden, und zwar durch die entsprechenden Namen der letzteien.

Neben bewiesenen Tatsachen finden sich einige der erwahnten neuentdeckten Grundgesetze des Systems in die
Abhandlung eingestreut, gleichsam andeutungsweise, um
die Wirkung davon zu sehen, und nur insoweit, als es die
Wahrung seiner Pioritatsrechte erforderte   Frische Saat-
korner waren es fur die kunftige Haupternte, nach der
Bergung der ausgereiften Erstlingsfruchte

So lenkt er hier mit grosser Vorsicht ganz allmahlich[1])

---

1) Er gedachte der ihm einst erteilten Ruge, „gegen das Zeugnis
des gesamten Alteitums angehen zu wollen".   Siehe p 229

zu seiner Entdeckung hin, dass schon sehr lange vor dem
griechischen Einfluss eine feststehende lautliche Schrift in
Ägypten existiert habe, wenn auch nur als notwendige Er-
gänzung des ideographischen Systems, dass also das
hieroglyphische Alphabet keineswegs einer schliesslich
nötig gewordenen lautlichen Schreibung griechischer und
römischer Namen seine Entstehung verdanke, sondern dass
diese vielmehr einem altbestehenden Element nachweislich angepasst sei. Ferner, dass er die lautlichen Hieroglyphen,
die zur Umschreibung griechisch-römischer Eigennamen
dienten, in weit älteren hieroglyphischen Texten mit demselben phonetischen Wert in Wörtern der Umgangssprache
gefunden habe.

Schliesslich nennt er das phonetische Element der
ägyptischen Schrift ein halb-alphabetisches, da es nur
das Skelett der Wörter gebe, und er vergleicht es u. a auch
mit der phönizischen Schrift, ja, er spricht sogar schon aus,
dass man in der alten lautlichen Schrift Ägyptens, wenn
nicht den Ursprung, so doch das Vorbild für die Alphabete
der westasiatischen und insbesondere der Ägypten benachbarten Völker zu sehen habe, und dass Europa — etwa
durch Vermittlung der Phönizier — den Ägyptern vielleicht
die alphabetische Schrift danke[1])

Musste er nun seine hieratische, im Jahre 1821 gelesene Denkschrift, worin er das gesamte ägyptische Schriftsystem ein ideographisches nennt, verleugnen und vernichten, wie es seine Feinde ihm späterhin nachsagten?
Keineswegs, vielmehr kommt er häufig darauf zurück, denn
auch hier noch gilt ihm ja die Gesamtheit des Systems
als ideographisch, zu dem das phonetische Hilfselement, so
uralt es auch sein mochte, sich doch nur wie ein Bruchteil
zum Ganzen zu verhalten schien. — Wieder war Sacy der
erste, der den Entzifferer zu dem durchschlagenden Erfolg
beglückwünschte. Auch Humboldt zeigte lebhaftes Interesse
und drang in die beiden Champollion, ihm das erste Exemplar der zukünftigen Broschüre, wenn möglich schon vor
der Veröffentlichung, für seinen Bruder zu überlassen

---

1) In diesem Sinne schrieb E de Rougé sein Mém sur l'origine
eg de l'alphab. phénicien. Paris 1874

Man sollte denken, dass Young, der während der Sitzung an des Entdeckers Seite gesessen hatte, am Schluss derselben in unbehaglicher Stimmung gewesen wäre, — doch war das Gegenteil der Fall! Zwar musste er am selben Abend in einer Gesellschaft bei Cuvier erleben, dass aus-

Fig. 10. Thomas Young.
(Aus dem Life of Thomas Young by George Peacock.)

schliesslich nur von Champollion, der anwesend war, geredet wurde, aber ein gerade aus Neapel von Sir Gell eintreffender Mahnruf, dass die Hieroglyphen verloren seien, wenn e r sie aufgebe, bestärkte ihn anscheinend wieder in seinem Optimismus, so dass er an William Hamilton schreibt. „. . . Es mag zwar verlauten, dass er den Schlüssel, der ihm die Tür öffnete, in England fand, und es ist oft gesagt worden, dass der erste Schritt am schwierigsten ist, aber wenn er auch einen englischen Schlüssel geliehen hat, so war doch das Türschloss so schrecklich verrostet, dass kein gewöhnlicher Arm stark genug gewesen wäre, ihn umzudrehen. . . ." — „Mein Leben scheint mir tatsächlich verlängert zu sein durch die Erwerbung eines jüngeren Koadjutors in meinen Forschungen, . . . " erkennt er dankbar an, und schon am anderen Morgen suchte er seinen „Hilfsarbeiter" auf, bei dem er viele Besucher vorfand und wo er vielleicht die Sache in anderem Lichte zu sehen begann Denn während (dank dem Tierkreis, der noch immer ganz Paris beschäftigte) Champollion und sein hieroglyphisches Alphabet das denkbar lebhafteste Interesse erregten, sprach niemand von Youngs Resultaten.

Unter diesen Anwesenden war Young nicht der einzige, der sich an seinem Ruhm geschmälert sah der Abbé Halma, der hart an der Lösung des Tierkreisproblems arbeitete, „das trotzdem so dunkel geblieben war, wie die Tinte, die er darüber verschrieben hatte," — der alte verdienstvolle Senator Lenoir, Freund der Brüder, der soeben ein Werk über das leidige Thema dem König gewidmet und ein anderes wieder begonnen hatte, — ferner Ripault, dessen arg verfehlte Abhandlung für die Kommission diese nunmehr in Verlegenheit setzte, sowie sämtliche Pariser Astronomen, — sie alle wünschten eingehender, als es tags zuvor hatte sein können, über Champollions Ideen unterrichtet zu werden Fourier hatte schon einen Strich durch seine drei inedierten astronomischen Abhandlungen gemacht und es dem Freunde gestanden Viel schwerer fand sich Jomard in die neue Sachlage, und um ihn in etwas mit ihr auszusöhnen, richtete der „Ägypter" die kluge Bitte an ihn, ihm die „Schwierigkeiten" mitteilen zu wollen, die er „bei Anwendung seiner Methode antreffen konnte."

Auch an Anhängern des Systems von Dupuis fehlte es nicht, denen zufolge der Tierkreis von Dendera „dreimal so alt war als Moses' Welt," was besonders dem Bischof von Hermopolis schlaflose Nächte verursacht hatte Mit ihnen

war kein Ausgleich möglich, doch schwiegen sie, nun offene
Auflehnung Torheit gewesen wäre

Bald danach erschien Young von neuem bei Champollion, um „einige Kleinigkeiten von ihm zu erhalten.‘‘
Freimütig zeigte ihm letzterer all sein Material und sprach
sich so rückhaltlos über mehrere noch nicht veröffentlichte
Resultate aus, dass Young bei einer eventuellen Wiederaufnahme seiner ägyptischen Arbeiten ihm, selbst ohne es zu
wollen, schweren Schaden hatte zufügen können, zumal er
mit dem Publizieren von anderer geistigem Eigentum nicht
übermassig vorsichtig war[1]). — Überdies kopierte ihm Champollion den erwähnten Papyrus Casati[2]) und erbot sich, ihn
über seine zukünftigen Forschungsresultate fortgesetzt zu
unterrichten.

Am Abend desselben Tages von Arago zu Young geführt, machte er auch die Bekanntschaft von dessen Frau
und die freundlichsten Beziehungen schienen zwischen den
beiden Rivalen fortan gesichert zu sein. Schwieg aber der
grosse Physiker jetzt, so wuchs trotzdem sein Groll von nun
an stündlich. Ein unglücklicher Zufall hatte es gefügt, dass
er sich zweimal in derselben Woche „um seinen Ruhm betrogen‘‘ gesehen, und zwar zuerst am 22. September in der
Akademie der Wissenschaften von dem Physiker Fresnel
dem er ebenfalls keine unabhängigen Forschungsresultate
sondern nur „die Ausarbeitung seiner grundlegenden Ideen‘‘
zuerkennen wollte. Verglich er doch noch späterhin sein
eigenes Werk mit dem Pflanzen des Baumes und dasjenige Fresnels (über die Theorie des Lichtes) mit dem Einernten der Frucht! Aber Fresnel wehrte sich ebenso energisch
wie Champollion dies in seiner Angelegenheit Young gegenüber tat.

Dieser seinerseits war dermassen verblendet, dass er nach
der Sitzung vom 27. September schreibt, beide Akademien
seien „eingehend‘‘ mit seinen letzten Forschungen beschäftigt.

---

1) Siehe Leitch, p. 236 u. 247, den Papyrus Casati betreffend

2) Das griech Protokoll fehlte, da Raoul Rochette, Konservator,
dasselbe anfangs nicht mitgeteilt wissen wollte. Dies gab in Engl zu
schweren Verleumdungen Champollions Anlass, obwohl er es umgehend
an Young übersandte, sobald er selber die Erlaubnis dazu erhielt

Zwar erkannte er seinem „Koadjutor" gewisse Verdienste um
die griechisch-römische Zeit zu, tadelte aber seine Hast und
glaubte seine Ausführungen zu umfassend zur Veröffentlichung. Er selber las fortgesetzt Arsinoe anstatt Autokrator, weshalb Lenormant späterhin von ihm sagt.
, . . Der Ring, in welchem er „Ptolemäus" erkannt hatte,
wurde für ihn zum magischen Kreise, über den hinaus er
nur noch Hirngespinste sah."

Als er, am 22. November nach London zurückgekehrt,
von François Grey vier demotische und griechische Papyri
erhielt, darunter einen, den er als griechische Übersetzung
des für ihn von Champollion soeben kopierten Casatipapyrus
erkannte, sah er dies als eine besondere Fügung an und
fühlte seinen ganzen Eifer zurückkehren. Der Trieb wissenschaftlicher Selbsterhaltung verleitete ihn dazu, die kostbare
Sache für sich allein zu behalten; Champollion hatte jedoch
genügendes Material für Gleichungen demotisch-griechischer
Werte, und während Young wenig oder nichts durch den
Fund gewann, schritt er selber, auch ohne ihn verwerten zu
dürfen, rüstig weiter auf der Entdeckerbahn.

Er suchte zunächst auf Grund chronologisch geordneter
Königsringe gleichsam eine Etappenstrasse für die Verwendung
des Alphabetes bis in die fernste ihm erreichbare Vergangenheit hineinzuführen, deren Marksteine die vorgriechischen
Herrschernamen, sämtlich lautlich geschrieben, bildeten. Eine
glückliche Fügung gab ihm das dazu nötige Material in
die Hand, so dass z. B. auch die Mittelglieder bis zu den
am 14 September erhaltenen Resultaten bald gefunden
wurden.

Zunächst waren es zwei Basaltsphinxe des Louvre, die
ihm nicht nur zu scharfsinniger Kritik der ägyptischen
Kunst Anlass gaben, sondern die ihm zwei in Doppel-
schildern eingeschlossene Herrschernamen darboten, deren
Schreibung — in schönster Übereinstimmung mit der deutlich erkennbaren Kunstepoche beider Denkmäler — die
national-ägyptischen Könige Achoris und Nepherites, der
29. Dynastie bei Manetho, aufwiesen. Hiermit war der
Phonetismus für die letzte Periode der Perserkriege festgestellt.

Anfang Dezember konnte er fur die Regierungszeit des
Xerxes nachgewiesen werden. Unablassig uberall umher-
spahend, fand Champollion namlich dann auf einer grossen
Alabastervase des koniglichen Antikenkabinets[1]) eine fast
verwischte bilingue Inschrift, die er durch Reiben mit Zin-
nober lesbar machte und als ein persepolitanisch geschriebenes
Wort mit darunter stehendem agyptischen Konigsschild erkannte. Da er wusste, dass der Zendsprache und der
ältesten Form des persepolitanischen Idioms viele Formen
gemeinsam sind, suchte er in der Voraussetzung, dass auch
hier der Wortlaut und nicht der Sinn des Namens (Krieger)
gegeben sei, ohne weiteres ihn so, wie er in der Zendschrift
geschrieben wird, in den Hieroglyphen wiederzuerkennen, was
ihm sofort gelang. Denn Zeichen um Zeichen stand da
„Chschearscha (Khschéarscha)"[2]), was durch die Keilschrift bestatigt schien. Die Nachricht von dem Funde gelangte sogleich
an St. Martin, der, von Sacys verandertem Kurs nicht unberuhrt gelassen und vom eigenen Wissensdurst gedrangt,
letzthin sich dem „Agypter" wieder genähert hatte, um uber
seine Keilschriftstudien mit den Hieroglyphen nicht im Ruck-
stande zu bleiben.

Da Sacy bereits im Jahre 1803 Lichtensteins Forschungen
auf diesem Gebiet verurteilt hatte und Grotefend fortgesetzt
wegen mangelnder Vorkenntnisse fur ungeeignet zur Losung
des assyrischen Problems erklarte, richteten sich — in Frankreich mindestens — aller Blicke auf St. Martin, als den berufenen Entzifferer auf diesem Gebiet.

Auch Champollion war diesen Studien nicht ganz fern
geblieben, und erschienen ihm auch die „derben, langweilig
einformigen Zeichen" neben seinen „poesiereichen" Hieroglyphen hochst unsympatisch, so wurde doch der Historiker
in ihm dem heissen Wunsch nach volliger Erschliessung
des Altertums auch hier um so eifriger Rechnung getragen
haben, als er dank seiner umfassenden Kenntnis der dabei

---

1) Dieses lebt zum Teil weiter im Dept des médailles der Nat.-Bibl.

2) „Je le lis conformément à la forme Zende du nom de ce
souverain de la Perse, ᒉᒚᕼᗅᕈᕼᗅ; forme que les signes hiéroglyphiques expriment sans aucune altération" An Young.

in Rede kommenden Sprachen auch zum Entziffern der Keilschrift wie geschaffen schien. Aber Ägypten beanspruchte ihn so ganz und gar, dass es dem bereits bedenklich ermatteten Mann zugleich auch die Grenzen für sein Schaffen zuwies.

Immerhin meinte er für die Lesung Chschearscha einstehen zu können, und St. Martin (der anfangs „Khschaéhyé = König" gelesen) bestätigte sie in seiner am 20. Dezember verlesenen Abhandlung über diese Vase, so dass nun die Alphabete beider antiken Sprachen in etwas gefördert wurden. Champollion gewann für das seine die neuen Lautwerte ch und sch um so bestimmter, als Chschearscha hier ganz unverkurzt geschrieben war[1]. Etwa gleichzeitig lieferten ihm der römische Campensis-Obelisk und die eigene Sammlung von Inschriftenkopien die ihm nötigen lautlich geschriebenen Eigennamen „autochthoner agyptischer Herrscher", der beiden Psammetich aus der 26. Dynastie, deren Feststellung, trotz Verwechslung des Grossvaters mit seinem Enkel, ganz besonders gut gelang.

Doch wichtiger noch als dieser bedeutsame Punkt wurde die Lesung des Namens Usertesen[2] („Osortasen") auf einer Statuette des Louvre und auf dem Obelisken zu Heliopolis (Description) für die Klarlegung des phonetischen Elementes, da hiermit die Annahme von irgendwelcher griechischen Beeinflussung desselben für immer hinfällig wurde, trotzdem der Entzifferer hier infolge einer Verwechslung der Herrscherreihen diesen Usertesen in die 23. Dynastie (um 800 vor Chr.) anstatt in die 12. setzte.

Nachdem er danach in Denons „Atlas" auf einem der Königsschilder von Karnak den Namen des Pharaos Scheschonk gelesen und seine Regierung bestimmt hatte, konnte er, ohne den Rahmen der fürstlichen Namensschilder noch verlassen zu haben, den Phonetismus in der hieroglyphischen Schriftform bis 1000 vor Chr. (durch Usertesen aber eigentlich um etwa 1000 Jahre höher) hinauf, mit mathematischer Gewissheit nachweisen.

---

1) Siehe dazu Tableau général Nr. 125, 125a
2) Erst seit kurzer Zeit wird dieser Name Senwosret gelesen

Champollion war zu sehr Historiker, um nicht zugleich mit dem Schriftsystem auch die Geschichte Ägyptens wieder aufrichten zu wollen. Das Vergleichen der Namen auf den Denkmälern mit den Pharaonennamen in der Bibel und in den griechischen Transcriptionen hatte ihn bereits auf die seit lange in Misskredit gekommenen Listen Manethos zurückgreifen lassen, doch sah er ein, dass es jenseits der Regierung des Scheschonk einer geschichtlichen Darstellung durch das Wegfallen der biblischen Gleichzeitigkeiten an Sicherheit und Zusammenhang fehlen musste, so dass die Lesung aller späteren ägyptischen Herrschernamen nur erst ganz vereinzelten Haltpunkten glichen, mit denen der Geschichtschreiber, dem es an einer starken Stütze für die „Kritik der Listen" fehlte, vorläufig wenig anfangen konnte. Den Philologen hinderte dies nicht am Weiterschreiten.

Denon hatte zufällig dicht hinter die hieroglyphischen Königsschilder von Scheschonk und dessen Sohn Osorkon einen drei Seiten langen hieratischen Papyrus gesetzt. Champollion erkannte in dieser Handschrift dieselben beiden Namen, die hier von Amonspriestern[1]) getragen wurden, und hatte nun mit diesem Text, demselben, den er mit 17 Jahren für demotisch gehalten und zur Grundlage seines „ersten Schrittes" gemacht hatte[2]), ein überaus wichtiges Gleichungsmaterial gewonnen. Denn in seiner, auf Grund der synonymischen Tafel von 1821[3]) gemachten Transcription ins Hieroglyphische kam jedes Zeichen der beiden Namen ebenso und in annähernd derselben Reihenfolge heraus, wie es die Hieroglyphen der Titelvignette des Papyrus zeigten. Auch die Umsetzung der übrigen, ihm grösstenteils phonetisch erscheinenden Schrift des hieratischen Textes liess ihn erkennen, dass er auf sicherem Grunde baute mit seiner mehr als 400 Zeichen enthaltenden Liste der sich inhaltlich genau entsprechenden und nur graphisch von einander abweichenden hieroglyphischen und hieratischen

---

1) Von Champollion im Jahre 1823 für Könige gehalten 1828 richtig erkannt.

2) Siehe Kap. III, p. 108, 109

3) Mém hiératique, mit hierogl und hierat Zeichen

Lautwerte. Seine längst aufgestellten Theorien über die engen Beziehungen, im ganzen wie im einzelnen, zwischen den beiden Schriftformen wurden hierdurch ebenfalls vollauf bestätigt, und er sagt infolgedessen: „Man begreift, mit welcher Leichtigkeit ich nun die Elemente des hieratisch-phonetischen Alphabetes zusammengestellt habe."

Den nächsten Markstein aufwärts am Strom der Zeiten findet der rastlos Suchende dann in dem ihm so lieb gewordenen Namen Ramses des Grossen, seines „Sesostris", den er als Haupt der 19. Dynastie hinstellt und dessen Namen er bereits als am häufigsten in Ägypten und Nubien vorkommend erkennt, dabei aber, durch Ramses' abweichende Titel vor und nach der Thronbesteigung irregeführt, den Fehler begeht, sein Leben und Wirken auf zwei Herrscher zu verteilen[1]).

Aber auch für die Geschichte der gesamten 18. Dynastie waren ihm seine Entzifferungsergebnisse nun bereits nützlich, und schon im November 1822 hatte er eine Zusammenstellung über die lautlichen Elemente der in den Hieroglyphen wiedergefundenen altägyptischen Königsnamen, wie die Klassiker und Manetho sie darbieten, vollendet, aus der er rückhaltlos und unermüdlich Young Mitteilungen machte. Dieser jedoch liess sich vergeblich bitten, das ihm widerstrebende neue System einmal selber zu probieren, und zwar an der überaus reichen Sammlung von Bankes, die noch immer wie der Schatz im Märchen gehütet wurde vor dem einen, der allein sie damals hätte bearbeiten können, dem aber dennoch ein äusserst wertvoller Bruchteil davon vor die Augen kam: Young hatte nämlich den ihm ausgesprochenen Wunsch endlich erfüllt und Mitte November Champollion die Königsringe der Abydostafel übersandt, deren Schrift er selber für ideographisch hielt. Er hatte sie einzeln kopiert, ohne Angabe ihrer Anordnung auf dem Denkmal, und mit seinen persönlichen Bemerkungen mehr verdunkelt als erhellt. — Da ist es nun kennzeichnend für den wahren Entzifferer, dass er trotzdem des ihm gestellten Problems

---

1) Diesen Irrtum hat er noch vor seinem Tode berichtigt, was damals der Welt verborgen blieb.

innerhalb einer Woche der Hauptsache nach bereits Herr
geworden war, ebenso, dass er (am 23. November) seinem
Kollegen freimutig uber alles Bericht erstattet[1]).

Die schon bei den griechisch-romischen Herrschern gemachte und durch die erwahnten Basaltsphinxe bestatigte
Entdeckung, dass von zwei vereinigten Konigsschildern der
erste den Thronnamen (Prenom) und traditionelle Ehrentitel,
der zweite dagegen, fur gewohnlich mit der Gruppe „Sohn
der Sonne" eingefuhrt, den Eigennamen (Nom propre)
desselben Herrschers enthalt, wurde nun bei der Feststellung der Konigsnamen von Abydos sehr nutzlich. Young
dagegen hielt hartnackig daran fest, dass Doppelschilder zwei
verschiedene Herrscher, den einen als „Sohn des" andern,
darstellten, trotzdem dies zu den widersinnigsten Folgerungen
fuhren und z. B. „einem Sohn 14 Vater geben konnte" —
Wiederholt nun die dritte Reihe ausschliesslich die Thron-
und Eigennamen Ramses des Grossen, der hier den be
ruhmtesten seiner Vorfahren eine Huldigung darbringt, so
weisen die mittlere und obere Reihe nur die mehr „symbolisch"

_____

1) „ . J'ai deja essaye de reconstruire, à l'aide de vos pré-
cieuses notes et de votre syllabaire mnémonique, les divers cartouches
de l'I[n] d Abydos, en supprimant les finales us, es, que, je le présume
du moins, vous avez ajoutées dans votre lecture provisoire Mais il
m'a été impossible de me former une opinion fixe sur cet important
tableau hiéroglyphique, vu qu'une pareille reconstruction est infini-
ment hasardeuse, et que certaines syllabes n'ont point de signe
correspondant au bas de la page. J'ignore d'ailleurs si ces trois colonnes ou lignes de cartouches sont horizontales ou perpendiculaires,
si elles se trouvent ou non en relation les unes avec les autres, etc
J'ignore de plus . quels sont ceux de ces cartouches que pre-
cede immediatement le groupe (figure) "), que je persiste toujours à
traduire par Fils du Soleil et qui, dans mon opinion du moins, précede
le cartouche renfermant le nom propre du Roi regnant et non
pas celui de son père, le 1[r] cartouche d'une légende ne renfermant
que des titres ou des surnoms de règne et nullement le nom
propre du roi " Und er stellt nun fest, dass diese Reihe von Pharaonen mit „Sesostris-Ramses" endigt, von dessen Namen, sowie von
dem des Thutmes er schon hier die lautliche Lesung dem „un-
glaubigen Thomas" in London sehr anschaulich vordemonstriert.

) Im gedruckten Brief, bei Leitch, nicht ausgefullt

als lautlich gehaltenen Thronnamen der Regenten auf, und
zunächst die der 18. Dynastie Champollion suchte nun aus
den Königsringen der Description und besonders aus den
gut kopierten Listen Huyots die dazu passenden Eigennamen aus und fand in der hierdurch erzielten chronologischen
Liste eine ihm um so erfreulichere „Bestätigung von Manethos
Herrscherreihe", als er für diesen arg geschmähten, von ihm
aber stets verteidigten Autor von neuem eintreten und sich
mit vermehrtem Vertrauen auf ihn stützen konnte Denn
noch ahnte er nicht, wie schwer er hinsichtlich der Pharaonen
der 12. Dynastie durch dessen verhängnisvolle Unklarheit
an einer besonders wichtigen Stelle irregeführt war.

Die fünf, auf der Abydostafel vor „Ahmes" (Amosis) stehenden Thronnamen von zwei Usertesen und drei Amenemhēt (aus
der 12. Dynastie) waren nämlich vom Entzifferer als solche
nicht erkannt worden, da dieser nur erst den Thronnamen
des ersten, hier aber nicht verzeichneten Usertesen hatte
finden können. Auf Manetho Bezug nehmend, der fünf
diospolitanische Könige, als die 16 Dynastie bildend, dicht
vor die 18. setzt, identifizierte er nun die genannten fünf
Herrscher der 12. Dynastie mit jenen von Manetho völlig
unzureichend bezeichneten Pharaonen, so dass zwei Usertesen und drei Amenemhēt bei ihm in der 17. und der
16. Dynastie figurieren, eine Kalamität, die besonders dem
Geschichtsschreiber in Champollion noch für Jahre hinaus zum
Hemmnis wurde

Von diesem Irrtum abgesehen, war nunmehr, wenn nicht
die Geschichte Ägyptens, so doch der Phonetismus in dessen
Schriftsystem „bis zur Gründung der 18. Dynastie durch
Ahmes (Amosis)", um 1600 vor Chr. nachgewiesen Weiter
wagte sich Champollion hier einstweilen nicht vor, obwohl
er erkannte, dass die Namen der obersten Reihen teilweise
sogar bis in die entfernteste Vorzeit zurückgehen, worüber
er jedoch richtig aussagt, dass auf keinem der ihm bekannten Denkmäler Ägyptens von diesen ganz alten Herrschern beide, d. h. Thron- und Eigennamen vermerkt seien.
Dieser Umstand mahnte ihn zur Vorsicht

Noch vor Ablauf des Jahres 1822 konnte er der Akademie die Tatsache als verbürgt hinstellen, dass sich das

phonetische Element keineswegs auf die Schreibung der
Herrschernamen beschränkte, deren er nunmehr 33, Alexander
dem Grossen vorhergehende, analysiert hatte, sondern dass
es vielmehr den charakteristischen Grundzug des gesamten Schriftsystems bildete und bis in die älteste Zeit
hinaufging. Die Anwesenden waren in grösster Spannung,
denn falls wirklich, wie Young und sehr viele mit ihm an-
nahmen, die in den Namensringen lautlich verwendeten
Hieroglyphen, wie im Chinesischen, dort eine Ausnahme-
natur zeigten und überall sonst rein ideographisch
waren, dann hiess es der Hoffnung auf endgültiges Lesen
und Verstehen aller Texte so gut wie entsagen, — hatte
doch in diesem Falle eine völlig erstorbene Sprache vor-
gelegen! Behielten jedoch die erkannten lautlichen
Zeichen diesen Charakter überall, wo sie sich fanden,
dann war der Entzifferer seinem Ziele ganz nahe gerückt.

So willig nun auch Sacy, Dacier, Chézy, Delaborde
und andere sich davon überzeugten, dass das lautliche
Element „das mächtigste und gebräuchlichste Hilfsmittel des
ägyptischen Schriftsystems" ist, so blieben doch nicht wenige
der Zuhörer unbekehrt. Andere, wie z B St Martin,
beugten sich wohl vor der Macht der Wahrheit, doch nicht
ohne erneuten Groll gegen Champollion

Angesichts der sorgsam gruppierten Tatsachen, die bezeugen, dass die Ägypter schon vor der griechischen Zeit
lautlich geschrieben haben, sei nun betont, wie sich Champollion von der Vermischung der drei Schriftelemente überzeugt hatte: Es war zunächst die scharfe Prüfung der Natur
jedes einzelnen Zeichens in den Königsschildern, die ihn
unbeschadet des dort in seiner ganzen Einfachheit erscheinenden Phonetismus, zugleich auch Zeichen mit figurativer
Verwendung, d. h. mit ihrem eigentlichen Sinn, sowie
Zeichen mit symbolischer Verwendung, d. h. mit über-
tragenem Sinn, hatte finden lassen. Die Natur der ersteren
war ihm durch die „isolierten" Zeichen[1]) der Rosettana
bekannt geworden, diejenige der Symbole, auf deren Erklärung sich die hieroglyphische Wissenschaft bislang be-

---

1) Ideogramme.

schrankt hatte, durch Schlussfolgerungen sowie Vergleichungen
des verschiedensten Materials an der Hand der alten Überlieferungen — besonders des Horapollo.

Die von ihm so gut gekennzeichneten Determinative,
ihm zufolge teils figurativer, teils „symbolischer" Natur, die
er innerhalb der Namensringe bemerkte, ermächtigten ihn
nun zu zwei Schlussfolgerungen 1 Stehen hier zwischen
phonetischen Hieroglyphen unbeanstandet auch symbolisch und figurativ verwendete, — wie Göttin, Leben,
Frau usw., so wird die Vermischung der drei Elemente eine
derartige sein, dass die lautlichen Hieroglyphen ihrerseits
sich auch ausserhalb der Schilder, in der für rein ideographisch gehaltenen Masse der Texte finden dürften.
2. Da Hieroglyphen phonetisch gelesen werden konnen,
ohne dass ein bestimmtes Merkmal[1]) dies erst andeuten
muss, so sind sie viel gebräuchlicher und daher leichter
kenntlich gewesen, als man bisher geglaubt hat

Gestutzt auf seine Erfahrungen mit den durch die
griechische Inschrift kontrollierten zwei ägyptischen Texten
der Rosettana, wo ein Determinativ hinter dem Namen von
Gottern, Konigen, Privatpersonen, meistens eine Reihe lautlicher Zeichen abschliesst, schritt er nun zur Klarlegung
des phonetischen Elementes auf Grund seines Alphabetes, dessen scharfsinnige Anwendung auf alle ihm erreichbaren Mumientexte und Inschriften von Graber-
statuetten usw., durch eine Reihe ganzlich phonetisch geschriebener Namen von Privaten agyptischer und fremder
Nationalitat von verschiedenen Zeitperioden[2]), ihm schnell
weiterhalf. Denn auch hier behielten die lautlichen Hieroglyphen denselben Wert wie in der Rosettana und in den
spateren Konigsschildern, uberdies tauschten sie sich bestandig gegen anscheinend vollig gleichlautende Zeichen
aus, so dass die Homophone ihm nun formlich unter den
Handen wucherten, wobei man sich erinnere, dass die ur-

---

1) Der Namensring („Cartel oder Cartouche"), bis dahin als
solches angesehen, galt ihm bereits als Abzeichen politischer Oberhoheit des Landesherrschers

2) Planches et Expl Nr. 153—193a und 218—225

alten Silbenzeichen in den letzten sechs bis sieben Jahrhunderten der Hieroglyphik häufig an Stelle der Buchstaben
verwendet wurden, mit denen die Silben anfangen.

Champollion verdankte den in Gräbern gefundenen
Texten[1]) ausserordentlich viel, denn abgesehen vom Namen
des Verstorbenen, für den sie angefertigt, d. h. aus dem uralten Totenritual abgeschrieben waren, und von dem
seiner Angehörigen, waren auch die übrigen Inschriften
nach Anordnung und Inhalt im allgemeinen derartig übereinstimmend, dass sie nicht nur die Liste der Homophone
bestätigten und bereicherten, sondern dass ihre wechselnde
und dennoch einheitlich gehaltene Gruppierung, verglichen
mit derjenigen derselben Zeichen in den Eigennamen, die
er mit Hilfe des Koptischen nun zu lesen verstand, ihn auch
endgültig über die weit überwiegend lautliche Natur der
Texte aufklärten.

Bald waren seine verbürgten Lautwerte geklärt und
zahlreich genug, um sie und ihre mannigfaltigen Kombinationen als Grundlage zur völligen Erschliessung der
zwei bildschriftlichen Elemente zu nehmen, die ihm durch
häufige Auswechselung mit phonetischen Werten — im Text
selber, wie in ägyptischen Eigennamen — nunmehr so
deutlich erkennbar wurden, dass er im ganzen und grossen
das Problem des ägyptischen Schriftsystems als gelöst ansah. — Die gefundene Wahrheit gipfelte in der Idee, dass
dasselbe im wesentlichen aus lautlichen Elementen
bestehe, denen sich zwei bildschriftliche Elemente, trotz
ihrer völlig verschiedenen Natur so innig anpassen und verbinden, dass die Gesamtheit des gemischten Systems die
Laute und Artikulation der gesprochenen Sprache wieder-
gibt und zu jeglicher Schreibung zu gebrauchen ist. Zu
dieser Erkenntnis war also der Entzifferer durch sein hieroglyphisches Alphabet[2]) gelangt, in welchem er deshalb den

---

1) Besonders dem grossen hieroglyphischen der Description,
dem des Grafen Mountnorris und demjenigen Cailliauds.

2) „Il est en quelque sorte devenu pour moi ce qu'on a
vulgairement nommé la véritable clef du système hiéroglyphique:
c'est en effet par la connaissance des signes hiéroglyphiques phonétiques, et par celle de leurs combinaisons variées, que je suis

eigentlichen und einzigen, so lange vergeblich gesuchten „Schlüssel" zur Erschliessung der alten Sprache sieht

Champollion wendete sich nun vom Chinesischen, das ihm bis zum Brief an Dacier tatsächlich als Stütze gedient hatte, mit der — Young versagt gebliebenen — Erkenntnis ab, dass es mit dem Ägyptischen von jeher nur einige ganz allgemeine Prinzipien gemein gehabt habe, in mehreren Hauptpunkten jedoch eine sehr wesentliche Verschiedenheit zeige, so dass von einer durchgreifenden Analogie nicht die Rede sein könne

Jetzt war kein Halten mehr, denn die Fülle der Erkenntnis schien von allen Seiten zugleich auf den Entzifferer einzudringen. Über die wunderbare, nun auch im Hieratischen und Demotischen nachgewiesene Vermischung der drei Schriftelemente fand er glückliche Belege besonders in den Namen der Götter, so u. a. in Osiris, Amon, die ihm andrerseits auch die Möglichkeit ihrer dreifachen Darstellung, entweder in rein figurativer, rein symbolischer oder in lautlicher Schrift offenbarten. Überdies wies er nun bestimmt nach, dass, wie er schon im Jahre 1810 vermutet hatte gewisse Zeichen in sich selber bald lautlich, bald bildschriftlich verwendet wurden[1].

Dass bei diesem Anfangsstadium Irrtümer unterliefen, ist begreiflich, so glaubte er, dass die symbolischen Schriftzeichen vorzugsweise mit der Wiedergabe der auf Religion und Königtum bezüglichen abstrakten Vorstellungen betraut wurden, — selbst in den beiden Kursiven, die gleichwohl im übrigen das lautliche Element noch vollkommener zeigen, als die bis zum Erlöschen des ägyptischen Polytheismus gleichzeitig mit ihnen verwendeten Hieroglyphen.

Da er seit der Verlesung des Briefes an Dacier eine

---

parvenu à discerner, dans les textes sacrés égyptiens, deux autres ordres de signes d'une nature tout-à fait differente, mais susceptibles de se coordonner et de se combiner avec les caracteres de la 1e espece. D'autres moyens m'ont aussi fait constater la nature propre et presque toujours le véritable sens d'un grand nombre de signes des 2 classes purement idéographiques" Précis I, Préface p. VIII.

[1] Siehe z B Précis II, Pl et Expl Nr 247.

fieberhafte Tätigkeit entwickelt hatte und mit Riesenschritten
vorwärts geeilt war, so stand er bereits um die Jahreswende
weit über dem am 27. September vertretenen Standpunkt
und hatte die in dieser Denkschrift niedergelegte Serie von
grundlegenden Resultaten in überraschender Weise vervielfältigt. Merkwürdig genug vermochte er schon jetzt, immer
mit Hilfe des Koptischen, eine Menge grammatischer Formen
an den sich ihm täglich mehr erschliessenden ägyptischen
Worten zu erkennen und dadurch zu einer künftigen hieroglyphischen Grammatik die Fundamente zu legen

     Vor allem brach er nun, wenn auch nicht gern, mit
dem, den Brief an Dacier noch überschattenden Irrtum,
als sei das System im Grunde ein ideographisches, in
welchem das lautliche Element gleichsam neben dem bildschriftlichen hergehe als eine Art von unentbehrlicher Aus-
hilfe, denn jetzt stellt er dieses selbe lautliche Element als
die „Seele"[1]) und als das „Lebensprinzip"[2]) in der innigen
Verschmelzung der drei Grundelemente hin

     Mit der Erkenntnis des Systems war die erste Hälfte
des Entzifferungswerkes vollbracht und mit dieser historischen
Tatsache schloss das Jahr 1822 für Champollion ab Er, der
bislang wie ein Schiffer ohne Kompas sich in klippenreichen
Gewässern von Eiland zu Eiland mühsam weitergeholfen
hatte, um nicht, wie manche vor ihm, mit dem schwachen
Fahrzeug unterzugehen, stand nunmehr wie ein Seefahrer
da, der auf gut ausgerüstetem Schiff und im festen Vertrauen
auf die eigene Kraft frohen Mutes ins offene Meer hinaus-
fährt zur Erforschung unbekannter Gestade — Dieser erste
völlige Erfolg gab seinem Feuergeist die Kraft, unaufhaltsam
vorwärts zu gehen, dem zweiten Teil seiner Aufgabe entgegen, nämlich dem Lesen und Übersetzen der altägyptischen Texte.

     Stand es mit dem Entdecker gut, so drängt sich uns
die Frage auf, wie es dem Menschen erging: — blickte er
ebenso hoffnungsfroh wie jener ins Jahr 1823 hinein?

     Wir sehen ihn zunächst, wie gewöhnlich, von schweren
Existenzsorgen gequält. Schon Young hatte mit Bedauern

---

1) Introd zum Précis I, p 3
2) Précis I, p. 321.

seine „äusserst beschränkten Mittel" bemerkt, die eine halb
geplante Reise nach London unmöglich machten; doch meint
er zugleich auch, dass der Autor des Briefes an Dacier
nun „aus Dunkelheit, Armut und Vernachlässigung plötzlich
in den hellsten Sonnenschein öffentlicher und königlicher
Gunst emporsteigen werde." Wie wenig dies aber vorläufig
der Fall war, beweist ein Brief an Augustin Thevenet vom
Spätherbst 1822. Er war diesem rückhaltlos opferwilligen
Freunde beträchtlich verpflichtet und beklagt nun tief, noch
immer nicht an eine Regelung der Verhältnisse denken zu
können. Man hatte ihm den ersten freien Platz in der
Inschriften-Akademie versprochen und erst im Besitz eines
solchen, so meinte er, würde er im Verbande der Université leichter wieder angestellt werden. Sein Schmerz
über seine Stellenlosigkeit war gross: „Nicht dass ich die
Last der Dankbarkeit gegen den Freund von meinem
Herzen, das nicht schwer daran trägt, genommen zu sehen
wünschte, sondern weil mein Geist, wenn freier und un-
abhängiger, mehr noch wagen könnte, als dies inmitten der
Ungewissheit meiner Lage möglich ist!" — So fühlte sich
der schmerzlich empfindsame Gemütsmensch, nun ihn der
Genius bis zu den höchsten Höhen geistiger Spekulation
emporzuheben strebte, durch drückende Sorgen materieller
Art nur zu oft auf den Niederungen des Alltagslebens zurück-
gehalten.

„ . . . Ich habe Komplimente, mit denen man ja nicht
geizt in Paris, bis über die Türme von Notre-Dame hinaus
erhalten", schreibt er, fügt aber im selben Briefe bei: „das
Werk der Kommission kostet 7000 Franken. Man wird mir
ein Exemplar davon schenken — — . . . Aber Respekt und
Dankbarkeit . . . !"

Sehr wohltuend war es ihm gewesen, dass die Akademie
selber bei der Regierung den freien Druck aller seiner
Arbeiten beantragt hatte, aber diese freudige Hoffnung
wurde schnell gedämpft, denn halbe Massregeln und die für
1822 bereits erschöpften Unterstützungsfonds führten trotz
einer Eingabe seinerseits und der Bemühungen Figeacs und
Daciers dazu, dass nur „3000 Franken Druckkosten", und
zwar erst für das Jahr 1823, bewilligt wurden.

Inzwischen hatte das Journal des Savants im Oktoberheft (p. 620 ff) einen Artikel gebracht, der zwar nur einen Teil des im Brief an Dacier Gegebenen darbietet, der aber wegen seiner ausserordentlichen Übersichtlichkeit das Verständnis dieses letzteren erleichterte und ihm als Vorläufer diente. Mit vier Tafeln versehen, wurde dann der Brief selber am 5. November von Firmin Didot veröffentlicht, nachdem das allererste Exemplar davon, nämlich der Revisionsabzug, an den sehnsüchtig wartenden Wilhelm von Humboldt nach Berlin bereits abgesandt worden war — So blieben vorläufig nur noch die hieratische und die demotische Denkschrift zu veröffentlichen übrig, dazu aber reichten die versprochenen 3000 Franken wegen der fremden Schriftzeichen nicht aus „Und welche?" fragt François bekümmert den Bruder, „beide? Unmöglich, mit der schwachen Summe. Ich muss also optieren! Das Hieratische allein ist fertig und würde nach zehn Jahren nicht besser sein als heute. Dagegen ist es mir klar geworden, dass ich mein Demotisch nun besser entwickeln und in gründlicherer, unendlich vollkommenerer Weise umarbeiten kann"

Leider sollte Champollion zeitlebens nicht die nötige Musse zu dieser Umarbeitung finden, so dass er auch auf diesem Gebiete viele bereits von ihm gehobenen Wissensschätze unverwertet mit sich ins Grab genommen hat.

Er beschloss, das Hieratische zum Druck vorzubereiten, und wollte nur noch die Rückkehr des Bruders abwarten, der seit Anfang November in Grenoble weilte. Denn zu dieser Zeit beabsichtigte Champollion, aus den bereits sehr beträchtlichen Studienergebnissen vorläufig nur einen Abriss über jede der drei ägyptischen Schriftformen herauszugeben und erst in viel späterer Zeit den nach innen wie nach aussen vollendeten Wiederaufbau des gesamten Systems der Öffentlichkeit zu übergeben

Jacques-Josephs Fernbleiben war für François, der des unermüdlichen Helfers Beistand nun weniger als je entbehren konnte, ein wahrer Verlust. Da fehlten vor allem die ihm zwischen der Tages- und der oft beträchtlichen Nachtarbeit zum Bedürfnis gewordenen langen Abendspaziergänge, wo er mit dem Bruder in engster Intimität alles durchsprach,

was ihm Geist und Gemut bewegte. Seine Frau eignete
sich langst nicht mehr hierzu, uberdies entfremdete beide der
Umstand, dass sich des Entzifferers Leben so vollig mit der
sich taglich mehr aus ihm heraus entfaltenden jungen Wissenschaft zu verschmelzen begann

In Grenoble, wo sich die Interessen beider auf den verschiedensten Gebieten eng beruhrten, wo viele gemeinsame
Freunde sie umgaben, hatte Rosines schlichter treuer Sinn,
im Verein mit etwas poetischer, insbesondere musikalischer
Veranlagung und madchenhaft schuchterner Anmut, auf
Champollion als M e n s c h e n einen genugend starken Reiz
ausgeubt, um des Bruders kluge Forderung nach einer vor-
teilhafteren Verbindung hinfallig zu machen, — verstand es
doch der „Ägypter" zeitlebens nicht zu r e c h n e n   Auch liess
sich die Ehe wirklich sehr gut an in Grenoble, und schrieb
Rosine hier und da, falls François krank war, nach Diktat
seine Gedanken nieder, so pries er dankbar die Geschicklichkeit seines „Sekretars" und schatzte sich glucklich

Wie anders in Paris! In dieser geistubersättigten Atmo-
sphare mit dem vorwarts hastenden, ewig wechselnden Leben
war nicht Frau Rosines Platz, und je mehr sich ihres
Gatten Ideale verwirklichten, desto weniger Verstandnis fand
er dafur bei seiner Gefahrtin, der die wachsende Erkenntnis
von ihrer Unzulanglichkeit noch den Rest ihrer geistigen
Spannkraft raubte. denn ihrem Geiste wuchsen die
Schwingen nicht, die notig gewesen waren, um dem Ideengang des seinigen zu folgen, so blieb sie ratlos und mit
Bedauern in den ausgetretenen Geleisen bequemer Alltag-
lichkeit stehen, und in den zahlreichen Momenten, wo die
intuitive Intelligenz einer hochsinnigen Frau dem Manne,
mit dem sie sich seelisch eins weiss, in glucklicher Weise
zu Hilfe zu kommen vermag, fuhlte sich François allein
stehen neben Rosine.

Dennoch hiesse es beider Andenken viel zu nahe treten,
wollte man auf Unliebsameres als ein zwar keineswegs ver-
standnisinniges, aber doch wurdiges und friedliches Neben-
einanderleben schliessen, Champollions Briefen zufolge galt
ihm „F r i e d e i m H a u s e" als erste Lebensbedingung An-
dierseits jedoch war es kein Wunder wenn der alles durch-

schauende bruderliche Mentor sich mehr als je zum alter ego
von François machte, wodurch die innere Entfremdung der
beiden Gatten allerdings noch zunehmen musste

Figeacs Abwesenheit fuhrte diesesmal zu manchen Unzu-
traglichkeiten, denen sogleich mit der notigen Scharfe ent-
gegenzutieten, Champollion selber weder Lust noch Zeit
fand. So kam es, dass einige ubereifrige Freunde durch
ihre nicht erst kontiollierten Besprechungen seiner Entdeckung in der Tagespiesse ihm mehr schadeten als nutzten.
Deshalb sagt er z. B. von dem danischen Journalisten Malte
Brun, einem Redakteur des Journal des Débats, dass er den
wahren Priestein Ägyptens ebenso aig mitgespielt habe, wie
den falschen Priestern.

Sehr peinlich war ihm das ubeitriebene Lob von seiten
des Klerus, und zwar gerade solcher Manner, deren Eng-
herzigkeit in bezug auf die Wissenschaft und deien fanatisches
Eifern fur die biblische Chronologie ihm widerstrebten. Die
Herren, so klagt ei, feierten ihn wegen dei Jahitausende,
um die er den Tierkreis von Dendera entlastet hatte, „als
einen neuen Kirchenvater" und einen „wahren Glaubens-
hort" — und doch sei er es schon so uberdiussig, „in den
Geruch der Heiligkeit gekommen zu sein!" Er meinte namlich aus dieser begeisterten Parteinahme auf die engen
Grenzen schliessen zu mussen, in denen man eine Chronologie gehalten zu sehen wunschte, die er auf Grund fort-
schreitender Entdeckungen zweifellos errichten wurde. Andere,
so der Abbé Halma, fuhren fort, in ihren ephemeren Flug-
schriften uber den Tierkreis seine Ansichten daruber zu
ignorieren, wenn nicht gar zu bekämpfen.

Mit welch scharfen Waffen Figeac sich stets bemuhte,
alle gegen François geführten Stosse zu parieren, war ebenso
bekannt, wie die verhaltnismassig grosse Nachsicht seines
Bruders. Man veisteht daher, dass Jomard, der das Bedürfnis fuhlte, seinem Rivalen einmal recht grundlich seine
Meinung zu sagen, ihm einen wohl langst bereitliegenden
dicken Brief in dem Augenblick zukommen liess, als Figeac,
der gefurchtete Anwalt, seine Reise nach Grenoble angetreten
hatte Das Schreiben enthielt einen zwar maskierten, abei
doch ausserst malitiosen Angriff auf das phonetische System,

und François erklärte sich nun, weshalb von einem „Bureaukraten der Kommission" das Einsteigen der Passagiere in den nach Lyon abfahrenden Postwagen verstohlenerweise so scharf überwacht worden war!

Jomards Eifersucht kannte keine Grenzen mehr, doch äusserte sie sich meistens in empfindsamen Anspielungen und Nadelstichen, die in der Form von mehr oder weniger freundlich gehaltenen, zum Teil ausserst winzigen Briefchen ihr Ziel erreichten Auch war das damals kursierende Scherzwort, dass Jomard als Herausgeber der Description, die Ägypten erschlossen habe, unbedingt für sich selber das Monopol der Hieroglyphenentzifferung beanspruche, der Sachlage im Grunde völlig entsprechend. Daher seine verzweifelten Anstrengungen, das Ziel zu erreichen und seine Gereiztheit gegen Champollion, obwohl er lange Zeit gar nicht einmal glauben wollte, von jenem überflügelt zu sein. Mit Argusaugen überwachte er alle, die seinem Rivalen nahten und ein junger Kopte[1]), J. E. Agub, der Jomard zu Dank verpflichtet war, andrerseits aber in heisser Verehrung zum wahren Entzifferer emporsah, der ihn gern hatte, wurde aus diesem Grunde von seinem Protektor derartig mit geradezu dramatischen Eifersuchtsszenen gequalt, dass ihn Champollion allen Ernstes — aber vergeblich — bat, sich um des Friedens willen von ihm abzuwenden

Auch der schnell in Paris populär gewordene Giovanni Belzoni, „der Athlet von Padua" fand sich oft beim Entzifferer ein, den die phänomenalen Erfolge dieses Ausgrabers[2]), sowie sein glänzendes Erzahlertalent und seine Titanengestalt aufs lebhafteste interessierten. Belzoni bereitete die Aufstellung[3]) des erwähnten riesenhaften Faksimile des thebanischen Konigsgrabes vor und er suchte beim „Ägypter" Schutz gegen Jomard, der ihm überall hindernd entgegen-

---

1) Agub („Agoub"), geb. 1795 zu Kairo, kam 1801 mit seinem Vater nach Marseille und 1820 als Lehrer des Arab nach Paris

2) Geb 1778 zu Padua. Er öffnete die zweite der Pyramiden von Gizeh, fand den Eingang mehrerer Katakomben im Totental legte den grossen Felsentempel zu Abu-Simbel frei, usw

3) Boulevard des Capucines, „près les Bains Chinois"

trat. Denn zur Zeit der Expedition nach Ägypten war
dieses herrliche Denkmal pharaonischer Kunst noch nicht
entdeckt gewesen, — es fehlte daher in der Description
de l'Egypte! Hätte sie aber auch Kopien davon gebracht,
so wirkte doch die plastische Darstellung des Monumentes
in ganz anderer Weise als eine gezeichnete oder gemalte
Die sechs wirkungsvollsten der Grabkammern in Original-
grösse, mit stilvoll wiedergegebenen Skulpturen und harmonisch abgetonter Farbenpracht kamen unter dem belebenden
Einfluss einer fein berechneten Beleuchtung derartig zur
Geltung, dass Champollion bei ihrem Anblick sprachlos vor
Bewunderung dastand[1]).

Die nach Wachsabdrucken sorgsam hergestellten Gips-
quadern veranschaulichten derartig deutlich das Original,
dass er sich mit einem Schlage ins Herz der thebanischen
Kalkberge versetzt sah, wo die frische Schönheit des eben
erschlossenen Grabes den Maler Beechy einst so sehr
„fasziniert" hatte, dass er gemeint, Tizian, Giorgione und
Tintoretto hatten wohl in Agypten Kraft und Zauber der
Farbeneffekte erlernt

Mehr als zwei Jahre hatten berufene Kunstler, unter
ihnen der Florentiner Arzt Alessandro Ricci, der spaterhin
Champollion nach Agypten begleitete, an diesem grossartigen
Werk gearbeitet, das die Bruder nun nachdrucklich gegen
Jomard, der es verurteilte, ohne es gesehen zu haben, zu
verteidigen unternahmen. Belzoni rechnete vor allem auf
die Gunst des Hofes, dort aber war der Einfluss seines
Gegners uberwiegend, indessen der wahre Entziffierer („der
nie in Agypten gewesen war", was Jomard da wo es
von Nutzen sein konnte, zu betonen liebte) sich dort noch
kein Gehor zu verschaffen vermochte.

Zwar hatte der hochherzige Herzog von Doudeauville
der denkwürdigen Sitzung vom 27. September beigewohnt
und dem Monarchen in warmen Worten daruber berichtet,
und auch der bei diesem sehr beliebte Graf Forbin, General-

---

1) Es heisst, dass dieses Kunstwerk, das in mehreren grossen
Stadten damals Aufsehen erregte, gelegentlich eines Brandes zugrunde
gegangen ist

direktor der Königlichen Museen, hatte Champollions Eingabe um ein Exemplar der Description befürwortet[1]), aber
von einer besonderen Gunstbezeugung für den politisch
noch immer etwas Verdächtigen konnte vorläufig um so
weniger die Rede sein, als dieser seine erste Publikation
über die neue Entdeckung dem traditionellen Brauch entgegen nicht dem König gewidmet hatte, was unvergessen
blieb bei Hofe

Um Champollions leidvolle Lage ganz zu verstehen, sei
bemerkt, dass der Bischof von Hermopolis, der als Grossmeister bis zum Übermaass Papst und Königtum von den ihm
Unterstellten verherrlicht sehen wollte, sich nicht mit Champollion und dessen Bestrebungen versöhnen liess, weil er
das wahre Heil für das Unterrichts- und Erziehungswesen
einzig nur von den Jesuiten erwartete und von jeher ein
erbitterter und gefährlicher Gegner des für jene Zeit doch
so sehr nützlichen „Enseignement Mutuel" gewesen war,
dessen energische Hebung durch die Brüder er diesen nicht
verzieh Sogar die Verjüngung des Tierkreises, die doch
so manchen Kleriker mit dem Entdecker des hieroglyphischen
Alphabetes ausgesöhnt hatte, vermochte nicht, seine Feindseligkeit abzuschwächen.

Von berechnenden Schmeichlern bis zu den Wolken erhoben und Bossuet, „den er schlecht kopierte", gleichgestellt,
bei Hof als unerschöpflicher Panegyriker der Bourbonen mit
Ehren überladen, von unabhängigen Geistern dagegen sehr
gering geachtet und von der Menge wegen der lächerlichen
Auswüchse seiner Prunksucht mit derben Spottliedern gegeisselt, das war der Mann, der es binnen kurzem dahin
brachte, dass in der Université durch systematisch betriebene
Verdächtigungen und Angebereien neben anderen Missständen
eine so unerhörte Demoralisation einriss, dass Sacy bereits
am 1. Dezember 1822 der obersten Unterrichtsbehörde seine
Demission gab, leider gerade dann, als er, mit Champollion
versöhnt, ihm zu einer Anstellung hatte behilflich sein
können, nachdem er ihm so lange hinderlich gewesen war
Da der Abbé Nicole sein Nachfolger wurde, musste einst-

---

1) Ende Juli 1824 erhielt er die Zusage.

weilen die Hoffnung auf Wiederaufnahme in den Unterrichts-
verband für die Brüder dahinschwinden

François, viel ungünstiger gestellt als Jacques-Joseph,
sah also jeden Versuch seinerseits zur Förderung seiner
pekuniären Verlegenheiten an den noch vorhandenen Vorurteilen gegen seine Person scheitern, auch die Herausgabe
seines Briefes an Dacier hatte ihm keine Vorteile gebracht.
Mussige Bewunderung einerseits, Neid und Zweifel andrerseits, das waren, ausserlich betrachtet, die Ergebnisse, die
seine Entdeckung zunachst für ihn zur Folge hatte, — an
eine Verbesserung seiner armseligen Lage, an eine praktische
Förderung seiner wissenschaftlichen Zwecke schien niemand
zu denken.

Dennoch kommt der ihm angeborene Humor auch in
den Briefen aus dieser Zeit oft kräftig zum Ausdruck. Eine
Probe davon gibt seine Schilderung der Aufnahme des
Grossmeisters in die Académie française, wo dieser in seiner
Antrittsrede mit schwulstigen Worten Ludwig XIV und
dessen neu errichtetes Reiterstandbild (Place des Victoires)
verherrlichte, was in Champollion den alten Ingrimm gegen
das Selbstherrschertum wieder neu belebte. Lasst er sich
hier zu scharfer Ironie über das „vaterliche Regiment" der
Bourbonen und ihrer übereifrigen Lobredner hinreissen, so
klagte er doch auch zur selben Zeit über die politische Zer-
spaltung seines Vaterlandes „Für alle Parteien ist Gefahr
wie auch Hoffnung vorhanden; zum Lachen wie zum Weinen
ist die Lage für jede. Ich selber habe mir nur erst eine
feste Ansicht gebildet, die ich in den Worten zusammen-
fasse Armes Frankreich!"

Zugleich mit dem Grossmeister trat Dacier in die
Akademie ein. Während seine knapp und klar gehaltene
geistvolle Rede den einstimmigen Beifall der Presse fand,
wurden über diejenige des „Neuen Bossuet", — des „Adlers
der Kanzel" Anspielungen laut, die den Ansichten Champollions über ihn entsprachen.

War dieser während der Herrschaft des „Grossinquisitors",
wie man den Grossmeister nannte, zu passivem Warten verurteilt, so beteiligte er sich desto eifriger an den Bestrebungen
der geographischen und der asiatischen Gesellschaft,

an deren Begrundung er ja seit Herbst 1821 mitgearbeitet
hatte. Bei der Eroffnungsfeier der letzteren (am 20. Dezember
1822) war auch Louis Philipp von Orléans als Mitglied anwesend, er liess sich eingehend uber den nunmehrigen
Stand der neuen Wissenschaft von deren Begrunder berichten, bekundete volles Verstandnis fur die schwierige Entwicklung derselben und fragte schliesslich, ob denn Paris
mit seinen verhaltnismassig wenigen agyptischen Alter-
tumein ihm genugendes Forschungsmaterial stelle? Damit
legte er den Finger auf eine heimliche Wunde, denn
der Entzifferer sah damals voll Sehnsucht nach England
hin, wo fast taglich dem agyptischen Wustensande frisch
entnommene Schatze eintrafen, die zunachst in Youngs
Hande wanderten, um dann meistens in Privatsammlungen
zu verschwinden, — unverstanden und unverwertet!

Doch woher das Geld nehmen zu dieser Reise, solange
man an massgebender Stelle der neuen Entdeckung gegenuber sich kuhler Reserve befleissigte? Von diesem Tage an
erschienen die vier einigeimassen nennenswerten agyptischen
Sammlungen, die Paris damals in sich barg[1]) ihm, der jede
ihrer Nummern bereits ganz genau untersucht hatte, unge-
nugender als je zuvor Dennoch ging er sie immer wieder
durch, zuweilen in Begleitung von Freunden, um ubersehene
Einzelheiten aufzufinden oder neue Gesichtspunkte zu entdecken, denn nichts war ihm bedeutungslos, „die Sachen
schienen zu ihm zu reden und ihm selber ihre versteckteste
Eigenart zu offenbaren, da wo andere nichts oder doch nur
Unwichtiges sahen".

Es gelang ihm zuweilen, aus den verschiedenen Sammlungen, wenn auch nur in seinen Kopien, Dinge wieder zu
vereinigen, die ursprunglich zusammengehort hatten[2]), und
eine Freude war es fur ihn, mit dem Ordnen der schonen
Skarabaensammlung des Konsuls Duvant betraut zu werden

---

1) 1. Das Konigliche Antiken-Kabinet,
   2 die Sammlung Durand,
   3. „   „   des Konsuls Duvant,
   4 „   „   von Thedenat Du Vent (fils)
2) Vergl u. A Précis I, p 120 121

Er glaubte dafür einstehen zu können, dass die Skarabäen teils zu funerären Zwecken, teils aber auch wohl als Münze im öffentlichen Verkehr gedient hatten und teilte sie dementsprechend ein. Dabei verfehlte er nicht, sich Abdrücke sämtlicher Exemplare mit Inschriften zu machen, um seine eigene Sammlung, zu der er schon in seinen Studienjahren den Grund gelegt hatte, zu vervollkommnen[1]).

Etwa drei Wochen nach der erwähnten Frage Louis Philipps an ihn befand er sich frühmorgens im Auktionssaal für Kunstgegenstände, um dort vor Eintritt des Publikums noch einen der Sammlung Duvant zugehörigen Text abzuschreiben. Ein älterer Herr von hohem Wuchs und ungewöhnlich gebieterischem Aussehen erschien ebenfalls, beobachtete eine Weile stillschweigend das schnelle und stilvolle Kopieren der Hieroglyphen und sprach sich dann, sein Inkognito geflissentlich bewahrend, ebenso lebhaft wie begeistert über die ägyptischen Sammlungen Italiens aus, ganz besonders über die von Drovetti soeben an Sardinien verkaufte, die in Turin aufgestellt werden sollte. Champollion, den der Fremde natürlich sogleich in ihm erraten hatte, stellte sich diesem nun vor und in seiner grossen Erregung alle gewohnte Reserve beiseite lassend, schilderte er rückhaltlos die Vorteile, die das Durcharbeiten einer solch historisch bedeutsamen Sammlung für die Erforschung der altägyptischen Sprache bringen würde. Er beklagte zugleich in herben Worten, dass die französische Regierung, die für den Tierkreis von Dendera den damals enormen Preis von 150 000 Franken gezahlt hatte, aus übel angebrachter Sparsamkeit vor dem Ankauf der ihr lange Zeit zur Verfügung gestellten Schätze ihres Generalkonsuls zurückgewichen sei[2]) und sich dadurch eines wahren Verbrechens an der Nation („Crime de lèsenation") schuldig gemacht habe.

Erstaunt über den leidenschaftlichen Ausbruch, aber keineswegs unangenehm berührt, da er die Ansichten des Entzifferers durchaus teilte und dessen Feuereifer für die

---

1) Ein Teil dieser ausserordentlich schönen Abdrücke wird in der Familie noch aufbewahrt.

2) Dem Minister Corbière wurde vorgeworfen, zu einer Intrigue gegen Drovetti und Champollion die Hand geboten zu haben.

Weiterführung seiner Studien sehr erklärlich fand, stellte sich
der Unbekannte nun als der Herzog von Blacas d'Aulps vor
Er vertiefte sich in ein langes Gespräch mit Champollion,
der seinen bei Nennung dieses Namens jäh empfundenen
Schrecken schnell zu überwinden alle Ursache hatte, denn
diese erste Begegnung mit dem damals in Paris nichts
weniger als beliebten Aristokraten endete mit dessen fester
Zusicherung, dass er das Gedeihen der jungen Wissenschaft
unentwegt im Auge halten werde. Dies Wort im Munde des
Herzogs, der seit Jahren das grösste Interesse für die
Archäologie bekundete und im Rufe eines tätigen Förderers
der Wissenschaften und Künste stand, erweckte gegründete
Hoffnungen in Champollion.

Nach längerer Abwesenheit Ende Oktober aus Rom
zurückgekehrt, wo er eine schwierige Mission glücklich beendet hatte, war Blacas soeben erster Kammerherr[1]) des
Königs geworden, in dessen hoher Gunst er stand, ohne sie
für sich persönlich je zu missbrauchen. Bei Hofe fürchtete
man ihn, aber eben deshalb fand seine Stimme dort den ge-
wünschten Nachdruck. Da er jedoch das Haupt der
Emigrantenpartei und die festeste Stütze der päpstlichen
Interessen war, so hatte der „Atheist" und „Robespierre"
von Grenoble bislang alle Ansichten seiner Partei über den
Freund der Religion (L'ami de la Religion)", wie der Herzog
im Vatikan und am Pariser Hofe offiziell genannt wurde,
geteilt und musste sich nun gestehen, dass der von vielen
Gemiedene und nicht selten in den Blättern in empfindlichster
Weise Geschmähte[2]) sich ihm gegenüber als ein zugleich
hochherziger und weitsehender Mann gezeigt hatte. Denn
Blacas schien den wahren Grund aller gegen den „Ägypter"
gerichteten Feindseligkeiten zu erkennen und nicht das geringste Gewicht auf die schweren Verlaumdungen zu legen,
von denen er unbedingt in der Umgebung des Königs und
auch sonstwie bereits Kunde erhalten haben musste. Er traf
hinfort mit Champollion mehrfach zusammen, teils in den

---

1) Prem gentilhomme de la chambre du Roi, seit 1. Januar 1823

2) Ein Journalist bemerkt über ihn, er habe „l'air d'un gouverneur
de château fort qui croit avoir égaré ses clefs, au profit des
prisonniers qui voudraient s'enfuir", etc etc

29

ägyptischen Sammlungen, teils auch in seinem kostbaren
Privatmuseum, welches, durch Leos XII. Freigebigkeit sehr
bereichert, in der Rue de l'Université (damals Haus Nr. 42)
eingerichtet war.

Auch Figeac, der inzwischen längst zurückgekehrt war,
nahm an diesen Besprechungen teil, und da er in seiner sorgen-
den Liebe um François in praktischen Dingen viel weiter sah
als dieser, hatte er bei der ersten Kunde von der Bekanntschaft mit Blacas seinen Bruder veranlasst, den Brief an
Dacier sowohl an den König, wie auch an den Herzog zu
senden; ja, er hatte den Entwurf zu den nötigen Begleitschreiben noch von Grenoble aus — so eilig dünkte ihm
die Sache — wenige Tage vor seiner Abreise von dort
nach Paris gesandt.

Was niemand zu tun vermocht hatte, brachte Blacas in
wenigen Wochen zustande: eine günstigere Stimmung bei
Hofe, so dass er bereits Mitte Februar 1823 im Auftrage
Ludwigs XVIII. seinem Schützling eine goldene Dose mit
dem königlichen Namenszug in Brillanten, und mit entsprechender Inschrift[1]), übergeben konnte. Zugleich aber
liess der König dem „Ägypter" durch den Herzog nachdrücklichst in Erinnerung bringen, dass eine Entdeckung
von solcher Wichtigkeit unter den Schutz des Monarchen
gestellt werden müsse, „damit jede Streitigkeit mit ver-
späteten Mitbewerbern vermieden werde."

Dem politischen Gewissen Champollions konnte aus
naheliegenden Gründen dieser in so huldvoller Weise gemachte Vorwurf nur lieb sein.

Obwohl es noch nicht zu einer Audienz kam, — die
Widmung an Dacier konnte nicht rückgängig gemacht
werden, — ging doch des Herzogs Plan dahin, noch im
Laufe des Frühjahres die nötigen Gelder zu einer ausge-
dehnten, auch England umfassenden Studienreise seines
Schützlings zu beschaffen.

Wie weit aber auch die Angelegenheit Mitte März gediehen sein mochte, der Ausbruch des französisch-spanischen

---

1) „Le roi Louis XVIII à M. Champollion le jeune à l'occasion
de sa découverte de l'alphabet des hiéroglyphes."

Krieges machte diesen Hoffnungen schnell ein Ende und bekümmerte nicht nur tief den Gelehrten, sondern auch den Vaterlandsfreund in Champollion, dem der Zweck dieses Feldzuges, nämlich die blutige Wiederaufrichtung des Absolutismus in seiner unliebsamsten Form, und obendrein zugunsten Ferdinands VII., als eine Schmach für Frankreich erschien. Übrigens machte die liberale Partei nicht Ludwig XVIII., sondern neben Artois die überaus ruhige und nur allzu energische Gemahlin des Dauphins, Maria Theresias Enkelin, dafür verantwortlich.

Doch auch von England her zog ein Unwetter auf für den ahnungslosen Forscher, und seine Folgen sollten sich viel hinderlicher für eine gedeihlich ruhige Entwicklung der jungen Wissenschaft gestalten als der Krieg. Es war ein anonymer Artikel in der Nummer 55 der Quarterly Review (Februar 1823, p. 188—197), der den französischen Entziferer zu dieser Zeit in um so grosseren Zorn versetzte, als sich mit der feigen Art des Angriffs eine erheuchelte Unkenntnis des bis dahin auf dem ägyptischen Sprachgebiet Geschehenen verband. Nicht nur wurde hier behauptet, dass das hieroglyphische Alphabet für die Texte des pharaonischen Ägyptens wertlos sei, da es nur eine die Schreibung der fremden Namen und Worter bezweckende griechische Erfindung sei, sondern von den wenigen Zugestandnissen, die der Anonymus den phonetischen Hieroglyphen machte, schrieb er um der prinzipiellen Ausplünderung Champollions willen Sacy und Åkerblad Erfolge zu, die sie niemals auch nur von ferne angestrebt, geschweige denn erreicht hatten. Zwar wurden in dem sonderbaren Machwerk auch auf Young einige Steinchen geworfen, dennoch aber erweckten gewisse Wendungen im „Ägypter" sogleich den Verdacht, dass hier zum mindesten eine Inspiration von seiten seines Rivalen vorliege.

In energischen Worten forderte er daher von diesem Stellungnahme zu dem Schriftstuck und warnte ihn vor einer etwa erfolgenden Erwiderung seinerseits. Young stellte sich nun zwar ärgerlich über das Unrecht, das ihnen beiden geschehen sei, sein Biograph jedoch nennt ihn spaterhin ohne Zaudern den Verfasser jenes Artikels.

Champollion hatte sich letzthin alles Ernstes mit Young
versöhnt geglaubt, und seine Briefe an ihn, in denen er freimütig seine neuesten Resultate demonstriert, bezeugen dies.
Hier und da hatte er in bester Absicht um des andern
Meinung gebeten und überhaupt alles getan, um ein friedliches Zusammenwirken zu ermöglichen. Es hatte ein Austausch von Studienmaterial stattgefunden, und im November
1822 schrieb François an Jacques-Joseph: „Er ist ein guter,
loyaler Engländer." — Hieratische Textanfänge mit darin
enthaltenen hieratischen Ziffern (an die Young freilich nicht
glaubte), waren nach London gewandert und endlich auch
das von Raoul Rochette förmlich erkämpfte griechische Pro-
tokoll¹) zum Papyrus Casati; aber schwerer Undank wurde,
wie erwähnt, Champollion für diese Gefälligkeit zuteil.

Young hatte erst durch den gedruckten Brief an
Dacier die ganze Tragweite von seines Rivalen Leistung
ersehen und sich infolgedessen zur Gegenwehr aufgerafft.
Während also der „Ägypter" den Frieden unterzeichnet
wähnte, schliff jener ganz im Geheimen die Waffen zum
Angriff, obwohl er noch eine längere Wunschliste nach
Paris absandte. Seine in Italien weilenden Freunde Ant.
Nibby und Sir William Gell, besonders aber Bankes und
William John in London, schürten die wieder aufspringende
Flamme des Hasses durch derbe Verunglimpfungen Cham-
pollions, „der Sie", so meint Gell, „in seinem Buche
erniedrigt, indem er Sie mit Sacy und Co. gleichstellt, nach-
dem er Ihnen fast all und jedes weggenommen hat."

Fast unglaublich will es erscheinen, dass des grossen
Gelehrten sonst so klarer Geist das sich mühsam hin-
schleppende Scheinwesen seines „Systems", welches der
Wissenschaft als eine Totgeburt erscheint, aus Überzeugung (nicht wie andere aus unlauteren Gründen) gegen
Champollions mit lebensvollen Organen kräftig empor-
wachsendes Werk aufrecht zu halten versuchte.

Inzwischen hatte Letronne am 1. März 1823 seine „Re-

---

¹) Young selber äusserte sich in unverzeihlich zweideutiger
Weise über die Verzögerung der Sendung, obwohl er die Ursache
davon kannte.

cherches pour seivir a l'histoire d Egypte" herausgegeben,
die auf Grund griechischer und lateinischer Inschriften eine
seit 1817 vorbereitete Darstellung der agyptischen Geschichte
in allen ihren Erscheinungsformen liefern sollten. Dieses
wichtige Buch machte viel boses Blut, denn die Gegner des
Autors nahmen es als Beweis dafur, dass die „Philhellenen"
wirklich, wie Hammer-Purgstall behauptet hatte, sich in
enge Kreise einschliessen und fur das einzig Wahre . . . nur
das ansehen, was sie in ihren Klassikern finden," ausserhalb deren, selbst fur Agypten, kein Heil zu suchen sei

Jomard dagegen war besturzt, das neue Opus als
unerlassliche Fortsetzung und Vervollstandigung" der
Description hinnehmen zu sollen, deren „zweifelhaft gebliebene Punkte es berichtigen oder erhellen" wollte.

Champollion hiess das Buch willkommen trotz des
scharfen Seitenhiebes, den ihm der Hellenist darin erteilte,
und zwar bezuglich des kleinen Philac-Obelisken, der in der
Feststellung des hieroglyphischen Alphabetes den Ausschlag
gegeben hatte (Siehe oben, p. 404 ff). Von dem scharferen
Hieb[1] der ihm in dem auffallend schmeichlerischen Brief
versetzt wurde, mit dem der Hellenist die Recherches an
Young sandte, erfuhr der „Agypter" damals nichts. — Nun
hatte zwar Letronne sein Buch in erster Linie Young gewidmet, — doch in der darin enthaltenen Erorterung des
Alphabetes hatte er notgedrungen nur von Champollions
Ergebnissen reden konnen!

Young war wie betaubt von diesem Schlage, denn
gerade auf Letronne hatte er am festesten gebaut, auch
nahm sich das seltsame Begleitschreiben, das den Balsam
fur die geschlagene Wunde bedeuten sollte, im Grunde ge
nommen wie ein boser Scherz aus

Arago ebenfalls, obwohl ein eifriger Bewunderer des
grossen Physikers, bewahrte im Punkt der Hieroglyphen
neuerdings kuhlste Zuruckhaltung Gefallige Freunde sowie seine eigene reizbare Natur redeten Young indessen
ein, dass Sacy. Letronne, Arago u. a. nicht aus Uber-

---

1) „ . . . La liberte que j'ai mise en parlant de certain charlatan
de notre pays, monopoleur de l'Egypte, ne plait pas a tout le monde,
mais c'est la ce dent je m'inquiete peu " Leitch, p 252

zeugung, sondern „aus Furcht vor Champollion" und aus
nationaler Eitelkeit" ihm die Palme zu entreissen strebten[1]
Mit brennendem Eifer vollendete er deshalb die bereits angekundigte Verteidigung seiner Prioritatsrechte und
seines Systems uberhaupt Niemand erwartete sie ungeduldiger als Champollion, der ihm jedoch, durch den Titel
des entstehenden Buches gewarnt, am 23. Marz zuruft
„Niemals werde ich darein willigen, ein anderes Original-
alphabet als das meine anzuerkennen, insofern es sich um
ein hieroglyphisches Alphabet im eigentlichen Sinne des
Wortes handelt."

Alexander von Humboldt dagegen stählte dem Londoner
Freunde die sinkende Kraft. Ihm wurde daher der „Bericht
uber einige neue Entdeckungen in der hierogl Literatur ... einschliesslich des von Herrn Champollion
erweiterten Originalalphabetes des Verfassers"[1]) gewidmet, dessen Erscheinen, Ende Marz 1823, um so mehr
Aufsehen machte, als der Autor hier zum erstenmal mit
offenem Visier erschien Nun erst begann man auch in
weiteren Kreisen von Youngs Entzifferungsarbeiten zu
sprechen, in Paris freilich zu seinem Schaden, denn wie erwahnt, erfreute sich der Brief an Dacier dort einer durchschlagenden Popularitat, wenn allerdings auch in erster Linie
bei den Laien, da diese nicht mit dem Maassstabe verletzter
Selbstliebe an ihn herantraten.

Das hieroglyphische Alphabet galt den Parisern als eine
in ihrer Mitte erstandene Entdeckung, ein Meisterwerk,
das ihnen kein Brite rauben sollte. Wie der Tierkreis
einst, so wurde nun die Entzifferung zur Tagesfrage.
Die werdende Losung des uralten Problems reizte zu
sehr die Neugier und war viel zu uberraschend, um nicht
zu allerhand lustigem Zeitvertreib anzuregen, man bemuhte sich, „die mehrtausendjahrigen Buchstaben des
neuen Alphabetes" stilvoll nachzuzeichnen, allerlei Namen
oder gar wohl andere Worter und ganze Satze damit zusammenzustellen. So war denn die spottische Bemerkung
des Anonymus in der „Quarterly Review", dass man in

---

[1] An account of some recent discoveries etc London 1823

Paris schon Liebesbriefchen mit Champollions Alphabet
schreibe, nicht ganz aus der Luft gegriffen, nur begann man
in England diese an sich so unschuldige Tatsache, die kein
billig Denkender dem Entzifferer zur Last legte, als kennzeichnend für dessen „Oberflächlichkeit" hinzustellen, sowie
für seine „frivole Art, den eingebildeten Erfolgen" Glauben
zu verschaffen. Der böse Same ging auf, trug Frucht und
wucherte weiter, überall wo Beschränktheit, starrer Sinn und
unlautere Absicht den sorgsam gezeitigten Ergebnissen des
berufenen Forschers entgegentraten.

Mit immer grösserer Heftigkeit stiessen die entgegengesetzten Meinungen aufeinander, und unweise Freunde
schadeten Champollion ganz erheblich dadurch, dass sie
mit allzureichlichen Lorbeerspenden die Opposition um so
starker herausforderten. Ihre ungezügelte Begierde nach
neuen Resultaten und ihr hartes Drängen, dass er Youngs
Fehdehandschuh sofort aufnehmen müsse, qualten ihn ebensosehr, wie die Angriffe derer, die ihm die Kraft zu wirksamer Verteidigung absprachen. Boshafte Prophezeiungen
kreuzten sich mit übertriebenen Hoffnungen, und einige
wahrhaft weise Freunde des Entzifferers, wie Arago, Dacier,
Victor Cousin und Fourier vermochten die Sachlage nicht
so wie sie wünschten zu klären.

An den in hohem Ansehen stehenden und völlig internationalen „literarischen Abenden" des schon erwähnten
Barons de Férussac wurde mancher hitzige Streit ausgefochten
weshalb der „Ägypter" diesen Zusammenkünften meistens fern-
blieb. Von Férussac der soeben dem König die erste Nummer
des sich schnell verbreitenden Bulletin Général[1]) überreicht hatte, dazu gedrängt, fasste er etwa Anfang April
den Entschluss, so schnell wie möglich aus seinen neuesten
Ergebnissen also lange vor deren völliger Klärung,
das Geeignetste zu einem öffentlichen Protest gegen Young
zusammenzustellen

Vor allem wollte er durch eine Vergleichung der beiden

---

1) Anfangs: Bullet gén et univ des annonces et des nouvelles
scientif, spater. B univ des Sciences et de l'Industrie — Section 7e
Histoire, Antiquité, Philologie.

Lesungen ,von „Ptolemaus" und „Berenike" endgultig dartun, auf welchem der beiden Systeme die junge Wissenschaft mit Sicherheit aufgebaut werden konnte.

Noch im April lass er deshalb einen Teil seiner neuesten Abhandlungen vor der Inschriften-Akademie und stellte Wichtigeres in Aussicht. Kurz zuvor hatte er das bedeutend erweiterte hieroglyphisch-demotische Alphabet, dem nun das hieratische beigefugt war, vorgelegt und den Wert desselben durch Lesung der verschiedensten Worter nachgewiesen Eine schon im vorhergehenden Januar verlesene Arbeit uber altagyptische Konigsnamen und ihre Berichtigung durch die Thronnamen der Liste von Abydos hatte er von Tag zu Tag veroffentlichen wollen, doch enthielt ihm Bankes nicht nur die dringend dazu notige Originalkopie vor[1]), sondern auch die Erlaubnis zur Publikation. In letzterem Punkte rücksichtsvoller als Young, der durch vorschnelle und unbefugte Veroffentlichungen, z. B. uber den Papyrus Casati, in Paris Anstoss erregt hatte, legte Champollion seine Arbeit im Manuskript vor.

Auch auf den Druck der hieratischen[2]) und der demotischen Denkschrift musste er nun verzichten denn die dafur bestimmten 3000 Franken genugten kaum zur Herstellung der vielen Tafeln fur die geplante umfangreiche Apologie, deren Text allerdings kostenlos in der Koniglichen Druckerei hergestellt und Champollion zum freien Verkauf uberwiesen werden sollte.

Von einer vollig ausgereiften, alles umfassenden Arbeit, zu deren gedeihlichem Abschluss die italienische Studienreise und eine spatere Expedition nach Agypten fur unbedingt notig erachtet wurden, war also keine Rede mehr! Wie sehr aber auch dieses Vorwartshasten auf kaum gesichertem Grunde seiner innersten Natur zuwider war, so stand doch jetzt seine wissenschaftliche Ehre auf dem Spiele und durfte nicht langer mehr allen erdenklichen Schmähungen ausgesetzt werden. Was daher am 27. September nur erst

---

1) Er verbarg besonders eine Anzahl von griechischen I[ns], zu denen Champollion die entsprechenden hierogl I[ns] (von demselben Gebaude) besass und die sein System glanzend bestätigt hatten

2) Ein Teil davon 1843 im Dict hierogl veroffentlicht s. Preface

angedeutet war, das sollte nun laut ausgesprochen werden.
Da galt es zu prüfen und zu sichten, um möglichst nur
Bewiesenes zu geben, und unter dem Druck einer gewaltigen
Ideenströmung, die ihn unaufhaltsam vorwärts riss, gelang
es dem Entzifferer, in kurzer Zeit die Grundlage seines
Systems mit sicherer Hand weit über die Grenzen des Briefes
an Dacier hinaus festzulegen.

Eine Bereicherung der Sammlung Thedénat, für die
sich auch Blacas interessierte, war ihm dazu nützlich, ebenso
verschiedene inedierte Dokumente der Kommission, die ihn
Jomard nach langjährigen Bitten nun endlich benutzen liess,
um sich dankbar zu erweisen für die ihm von seiten
Champollions zuteil gewordene Förderung und Anerkennung
seiner Aufsehen erregenden Arbeit über das metrische System
der Ägypter

Inmitten dieser bewegten Tage fand am Montag,
dem 21. April 1823, die erste öffentliche Jahressitzung der
asiatischen Gesellschaft statt, zu der sich eine glänzende
und zahlreiche Versammlung eingefunden hatte.

Louis Philipp von Orléans, der Ehrenpräsident, hob in
seiner grossen Festrede die Erforschung der alten Sprachen
als hervorragendes Bildungsmittel des Menschengeistes hervor und gedachte dabei mit ehrenden Worten der neuen
Entdeckung und ihres Urhebers Diesem tat es wohl, nach
so vielen bereits erlittenen Gehässigkeiten an berufener
Stätte diese Anerkennung zu finden — Eine Freude war es
ihm ebenfalls, nach Schluss der Sitzung eine Anzahl in
Paris residierender Delphinaten sich beglückwünschend ihm
nahen zu sehen, unter ihnen Casimir Périer und dessen Bruder.
Auch Thevenet war anwesend und stand eben mit dem
Freunde etwas abseits, als der Kriegsminister, Marschall
Suchet, Herzog von Albufera, zu Champollion trat, der einst
in schwerster politischer Drangsal zu ihm nach Chambéry
geeilt war, um ihn gegen die Verbundeten (und gegen die
Bourbonen!) um Hilfe anzuflehen. Die Zeiten haben sich
geändert, sagte der Marschall halblaut, mit kräftigem
Handedruck, aber ich hoffe, dass Sie sich mit dem Wechsel
der Sachlage ausgesöhnt haben.

Sichtlich bewegt schwieg der so Angeredete dem plötzlich

Napoleons grosse Gestalt und alles, was seine Wissenschaft
ihm dankte, vors Auge zuruckgerufen wurde. Noch ehe er
eine Antwort fand, trat Chateaubriand, dessen Falkenblick
die kleine Szene richtig deutete, heran und bemerkte· Wer
vor sich die Sonne emporleuchten sieht, wird schwerlich die
entschwundene Nacht beweinen. — Immerhin, Exzellenz, stehe
ich in meiner Eigenschaft als Altagypter mit der Halfte
meines Ich stets in der Vergangenheit, erwiderte Champollion
sofort.

Sie sprechen in Hieroglyphen — Ich meine damit,
dass mein Herz, solange es in mir weiter schlagt, neben
der Sonne, die ich dankbar begrusse, auch die Gestirne der
Nacht, die mir geleuchtet haben, ein jedes in seinem
eigenen Glanze, weiter leuchten sehen wird.

Da legte sich ihm unversehens eine Hand auf die
Schulter und eine ihm bekannte Stimme sagte freundlich.
In Ihrem Seelengarten hat das seltene Blumchen Dankbarkeit starke Wurzeln geschlagen. Seien Sie stets, wie heute,
sein unerschrockener Huter!

Es war Blacas, der unbemerkt an Suchets Platz getreten war und alles mit angehort hatte. Schwerlich ahnte
der Gewaltige, vor dem sich alles beugte, dass Champollions
mutige Dankbarkeit auch ihm selber einst ein Trost im
Dunkel der Verbannung sein wurde. — Seine hochsinnigen
Worte waren geeignet alle Besorgnisse, die hier und da
seinem Schutzling noch aus gewissen, zwischen ihnen vorhandenen unuberbruckbaren Meinungsverschiedenheiten entstanden, endgultig zu beschwichtigen und ruckhaltlosem
Vertrauen Raum zu geben Auch entging es dem Entzifferer nicht, dass seit eben dieser Stunde des Herzogs warmes
Interesse fur sein Werk sich auch auf seine Person ubertragen hatte.

Der schon erwahnte Frédéric Cailliaud aus Nantes hatte
der Sitzung ebenfalls beigewohnt. Seine Ankunft war ein
glückliches Ereignis fur Champollion, der in dessen Papieren
nun zum erstenmal neben den Denkmalern Ägyptens und
Nubiens auch die von Meroe und von Ober-Äthiopien
sah, die er, wegen ihrer Ähnlichkeit mit den beiden erst-

genannten, sogleich als ausserst wichtig erkannte Caillaud
begluckte ihn aber besonders durch eine so sehr von ihm
ersehnte Kopie der Konigstafel von Abydos, welche die
vereinzelten Konigsnamen, die ihm Young aus Bankes' Kopie
ubersandt hatte, sogleich uberflussig machte Etwas spater
als Caillaud selber, der in Paris den Druck seiner Werke
uberwachen wollte, langten dessen Mumien an, unter denen
die des „Petamon, des Sohnes der Kleopatra", aus romischer
Zeit hieroglyphische Inschriften mit hieratischer und demotischer Übersetzung aufwies und somit neues Gleichungsmaterial fur die hieratisch-demotische Schriftart lieferte.
Dank der wechselnden Orthographie in wiederholt vorkommenden Wortern wurden infolgedessen nicht nur schon
bekannte phonetische Werte gesichert, sondern es konnten
ihnen neue hinzugefugt werden, auch gaben diese Inschriften
gute Auskunft uber die Natur der Vermischung des lautlichen mit dem bildschriftlichen Element. Damit war eine
nachtragliche, uberaus wertvolle Bestatigung fur das zwei
Monate fruher der Akademie vorgelegte erweiterte Alphabet des Briefes an Dacier gewonnen.

Uberdies jedoch zeigte die innere Sargmalerei einen
Tierkreis, der demjenigen von Dendera so ahnlich war, dass
die Altersbestimmung dieses letzteren durch Champollion
hier vollauf bestatigt wurde. Nachdem er im Mai und im
Juni je eine lange Abhandlung vor der Akademie verlesen
und diskutiert hatte, wurde der Druck des Werkes begonnen
Zwar sprach Sacy offentlich die Befurchtung aus, die nach-
gewiesenen Tatsachen mochten zu vorschnellen Folgerungen
verleiten, die durch nachfolgende Entdeckungen hinfallig
gemacht werden konnten — er stellte hier Letronne als
Vorbild weiser Beschrankung hin, — doch der Entzifferer
war so fest davon uberzeugt, dass kein agyptisches Denkmal
fernerhin die Fundamente seines Systems erschuttern konnte,
die in aller Eile zu legen er durch Young gezwungen
wurde, dass er unverzagt vorwarts eilte.

Er glaubte, seine Entdeckung gegen einen Pratendenten
schutzen zu mussen, aber schon rusteten sich zwei andere
zum Angriff auf dasselbe, namlich der Grieche Ritter

A. J Guhanoff[1]), für dessen Schriften über die Hieroglyphen
der Archiv- und Staatsrat Hummelauer aus Wien Champollion
zu interessieren suchte, und der Leipziger Professor der
alten Literatur, Friedrich August Spohn[2]), von dem ihm der
Hellenist Raoul Rochette zuerst sprach, da nämlich jener
wiederholt eine Kopie des Papyrus Casati von ihm erbeten
hatte. — Man versprach sich gerade damals in Leipzig und
in Berlin so viel von Spohns bereits angekündigter Arbeit
„über die ägyptische Kursivschrift", dass auch die beiden
Humboldt in freudiger Erwartung dem Werke entgegen-
sahen. Alexander versprach sogar schon, das erste
Exemplar (gleichsam als Huldigung) an Young zu senden,
„den Vater aller Entdeckungen, die man über die mysteriose
Sprache Ägyptens gemacht hat," wie er ihm am 30. Juni
1823 von Paris aus schreibt „Sie haben Bahn gebrochen
für Studien, von denen man vor 15 Jahren noch gar keine
Vorstellung hatte. Ihre Ideen garen (fermentent) in allen
Köpfen . . . ‘

Humboldt wollte mit diesen Worten an Young Champollion nicht zunahe treten. Er interessierte sich ebenso
sehr (wenn auch mit viel geringerem Verstandnis in diesem
speziellen Fall) wie sein Bruder Wilhelm für das, was der
wahre Entzifferer bis dahin geleistet hatte; er glaubte
jedoch, dass das grosse Werk vieler Mitarbeiter bedürfe,
daher er denn jede ihm dazu geeignet scheinende Kraft
willkommen hiess. So trat er auch Guhanoff näher, der
seinen Freunden, dem russischen Hofrat und Akademiker
Julius Klaproth[3]) und dem namhaften Hellenisten Karl

---

1) Er galt für einen Russen, weil er auf Rechnung des Zaren
„polyglotte Studien" in Paris trieb Ende 1821 stellte ihn Humboldt
auf Klaproths Ersuchen der Acad française vor, die ihn jedoch wenig
beachtete Er verfasste (wie Klaproth) Pamphlete jeder Art unter
wechselndem Pseudonym. „M Ausonioh à Paris est le même, que
M Gouhanoff en Russie et M. Jouhanos en Grece "

2) 1792—1824 Sein Werk über das ägyptische Schriftsystem
wurde von seinem Schuler Gustav Seyffarth fortgesetzt und herausgegeben

3) Geb 1783 zu Berlin; von 1802 bis 1812 in Russland und
Asien, späterhin in Italien; danach Professor der ostasiatischen
Sprachen in Paris, dort gest 1835

Benedikt Hase, der seit 1805 in Paris lebte, anvertraut
hatte, dass er auf Grund seines allein richtigen Verstandnisses
von der vieldeutigen Erklarung des Clemens eine durchgreifende Reform von Champollions „fehlerhaften Theorien",
wenn nicht uberhaupt eine Neuschopfung, ausarbeite. Dieser
heute vergessene Gelehrte meinte noch im Jahre 1839 „die
Zugange zum Heiligtum entdeckt zu haben " Er fand im
Sommer 1823 in Klaproth einen energischen Helfer, obwohl
dieser bis dahin in einer fur Champollion sehr unliebsamen
Weise dessen System mit Lobpreisungen uberschuttet hatte.
Der Hofrat taufte nun die wissenschaftliche Neuheit mit dem
selbst ersonnenen Namen akrologisches System und
suchte aus Lust an der Opposition, sogleich Propaganda fur
die noch gar nicht greifbar vorhandene Theorie Gulianoffs
zu machen Letztere gipfelte in der Idee, „dass eine und dieselbe Hieroglyphe gleich zutreffend alle Gegenstande bezeichnen konne, deren Name mit demselben Buchstaben wie
der durch die Hieroglyphe dargestellte Gegenstand anfange
namlich in dem Sinne, dass z. B. das Bild eines Hauses
auch Hund, Hand, Hammer usw gelesen werden konnte,
da diese Worter in der gesprochenen Sprache mit demselben Buchstaben beginnen.

Von diesen vorerst nur ganz unter der Hand mitge-
teilten „vielverheissenden Reformen" gelangte genug an
Letronnes Ohr, um ihn sogleich den Namen wie das
Wesen derselben energisch verwerfen zu lassen. — Champollion, ganz betroffen uber die neue Theorie, sah mit Erstaunen, dass sie aus derselben Wurzel aufgewachsen war,
wie sein eigenes System, und dass sie, bei nur oberflachlicher
Betrachtung, sich ebenso wie dieses zu dem Ausspruch des
Clemens uber die „ersten" Schriftelemente ($\pi\varrho\tilde{\omega}\tau\alpha$
$\sigma\tau o\iota\chi\varepsilon\tilde{\iota}\alpha$) verhielt Seiner Entdeckung eingedenk, dass jede
lautliche Hieroglyphe den Gegenstand darstellt, dessen Name
im Agyptischen mit dem Buchstaben anfangt, den sie bezeichnen soll, hatte auch er vorubergehend Lust verspurt,
des Alexandriners Worte direkt auf ein akrophonisches
Verfahren zu beziehen, das in der (nicht massgebenden)
letzten Zeit des Agyptertums voll in Anwendung gekommen
und deshalb dem Clemens zweifellos bekannt gewesen war

Die Versuchung war gross, denn mit einem Hinweis
auf ganz analoge Vorkommnisse in andern Alphabeten des
Altertums[1]) schien bei einer nur fluchtigen Prufung der
Worte πρῶτα στοιχεῖα die Echtheit seines Systems bewiesen
zu sein. Doch seine Zuruckhaltung in allen zweifelhaften
Punkten, sein redliches Bemuhen, stets nur verburgte
Wahrheit zu geben, bewahrte ihn vor einem grossen
Irrtum, indessen Guhanoff uberhaupt keine, ein Alphabet konstituierende Buchstaben darin erkennen wollte,
sondern einen so buchstablichen Sinn in die Worte legte,
dass ein willkurliches und unverstandliches, keinesfalls aber
lautliches System die Folge davon war. Im Grunde genommen, hatte dieses trotzdem als ein Versuch gelten
konnen, die Entstehung der von Champollion gefundenen
Lautwerte zu erklaren. Letzterer fuhlte, dass die Zeit hierzu
noch langst nicht gekommen war, und ging deshalb dieser
Frage, deren Beantwortung ohnehin belanglos fur seine
nachsten Ziele war, vorsichtig aus dem Wege

Bekannten gegenuber ausserte er, dass er die πρῶτα
στοιχεῖα im ganz allgemeinen Sinne als alte (anciennes,
primitives, πρῶτα), altgewohnte lautliche Schriftzeichen der
Agypter auffasse; trotzdem scheute er sich, auf seine
alleinige Autoritat hin das heiss umstrittene Wort πρῶτα
des griechischen Textes vor aller Welt als Stutzpunkt fur
seine Entdeckung hinstellen zu sollen. „Wird man es
mir glauben wollen?" fragte er sich noch Ende Juli, als
sein Precis bereits halb gedruckt war, mit Besorgnis
Die Macht der Ereignisse drangte ihn auch bald zu
einem anderen Entschluss. Klaproth, der sich unliebsam oft
bei ihm einstellte, bestand mit der ihm eigenen Hartnackigkeit
darauf, eine Kritik des akrologischen Systems von ihm zu
erhalten, doch der Entzifferer wollte vorlaufig jede Herausforderung der vor nichts zuruckschreckenden Gereiztheit
dieses Orientalisten, dem von Florenz her ein ubler Ruf vorher-
gegangen war, vermeiden. Er entschuldigte sich deshalb mit
Zeitmangel, was um so glaubhafter erschien, als er soeben

---

1) Z B im Hebraischen. Beth = das Haus, Beth zugleich auch
Name des Buchstabens B

die bevorstehende Herausgabe seines Pantheon in den
Blattern angekündigt[1]) hatte. — Eines Tages, als Klaproth
von neuem kam, unterbrach er ein Abschiedsgesprach
Thevenets mit Champollion, dem des Freundes Abreise
schmerzlich war In seinem Unwillen uber die Störung fand
er plotzlich den Mut, die von ihm geforderte Besprechung
der unhaltbaren Theorien Gulianoffs freimutig zu verweigern. Gewohnt, alles personlich aufzufassen, wurde
Klaproth nun dermassen erregt, dass er mit einem
spöttischen Seitenblick auf Thevenet ausserte, wie weise es
sei, sich mit Freunden zu umgeben, die nicht durch Aufstellung neuer Systeme den eigenen Ruhm zu gefahrden
vermöchten.

Das hiess den „Agypter" an der empfindlichsten Stelle
verwunden, und nur noch der Verteidigung des Freundes
eingedenk, an den ihn seit seinem zwolften Jahre unlösbare
Bande des Herzens fesselten, liess er sich zu Ausserungen
hinreissen, die ihm lebenslang teuer zu stehen kommen
sollten. Fur den Augenblick zog sich Klaproth geschickt
aus der Verlegenheit und er schien sogar den Auftritt so
vollig vergessen zu haben, dass er drei Wochen spater
mit schmeichlerischen Worten Champollion einige seiner
Werke zum Eintausch gegen das Pantheon anbot, dessen
erste Lieferung[2]) ihn „schon im voraus in Extase versetze",
so dass er nach erfolgter Zusage einen begeisterten Dankes-
brief schrieb[3])

Seine Verdienste um die von ihm an Ort und Stelle er-
forschten ostasiatischen Sprachen wurden in Paris, das ihm
wie Humboldt zur zweiten Heimat geworden war, gebuhrend
anerkannt. Aber man wusste zu viel von seinen zugell-
losen Ausschweifungen, kannte zu sehr seine Rachsucht, da
wo er seine eitle Selbstliebe verletzt glaubte, und wich deshalb
zuruck vor seiner mit glatter Freundlichkeit ubertunchten
Hinterlist Auch war es ein offenes Geheimnis, dass er,
unmittelbar nachdem ihn Friedrich Wilhelm III. mit Gunst-

1) Siehe den Moniteur Universel vom 21 Juni 1823.
2) Erschienen am 17 Aug 1823.
3) Briefe vom 12 u vom 13 Aug 1823

beweisen überschüttet hatte, heimlich nach Elba geeilt war, um fussfällig Napoleons Gunst zu erflehen, da sein politischer Spürsinn bereits einen bevorstehenden Wechsel in der Weltlage gewittert hatte.

Wie scharfsinnig er alles zur Erreichung seiner Zwecke heranzuziehen wusste, bewies er nun dadurch, dass er, ohne sie darum zu befragen, drei Hellenisten gegen den „Ägypter" in die Schranken führte, namlich Hase, Raoul Rochette und Letronne.

Hase, dessen nahezu unbegrenztes Wissen[1]) man unaufhörlich in Anspruch nahm, aber auch nicht selten ungestraft missbrauchte, da er dem Urteil seiner Zeitgenossen zufolge seine Würde nicht zu wahren verstand, verhehlte seine Abneigung gegen Champollion nicht. Sie datierte seit dessen Studentenjahren, weil der Jüngling unbedachtsamer Weise Hase hatte fühlen lassen, wie wenig sympatisch ihm ein Mann mit allzu geschmeidigem Rückgrat und mit je nach Bedürfnis wechselnder Meinung war. Neuerdings nun sah der Hellenist einen Konkurrenten für seine akademische Kandidatur in dem „Ägypter."

Raoul Rochette war bereits seit Monaten der Brüder Gegner, freilich aus einem eigentlich nur Figeac betreffenden Grund. Er führte nämlich mit Unrecht einige Verse gegen ihn auf Figeac zurück und wollte sich weder aufklären, noch versöhnen lassen.

Letronne seinerseits hatte zwar begonnen, das ehedem so schwer von ihm beargwohnte Entzifferungssystem seines Landsmannes ernstlicher als zuvor zu prüfen, und viele Vorurteile waren bereits geschwunden, aber seine mehr als kühle Reserve hielt an.

Klaproth verwies nun alle Zweifler an Champollions Entdeckung triumphierend auf die Haltung dieser Hellenisten gegenüber dem Entzifferer, was dessen wissenschaftlichem Ansehen sehr schadete, denn nach kurzer Zeit war die Sache in aller Munde, und selbst seine Anhänger glaubten nun, dass sein System „keinen Stützpunkt in den Aussagen der Klassiker zu finden scheine." Interessant

---

1) Er wurde allgemein „l'Encyclopedie ambulante" genannt

ist die Gegenuberstellung zweier inhaltschwerer Artikel
im Moniteur jener Tage Am 5. August erklarte Champollion (oder vielmehr liess erklaren), dass jede hieroglyphische Inschrift zum mindesten zu zwei Dritteln
lautlich zu lesen sei mit den uberall ihren Wert be-
haltenden Buchstaben seines Alphabetes das somit als der
wahre Schlussel zum gesamten agyptischen Schriftsystem angesehen werden musse (No 217, Mardi 5 Août
1823). Zwei Tage spater erschien die Besprechung von
Letronnes erwahnten· Recherches pour servir etc durch
Hase[1]). (No 219, 7 Août 1823.)

Diese bedrohlich anwachsende Bedrangnis zu einer Zeit,
wo man mit grösster Spannung dem Erscheinen des Précis
du systeme hiéroglyphique als dem Prufstein der Entzifferungsmethode entgegensah, erschreckte die Bruder um
so mehr, als gerade die Aussage des Clemens zu leidenschaftlichen Diskussionen und zu Anfeindungen Anlass
geben musste François entschloss sich daher, eine offene
Bitte an Letronne zu richten, damit ihn dieser durch seine
Autoritat moralisch unterstutzen und die fragliche Stelle des
griechischen Textes selber analysieren mochte. Dieses frei-
mutige Vorgehen hatte die gewunschte Wirkung. Denn
Letronne, obwohl passionierter Grieche und eben deshalb
seit Jahren sehr verstimmt, dass jener es wagte, Agypten
als den Urquell der europaischen Zivilisation auf den Schild
zu heben, hatte doch andrerseits eingesehen, dass Clemens
das graphische System dieses Landes in kurzen Zugen
ebenso darstellte, wie Champollion, unabhangig von ihm, es
durch die Denkmaler erkannt und entwickelt hatte. In
voller Ubereinstimmung mit ihm ubersetzte er die πρῶτα
στοιχεῖα durch Buchstaben (lettres).[2]) Aber er hatte die
kurz gefasste Analyse am Vorabend einer langen Reise gemacht, und als er, Monate spater, unmittelbar vor dem Druck

---

1) „C'est en effet par le secours des Grecs seulement qu'on peut
esperer de connaitre un jour l'ancienne Egypte' C'est au moyen de
leur langue seule qu'on pourra parvenir a comprendre celle de cette
contree" etc.

2) Siehe Précis I, p 328 bis 334

der letzten Seiten des Précis die Sache nochmals untersuchte, kam er, mit Übergehung der von Plutarch erwähnten
25 Buchstaben der Ägypter, zu dem seltsamen Schluss, dass
Clemens die 16 Buchstaben des Alphabetes gemeint habe,
das von Cadmus einst den Griechen gegeben sei — Betroffen über diese unliebsame Wendung, welche den bereits
als endgültig dastehenden ersten Ausspruch Letronnes zum
Teil wieder umstiess, unterliess es Champollion, diese, in
Form eines Nachtrages (Precis I, p 401 bis 408) gegebene
neue Anschauung mit einer noch so geringen Äusserung
zu kommentieren, so dass er persönlich gänzlich auf dem
einmal eingenommenen Standpunkt, der noch heute gilt,
stehen blieb. Als er jedoch fast zwei Jahre später eine
Broschure Gulianoffs rezensierte, benutzte er die Gelegenheit,
um vorsichtig Einspruch zu erheben. Figeac fand dies
einem Letronne gegenüber zu kühn, schwächte die Stelle
ausserordentlich ab[1]) und bewog seinen Freund A. Metral,
Mitarbeiter des Bulletin, sein A M unter den Artikel zu
setzen

Inzwischen hatte sich Champollion wieder seinem Pantheon[2]) zugewendet. Material über den ägyptischen Kultus
und besonders über die Rangordnung der Götter war ihm vielfach durch die Hände gegangen, und schon im Frühling hatte
er, soweit dies damals möglich war, die Anordnung des
ägyptischen Olympes fertiggestellt. Dass er aber schon
jetzt, und wie er mit Schmerz einsah, viel zu früh, einen
Teil der schwierigen Bearbeitung dieser verwickelten Mythologie veröffentlichte, von der ja nur erst einzelne Punkte
ohne inneren Zusammenhang zu erkennen waren, sollte
ebenfalls eine Antwort auf den Angriff von seiten Youngs
und auf den des Anonymus sein, der den französischen
Entzifferer vollends als eine Null hingestellt hatte — Man

---

1) »   On doit laisser à M Letronne lui-même le soin de dé-
fendre et d'établir, s'il est besoin, l'exactitude rigoureuse du sens qu'il
a jugé à propos d'adopter . . .“ B. Fer. V. No. 229. Marz 1826 Champ,
damals in Italien, sah mit Verwunderung die Umwandlung, die er
selber nachtraglich gut hiess

2) Panthéon Egyptien. Collect des personnages mythologiques
d'après les monuments Paris 1823, Firm. Didot

erkennt hieraus die zweifache schwere Schädigung die Champollion durch Young's Herausforderung erlitt.

Dubois, dessen künstlerische Leistungen grossen Beifall fanden, stellte die kolorierten Illustrationen zum Pantheon her, von denen je sechs auf jedes monatlich herauszugebende Subskriptionsheft mit je 12 Seiten Text kommen sollten. — Dieses trotz seiner Überhastung und seiner Irrtümer ebenfalls grundlegende Werk, von dem ein Luxusexemplar für den König hergestellt[1]) wurde, musste nicht nur auf des Autors Rechnung gedruckt werden, sondern der Hof und die Ministerien liessen sich auch nur auf sehr wenige Subskriptionen ein. Dennoch wurden die Kosten bald gedeckt.

Champollion arbeitete mit grosser Freude an diesem Pantheon, und „die in den koptischen Homilien, z. B. in denen des Schenuti, so trefflich erhaltenen alten Gotternamen" bestätigen ihm nicht nur in überraschender Weise die bereits gefundenen Lautwerte, sondern sie hielten auch den Vergleich mit den Formen der griechisch-römischen Überlieferungen gut aus.

Inzwischen wurden in England unfreundliche Stimmen laut über die verfrühte Herausgabe des Pantheon, bevor dieses noch erschienen war. Champollion führte sie nicht mit Unrecht auf Bankes und Young zurück und schrieb diesem letzteren bei Übersendung der ersten Lieferung[2]), dass er in dieser „Rekognoszierung" im „bislang unentwirrbar gewesenen Labyrinth des ägyptischen Olymps" nur eine vorläufige Übersicht geben wolle. Zugleich kündigte er seinem Rivalen an, dass auch er nun vor dem Forum der Öffentlichkeit die Prüfung der beiden Systeme vornehmen werde. „. . . Ich hatte gewünscht", schreibt er, „diese Eigentumserörterungen vermeiden zu können, da das Publikum, das vor allem nach Aufklärung verlangt, ohne sich darüber zu beunruhigen, von wem sie ihm kommt, ihnen so wenig Wichtigkeit beimisst!"

Er erwähnt hier das kostbare Beweismaterial, das ihm Caillauds Mumie geliefert hatte, und das machte anscheinend

---

1) „Sur grand papier velin, fond de Papyrus."
2) Am 21. August 1823

so tiefen Eindruck auf Young, dass er sich am 13. September 1823 entschloss, nicht länger mehr Hieroglyphen zu entziffern, und zwar aus Gründen, deren letzter lautet „Weil Champollion so viel tut, dass ihm nichts von Wichtigkeit mehr entgehen wird. Ich sehe aus [diesen Gründen] meine ägyptischen Studien nun als beendigt an." Er schreibt dies an Sir Gell, welcher ihm zwar kurz vorher noch versichert hatte, sein „Ägypten" sei die eigentliche Entdeckung, indessen der Rest dem Aufstellen vom Ei des Kolumbus gleiche, — der sich trotzdem aber so sehr für Champollions Ideen zu erwärmen begann, dass es dem Freunde ein Stich durchs Herz war und er sich grollend dagegen auflehnte Es mochte dies ein Grund mehr für ihn sein, den verlorenen Posten aufzugeben, — allerdings nur für kurze Zeit, denn sein unlängst zuvor gemachter merkwürdiger Ausspruch „Angesichts dessen, was ich getan, galt mir bei weitem am wichtigsten, was ich nicht getan!" schien plötzlich eine andere Deutung für ihn anzunehmen und ihn zu erneutem Handeln anzuspornen.

Seltsamerweise schien ihm, der Åkerblad gegenüber so kühn auf seinem Eigentumsrecht beharrt hatte, hinsichtlich Champollions die Einsicht versagt zu sein, dass zwei Menschen unabhängig voneinander dieselbe Idee kommen kann, die wiederum, sobald sie auf Wahrheit beruht, bis zu einem gewissen Punkt logischerweise dieselbe Entwicklung nehmen mag Er betrachtete sich also fortgesetzt als das Opfer eines schweren Vergehens und verbitterte sich den Rest seines Lebens mit diesem nicht auszurottenden Irrtum.

Champollions Apologie erfuhr indessen ausserordentliche Verzögerungen, denn der spanische Verfassungskrieg hatte unliebsame Dimensionen angenommen, eine ungeheure Bewegung im öffentlichen Leben hervorgerufen, das sich nur noch um diese Achse zu drehen schien, und den Bourbonenkult zu vorher nie erreichter Blüte gebracht. Wollten sich einerseits 40 weissgekleidete, bekränzte Jünglinge vor Angoulèmes Wagen spannen, so galt andrerseits der Ruf. Es lebe die Verfassung! nach wie vor als aufrührerisch und das Wort von Josse Beauvoir: „Die Verfassung ist eine

Leiter, die man zerbricht, wenn man sie erstiegen hat!" be-
wahrheitete sich.

Neben umständlichen Hof- und Kriegsnachrichten füllte
der Kampf der Parteien die Blätter aus und er wurde durch
den Tod des liberalen Isèredeputierten Savoie-Rollin wieder
derartig zum Brande angeschürt, dass fanatische Hetzblätter
einen wahren Feldzug gegen die Delphinaten eröffneten,
wobei mancher scharfe Hieb auch die Brüder traf, besonders aber François. Dieser tat sich förmlich Gewalt an,
um ruhig zu bleiben, und seine aufrichtige Dankbarkeit gegen
den Monarchen, dessen Person an sich ihm ehrwürdig erschien, unterstützte ihn dabei. Liess er doch auch keinen
Augenblick den Umstand ausser acht, dass zur Zeit von
des Königs Wohlwollen die Existenz der jungen Wissenschaft abhing, die nicht nur von vielen Feinden bedroht,
sondern die auch durch ihres Begründers gänzliche Mittellosigkeit an ihrer Entfaltung verhindert wurde.

Augenblicklich war jedoch höheren Ortes von den
Hieroglyphen überhaupt keine Rede. Schon im Juli hatte
der Entzifferer geklagt, dass der „spanische Kreuzzug" ein
Hemmnis für die wissenschaftlichen Bestrebungen sei, und
dass er selber, da er im Lande der Intriguen und der
Intriganten lebe, mit irgendwelchem vakant werdenden
Posten hingehalten werde. „Dennoch ist die Zukunft für
mich" tröstet er sich und die Seinen: „ich werde die Früchte
meiner Arbeit ernten. Die Gegenwart allein verursacht mir
einige Unruhe. Aber mit Mut und weiser Mässigung hoffe
ich die Zeit der Entbehrungen zu überstehen und mein
Lebensschifflein endlich dahin zu lenken, wo alle, die mich
lieb haben, es sehen möchten."

Allein die Ungunst der Verhältnisse hielt an, — so dass
durch Sorgen und Entbehrungen seine körperlichen Leiden
derartig verschärft wurden — von den Folgen der geistigen
Überanstrengung gar nicht zu reden — dass er zur Anfertigung der Tafeln für den Precis mehr Wochen nötig
hatte, als er in normalem Zustande Tage dazu gebraucht
hatte. Nach ihrer Beendigung begann er die bessere Anordnung seines hieroglyphischen Wörterbuches, das bis
dahin nur in folgendem bestanden hatte.

Alles, was sich auf eine Hieroglyphe bezog, hatte er
auf einzelne Zettel verzeichnet — von denen er stets zu
diesem Zwecke bei sich trug — und späterhin auf grossen
Tafeln zusammengestellt. Danach war er mit den ihm bekannt gewordenen Gruppen in derselben Weise verfahren —
Jetzt, nach erfolgter Klarstellung des Systems, begann er die
endgültige Abfassung des Werkes, und zwar so, dass auf
sehr grossen, in Kolumnen geteilten Blättern je eine als
Überschrift stehende Hieroglyphe sich

1. in ihrer ursprünglichen, sowie in der schematisch
   abgekürzten (hiéroglyphe linéaire) und in der hieratischen Form zeigt. — Es folgt dann
2. ihr Name, bezw. der Name des von ihr dargestellten
   Gegenstandes,
3. ihr Sinn oder ihr lautlicher Wert,
4. ihre Verwendung in der Zusammensetzung der Wort-
   gruppen,
5. eine Sammlung von Beispielen.

Da dieser Zusammenstellung immer die Detailarbeit auf
einzelnen Zetteln voranging, so hatte er stets ein doppeltes
Manuskript für sein „Wörterbuch" zur Hand.

Seine vielfachen wissenschaftlichen Interessen vermochten
nicht, ihn dem Familienleben zu entfremden, und als sich
seine Schwägerin in Vif zu dieser Zeit beklagte, dass er sie
über seine Studien vergessen habe, erwiderte er „Ich
bin ebenso hartnäckig im Lieben wie im Hassen, und
beides nimmt nur mit den Jahren zu ... Die Regungen
des Herzens — und sie schätze ich am höchsten in dieser
elenden Welt, — vermochten sich durch nichts in mir
abzuschwächen"[1]). Wie fürsorglich er auch jetzt noch an
der geistigen Entwicklung seiner Neffen zu arbeiten begehrte,
nötigte selbst Jomard ein Wort der Bewunderung ab, denn
dieser beobachtete ihn, als er während seines abendlichen
Erholungsganges dem ihn begleitenden Ali „einige neue
Gesichtspunkte über die Kreuzzüge" folgerecht entwickelte —

---

1) Er führte Thevenet einmal alle Grenobler Freunde mit vollem
Namen und alphabetisch geordnet an, damit sie sahen, dass er niemand
vergessen habe.

Überdies bat er den Bruder, der Ende Oktober mit Frau
Rosine nach Grenoble gereist war, auch Jules mit nach Paris
zu bringen, damit Ali mehr Anregung beim Lernen habe, —
und doch musste für ihn selber eine vermehrte Beeinträchtigung
der ihm so nötigen Ruhe daraus erwachsen.

Darum wurde auch seine Bitte nicht erfüllt. In den drei
Monaten, die er nun mit seinem Neffen allein blieb, erwies
sich dieser nicht nur als ein sehr liebevoller Gesellschafter,
sondern er diente gelegentlich auch als Sekretär, da der
Briefwechsel Champollions mit ausländischen Gelehrten letzthin stark angewachsen war.

In Wien wurden seine Interessen durch Hammer-Purg-
stall, den Staatsrat Hummelauer, den Grosskanzler Grafen von
Saurau und durch Steinbüchel, den Direktor des Kaiserlichen
Museums, mit Wärme vertreten. Letzterer liess ganz ungebeten Kopien seiner Skarabäen zum Geschenk für ihn
schneiden. In Berlin waren es W. v. Humboldt und dessen
Freunde in der Akademie, — in Petersburg Alexis d'Olénine,
in Kopenhagen der für den Orient begeisterte Bischof
Münter, in Amsterdam der ausgezeichnete Archäologe
Reuvens, in England eine Anzahl weitsehender Geistlicher,
unter denen ihn besonders der Reverend D. J. Smith „eines
Tages in London begrüssen zu dürfen" hoffte. In Italien
endlich, wo man ihm wie erwähnt worden, seit lange aufrichtig zugetan war, wuchs die Zahl seiner Korrespondenten
fast täglich.

Unerschöpflich im Zusenden war Artaud in Lyon, denn
er kannte seines Freundes Grundsatz: „Nichts ist zu ver-
achten! Selbst ganz Geringes (une drogue) ist oft der
Träger einer historischen Tatsache von höchster Wichtigkeit."
So schickte er ihm für die Illustrationen des Pantheon
Zeichnungen von Götterfiguren zum Vergleichen, darunter
eine Hathor mit Kuhkopf, „die mit Unrecht Venus genannt
wird," bemerkt er dazu, „aber das Talent dessen, der selbst
aus dem hässlichsten Gegenstand einen angenehmen zu
machen versteht, wird das alles dennoch schön erscheinen
lassen." Für die vierte Lieferung des Pantheon wurde
auch die Zeichnung einer „Lotos- und Efeu-Girlande"
verwendet, die Champollion an einer Mumie des Lyoner

Museums bewundert hatte, wie ihm aus derselben Quelle auch Material für seine „ägyptische Numismatik" zufloss zu welcher Hammer-Purgstall die Abdrucke der mehr als 1700 Skarabaen der Graf Palinschen Sammlung übersandte, von denen sich jedoch nicht einmal 300 als benutzbar erwiesen.

Andere hielten ihm fortgesetzt das Widerspiel Der Architekt Gau z B. eifersüchtig auf Champollions enge Beziehungen zu Huyot, verweigerte ihm die Durchsicht seiner Mappen, die jedoch Letronne, nun ein starker Helfer, ihm zu „entreissen" unternahm

Ende November waren die letzten Tafeln zum Précis in die Druckerei gesandt worden, so dass die Brüder hofften, dass das Werk, aller Hemmnisse ungeachtet, noch während Blacas' Dienst beim König diesem letzteren, der die Audienz bereits bewilligt hatte, persönlich von seinem Autor übergeben werden könnte Doch Anfang Dezember erkrankte der Herzog, überdies fand dann der prunkvolle Einzug des Dauphins an der Spitze der siegreichen Armee statt und gab das Signal zu einer langen Reihe von nationalen wie von Hoffestlichkeiten Inmitten dieser allgemeinen fieberhaften Aufregung traten Ägypten und der „Ägypter" wieder einmal zurück, und des letzteren Besorgnisse mehrten sich, als er erfuhr, dass, entgegen aller Vereinbarungen mit Blacas, der Hof in dessen Abwesenheit seine Meinung geändert habe, und nur ein Exemplar des Précis. und zwar eins der billigsten Sorte, nehmen werde Dieser Umstand zeigte deutlich, wie nötig des Herzogs Einfluss gegenüber der feindlichen Gegenströmung war

„Wer schreibt das Vorwort?" fragt er den noch im Dauphiné weilenden Bruder, „falls eins nötig ist, dann Du . . Ich wusste nichts zu setzen." Und der beabsichtigten, ihm aber noch immer widerstehenden Widmung eingedenk „Es wäre pikant, an einem Schritt verhindert zu werden, der nicht völlig unsern Ansichten entspricht, den aber tausend Gründe zu fordern scheinen."

Neue Wolken zogen herauf Der Herzog sei völlig in Ungnade gefallen, hiess es Zugleich wurde es Champollion klar dass gewisse Neubestimmungen für die innere

Organisation der Inschriften-Akademie, welche die öffentliche
Meinung für ungesetzlich erklärte und scharf zu kritisieren
begann, auch seine und seines Bruders Interessen schädigen
könnten: er ging so weit, mit Arago und andern zu
glauben, dass dieses neue Reglement[1], von dem es hiess,
dass es von Jomard, den beiden Quatremère, Rochette,
St. Martin und Rémusat dem Minister Corbière inspiriert
worden sei, in erster Linie bezwecke, verschiedenen nicht
ultra-royalistisch gesinnten oder sonstwie unbequem erscheinenden Gelehrten die Pforten des Institut de France
für absehbare Zeiten zu verschliessen.

Völlig entmutigt, erbittert und ernstlich leidend verliess
er Paris am andern Morgen, um bei dem Freunde in Gretz
wenn möglich eine Linderung seiner mannigfachen Kümmernisse zu finden und dort bis zur Rückkehr des Bruders zu
verweilen. Doch kaum zwölf Tage später sehen wir ihn
trotz vermehrten Übelbefindens wieder auf dem Posten, um
mit dem Herzog, der keineswegs in Ungnade gefallen war,
sondern mit gewohnter Energie wieder seines Amtes beim
König wartete, die ominöse Widmung sowie ein anderes,
ungleich wichtigeres Projekt zu besprechen: die nun alles
Ernstes aufs Programm gesetzte italienische Reise.

Figeac hatte inzwischen das gewünschte Vorwort zum
Précis übersandt, das mit dem zwölf Seiten haltenden, von
François selber verfassten Entwurf zu einem Ganzen ver-
schmolzen wurde. Didot wünschte sofort den Verkaufs-
kontrakt bezüglich des Werkes abzuschliessen, und Dacier
harrte so ungeduldig der Rückkehr Jacques-Josephs, dass
François genötigt war, auf Kosten seiner Gesundheit und
seiner Arbeiten denselben soviel wie möglich bei jenem zu
vertreten. Es war die Ungunst der Verhältnisse, die den
sehnlich Erwarteten in Grenoble zurückhielt, und ganz besonders das täglich erwartete Hinscheiden von Champollions
Schwiegervater, den Frau Rosine seit Monaten unermüdlich
pflegte, obwohl sie von neuem die schwersten Ungerechtigkeiten zu erdulden hatte, gegen welche ihr Lieblingsbruder
Hugues sie nicht zu schützen vermochte. In den bevor-

[1] Siehe Anhang I. 14.

stehenden Erbschaftskonflikten gedachte nun Figeac seiner
Schwägerin Beistand zu leisten, doch scheint es, dass trotzdem Frau Rosine, die niemals die ihr zugesicherte Mitgift
erhalten hatte, auch jetzt[1] nicht zu ihrem Recht kam

Als Figeac Ende Januar endlich nach Paris zurückkehrte,
— ohne Rosine, die noch in Grenoble zurückblieb, — konnte
er soeben noch dem sterbenden Langlès Lebewohl sagen[2])
und ihm, im Verein mit François selber, für die vielen,
diesem in letzter Zeit erwiesenen Freundlichkeiten danken,
die in schöner Weise die Erinnerung an die oft erwähnte
bittere Gereiztheit auslöschten, die den Lehrer einst dem
Schüler und die den langjährigen Akademiker dem aufstrebenden Gelehrten entfremdet hatte. So bedeutete dieser
Todesfall einen persönlichen Verlust für Champollion
und dies um so mehr, als nunmehr an die Spitze der
Ecole speciale Hase trat, welcher fortfuhr, unter der
Hand die neue Entdeckung und ihren Urheber herab-
zusetzen. dabei aber mindestens keine Freundschaft für
diesen heuchelte, wie es in auffallender Weise Klaproth tat,
der berechnend der Stunde harrte, wo er ihn am empfindlichsten treffen konnte.

Alexander von Humboldt, durch die Maske getäuscht,
arbeitete seinem Landsmann, ohne es zu ahnen, in die
Hände, indem er es liebte, mit ihm und Hase das Pariser
und das Londoner System miteinander zu vergleichen,
wobei dem ersteren meistens Unrecht geschah.

Die Brüder Humboldt hatten sich von Spohn wieder
abgewendet; da jedoch dessen kurzatmige aber heftige
Opposition gegen Champollion in Berliner Gelehrtenkreisen
einigen Widerhall gefunden hatte, und da auch Youngs
Theorien dort erörtert wurden, so verlas Wilhelm, dem der
grosse Physiker als agyptischer Forscher niemals übertriebene Hoffnungen erregt hatte, Ende Februar 1824 seine
Apologie des Briefes an Dacier vor der Berliner
Akademie der Wissenschaften. „Sie ist nicht für den Druck
bestimmt", schreibt er an Alexander, „sondern soll nur

---

1) Der Fabrikant Blanc starb am 14 Jan 1824
2) Gestorben am 28 Jan 1824

Champollions Arbeiten besser würdigen lehren, als dies hier
bislang geschehen ist infolge der leeren Erklärungen
Spohns, dessen System mir völlig unbekannt ist[1], dessen
Briefe mir aber bis zum äussersten missfallen."

Diese den beiden Champollion übersandte Denkschrift
erkennt im allgemeinen die Richtigkeit des Entzifferungssystems an, obwohl es etwas künstlich aufgebaut und selbst
gefährlich sei. Der Autor meint u. a., es wäre nicht
historisch bewiesen, dass die Ägypter sich für jeden
Buchstaben ihrer Hieroglyphenschrift der Darstellung von
Gegenständen bedienten, deren Namen in der gesprochenen
Sprache mit demselben Laut begann. Überdies nehme
Champollion die gezeichneten Gegenstände bald im wirklichen, bald im übertragenen Sinne, bald wieder als
Gattungsbegriff. — Der Entzifferer wird damit für etwas
verantwortlich gemacht, was eben eine Eigentümlichkeit des
altägyptischen Schriftsystems ist; der geniale deutsche Sprach-
forscher sah dies bald ein.

Andere Ungewissheiten, z. B. wie sich Champollion erlauben könne, schon über das hohe Alter der lautlichen
Schrift abzuurteilen, da er doch nur erst griechische
Namen erkläre usw., wurden hinfällig durch die Lektüre des
Précis, der, seltsam genug, dem Verteidiger am selben
Tage zuging, an dem er seine Abhandlung über das
System lesen wollte. Denn dass dasselbe durch die ge-
rügten kleinen Mängel, „die wohl gar in notorischen Unvoll-
kommenheiten der ägyptischen Sprache ihren Ursprung
hatten," nicht in seinen sicheren Grundlagen erschüttert
werden könne, hob er nachdrücklich hervor.

Der Inhalt des Précis musste der Akademie als
solcher vorläufig strengstens vorenthalten werden; dagegen war es W. v. Humboldt gestattet, ihn im Freundeskreise zu erörtern, und dankbar für diese ganz ausnahmsweise Begünstigung schreibt er: „ . . . Ich bin gerührt durch
das edle Verfahren Champollions, dessen Werk mir extremes
Vergnügen gemacht hat. Es ist bewundernswert und eine

---

1) Spohns Arbeit war noch unvollendet und wurde erst nach
seinem Tode von seinem Schüler Seyffarth beendet und veröffentlicht.

der merkwürdigsten Entdeckungen unserer Zeit Ich bitte
Dich, ihm meine lebhafte Dankbarkeit zu bezeugen . .·"
Zugleich übersandte er Abdrucke von Skarabäen aus der
Berliner Sammlung Minutoli und stellte den ganzen Rest in
Aussicht, sowie Kopien einiger hieratischer Papyri aus dem
Besitze Spohns.

Während somit schon Ende Februar 1824 der Precis
in Berlin, und zwar bei den erlesensten Geistern dort, ver-
diente Würdigung fand sollte er in Paris, obwohl seit
Mitte Januar zur Ausgabe bereitliegend, doch noch manche
Woche in der königlichen Druckerei schlummern. Denn die
persönliche Überreichung an den Monarchen musste wegen
Festlichkeiten und endloser Deputationen aus allen Teilen
Frankreichs immer wieder verschoben werden[1], da Blacas
die wichtige Audienz in aller Ruhe ausgenutzt sehen wollte
So wurde denn zugleich ' auch der Plan zur italienischen
Reise entworfen und in allen Punkten geregelt, denn der
Herzog wollte ihn im Beisein seines Schutzlings dem König
vorlegen und dessen Unterstützung erbitten Da jedoch die
Genehmigung dieser Bitte etwas zweifelhaft erschien, so
stärkte der grossmütige Macen schon im voraus die wankend
gewordene Zuversicht Champollions, dessen harte Geduld-
proben ihm zu Herzen gingen, durch das feste Versprechen,
im Notfall die gesamten Kosten des Unternehmens selber
tragen zu wollen

Indessen Figeac unermüdlich Berichte und Notizen aller
Art an die verschiedenen Behörden schrieb und Erkundigungen
bei seinen vielen italienischen Freunden einzog, vertiefte sich
François während der ersten Monate des Jahres 1824 mit
Aufgebot all seiner Geisteskraft in das Durcharbeiten einer
Anzahl Papyri in den drei Schriftformen, die er in einer
von ihm selber ersonnenen Weise entrollte, auf Karton
klebte und dann einbinden liess Welcher Art auch ein
Text sein mochte, des Entzifferers scharfes Auge liess nun
nicht mehr davon ab, ehe nicht der Inhalt klar erkannt
und mehr oder weniger übersetzt war.

---

1) Der Abbé Halma dagegen hatte am Tage des Siegesfestes dem
König seine neusten Broschuren — über den Tierkreis überreichen dürfen

Dass dies schon damals und einzig auf Grund der von ihm selber gewonnenen Resultate geschehen konnte, ist das Erstaunlichste an seiner Geistestat und unterscheidet ihn von allen anderen Entzifferern. Dennoch aber ist dieser Vorgang weniger divinatorisch, als der ihm vorangegangene der Erkenntnis des Schriftsystems überhaupt, weil dieses so gänzlich ausserhalb der graphischen Systeme anderer Völker steht — Da dem „Ägypter‘ das Übersetzen der älteren Texte am wenigsten verziehen und geradezu als Fälschung und Betrug ausgelegt wurde, so mag dieser Vorgang hier kurz erläutert werden, um ihn in seiner ganzen Glaubhaftigkeit erscheinen zu lassen.

Wie schon gesagt, hatte Champollion in Texten aus allen Perioden das lautliche Element als stark überwiegend erkannt. Nachdem er nach bestem Vermögen die lautlichen Zeichen aus der Masse der Hieroglyphen ausgelöst und die figurativen (oder Wort-)Zeichen ebenfalls zusammengestellt hatte, glaubte er, dass die zutreffende Deutung der „symbolischen“ Hieroglyphen die am schwersten zu bewältigende Aufgabe sein würde, da sie mit Vorliebe zur Darstellung von religiosen und sozialen Ideen, sowie von Sitten und Gebrauchen verwandt worden waren, die in den Rahmen der unseren nicht mehr hineinpassen und unserem Verstandnis zum Teil sehr fern stehen. Aber durch die spateren Texte auch hier irre gemacht, fallt der Entzifferer immer wieder in griechische Vorstellungen zurück und sieht vieles zu tief an. Denn in Wahrheit, d h in den Zeiten des gesunden Ägyptertums, ist (mit Ausnahme sehr weniger, ausgesprochen mystischer Texte) nichts in der hieroglyphischen Schrift, was sich nicht in nuchterner Weise erfassen liesse. Nicht durch die Schreibung kommen dort symbolische Begriffe über Religion usw. zum Ausdruck, sondern erst in der durch jene dargestellten Sprache.

Obwohl er begreiflicherweise oft in Verlegenheit kam durch die sinnlose und sehr komplizierte Überhaufung der Texte aus griechisch-romischer Zeit mit Symbolen in seinem Sinne d. h. (zum Teil sogar neu erfundenen) Ideogrammen (Wortzeichen) und Determinativen (Deutzeichen), so musste

er dennoch aus Mangel an guten alten Texten auf diejenigen
der spaten Zeit zuruckgreifen   .

Zur Umschreibung bediente er sich am liebsten der
koptischen Tochtersprache, da er durch zahllose Gleichungen,
sein bewahrtestes Mittel zur Wiederauffindung der alten
Sprachgesetze, die den altagyptischen entsprechenden
koptischen Konsonanten hatte feststellen konnen.
Dank seinem Alphabet und den zahlreichen bewahiten
Homophonen festigte er angesichts der Laute vieler kopti-
schei Worter taglich mehr die ihm sehr wichtige Uberzeugung, dass die Hieroglyphen in Wahrheit die Worter der
gesprochenen Sprache wiedergegeben hatten Da wurden
ihm denn seine, seit dieizehn Jahren weitergefuhiten Listen der
vielen von ihm in koptischen Texten gefundenen altagyptischen Worter ausserst nutzlich und ebenso alles, was
er aus derselben Quelle uber die Grammatik, die Sprach-
eigenheiten und den Geist der alten Sprache geschopft und
sich in Fleisch und Blut hatte ubergehen lassen.

Selbstverstandlich trat das Griechische, so unentbehrlich
wichtig es auch anfangs in bilinguer Form zui Erschliessung
des Schriftsystems gewesen, weit hinter das Koptische zuruck, nun es galt, die alte Sprache selbei wieder lebendig
zu machen, sie zu lesen und zu verstehen[1] Auch hierzu
wurde die grosse Menge der Totenbuchtexte zu einer wahren
Fundgiube fur den Entzifferer, da sie vielfach dieselben Texte
in verschiedener Orthographie enthalten, so dass durch die
Varianten manches neue Lautzeichen erschlossen wurde.

Dasselbe war bei den hieratischen Totenbuchtexten
der Fall, deien Vergleichung untereinander und mit denen
in Hieroglyphenschiift den weiteren Ausbau des Hieratischen
machtig forderten. Auch die Inschriften der Stelen, sowie
der gesamten Graber- und Mumienausstattungen erwiesen
sich als sehr hilfreich fur die vollige Eischliessung beider
Schriftformen, da Champollion sie ebenfalls tiotz bedeutender
— und deshalb lehrreicher — orthographischei Abweichungen
der grossen Hauptsache nach auf eine Anzahl althet-
gebrachter Formeln zuruckzufuhren vermochte.

Bildliche Darstellungen, wie z B Opferszenen mit
erklarenden Hieroglyphengruppen, luden vor allem zum

Lesen und Ubersetzen ein, wobei man sich den Gang des
Verfahrens etwa so zu denken hat   Betrachtete er z. B. die
Darstellung eines Konigs, der dem Gott Kruge reicht, so
sah er daruber immer eine Hieroglyphengruppe, die er nach
seinem Alphabet erp lesen musste, und tatsachlich heisst
noch im Koptischen êrp Wein¹ Und dieses Wort fand er
dann in anderen Inschriften haufig wieder, zum Teil ebenfalls
mit Gefassen (⟨ Gefass ⟩), zum Teil mit dem Weinstock de-
terminiert (⟨ Weinstock ⟩), und das koptische Wort ΗΡΠ (êrp),
Wein bestatigte trotz der durch die moderne Vokalisation
geschaffenen Verschiedenheit diese Lesung hinreichend, um
alle Zweifel fallen zu lassen.

Nachdem er so die Bedeutung und Lesung einer Reihe
von Wortern mit Sicherheit erkannt und ihre Liste durch
diejenigen bereichert hatte, die ihm durch die griechisch-
agyptischen Bilinguen bereits gelaufig waren ermutigte ihn
der Besitz dieses kostbaren Wortschatzes zu dem Versuch,
es nun auch mit unbekannten Texten, d. h. solchen, die
weder mehrsprachig, noch mit bildlichen Szenen versehen
oder durch den erwahnten stereotypen Inhalt gekennzeichnet
waren

Aus der Masse der Zeichen suchte er dann zunachst
die Deutzeichen („determinatifs") heraus, um sich in etwas
zu orientieren uber das, was die Gruppen der lautlichen
Werte, sowie die etwaigen Wortzeichen zum Ausdruck
bringen wurden. Sein schnelles und sicheres Erkennen
dieser Determinative, seine Gewandtheit in der Anwendung
seines Alphabetes nebst der Homophone, seine Beherrschung
der koptischen Grammatik und besonders seine ganz beispiel-
lose Gabe, in den Geist dieser Sprache einzudringen,
trugen nun ungeahnt reiche Frucht   Auch sagte er selber·
„ . . Die hieroglyphischen Texte enthalten eine unermessliche Menge von lautlich geschriebenen agyptischen
Wortern, und ihre Lesung vermittels meines Alphabetes
fuhrt uns fortwahrend auf Worter zuruck, die wir in den
koptischen Texten mit absolut gleichem Werte vorfinden,
ich sage absolut gleich, weil der Sinn der phonetischen

Gruppe in den hieroglyphischen Texten sehr oft durch das Bild selber des Gegenstandes dargestellt wird, dessen Namen die lautlichen Zeichen ausdrucken," wofür besonders die zweite Auflage des Précis viele Belege gibt. Hier steht u. a. schon rn = ran, Name, als Deutzeichen für den Namensring[1]) der Herrscher vermerkt.

Der Zusammenhang, in welchem ein Wort im Satze vorkam, sowie das schon in der Knabenzeit bei seinen autodidaktischen Studien des Hebraischen und Arabischen instinktiv eingeschlagene Verfahren, beim Entziffern eines Satzes zuerst die Hauptworter zu sichern und allmahlg die sich auf sie beziehenden anderen Worter zu erschliessen und zu gruppieren, half ihm ebenfalls. So rationell nun auch diese Hilfsmittel an sich erscheinen, so bedurfte es doch der organisierenden Kraft eines Champollion, um sie in kurzer Zeit in solch erschopfender Weise zu kombinieren und dank der Vereinigung des schaffenden Genius mit dem strenge sichtenden kritischen Geist auf antiker Grundlage eine dauernde Neuschopfung naturgemass und einheitlich aus ihnen hervorwachsen zu lassen.

Dass der in hohem Grade Champollion innewohnenden divinatorischen Kraft bei diesem Anlass unwillkurlich manche Zugestandnisse gemacht wurden, lag in der Natur der Entzifferungsvorgange, bei denen ihr, anfangs notgedrungen, ziemlich haufig die Rolle zufiel, die spaterhin ausschliesslich von der Kritik ubernommen wurde. — Seine Neider freilich und auch gewisse ebenso kurzsichtige und pedantische, wie uberhebend strenge Methodiker seiner Zeit schalten vermessen und strafwurdig, was uns heute am bewundernswertesten unter seinen Leistungen erscheint.

Am scharfsten zieh man ihn der Willkur bei seiner Aufstellung der Polyphone (viellautige, also Buchstaben mit wechselndem Lautwert), auf deren Rechnung er allerdings manche Ungewissheit setzte, die aber damals unmoglich schon besser erkannt werden konnten und deren Erkennen

---

[1]) Er suchte vergeblich den von diesem nachgebildeten Gegenstand zu erkennen, erst dicht vor seinem Ende schien er daruber im Klaren zu sein.

uberhaupt eine ausserordentlich geniale Tat war Ihre zu
jener Zeit verhohnte Existenz, die wohl jeden andern wie
Champollion selber an der Richtigkeit seiner Theorien vollig
hatte verzweifeln lassen, ist nicht nur von der Ägyptologie
anerkannt worden, sondern sie kann auch auf Grund des erst
in jungerer Zeit zuganglich gewordenen Materials erklart
werden

Aus endlosen Zergliederungen und Vergleichungen die
Wahrheit gleichsam zu abstrahieren, das war das Geheimnis
von des „Ägypters" Kraft, und der Analytiker in ihm war
recht eigentlich der Entzifferer. Das Feuer der Begeisterung, von der er aus tiefster Überzeugung heraus
bekennt „Sie allein ist das wahre Leben!" tauschte
ihn auch bei diesen anstrengenden Übungen momentan
immer wieder uber die korperliche Ermudung hinweg,
denn einmal in ihrem Banne stehend, beachtete er auch
fernerhin zu wenig den Punkt, wo normal veranlagte
Menschen, durch physische Erschopfung gewarnt, mit ihren
geistigen Spekulationen innehalten. Deshalb geschah es
dann und wann, dass, wie am 14 September 1822, nach
Augenblicken der starksten Geisteskonzentration, die Natur
ganz plotzlich gewaltsam ihre Rechte geltend machte, so dass
man ihn dann bewusstlos inmitten seiner Papiere fand Aber
stets mit Bangen die Moglichkeit eines zu fruhen Todes ins
Auge fassend, eilte er ruhelos auf der betretenen Bahn
weiter, — der Gefahr nicht achtend, sobald der Wille zur
Arbeit ihm die schwachen Korperkrafte wieder gestahlt zu
haben schien.

Schon am 15. Februar 1824 hatte er sich so sehr in
den Geist der alten Sprache hineingelebt, dass er seinem
Freunde Costa in Turin schreiben durfte. „Alle meine
Ergebnisse stutzen sich auf die Denkmaler . und nicht
eines mehr bleibt stumm fur mich, vorausgesetzt, dass es
seine religiosen Symbole oder irgend welche agyptischen
Inschriften tragt . . . Ich erwartete die Sammlung Drovetti
in Paris, — [statt dessen muss ich sie in Italien aufsuchen]."

Da die dauernde Erschopfung der koniglichen Kassen
die Bewilligung der Reisegelder noch immer ungewiss liess,
so fragte Champollion, der von des Herzogs Opferwilligkeit

nur im hochsten Notfall Gebrauch machen wollte, im erwahnten Briefe bei Costa an, ob dessen Regierung sich nicht
zur Anfertigung eines wissenschaftlichen Kataloges der Drovettiana[1]) entschliessen konne, in welchem Fall er gern auf
einige Monate nach Turin gehen und ihn in gebuhrender
Weise anfertigen wolle Nur die Erstattung der Reise- und
Aufenthaltskosten beanspruchte er dafur, meinte aber, mit
dem Verkauf der auf eigene Rechnung herauszugebenden
Broschure, „die sicherlich allenthalben begehrt werden
wurde," einen bescheidenen Gewinn fur seine Mühen zu
erzielen. Er bittet dann um Costas Vermittlung, damit ihm
„dies Vergnugen" zuteil werde.

Wahrend er im Geiste bereits mitten in der Turiner
Sammlung weilte, deren Verlust fur Paris Blacas ebensosehr wie ihn mit dauernder Erbitterung erfullte, veranlasste
Drovetti seinen langjahrigen Freund Artaud in Lyon, den
„Ägypter" dringend zu einer Studienreise nach Ägypten
anzuspornen, wo er ihm jegliche Hilfe leisten wolle. Freilich
sei an eine offizielle Einladung durch Mehemed Ali nicht
zu denken, da dieser „gewisse Vorurteile" berucksichtigen
musse, die in der offentlichen Meinung, sowie in der
privaten einiger einflussreicher und unentbehrlicher Leute
immer noch bestanden

Der franzosische Generalkonsul[2]) war ein ebenso be-
rechnender wie kluger Mann, der uberall und immer in erster
Linie an den Vorteil seiner Borse dachte. Fast taglich
wurden auf seine Rechnung dem agyptischen Boden reiche

---

1) Im Hinblick auf bekannte Wortbildungen ahnlicher Art, wie
Vaticana, Rosettana usw wird der Einfachheit wegen die Sammlung
Drovettis hier mit Drovettiana bezeichnet werden

2) Bernardo Drovetti, geboren zu Livorno 1775, Reisender und
Archaologe, nahm teil an der agyptischen Expedition und erregte das
Wohlgefallen Bonapartes, der ihn zum Oberstleutnant und bald danach
zum franzosischen Gen -Konsul in Agypten ernannte. Er wurde spaterhin eine Hauptstutze fur Mehemed Alis Regenerationswerk, aber 1829
aus Agypten abgerufen, was sein Ehrgeiz nicht uberwinden konnte
Starb i. J 1852 in einem Irrenhause unweit Turin   Hier halten seine
Buste und eine Inschrift in den Salen, die seine Sammlungen enthalten,
sein Andenken lebendig

Schatze entnommen, eine zweite Sammlung war im Entstehen,
und des Entzifferers Anwesenheit in Ägypten unter Drovettis
Agide musste diesem überaus nutzlich werden Er hoffte
vergeblich, denn fur Champollion war der Zeitpunkt zu
einer agyptischen Expedition noch nicht gekommen; fur ihn
fuhrte der Weg nach Memphis und Theben uber Turin, wo
sich vorlaufig all seine Zukunftsplane konzentrieten.

Am 29. Marz endlich, konnte Blacas ihn dem König zufuhren, der huldvoll den Précis entgegennahm und sich
mit dessen Autor in ein langeres Gespräch einliess, ohne
dass jedoch von Italien in der gewunschten Weise die Rede
gewesen ware. Denn Blacas wusste, dass inzwischen, auf
das blosse Gerucht hin von der geplanten Studienreise, feindselige Gegenvorstellungen schriftlich wie mundlich an den
Monarchen gelangt waren, der infolgedessen nochmals Erkundigungen uber das Vorleben des „Grenobler Jakobiners"
einziehen liess.

Schon am 5. April jedoch ubergab dieser dem Herzog
einen von diesem selber inspirierten Brief, dem der Bericht
an Ludwig XVIII. sowie alle notigen Notizen[1]) beilagen
Blacas legte dies alles sofort dem Konig vor, 24 Stunden
spater nachdem dieser Champollions ehemaligen Gegnern,
dem Grafen Monthvault und dem Baron d'Haussez, die
auf ein konigliches Machtwort von Caen und von Grenoble
herbeigeeilt waren, Audienz erteilt hatte. Was immer auch
darin verhandelt wurde — Blacas war der Mann, bei
Ludwig XVIII. seinen Willen durchzusetzen, und nachdem
er die wahre Natur der Angebereien aus Paris wie aus der
Provinz klargelegt hatte, wurden die notigen Mittel tatsachlich sogleich aus der Zivilliste angewiesen.

Mit dieser freudigen Botschaft teilte der Herzog seinem
Schutzling zugleich noch mit, dass er ihn nach Beendigung
der Turiner Mission in Neapel als seinen Gast zu begrüssen
wunsche, da ihm der dortige Gesandtenposten in Aussicht
stehe. Denn, des Parteienhaders und der Hofintriguen mude,
wunschte Blacas seine Ausgrabungen in Nola wieder aufzunehmen ein Grund mehr zur Eile fur Champollion, dem

---

1) Die Entwurfe zu diesen Eingaben sind von Fizeat geschrieben.

sehr daran lag, nicht spater als sein machtiger Beschützer
Paris zu verlassen. Aber der Winter war so schwer in den
Alpen gewesen, dass in den ersten Wochen an eine Fahrt
uber den Mont-Cenis nicht zu denken war; auch wunschten
die Bruder noch vor ihrer Trennung zu erfahren, welchen
Eindruck der Précis machen wurde, der ja notwendig neue
Kampfe herausfordern musste.

Nachdem Mitte April der Verkauf des Werkes endlich
freigegeben war, beeilte sich dessen Autor, seinen Forderern
durch Übersendung des Buches seine Dankbarkeit zu bezeugen. Neben dem Grossiegelbewahrer stand auf der
langen Liste auch der Herzog von Orléans, der seit Jahresfrist viele Freundlichkeiten für ihn gehabt hatte, und in
welchem er den geistig freien, weitsehenden Mann verehrte.
Louis Philipp dankte ihm in einem Handschreiben, worin er
auch mitteilte, dass die Herzogin einen warmen Empfehlungsbrief an ihre Schwester, die Konigin von Sardinien, fur ihn
bereit halten werde, den er den Majestaten in Turin eigen-
handig ubergeben moge.

Champollion sprach dem herzoglichen Paar fur diese
unerbetene Auszeichnung personlich seinen Dank aus. Tat
es ihm doch wohl, zu bemerken, dass es weder seinen
politischen, noch literarischen Gegnern je gelungen war,
Louis Philipp selbst nur vorubergehend an der freundlichen
Beurteilung seiner Person sowohl wie seiner Arbeiten irre zu
machen. Wie anders bei Hofe, wo es stets Blacas' eisernen
Willens und seines rucksichtslos strengen Vorgehens bedurfte,
um die uberall aufspringenden Verdachtigungen momentan
wirkungslos zu machen.

In einigen Gelehrtenkreisen dagegen war ein grund-
satzliches Ignorieren der neuen Studien bereits zum System
geworden. Es wurde daher in verschiedenen Blattern mit
soviel Kuhnheit versichert, das Werk der Kommission, die
Berichte der Klassiker und der modernen Reisenden seien
genugend, um das antike Ägypten und seine Bevolkerung
unter allen Gesichtspunkten kennen zu lernen, dass
Champollion schon am 14. Marz 1824 in seiner Besprechung
von Caillauds Werk uber dessen Reise nach Meroe diesen
Pratensionen, zu denen seinerzeit auch einige zu scharf

aufgefasste Seiten in der erwähnten Broschüre Letronnes
viel beigetragen hatten, eine verdiente Rüge erteilte[1]). Sie
richtete sich u. a. auch gegen Jomard und Hase[2]), besonders
aber gegen St. Martin, der mit vielem Gepränge eine
„Geschichte des alten Ägyptens" ankündigte, die von unparteiisch Denkenden angesichts der nunmehrigen Sachlage
zum mindesten als verfrüht angesehen wurde. Deshalb
machte sich der grosse Astronom und Mathematiker Laplace
anheischig, „Beweise gegen St. Martins Weisheit" zu geben,
und Malte Brun nahm sich vor, die beim Journal des Débats
über den „Armenier" einlaufenden Lobeserhebungen in
seiner Eigenschaft als Redakteur des Blattes auf das
gebührende Maass zurückzuführen.

Im oben erwähnten Artikel sagt Champollion: „Die
nationale Geschichte Ägyptens, d. h. diejenige des unter den
Pharaonen (oder Königen ägyptischer Rasse) durch seine
eigenen Gesetze regierten Landes, wird allein erst durch
die zahllosen hieroglyphischen Inschriften bekannt werden,
die alle Teile der Denkmäler des ersten Stils bedecken.
Und schon hat das auf diese heiligen Texte angewandte
Alphabet der phonetischen Hieroglyphen zu wichtigen
Resultaten geführt . . ."

Weder Freund noch Feind, am wenigsten aber ein
St. Martin, konnte diesen kühnen Ausspruch mit Gleichmut
vernehmen. Die arge Verzögerung in der Herausgabe des
Précis hatte ohnehin die Gemüter erhitzt, denn während der
Brief an Dacier, wenige Eingeweihte ausgenommen, die
Welt gleichsam überraschte, war inzwischen das Interesse
am Fortgang des Entzifferungswerkes ein ganz allgemeines
geworden, das alle Schichten des Volkes durchdrang. So
war die Sache zur nationalen Frage geworden, für die
man aus patriotischen Gründen den Sieg ersehnte, ohne
dabei an Champollion selber viel zu denken. Anders die
Mehrzahl der Gelehrten, die unwillkürlich für oder gegen
die Person des Entdeckers ebensowohl Partei nahmen, indem
die ihm freundlich Gesinnten nunmehr wahre Wunderdinge

1) Siehe den Monit. Univ. dieses Datums.
2) Vergl. dessen Artikel vom 7. Aug. 1823 im Monit. Univ.

von der völligen Entfaltung seines Genies erwarteten,
während seine Gegner und zahllosen Neider mit Schaden-
freude des Augenblickes harrten, wo sie gerade die genialsten
Sätze des Werkes als Ausgeburt einer zügellosen Phantasie
und frivoler Ruhmsucht, wenn nicht gar als groben Betrug
zu geisseln vermochten. Die Verdächtigung, das über-
hastete Buch werde überhaupt nicht erscheinen, da der
„Gaskogner" sich schliesslich doch wohl scheuen möchte,
seine Hirngespinste der öffentlichen Kritik preiszugeben,
erwies sich beim endlichen Erscheinen des Buches bereits
als unliebsam verbreitet, weshalb Figeac der für seines
Bruders seit lange überreizte Kopfnerven das Schlimmste
fürchtete, beizeiten Thevenet aus Grenoble gebeten hatte,
dem Freunde zur Seite zu stehen in diesen aufregenden
Tagen.

Dies geschah, und während der ältere Champollion im
Namen des wegen Kränklichkeit Entschuldigten, mit dessen
Ideengang er nunmehr sehr vertraut war, zahllose Besucher
empfing, hitzige Debatten ausfocht, eine Menge einlaufender
Sendungen erledigte und in aller Stille für die Reisevorbereitungen Sorge trug, durfte François ziemlich unbehelligt in seinem Studierzimmer weilen und den Vorarbeiten
zu den nachstfolgenden Pantheonlieferungen, sowie den gewohnten Leseübungen obliegen. Hierbei transcribierte er
immer noch die Hieroglyphen in koptische Buchstaben. Das
hatte damals seine grossen Vorteile, da es handgreiflich die
Übereinstimmung der gewonnenen Lesungen mit dem Koptischen zeigte. Heute hat man dies Verfahren verlassen und
benutzt zur Umschreibung lateinische Buchstaben, die durch
Punkte, Striche usw. differenziert sind

Einen Versuch nach dieser Richtung hin hatte, wie erwähnt, bereits Volney gemacht (siehe p 53, 87, 88), der
25 Jahre lang an der Vereinfachung[1]) der orientalischen

---

1) Einzelheiten über Volneys „Alphabet harmonique" finden sich
in der 2 Edit. der Description, Tome 18e, IIIe Partie, p 35 ff
Das Kriegsminist liess dies Alphabet für den Atlas géographique de
l'Eg verwenden; die Kommission sah aus mehreren Gründen von der
Verwendung ab Auch existierten die neuen Typen noch nicht in den
Druckereien

Sprachen gearbeitet und sogar schon die Abfassung einer universellen Grammatik vorbereitet hatte. Champollion, der gleich ihm in der schwierigen Erlernung aller morgenländischen Idiome „ein Hindernis für den intimeren Verkehr der Völker" sah, hatte, im Gegensatz zu Sacy und Langlès, diese Bestrebungen von jeher zu fördern gesucht. Wohl deshalb wurde er zu eben dieser Zeit um die Herausgabe von Volneys nachgelassenem Werke „Vues nouvelles sur l'enseignement des langues orientales" ersucht. Doch Figeac widersetzte sich energisch diesem Ansinnen, und François, der vielleicht gar nichts davon erfuhr, blieb unbehelligt „inmitten seiner Hieroglyphen."

Thevenet, der es wie niemand sonst verstand, ihn vom Arbeitstisch wegzubringen, sorgte dafür, dass durch völlige Ablenkung von dem einen seine Existenz ausfüllenden Gedanken dem rastlosen Hirn immer wieder die nötige Ruhe verschafft wurde. Blieb François durch des Bruders weise Fürsorge somit vor schwerer Krankheit bewahrt, so bestand er gleichwohl darauf, dass ihm keine der Schmähschriften vorenthalten wurde, die der Précis herausforderte, denn er meinte, etwas aus ihnen lernen zu können.

Ein anonymes Pamphlet derbster Art[1]) wies ihm nach, dass ein guter Entzifferer des Auswärtigen Amtes, „der mit den von Young erkannten Buchstaben" und mit der Weisung versehen gewesen, dass er in den Namensringen der ägyptischen Denkmäler die von den Klassikern gegebenen Namen der Herrscher zu finden habe, zum selben Ergebnis wie er gelangt sein würde, ohne dafür gewaltsam (à cor et à cri) einen Platz in der Inschriften-Akademie zu verlangen. Ferner, dass nur er selber und „alle, welche die Sache nicht beurteilen könnten," von einer völligen Erschliessung der hieroglyphischen Texte überzeugt seien. Eine Spezialbearbeitung dieses Punktes stellte der Anonymus, anscheinend Klaproth, in Aussicht.

Von anderer Seite hiess es, dass die ägyptischen Hieroglyphen, ebenso wie die Keilschrift, das Ergebnis einer „trivialen Vermummung" phönizisch-samaritanischer Buch-

---

[1]) Aperçu de la découverte de l'alphabet hiéroglyphique.

staben seien, die man unter gewissen, ihrer Form am
leichtesten anzupassenden Bildern von materiellen Gegenstanden vervielfaltigt habe, zugleich wurde gesagt, dass es
jedenfalls dem Genie eines St. Martin vorbehalten sei, „die
falschen Hieroglyphen" auf ihre Urform zuruckzufuhren, so
dass die eigentliche Entdeckung auf diesem Gebiet erst ihm
zu danken sein werde

Diese geschickt uberall verbreiteten Mystifikationen, die
sich spaterhin zu einem schwunghaften Antrag an St. Martin[1])
verdichteten, die erlosende Tat nun ausfuhren zu wollen,
hatten „Theodor Ausonioh" (Guhanoff)[2]) zum Verfasser,
der die wunderlichsten Probleme schuf, um sie mit Hypothesen
zu losen, und der zu dieser Zeit den Zaren mit den sonder-
barsten Forschungsresultaten erfreute. Klaproth, der im
Grunde genommen seinen Spott mit ihm trieb, inspirierte ihn
da wo es ihm passte, ihn als Werkzeug zu gebrauchen, und
traf haufig in der Bibliothek des Instituts mit ihm zusammen,
denn hier war Guhanoffs eigentliches Arbeitsfeld und seiner
unbequemen Wissbegier entging niemand und nichts Er
war Champollion anfangs mit harmloser Freundlichkeit
entgegengekommen, nachdem ihm aber sein damonischer
Mentor eingeredet, dass jener sein gefahrlichster Konkurrent
sei, hatte er begonnen, sich an den endlosen, heute in Vergessenheit geratenen Gehassigkeiten zu beteiligen, die den
„Ägypter" zum Zielpunkt nahmen

Der Entzifferer ertrug sein wissenschaftliches Martyrium
nicht so leicht, wie er sich den Anschein gab Kaum jemals
angreifend, aber gegebenenfalls scharfste Notwehr ubend, so
stand er auch nun zur weiteren Verteidigung seiner Entdeckung
bereit: England gab ihm vorlaufig keine Gelegenheit dazu,
obwohl dort die Erregtheit uber die Kuhnheit seines Protestes
gross war. „Musste aber nicht die erste grossere Kund-

---

1) St Martin, der von Grotefend beschuldigt war, sich als
uberkuhner Plagiarius auf dessen Schultern erheben und als Keil-
schriftentzifferer proklamieren zu wollen, wird hier von seinem
„blindglaubigsten Verehrer" als ein „Wundermann" auf diesem Gebiet
gepriesen.

2) Die Buchstaben in „Ausonioh" entsprechen denen in „Jouhanos",
Vorname Guhanoffs.

gebung einer Wissenschaft, die mit Bergen von Irrtümern und Vorurteilen abrechnen wollte, die Farben einer lebhaften Polemik tragen?" betonte Champollion mit Recht.

Auf Young schien der Précis lähmend einzuwirken, mindestens blieb er stumm. Und doch war die gesamte darin entfaltete Apologie des Systems im Grunde an ihn gerichtet, da die Darstellung von seinem Irrtum und diejenige von der nun vorliegenden besseren Erkenntnis ihren Inhalt bildeten.

Er dagegen erkannte fortgesetzt phonetische Hieroglyphen nur in der ägyptischen Transcription griechisch-römischer Namen, suchte die Verwendung von Champollions Alphabet in national-ägyptischen Wörtern im Keim zu ersticken und hatte noch im Herbst 1823 in väterlichem Ton versucht, seinen „Koadjutor" auf den rechten Weg zurückzuführen, immer von dem Gedanken beherrscht, dass ihm doch das Recht zustehe, die Entwicklung der Saat, die er gestreut zu haben meinte, zu überwachen.

Nun aber machte ihm Champollion klar, dass den beiden Systemen trotz einiger leichter Berührungspunkte ein völlig verschiedenes Verfahren zugrunde liegt, und dass sie ganz unabhängig voneinander sind. Er gibt zu, dass Young zuerst einige zutreffende Ansichten über die altägyptischen Schriften, sowie einige Unterscheidungspunkte hinsichtlich der allgemeinen Natur derselben veröffentlicht habe, indem er durch materielle Textvergleichung den Wert mehrerer hieroglyphischer Gruppen bestimmte. Dass er ferner zuerst etwas über die Möglichkeit der Existenz einiger Lautzeichen publiziert[1]) habe, deren sich die Ägypter zur Schreibung fremder Namen bedienten, und dass er endlich zuerst, aber ohne vollen Erfolg, den Hieroglyphen der Namen Ptolemäus und Berenike phonetische Werte beizulegen versucht habe. — Dagegen fordert er von Youngs Wahrheitsliebe, dass er zugebe, vor dem 27. September 1822

    1. keine einzige begründete Idee weder über die Existenz, noch über die allgemeine Natur der phonetisch-hieroglyphischen Schrift, noch

---

1) Man erinnere sich, dass die genialen Äusserungen Champollions über diesen Punkt bis z. J. 1810 zurückgehen.

2 irgendwelche Beweise für die Richtigkeit des alphabetischen, ein- oder zweisilbigen Wertes gegeben
   zu haben, den er elf von den dreizehn Zeichen der
   beiden Namen beilegte. Dass er überdies
3 durch die ihm selber höchst zweifelhaft erscheinenden
   elf phonetischen Werte die lautliche Natur keines
   einzigen andern Namens auch nur mit einigem Rechte
   zu vermuten, geschweige denn festzustellen vermochte,
   so dass er z B. in der lange in seinen Handen
   gewesenen Inschrift des Obelisken von Philae den
   Namen Kleopatra nicht erkannt habe.
4. Dass er ferner, bis zur Veröffentlichung des Précis,
   keinerlei Gewissheit weder über den inneren Bau,
   noch über das hieroglyphische System als Ganzes
   gegeben habe, sowie nichts über dessen verschiedene Schriftelemente, ihren Gang, ihre Zusammensetzung, und ebenfalls nichts darüber, wie die
   Gruppen der Hieroglyphen, deren Wert er erkannt
   zu haben glaubte, die Ideen zum Ausdruck bringen,
   deren Träger sie ihm zufolge sein sollen[1]).

Hiernach führt Champollion aus, dass trotz Youngs
„wichtiger Vorarbeiten"[2]) alles noch zu tun übrig bleibe,
um eine richtige Idee vom hieroglyphischen System zu erlangen, und er unternimmt nun, gegen seines Rivalen Ansicht
darzutun

1. dass sein hieroglyphisches Alphabet sich auf die
   Königsnamen aller ägyptischen Herrscher erstrecke;
2. dass die Entdeckung dieses phonetischen Alphabetes
   der eigentliche Schlüssel zum gesamten hieroglyphischen System sei,
3. dass es zu allen Zeiten von den Ägyptern verwandt worden sei, um den Laut der Worte ihrer
   gesprochenen Sprache alphabetisch wiederzugeben,
4. dass alle hieroglyphischen Texte zum sehr grossen
   Teil aus rein alphabetischen Zeichen, und so wie er
   sie darstelle, zusammengesetzt seien;

---

1) Tafeln 74 bis 78, Supplementband IV der Encycl. Brit 1819
2) Nur in gewissem Sinne kann man sie so nennen, da Champollion sie nicht benutzt hat

5. dass die verschiedenen Elemente der hieroglyphischen
Schrift, deren Wesen er zu ergründen suche, gleichzeitig in den Texten verwandt worden seien;

6. dass der Versuch, die allgemeinen Prinzipien dieses
Systems aufzustellen, sich auf zahlreiche Beweise der
vorstehenden Sätze stütze und eine neue, sichere,
aus Tatsachen sich ergebende Theorie be-
gründe, die binnen kurzem das volle und absolute
Verständnis aller hieroglyphischen[1]) Texte zum
praktischen Ergebnis haben werde.

Die Klarstellung dieser sechs Punkte bildet den Hauptzweck des Werkes, dessen erstes Kapitel jedoch dem ausgesprochenen Nebenzweck einer scharfen Vergleichung von
Youngs Art zu lesen mit derjenigen Champollions dient.

Des Kontrastes wegen erinnere man sich nun an
Youngs Behauptung, dass sein „Koadjutor" nicht nur alles,
was er gefunden, der Benutzung seiner (Youngs) Entdeckung
verdanke, sondern dass er überhaupt auf dem gegebenen
Grunde nicht einmal hätte weiter bauen können, ohne die
Inschrift des Obelisken von Philae mit dem darin von Bankes
nach Anweisung seines Lehrers angeblich gelesenen Worte
Kleopatra, dass also alles von Young, durch Young,
aus Young komme.

Das aufmerksame Lesen des Précis liess indessen einige
von Youngs Freunden die Unhaltbarkeit von dessen Prä-
tensionen einsehen, so dass sie der Wahrheit die Ehre zu
geben begannen und den wirklichen Entzifferer nicht länger
mehr „für Wilhelm des Eroberers Siegeszug zu strafen"
gedachten. Aber dem Willen dieser Gerechten zum Trotz
erhob sich allmählig die Hydra nationaler Eifersucht, um,
anfangs im Dunkel schleichend, in blinder Verleumdungswut
Champollion und sein Werk unausgesetzt zu begeifern, bis
in unsern Tagen ein wohlgezielter Keulenschlag[2]) den
schliesslich am hellen Tage betriebenen Vernichtungs-
versuchen hoffentlich für immer Einhalt getan hat.

---

1) D. h. aller altägypt. Texte, also auch der hierat. und demot.

2) Von Le Page Renouf, zu London, 2. Juni 1896. Vergl. Procee-
dings of the Society of Bibl. Arch. Vol. XIX p. 188—209: Young and
Champollion.

Den Précis, der trotz einiger Irrtumer und Unklarheiten, von denen noch die Rede sein wird, in festgezogenen Linien den Grundriss des wissenschaftlichen Neubaues entworfen hat, rein sachlich, oder auch nur ganz unparteiisch zu beurteilen, war damals eigentlich niemand befähigt, wegen der uberraschenden Neuheit und der Schwierigkeiten der darin gebotenen Spekulationen. Dass aber neuerdings Letronne, der so scharf gegen alle Illusionen auf wissenschaftlichem Gebiet ankampfte und jede Behauptung durch Tatsachen bewiesen sehen wollte, unentwegt zu Champollion hielt, und dessen Versicherung, seine Theorien nicht erraten, sondern sich selber strengstens vordemonstriert zu haben, unterstutzte, diente allen Billigdenkenden als Burgschaft fur die nötige Reserve des Entzifferers. Dieser handelte fortgesetzt nach seinem Wahlspruch: „Man kann sich selber niemals zu viel misstrauen,‟ und von diesem heilsamen Misstrauen gegen sich selbst gewarnt, gedachte er zur Begrundung des Phonetismus aus lautlich gelesenen Texten stets nur das als sicher zu geben, was ihm von vornherein, und zwar durch Umstande beglaubigt wurde, die unabhangig von seiner Lesung dastanden[1]).

Aber er hatte gut vorsichtig sein, — nicht umsonst warf seine Entdeckung alle seit 300 Jahren fabrizierten „Systeme‟ und Texterklarungen uber den Haufen. Vergebens bat er, man moge die Hypothesen der Wahrheit zum Opfer bringen, man verzieh ihm den Précis im eigenen Lande nicht und liess hochstens den Brief an Dacier gelten, — namlich deshalb, weil die Ideen darin von den meisten nicht in ihrer vollen Keimkraft gewurdigt, teilweise auch wohl absichtlich falsch verstanden waren.

Dujardin nannte den Entzifferer einen Toren, Jomard hielt ihn fur anmaassend und undankbar, und seine nervöse Gereiztheit zu beschwichtigen, gelang immer weniger. Gulianoff erzurnte sich uber die, seinem eigenen System das Urteil sprechende Auslegung des Clemens, doch verwies ihn Champollion an Letronne, dessen Kampflust jeden Widersacher willkommen hiess.

---

[1]) Siehe Précis I, p. 83. „Je retrouve etc.‟

Klaproth dagegen, der die Maske noch trug, erbot sich
zu einer öffentlichen Befürwortung des Précis, verlangte
aber dafür — und das war eine Tücke sondergleichen
seinerseits — die endliche Zustimmung zum akrologischen
System! Eine Unterredung war auf den 9. Mai angesetzt,
fand aber erst am 15. Mai statt und führte zu offenem Bruch,
da Champollion seine Verurteilung der genannten Theorie
nicht zurücknehmen konnte und Gulianoffs Angriff auf den
Précis lächerlich fand.

Als zweiten „Gegendienst" verlangte er die Umstimmung
Daciers, der bei jeder Gelegenheit sein Urteil über Klaproth[1]
rückhaltlos auszusprechen pflegte; da sich dieses jedoch mit
der auf unauslöschlichen Tatsachen beruhenden öffentlichen
Meinung durchaus deckte, so verzichtete Champollion darauf,
sich eine vorteilhafte Kritik seines Buches, überdies aus so
unreiner Feder, durch zwei unehrenhafte Zugeständnisse zu
erkaufen.

Klaproth überliess sich von nun an rückhaltlos seinen
bösen Leidenschaften und entbot die ganze Kraft seines
Genies, um, gegen seine Überzeugung, ein Werk und
dessen Autor zu vernichten, welche beide er mehrfach in
den höchsten Tönen gepriesen hatte. Wo immer die neue
Entdeckung fortan in Rede kam, nahm er Stellung gegen
sie, doch mied er den offenen, ehrlichen Kampf. Niemals
recht zu fassen, bald pseudonym, bald anonym, am liebsten
aber mündlich, in doppelsinnigen Worten, filtrierte er Tropfen
um Tropfen den Zweifel an der Wahrheit der Entzifferung
in die öffentliche Meinung ein, um allmälig bis zur Beschuldigung groben Betruges zu gehen. Kennzeichnend ist
es für ihn, dass er viel weniger die Schwächen des Précis,
als, immer gegen besseres Wissen, diejenigen Fehler und
Widersprüche in den früheren Theorien des hart um die Erkenntnis ringenden Entdeckers zur Basis seiner Angriffe
machte, die durch den Brief an Dacier und mehr noch
durch den Précis bereits überwunden waren!

Er forderte, wie St. Martin ebenfalls, die sofortige Ver-

---

1) Den Beinamen: „Le reptile" hatte ihm Dacier gegeben; er fand
sehr schnell allgemeinen Anklang und Klaproth wusste dies.

offentlichung der Übersetzung der beiden agyptischen Texte
der Rosettana als einen Prufstein fur Champollions System,
doch verbot die elementarste Einsicht, den lauernden Feinden
neue Anknupfungspunkte zu bieten, die ohne Nutzen fur die
Wissenschaft die erbittertsten Kampfe entfesselt hatten.

Nicht wenige fanden den Precis zu unvollstandig; aber
sein Autor, den Gesichtspunkt einer summarischen Verteidigung innehaltend, hatte ja auch nur erst die analytische
Geschichte seines Verfahrens, die Entwicklung seiner haupt-
sachlichsten Hilfsmittel zur Begrundung des Systems, sowie
dessen grundlegende Elemente und deren Ubereinstimmung
mit der Notiz von Clemens geben wollen, nebst beigefugter
Übersicht des fur die Wissenschaft aus der Entzifferung
erwachsenden Gewinnes. — Der Rahmen war eng, daher
hier nur das Notigste gegeben wurde, und zwar so, dass in
den ersten neun Kapiteln der Leser sich durch Tatsachen
selber uberzeugen, nicht aber, wie in den a priori- und
Hypothesensystemen, zu blindem Vertrauen uberredet werden
sollte.

Diesem, notgedrungen sehr ausgedehnten, analytischen
Teil folgt die kurze, nur das Schlusskapitel umfassende
Synthese, mit deren Lekture sich alle nur oberflachlich
interessierten Leser begnugten, da ihnen hier die Ergebnisse
zu muhelosem Genuss dargeboten wurden, wie etwa einem
Vorubergehenden der Gartner eine seltene Frucht zu kosten
gibt, die er unter Drangsalen aller Art nach jahrelanger
Geduld, fast gegen alle Hoffnung, endlich zur Reife gebracht
hat. — In dieser „Conclusion" sehen wir nach knapp ge-
fasster Wiederholung der fundamentalen Gesetze des Systems
schon manche auf Grund desselben gewonnene und uber die
Berichte der Klassiker hinausgehende Aufschlusse uber die
religiose, politische und soziale Geschichte Ägyptens an-
gekundigt, auch erschliesst hier der Historiker, trotz seiner
gewohnten Reserve in einigen beredten Seiten die ihn
selber am meisten fesselnden Perspektiven und wirft Streif-
lichter auf die Denkmaler Nubiens und Äthiopiens. Er
richtet den Blick auf Meroe, auf Dongola und nach den sie
verbindenden Nilufern, und zwischen den Linien hervor weht
uns sein heisser Drang an, „die grosse Frage" nach dem

Ursprung des alten Volkes zu untersuchen und den in rätselvollen Fernen liegenden Anfängen einer Zivilisation nachzuspüren, die auf ihrer Höhe stehend vor ihn tritt, ja die ihm als um so vollkommener erscheint, je weiter er ihren Spuren ins Dunkel der Vorzeit nachzugehen vermag.

Schliesslich stellt er nochmals die gänzliche Erschliessung aller ägyptischen Texte als gesichert und sogar als bevorstehend hin. Dass das Koptische als wesentlichstes Mittel dazu dienen müsse, hatte man vor Champollion ungestraft aussprechen dürfen; ihn jedoch überhäufte man mit den gröbsten Schmähungen wegen dieses Unterfangens, mit dem er zuerst Ernst machte.

Etienne Quatremère, der die längst vor ihm ausgesprochene Idee von der Identität der koptischen mit der altägyptischen Sprache im Jahre 1808 zuerst wissenschaftlich begründet hatte, weigerte sich nicht nur, ihn mit seiner Autorität auf diesem Gebiet moralisch zu unterstützen, sondern er verurteilte die gesamte Entdeckung als leere Phantasterei, ohne doch je die geringste Prüfung derselben anstellen zu wollen. Nun hatte freilich Sacy bereits im Jahre 1816 an Young berichtet, dass auch Quatremère sich mit den ägyptischen Texten beschäftige, und das dürfte für die Beurteilung seines bis zum Übermaass verletzenden Benehmens gegen den Entzifferer wohl nicht ganz belanglos sein. Dennoch muss die rauhe Weigerung der Hauptsache nach auf die starren Grundsätze dieses Gelehrten zurückgeführt werden, — denn der scharfsinnige Sammler und ausgezeichnete Textkritiker, der auf altbekannten, sozusagen philologisch garantierten Wegen streng methodisch einherschritt, hatte kein Verständnis für die mühsam und kühn dem Dunkel abgerungenen Erfolge des Pfadfinders, der anfangs nicht anders als vermutend und wagend auf dem unerschlossenen Gebiete vorzudringen vermochte.

Champollion, der seit dem Herbst 1822 imstande war, Quatremères Beweisführungen mit Hilfe der altägyptischen Texte zu demonstrieren, setzte sich leicht genug über die Versagung der Hilfe hinweg, fand er doch nun bei Sacy, Wilhelm von Humboldt, Letronne, Arago,

Biot, Fourier, Laplace, Louis Philipp von Orleans[1]) und anderen hervorragenden Mannern warme Anerkennung, und im Notfall Verteidiger seines ,Systems

Zwar zeigte sich Sacy nach eingehender Prufung desselben mit Recht uber die Menge der Homophone erschreckt, da ihre Zahl bis ins Unendliche anzuwachsen drohte, worubei ihn die „poetische Erklärung" von der je nach dem Sinn des darzustellenden Wortes fein abschattierten Anwendung derselben[2]) nicht beruhigte, dennoch sah er mit freudigem Stolz auf das Werk seines ehemaligen Schulers, und seiner schliesslich auch schriftlich gegebenen Kritik desselben[3]) steht die ehrliche Absicht, es dadurch zu fordern, an der Stirn.

Alex. von Humboldt, in seiner glaubigen Vorliebe fur Young als Entzifferer nunmehr stark erschuttert, brachte als einer der ersten seine Glückwunsche dar und hob, etwas spater, brieflich den „grossen Eindruck" hervor, den Champollions „schöne Entdeckungen in Deutschland gemacht" hatten Er teilte zugleich folgenden Auszug aus einem Briefe Wilhelms mit. „. . . Ubrigens bin ich nach sehr langem Prufen von Champollions Werken der innersten Uberzeugung, dass diese herrliche Entdeckung ganzlich ihm zu danken ist. Niemand kann ihm das Verdienst absprechen, zuerst behauptet und bewiesen zu haben, dass der grosste Teil der hieroglyphischen Schrift alphabetisch ist; und wenn andere einige phonetische Zeichen gefunden haben, so ist es doch ersichtlich, dass sie niemals auch nur so weit gekommen waren, eine grosse Anzahl der Eigennamen zu entziffern. Sie waren von Anfang an auf falscher Fährte und haben sich anscheinend nicht mit der nötigen Geduld dem hieroglyphischen Studium gewidmet, sich uberdies auch viel zu ausschliesslich auf die Inschrift von Rosette beschrankt."

Anerkennungen solcher Art waren geeignet, den „Ägypter" fur die unausgesetzt von ihm erduldeten Angriffe und Schmahungen zu entschadigen. Der Streit um die Echtheit der Ringe — das sah er nun — konnte noch lange

---

1) Siehe p. 459.
2) Siehe Précis I, p. 321, § 90.
3) Journal des Savants, Mars 1825 p. 140—154.

dauern, aber der starke Glaube an die Wahrheit des seinen
gab ihm eben nun beim Aufbruch nach Italien den nötigen
Mut, durch neue Erfolge der Welt zu beweisen, dass e r der
glückliche Besitzer sei.

Die ihm gewährten Mittel ermöglichten nun auch die
Ausführung der lange geplanten Reise nach England. Leider
konnte nur ganz kurze Zeit auf sie verwandt werden, und
die eingehende Besichtigung des British Museum bildete
naturgemäss die Hauptnummer des Programms. Einzelheiten liegen um so weniger darüber vor, als Figeac ihn begleitete, daher denn keine Briefe vorhanden sind. Es steht
indessen fest, dass verschiedene englische Geistliche sich als
sehr zuvorkommend erwiesen und seinen Erklärungen mit
grossem Eifer, sowie in redlichster Absicht lauschten

Es war ein Monat nach der Herausgabe des Précis
verstrichen, und die Wogen des Kampfes, den er entfacht
hatte, gingen hoch, als der „Ägypter" frohen Sinnes in
grösster Stille Paris verliess. Denn da er bis zum letzten
Augenblick fürchten musste, durch neue Intriguen die Reise
doch noch vereitelt zu sehen, so sollte erst von Italien aus
die erste Nachricht darüber in die Öffentlichkeit dringen.

Gleichsam als ein Abschiedsgruss von ihm wurde in
jener letzten Hälfte des Mai eine Broschüre[1]) über die der
neuen Entdeckung bereits verdankten historischen Ergebnisse
veröffentlicht und auf Anregung Figeacs sogleich in grosser
Anzahl gratis verteilt. Und das war nicht belanglos denn seit
dem Abschluss seines Manuskriptes zum Précis hatte der
Entzifferer bedeutende Fortschritte im Lesen und Übersetzen
der Texte gemacht, was angesichts der Turiner Mission von
grosser Wichtigkeit erschien. So hatte des Bruders Umsicht[2])
auch hier wieder das Richtige getroffen. Auch trat es immer
mehr zu Tage, wie völlig unentbehrlich seine Weltgewandtheit,
sein Geschäftssinn und seine rastlose Energie für die schnelle
Entwicklung des Entzifferungswerkes unter den obwaltenden
Schwierigkeiten waren.

---

1) „Notice sur les resultats histor. tires des connaissances
actuelles sur le système graphique des anciens Egyptiens" Paris 1824.

2) Der Entwurf zu dieser Broschüre ist bis auf zwei Reihen
von Figeac geschrieben.

Dafür hatte ihm aber François auch unbegrenzte Vollmacht gegeben und unternahm nicht das Geringste, ohne
es ihm zur Begutachtung unterbreitet und seine Ansicht
daruber gehort zu haben So legte er denn zuversichtlich
auf Jacques-Josephs starke Schultern die ganze schwere
Last der Verteidigung des Systems sowohl, wie die vielen,
Zeit und Umsicht fordernden indirekten Arbeiten zu dessen
Forderung

Etwa am 23. Mai traf Champollion bei Artaud in Lyon
ein Nach dem hastenden Leben und der schweren Arbeit
hatte ihm die lange Fahrt in Thevenets trauter Gesellschaft
verhältnismassig wohlgetan. Nun aber musste er einem
wahren Sturm uberschwenglicher Freundschaftsbeweise von
seiten Artauds standhalten, der seit Jahren einen form-
lichen Kultus mit ihm trieb und ihn mit unerschopflichen
Aufmerksamkeiten uberschuttete. Er hatte fur diesen Empfang
den Raum des Museums, der die agyptischen Altertumer barg,
in einen kleinen Lorbeerhain verwandelt, damit dem „Ägypter"
wenigstens hier gespendet werde, was ihm gebuhrte

Ein Ehrentag war es freilich wohl fur diese agyptische
Abteilung, nun als berufenen Entzifferer der Hieroglyphen
d e n bewillkommnen zu durfen, welchem sie mit jeder ihrer
Nummern seit Jahren behilflich gewesen war, sein Ziel zu erreichen. Auch begrusste sein Auge mit liebevollem Eifer jedes
einzelne Stuck, — und zwar „wie einen alten Bekannten,
der ihm einst stumm gegenuber gestanden hatte, wahrend
er jetzt in seiner eigenen Sprache zu ihm reden konnte."

Die Szene machte einen tiefen Eindruck auf Champollion,
der sich erst jetzt des gewaltigen Umschwunges seiner bei
der letzten Anwesenheit in Lyon geradezu verzweifelten Lage
voll bewusst wurde. Auch uberwaltigte ihn fur einige
Augenblicke das heiss in ihm aufwallende Dankgefuhl. —
Ein weiterer Reisetag und Grenoble war erreicht! Mehr
tot als lebendig und wie durch ein Wunder dem ihn be-
drohenden Hochverratsprozess mit ublichem Ausgang entronnen, so hatte er es im Juli 1821 verlassen, — — gefeit
gegen seine politischen Verfolger und von der Wissenschaft
mit Ruhm gekront, betrat er es nun wieder.

Kapitel VIII.

Italien.

(25. Mai 1824 bis 30. Oktober 1826.)

1.

Im Isèredepartement war die politische Lage seit der Zeit, wo Champollion den Kampf gegen die dortigen Missstände hatte aufgeben müssen, anscheinend günstiger geworden, doch nur, weil des Baron d'Haussez' immer mehr zu Tage tretende administrative Gewandtheit einerseits und andrerseits seine umfassenden Gewaltmassregeln die zahlreichen Gegner zu der Einsicht geführt hatten, dass gegen ihn nicht erfolgreich angekämpft werden könne. — Aber die Parteien waren unversöhnt und der Geist des Aufruhrs wirkte mächtig weiter in den geheimen Gesellschaften, welche dem Präfekten-Selbstherrscher zum Trotz sich nicht entdecken liessen. Man hoffte auf seine endliche Abberufung, und am 7. April 1824, also kurze Zeit vor Champollions Wiederkehr nach Grenoble, hatte sie stattgefunden. Und da auch der Maire, Marquis de Lavalette, sein ehemaliger Bedränger, vor dem Abgang stand, so wird es verständlich, dass dem „Ägypter" die Luft der Dauphinéberge nur um so freier noch und kräftigender erschien.

Als schönster Willkommengruss galt ihm die Kunde von der bevorstehenden Wiedereröffnung der juristischen Fakultät, die dank ihren ausgezeichneten Professoren in

hohem Ansehen gestanden hatte und deshalb eine gute
Erwerbsquelle fur die Stadt gewesen war. Aber d'Haussez
hatte des Ministers gegenteiliger Absicht ungeachtet bis zu
seinem Weggang diese Wiedereröffnung zu vereiteln gewusst So herrschte denn zum erstenmal seit langer Zeit
eine freudige Stimmung in Grenoble, infolge deren die Be-
grussungsfeier fur den am 25. Mai dort eintreffenden ehemaligen Geschichtsprofessor sich doppelt froh gestaltete. Mit
einem Schlage trat der sehnsuchtig Erwartete, dem einst die
Fuhrung der jungen Grenobler Geistesaristokratie obgelegen
hatte, wieder in den Mittelpunkt des gemeinsamen Interesses
und von allen Seiten besturmt, in einem Kreuzfeuer von
Fragen und Antworten uber das Sonst und das Jetzt stehend,
blieb er zwei Tage lang seiner Ermudung uneingedenk, dann
aber entfloh er den Freunden, um sich in der Stille von Vif
zu erholen.

Zwar wanderten viele Bucher und Papiere in dieses
Tuskulum mit, doch Frau Zoe, die dort an der Seite ihres
Vaters als Hausfrau waltete, liess nicht mit sich scheizen,
sobald es sich um die Gesundheit ihres Schwagers handelte.
Sie hatte ihm in fruheren Jahren uber manche Rauheit seines
Lebensweges mit schwesterlicher Sorgfalt hinweggeholfen
und ihn stets mutig verteidigt, wenn man ihm in seiner Abwesenheit zu nahe zu treten wagte Niemand war ihm je
mit solch unaussprechlicher Milde begegnet wie diese Frau,
deren personlichem Liebreiz die Zeit nichts anhaben zu
konnen schien, und die nicht einen Augenblick ausser acht
liess, was Saghîr, wie sie Champollion stets nannte, auf
Kosten seiner Studien und seiner schwachen Gesundheit ihren
Kindern gewesen war! Daher fugte er sich denn auch in
seiner Verehrung fur sie ihren Anordnungen, soweit es sich
nur irgend mit seinen Arbeitsinteressen vertrug

Denn selbst das schone Stilleben von Vif konnte sein
stetes Bedurfnis, sich mit Agypten zu beschäftigen, nicht
mindern So bat er Blacas um den Ankauf eines Sarko-
phages aus Busiris und seinen Bruder sowie Dubois um die
Reproduktion aller nur irgend zu beschaffenden Basreliefs
(„per fas und selbst per nefas!").

Acht Tage inmitten der Maienpracht des damaligen

Parkes von Vif, wohin auch Frau Rosine übersiedelt war,
halfen seinen ermatteten Lebensgeistern wieder auf. Überdies konnte er hier zum ersten Male sein Kind in seine
Arme schliessen, die kleine Zoraïde, mit der ihn Frau Rosine
drei Monate früher, am 1. März 1824, beschenkt hatte, und
die nun aus dem nahen Gebirgsdorf Crozet, wo sie ihre
ersten Lebensjahre verbringen sollte, herbeigebracht worden
war. Mit zärtlichem Interesse beobachtete er des Kindes
Bewegungen und Mienenspiel, und freute sich, dass es,
seinem orientalischen Namen entsprechend, durch die dunkle
Gesichtsfarbe und die Zeichnung der Augenbrauen sich so
früh schon „als Kind ihres Vaters" darstellte. „Im übrigen,"
meinte er, „mag sie werden, wie es Gott gefällt."

Bald genug rief ihn die Pflicht aus dem Frühlingsidyll
von Vif wieder ab, denn in den ersten Junitagen wurde der
Mont-Cenis endlich passierbar. — Zwar hatte der Bankier
Flory aus Grenoble Champollion eingeladen, mit ihm im
eigenen Wagen nach Turin zu fahren, doch wurde dieser
Herr im letzten Augenblick nach Paris gerufen. Champollion bedauerte dies nicht allzusehr, da der immerhin gefahrvollen Alpenfahrt das derbe, lang erprobte Postfuhrwerk
mit dem erfahrenen Personal besser entsprach, als irgend
welche Privatequipage. — So brach er denn am 4. Juni früh
nach Chambéry auf[1]), das er seit Ende Mai 1815, als er dort
den Marschall Suchet aufsuchte, nicht mehr betreten hatte.
Wehmut überkam ihn hier, — verliess er doch nun zum
ersten Male auf längere Zeit sein Vaterland, fern von dem
ihm kein Heil für sich möglich schien, „wenigstens nicht in
meiner jetzigen Existenz," pflegte er scherzend zu sagen,
um seiner „Urheimat, — Ägypten", nicht zu nahe zu
treten.

---

1) In seinem Pass vom 10. Mai 1824 heisst es:

Signalement.

taille:	1 m 66 cs.	nez:	régulier.
cheveux:	noirs.	bouche:	moyenne.
front:	ordinaire.	menton:	rond.
sourcils:	noirs.	visage:	ovale.
yeux:	bruns.	teint:	brun.

Signes Particuliers: Gradé. — Age: 33 ans et demi.

Von Chambéry ging's nach St. Michel de Maurienne, jetzt Eisenbahnstation, von wo ab die eigentliche Alpenfahrt am 6 Juni mit Sonnenaufgang angetreten wurde, „denn die Wege sind zwar ausgezeichnet," schreibt er von Turin aus, „aber sie gehen am Absturz furchtbarer Abgrunde entlang, wo es fur eine schwerfallige Postkutsche niemals zu hell sein kann " — „Der beruhmte Mont-Cenis ist eine wahre Promenade im Jardin des Plantes . . nur die Talfahrt ist peinlich, nicht weil der Weg dann weniger schon ware, sondern weil man Alpenaugen haben und gewohnt sein muss, ohne Erregtheit in die Tiefe niederzublicken um nicht doch ziemlich lebhafte Unruhe wahrend der Fahrt zu empfinden." Vielleicht erging es ihm selber ebenso, da er zeitlebens an starken Schwindelanfallen litt.

Am 7. Juni fruh traf er in Turin ein, wo man bereits sechs Jahre fruher seiner Ankunft geharrt hatte! Auch jetzt wieder hatte der Graf Prosper Balbo ihm mit vielem Eifer die Wege geebnet, und durch diesen aufmerksam gemacht, hatte der Staatssekretar Lodovico Costa dem ehemaligen Kollegen bereits nach Grenoble hin die Bitte gesandt, wahrend des ganzen Turiner Aufenthaltes sein Gast zu sein.

Doch Champollion richtete sich vorlaufig im Hôtel Feder (Strada della Zecca 8) ein und machte, ohne sich erst Ruhe zu gonnen, allein und unbekannt einen Streifzug durch die Stadt, auf die er von Grenoble aus in ernsten Stunden so oft den Blick gerichtet hatte, und die ihm nun so reiches Material fur seine Studien zu geben versprach.

Nach wenigen Schritten schon sah er in den schonen Säulenhallen der Universitat inmitten romischer Altertumer zu seiner lebhaften Freude die 8 Meter hohe Kolossalstatue seines Lieblings „Ramses des Grossen, -- Sesostris", emporragen. Welch besserer Willkommengruss hatte ihm hier geboten werden konnen? „Meine ersten Schritte in Turin sind sehr gluckverheissend', meint er selber und erzahlt, wie er, von einem zufallig herbeikommenden Beamten eingelassen, auf der Stelle eine Besichtigung des agyptischen Materials dieses Museums vorgenommen habe — Er beeilte sich darauf, den stattlichen Palast der Akademie[1]) aufzusuchen, der den er-

1) Museo di Antichità ed Egizio Via Accademia delle Scienze, 4

sehnten Schatz, die Drovettiana, barg. Hier aber öffnete sich
keine Tür vor dem stadtfremden Wanderer, der sich vorläufig
mit einem Rundgang um den Bau begnügen musste.

Da Costa erst anderen Tages zurückerwartet wurde,
so liessen es sich Graf Balbo und seine aus dem Dauphiné
gebürtige Gemahlin angelegen sein, dem Ankommenden die
Fremde heimisch zu machen. Auch die französische Gesandtschaft tat hierzu das ihrige, denn nicht nur war der
Gesandte, Marquis de la Tour du Pin, von Grenoble her
den Brüdern bekannt, sondern der erste Sekretär, Graf
Marcieu, ebenfalls Delphinat, war ein eifriger Anhänger der
neuen Lehre.

Schon am 10. Juni finden wir Champollion bei Costa
einquartiert[1]. Tags zuvor waren ihm vom Minister des
Innern, Grafen Roget di Cholex, dem die Turiner Museen
damals unterstanden, die nötigen Vollmachten übergeben
worden, und in derselben Stunde hatte er „seinen Einzug‟
in die Drovettiana gehalten, begleitet vom Grafen Balbo,
der in seiner Eigenschaft als Präsident der Akademie der
Wissenschaften dafür gesorgt hatte, dass er beim ersten
Betreten der die Sammlung bergenden Säle dort die ihn
am meisten interessierenden Gelehrten der Stadt vorfand.
Zu ihnen gehörten vor allem der Abbé Amadeo Peyron,
Hellenist und Fakultätsprofessor, und der Abbé Costanzo
Gazzera, Orientalist und Bibliothekar der Universität, welche
brieflich dem „Ägypter‟ bereits nahegetreten waren und
die sich infolgedessen mit regem Interesse seinen Studien
zugewandt hatten. Ferner der Astronom Giovanni Plana,
Direktor der Sternwarte, der Mathematiker Ignazio Michelotti,
der Hellenist Perron, der Latinist Carlo Boucheron und der
Graf Federigo Sclopis, Förderer aller aufstrebenden Gelehrten
und Künstler.

War die Ankunft der Drovettiana[2] in Italien schon an sich
ein Ereignis von fast internationaler Bedeutung gewesen, das
viele Gelehrte aus allen Ländern herbeilockte, so hatte sie ganz
besonders in Turin ein stärkeres Pulsieren des geistigen

---

1) No. 7, via Barra di Ferro; jetzt via Bertola; Costas Haus ist
bei einem Strassendurchbruch verschwunden.

2) Von Sardinien angekauft am 23. Jan. 1824 für 415 000 Fr.

Lebens zur Folge gehabt, denn die Vertreter aller Zweige
der Wissenschaften hatten sich gleichsam neue Quellen
durch sie zu öffnen gesucht. Die Archäologen wetteiferten
mit den Naturforschern, Medizinern, Künstlern im Auffinden
lehrreicher Punkte, und den Philologen standen hier neue
griechische, lateinische und koptische Texte zur Verfugung,
durch deren Inangriffnahme besonders Peyron Champollion
vorgearbeitet hatte, indessen Gazzera das ägyptische Schriftsystem durcharbeitete, um die junge Wissenschaft in Italien
gewissermassen populär zu machen. — Der ebenfalls zum
Empfange herbeigeeilte Museumdirektor Ritter Cordeo di
San-Quintino hatte sogar begonnen, auf Grund von Champollions System die vorhandenen Skarabäen zu entziffern,
wohingegen Plana und Graf Balbo bemüht waren, das Verhältnis der ägyptischen Längenmaasse zu den Resultaten der
Erdmessung festzustellen und damit zugleich auch möglichst
klarzulegen, wie weit diese letztere Wissenschaft in Altägypten
gediehen war. Beide traten damit in langatmige Erörterungen
über die drei in Memphis gefundenen „Königlichen Ellen“
(coudées royales) ein, deren längste sich in der Drovettiana
befand, indessen eine andere in der Sammlung Nizzoli zu
Florenz, und eine dritte (Fragment) in Paris aufbewahrt
wurden.

Jomard hatte 1822 die erstere für das metrische Eich-
mass Altägyptens erklärt, Balbo und Figeac waren anderer
Meinung gewesen, und die Entscheidung dieser Streitfrage
erhoffte man nun von Champollion. Auch sei es gleich
hier bemerkt, dass sich dieser nach eingehender Untersuchung
und Vergleichung der drei in Rede stehenden Objekte, von
denen genaue Nachbildungen in seinen Händen waren, für
Balbos Ansicht entschied [1])

Gleich in der ersten Sitzung der Akademie, welcher
Champollion (am 13. Juni 1824) beiwohnte, brachte der Techniker Vittorio Michelotti ein neues Verfahren zur Kenntnis,
um schnell und gut von Basreliefs und Inschriften Abdrucke

---

1) Champollion sah in diesen nur für das Grab bestimmten
Ellen eine Nachbildung der gesetzlichen Maasse, dem Toten lediglich
mitgegeben, um die Beschäftigung anzudeuten, welche er zu Lebzeiten
gehabt hatte. Dies erklärt die Verschiedenheit dieser Längemaasse.

zu machen. So war denn alles bereit zum Beginn ernster
Arbeit.

Man stelle sich des Entzifferers Empfindung vor beim
ersten Anblick eines weiten Saales, der ganz mit künstlerisch
ausgeführten Kolossalstücken aus poliertem Rosengranit oder
allerfeinstem grünen, grauen und schwarzen Gestein angefüllt war. „Es ist ganz überwältigend!" schreibt er darüber
an Figeac. — Doch stärker noch fühlte er sich bis in sein
innerstes Geistesleben durchschauert, als er dann das reiche
sprachwissenschaftliche Material überblickte, das seiner harrte,
denn abgesehen von ihren schönen Kolossen, glänzte die
Drovettiana besonders durch Inschriften und Papyri.

Mit dem ganzen Eifer seiner beweglichen Natur, aber
auch mit der gewohnten und besonders hier sehr nötigen
Selbstkontrolle ging er nun ans Werk, um zunächst eine
Übersicht des Vorhandenen zu erlangen und danach mit der
Bearbeitung der grossen Stücke zu beginnen. Vorher jedoch
sah er aufmerksam die demotischen Rechtsurkunden der
Sammlung durch und fand zwischen ihnen Fragmente von
aramäischen Urkunden, die er für Sacy kopierte und ihm
sogleich übersandte, denn Sacy hatte unlängst zuvor seinem
Schüler einen grossen Dienst erwiesen, indem er die über-
triebenen Ansprüche der Hellenisten auf das Verdienst der
Erschliessung Altägyptens unumwunden auf das rechte Maass
zurückgeführt hatte.

Beim Beginn seiner Arbeiten schätzte er sich glücklich
wegen des heilsamen Einflusses, den das Klima der sardischen
Hochebene auf seine Gesundheit auszuüben begann; so hatte
ihn z. B. das langgewohnte, ihm überaus qualvolle Ohren-
brausen bereits in Chambéry verlassen. Da ihm überdies
der allseitige gute Empfang bewies, dass mindestens in Turin
die ehrenrührigen Angriffe keinen Widerhall gefunden hatten,
mit denen einige in Italien weilende Freunde Youngs — vor
allen der Archäologe Nibby in Rom — seine Person und
sein System zu verdächtigen suchten, so hätte seine Stimmung
die denkbar beste sein müssen: doch schmerzte es ihn, „als
Fremdling auf Ägyptens Erde wandeln zu müssen," wie er
mehrfach klagt im Hinblick auf den Verlust der Drovettiana
für Frankreich, — die Wiege der neuen Wissenschaft.

Es gelang Champollion schnell, die auf ihn einsturmenden neuen Eindrücke zu bemeistern und sein Arbeitsprogramm in grossen Linien festzustellen. War ihm Peyron ein Freund und Helfer, so galt dies in noch hoherem Grade von Costanzo Gazzera, der sich bald als so unzertrennlich von ihm erwies, dass man ihn scherzend den „Adjutanten des Agypters" nannte, wahrend dieser ihn als seinen „treuen Schuler" ansah und es ihm Dank wusste, dass er in taktvoller Weise die gewonnenen Resultate schriftlich und mundlich im neugierig gewordenen Publikum verbreitete. Unermudlich halfen ihm beide beim Auspacken und Anordnen der kleineren Sachen, sowie beim Kopieren, beim Anfertigen vieler wichtiger Abdrucke und bei den in Wachs oder Gips ausgefuhrten Abgussen, — denn die gesammte Sammlung sollte „in effigie mit nach Paris wandern" selbst die zahlreichen Skarabaen inbegriffen, da sie ihm als reiche Fundgrube fur die historische Forschung erschienen und zum Vorwurf einer umfassenden Spezialarbeit dienen sollten.

Auch die Inschriften der Stelen, von denen die Sammlung an 200 enthielt, boten unerschopfliche Belehrung. So bestatigte ihm eine etwas verwitterte granitne Stele mit demotischem und griechischem Text und mit einigen Hierogl)phen, namlich die damals viel besprochene „Turiner Trilingue"), die schon im Brief an Dacier als sicher hingestellte Mitregentschaft des Casarion Dass sie ihn philologisch ebenfalls forderte, ist selbstverstandlich

Und wie vollig ungeschwacht sein Interesse an dieser Lekture die langen Monate hindurch anhielt, ja, wie er immer mehr bemuht war, jedem Dinge die annehmbarste. um nicht zu sagen, liebenswerteste Seite abzugewinnen, ersieht sich aus der, einige Zeit spater gegebenen Beschreibung einer Stele, die ihm eine Probe „von der ganzen Anmut und Feinheit der heiligen Sprache" und uberdies einen Beweis fur die Richtigkeit seiner Begrundung des akrophonischen Systems gab. Was er ein Jahr fruher schon im Précis be-

---

1) Champ nennt sie eine Bilingue, seitdem er das ag Schriftsystem als einheitlich nachgewiesen hatte, sah er auch den Rosettetext nur noch als zweisprachig an Uber die Turiner „Trilingue" siehe B Fr 1824. I, No 387 Naheres noch in Kap IX

hauptet hatte, dass nämlich „mit dem phonetischen Element
neben den Inflexionen und grammatischen Formen auch die
metaphysischsten Gedanken und die feinsten Abschattierungen
der Sprechweise ausgedrückt werden konnten," glaubte er hier
bestätigt zu finden. Auch wurde es ihm immer klarer,
„dass die Ägypter hätten durchweg lautlich schreiben
können, falls ihnen wirklich darum zu tun gewesen
wäre."

Die Weiterführung des Pantheon, das wegen notgedrungen verspäteter Lieferungen (das nötige Material war
nicht immer zur Hand) in gewissen Pariser Kreisen mit vor-
zeitiger Freude bereits totgesagt wurde, füllte die knapp-
bemessenen Abendstunden aus, während der Löwenanteil an
Kraft und Zeit der Drovettiana zufiel. Dank dieser hatte er
schon am 7. Juli eine solche Fülle von neuen Anschauungen
gewonnen und sein Urteil darüber so weit abgeklärt, dass er
mit der Abfassung des ersten Briefes an Blacas beginnen
konnte, um darin seine Theorien über ägyptische Geschichte
und Kunst, zwei eng verwachsene Themata, auf Grund
seines erweiterten Sehkreises zu entwickeln. Hier in Turin
hatte er, dem Manetho und die Abydostafel als die Haupt-
stützen des wieder zu errichtenden Baues galten, u. a. Denkmäler von 14 aufeinanderfolgenden Herrschern der 18. Dynastie gefunden, weshalb er die herrliche Sammlung „den
denkbar schönsten Kommentar zur Abydostafel" nennt und
annimmt, dass diese nachweisbar zeitgenössischen Denkmäler genügen würden, „um dem robustesten Skeptizismus"
Halt zu gebieten.

Die Klarstellung von Manethos 18. Dynastie sollte den
Hauptinhalt des ersten Briefes an Blacas bilden. Zugleich
aber wollte er hier, auf Beweise gestützt, die wahren Gesichtspunkte feststellen, unter denen man nunmehr die ägyptische
Kunst zu betrachten habe.

„Dieser Brief," sagt er, „der selbst den hartnäckigsten
Winckelmannisten zu denken geben dürfte, verfolgt noch
den Nebenzweck, die Frage der ägyptischen Kunst, die
verfrüht und ohne die Beweisstücke, die ich in so
grosser Anzahl vor Augen habe, abgeurteilt worden ist,
wieder auf die Tagesordnung zu setzen."

Schon im „Precis" war der Charakter der ägyptischen
Kunst durch den Ausspruch gekennzeichnet worden, dass
sie der Hauptsache nach nur zur Darstellung von Ideen
gedient habe, dass sie daher niemals um ihrer selbst willen
vervollkommnet worden, überdies auch an ihrer Entwicklung
prinzipiell verhindert worden sei. Ferner, dass der griechisch-
römische Einfluss der nationalen Kunst Ägyptens zum Verderben gereicht habe, nicht aber zur Veredelung Ein
Luigi Lanzi dagegen hatte, im Sinne Winckelmanns, dessen
Ideen über diesen Punkt besonders in Italien tiefe Wurzeln
geschlagen hatten, zu behaupten gewagt, dass erst von
Hadrians Zeiten ab die ägyptische Kunst etwas vervollkommnet
erscheine.

Hatte Champollion schon in Paris erklärt, dass das Urteil
über Ägyptens antike Kunst modifiziert werden müsse, so
sah er nun ein, dass die Geschichte derselben überhaupt
erst von Grund aus zu schreiben sei. Seine der ersten
Jugendzeit entstammende Überzeugung, dass ein Volk, welches
wie die Ägypter die Hieroglyphen zeichnete, künstlerisch
und kunstschöpferisch veranlagt sein müsse, im Gegensatz
zu jenem, das sich mit der überaus eintönigen Keilschrift
begnügte, fand nun volle Bestätigung. — Winckelmann,
meint er, habe auf Grund weniger, durch Zufall zusammen-
gewürfelter, aus geringen Gräbern oder von architektonischen
Verzierungen herrührender ägyptischer Altertümer geurteilt
und, gleich manchen andern, das Verdienst von Kunstgegen-
standen geschätzt und abgewogen, von denen weder der
wahre Sinn, noch die Zeit, noch auch die ursprüngliche
Bestimmung ihm bekannt gewesen sei.

Er beschwört nun Winckelmanns Geist herauf, um ihm
inmitten jener Kolossalstatuen, in denen er selber Porträts
erblickte, und die ihm bis Ende Juli bereits 30 Königsnamen
geliefert hatten, zu beweisen dass die ägyptischen Künstler bei
Götter- und Menschenbildern nicht ausschliesslich zur knech-
tischen Nachbildung konventioneller Formen verpflichtet gewesen seien; dass vielmehr bei vorurteilsloser Prüfung, sowohl
in der Gesamtanlage, wie in den Einzelheiten, eine grosse Verschiedenheit der Physiognomien zutage trete, obwohl eine
Art von Familienähnlichkeit vorherrsche. Fest davon über-

zeugt, dass bei den Ägyptern eine Summe von Voraus-
setzungen und Ideen sich herausgebildet habe, die eine
wirkliche, obwohl unseren Ansichten nicht ganz entsprechende,
Kunst bildet, löst er sich los von der zu ausschliesslichen
Parteinahme der Hellenisten für die griechische Muse, um
unbeeinflusst der etwas steifen und überhaupt ganz anders
gearteten Kunst Ägyptens gegenüber zu treten und ihr die
längst geschuldete Gerechtigkeit widerfahren zu lassen.
Schlimmer noch als die Tatsache, dass im Nillande die
Schönheit des Volkes fehlte[1]), so führt er aus, wirkte der
Umstand, dass hier die nationalen Institutionen häufig den
Künstler zwangen, die Grenze des Wahren zu verlassen
und sich einem konventionellen Verfahren anzupassen.
„Wenn er sich trotzdem hier und da zum wahrhaft Schönen
erhob — eine Menge von Denkmälern beweist dies, — so
müssen diese Werke in ihren Einzelheiten betrachtet werden:
so z. B. sind die Köpfe der Kolosse der Sammlung Drovetti
im allgemeinen sehr gut, mehrere von ihnen sind aber sogar
in grossartigem Stil gehalten, voll Ausdruck und Wahrheit.
Nirgends hier das Fratzenhafte, das Winckelmann als das
Kennzeichnende wirklich ägyptischer Statuen angibt. Überall
korrekte und sorgsame Arbeit."

Doch weshalb, fragt er sich, diese schön vollendeten
Köpfe auf meistens so schwach ausgeführten Körpern?

Weil kaum je die dauernde Wiedergabe schöner Körper-
formen bezweckt wurde, wohl aber diejenige einer Idee.
Die Kunst ist hier Mittel zum Zweck. Malerei und Skulptur
sind Dienerinnen und Werkzeuge der Schreibkunst. Eine
Statue ist gleichsam ein Schriftzeichen im Grossen. Das
Charakteristische daran ist der Kopf. Die Vollendung des

---

1) „. . . Les Egyptiens cherchèrent à copier la nature telle que
leur pays la leur montrait, tandis que les Grecs tendirent et parvin-
rent à l'embellir et à la modifier d'après un type idéal que leur génie
sut inventer. — La sculpture ég., en reproduisant l'image d'un dieu
ou d'un monarque, ne dut jamais arriver à cette élégance et à cette
pureté qu'atteignit bientôt la sculpture grecque, parce que les plus
beaux modèles se montraient de toute part à celle-ci, tandis qu'ils
manquèrent toujours à l'autre . . . ."

ubrigen tragt nichts zur Klarheit und zum Wert des
Zeichens bei.

Und weshalb die starre Ruhe und strenge Einfachheit
in der Haltung dieser Kolosse? Weil sie im Einklang stehen
mussten mit der erhabenen Ruhe der majestatischen Linien
der Bauwerke, fur die sie meistens berechnet waren

So genugten allein schon die Kolossalstatuen der Drovettiana zur Aufstellung neuer Theorien uber die agyptische
Kunst, in der Champollion hier deutlich den lebendigen Keim
erkennt zu den unter unendlich gunstigeren Verhaltnissen
zur vollen Entfaltung gekommenen Kunstidealen Griechenlands und Roms. Das klingt ihm aber nach Minderwert
doch nein — Agyptens Kunst ist zugleich Geschichte!
Von diesem Standpunkt aus betrachtet — der Historiker
betont es mit Genugtuung — sind seine Altertumer den
griechischen und romischen an Interesse ebenburtig Denn
diese letzteren sind stumm, — inschriftenlos, bieten nur
Vermutungen dar, indessen die agyptischen detaillierte Gewissheit geben und unter des Entzifferers Handen aus halb
missachteten Kuriositaten zu hochbedeutsamen Denkmalern
werden, in denen Geschichte und Kunst verschwistert stehen,
wie dies auch in den nachfolgenden Seiten des Briefes an
Blacas, bei der Beschreibung der hervorragenderen Werke
der Drovettiana, anschaulich gemacht wird.

Unter ihnen erkennt Champollion seinem grossen Liebling,
„dem jungen Sesostris“, die Palme zu da die durch keine
architektonischen Nebenzwecke beeintrachtigte Schonheit
dieser Statue noch wesentlich durch die feine Detailvollendung
gehoben wird. Eine interessante Gruppe aus Rosengranit,
die denselben Herrscher (Ramses II, den Grossen) mit gott-
lichen Attributen zwischen zwei Gottheiten stehend zeigt,
regt ihn zu tiefsinnigen Betrachtungen an uber die nur
anscheinend so geringe Entfernung zwischen ver-
gottlichten Konigen und wirklichen Gottern, aus welcher
er nicht den Schluss gezogen sehen will, dass die alten
Religionen ihren Ursprung im Kult vergottlichter Menschen
genommen hatten. Er verspricht deshalb, eine spezielle
Arbeit uber diese, „dem grossen psychologischen System
Ägyptens“ notwendig entspringende Apotheose der Pharaonen

zu schreiben (ein Projekt, das unausgeführt geblieben ist), wendet sich aber mit noch grosserem Eifer der geschichtlichen Bedeutung der Sammlung zu, die ihm die Übereinstimmung — trotz scheinbarer Verschiedenheit — der Denkmäler mit der Abydostafel und mit Manethos Listen geben sollte.

Aber die überlieferten Namen und Zahlen zu einem historischen Gesamtbilde zusammenzufügen — die Denkmäler geben bekanntlich keine Zeitrechnung, sondern nur einzelne Regierungsjahre — war damals wegen des Mangels an einer zuverlässigen chronologischen Grundlage noch so schwierig, dass es der starken Zuversicht sowie der festen Absicht Champollions, seiner Entdeckung sogleich eine praktische Verwendung zu geben, bedurfte, um angesichts dieser Sachlage nicht zu verzagen Obwohl nämlich Joseph Scaliger, der Begründer der chronologischen Wissenschaft, das wahre Wesen derselben bereits im Jahre 1583 klargelegt[1]) und durch die Aufstellung seiner fortlaufenden Julianischen Periode sich einen Stützpunkt in der Benennung und Vergleichung der Zeiten geschaffen, sich überdies auch um das Bekanntwerden der altägyptischen Königslisten verdient gemacht hatte, so war ihm doch niemand auf dem richtig gewiesenen Wege nachgefolgt So kam es, dass im Laufe des 17. Jahrhunderts die kritische Sichtung und Anordnung der das ägyptische Altertum betreffenden Überlieferungen wieder derartig ins Stocken geriet, dass die aus Verfälschung und Verwirrung emporgewachsenen Gleichzeitigkeitssysteme bei Eusebius und Synkellos als festbegründete chronologische Systeme galten, innerhalb deren sogar die heute längst als gefährliche Betrugerei gekennzeichnete „alte Chronik" beim Synkellos mit Vorliebe zur Festigung von willkürlich aufgestellten Chronologien neuerer Autoren verwendet wurde.

Erst im Jahre 1711 erstand ein Nachfolger Scaligers in Jacob Perizonius, dessen „Origines Aegyptiacae" berechtigte Hoffnungen erregten. Er zuerst vermutete die Verfälschung von Manethos Listen in der 18. und 19. Dynastie. Die strenge Kritik der gesamten ägyptischen Überlieferungen,

---

[1]) Opus de emendatione temporum Paris 1583.

zu der er berufen schien, unternahm er leider nicht, und erst
im Jahre 1782 zeigte Christ. G. Heyne in seiner Abhandlung
uber die Quellen Diodors, in wie mustergultiger Weise er,
der begeisterte Hellenist, auch die Quellen der altagyptischen
Geschichte zu prufen verstand Unwillkurlich muss man
des Umstandes gedenken, dass Champollion einst der Schuler
dieses grossen Mannes hatte werden sollen, dessen „historische
Betrachtungsweise in der Philologie" Dezennien hindurch
auf diesem Gebiet die Fuhrung hatte.

Der Entzifferer nannte die Chronologie und die Geographie die Augen der Geschichte Er war im Précis
bei den Stutzpunkten stehen geblieben, die ihm die Bibel
durch historische Gleichzeitigkeiten fur die Wiederherstellung
„eines grossen Teiles der agyptischen Geschichte und uberhaupt der Weltgeschichte", sowie fur die Kritik der Listen
dargeboten hatte. Jenseits des ersten Jahrtausends v Chr,
das wusste er, stand er trotz der Lesung so mancher weit
daruber hinausgehender hieroglyphischer Konigsnamen auf
chronologisch unsicherem Boden, oder besser gesagt, einem
Chaos gegenuber, das er, mitten in seinen Entzifferungsarbeiten begriffen, ganz unmoglich selber in Ordnung bringen
konnte, ehe er seine Briefe an Blacas schrieb Statt seiner
ubernahm Figeac, der gluhender noch als sein Bruder
wunschte, die 18. und einige der nachfolgenden Dynastien
„sogleich in historischem Gewande" darzustellen und dem
harrenden Europa gedruckte Berichte daruber zukommen zu
lassen, die verantwortungsschwere Arbeit, zu der er sich
wegen des glanzenden Erfolges, den seine Annales des
Lagides funf Jahre fruher mit Recht gehabt hatten, berufen
glaubte Aber unendlich gross war die Verschiedenheit der
beiden Aufgaben, denn die hochste der fur die nunmehrige
Arbeit notwendigen historischen Gleichzeitigkeiten aus der
Geschichte anderer Volker „erreichte nur den Verfall des
Reiches" das die Bruder „wieder aufbauen wollten."

Seinen ersten Brief an Blacas, die Frucht fast sechs-
wochiger Arbeiten in der Drovettiana, sandte François noch
im Juli 1824 seinem Bruder zu, der innerhalb weniger Wochen
den chronologischen Rahmen dazu lieferte, ohne dass von
den notigen kritischen Vorarbeiten im Sinne Scaligers und

Heynes die Rede gewesen ware. Figeac meinte vielmehr,
in der Coinzidenz eines nachweisbaren astronomischen Er-
eignisses, namlich der zweiten fur Altagypten in Frage
kommenden Sothisperiode, die von 2782—1322 v. Chr. reicht,
mit einem verburgten Punkt der agyptischen Geschichte den
ihm notigen synchronistischen Stutzpunkt gefunden zu haben.

Aber nicht nur wahlte er das „historische Faktum" aus
den Konigslisten der lugenhaften „alten Chronik[1]" beim Synkellos, sondern eine vollig falsch verstandene Aussage dieses
letzteren verfuhrte ihn obendrein dazu, das 100. Jahr der genannten Sothisperiode mit dem 6 und letzten Regierungsjahre eines thebanischen Konigs „Koncharis" (Kenkeres)
„am Ende der 16 Dynastie" zu verbinden. Infolgedessen
wurde der Abschluss der 16. Dynastie ins Jahr 2082 verlegt,
wo aber, der Wirklichkeit mehr entsprechend, die glanzvolle
12 Dynastie Manethos hatte figurieren mussen, — wahrend
andrerseits auch die 18 Dynastie sich um etwa $2\frac{1}{2}$ Jahrhunderte zu hoch gesetzt fand, indessen die 17. als die
der 260jahrigen Hyksosherrschaft parallel laufende angesehen wurde.

Da Figeac uberdies den „Menophres", dessen 31. Re-
gierungsjahr dem Ende der 2. und dem Beginne der 3. Sothisperiode (1322 v. Chr.) entsprechen sollte, mit dem 3 König
der 19. Dynastie identifizierte, so wurde auch diese, den
biblischen Synchronismen bereits nahekommende Herrscherreihe noch zu weit hinaufgeruckt.

Diese Anordnung[2]) half in ihrer Gesamtheit momentan
uber viele Verlegenheiten hinweg und bot fur eine Menge
von unbequem erschienenen Konigsnamen den notigen
Spielraum, doch sollte die Zeit lehren, wie unheilvoll ihre
Konsequenzen sich fur den Entzifferer erwiesen, der leider
des Bruders Arbeit gut hiess, ohne im Drange der Ereignisse
die Musse gefunden zu haben, die zu ihrer Prufung notig
gewesen ware. Schon Bunsen war seinerzeit tief bekummert
uber dieses dem Meister zugestossene Missgeschick gewesen.

---

1) Diese Chronik ($\tau\grave{o}$ $\pi\alpha\lambda\alpha\iota\grave{o}\nu$ $\chi\rho\sigma\nu\iota\alpha\grave{o}\nu$) ist eine der apokryphen
Falschungen, die von den fruhchristlichen Geschichtsschreibern benutzt
wurden

2) Siehe Anhang I, 15

„Champollions Irrtumer und Fehler wird die Nachwelt grossen-
teils dem Untergang einer Schule der klassischen Philologie
in Frankreich nach Scaligers und der anderen Heroen Tode
oder Vertreibung zuschreiben," sagt er darüber[1]), sich selbst
und anderen zum Trost, „seine Entdeckungen und fruchtbaren Ahnungen aber der Höhe seines Genies und dem
edlen Streben seines Gemutes zuerkennen."

Gelegentlich seines Wiederaufbaues der 18. Dynastie mit
15 Konigen und 4 Koniginnen[2]), darunter 2 Herrscherinnen
Ägyptens auf Grund der nach der Anciennitat geordneten
Statuen und Basreliefs der Drovettiana hielt er die Konigs-
reihe der Abydostafel stets im Auge: er hatte sie langst als
die genealogische Tabelle der Ahnherren Ramses' II. erkannt,
die zwar nicht alle einzelnen Regenten, sondern nur die
Generationen aufzahle, von denen sie je einen Reprasentanten nenne. — Wie luckenhaft auch seine Kopie der beruhmten Inschrift war, so zog er doch ganz ausserordentlichen Nutzen daraus, und das Vergleichen ihrer Namensschilder mit den Denkmalern der Drovettiana, sowie mit den
Listen Manethos fuhrte ihn zu sehr genialen, der Wahrheit
entsprechenden Kombinationen. Diese schnell gewonnenen
Resultate schienen ihm mit Recht viel zu wichtig, um sie in
Form ephemerer Briefe „in den einschlafernden Kolumnen
des Moniteurs oder in den narkotischen Nummern einer
literarischen Zeitschrift sich für immer verlieren zu lassen."
Vielmehr hoffte er, das Opus an Firmin Didot verkaufen
oder doch mindestens durch die Konigl. Druckerei kostenlos
veroffentlichen zu konnen, wobei er allerdings furchtete, dass
das „Hôtel Soubise" (Imprimerie Royale) in Papier und
Druck einen „gar zu mittelalterlichen Geschmack" entwickeln
möchte. Didot kam inzwischen seinem Wunsche schon entgegen.

Trotz der starken Hitze hielten ihn die Stelen in Be-

1) Siehe Agyptens Stelle in der Weltgeschichte
2) Die als geflugelte Sphinx dargestellte Prinzessin Mut-notmet
oder, wie Champ. sagt, die Konigin „Tmauhmot, nommee par
Manéthon Achencherses," wurde von ihm zum Titelbild des ersten
Briefes gewahlt und scherzweise „la Reine Sphinxinette" genannt.

wegung, und ebenso tat dies die täglich erneute Freude an
überraschend wichtigen oder schönen Funden, unter ihnen
z. B. eine herrlich geschnitzte, stilvoll mit bunten Hieroglyphen bemalte und historisch merkwürdige Sykomorentür
aus Ramses des Grossen Zeit, deren künstlerische Vollendung
und sinnige Beredsamkeit ihn sagen lasst: „ . Diese Tür
allein schon zeigt klar, in wie geistreicher Weise die Ägypter
ihr vornehmstes Schriftsystem zur Dekoration und Verzierung
ihrer Bauten anzuwenden wussten."

Der Rest eines ebenfalls mit Hieroglyphen bedeckten
Sarges in Emailmosaik veranlasste ihn, dies Meisterwerk hoch
über die damals viel bewunderte römische Mosaik zu setzen;
doch unter den „antiken Neuheiten" waren auch an 50 Paar
Schuhe, zum Teil so zierlich und schön, dass er lebhaft bedauerte, Dacier nicht einige davon senden zu dürfen, „als
Liebesraub am Stamm der Pharaonen "

Über alle Ermüdung hinweg half ihm auch sein Drang,
nach Beendigung seiner Turiner Mission Rom und dessen
ägyptische Altertümer — wenn nicht überhaupt diejenigen
aller bedeutenderen Städte Italiens zu sehen. Doch nicht
ungestraft hatte er Frankreichs Grenzen überschritten denn
rastlos tätig wie er auch war, um in der ideenreichen Sphäre
der Drovettiana die Grundlagen seiner Wissenschaft zu festigen
und ihren Interessenkreis zu erweitern, -- und wie gewaltig
es ihn trieb, im Schatten von Sankt Peter die Zeitgenossen
eines Thutmes, eines Ramses zu begrüssen, — eine leise
Stimme erinnerte ihn dennoch beständig an das nahege-
legene herrliche Dauphiné! Dazu kommt, dass die stets so
sehnsüchtig erwarteten Briefe des Bruders oft wochenlang
unterwegs waren, weil sie des fast unerschwinglich hohen
Portos wegen meistens durch die Gesandtschaften befördert
wurden. Nun aber war ihm gründliches Durchsprechen
seiner Angelegenheiten mit seinem alter ego seit der Kindheit Tagen ein Lebensbedürfnis, so unzugänglich er auch
jeder dauernden Beeinflussung durch den so völlig von ihm
verschiedenen Bruder im Grunde war.

Schon am 4. August bat er Figeac, im Herbst für einen
Monat „unter den Laubgängen von Vif" mit ihm zusammen-
zutreffen. Aber es sollte nicht dazu kommen, denn ausser

der Riesenaufgabe, die Sammlung gänzlich durchzuarbeiten,
fiel ihm auch die mühevolle Prüfung der Papyri des städtischen Museums zu, mit der ihn Graf Cholex betraute, indem
er ihm zugleich unbeschränkte Vollmacht hinsichtlich der
Museumräume gab, anscheinend über den Kopf San-Quintinos
hinweg, der zum Konservator sämtlicher damals in Turin
befindlicher ägyptischer Altertümer ernannt war und auch
die Papyri der Drovettina bereits zum grösseren Teile ins
Universitätsgebäude hinüber genommen hatte. Höchst unangenehm berührt durch Champollions Versuch, mit der
gründlichen Durchsicht der Dokumente zu beginnen, beschwerte er sich nicht etwa am zuständigen Orte, sondern
beim Entziffeier persönlich und trat ihm gegenüber, als
handle es sich um einen anmaassenden Eindringling, was zu
sehr peinlichen Szenen Veranlassung gab, denn Champollion,
liess es, wenn einmal herausgefordert, seinerseits wohl auch
an der nötigen Ruhe fehlen. Übrigens waren die schlimmen
Launen des Direktors stadtbekannt, und erst ganz kürzlich
hatten der Herzog von Noailles und der Marquis de Cavour
eine starke Probe davon erhalten

Der „Ägypter," obwohl er dem Museum bereits nützlich
gewesen war und ihm grosse Dienste zu erweisen im Begriff
stand, hatte doch schon am 18. Juni über den Direktor
ernstlich Klage führen müssen. Ein zweiter Beschwerdebrief
ging dem Minister am 24. August zu, da es sich nun darum
handelte, 175 Papyri, von denen nur erst 20 entrollt waren,
zu öffnen, aufzuziehen und zu bestimmen

„Zum Studium der Papyri muss ich sie alle um mich
haben," heisst es darin, „ohne Unterbrechung und nicht zu
vereinzelten Stunden, wie es der Direktor will Ist das
Museum geöffnet, dann strömen die Neugierigen herbei, und
das ist für mich die schlechteste Zeit. Der Direktor hat mir
trotzdem sagen lassen, er sei so ziemlich immer von 12—1 Uhr
im Museum, — und dass ich dann kommen möge. Dies
macht meine Arbeiten unmöglich, da ich im ganzen und
nicht im einzelnen zu operieren habe." Nachdem er betont,
dass man ihm nur je drei Papyri anvertrauen wolle,
fügt er bei „Der Direktor nimmt die Schlüssel an sich;
ziemlich oft, sobald es ihm gefiel, gar nicht zu kommen,

habe ich sogar bis zum andern Tage warten müssen.
. . . Ich muss also auf das Studium der Manuskripte verzichten, falls meine Absichten nicht mit der Zeiteinteilung
des Direktors in Einklang gebracht werden können." —
„Die ausübende Macht, das Wohlwollen des Ministers, der
gesunde Verstand der Akademie und die öffentliche Meinung
sind für mich," schreibt er tags darauf an Figeac und irrte
sich nicht darin, denn sogleich wurde auf offiziellem Wege
die Sache zu seinen Gunsten entschieden Er erhielt sogar
die Schlüssel des Museums zugestellt, und das gab mit der
Zeit natürlich zu neuen Fehden Anlass.

Für den Augenblick jedoch wurde Friede geschlossen,
und San-Quintino las sogar eine Abhandlung . über eine
Mumie, die er bis dahin versteckt gehalten hatte und deren
Personalien lediglich auf Grund von Champollions System
entziffert zu haben, er ausdrücklich betonte „Wenn Du
eine Notiz über diese Inschrift machst," bittet letzterer Figeac,
„so nenne Herrn San-Quintino als den ersten, der über
[sie geredet] hat." Im allgemeinen, — zwei oder drei
Turiner Freunde ausgenommen, glaubte er zu dieser Zeit
die italienischen Gelehrten einer starken Vernachlässigung
der hieroglyphischen Studien anklagen zu müssen „Sie
haben ihre Kräfte an römischen Messergriffen und Stieropfern
abgenutzt und halten es für unmöglich, die geringste Kenntnis über die Hieroglyphen zu erlangen Von meiner Entdeckung haben sie zwar gehört, sich aber nicht die Mühe
gegeben, darüber zu lesen, da ja die Sache von vornherein
abgetan war." Es ist erklärlich dass Champollion seine
Ansprüche an die Leistungen anderer Gelehrten nicht selten
sehr hoch stellte, und dass die lebhafte Art, wie er seine
Enttäuschungen nach dieser Richtung zu erkennen gab,
Verstimmungen hervorrufen musste. Doch auch der Eifer
des Ministers Cholex zu Gunsten des Fremdlings hatte der
bereits aufgekeimten Missgunst neue Nahrung gegeben.
Desto herzlicher gestalteten sich seine Beziehungen zu Balbo,
Plana, Peyron und Gazzera, von denen der letztere mit
seltener Uneigennützigkeit die eigene Individualität gleichsam
zurückdrängte, um sich völlig den Ideen und Empfindungen
des grossen Freundes anzuschmiegen. Seiner Hilfe sicher,

nahm sich dieser vor, mehreres in italienischer Sprache
herauszugeben, „damit die Gleichgultigen und die Widersacher gezwungen" seien, von seinem System Kenntnis zu
nehmen, — denn er sah ihre Bekehrung dazu nun einmal
als einen Teil seiner italienischen Mission an — Gazzeras
schon am 6. Mai 1824 herausgegebene Schrift[1]) war deshalb
fur den bald danach eintreffenden Entzifferer der schonste
Willkommengruss in Turin — und auf Italiens Erde gewesen!

Es kann nicht genug hervorgehoben werden, wie viel
die Turiner Aristokratie — italienische wie franzosische —
durch ihren andauernden Wetteifer in Freundlichkeiten
jeglicher Art fur Champollion dazu beitrug, diesen uber die
Muhen der Arbeit hinwegzutauschen; auch schrieb er am
16 Oktober „Meiner Minuten selbst bin ich nicht Herr
inmitten dieser 4 bis 5000 [Gegenstande], die meiner harren.
Und das erste Feuer ist noch nicht erloschen, obgleich ich seit dem 12 Juni meine Tage ausschliesslich dazu
verwende, die Reste meines armen Ägyptens zu prufen.
Ich verbringe also mein Leben damit, inmitten der Toten
den Staub der Geschichte aufzuwirbeln, obwohl die Lebenden
— viele gibt es hier nicht, da die grosse Menge sich nur
einbildet zu leben, — mich mit allen nur wunschenswerten
Annehmlichkeiten empfangen und aufgenommen haben."

Zu den bereits genannten „Lebenden" hatten sich noch
der Graf d'Apremont, Graf und Gräfin Sclopis und der aus
Ägypten zuruckgekehrte Graf Vidua gesellt, ferner der Herzog
von Clermont-Tonnerre, der Marquis de Cavour und die
geniale Grafin Diodata von Saluzzo, die „Sappho von Piemont,"
eine der gefeiertsten Beruhmtheiten des damaligen Italiens.

Obwohl ungesucht in die hochsten Kreise hineingezogen,
fand er doch keine Gelegenheit, den Brief der Herzogin von
Orléans personlich, wie diese es gewunscht hatte, der
Konigin zu ubergeben, die sich wegen der Trauer um ihren
Onkel[2]) der Verpflichtung enthoben zu sehen wunschte, dem
ihr so dringend Empfohlenen eine Audienz zu gewahren. So

---

1) Applicazione delle doctrine del Signor Champollion minore etc.
Siehe die Mem der Turiner Akad Vol. XXIX[2] p 83—142 12 tav.
2) Ferdinand III von Toskana, gest 18 Juni 1824

kam es, dass in dessen Namen der Graf Cholex schliesslich
das Schreiben übergab. — Wenn man bedenkt, dass der
Absolutismus am sardinischen Hof in höchster Blüte stand,
dass noch immer in Turin, wie in Grenoble einst, „Hoch-
verratsprozesse" an der Tagesordnung waren, und vor
allem, dass der Baron d'Haussez bei den Majestäten in
grosser Gunst stand, so wird es erklärlich, dass für Champollion kein Raum war im königlichen Palast, wo nichts an
die Atmosphäre geistiger Freiheit erinnerte, die das Palais
Royal[1]) zu Paris in jenen Tagen auszeichnete.

Immerhin liess Karl Felix den Gast seiner Hauptstadt
um einen Bericht über die ägyptischen Altertümer derselben
ersuchen, der dann im Hofalmanach Platz fand

Der persönlichen Gunst des Herrscherpaares konnte
Champollion leicht entraten, so lange ausgezeichnete Männer
wie Balbo, Cholex, Costa ihm in Turin freundlich helfend
zur Seite standen, und so lange ein Blacas ihm das
übrige Italien erschloss. Über den Herzog erhielt sich hartnäckig das Gerücht seiner Ernennung zum Gesandten in
Rom, was seinen Schutzbefohlenen mit Sorge erfüllte. Denn
dass er ihn dann auf der Durchreise hatte begrüssen können,
tröstete ihn wenig angesichts der schweren Schädigung
der ägyptischen Interessen durch seines Mäcens Fortgehen
aus Paris.

Noch hoffte er, dass sein Beschützer es abschlagen werde,
„den Schwachen der grossen Männer zu schmeicheln." —
um so mehr, als er zur Ausführung eines plötzlich an ihn
herantretenden Planes des mächtigen Fordereis Hilfe
wünschte: Pedemonte, sardinischer Konsul in Alexandrien
und Drovettis Schwiegersohn, setzte ihm in dessen Namen
heftig zu, mit ihm gleich von Turin ab, wo er vorübergehend
weilte, nach Ägypten zu gehen, da die augenblicklich so
günstigen Bedingungen für eine Expedition von einer
„schlechten Tasse Kaffee" abhängig seien, die dem Pascha
jede Stunde gereicht werden könne.

Bei seinem dringenden Wunsch die täglich durch

---

1) Residenz Louis Philipps von Orleans und der Herzogin Marie
Amelie

Vandalismus aller Art bedrohten Denkmaler des Niltals und
der Oasen an Ort und Stelle zu sehen, — „sie dem volligen
Vergessen" zu entreissen, so lange es noch Zeit dazu war,
blieb dies unaufhorliche Drangen um so weniger wirkungslos, als Pedemonte ihm personlich sehr sympatisch war,
zwar hatte gerade dieser Mann die Drovettiana einst der
sardinischen Regierung ubergeben, und der „Ägypter"
glaubte ihm deshalb etwas zurnen zu mussen, doch meint
er schliesslich   „Jede Sunde findet Vergebung."

Ob sich aber auch vor seinem inneren Auge schon neue
Horizonte offneten, verkannte er doch nicht die Schwierigkeiten, die der Regelung der Finanzfrage entgegenstanden
So reichten die ihm gewahrten Mittel selbst bei tunlichster
Sparsamkeit nicht einmal zur Besichtigung aller agyptischen
Sammlungen Italiens aus, denn das durch den „Précis" erzielte Einkommen hatte zumeist zur Regelung alter Verpflichtungen dienen mussen.   Auch klagt er   „Das Geld rollt
mir aus den Handen, — doch werde ich den Riemen so lang
wie möglich schnallen."

Ludwig XVIII. war am 16. September 1824 gestorben —
und Karls X Thronbesteigung liess eine Wendung zum Bessern
hoffen, denn der Graf von Artois hatte von jeher fur wissenschaftliche Zwecke ein opferwilligeres Interesse gezeigt, als
sein in allem sparsamerer Bruder. — Übrigens war zu der
agyptischen Expedition der Zeitpunkt noch nicht gekommen, wie Champollion bald genug einsehen musste
Das Gerucht, sie werde schon vorbereitet, erhielt sich
aber so hartnackig, dass Figeac infolgedessen schon Antrage
wegen Beteiligung zugingen, — u. a. einige feurige Briefe
von einem jungen Zollbeamten, Nestor Lhôte, erprobtem
Zeichner und ebenso ehrgeizigem wie eifrigem Agyptophilen,
der sich durch das Studium der Klassiker in aller Stille auf
das ersehnte Ereignis vorbereitete.   Belzoni, dessen Begleitung
die wunschenswerteste gewesen ware, ruhte bereits seit dem
4 Dezember 1823 in der heissen Erde von Gato, wo er auf
seiner so gross geplanten Expedition nach Timbuktu dem
Fieber erlegen war.   Champollion besonders hatte — Jomard,
Cailliaud und Drovetti zum Trotz — den vorzeitigen Tod des
merkwurdigen Mannes mit dem phanomenalen Spursinn fur

wüstenverborgene Schätze tief bedauert, und um sein Gedächtnis zu ehren, setzte er eben jetzt, wo er willens war,
„alles zu wagen", um bald nach Ägypten zu gehen, Belzonis
Witwe auf die Liste[1]) derer, denen ein Luxusexemplar der
Briefe an Blacas zugehen sollte.

Ein mächtig treibender Grund zum Aufbruch nach
Ägypten war ferner das Verlangen, dort endlich eine Frankreichs würdige Sammlung zusammenzubringen, denn die
Drovettiana erinnerte ihn stündlich daran, „dass der König von
Sardinien die 400 000 Franken gefunden, die die französische
Regierung nicht gehabt hatte." Freilich wusste er, dass
zweifellos die kostbare Sammlung für Paris erworben wäre,
hätten nicht Jomard und einige von dessen Gesinnungs-
genossen mit aller Gewalt am Hofe selber den Ankauf einer
jeden ägyptischen Sammlung hintertrieben, solange man dort
beabsichtigte, sie durch Vermittlung Champollions und zur
Förderung seiner wissenschaftlichen Interessen zu erwerben.
Daher so mancher Ausbruch heftigster Gereiztheit von seiten
des letzteren, sobald er auf diesen Punkt zu reden kam
„.. Ägyptische Museen überall, — nur nicht in Frankreich!"
Selbst die Hauptstadt von San Marino wird bald ihr ägyptisches
Museum haben, aber Paris sicherlich nicht. Vereinzelte, zer-
streute Stücke sind gut genug für uns!"

In Florenz hatte der Grossherzog soeben die schöne
Sammlung Nizzoli gekauft, und die durch historische Basreliefs
ausgezeichnete Sammlung Ricci stand dort noch für nur
15 000 Franken zu verkaufen. In Marseille, Neapel, Triest
harrten ebenfalls namhafte Sammlungen der Käufer und in
Livorno liess Henry Salt soeben „eine enorme Kiste" voll
Papyri ausbieten, über welche man Champollion eine Liste
senden wollte. „Sie wird mich rasend machen" meint er,
„denn man wird ja nichts davon in Paris kaufen wollen,
. die grossen und kleinen Radelstuhier mussten einmal
ein oder zwei Tage im Turiner Museum[2]) verbringen, um
all die Ehrentitel zu hören, mit denen sämtliche die Sammlung
besuchenden Franzosen sie schmücken. .. Es ist ein be-

---

1) Sie enthielt auch die Namen beider Humboldt und Youngs
2) Hier die Drovettiana, die Champ „Musée Royal Egn" nannte

standiges Konzert von Verwunschungen, die an die richtige
Adresse zu verweisen ich pietatvoll Sorge trage. Das ist
mein einziger Trost und ich koste ihn reichlich aus. Unser
Gesandter in Toskana ist mit blutendem Herzen abgereist."

Übrigens boten ihm die Papyri der Drovettiana einstweilen
reichlichen Stoff zum Studium, — und diesen schwierigsten,
absichtlich für die kuhlere Zeit aufgesparten Teil seiner Arbeit
hatte er in den letzten Oktobertagen in Angriff genommen
Wahrend die wenigen Papyri des stadtischen Museums nicht
viel Interessantes geboten hatten, warteten seiner hier sehr
wichtige Ergebnisse. Freilich gehorte der grossere Teil der
Manuskripte, namlich alle gerollten, bei Mumien gefundenen,
wiederum dem stereotypen Totenbuch¹) (bei Champollion
„rituel funéraire") an, aber selbst diese eintönigen, mit den bekannten Bildern verzierten, zum Teil in wundervoller Schrift
auf atlasartigem Papyrus verzeichneten Texte versprachen
die Losung eines wichtigen Problems zu geben. Bislang
nämlich hatte der 22 Fuss lange hieroglyphische Totenpapyrus
des Koniglichen Antikenkabinets in Paris für das vollstandige
und mustergültige Original der weitzerstreuten, in Grabern
gefundenen Abschriften und Auszuge gegolten. Champollion
hatte jedoch bemerkt, dass nicht wenige Mumiensarge Bilder
und Texte aufwiesen, die nicht in völlig gleicher Weise in
dem erwahnten Papyrus stehen Es musste also noch ein
vollstandigeres Originalexemplar geben, und wirklich lieferte
dies die Drovettiana in einer 57 Fuss 3 Zoll langen, hieroglyphischen Papyrusrolle mit sorgsam unterschiedenen Ab-
teilungen des Textes.

Nun erst wurde es Champollion möglich, samtliche
Kopien und Auszuge des altagytischen „Rituals" nach diesem
massgebenden Vorbild zu ordnen Zwar entstammt dasselbe
nicht der klassischen Zeit des Ägyptertums, und schon der
Entzifferer wurde gewahr, dass es viele Fehler enthalt, doch

---

1) Diese Texte enthalten der grossen Hauptsache nach die Formeln,
deren der Tote auf seinen gefahrvollen Wanderungen im Jenseits
als Vademecum bedarf Vgl. die ausfuhrliche Darlegung von Champollions Ideen bei Lepsius, in dessen Einleitung zum Totenbuch
uns zuerst das Verstandnis desselben gegeben wurde

gewann er durch die genaue Prüfung des Schriftstückes
neue Synonyme für seine phonetischen Tabellen und erkannte
besser als je zuvor, wie viel Licht diese funeraren Texte
sowohl auf die Religion der Ägypter im allgemeinen, wie
auch auf ihre Anschauungen vom Leben im Jenseits ihm zu
geben vermochten. — Nach dem vorläufigen Abschluss dieser
Untersuchung griff er zu einer Anzahl von etwa 20 Papyri
ohne Bilder, die zwei- bis dreimal gefaltet, und je in ein
Stück Linnen platt eingeschlagen waren. Verwittert und
stark gebräunt, teilweise zerfetzt, so lagen die unansehnlichen
viereckigen Päckchen vor ihm, doch schon beim ersten Blick
auf den aus 50 Stückchen bestehenden Inhalt eines derselben
sprangen ihm Thron- und Eigennamen Ramses des Grossen,
sowie allerlei gut erkennbare Daten ins Auge, so dass diese
schmucklosen, sämtlich hieratisch geschriebenen Dokument-
reste sich plötzlich als kostbarer Schatz erwiesen. Nach fast
vierstündigem Zusammenpassen lag das historische Fragment
einigermassen lesbar vor ihm, und er erkannte nun darin
u. a. die beiden Namen des letzten Königs der 17. Dynastie,
während er bis dahin (in der Drovettiana) nicht über die
18. Dynastie hinaus gekommen war

Mit nie gekannter Genugtuung widmete er sich diesen
Papyri, die ihm neben geschichtlichen Tatsachen auch sprach-
lich und archäologisch viel Neues boten. So fand er die
Zeichnung eines grossen Segelschiffes, mit Schiffsjungen in
den Raaen, in einem der Papyri, und ein anderer gab ihm
Merkwürdigeres noch den korrekt entworfenen, getuschten
Grundriss (plan lavé) des Grabes von „Rhamses Meiamoun")
Er erkannte es teils durch Vergleichung mit dem in der
Description vorhandenen Plan desselben Grabes, teils
nach der Verzierung des Königssarges, von welchem ihm
Belzoni Abbildungen gezeigt hatte. ..... Ich glaubte hallu-

---

1) Ramses III. Hier liegt eine Verwechslung vor Der Plan,
der von Lepsius veröffentlicht ist (Abhandl der Berliner Akad 1867),
stellt, wie dieser gesehen hat, das Grab Ramses IV. dar, dessen
Sarkophag noch an seinem Platze steht. — Champ. hielt es fälschlich
für das Ramses' III, dessen Sarkoph im Louvre ist und der Deckel
dazu in Cambridge. Übrigens haben die Sarkophage beider Gräber
dieselbe Form

ziniert zu sein," — schreibt er am 30. Oktober und bittet Figeac, nur noch solche Papyri zu kaufen, die ungerollt, platt, mit Linnen umhüllt und vor allem ohne Balsamflecken seien, „denn sie allein sind die wahrhaft geschichtlichen Dokumente," bemerkt er und schliesst den Brief mit den Worten „Nicht immer kann ich Dir mit solcher Tinte schreiben!"

Nach einer Woche rastloser Arbeit erfuhr er, dass unter dem Dache des Akademiepalastes eine Menge anderer, „aber nicht mehr brauchbarer" Papyrusreste vorhanden seien. Er bestand jedoch darauf, sie alle, bis zum letzten Fetzen hin, zu sehen und so willigte man ein, sie ihm für den anderen Morgen auf einem Tisch auszubreiten.

„Beim Eintritt in dieses Zimmer, das ich künftighin das Kolumbarium der Geschichte nennen werde," heisst es am 6 November, „durchschauerte mich Todeskälte, denn vor mir sah ich einen zehn Fuss langen Tisch, der in seiner ganzen Breite und mindestens zu einem halben Fuss Höhe mit einer dichten Schicht von Papyrusfetzen bedeckt war . ., Um mein Leid in etwas zu überkommen, nahm ich anfangs an, nur die Trümmer von etwa 400 bis 500 funeraren Handschriften vor mir zu sehen — worauf ich Mut fasste zur Untersuchung der grössten und wenigst unförmlichen Fragmente, doch meine Wunde öffnete sich wieder und blutete aufs grausamste, als ich erkannte, dass das Stückchen in meiner Hand einem mit dem Jahre 24 des Pharaos Amenophis Memnon datierten Dokumente entstammte! Sogleich beschloss ich, einen nach dem andern alle grossen und kleinen Überreste zu untersuchen, die diese Tafel der Verwüstung (table de désolation) bedeckten. Die Empfindungen schildern, die mich bei der Untersuchung dieses weltgeschichtlichen Kadavers bewegt haben, ist unmöglich. Selbst die kälteste Phantasie musste davon erschüttert werden, denn wer konnte sich wohl der Bewegung erwehren beim Berühren dieses antiken Staubes der Jahrhunderte? Ich philosophierte bis zum äussersten (à outrance) Kein Kapitel aus Aristoteles oder Plato ist so beredt wie dieser Papyrushaufen! Meine Tafel ist beredter als die des Kebes Ich habe in meiner Hand Jahresdaten umdrehen können, für welche die Geschichte jegliche Erinnerung

verloren hatte, und Namen von Göttern, die seit fünfzehn
Jahrhunderten keine Altäre mehr haben. Mit verhaltenem
Atem, aus Furcht, sie in Staub zu verwandeln, habe ich dies
oder jenes Papyrusstückchen gesammelt, das die letzte und
einzige Zuflucht für die Erinnerung an einen König bieten
mag, dem es bei Lebzeiten in dem ungeheuren Palast[1]) von
Karnak vielleicht zu eng war.

In diesen zerbrechlichen und verstümmelten Resten einer
versunkenen Welt habe ich ebenso wie in der heutigen sehen
können, dass es vom Erhabenen zum Lächerlichen nur ein
Schritt ist, und dass die Zeit das Grösste wie das Kleinste,
das Wichtigste wie das Nichtigste, das Traurigste wie das
Heiterste auf dasselbe Niveau zurückführt und unterschiedlos
mit sich fortreisst: Zur Seite eines Regierungsdekrets Ramses'
des Grossen oder einer Lobhymne zu Ehren des Ramses
Meïamoun oder eines andern grossen Völkerhirten habe
ich Überbleibsel von ägyptischen Karikaturen[2]) gefunden, —
eine Katze mit dem Hirtenstab in der Hand, die Enten hütend,
oder einen Affen als Flötenbläser! Dicht beim Thron- und
Eigennamen des kriegerischen Moeris eine Ratte in Kriegs-
rüstung, die auf einen Kämpfer von ihrer Art Pfeile abschiesst,
oder eine Katze, die den Kampfwagen besteigt. — Hier ein
Grabtext (texte funéraire), auf dessen Rückseite weltliche
Interessen eine Verkaufsurkunde verzeichnet haben und dort
die Überreste von Bildern, deren monströse Unsittlichkeit
mir eine sehr merkwürdige Idee von dem Ernst und der
Weisheit Ägyptens geben." Dies Geständnis wurde ihm
schwer, und es ist rührend zu sehen, wie er später, um seine
Lieblinge vielleicht doch noch entschuldigen zu können,
hinzufügt: „Falls man nicht annimmt, dass diese Bilder zu
ihrer Zeit von der Behörde beschlagnahmt waren."

Nachdem er gesagt, dass er weder demotische Zeichen,
noch spätere als zur 19. Dynastie gehörige Königsnamen gefunden, fährt er fort: „Ich bin überzeugt, dass alle diese Papyri
zu den Archiven eines Tempels oder eines andern öffentlichen
Depots gehört haben. Der wichtigste davon, der, dessen

---

1) Der v. d. Description so bezeichnete Reichstempel v. Karnak.
2) Siehe Lepsius' Auswahl der wichtigsten Denkmäler.

Verstummelung ıch unaufhorlıch beklagen werde, da er eın
wahrer Schatz fur dıe Geschıchte war, ist eıne chronologısche
Generaltabelle, eın wırklıcher Kónıgskanon in hieratischer
Schrift, der viermal sovıele Dynastıen enthalt wıe die Abydostafel ın ıhrer ursprunglıchen Unversehrtheit[1]). Ich habe aus
dem Staube hervor zwanzıg Reste dıeses kostbaren Manu-
skrıptes sammeln konnen, hochstens eın oder zweı Daumen
breıte Stuckchen, dıe trotzdem dıe mehr oder wenıger ver-
stummıelten Namen von 77 Pharaonen enthalten. Das wichtigste von alledem ıst, dass keiner dieser 77 Thronnamen
ırgendwıe denjenıgen der Abydostafel gleıcht, daher ıch denn
uberzeugt bin, dass sıe samtlich den vorhergehenden Dynastıen
angehören[2]). Ebenso sıcher scheınt es mır, dass dıeser
hıstorısche Kanon[3]) derselben Zeıt entstammt [wie alle
diese Fetzen, und dass nıchts davon junger ıst als dıe 19 Dy-
nastıe] Dıes ıst eıner von solchen Kapıtalfunden, dıe ebenso-
vıel Leıd wıe Freude erregen und dıe uns lehren .. , dass
wır alles erwarten durfen von gut geleıteten Nachforschungen . . .“ „Ägypten alleın konnte uns Schrıften von solch
erstaunlıchem Alter lıefern. Du wırst eınsehen, dass dıe
Zeıten der Lagıden und selbst der Perser anfangen, mır
Mıtleid zu erregen, — das alles ist von gestern im Vergleıch
zu dem, was ich seıt acht Tagen in Handen habe.“

    Neun weitere Tage verbrachte er mıt inbrunstıgem
Suchen nach den Resten dıeses unschatzbaren Kanons in-
mıtten von Tausenden gebraunter Urkundenatome, bis er
endlich 40 Stuckchen zusammen hatte, dıe er mıt unsaglıcher

---

1) Dass dıe Abydostafel ın ıhrer Unversehrthcıt — man kannte
ja damals nur eın stark beschädıgtes Exemplar — bıs auf Menes
zuruckgeht, konnte Champ. damals nıcht wıssen Denn erst ı. J. 1864
fanden Maııette und Dumıchen eın gut erhaltenes Duplıkat auf.

    2) Dıeser Schluss trıfft nıcht zu Champ vergass hıer mo-
mentan, dass die Namen der Abydostafel mıt Auswahl gesetzt sınd.

    3) „ Je dıs canon royal, puısque plusıeurs morceaux de
cet ınapprécıable ms prouvent qu'ıl étaıt partagé en colonnes de
prénoms royaux, suıvıs du nombıe des années de règnes, exprımés
en chıffres hıératiques   J'aı trouvé quelques noms royaux ecrıts
à l'encre rouge au mılıeu des autres noms tracés en noıı: je pıé-
sume que c'étaıent la des chefs de dynastıe .. “

Mühe und Geduld bis auf 46 und etwas später bis auf 50 zu bringen vermochte. — „Schliesslich,“ so schreibt er am 15. November, „habe ich in den Überresten dieses Königskanons, der ein wahrhaftiger Manetho in hieratischer Schrift war, etwa 160—180 königliche Thronnamen (prenoms) gefunden, viele sind unversehrt, aber viele sind — sei es am Anfang oder am Ende — verstümmelt. Eine gewisse Anzahl folgen aufeinander, was immerhin ein Mittel zu chronologischer Anordnung sein wird ... Das auffallendste Ergebnis dieser Ausgrabung ist unbestritten der durch sie gewonnene Beweis, dass die Ägypter zu einer sehr entfernten Zeit — da dieser Text sich inmitten von Archivresten findet, die keineswegs über die 19. Dynastie herabreichen, — nahe an 200 Regierungen noch vor der 18. Dynastie zählten, denn in all diesen Fragmenten des Königskanons befindet sich nicht ein einziges Königsschild (cartouche), das denen der Könige der 18, der 19. oder der nachfolgenden Dynastien gliche. Die aus diesem Hauptfaktum zu ziehenden Folgerungen lehren, dass Manetho mit seinen 30 Dynastien den ägyptischen Ideen gefolgt ist und dass diese Meinung vom hohen Altertum der ägyptischen Nation schon seit dem 12. Jahrhundert vor der christlichen Ära im Umlauf war.“

Da sich die Fragmente nicht einmal annähernd zu einem Ganzen ineinanderfügen liessen, so schloss er daraus, dass nur der kleinere Teil des Papyrus dem Untergang entrissen sei und sagt „Es ist die grösste Enttäuschung meines literarischen Lebens. diese Masse in solch verzweifeltem Zustande vorgefunden zu haben. Ich werde mich niemals darüber trösten [es ist eine Wunde, die lange bluten wird].“

Nicht Willens, durch eigenmächtiges Aneinanderpassen der im November 1824 vorliegenden 46 Stückchen eine vorgefasste Chronologie oder etwaige Hypothesen zu begünstigen, begnügte er sich damit, von jedem derselben eine einzelne, äusserst genaue Wiedergabe (sowohl der äusseren Form des Fragments, sowie der auf ihm stehenden Schriftzeichen) anzufertigen, diese Stücken mit je einem lateinischen Buchstaben zu versehen[1]) und sie auf einem Blatte

---

1) A bis U u Im ganzen mehr als hundert Namen.

Hartleben Champollion 34

zu vereinigen Danach kopierte er alle Stucken nochmals
und trug sie in ein Heft[1]) ein. Es ist sehr bemerkenswert.
dass er sogleich auch die Ruckseite der Fragmente beachtete,
was z. B. aus dem mit U u bezeichneten hervorgeht. Dass
er schon damals voll erkannt hatte, dass der Inhalt dieses
in spaterer Zeit und zu anderen Zwecken nachgefugten Verso
unabhangig ist von demjenigen des Recto, ist nicht anzunehmen, denn er war naturlich noch nicht imstande, eine
dermassen fluchtig hingeworfene hieratische Kursivschrift
zu lesen[2]), so dass er auch nicht daran denken konnte,
die Stucken nach dem Inhalt dieser Ruckseite in-
einanderzufugen — Obwohl er zu dieser Zeit die Namen
des Menes, Athothis und die von andern aus den Manetho-
nischen Listen bekannten Herrschern deutlich erkannte, sah
er dennoch von einer chronologischen Anordnung der Fragmente geflissentlich ab, da ihm ja fur den Augenblick das
Sammeln von Material die Hauptsache sein musste. Doch
wusste er nun, dass es fortan von der grossten Wichtigkeit
sein wurde, die Konigsnamen des Papyrus erstens mit denen
der Denkmaler und zweitens, was viel schwieriger war, mit
den in Manethos Listen vorkommenden zu identifizieren[3]).

Nichts Boses ahnend, hatte er in der uberstromenden
Freude uber seine Entdeckung diese sogleich allen bekannt
gegeben; wie schmachvoll er infolgedessen uberlistet wurde,
sollte ihm erst drei Jahre spater klar werden· San-Quintino
hatte namlich schon in den ersten Novembertagen heimlich
eine Menge der noch unbenutzten Stuckchen vom „Tisch
der Verwustung“ entfernt, — und unter ihnen befanden
sich, wie es heisst, Fragmente des Konigskanons! Zufolge
einer Mitteilung von Peyron und Gazzera an Figeac war
spaterhin das Gerucht im Umlauf, dass er sie anfanglich
hatte vernichten wollen, er legte sie indessen fur gelegentliche
Verwendung beiseite, doch sollte seinem Nachruhm nicht damit

---

1) In 8⁰, 37 Blatter
2) Als er dies i J. 1831 schon eher hatte tun konnen, war ihm
das Original nicht zur Hand. Schon bemuhte sich Gazzera darum,
als des Meisters letzte Krankheit die Verhandlungen nutzlos machte
3) „ . retablir les noms égyptiens de deux ou trois cents rois
diversement nommes par les écrivains et sur les monuments publics.“

genutzt werden, immerhin aber beeintrachtigte er auch hierdurch des Entzifferers Nachforschungen in empfindlichster
Weise

Wie wichtig auch die Wiederherstellung des agyptischen
Zahlensystems, die richtige Beleuchtung der Kunst und anderes mehr erscheinen mussten, so zeigt doch das Vor-
stehende, dass der Haupterfolg in Turin auf das Gebiet
der Geschichte fiel¹ Und diese grosse Genugtuung fur
Champollion als Historiker, den es drangte, uberall dem
Ursprung der Volker und ihrem Zusammenhang untereinander (filiation) nachzuspuren und bis auf die Uranfange
der Zivilisation zuruckzukehren, schien in ungeahnter Weise
erhoht zu werden. Er hatte namlich in funeraren Texten
mehrere, wie er meinte, uralte Namen bemerkt, die er mit
Recht sogleich als der agyptischen Sprache nicht zugehorig
erkannte, und von denen er annahm, dass sie im Laufe der
Zeit zur Bezeichnung des Gottes Amon wieder zur Verwendung gekommen, gleichsam auf ihn ubertragen seien.
Ihrem Ursprung nachforschend, schreibt er: „ . . . Mehrere
scheinen den semitischen Sprachen anzugehoren und die
grossere Anzahl eine noch frappantere Analogie mit Sans-
kritwortern darzubieten . . . "

Aber wie sehr ihn auch die weite Perspektive bewegte,
die er durch die vergleichende Sprachwissenschaft vor sich
eroffnet wahnte, so wollte er doch die neue Vermutung erst
zur Gewissheit ausreifen lassen, ehe er die naheliegenden
Konsequenzen daraus zoge und diese der Öffentlichkeit preis-
gabe. — Der oben erwahnte Ausspruch findet sich in einem
langen Briefe an W. v. Humboldt¹), der ihm durch Kopien
aus zwei funeraren Papyri eine Erganzung des Turiner Materials zu diesen Untersuchungen geliefert hatte. Ohne ihm das
letzte Wort uber seine neue Idee auszusprechen, teilte er ihm
zehn der ratselvollen Worter mit und sagt „Beim ersten Anblick dieser Eigennamen frappierte mich ihre Seltsamkeit, denn
fast alle sind aus denselben, aber in verschiedener Anordnung

---

1) Brief vom 12. Februar 1825 Abgedruckt in Idelers „Hermapion" — Das Ms. befindet sich in der Berliner Konigl Bibl , Hand-
schriftensamml Nicolai, Nr. 245.

wiederholten Elementen gebildet;" und er hebt hervor, wie
sorgsam der Schreiber zum grossen Teile alle Vokale dieser
Namen lautlich vermerkt habe.

Ein zweites Originalmanuskript bestätigte ihm noch die
völlig unveränderte Schreibweise dieser fremdartigen Wörter,
mit deren Abschrift von uralten Vorlagen die Hierogrammaten, obwohl sie sonst nur allzuviel Gefallen an stets
wechselnder Orthographie fanden, es ungemein streng genommen hatten. „Sollten dies Wörter jener, von der
Sprache abweichenden heiligen Sprache[1]) sein?" fragt er
sich, „deren Existenz in Ägypten durch gewisse Stellen der
alten Klassiker angezeigt scheint? Oder müssen wir in
ihnen mehrere jener göttlichen Namen sehen, von denen
Jamblichus spricht, Namen, deren Sinn sogar den ge-
lehrtesten Hierophanten gänzlich unbekannt war und die,
diesem Autor zufolge, unendliche Geheimnisse bargen? . . ."
Bei diesen Hypothesen hielt er vorläufig inne, aber die
sonderbaren Wörter, in die man, wie er wähnte, im Lauf
ungezählter Jahrhunderte einen andern Sinn gelegt, und sie
zur Form eines verhältnismässig modernen Inhaltes gemacht
hatte, kamen ihm nie wieder aus dem Sinn. Es war besonders einer der geheimnisvollen Namen, der ihn am
meisten beschäftigte und auf den er, seltsam zu sagen, im
letzten klaren Moment seines Erdendaseins, nach starken
Fieberdelirien, nochmals zurückkam, als wollte er die
Konsequenzen, die er inzwischen aus ihnen allen gezogen
hatte, nicht unausgesprochen mit sich ins Grab nehmen[1])

So war denn in den letzten drei Wochen der Entdecker
mit Riesenschritten vorwärts geeilt und auf dem mühsam
bestellten Studienfelde war ihm hier unter den Handen herrliche Frucht gereift Auch gehört seine Bearbeitung der
Drovettianatexte zu den Glanzpunkten seiner wissenschaftlichen Laufbahn, und nur der Aufenthalt in Ägypten selber
konnte ihm Höheres noch gewähren

Im „Kolumbarium der Geschichte", jenem einsamen

1) Es handelt sich nach heutiger Anschauung bei diesen seltsamen
Namen um den Gallimathias des Kapit. 163 des Totenbuches Vgl.
Erman. Ägypten, p. 474

Zimmer, wo er, allein mit den „kostbaren Reliquien,“ sich gleichsam von der Gegenwart loslöste, um den letzten, kaum vernehmbaren Atemzügen fernster Vergangenheit zu lauschen, erscheint uns der Entzifferer in seinem eigentlichen Element, in der historischen Forschung, und um die alten Rätsel zu lösen, wandelt sich hier die Urkraft seines spekulierenden Verstandes stellenweise um in die Wundermacht der Divination.

In Anbetracht der drängenden Arbeit hatte Champollion bereits die ihm so nötige Mittagsruhe wieder aufgegeben; bei der fortgesetzt abnormen Konzentration seiner Geisteskräfte war es deshalb kein Wunder, dass sein empfindlicher Körper viel zu leiden hatte, besonders da seit Ende September starke Überschwemmungen ungesunde Feuchtigkeit erzeugten, die ihm Rheumatismus und Fieber, sowie die störende Schwäche im Kopfe zurückbrachte.

Überdies wurde er häufig im Arbeiten gestört durch Besucher der Sammlung, die aus verschiedenen Ländern herbeikamen, um sich von ihm selber alles erklären zu lassen.

„Gestern war der Herzog von Laval-Montmorency im Museum,“ heisst es am 6. November, „. . . . heute morgen weckte man mich um 7¹/₂ Uhr, um dem Prinzen von Carignano und dem Herzog Anton Clemens von Sachsen die Honneurs zu machen. . . . Biot ist seit zwei Tagen hier, und abends mit einem Gefolge von zehn Astronomen zu mir gekommen. . . . Man sagt mir von allen Seiten, dass er beständig zugunsten Ägyptens und meiner Arbeiten predigt. Ich weiss nicht, woher ihm diese grosse Inbrunst kommt, . . . er erklärt, dass die Behörde nichts von alledem tut, was sie mir schuldet, und ich bin ganz gerührt von dieser mathematischen Zärtlichkeit.“ So war nun also die durch die Tierkreisdebatten eingetretene Entfremdung der beiden Freunde wieder aufgehoben.

Auch an Landsleuten Youngs fehlte es nicht, und diese führte er nicht nur in den beiden ägyptischen Museen, sondern auch in der Stadt umher. — Sehr unlieb war ihm dagegen der Besuch des Hellenisten Raoul Rochette, des erbitterten Gegners von Figeac, von dem er nichtsdestoweniger einen

Empfehlungsbrief mitbrachte, dem zu Liebe Champollion
momentan seinen Groll niederkampfte und sich volle vier
Tage lang dem ungebetenen Gast zur Verfugung stellte. Doch
liess er es sich nicht nehmen, ihm eine kleine Niederlage
angesichts der agyptischen Kolossalstatuen zu bereiten, da
der Hellenist nun notgedrungen bewundern musste, was
er kurz vorher sehr herbe verurteilt hatte. „Ich habe ihn
hier empfangen, als ware er einer der besten Unsrigen, …
und wenn er kunftighin noch Lanze oder Zunge gegen uns
erhebt, so ist er der Vergebung unwurdig,“ erklarte François
dem Bruder. als ein Brief aus Paris an Peyron meldete, dass
sich Rochette nach seiner Ruckkehr den Kopf zerbrach, was
er nun „seinem Freunde Champollion zu Liebe tun konne “
Er gehorte aber dem „Areopag“ der Inschriften-Akademie an,
der nicht nur die Kandidatur von Figeac vereitelt hatte,
sondern der im Begriff stand, François zuruckzuweisen, dessen
Wahl von einigen ausserhalb der Koterie stehenden Akademikern vorgeschlagen war. Raymond Capefigue, „der trotz
seiner 22 Jahre ein ultraroyalistischer Vielschreiber zu werden
versprach,“ sollte den dem „Agypter“ zugedachten Platz mit
Vorteil ausfullen, und angesichts dieser Sachlage war es
freilich wohl notig, dass gleich Letronne, der es in einem
uberaus scharfen Briefe tat, auch Rémusat, Jomard, St. Martin
und andere ihren „unbestechlichen Gerechtigkeitssinn“ betonten. (Übrigens kam die Wahl Capefigues nicht zustande)

    Rochette hatte sich dem Verdikt des „Areopages“ an-
geschlossen Etwas spater bewies er durch Publikationen uber
griechische Papyri, die ihm ganz fluchtig und im Vertrauen
gezeigt waren, wie sehr er auf Kosten Champollions, Peyrons
und Gazzeras, die sich plotzlich unverschuldeter Weise schwer
kompromittiert sahen, den Aufenthalt in Turin[1]) sich zunutze
gemacht hatte. Dass seine Erkenntlichkeitsbeweise damit
nicht zu Ende waren, zeigen gelegentliche Zornesausbruche
Champollions[2]).

---

1) „Les amis de Rochette disent dans Paris, qu'il a fait son
voyage de Turin parceque je l'avais prie de venir pour m'expliquer
plusieurs choses et faciliter aussi mes recherches. Risum teneatis
amici'“ Champ an Gazzera, 16. Oct 1824.

2) „La démarche de [Rochette] ne m'etonne point, mais je la lui

Die Kunde von den letzten Ergebnissen der im Schosse des Institutes eingebürgerten Intriguen erbitterten François sehr und in seinen Briefen aus jenen Tagen schüttet er den ganzen leidenschaftlichen Groll über die „jeglicher Gerechtigkeit spottenden Zustände" rückhaltlos aus. Er beklagt Dacier, der vergeblich dagegen ankämpfte, und sieht mit Unbehagen auf Sacy, der nicht blind sei gegen diese empörende Misswirtschaft, trotzdem aber mit seiner gewichtigen Stimme gegen die Urheber derselben nicht angehen wolle. — In seiner Gereiztheit sieht er bereits den Augenblick nahen, wo er, nebst Figeac, den er inständig bittet, sich nie wieder zu einer Kandidatur zu verstehen, „der Gesellschaft der Unsterblichen und den Pariser Intriganten" auf immer den Rücken wenden werde, wobei er persönlich die fortgesetzt wiederholten Turiner Vorschläge im Auge hielt.

Der Sturm brach vollends los, als er durch das Journal des Débats das vorhergesehene Ergebnis der „akademischen Schlacht", nämlich seines Bruders Niederlage, bestätigt sah. Erst jetzt erfuhr er, dass auch er, ganz gegen Wissen und Willen, als Bewerber auf den Listen gestanden hatte. Nachdrücklichst protestiert er daher von Turin aus gegen das Gerücht, er habe hierum gewusst, und bringt öffentlich die oft gegebene Versicherung in Erinnerung, dass er nicht vor seinem Bruder, der ältere Ansprüche habe als er, in die Akademie eingehen wolle und dass er viel weniger noch als dessen Rivale auftreten könne. Die Schale seines Zorns ergoss sich besonders über Jomard, dem er die Hauptschuld an Jacques-Josephs Misserfolg beimass, dem er aber weit Ernsteres vorzuwerfen hatte, für das er ihm bei dieser Gelegenheit das Urteil sprach:

„. . . Er hat mich, um in seiner Sprache zu reden, nur erst in der Form des huldreichen Osiris, mit Ibis- oder Lammesmaske gesehen, jetzt aber bereite ich ihm sorgfältigst eine Erscheinung als Osiris mit Krokodil- oder Nilpferdmaske vor, und wir werden sehen, wie er sich mit dieser neuen Theophanie zurechtfindet. Mag er sich noch so sehr mit den

---

garde: Il n'y a que les montagnes qui ne se rencontrent pas, et j'ai aussi un bec et des ongles."

geweihten Schleiern der Mysterien bedecken und umgeben,
— ich werde die Hülle zerreissen und den wahren Gläubigen
zeigen, dass der Hohepriester nur ein Fremdling ist auf
Ägyptens Erde, ... ein Hykschos, der sich aus eigener
Machtvollkommenheit mit dem Pschent gekrönt hat"

Um sich diese und ähnliche Worte zu erklären, muss
man bedenken, dass Jomard seit dem Erscheinen des Briefes
an Dacier heimlich, aber unaufhörlich, gegen dessen Autor
intriguiert hatte, woran ja auch die italienische Mission beinahe gescheitert wäre, wie Blacas und Doudeauville zur
Genüge wussten, da sie nur schwer diesem hinterlistigen,
trotz seiner im tiefsten Grunde bonapartistischen Gesinnung
bei Hofe gern gesehenen Gegner Champollions das Feld
dort hatten streitig machen können.

Jomard eiferte besonders gegen den Ankauf von Papyri,
da er sie als wissenschaftlich wertlos erklarte, und als der
Entzifferer angesichts der Turiner historischen Dokumente
ausruft „Welche Ernte für die Geschichte! und auch, ich
hoffe es, welch starker Beweis gegen die, welche durchaus
keine ägyptische Sammlung und besonders keine Papyri
wollen, die ihnen zufolge nur Gebete und Vaterunser enthalten," so denkt er in erster Linie an Jomard, mit dem
er sich aber dennoch gern versöhnt hatte Sagt er doch
nach Auffinden des erwähnten Planes in einem der Papyri
„Das ist etwas, das man dem grossen Tragöden zeigen könnte,
falls er artig ist! Es wird dazu dienen können, Frieden zu
schliessen." Aber er schrieb dies am 30. Oktober, — vor
dem Ergebnis der Institutswahlen

Trotz des gegenseitigen Grolles standen beide in
gelegentlichem Briefwechsel über das ägyptische Ziffernsystem Auf diesem Gebiete hatte Jomard in der speziell
hieroglyphischen Form wirkliche Erfolge aufzuweisen, indem
er die Werte der Monats- und der Jahreszeichen festgestellt
hatte. Champollion erkannte seine Resultate im allgemeinen
als richtig an, in Einzelheiten jedoch bekämpfte er sie, wobei
aber nicht immer das Recht auf seiner Seite war. Übrigens
hatte er gerade von Ende November an in Turin angestrengt
auf diesem Gebiete gearbeitet, und zwar in allen drei Schriftformen — das hieratische Ziffernsystem ist ausschliesslich

von ihm allein wieder aufgebaut, — so dass er dem Bruder
schon am 23. November schreiben konnte „Kein Datum, ob
hieroglyphisch, hieratisch oder demotisch, setzt mich fortan
in Verlegenheit Ich entziffere mit Vergnügen Jahres-, Monats-
und Tagesdaten." — Zur Wiederherstellung des agyptischen
Kalenders und der Reihenfolge der Monate, ihrer Namen in
den drei Schriftarten, sowie zur Klarlegung des gesamten
Zeitrechnungs- und Ziffernsystems waren ihm zwei Abdrucke
von Stelen sehr nützlich gewesen, die ihm der schwedische
Generalkonsul Anastasy aus Alexandrien übersandt hatte.
Dank diesem trefflichen Material beherrschte er nach kurzer
Zeit das agyptische Ziffernsystem so gut, dass er bereits am
24. Dezember 1824 an Figeac eine Tabelle übersendet mit:

1 Monatsnamen im Hieratischen und Demotischen;

2 hieratischen Zahlen zu allgemeiner Bezeichnung, und zu derjenigen der Jahre im
besondern,

3. den korrespondierenden demotischen Zahlen,

4. den hieratischen Zahlen für Monatsdaten;

5. den korrespondierenden demotischen Zahlen.

„Dies ist das Ergebnis meiner Arbeit seit einem Monat,
während dessen ich nichts als wirkliches Rechnen getrieben habe. Um den Wert all dieser Zeichen zu eraten,
war ich gezwungen, der gesamten Buchführung eines gewissen Schreibers Thutmes, von dem ich eine grosse
Menge von Kassenbüchern (livres de récettes) vom 11. Paophi
bis zum 13. Pharmuti des Jahres XII der Regierung
Rhamses' V. von der 18. Dynastie[1]) gefunden habe, Schritt
für Schritt zu folgen und sie zu bestatigen . . . Ich habe
meine Berechnungen Plana unterbreitet, der sie sämtlich
durchaus richtig befunden hat, worauf ich nun dermassen
stolz bin[2]). dass ich den ersten freien Platz in der Akademie
der Wissenschaften beanspruche, — da die der Inschriften nichts von uns wissen will. Aber Scherz bei-

---

1) Ramses VI aus der 20. Dynastie Er galt ihm damals als
Ramses der Grosse, Begrunder der 19 Dynastie

2) Champollion war zeitlebens im Rechnen schwach

seite, ich habe ein wahres Kraftstuck vollbracht mit dem
Bestimmen des genauen und zweifellosen Wertes dieser
Menge von Zeichen, die ich doch erst als (Zahl-) Zeichen
erkennen und aussondern musste   Die hieroglyphischen
Formen konnten mich nicht leiten, denn von der Zahl funf
an gleichen sich die beiden Systeme nicht mehr. Auch
galt es zu erraten, dass es den agyptischen Hartschadeln
gefallen hat, den 14 eines Monats durch 10, 2 und 2,
den 15., durch 10, 3 und 2 zu bezeichnen. Ich schlage
immer ein grosses Kreuz zum Dank fur meinen Genius, wenn
ich die Aktenprotokolle (Protocoles d'actes) betrachte, deren
erste Worte eine ganze Wagenladung voll aufgehaufter
Zahlen enthalten   Jahreszahlen — und Ordnungszahlen der
Monate und des Monatstages[1]).   Alles das zusammengehauft
und zwei verschiedenen Numeralsystemen angehorend, die
unterschieden werden mussten   Nun, die Sache ist gemacht,
und ich gebe sie als sicher und gewiss. Das erste Ergebnis
dieses Fundes ist, dass keines der vom Dr. Young und von
mir gegebenen demotischen Kontraktdaten richtig ist. Es
wird Dir jetzt leicht werden, mit Hilfe der beifolgenden
Tabellen alle demotischen wie hieratischen Kontraktdaten zu
lesen."

Eine im letzten der erwahnten 20 Papyruspakete vor-
gefundene Gotterliturgie machte ihm Freude, da sie ihm
die Namen von elf koniglichen Personen lieferte, darunter
funf Herrscher. Auch hatte er das Gluck, im Januar sein
Ziffernsystem durch Auffindung der Rechnungsregister eines
Schreibers „Mandoumès" noch vervollkommnen zu konnen

Man sieht, die Fulle der neuen Eindrucke beangstigte
ihn keineswegs, sie stahlte vielmehr die organisierende
Kraft seines Genies. Der Talisman jedoch, der seinem
schon damals notorisch hinfalligen Organismus eine wunderbare Widerstandskraft verlieh, war seine bis ans Ende gleich-
starke Begeisterung fur Altagypten, die ihm wie ein un-
versiegbarer Born aus der heissen Seele emporquoll. Aber
war sie auch zum grossen Teil das Ergebnis der nach

---

1) „Chiffres de l'annee, chiffres de l'ordre du mois et du
quantième."

heutigen Begriffen zu hohen und zu schonen Idee, die er
sich von seinem Studienobjekt machte, so half ihm doch
diese gewaltige Triebkraft nicht nur uber jegliche Ermudung
hinweg, sondern sie hatte auch zur richtigen Zeit seinen ursprunglich zu endloser Zersplitterung neigenden Geist unwiderstehlich in die eine vom Geschick ihm vorgezeichnete
Bahn hineingetrieben und ihn darin zuruckgehalten.

Durch das Studium der Papyri in seinen, durch die
ubrigen Denkmaler der Drovettiana gewonnenen, Ergebnissen
bereichert und gefestigt, stellte er im Lauf des Dezembers
den zweiten Brief an Blacas zusammen. Hatte der erste
fast ausschliesslich die 18. Dynastie beleuchtet, der er den
Wiederaufbau Agyptens „nach 260jahriger Verwustung durch
die Hirtenkonige" nachruhmt und die ihm das vermittelnde
Glied zwischen der uralten Landeskultur und einer neu-
anbrechenden Zeit ist, „das man erst genau kennen muss,
ehe man das Davor- und das Dahinterliegende gut beurteilen
kann," — so bringt dieser zweite Brief vor allem Nachrichten uber die 16. und 17, sowie uber die 19, 20., 21.
und 22. Dynastie. Fur alle diese Herrscherfamilien hatte ihm
Turin zeitgenossische Denkmaler geliefert, denn nur was er
durch solche bestatigen konnte, wollte er, „da nun endlich
auch fur Agypten die Zeit kritischer Geschichtsforschung
angebrochen," als sicher hinstellen

Mit klarem Blick erkennt er nun im Dunkel der Vorzeit
verschiedene Tatsachen, so z. B., dass Agypten vor dem
23. Jahrhundert v. Chr. bemuht war, sich selber zu genugen,
nichts von den Nachbarn, „sondern alles vom eigenen Genie
zu erwarten, was naturlich gelegentliche Kriegszuge zur
Unterdruckung afrikanischer oder asiatischer Volksstamme
ebensowenig ausschloss wie die Beschaffung von Gold,
Kupfer und anderem derartigen Rohmaterial aus fernen
Gebieten. — Durch die Drovettiana allein schon zur Wiederherstellung „von elf Jahrhunderten" berechtigt, steigt er bis
zur 12. Dynastie hinauf und wendet sich mit Vorliebe einem
„14 Fuss hohen" soeben erst uber Genua eingetroffenen
schonen Koloss zu, der ihm dies ermoglichte, und den er
mit Recht fur das alteste Stuck der Sammlung erklarte
Anstatt nun aber diesen Pharao, den er was sehr wichtig

war, sogleich als den Erbauer des fruhesten Teils des
Tempelkonglomerates von Karnak erkennt, als „Osortasen"
an seinen richtigen Platz zu stellen, sieht er in ihm, durch
die falsche chronologische Basis seiner Berechnungen, durch
die erwahnte Lucke in der Abydostafel und durch den
fehlenden Eigennamen irregefuhrt, den Begrunder der
16 Dynastie[1]), Mandouei I., den Osymandias des Diodorus,
wodurch die folgenschwere Verschiebung der Herrscherreihen
vollends besiegelt wurde.

Von der Hyksosperiode formte er sich, durch die falsche
Anordnung der Dynastien sowie durch Manethos ubertriebene
Darstellungen zu verkehrten Schlussfolgerungen verleitet,
und da ihn eigene Anschauung an Ort und Stelle noch
nicht des Besseren belehrt hatte, eine viel zu schlimme Vorstellung, so dass er ihre Herrschaft als identisch ansieht mit
zeitweiliger volliger Vernichtung der altagyptischen Zivilisation bis nach Theben hinauf Dort aber, gleichsam am
Rande des Abgrundes, der soviel Grosses verschlungen hatte,
erkennt er die halb unbeachtet weiter vegetierenden Fursten
der legitimen Rasse, die, obwohl unterdruckt und bedroht,
im stillen die alten Überlieferungen von den Vatern her
getreulich huteten, so dass nach der endlichen Vertreibung
der Eindringlinge „diese Resultate langjahriger Erfahrungen mit Energie uberall wieder zum Leben erweckt
wurden". Deshalb suchte er eifrig nach diesen ihm ausserst
wichtigen und interessanten Fursten, die von den Autoren
unberucksichtigt geblieben waren, und deren Namen er
„am ehesten noch in ihren Grabern" zu finden hoffte, —
denn die Konigsschilder der „Kammer von Karnak" waren
ihm noch unbekannt.

Nachdem er durch die Abydostafel mindestens sechs
ihrer Thronnamen gefunden hatte, erhielt er nun durch die
Drovettianapapyri Thron- und Eigennamen der beiden
Ahmes, Vater und Sohn, der Befreier Agyptens zu Ende der
17. und zu Anfang der 18. Dynastie (p 45ff. des 2. Briefes),
und eine besonders schone Leistung ist die Lesung eben
dieses Namens (p 57)

---

1) Vorubergehend meinte er auch Ramses den Grossen in ihm
zu erkennen

Viele andere Fragen blieben ihm noch unbeantwortet:
— u a bezuglich der Herrscher der vermeintlichen 16 Dynastie (eigentlich der 12.), deren zahlreiche, sechs kraftvollen
Regierungen entsprossene Denkmaler er uberdies „dem furchtbaren Ansturm der Hyksos" zum Opfer gefallen wahnte, —
so dass sie „unbeglaubigt durch zeitgenossische Denkmaler"
dastand Dass er sich uber die 19 , 20., 21. und 22 Dynastie,
fur die ihm Manetho, den er hier zum historischen Denkmal
erhebt, die Abydostafel ersetzen musste, sich gut informieren
konnte, trostete ihn ebenfalls nicht uber das ganzliche Dunkel
hinweg, in das ihm auch die ersten 15 Dynastien[1] von
denen die Basreliefs und die Inschriften der Drovettiana nicht
zu ihm redeten, versunken schienen Denn er wunschte
sehnlichst zu ergrunden, ob die agyptische Zivilisation fremden
oder heimischen Ursprungs gewesen war, und wie hoch
hinauf die „gute Kunst" bei dem merkwurdigen Volke
zuruckgereicht hatte.

Den Nachweis, dass sie, abwarts gerechnet, nur bis
zu Kambyses reicht, hatte er im Précis bereits geliefert
und etwas spater[2] eine dementsprechende Einteilung der
agyptischen Kunstwerke gegeben Hier nun inmitten der
reichen Kunstschatze der Drovettiana wurde ihm ein weiter
Ausblick auf die Entwicklungsphasen der agyptischen Kunst
wahrend einer langen Reihe von Jahrhunderten gegeben.
Er hatte denn auch u a den architektonischen Charakter
gewisser Kolosse sofort herausgefunden, demgemass ihre
Ausfuhrung begrundet und z B die Schwerghedrigkeit des
„Osymandias" den eleganten Formen „des jungen Sesostris"
gegenubergestellt. Da drangte es ihn nun, als Historiker
und Kunstkritiker, was hier fast dasselbe bedeutete, bis
an die aussersten Grenzen der Geschichte vordringen zu
konnen. Leider jedoch stand ihm nicht ein einziges Er-
zeugnis des Alten Reiches[3] vor Augen. Wie die Sache
einmal lag, zeichnete er mit einer Art zartlicher Vorliebe
den „Osymandias" als den imposanten Ahnherrn, den

---

[1] In Wahrheit also die ersten elf Dynastien

[2] Im Briefe an Letronne, in dessen Arbeit uber den Tierkreis
in einem Mumiensarge, 1824 abgedruckt

[3] Aufwarts vom 23. Jahrh v Chr

„Sesostris" aber als die schönste aller ihm bekannten
ägyptischen Statuen aus „Weg mit dem Vorurteil der 'unförmlichen Produkte' . . und der 'Kunst ohne Nachahmung'
ruft er mit Bezug auf letzteren aus und stellt hier wiederholt
Ägypten als den Lehrmeister des ältesten Griechenlands auf,
— was ihm Letronne nicht Recht geben wollte.

Dankbar der reichen Ergebnisse eingedenk, die ihm die
Drovettiana gewahrt hatte, bemerkt er schliesslich, dass die
grössten Erfolge von gut geleiteten Nachforschungen in
Ägypten selber zu hoffen seien, da ja so weniges schon ein
so reichliches Licht ausstrahle. An all das wichtige und,
wie er wusste, ins höchste ägyptische Altertum hineinragende
Material, das speziell die Papyri trotz ihrer Zerstückelung
ihm geboten hatten, ruhrt er hier absichtlich nicht, erstens.
weil ihm nicht das geringste zeitgenossische Denkmal zur
Bestatigung der Urkunden vorlag; zweitens, „weil dies erlesene Stück (der Königskanon) ganz eigenartig behandelt
und dem Publikum mit Handschuhen von einer gewissen
Farbe dargeboten" werden musste. Ein dritter Brief an
Blacas sollte dies heikle Thema behandeln.

Champollion beantragte, alle ägyptischen Altertumer
Turins in einem gemeinsamen Museum vereinigen zu lassen,
und zwar unter strenger Berücksichtigung gewisser leitender
Gesichtspunkte. Er hielt es z B. fur unerlasslich, bei solcher
„zugleich methodischen und wissenschaftlichen" Aufstellung
jedem Gegenstande eine „Originalinschrift" über Zweck und
Bestimmung zu geben. — „In dieser Weise geordnet".
schreibt er Ende Dezember an Cholex, „wurde das Turiner
Museum dem gelehrten Europa zum ersten Male eine methodische Serie von Denkmalern darbieten, vermittels deren
man nacheinander eine richtige und genaue Vorstellung
über Religion, Kult, Sitten und Geschichte dieser alten
Nation gewinnen konnte, der die heute bluhenden Volker
das Grundelement ihrer Wissenschaft und Kunste, sowie die
ersten Vorschriften für ihre sozialen Verhaltnisse verdanken."

Dieser offizielle Brief an den Minister, mit dem er doch
fast taglich bei gemeinsamen Freunden zusammentraf, war
von Cholex selber angeregt worden, denn er wünschte nicht
nur viele darin ihm zuteil werdende erprobte Ratschlage zur

Behandlung der Mumien und der Papyri, sowie zur Aus-
besserung schadhafter Statuen zur amtlichen Kenntnis zu
bringen, sondern er wollte vor allem, angesichts von San-
Quintinos Umtrieben gegen Champollion diesem eine formelle Genugtuung geben und Veranlassung haben, ihn
besser noch als bisher in seinen legitimen Wünschen zu
unterstützen. Die Eingabe war lediglich im Interesse der
Sache geschrieben worden, denn das im Zorn gemachte
Gelöbnis Champollions, sich von Frankreich lossagen zu
wollen, war längst im Winde verweht, und sein Herz wusste
nichts mehr davon! San-Quintino hielt diesen Brief seines
„Rivalen" für eine Intrigue, infolgederen er sein Amt verlieren würde. Auch ärgerte es ihn, dass seine eigene Art,
die Papyri zu behandeln, als äusserst verderblich für diese
erkannt worden war. Weshalb, so fragte er alle Welt in
gereiztem Tone, sollte er sich stets den Vorschriften des
„Fremden" fügen? Dieser hatte z. B. für den Koloss des
„Osymandias", dem ein nicht genügend geschützter Platz
im äusseren Hofe des Akademiepalastes angewiesen war,
wiederholt ein passenderes Unterkommen erbeten, was der
Direktor, der grundsätzlich passiven Widerstand leistete, für
eine neue Gefährdung seiner Rechte hielt.

Ein stark humoristischer Artikel, der am 23. Dezember
als „Bittschrift des Pharaos Osymandias an S. M. den
König" in den Blättern Turins erschien, war um so weniger
geeignet, San-Quintinos Groll zu beschwichtigen, als gewisse
sonderbare Einrichtungen[1]) in der Drovettiana hier von dem
gekränkten ägyptischen Herrscher gegeisselt werden. Der
steinerne Monarch, den man höchst unschön wie einen
Baum mit Stroh zu umwickeln im Begriff stand, erhob von
seiner Hofecke aus kräftigen Protest: „[Weit entfernt, mich
vor der Unbill des Wetters zu schützen,] bedeckt man mich
plumperweise mit Haufen von Stroh. Ich benutze eiligst
den Augenblick, wo mir die alberne Umhüllung nur erst
bis ans Knie reicht, um endlich den Mund zu öffnen und
laut über solche Unwürdigkeit zu klagen.

1) San-Quintino hatte eine Menge von Gewandstücken aus gelber,
mit grün besetzter Leinwand, u. a. auch für die Ausschmückung der
Tiermumien, anfertigen lassen.

Was, — der Pharao, der an der Spitze von 700000 Mann
Baktrien eroberte und den wunderbarsten Bau von ganz
Theben gründete, soll in Zukunft nur noch ein Strohkönig
sein? . [1]) [Nein, Sire. Wie einen König] muss mich
der König behandeln! — Dies Wort sagt alles, was ich erwarte. Aber ich fordere überdies als unerlassliche Genugtuung, dass der Erfinder des lächerlichen Kostüms das mich
vermummt, selber mit Stroh hergerichtet und unverzüglich
ins Naturwissenschaftliche Museum geschafft werde. Das ist
nur gerecht."

Das hübsche Opus[2]), das — flüchtig hingeworfen —
gleichzeitig mit dem ernst erwogenen zweiten Briefe an
Blacas entstand, bildet einen interessanten Gegensatz zu
diesem und zeigt die Vielseitigkeit des Autors denn dem
gemessenen, festen Stil ohne Verzierung und ohne das geringste unnötige Wort, der dem Denker zur Wiedergabe
seiner mit nüchterner Klarheit entwickelten Theorien dient,
steht hier die ruhige, überaus phantasiereiche Schalkhaftigkeit
des Humoristen gegenüber, der mit den scharfen Pfeilen
seines Witzes das Ziel niemals fehlt. Des Lachens war kein
Ende in Turin, aber die von den Liberalen seit lange erhoffte
Vakanz des Museumdirektorpostens trat dennoch nicht ein.

Dann wieder gab „der junge Sesostris" Anlass zum
Ärgernis Seine schöne Statue war in mehrere Stücke zer-
brochen in Turin angelangt, aber der Direktor wollte nicht
erlauben, dass sie unter der persönlichen Aufsicht „des
Fremden" restauriert werde, trotzdem dieser versicherte, dass
es in echt künstlerischer Weise geschehen solle. Dank dem
Minister trug der ‚Ägypter" schliesslich den Sieg davon.
Die Wiederherstellung[3]) gelang dermassen gut, dass „ganz
Turin in Extase geriet", wie Gazzera an Figeac schrieb, und
dass Champollion sich nun Vorwürfe machte, seinen Liebling

---

1) Dies Wortspiel. roi de paille — roi empaille ist im
Deutschen nicht gut wiederzugeben.

2) Siehe „Eines Pharaos Klageschrift" in der Frankfurter Zeitung
vom 6. Januar 1896 Nr. 6

3) „A l'exception de la tête seule du petit Uraeus qui ornait
le casque . et que l'on n'a point retrouvée." Champollion

im Brief an Blacas nicht genügend gerühmt zu haben —
zu Gunsten der ägyptischen Kunst."

„Diese Statue wurde auch Sie bezaubern . . . [1]" schreibt
er an Dubois, dem er die gute Wiedergabe der Illustrationen
zum Pantheon verdankte „Kurz, ich bin von ihr entzückt
und werde mit einem guten Abguss der ganzen Büste in
Paris eintreffen. Sie werden dann sehen, ob meine Leidenschaft nicht berechtigt ist. . . . .[2]) — Mit Stolz dachte er daran,
ihn dem Herzog zu zeigen, dessen Ankunft sich jedoch arg
verzögerte, so dass ihm überreichlich Zeit blieb, die Sammlung, soweit es seine Befugnisse zuliessen, zum Empfang
herzurichten Der erste Brief an Blacas war Ende November
in Turin zur Ausgabe gelangt und hatte schnellen Absatz
gefunden, der zweite lag zur Absendung nach Paris bereit
und der Autor dachte bereits ernstlich an den Aufbruch nach
Florenz und Rom, wo ihn nunmehr manche erwarteten, um
sich von ihm in die neue Wissenschaft einführen zu lassen,
besonders seitdem der damals viel genannte Herzog Alexis
de Noailles sich aus diesem Grunde einige Zeit in Turin
aufgehalten und in zahlreichen Briefen des „Ägypters' Lob
verkundet hatte. „Es liegt mir daran", schreibt dieser, „die
Römer zu meiner Kirche zu bekehren. Die stärksten Köpfe
in Mailand, Florenz und Rom sind schon zu mir übergetreten
. . und das wagt mehr als genügend die Verwerfung von
seiten Riccardis[3]) auf, der soeben im Journal des Barons Zach
in Genua nachweist, dass die Drovettische Elle nur ein ‚Blatt"
aus einem römischen Kalender sei, das den Monat Februar
mit seinen 28 Tagen und der Einteilung in Iden, Nonen und
Kalenden enthalte, es wäre nicht übel, das Publikum in
gebührender Weise von dieser Entdeckung durch zwei Linien
im Bulletin Ferussac zu benachrichtigen."

Schon Mitte Oktober hatte er Gazzera über ein besonders
heftiges Anathem berichtet, das ihm Ricardi zugeschleudert

---

1) „Depuis six mois entiers chaque jour je la vois,
Et crois toujours la voir pour la première fois." 3 Dez 1824

2) „La tête est divine — pieds et mains sont admirables, le corps
est moelleux, et les draperies d'une finesse achevée Je l'appelle
l'Apollon du Belvedere Egyptien "

3) François Ricardifeu Charles nennt ihn das B. Ferussac.

hatte[1]), der sich bemühte, nicht nur den Entzifferer, sondern
auch Gazzera und komischer Weise sogar San Quintino als
Mitschuldige wegen Verbreitung des „diabolíko-phonetischen
Systems auf den Scheiterhaufen zu bringen" „... Der
Jupiter Asinarius von Genua hat erklärt," schreibt er, „dass
die lautliche Schrift eine Erfindung des Teufels wäre, zum
alleinigen Zweck der Verteidigung des fabelhaften Altertums
von Manetho, — in Ermangelung der Authentizität des Tierkreises, den ich Ungläubiger bis zu 11 000 Jahren hinaufsetzen
wollte. Dass mir dieses teuflische Projekt nicht gelungen
wäre, weil er, Ricardi, bewiesen habe, dass der „Zodiak
nur ein Sothiak" sei, weshalb mir der böse Geist dann das
lautliche System inspirierte, da es ja meine Absicht sei, unsere
heilige Religion bis in ihre Fundamente hinein zu unter-
graben. So signalisiert er denn als guter Christ die
drohende Gefahr des Phonetismus und alles Gift einer
Methode, die er anfangs geglaubt hatte, ganz einfach ver-
spotten zu müssen! Aber jetzt, da er Kopf und Schweif der
Schlange gesehen hat, schreit er wie ein Adler ...‘

Trotz der humoristischen Wiedergabe des Pamphletes
nahm Champollion dasselbe im Hinblick auf Rom nicht ganz
leicht, denn er bemerkte hier „durch einen Wald von Dummheiten hindurch einige Reste (drogues) von Schierling und
Wolfswurz" und meint, der Titel hätte heissen müssen·
„Dummheit und Bosheit". Auch begann er des Herzogs
Ausbleiben mit den vielen Schmähschriften Ricardis in
Verbindung zu bringen, überdies waren die Mittel nahezu
erschöpft[2]) und das Jahr ging seinem Ende zu, ohne Erlösung
aus peinlicher Ungewissheit zu bringen. War Blacas ihm
wirklich durch die Intriguen der Gegner abspenstig gemacht,
— in welchem Fall der nötige Druck auf die öffentlichen
Unterstützungsfonds so gut wie beendet gewesen wäre, so
blieb ihm nur übrig, sich mit kurzem Aufenthalt in Rom zu
begnügen, eiligst die Obelisken zu kopieren, die Arbeiten in
der Drovettiana schnell abzuschliessen und „direkt nach der

---

[1]) In welchem Blatte, ist nicht angegeben.
[2]) Das Modellieren in verschiedenem Material hatte sehr viel
Geld gekostet

rue Mazarine" zurückzukehren· „Die sardinische Regierung
kann dann ganz nach Belieben statt eines Museums eine
Niederlage aus der Sammlung Drovetti machen und wir
werden uns [aller Regierenden] zu entschlagen wissen. Aber
das alles demoralisiert mich und ich bedaure oft, nicht vielmehr ein Handwerk gelernt, als mich dem Dienst der neun
Jungfrauen gewidmet zu haben. Meine Galle fangt an uber-
zugehen, und der Spleen macht mir häufige Besuche . . ."

Indem er diese Worte schrieb, langte Blacas „plötzlich
wie ein Flintenschuss" an und liess erkennen, dass er seinem
Schutzling die fruhere herzliche Zuneigung voll bewahrt
hatte. Der Herzog kam im eigenen Wagen von Paris uber
Lyon, von wo er Artaud hatte nach Neapel mitnehmen wollen,
was der allzu bescheidene Mann jedoch ablehnte: „Welche
Versuchung . . . unsern Ägypto - Sardinier umarmen zu
konnen!" schreibt er an Figeac. „Der Herzog hat mir gesagt „Ich will mich einen Tag [in Turin] aufhalten, um
ihn und S Majestat zu begrussen!" Sie sehen, man stellt
ihn einer Macht gleich, und der, welcher aus antikem Staube
Konige wiedererweckt, verdient es auch, solche Ehre zu
geniessen."

Der eine Tag wurde grosstenteils in der Drovettiana verlebt, denn seine Freundschaft fur Champollion hatte Blacas
allmahlich zum passionierten Liebhaber fur agyptische Altertumer gemacht Er hielt deshalb das grosse Warenlager in
Marseille, sowie die seit Fruhling 1824 dank den Bemuhungen
von Saulnier, Durand u. a. Agenten reichlich in Paris eintreffenden agyptischen Antiquitaten stets im Auge. Durand
war Champollion schon oft nutzlich gewesen, da er, „in seiner
Eigenschaft als Frettchen" (furet) immer auf Reisen begriffen,
stets uber die Einzelheiten aller Sammlungen aus eigener
Anschauung unterrichtet war. Ganz kurzlich hatte er Blacas
beinahe erzurnt, indem er bei verschiedenen Handlern vor-
gegeben, er komme in dessen Namen, worauf man ihm alles
seit lange fur den Herzog Zuruckgestellte ausgehandigt hatte!
Dergleichen Kunstgriffe verzieh man ihm jedoch um seiner
unerschopflichen Gefalligkeit willen, wenn es sich um eine
wichtige Auskunft handelte.

Der Herzog machte seinem Schutzling „mit Zartheit und

Freimut" die verschiedensten persönlichen Anerbietungen,
doch lehnte letzterer alles ab, es genügte ihm, seinen grossherzigen Fürsprecher unverändert zu finden und ihn endlich
auf der Reise nach Neapel zu wissen. Auch die Fahrt dahin
in dessen Begleitung nahm er um der ihm so nötigen Freiheit der Bewegung willen nicht an. Doch wurde für Februar
ein Wiedersehen dort verabredet, und wirklich sicherten nun
auch gute Nachrichten über die Erträge der Pantheon-Sub-
skriptionen nicht nur den Streifzug durch Italien, sondern
liessen auch in dem steten Kampfe gegen die durch Mittellosigkeit geschaffenen Hemmnisse eine wohltätige Ruhepause
eintreten

„[Ich werde] mein Lager in Turin abbrechen, um mein
Teil der mit dem Jubiläum[1]) verbundenen Ablässe (indul-
gences) zu erhalten," scherzt er am 15. Januar 1825, „man
versichert mir übrigens, dass ich trotz des frommen Eifers
der gesamten Christenheit mich in Rom behaglich fühlen
werde, dank der Vorsicht von etwa 10 000 römischen Bürgern,
die Rom verlassen haben, um einen grossen Teil des heiligen
Jahres in Neapel oder Florenz zu verleben, da sie nämlich
in Betracht ziehen, dass sie ja an der Quelle der Absolution
wohnen und sich also jedes Jahr ihr Seelenheil sichern
können . . . . Kurz, die Wohnungen sind sehr billig in
der Stadt der Cäsaren, und das ist gut für alle, die gleich
mir vom Überfluss irdischer Güter befreit geblieben sind
und die, von der doppelten Inbrunst für Glauben und Kunst
beseelt, sich nach Sankt Peter begeben. Ich sehne mich danach, Wasser des Arno und des Tiber zu trinken und
die Farbe des klassischen Rauches der Schornsteine Roms
und des Vesuvkraters zu betrachten. Während ich all
das sehe — und besonders meine guten Obelisken' — werden
sich gewisse, von heimlicher Eifersucht genährte kleine Rei-
bungen, die meine Anwesenheit hier geschaffen hat, allmählich beruhigen, und das Feld wird mir endlich von jeder
Unebenheit freigelegt werden. — Die grossen schwarzen

---

1) Die Jahrhundertfeier des Jubiläums- oder Ablassjahres war
wegen politischer Wirren i. J. 1800 verschoben und von Leo XII.
nunmehr auf 1825 verlegt worden.

Hüte sind auch dabei beteiligt, aber ich habe mächtige
Freunde, die ihnen Gegenminen legen."

Die Intrigue bezweckte, über den Kopf des Ministers
hinweg den Katalog[1]) wie auch die Einrichtung des ägyptischen Museums infolge eines königlichen Machtwortes von
San Quintino machen zu lassen, und zwar während Champollions Abwesenheit, damit dieser bei der Rückkehr seine
Überflüssigkeit fühlen möchte. Die Sache machte viel böses
Blut, und die durch geistige Unabhängigkeit ausgezeichnete
Turiner Akademie beeilte sich, am 13. Januar 1825 die Brüder
zu ihren Mitgliedern zu ernennen, um dadurch zu beweisen,
dass sie nichts gemeinsam habe mit den Absolutisten, „deren
im Dunkel wirkende Massregeln" dem Vorgehen der liberal
gesinnten Minister ein stetes Hemmnis- waren.

„Alle wollten uns, — die Wahl war einstimmig!"
hebt Champollion absichtlich hervor, in Erinnerung an die
leidenschaftliche Entschiedenheit, mit welcher der neue Kurs
der Pariser Inschriften-Akademie ihn und den Bruder von
der Genossenschaft der Unsterblichen zurückstiess. Alle
diese Vorkommnisse traten wieder in den Vordergrund durch
den Besuch Alexander von Humboldts: „ . . . . Unter dem
Vorwande, mich zu einem Briefe an seinen Bruder bestimmen
zu wollen, war sein Hauptzweck offenbar, sich zu rechtfertigen wegen dessen, was er für Hase getan. Er schwört
bei allen Göttern, jegliche Bemühung für ihn eingestellt
zu haben, sobald er erfahren, dass auch von uns die Rede
war. Du wirst wissen, was wir davon zu halten haben[2]).
Nun, das Übel ist geschehen und es ist sehr unnütz und
nicht der Mühe wert, sich noch darum zu kümmern. Es wäre
sogar weniger als nichts, hätte nur nicht unser ehrwürdiger
Herr Dacier wieder neue Erfahrungen[3]) über die menschliche
Niedrigkeit machen müssen."

Humboldt nahm in der Tat die erbetene Antwort für

---

1) Erst i. J. 1852 erschien der (illustr.) Katalog des Professors
Camillo Orcuti.

2) Hase verdankte seine schliessliche Ernennung (3. Dez. 1824)
tatsächlich den energischen Bemühungen Humboldts.

3) Dacier hatte wegen Champollions Zurückweisung harte Kämpfe
„gegen ein Dutzend Akademiker" geführt.

seinen Bruder mit sich Viele andere Zuschriften, unter
ihnen dringende Bitten verschiedener Herausgeber von Zeitschriften um fortlaufende Berichte uber die Resultate seiner
italienischen Reise, hatte Champollion zum Teil seit Juni 1824
schon unbeantwortet liegen lassen mussen.

Entsprechend seinem Grundsatze „Ich will alles mit
mir nehmen, was mich hergefuhrt hat!" setzte er namlich
seine muhsamen Vervielfaltigungsarbeiten fort und wunschte
sie noch vor der Abreise nach Rom zu beenden, da er ja
bei der Ruckkehr die Türen fur sich geschlossen finden
konnte Die sorgsam selbst gepackten Kisten, deren wert-
vollste er die „Arche Noae" nannte, sandte er, misstrauisch
geworden, deshalb sogleich nach Paris ab. — Das peinlich
genaue Durchzeichnen der Papyri[1]) in den weiten Museum-
raumen, wo ihm die Kalte hart zusetzte, nahm ihm besonders
viel Zeit; da er aber mit der Arbeit der Turiner Lithographen
unzufrieden war, auch die unerhort hohen Eingangszolle fur
derartige Kunstprodukte vermeiden wollte, so beschloss er,
die von ihm durchgezeichneten Blatter in Paris nochmals
mit lithographischer Tinte nachzuziehen und dann auf den
Stein ubertragen zu lassen.

„Ein starker Dorn" hielt ausserdem noch seinen „Fuss
an Turin fest": die elfte Pantheonlieferung namlich, fur
die er noch Material suchte. Nebenbei beschaftigte ihn
die methodische Zusammensetzung einer Sammlung fur
Noailles und einer anderen, speziell von Originalskarabaen
aus der alteren Pharaonenzeit, mit historischer Notiz[2]) daruber,
fur Blacas. Beide Herzöge hatten von jeher ihre Privatan-
kaufe zum Teil aus Rucksicht fur des Entzifferers Studien
gemacht, so dass er ihnen auch dadurch manche Anregung
verdankte. Was er daher an Zeit und Muhe opferte, um
ihnen gefallig zu sein, galt ihm lediglich als ein selbst-
verstandlicher Tribut der Dankbarkeit   •

Indessen verursachte der Konflikt zwischen dem jesuiti-
schen Hof und dem liberalen Ministerium die argsten
Übelstande, denn die Untergrundstromung, der nicht bei-

---

1) San Quintino wollte sie ihm trotz der Erlaubnis vom Minister
nicht anvertrauen
2) Bislang nicht aufgefunden worden

zukommen war und die Champollion „die dunklen Mächte“
nannte, führte ihre Opposition unbeirrt durch Einen
Freund hatte er übrigens unter den Turiner Jesuiten den
Kanonikus Botazzi, Autor eines starken Foliobandes
über die Symbole eines antiken Sarges, der ihm den
Titel· geistlicher Antiquar Sr Majestat eingetragen
hatte, daher er sich als der Kollege des Entzifferers ansah
und allerlei Aufmerksamkeiten fur ihn hatte. Dieser konnte
nicht umhin, dem Kanonikus, „der dem Bacchus noch mehr
als den Musen ergeben war,“ eine Anerkennung fur seine
Verdienste zuteil werden zu lassen, die dem Hofantiquar
viel Freude machte, die aber manche, welche ihn personlich
kannten, ergötzte, da namlich in die Besprechung des erwahnten Werkes (im Bulletin Férussac) der lobende Hinweis auf die eingehenden Untersuchungen des Autors über
den Bacchuskult mit aller gebotenen Vorsicht von Figeac
eingeflochten wurde. — Die Vorurteile der übrigen Jesuiten
gegen den „Ägypter“ zu besiegen, gelang nicht. Er war
eben noch nicht in Rom gewesen, und weder der Hof
noch der Klerus glaubte, dass der Papst die innerhalb der
Drovettiana gewonnenen historischen Resultate gutheissen
konne

„Das einzige Mittel, den Spleen zu vertreiben, ist nach
Rom zu gehen.“ schrieb er seinerzeit. „ich bin überzeugt,
dass der eigenartige Anblick Italiens meine Maschine stark
genug durchschüttern wird, um ihr die gewohnte Spannkraft
und Tatigkeit zuruckzugeben; denn ich bin erschopft und
gewisse Momente geistiger Erstarrung (torpeur) fangen an,
sich meiner zu bemachtigen: [mehrere mikroskopische] Umtriebe tragen auch mit dazu bei.“

Und dann wieder „[San Quintino] bereitet meinen
Arbeiten alle nur erdenklichen Hemmnisse, und da, wie bei
uns, die Regierung es nicht versteht, sich Gehorsam zu verschaffen, so herrscht die Dummheit und das Übel gedeiht ‘

Der Direktor glaubte die Zeit gekommen, wo er
uber seinen verhassten Rivalen triumphieren konnte. Dessen
Abwesenheit in der ersten Februarsitzung der Akademie
benutzend, verlas er dort ganz unvermutet eine Abhandlung,
worin, wenn auch etwas verwirrt, alles verzeichnet stand,

was er, nebst andern, Champollion uber das agyptische
Ziffernsystem hatte sagen und an den Denkmalern erklaren
hören   So wenigstens fassten Peyron und Gazzera die
Sache auf und legten gegen das Vorgehen des kühnen
Plagiators ein energisches Veto in eben dem Augenblick
ein, als die Akademie, von Bewunderung uber die schone
Leistung erfullt, uber den Druck der Arbeit abstimmen
wollte, welcher Entschluss dann sofort zuruckgezogen wurde

   Die Erregtheit war gross, und San Quintino merkte,
dass er für langere Zeit die Sitzungen zu meiden habe. Er
verweitete diesen Umstand mit seltenem Geschick, als er
14 Monate spater Young sein tiefes Beileid aussprach, dass
man ihn in Italien nur durch die Brille der Franzosen ansehe und seine Verdienste deshalb dort nicht zu wurdigen
vermoge, obwohl er, San Quintino, sie den Akademikern in
Turin klar zu machen versucht habe. „ . . . Meine Stimme
wurde erstickt durch die zwei oder drei Anhanger Champollions . . die sich mit diesen Studien beschaftigen. Sie
haben mir widersprochen, und infolge ihrer Intriguen ist
meine Abhandlung nicht zum Druck zugelassen. Seitdem
habe ich nicht mehr an den akademischen Sitzungen teilnehmen wollen, denn ich liebe ebensosehr die Wahrheit . .
wie ich den Parteigeist verabscheue . . .“

   In Lucca, wohin er bald nach der erlittenen Niederlage
geeilt war, hatte er den Entzifferer direkt der Ungerechtigkeit beschuldigt und in einem feierlichen Appell an die Unparteilichkeit der dortigen Akademie dieselbe zur Schieds-
richterin zwischen seinen Arbeiten und denen des Angeklagten
auf dem agyptischen Sprachgebiet angerufen.

   Dieser hochst unliebsame Vorfall bestimmte Champollion,
ob er auch ganzlich unschuldig an ihm war, auf jeden Fall sogleich für langere Zeit Turin zu verlassen, um den Sturm
sich erst wieder legen zu lassen. Er ahnte nicht, dass ihm
der Direktor schon eine noch grössere Überraschung vorbereitete, infolge deren er selber, Champollion, zum
Plagiator San Quintinos, dem es entschieden nicht an
Humor fehlte, gestempelt wurde!

   Am 28 Februar war endlich alles zum vorlaufigen
Abschluss gebracht, wenn auch noch manche Kiste und

manches Paket ungeoffnet lag, uber deren Schicksal während
seiner Abwesenheit der „Ägypter" nicht ganz beruhigt war,
da er bereits erfahren hatte, dass der Direktor mit den
seiner Fursorge anvertrauten Gegenstanden ganz nach
Willkur verfuhr — Alle Empfehlungsbriefe, alle Auftrage
aus Paris und Turin lagen bereit, da traf ihn wie ein Blitz
die uberaus aufregende Nachricht, dass das Ministerium
dringend wunsche, ihn als sardinischen Geschaftstrager nach
Agypten zu senden Vermutlich hatte Costa die bedeutende
Veranlagung seines Freundes zum diplomatischen Dienst
hervorgehoben und ihn direkt vorgeschlagen

So streckte denn binnen Jahresfrist Agypten zum
dritten Mal die Hand nach ihm aus, und die Erfullung
seines Lebenswunsches, fur den seine eigene Regierung
noch taub blieb, wurde ihm von einer fremden wie ein
plotzlich kommendes Geschenk daigeboten. Aber das
Anerbieten war ein doppeltes denn nach seiner Ruckkehr
wollte man ihn unter günstigen Bedingungen dem Turiner
Lehrkorper einverleiben, — indessen sein eigenes Land
ihm seit Jahren jegliche Anstellung verweigerte! Doch
nun eine Klausel, die ihn tief erschreckte. Er sollte sich zunachst naturalisieren lassen, und da die Abreise nach
Agypten eilte, seine Tour nach Rom und Neapel aufschieben.
Zwei Monate fruhei hatte er noch hinsichtlich damals ihm
gemachter Vorschlage „im voraus" versichert, dass die
200 Meilen, die man damit zwischen ihn und den Bruder
legen musse, ihm stets ein unwiderrufliches Nein diktieren
wurden, — nun aber kam Agypten in Betracht! Und angesichts dieser Perspektive trat selbst sein starkes nationales
Empfinden vor der grossen Hoffnung fur seine Wissenschaft
etwas in den Hintergrund

Um sich vor sich selber in Sicherheit zu bringen, bestand er indessen auf seiner sofortigen Abreise nach Rom.
„Zeichne mir die Bahn vor, die ich zu beschreiten habe,'
schreibt er augenblicklich an Figeac, und bittet auch um den
Rat Daciers und denjenigen Doudeauvilles. Sein neugewon-
nener Freund Pedemonte nahm diesen Brief mit nach Paris,
indessen er selber fern von Turin den dreifachen Bescheid
abwarten und freien Geistes seinen Entschluss fassen wollte.

Froh, die Lösung der brennenden Frage „der Weisheit anderer", und nicht seiner ungeduldigen Leidenschaft fur das alte Land uberlassen zu haben, verliess er daher die Stadt fruhmorgens am 1. Marz und traf am 6 uber Mailand, Piacenza, Parma, Reggio, Modena in Bologna ein.

In Mailand lernte er Carlo Cattaneo kennen, den Direktor des kaiserlichen Antikenkabinets im Palast Brera, sowie den Dichter Monti, den weniger das Interesse fur die Hieroglyphen, als die ihm bekannte Vorliebe des „Ägypters" fur Homer, dessen trefflicher Übersetzer er war, dem Ankommenden entgegenfuhrte. Auch den seit lange seiner harrenden Marquis Malaspina, einen liebenswurdigen und geistvollen Greis, in welchem er den Abbe Tersan wieder auferstanden wahnte, beeilte er sich aufzusuchen, um in seiner reichen Sammlung u. a. eine kostbare Mumie und einen persepolitanischen Zylinder aus agyptischem Email zu besichtigen, . von dem man ihm in Turin gesprochen hatte.

In Bologna wurde er von dem 42 lebende Sprachen redenden Orientalisten (spateren Kardinal) Mezzofanti, von Conti und dem Archaologen Schiasi so herzlich begrusst und fand soviel Verstandnis bei ihnen fur seine junge Wissenschaft, dass ihn dies fur die Feindseligkeiten entschadigte, die ihr der dortige Fakultatsprofessor der alten Geschichte, ein Freund Lancis in Rom, entgegenbrachte.

Kaum hatte er er seine Kopien der vorhandenen agyptischen Inschriften vollendet, so trieb es ihn im Fluge weiter, uber Faenza, Forli, Cesena nach Rimini, wo er, nach Begrussung der Adria in die Via Flaminia einbiegend, uber Pesaro, Sinigaglia, Ancona nach Loreto fuhr. Hier besichtigte er um 5 Uhr morgens bei Fackelschein die beruhmte Kirche der heiligen Jungfrau, kaufte dort fur Dacier einen Rosenkranz und eilte nach kurzer Rast weiter uber Foligno, Terni und Narni nach Rom, wo er am 11. Marz um 6 Uhr morgens eintraf, gleich an der Porta del Popolo von einem der schonsten Wahrzeichen Agyptens, dem Flaminischen Obelisken, begrusst.

Es bedurfte seines ganzen gluhenden Eifers, um nicht doch bei der Ankunft seiner ausserordentlichen Erschopfung nachzugeben. Denn seit Tagen durch Regenwetter belastigt,

durch schlaflose Nächte in unbequemen Gefährten halb krank
gemacht, mit geschwollenen Händen und Füssen, so kam er
am Ziele an. Doch hatte er nicht sobald im Hotel Frantz,
Via Condotti, ein bescheidenes Unterkommen gefunden, als
er augenblicklich und nur „von der Erinnerung" an einen
alten, in Turin gesehenen Plan von Rom geleitet, seine
Wanderungen durch die ewige Stadt antrat und sich zuerst
nach Sankt Peter begab, „denn da mein Appetit eben dann
den Höhepunkt erreicht hatte, musste ich mit dem grossten
Bissen anfangen," scherzt er in der langen, sehr lebhaften
Beschreibung, die er tags darauf seinem Bruder über den
denkwürdigen Tag macht. „. . . Den auf dem Platz vor dieser
Basilika empfangenen Eindruck zu veranschaulichen, ist unmöglich.   Wir sind elend daran in Frankreich, unsere
Denkmäler sind erbärmlich im Vergleich zu Roms Herrlichkeiten. Ich bin nach der Piazza Navona gelaufen, habe
dort den dritten Obelisken — den des Pamphilius — begrüsst, nachdem ich schon bei der Ankunft am Tore . .
den Flaminischen und in Monte Citorio den des Psammetich
gesehen hatte . . .

Ich stand in Extase versunken vor dem Kolosseum,
dessen Umwallung ich inmitten einiger Pilger und vieler
Mönche durcheilt habe . . . Als echter Gallier erklomm ich
die Rampen des Kapitols — die Gänse schrien nicht! —
und habe oben vor der Reiterstatue des Mark Aurel gestanden .   "

Auf dieser ganz Rom umfassenden Rekognoszierungs-
tour entging ihm nichts, das irgendwie von Belang war.
So erkannte er, indessen alle übrigen Denkmäler der Stadt
ihm alte Bekannte zu sein schienen, zu seiner Überraschung
in zwei Kolossen im Hofe des Kapitols Ptolemäus Phila-
delphus und seine Gemahlin Arsinoé, nach deren Auffindung
er sich seit lange gesehnt hatte, und gleich danach, beim
Hinabsteigen der grossen Treppe des Kapitols, freute er
sich über „die beiden herrlichen ägyptischen Löwen".

Nach kurzer Mittagsruhe, „bei vorschriftsmässigem
Fastenessen", — denn es ging streng her in diesem heiligen Jubiläumsjahre, — und einer Tasse Kaffee gegenüber
der Fontana di Trevi, ersteigt er den Monte Cavallo und er-

reicht von dort aus Santa Maria Maggiore, „deren Inneres einen unfassbaren Reichtum aufweist" und die ihm sogar schoner und edler erschien als Sankt Peter. „. . . Danach", so berichtet er, „ging ich geradeswegs nach San Giovanni in Laterano, angezogen durch den grossten und altesten Obelisken Roms." denjenigen Thutmes III. namlich, „[dessen Hieroglyphen eine] unglaubliche Vollendung aufweisen." — Und nun, nach dem Kolosseum zuruckkehrend, macht er die gesamte Tour von neuem durch, und in seiner Eiregtheit jede Rucksicht auf den stark ubermudeten Körper vergessend, betritt er erst um Mitternacht sein Gasthaus wieder „Das war mein erster Tag in Rom — und ich werde ihn nie vergessen."

Wie im Fluge hatte er den Gesandten, Herzog von Montmorency-Laval, den ihm bekannten ersten Sekretar Artaud, Bruder des Lyoner Freundes, sowie Noailles, auf-gesucht, der ihm mitteilte, dass Blacas ihn moglichst schnell in Neapel zu sehen wunsche, da er die Osterwoche in Rom zuzubringen gezwungen sei.

Zwolf Stunden tiefen Schlafes taten Wunder an Cham-pollion, der seit dem 6. Marz kein Bett gesehen hatte. „Ich befinde mich ausgezeichnet", schreibt er daher am 12 , „auch ist das erste Fieber etwas voruber, dank den Eil-marschen, die ich gestern gemacht habe, ohne es recht ge-wahr zu werden." — Da er aber nicht auf seine Fusse treten konnte, so stellte ihm Noailles seine Equipage zur Ver-fugung.

Einer seiner ersten Besuche galt dem Pralaten Angelo Mai, damals „Pràfekt" der Vaticana, seinem mehrjahrigen Korrespondenten, der ihn herzlich willkommen hiess. — Danach widmete er sich andern Interessen, und wie ein schoner Traum entschwand die Zeit. Zwar waren zum Leid vieler Pilger, „die ganz gern die profanen Interessen ein wenig mit den heiligen vermischt hatten," alle Vergnugungsorte und sogar die Museen geschlossen, doch der preussische Generalkonsul Jacob Bartholdy[1]) und der begeisterte Griechen-

---

1) Bewohnte die Casa Zuccari in Via Sistina. Seine Sammlung ist im Berliner Museum

freund und Archäologe Edward Dodwell, deren schöne
Sammlungen ihn mit ihnen bekannt machten, sowie der
Bildhauer Baruzzi sorgten dafür, dass ihm trotzdem alle
Kunstschätze Roms sogleich zugängig wurden. Baruzzi,
Lieblingsschüler und Nachfolger Canovas, führte ihn in
dieses letzteren Atelier ein, wo des Meisters Werke im
Original oder im Abguss fast sämtlich noch zu sehen waren.
Auch die Werkstätte Pietro Teneranis betrat er und diejenige
von Thorwaldsen, eine der geheiligten Stätten in Rom! Und
nicht nur durch die unsterblichen Werke des Künstlers
fesselte sie ihn: sah er doch in diesem Nordlandssohn auch
einen der berufensten und begeistertsten Forscher auf dem
Gebiete der etruskischen Altertümer, und ehrte er doch
in ihm den Freund Zoëgas, dessen tragischer Gestalt in
diesem Sanktuarium der Musen ein Erinnerungskult gewidmet
wurde.

Sechs volle Tage lang währte dieses Geniessen inmitten
der Altertümer und der schönen Künste; aber am Abend
des 16. März bekennt er: „Dies Leben würde mir zwar sehr
zusagen, doch kann es nicht dauern, denn meine Nerven
ertrügen es gar zu schlecht. Mir ist das süsse Nichtstun
von Neapel nötig." — Überdies wünschte er nach erfolgter
Ausspannung beizeiten in Rom zurück zu sein, um dort
seine Arbeiten noch vor Eintritt der grossen Hitze zu er-
ledigen, „weil sie gefährlich ist in des Romulus Stadt, —
seit der Verlegung des Reiches nach Konstantinopel."

Da die vielen Ausgaben ihm bereits Bedenken erregten,
freute es ihn doppelt, mit Biot, dessen Sohn und dem Hauptmann Lecaron die Reise nach Neapel gemeinschaftlich
machen zu können. Er hatte nämlich seinen Landsmann,
den er „in den himmlischen Regionen verloren" glaubte,
in eben dem Augenblick wiedergefunden, als derselbe mit
einem Vetturino die Bedingungen der Fahrt verhandelte,
die auf den 17. März festgesetzt wurde. Inzwischen trafen
sich beide noch im gastlichen Hause des Herzogs von
Noailles und gaben ihrer Freude darüber Ausdruck, dass
das Geschick sie so oft unvermutet wieder zusammenführte.

Man wählte die (am schärfsten überwachte) Route von
Velletri, Terracina, Sant' Agata und langte bei heiterem

Wetter bereits am 20. Marz in Neapel an, trotz mancher
Unterbrechung durch die Besichtigung geschichtlich merkwurdiger Punkte, von denen sich der Historiker nicht gern
einen entgehen liess. — Die Graber des Ascanius und der
Curiatier, Ciceros Villa, — die er allein und in grosser Eile
aufsuchte, — die Trümmerstatte von Minturnä, wo zwischen
den Ruinen des Amphitheaters die ungeheuren Sumpfe
sichtbar werden, die dem Marius einst Zuflucht gewahrten,
hier und da auch eine Erinnerung an Hannibal, — alles das
wollte pietätvoll beachtet sein Schliesslich noch Capua,
— aber welche Enttauschung! „Denn die Omeletten und
Saucen dort rechtfertigten keineswegs die antike Beruhmtheit
seiner Tafelfreuden und Genusse. Man musste Karthager
oder Numidier sein, um da noch welche zu finden!"

Die Hoffnung, den Vesuv zu Ehren der Ankunft
illuminiert zu sehen, erfullte sich nicht, er zeigte vielmehr
„einfaltige Ruhe." Dagegen bot das heitere Strassenleben
in Neapel angenehme Überraschung. „Es ist die erste lebende
Stadt Italiens, die ich diesseits der Alpen sehe," meint er,
„alle andern sind tot; sie gleichen Klostern und mehr oder
weniger ubertunchten Grabmalern."

Blacas, der ihn mit Ungeduld erwartet hatte, stellte ihn
schon am 29. Marz dem Herrscherpaar vor, das ihn warm
begrusste. Während der König ihn um eine wissenschaftliche
Notiz uber die in seinem Palast befindlichen Kanopen und
andere ägyptische Vasen bat, wunschte die Konigin die
Grundzüge des hieroglyphischen Systems von ihm erklart zu
horen, infolgedessen er mehrfach in Privataudienz empfangen
wurde

Die sturmischen Tage in Rom hatten ihm mehr geschadet, als er in der Aufregung gemerkt hatte, aber drei
Wochen behaglicher Ruhe in der sanften Luft und „inmitten
der schonen Perspektiven von Kampanien" kraftigten ihn betrachtlich, und so fuhlte er sich am 6. April wieder hergestellt.

Neapel erschien ihm bald allzu heiter, um es lange
darin auszuhalten, besonders da es ihm fast nichts fur die
Entwicklung oder Festigung seiner Wissenschaft bot, obgleich der mit den Resten der Borgiasammlung geschmuckte
ägyptische Saal des Museo Reale Borbonico (Studi genannt)

allerlei Interessantes barg, vor allem die ersten hieratischen
— statt der gewohnten hieroglyphischen — Sarginschriften.
Dagegen gewahrte er mit Schmerz, im „Saal der Papyri", den
trostlosen Zustand der dort aufbewahrten griechischen Handschriften und vermutete, dass die mit ihrer Durchsicht be-
trauten Gelehrten unter dem Vorwand, die (allerdings fast
verkohlten) Papyri seien unleserlich, die Sache ungebührlich
in die Länge zögen: „Ich behaupte indessen, dass man mit
etwas Rührigkeit in den 1700 griechischen Handschriften
bald genug literarische Schätze wiederfinden würde . . ."

Fand er in Neapel Ägypten wenig vertreten — von
Privaten hatte ihm nur der Herzog Casarano etwas Inschriften-
material zu bieten, — so fehlte es doch nicht an Erinnerungen
daran in der Umgegend, und Champollions „ägyptisches
Empfinden" kam bei jedem Anlass dazu lebhaft zum Durch-
bruch. Auch galt der erste Ausflug dem grossen „Serapistempel"[1]) in Pozzuoli, den er für den interessantesten der
ganzen Umgegend hielt, — „nicht etwa weil er einer
ägyptischen Gottheit gewidmet ist," sagt er, „sondern weil
er den einzigen monumentalen Rest bildet, der nicht durch
die einfältig pietätvolle Hand der Modernen überarbeitet und
sophistiziert worden ist. Die alten Herrlichkeiten Roms verlieren von diesem Gesichtspunkt aus die Hälfte ihres Wertes
in meinen Augen, denn ich habe Ruinen gern in ihrem
Naturzustand."

Der Serapistempel steht in einem Garten, der zu jener
Zeit ringsum von neuen Gebäuden umgeben war, an deren
Stelle des Beschauers rege Phantasie den weiten, mit Ge-
mächern antiken Stils umgrenzten Tempelhof zu setzen
wusste, um den Eindruck des erhabenen Baues voll auf sich
einwirken zu lassen. — Der Tempel bildet ein Viereck von
130 Fuss. Drei der hohen Portikussäulen standen noch unversehrt, ·die vierte lag danieder und verlieh der schönen
Harmonie des architektonischen Bildes, dessen Glanzpunkt
die sechzehn korinthischen Säulen des Mittelbaues sind,
einen Anflug von Melancholie, der es noch fesselnder machte.

Auch in Pompeji hatte Champollion die Freude, nicht

---

1) Hier werden lediglich Champollions Ideen über d. Ruine gegeben.

das geringste „durch neueres Beiwerk von auffallendem Un-
geschick entstellt" zu sehen. Es waren dort ganz kurzlich
sehr hervorragende Bilder ausgegraben, so z. B. die Weg-
fuhrung der Briseis und die Hochzeit der Thetis, die er
beide noch am Fundort bewundern konnte und fur die
schönsten aller ihm bekannten antiken Gemalde erklarte.
„Wie eine einzige Minute ist mir der 1. April vergangen!
Man musste einen Band schreiben, wollte man eine klare
Idee von allem geben, was man dort sieht," sagt er.
„ . . . Ich habe meinen Rosenkranz gebetet in den Tempeln
Mercurs, Neptuns, Jupiters, Dianas und in dem der Venus;
— danach eine lange Meditation im Isistempel!" Bei jedem
Schritt das längst Vergangene sich vors Auge zaubernd,
eilt er zur Arena hin, bevolkert sie „mit Zuschauern, Kampfern
und Tieren" — durchschreitet alle Strassen, tritt in eine
Menge von Hausern ein, vergisst die Gegenwart und lebt
mit der ganzen Ursprunglichkeit seines Wesens ein Stuck
klassischen Altertums durch

In Nola, das damals eine unerschopfliche Fundgrube
fur Archaologen und gewissermassen das Girgenti Kampaniens
war, sah er, unter Blacas' personlicher Leitung, gemalte
griechische Vasen jeder Form und Grosse unversehrt in
vollendeter Schonheit der Erde entsteigen: „Unvergleichlicher
Anblick!" Niemals hatte der Herzog dort eine so reiche
Ernte gehalten, wie wahrend seines derzeitigen Aufenthaltes,
und um fur seinen Gast die Sache noch interessanter zu
machen, boten einige der Vasen in Form oder Motiven stark
agyptische Anklange dar

Einen frischen Lorbeerzweig pfluckte er vom Grabmal
Virgils, — nicht fur sich, sondern fur Dacier, dessen er oft
mit uberstromender Dankbarkeit gedenkt, und nicht selten
mit Sehnsucht. Von der Grotta di Posilipo ab, an den
Saulen von Caligulas Brucke voruber, fahrt er zu Meer
nach Baia, durchwandert den Ort, seine Tempel und deren
Umgebung und gelangt bis zum antiken Fucinosee, ersteigt
den Monte Nuovo, und betrachtet von seinem Gipfel aus,
„die traurig-stillen Gewasser des Avernus, die Phlegraischen
Felder und den habsuchtigen Acheron"

Doch stets nur vom eigenen Urteil beeinflusst, kann er

hier, im gefürchteten Bereich des Styx und der Hekate,
— nahe dem Eingang des düsteren Tartarus, nicht umhin,
die gesamte Landschaft „etwas heiterer" zu finden, „als
sie sich in den Liedern der Poeten darstellt!"

Als der Glanzpunkt in ganz Italien, und nach welchem
er sich seit lange sehnte, galt ihm das antike Pästum mit
seiner Tempelgruppe im ältesten griechischen Stil, die er
nun endlich aufsuchen wollte. Wohl warnte man ihn vor
den Gefahren dieser Reise, doch schien es ihm unmöglich,
sie aufgeben zu sollen.

Heiteren Mutes begab er sich also am 9. April nach
Nocera, der altgriechischen Stadt, wo er gelegentlich einer
Prozession in den engen Strassen eine aus Holz skulptierte,
stolz blickende Madonna von riesenhafter Grösse bewunderte,
die ihm „etwas Oskisches oder doch mindestens etwas
vom ältesten griechischen Stil" zu haben schien. Weiter
eilte er, — nach Salerno, dessen paradiesische Lage zwischen
dem blau schimmernden Golf und den vulkanischen Gruppen
von Cava sein Erstaunen erregte. Von da nach Eboli, wo
ihm die Nachtruhe durch das wüste Schreien der Leute,
„die doch ganz leise zu sprechen meinten," unmöglich gemacht wurde, daher er denn mit dem ersten Frührot die
Fahrt in die übel berufene salernische „Einöde" antrat.
„Ich nenne so," schreibt er, „eine ungeheure Ebene fast
ohne jeglichen Anbau, die keine andern Bewohner hat, als
Banditen, einige Hirten und Heerden von Büffeln, von denen
letztere zweifellos die rechtschaffensten sind. Nach drei-
einhalbstündiger Fahrt, dank dem Kutscher, der den Weg
verloren und sich in das Felsengewirr am Fuss des Berges
begeben hatte, erblickte ich endlich die in der trostlosen
Ebene zerstreuten Reste der alten Posidonia.

Man hat hundert Mal die Ruinen von Pästum beschrieben: nichts ist einfacher, als die Architektur dieser
Bauten! Und doch ist es unmöglich, Rechenschaft über
ihren Effekt zu geben und den tiefen Eindruck zu beschreiben,
den man auf sich einwirken fühlt beim Anblick dieser drei
erstaunlich gut erhaltenen griechischen Tempel, die zweifellos in die älteste Blütezeit der griechischen Kolonien
zurückgehen. Das ist der alte Stil in seiner ganzen Rein-

heit, — also etwas Grossartiges und wahrhaft Schönes!
Auch fühlte ich so sehr, vor meinen Augen schöne Architektur zu haben, dass es mir während mehr als drei Stunden
unmöglich war, den Blick von diesen Tempeln abzuwenden,
die doch von starrer Einfachheit und jeder Verzierung bar
sind. Aus gewisser Entfernung, und besonders als sie sich
mit goldigem Gelb vom herrlichen Azur des Himmels und
des Meeres abhoben, glaubte ich ägyptische Tempel
zu sehen! Es ist hauptsächlich der Neptuntempel, der
kolossalste von allen, wo der ägyptische Ursprung der
griechischen Architektur aus jedem Teil des Baues hervor-
schaut: das Kapitell in Pästum ist nichts anderes, als das
etwas herabgedruckte ägyptische Glockenkapitell, und die
Wandpfeiler, welche die Ecken der Cella bilden, sind ganz
und gar ägyptisch! Ich war immer schon sehr eingenommen
vom alten Stil, jetzt ist es damit zur erklärten Leidenschaft
gekommen. Unnütz, hinzuzufügen, dass ich, wie alle, die
Pästum besucht haben, — und ihre Zahl ist nicht gross
wegen der griechischen Heroen neuen Stils, die so oft die
Gegend infizieren, — behaupte, dass ganz Italien nichts
Schöneres und Imposanteres bietet, und beachte wohl, dass
ich von Rom aus dies Urteil fälle!

Auf die Gefahr hin, sich den Hals zu brechen, [kann
man dem] ganzen Umkreis der Stadtmauer folgen und ihre
zertrümmerten Wachttürme besichtigen . . . Zwei oder drei
elende Hütten der Neuzeit, von unglücklichen Opfern der
Fieberluft (aria cattiva) bewohnt, sind in Posidonia den
eleganten und schwelgerischen Sybariten nachgefolgt, die
dort nach dem Ruin ihres eigentlichen Vaterlandes Zuflucht
suchten[1]).

Man hört kein anderes Geräusch in dieser Umwallung
als das Geschrei der Raben und Büffel, die ausgesprochene
Vorliebe für den schönen Neptuntempel zu haben scheinen,
denn die einen flattern in seinem Kapitellenhain umher oder
sitzen auf den Karniesen, die andern ruhen im Schatten
seiner robusten Peristylsäulen Nie werde ich dieses Bild

---

1) Champ nahm im Gegensatz zur herrschenden Ansicht an,
dass zum mindesten diese Tempelgruppe älter sein musse, als die
Ansiedlung der Sybariten.

vergessen — und von all meinen Ausflugen wird sich dieser
am tiefsten in meine Erinnerung eingraben." — Ein gut
erhaltenes Veilchen von Poseidons verlassenen Altären gibt
noch heute Zeugnis von der Bewegung, mit der Champollion
Abschied nahm von diesem Ort der Trauer.

Nachdem er nochmals vier Stunden in Pompeji verweilt hatte, wo er, „der wahre Hohepriester Ägyptens"[1]),
im Isistempel ein Trankopfer mit Lacrimae Christi dar-
brachte, dabei des Nestors Dacier gedenkend, „auf dass ihm
die Göttin solange als möglich erlasse, bei der Weisheit
der Ärzte Hilfe suchen zu müssen," traf er am 12. April
abends wieder in Neapel ein.

Blacas und Biot hatten den Zurückkehrenden noch ab-
gewartet; der Astronom bedrängte ihn hart, mit ihm eine
Studienreise durch Sizilien anzutreten, wohin ihn manches zog,
vor allem der Wunsch, dort das Verhältnis des ältesten
griechischen Stils zum Ägyptertum klarzustellen. doch
in Rom erwartete ihn viel Arbeit und in Turin die Beendigung seiner Mission Trotzdem kam er, nach Zurückweisung der sizilischen Reise, mit dem Herzog überein,
diesem erst einige Tage später nach Rom zu folgen, da
beide wünschten, dass „zu Füssen des Vesuvs" der jungen
Wissenschaft „einige Gläubige" gewonnen würden. Denn,
vom Hof und der hohen Aristokratie abgesehen, hatte Champollion nur starre Gleichgültigkeit, wenn nicht gar feindselige
Vorurteile gegen sein System hier vorgefunden was auf den
Einfluss des in Rom wohnenden Archäologen Ant. Nibby[2])
zurückzuführen ist, der in ständiger Beziehung zu den Gelehrten von Neapel stand und häufig dort anwesend war.
„Eine vierstündige Sitzung mit Beweisstücken in der Hand"
genügte ihm jedoch, selbst die hartnäckigsten seiner Widersacher zu seinen Theorien bekehrt und „an Händen und
Füssen gebunden" sich ihm ergeben zu sehen

Von den neuen Bekannten bedauerten besonders der

---

1) Louis Philipp von Orléans nannte ihn so, zur Unterscheidung
von Young und von Jomard

2) „Nibby, who is a regular mule in disposition, will not
believe a word of Champollion " Gell an Young.

Graf von Preville und der Herzog von Casarano die eilige
Abreise des Gastes, der am 17 April die Ruckfahrt nach
Rom antrat, da es galt, den kurzen Aufenthalt Blacas' in
der ewigen Stadt auszunutzen. Der Herzog hatte zwar, um
sein Werk uber das Forum noch zu bereichern, zu dieser
Zeit dort graben wollen, sah sich aber schliesslich gezwungen,
Ende April nach Paris zuruckzukehren, so dass nur eine
Woche des Zusammenseins fur beide ubrig blieb.

Erst jetzt gewahrte Champollion, wie allgemein man
den Mann, der in Frankreich mehr Feinde als Freunde
zahlte, in Rom verehrte, wo er und seine Gemahlin, deren
Wohltatigkeit sprichwortlich war, sich einer ungewohnlichen
Popularitat erfreuten, obwohl sie zum tiefen Bedauern der
gesamten Bevolkerung die Stadt seit 18 Monaten nicht mehr
dauernd bewohnten. Blacas war somit der geeignete Mann,
um in einigen Tagen so viel Interesse fur die agyptische
Forschung in Rom zu erregen, wie es wunschenswert war.
Bei jeder Anwesenheit seine erprobte Anziehungskraft neu
bewahrend, hatte er die verzogerte Ruckkehr seines Schutzlings so gut benutzt, dass dieser schon am Abend des
22. April, dem Tage seiner Ruckkehr, sich zu dem, ihm
von Paris her bekannten Grafen Funchal, dem Bevollmach-
tigten Portugals[1]), in den Palazzo Fano begeben musste,
da viele Wissbegierige ihn dort erwarteten, die uber die
junge Wissenschaft belehrt zu werden wunschten. Kraftig
wie neuer Lebensodem wehte ihn dieser warme, ehrliche
Eifer an und nicht langer mehr beklagte er, dass ihm
nach Rom nicht, wie nach Turin hin, seine Lehrsatze
„vorausgeeilt" seien   Schon jetzt bat man ihn, in einer
Anzahl von Konferenzen, fur welche Funchal seine prachtvollen Raume sogleich zur Verfugung stellte, die Grundzuge seines Systems und dessen praktische Verwendung
zu veranschaulichen   Er sagte freudig zu, da jedoch diese
Lektionen durchdacht und dem Auditorium angepasst sein
wollten, so verschob er sie auf das Ende seines mehrwochent-
lichen Aufenthaltes.

---

1) Er vertrat seit Jahren schon den eigentlichen Gesandten, der
alt und kranklich war

Ausser dem diplomatischen Korps, das sich beeilte, es den drei für Champollion eintretenden französischen Herzogen[1]) an Aufmerksamkeit für den Gast gleichzutun, waren auch zwei der einflussreichsten Pralaten anwesend· Monsignor Testa, Leos XII erklärter Liebling, Generalsekretär der fürstlichen Breven, als Verteidiger der biblischen Chronologie in der Tierkreisfrage einst viel genannt, und Carlo Fea, Vorstand der Altertümer Roms und Bibliothekar des Fürsten Chigi. Auch sie erboten sich sogleich zu allen nur irgendwie in den Rahmen ihrer Befugnisse passenden Gefälligkeiten, so dass schon von diesem Abend an ihm ganz Rom offen stand Testa besonders, ein durch scharfen Verstand, Güte und heiteren Witz ausgezeichneter Greis, begrüsste ihn „mit offenen Armen" Ebenso sympathisch, und für seine Zwecke wichtiger noch, erschien ihm Carlo Fea, der, zugleich Archäologe, Kunstkritiker, Priester und Jurist, sich durch seine höchst liberale Gesinnung in politischen Fragen kennzeichnete. Er befürwortete alle wissenschaftlichen Unternehmungen, sicherte jedem Antrag solcher Art sein forderndes Interesse und machte kurzen Prozess mit Verleumdern und Intriganten. Einen von Paris ihm zugesandten anonymen Brief, der eine Warnung vor dem ‚mehr beruchtigten als beruhmten (plus fameux que celebre), Jakobiner und Hypothesenerfinder Champollion" enthielt, zeigte er diesem und verbrannte ihn dann lachend.

Schon am folgenden Morgen, 23. April, begann der „Ägypter" die grosse Hauptarbeit: das korrekte und eben deshalb mit vielen Schwierigkeiten verbundene Kopieren der Obeliskeninschriften[2]), denn Roms antike Monolithen waren damals zum Teil noch von Ruinen umringt, die den Herd gefährlicher Miasmen bildeten, was Champollion Anlass gab zu nachdrücklichen Klagen über die träge Sorglosigkeit der Behörden. Zu grelles Sonnenlicht oder plötzliche Regenschauer taten das ihre, um die Arbeit noch zu erschweren, doch konnte nichts die peinliche Sorgfalt vermindern, mit

1) Blacas, Noailles und der Gesandte Montmorency-Laval

2) Die des Pantheon-Obelisken zuerst, darauf die Bearbeitung der bei Fea vorgefundenen Kopien von Minutolis Zeichnung der beiden Luqsor-Obelisken. Am 30 April die Ins des Minerva-Obelisken usw

welcher der Meister die Arbeit begonnen hatte und weiter
fuhrte, — denn nun erst trat es zutage, wie fehlerhaft die
bis dahin vorhandenen Kopien, besonders die von Kircher
gemachten, waren.

Auch an Überraschungen fehlte es nicht· So schreibt
er uber den unteren Teil des Lateran-Obelisken an Gazzera
„[Die kleinen Namensringe (cartouches) daran sind] moderne
Arbeit und haben keinen Sinn, wie Sie mir glauben konnen.
Sie befinden sich auf einem ausgebesserten Teil des
Obelisken, das wahre antike Stuck ist im Museum von
Neapel, wo ich es erkannt habe. Aber es enthalt nicht eine
solche Überschwemmung von Namensringen ..." — Da er
auch alle Reste von Altertumern pietatvoll untersuchte, so
erkannte er „in den Trummern des Borgiaschen Obelisken"
das Gegenstuck des kleinen Obelisken, den Kircher im
Jahre 1630 in der Ecke eines Hauses in Rione della Regola
(in Rom) als Fragment eingemauert entdeckt hatte, und den
Zoega im Jahre 1797 als an Spitze und Basis erganzt und
in der Villa Albani stehend erwahnt Spaterhin wurde er
mit vielen Statuen dieser Villa von Napoleon 1. nach Paris
gesandt. — Champollion hatte ihn vergeblich in Rom gesucht, um ihn seinem ehemaligen Gefahrten, dem Borgiaschen
Obelisken, gegenuberzustellen. Er sagte sich schliesslich,
dass der Obelisk bei der allgemeinen Ruckgabe i. J. 1815
vom Kardinal Albani nach München verkauft sein mochte,
was tatsachlich der Fall gewesen war[1]).

Merkwurdig genug, schafften gerade in jenen Tagen die
Ausgrabungen des Fursten Torlonia (Herzogs von Bracciano)
den unteren Teil eines Obelisken zutage, der die Liste der
romischen Monolithen um ein interessantes Fragment be-
reicherte, auf dem der Entzifferer den Namen Diokletian las

Die eingehende Beschaftigung mit diesen, unter seinen
Handen wieder zu beredten Dokumenten werdenden Zeugen
des Altertums erregte den Wunsch in ihm, ein ihrer selbst
und Roms wurdiges Werk uber sie herauszugeben, wobei

---

[1]) Vergl die Beschreibung der Glyptothek von Heinr. Brune,
Munchen 1873, p. 40, Nr 31, und von A. Furtwangler, 1900, p. 23,
24, Nr 22

er auf den Kunstsinn und die Grossherzigkeit des Papstes
rechnete, fur dessen Rentkammer (chambre apostolique) eine
derartige Ausgabe kein allzu grosses Opfer bedeuten konnte.
Mai, Testa, Funchal und ganz besonders Carlo Fea be-
grussten freudig diesen Plan und meinten ihn um so zu-
versichtlicher bei Leo XII befurworten zu konnen, als
dieser nunmehr einen Schutzer der biblischen Chronologie in
Champollion sah und sich sogar dermassen fur seine Person
zu interessieren begann, dass Testa beschloss, ihm den
„Agypter" personlich vorzustellen; doch auch hierfur sollte
die Beendigung der wichtigsten Arbeiten abgewartet werden.

Sein reiches Studienprogramm umschloss naturlich auch
samtliche offentliche und private Sammlungen Roms, die er
„mit der Feder in der Hand" durchsuchte Ob er aber
auch allerlei Interessantes fand — besonders ein Skarabaus mit
langer Inschrift von dem noch die Rede sein wird, erfreute
ihn sehr, so fehlte es doch nicht an schweren Enttauschungen·
Das Kapitol z B., bot nur zwei wirklich agyptische Statuen mit
Inschriften und das Museum der Propaganda, von dem
er so viel gehofft hatte, lieferte ihm nur wenige und schlechte
Figurinen aus agyptischer Fayence. — Doch durchforschte
er unter der Leitung des ihm seit Jahren bekannten
Bibliothekars, des Abbé Francesco Cancellieri, die Archive der
beruhmten Anstalt, von der aus er schon nach Grenoble hin
so manche Anregung erhalten hatte, und er bewunderte hier
nach Gebuhr die hohen Verdienste der Jesuiten um das
Studium der alten Sprachen Afrikas und Asiens.

In der Vaticana harrte seiner eine besondere Freude:
Schon Mitte Marz, gelegentlich des ersten Besuches beim
Prafekten derselben, hatte er bei der oberflachlichen Be-
sichtigung der dortigen Papyrussammlung so bestimmt den
Inhalt eines demotischen Kontraktes „aus dem Jahre III des
Philopator" erkannt und so lebhaft seine Freude uber diesen
altesten aller ihm noch bekannt gewordenen demotischen
Texte geaussert, dass Angelo Mai ihn nunmehr bat, einen
wissenschaftlichen Katalog der in der Vaticana enthaltenen
Papyri anzufertigen, sowie eine spezielle Notiz uber einen
derselben, dessen wichtigste gemalte Szene als typisch fur
die bildlichen Darstellungen aller Totenbuchtexte Alt-

agyptens dienen konnte, sodass ihre Erklärung wünschenswert erschien

Mit Wehmut und Ärger zugleich derer gedenkend, die
ihn in Turin gehindert hatten, den Katalog der Drovettiana
anzufertigen, schreibt er deshalb an Gazzera „ . . . Es ist
wirklich unendlich merkwürdig, zu sehen, mit welchem Eifer
man hier die vorhandenen geringen ägyptischen Reste zur
Geltung zu bringen sucht, während man in Turin die dort
befindlichen unermesslichen Schätze im Gegenteil [zu vergraben sucht], anstatt Ihrem Museum die [ganze Berühmt-
heit] zu verschaffen, die es verdient . . . So wahr ist es also,
dass nur die Armen das wenige, das sie haben, zu würdigen
wissen."

Nicht zum ersten Male durchforschte Champollion die
Archive des Vatikans, die sich ja volle elf Jahre in Paris
befunden hatten, wo sie freilich, als er sie in seinen Jünglings-
jahren befragte, neben andern unermesslichen internationalen
Schätzen ungebührlich zusammengepresst und darum schwer
benutzbar waren. Hier dagegen breiteten sie sich in elf
Sälen aus, und angesichts ihrer Reichhaltigkeit — er kopierte
hier u. a. auch einen dritten aramäischen Text für Sacy —
empfand er es schmerzlich, zur Eile genötigt zu sein Falls
er also wirklich nicht alle dort gefundenen Inschriften völlig
kopiert und weniger noch an Ort an Stelle übersetzt hat,
so muss dies damit erklart werden, dass die neuen Eindrücke
von allen Seiten her zu gewaltig auf ihn einstürmten, um
ihm die nötige Arbeitsruhe zu gewähren.

Im Grunde beklagte er es, durch Blacas und
Montmorency sogleich „in den Strudel" geschleudert zu
sein; denn diese „Kampagne in Rom" wurde täglich an-
strengender für ihn, da sich, zumal für die Abende (und nur
diese meinte er dafür opfern zu dürfen), die Einladungen in
erschreckender Weise von Tag zu Tag mehrten. Die
Diplomaten, die, wenn einmal in Rom, sich zum Mäcenatentum
verpflichtet zu fühlen schienen, und die fast sämtlich „wütende
Sammler" (collecteurs enrages) waren, legten in erster Linie
die Hand auf den Gast der von ihnen gewissermassen be-
herrschten ewigen Stadt, „aber es gab ihrer eine Legion"[1]).

---

1) Man denke nur an die gesonderten Vertretungen aller grösseren

und in dem sich' um Champollion bildenden internationalen Kreis gewannen nur einige von ihnen einen besonderen Einfluss.

Nach der bald erfolgten Abreise von Blacas standen sich auf dem neu erschlossenem Gebiet der Ägyptologie und in den Bemuhungen um den „Ägypter" der russische Gesandte und der portugiesische Bevollmachtigte, zwei ausserst markante Personlichkeiten, als Rivalen gegenuber, doch siegte Funchal ohne Muhe, Champollions feiner Spursinn namlich eikannte sogleich die wissenschaftlichen Pratensionen des russischen Grafen und wunschte einen Konflikt mit diesem als sehr uberhebend geltenden Nestor der europäischen Diplomatie zu vermeiden. Denn Italinsky, dessen durch starre Einfachheit gekennzeichnetes Heim im Palais am Navonaplatz fur Permanentsitzungen von Sprachforschern und Archaologen bestimmt zu sein schien, und dem man nachsagte, dass er nur dann und wann eine Stunde fur die Interessen der Zarenpolitik erubrigen konne, Italinsky war zu sehr von der Unfehlbarkeit seiner uber viele sich erstreckenden geistigen Oberhoheit uberzeugt, um einen ernstlichen Widerspruch, selbst in der Hieroglyphenfrage, mit Gelassenheit anzuhoren.

Wie anders Funchal, der inmitten der erlesenen Pracht im Palazzo Fano, wo Niebuhr und Åkerblad einst Hausrecht besessen hatten, den schonen Kunsten und der Literatui Altare baute, und wo die freie Diskussion zum Gesetz erhoben war. Nur im ersten Augenblick pflegten fremd Hinzukommende die ungewohnliche Hasslichkeit des Grafen zu beachten, denn ungewohnlicher noch waren die geistspruhende Beredsamkeit, die Herzensgute, die edle Offenheit und die erprobten Freiheitsideen dieses Mannes, der sich im Fluge die Zuneigung aller ihm Nahenden erwarb. Ihm seelisch Verwandte — und zu diesen gehorte Champollion — verstand er wie mit Zauberkraft an sich zu fesseln, und so verlebte der ‚Ägypter" bei Funchal ebenso gluckliche Abende wie in der franzosischen Gesandschaft, wo Montmorency-

---

Staaten Deutschlands und Italiens und an die neben den eigentlichen Gesandten uberdies noch stets vorhandenen „plénipotentiaires" der Grossmachte

Laval und Artauds Bruder alles aufboten, um ihrem Landsmann „den Abschied möglichst schwer zu machen."

Auch Bunsen[1]), damals preussischer Gesandtschafts-
sekretär in Rom, bezeugte dem Entzifferer viel Interesse,
doch ungleich herzlicher[2]) tat dies der erste Sekretär der
Gesandtschaft „Sr. Britischen Majestät des Königs von Hannover"[3]), August Kestner, der vierte Sohn von „Werthers
Lotte". Er hatte sich in der Villa Malta ein wunderschönes
Künstlerheim geschaffen und schon einen guten Grund ge-
legt zu seiner späterhin hoch interessanten Sammlung[4]).
Auch seine unzertrennlichen Freunde, Otto Magnus von
Stackelberg und Graf Stanislaus Kossakowsky, gleich ihm
viel passionierter für das Altertum als für die diplomatische
Karriere, wandten sich eifrig dem „Ägypter" zu, ebenso
taten dies unter vielen andern der junge Berliner Philologe
Theodor Panofka, der an Zoega erinnernde Dane Brond-
stedt, der unermüdlich gefällige Ritter Biondi und der junge
Herzog von Luynes, ein genialer Zeichner, der Champollion
zu Liebe von Neapel heruberkam. Auch der schon erwähnte Weltreisende Dodwell und, was ihm noch interessanter
war, Sir William Gell, traten in nahe Beziehungen zu ihm.
Diesem Jünger von Thomas Young war der Spott bereits
auf den Lippen, wie unter der Feder erstorben, die
erste eingehende Unterhaltung mit dem wahren Entzifferer
zeigte ihm nun vollends die Irrtümer, von denen er bislang
umfangen gewesen war. Aber nur ganz allmählich, in Zeit
von einigen Jahren und gleichsam tropfenweise, wagte er
die Nachricht von der gewonnenen Erkenntnis seinem bisherigen Führer in die empfindsame Seele, wo sie wie Gift
wirkte, einzufiltrieren.

Ganz anders stand es mit dem Professor Nibby, der sich
nur eine Maske aufzwang im Verkehr mit Champollion, welcher
ahnungslos in einem Briefe an Gazzera Nibbys Freundschaft

---

1) Ch. Karl Josias Freiherr von Bunsen, der bekannte Verfasser
von Agyptens Stelle in der Weltgeschichte

2) Kestners Briefe an Rosellini bezeugen seine warme Anhänglich-
keit an Champollion.

3) England als solches war damals nicht im Vatikan vertreten.

4) Jetzt im Kestner-Museum zu Hannover.

dankbar erwähnt Doch schon am 29 Mai heisst es „Glauben
Sie übrigens nicht, dass es nicht auch hier, wie in Turin,
gewisse kleine „Grosse Männer" gibt, die sich über das
Aufsehen ärgern, das Arbeiten, welche nicht die ihren sind,
erregen. Ich weiss seit gestern, und durch eine Dame
dass sich eine schreckliche Verschwörung vorbereitet Es ist
der Schweif Valerianis, der wieder auflebt, und es handelt sich
darum, zu beweisen, dass ich gar nichts von den Hieroglyphen verstehe und, was noch schlimmer ist, dass ich
kein Koptisch weiss.

Die Verschwörer umgeben mich täglich, es sind dieselben, die in den Salons von Rom sich am tiefsten vor
mir neigen, um den fremden [Gesandten zu gefallen]. Sie
schärfen ihre Waffen im geheimen   . Den ersten Stoss wird
der ‚Kufiker' (cufique) Lanci ausführen, einer der hitzigsten,
wie es heisst   .

„Man nennt danach den Zyniker Amati, es erhoben
sich auch Zweifel über Nibby, dem ich einen schlechten
Dienst damit erwiesen habe, dass ich seinen Sarkophag
des Sesostris in denjenigen eines Hierogrammaten des
Psammetichus umtaufte . . Sie verstehen, lieber Freund,
bis zu welchem Grade alles das mich beunruhigt, und bis
zu welchem Grade ich das Urteil von Menschen fürchten
und ihre Zustimmung zu erhalten suchen muss, die nicht
einmal das ABC der Sache kennen, über die in letzter
Instanz abzuurteilen sie beanspruchen. Ihre Dummheit
überrascht mich nicht, wohl aber ihre Falschheit . . .‟

Wenige Tage später bereits wurden anonyme Schmähschriften gegen den Hieroglyphenentzifferer in Form von
losen Blättern im Publikum verbreitet; zugleich erschien
eine Broschüre von Lanci, aus der man den wahren Grund
von dieses Klerikers Hass gegen ihn ersah denn Lanci
wollte die „Erklärung" der damals vielbesprochenen ägyptischen Stele von Carpentras in Übereinstimmung mit einem
kufischen Text bringen und als ein besonderes Bravourstück
herausgeben. Hierbei wurde ihm Champollions System zum
Stein des Anstosses, den er nun zu Gunsten seiner Hypothesen aus dem Wege zu räumen versuchte. Sehr erregt
über seines Rivalen Freundschaft mit den hohen Würden-

trägern des Vatikans benutzte er nun seinen Einfluss auf
die niedere Geistlichkeit, um schriftlich und mündlich die
Anklage zu erheben, dass die neue Wissenschaft, falls sie
überhaupt nicht Betrug sei auf den Ruin der Bibel ausgehe.

Champollions gute Beziehungen zu Testa erwiesen sich
nun als ein Talisman für ihn, denn der energische Greis
nahm es auf sich, Leo XII. nicht nur über Lancis unlautere
Motive aufzuklären, sondern ihm auch nachzuweisen, dass
bislang die neue Wissenschaft tatsächlich nicht in Konflikt
mit der Bibel gekommen sei. Zugleich aber bestand er auf
einer öffentlichen Zurückweisung der Anklage, und da auch
Stanislaus Kossakowsky sie als dringend nötig erachtete, so
schrieb Champollion einen (vom 15 Juni 1825 datierten)
offenen Brief an diesen letzteren, der zugleich in Rom und
in Paris herauskam und wegen der humoristischen Weise,
in welcher die derbe Zurechtweisung für den Abbé Lanci
gegeben wird, grosse Heiterkeit bei den Anhängern des
Systems erregte[1]).

Zwei Punkte besonders geisselte der Autor in dieser Schrift
Lancis Manie, das hieroglyphische Alphabet zu „hebrai-
sieren[2]) und zu arabisieren,“ und zweitens die den Umsturz
der Bibel betreffende Verleumdung. — Dass überdies seine
persönlichen Verdienste auf Young und San Quintino verteilt wurden und er nur noch als „Titularnutzniesser
(usufruitier titulaire)“ seiner eigenen Entdeckung dastand,
erregte nicht so sehr seine Heiterkeit, als es den Anschein
hatte. Denn er wusste nun bestimmt, dass auch Nibby,
Feas erbitterter Feind und Youngs Freund, sowie der Hellenist
Amati, der seinen glühenden Hass auf Angelo Mai ohne
weiteres auch auf ihn und sein System übertrug, mit allen
Mitteln an der Vernichtung seines wissenschaftlichen An-

---

1) Lettre de M Champ le jeune à M Z.^**^ Rome 1825 Auszug a d Memorie Romane d'antichita usw. Vol I. Vergl B. Fer. IV
Aug 1825, No 107

2) P 6 „ M Lanci prétend encore s'amuser en enonçant
[une opinion qu'il deduit] du principe suivant, savoir que le principal
guide à suivre pour fixer le son et la valeur des signes phonétiques
égyptiens, c'est Moïse Certes' on ne s'attendait guère, à voir Moïse
en cette affaire . . "

sehens arbeiteten. Dies bewog den Marquis Giuseppe
Melchiorri, eine wirksame Verteidigung des Systems zu
schreiben, die in derselben Weise wie Lancis und Amatis
Pamphlete auf losen Blättern im Publikum verteilt wurde.
Den versprochenen Vortragen Champollions sah man jetzt
mit noch vergrösserter Spannung entgegen, und er selber
maass ihnen nunmehr die höchste Wichtigkeit bei, doch verzögerte eine kleine Extraarbeit ihren Beginn.

Beim Kopieren der Obelisken, doch ganz besonders beim
Verweilen in den prachtvollen Garten der Villa Medici, wo
einst der sogenannte Obelisco Medieco seinen Platz gehabt
hatte, war ihm der Gedanke gekommen, zu der von der
französischen Gesandtschaft geplanten grossartigen Feier anlässlich der Krönung Karls X. einen „modernen Obelisken
von 40 bis 50 Fuss Höhe" zu beschaffen und an eben der Stelle
errichtet zu sehen, wo der nach Florenz gebrachte Monolith
seinen Standort gehabt hatte. Dieses neuen Obelisken vier
lange, streng nach antikem Vorbilde gehaltene Inschriften
aus kolorierten Hieroglyphen sollten „zu Ehren des 65. Nachfolgers des Chlodwig" von der hochgelegenen Villa aus den
Kindern des Romulus das Ereignis verkunden und abends
in farbiger Beleuchtung erstrahlen[1] Nicht Karl X. zu Liebe,
dem er in Erinnerung an den spanischen Kriegszug soeben
noch Numa Pompilius gewissermassen zum Vorbild hingestellt hatte, unternahm Champollion das Werk, sondern
er wollte im Grunde nur seinem Vaterlande eine ebenso
sinnige wie ehrenvolle Huldigung damit darbringen, Frankreich, dem er die Wiedererschliessung Agyptens zum hohen
Ruhmestitel anrechnete.

Der hocherfreute Gesandte scheute keine Kosten, um
das Projekt in würdiger Weise ausführen zu lassen, und der
„Ägypter" tat sein Äusserstes in der Kombination und
Zeichnung der Hieroglyphen, damit dieser jüngste aller
Obelisken „die Nachbarschaft des Riesen von der Piazza del
Popolo nicht zu fürchten brauchte." Wirklich stand das
Kunstwerk am 29. Mai, von allen bewundert, fertig da,

---

[1] Die Nachforschungen nach dem Verbleib dieses Obelisken
haben zu keinem Resultat geführt

allein des starken Regenwetters wegen musste das Volksfest,
zu dem „800 Patrizier und 8000 Plebejer" geladen waren,
verschoben werden, und nur eine Massenverteilung von
Lebensmitteln an die Armen fand in der Gesandtschaft statt

Montmorency, der Champollion durchaus zum Mittelpunkt des aufgeschobenen Festes machen wollte, verzögerte
aus diesem Grunde, im Einverstandnis mit Funchal, den
Beginn der Vortrage; er griff schliesslich sogar zu dem
energischen Mittel, seinem Gaste die Ausstellung des Passes
zu verweigern.

Inzwischen lagen alle Kopien, Abzuge und Abgusse
methodisch geordnet seit dem 5. Juni zur Verpackung bereit.
Kestner und Bunsen waren vielfach behilflich gewesen,
und Sir Gell hatte Kopien des ihm von Wilkinson aus
Karnak ubersandten neuen Materials an den Entzifferer gegeben. Es waren lehrreiche Opferzenen aus der 22. Dynastie
darunter, aber wichtiger noch erschien dem „Ägypter" eine
Konigsstele, die merkwurdige Aufschlusse gab uber den Kult
der Pharaonen, weshalb er sie zum Gegenstand eines vierten
Briefes an Blacas machen wollte; dieser sollte auch eine
Abhandlung uber Skarabaen und eine andere „uber die
wichtigsten Institutionen Altagyptens" enthalten, doch ist er
gleich dem geplanten dritten niemals zusammengestellt
worden.

Der von Mai erbetene Katalog der agyptischen Papyri
war nunmehr beendet; ebenso die eingehende Notiz uber
einen derselben[1]), auf Grund dessen Champollion hier eine
Erklarung der funeraren Bildtexte gibt, die deutlich zeigt,
wie tief er schon damals in das Verstandnis der verwickelten
Theorien über das Leben der Seele im Jenseits, also im
agyptischen Amenthes („Amenthi"), eingedrungen war
Diese Arbeiten wurden von Mai ubersetzt und mit Vorwort und
Noten versehen[2]) in zwei Sprachen herausgegeben.

Da er nun also Anfang Juni imstande war, uber all
seine romischen Arbeitsresultate genaue Auskunft zu geben,

---

[1]) Explication de la principale scène peinte des Papyrus funeraires
Eg Broschure, Auszug aus dem Bull. Fér. 1825, IV. Nr. 339.

[2]) Catalogue des Papyrus Eg du Vatican et Notice plus etendue
d'un d'eux, (etc.) in 4° Rome 1825 3 Planches Impr. du Vatican.

so führte ihn Testa dem Papst zu, der ihn trotz seiner Kränklichkeit in längerer Privataudienz empfing, während welcher er ihm dreimal ausdrücklich versicherte, „dass er der Kirche einen schönen, grossen und guten Dienst erwiesen" habe. Auch trug er ihm zur Belohnung dafür die Kardinalswürde an, die der so Ausgezeichnete jedoch ganz froh war, mit der Bemerkung zurückweisen zu dürfen, „dass zwei Damen nicht damit einverstanden sein würden" Der Papst suchte nach einem anderen Huldbeweis und veranlasste am 22 Juni Montmorency, seiner Regierung über den ehrenvollen Empfang zu berichten, den der „Erretter der biblischen Chronologie" bei ihm gefunden hatte Nach Aufzählung aller die kirchlichen Interessen berührenden Verdienste desselben, unter denen die Zeitbestimmung für den Tierkreis von Dendera das hervorragendste genannt wird bittet er dann den Herzog um seine Verwendung, damit der König Champollion zum Ritter der Ehrenlegion ernenne „Dass ein Sohn des Romulus einen Nachfolger Chlodwigs daran erinnern zu müssen glaubte, was er seinem grossen Untertan schuldete," entsprach der damals überall erörterten Tatsache, dass bereits sechs ausländische und mehrere französische Akademien Champollion zu ihren Mitgliedern zählten, indessen der Areopag der Pariser Inschriften-Akademie stets einem Grösseren als ihm die Anwartschaft zur Unsterblichkeit verabfolgen musste.

Was die Ehrenlegion betrifft, so war übrigens Doudeauville dem Papst zuvorgekommen, indem er aus eigenster Initiative bereits im Mai an Figeac geschrieben hatte, dass im Jahre 1825 „ein Kreuz, aber leider nur eins" für die ägyptische Archäologie vergeben werden solle, dass er ihn jedoch bitte, selber zu entscheiden, wer von den Brüdern in die Listen der Ehrenlegion einzutragen sei. Die schnelle Antwort lautete· François Champollion"[1]), und bald darauf wurde durch das Begehren Leos XII. dieser Entschluss noch sanktioniert.

Die „klerikalen Liebenswürdigkeiten" waren für den

---

1) Figeac hatte schon von Napoleon i J. 1815 diesen Orden erhalten Er wurde ihm 1828 erneuert

Augenblick von grossem Nutzen für den Historiker Ägyptens, da sie ihn wie ein Schild gegen eine Menge lauernder Feinde in den Reihen der römischen Geistlichkeit deckten, — im Grunde jedoch erfüllten sie ihn mit grossem Unbehagen, denn wenn er auch scherzt: „Ich werde wie ein Kirchenvater betrachtet, ein wahrer Vater des Glaubens, Verteidiger der Religion und der guten Doktrinen!" so beteuert er doch alles Ernstes „Ich habe nicht den Ruhm Gottes gesucht [als Zweck meiner Forschungen]," und von seinem leitenden Prinzip, dass er lediglich die geschichtliche Wahrheit suche, gleichviel ob sie gefalle oder nicht, war er um kein Jota abgewichen.

Während man also im Vatican sein Lob sang, gedachte er mit recht gemischten Gefühlen der neu entdeckten Turiner Dokumente, von denen er hier nichts Näheres verlauten liess, denn wurde auch Leo XII trotz seiner stellenweise inquisitorischen Unduldsamkeit[1] nicht ganz mit Unrecht „der Philosoph" genannt, so stand er doch sehr beträchtlich unter dem Druck der biblischen Überlieferungen, von denen sich beschränken zu lassen, einem Historiker wie Champollion nicht zuzumuten war.

Hatte er in der Audienz beim Papst einen unauslöschlich tiefen Eindruck erhalten, so wurde dieser wichtige Tag in denkbar schönster Weise für ihn abgeschlossen mit dem endlichen Beginn der Konferenzen im Palazzo Fano. Ein kleiner Zwischenfall dabei legt Zeugnis ab für seine selbstlos ideale Gesinnung. Der unermesslich reiche Fürst Gargarin, dem man von seiner gänzlichen Mittellosigkeit gesprochen haben mochte, liess ihm durch den schon erwähnten Ritter Bartholdy im voraus eine beträchtliche Summe für die Vorträge anbieten, wie aus dem Briefe hervorgeht, den der preussische Diplomat, der ihn nicht zuhause traf, bei ihm zurückliess. Umgehend wurde ihm eine so stolze Absage[2]

---

1) Er hatte z B soeben das „Gebet um Ausrottung der Ketzer" wieder eingeführt

2) „   Il faut que je sois ou bien mal compris ou bien mal jugé, pour qu'on ait pensé, ainsi qu'on l'a fait, à me proposer un salaire, comme s'il s'agissait d'une espèce de representation — J'ignore si de tels arrangements sont dans les us et coutumes de l'Italie, mais

zuteil, dass der genannte Aristokrat sich infolgedessen zu einer formellen Entschuldigung genötigt sah!

Champollion glaubte sich überreichlich für seine Mühe belohnt durch die vermehrte Anerkennung, die er von diesen Abenden für seine Wissenschaft erhoffte und er irrte sich nicht; denn auf sein internationales Auditorium machten die Kraft der Überzeugung, die von Eigendünkel gänzlich freie Kühnheit seiner Anschauungen und die gewissenhafte Beweisführung seiner Lehrsätze tiefen Eindruck. Bald kam der Eifer der Hörer dem des Unterweisenden gleich, und konnten auch manche wohl nicht ohne Mühe dem Ideengang des Vortragenden folgen, so nahmen doch die meisten das Gebotene mit bleibendem Nutzen in sich auf und ihr begeisterter Dank lässt ihn sagen. „Die Hieroglyphen stehen in hohen Ehren in Rom!" . Es ist eine wahre Mission, die ich gepredigt habe, und an „wirksamer Gnade" hat es nicht gefehlt, denn ich zählte ebensoviele Bekehrte wie Anwesende. Und so habe ich meinen Aufenthalt in Rom beendet. ·

Nicht einen Tag länger meinte er ihn nach Beendigung seiner Konferenzen ausdehnen zu dürfen, so dass nun Montmorency gezwungen war, für ihn und Lecaron die Pässe auszustellen. Noch am 17. Juni, abends spät, verliess er mit schmerzlichem Bedauern, doch nicht ohne Hoffnung auf Wiedersehen, „die Stadt der Pilger und Casaren", wo sein kurzes Verweilen eine leuchtende Spur hinterliess „Ich reisse mich los von Rom!" schreibt er im letzten Augenblick, als ihn schon der Wagen erwartete, um ihn über Viterbo und Siena nach Florenz zu führen, ins Land der Etrusker, das den 16jährigen Studenten bereits wegen des von ihm vermuteten engen Zusammenhanges mit Ägypten ganz ungewöhnlich interessiert und ihn zu etwas vorzeitigen Folgerungen hingerissen hatte Um den Wunsch nach möglichster Ergründung der etruskischen Frage in ihm zu erregen, hatte es nicht der wiederholten Aufforderung des

les lettrés français, toujours empressés de propager le peu de science qu'ils peuvent posséder, ne songèrent jamais à la vendre

J'ai besoin de croire qu'il y a certainement quelque malentendu ou quelque distraction dans tout cela . ." 30. Mai 1825

Hartleben Champollion

37

Bruders dazu bedurft, — wohl aber fuhlte er bald heraus,
dass der Augenblick dazu selbst auf etruskischem Boden
noch nicht gekommen war „denn die Texte sind noch
so sehr selten." klagt er, — „und die Mittel zur Vergleichung fehlen noch vollstandig."

Eins aber erkannte er sehr schnell — und mit Freude
spricht er es in dem Briefe vom 2 Juli aus· „Florenz ist
die einzige Stadt, wo man sich wirklicher und gerechter
Freiheit erfreut, es ist im Grunde das einzige Land, welches
eine Regierung besitzt, — und das ist schon etwas." —
Hier also war der „heiligen Freiheit geweihte Statte", hier
also fand er das Juwel, das in seinem politisch zerrissenen
Vaterland, ob es auch den Anspruch darauf gehabt hatte,
so sehr verfehmt war. So atmete er denn gleichsam auf,
nun endlich sein machtiger, aber stets in den richtigen
Schranken gehaltener Freiheitsdrang vollauf befriedigt wurde
Um so pikanter erschien ihm das den mittelalterlichen
Despotismus ins Gedachtnis zuruckrufende Äussere von
Florenz.

Der erste Gang „in dieser Stadt alter Erinnerungen·
galt der Venus der Medici — fur die er ,Bestellungen
von ihren Pariser Bewunderern" hatte, — doch gedachte er
ihrer nicht mehr, als er vor der Niobidengruppe stand, von
der er drei Figuren als die unubertrefflichen Meisterwerke
des grossen Stils der griechischen Skulptur erklart Aber
nach dem ersten Feuer der Bewunderung fur die griechische
Antike kehrt er sich auch hier wieder Agypten zu, seine
grosse Hoffnung hierfur war — neben der Grossherzoglichen
Galerie — die Sammlung des schon erwahnten Arztes
Alessandro Ricci, Huyots und Caillauds Freund, der ihn
seit Monaten erwartete, ihm aber seine vielen, wahrend
eines sechsjahrigen Aufenthaltes in Agypten und Athiopien
gemachten Zeichnungen nur zeigen wollte, falls er ein-
willigte, sein Gast zu sein. Champollion, dem diese Alter-
native schon seit lange gestellt war, hatte sich um seiner
freien Bewegung willen dennoch ablehnend verhalten, aber
nicht sobald gewahrte er bei seiner Ankunft Riccis unbeug-
samen Entschluss, Wort zu halten, als er sich ihm gefangen
gab Und nirgends hatte er sich jemals heimischer gefuhlt,

als in diesem alten Hause oder vielmehr Museum, in
No 5745 via San Gallo, gegenuber dem Palazzo Brunaccini.

Riccis grosse Sammlung von Konigsringen nahm er
zuerst vor und gewann aus ihr einige neue Namen. Auch
erhielt er treffliche Auskunft uber die Bauart vieler Tempel und
bearbeitete zehn Königsstelen aus der 17. und 18 Dynastie
„Die Mehrzahl dieser Basreliefs", sagt er, , kommen aus
Arabien, von Sarbût-El-Châdim und von El-Maghara, wo
die alten Pharaonen Kupferminen hatten Diese Tatsache
ist wertvoll fur die Konige der 17 Dynastie, die, nur noch
auf Oberagypten angewiesen, trotz der Hirtenkonige, die
sicher keine Schiffe hatten, zu Meer mit Sarbût verkehren
konnten ‘ Am 21. Juli fugte er · dieser trefflichen Bemerkung
Einzelheiten bei

Wie in Rom, so wetteiferte man auch hier, ihm den
Aufenthalt zu einer Reihe von festlichen Tagen zu gestalten.
Alessandri und Zannoni, die Direktoren der Galerie, empfingen
ihn wie einen altgewohnten Freund und erleichterten ihm
die Bearbeitung der mehr kunstlerisch und kunstgewerblich
als wissenschaftlich fur ihn wichtigen Sammlung Nizzoli

Auch die beruhmte Akademie der Wissenschaften zu
Florenz (Accademia della Crusca), die nicht vergeblich
einst von Canova der Fursorge Napoleons[1]) empfohlen war,
und die unter Ferdinand III vollends wieder emporgebluht,
begrusste ihn als einen der ihren, der Archaologe Migliarini[2]),
der Graf Capponi und der ausgezeichnete Francesco Inghirami, Archaologe und Bibliothekar, erwiesen ihm alles er-
denkliche Gute. Dieser letztere war damals mit seinem
illustrierten Prachtwerk uber die von Homer erwähnten
Denkmäler, aber zugleich auch mit seinem grossen Lieblings-
werk uber die etruskischen Altertumer[3]) beschaftigt und das
war es, was Champollion so schnell und so innig mit ihm
verband, besonders, da jener, der einer alten Patrizierfamilie
von Volterra entstammte, als die Seele der etruskischen

---

1) Canova erinnerte ihn an den florentinischen Ursprung der
Familie Buonaparte

2) Nizzolis Sachwalter, spaterhin Konservator der ag Altertumer

3) Monumenti Etruschi, 10 Bände, Florenz, 1820 1827

Forschung und als der Hauptträger aller einschlägigen Überlieferungen angesehen wurde.

Kein San Quintino, kein Lanci störten hier das völlige Einvernehmen. Ricardis giftdurchtrankte Verdächtigungen des Systems belachte man ganz allgemein und ebenso die sechs „furchtbaren Anklagen", die Domenico Valeriani[1] 1823 im Septemberheft der Antologia (Nr. XXXIII.) dem Entziffeler entgegengeschleudert hatte und deren erste lautete Herr Champollion gibt vor, lesen zu können, was niemand jemals gelesen hat und was die „Erfinder der Hieroglyphen" selber nicht hatten lesen können, usw. Der „Ägypter", vom Redakteur einer Zeitschrift dringend gebeten, hatte seinerzeit eine passende Erwiderung veröffentlicht[2]), und da nun der von allen Seiten stark beeinflusste Valeriani sich ihm wie ein reuiger Sünder nahte, so hiess er ihn, zum allgemeinen Erstaunen, willkommen, als handelte es sich um einen bewahrten Freund.

In dieser beglückenden Atmosphäre geistiger Freiheit, deren edelste Repräsentanten Inghirami, der Abbé Zannoni und der Graf Girolamo Bardi waren, berief man nicht die Interessen der biblischen Chronologie, sondern nur diejenigen der Wissenschaft zu Richtern über den Entzifferer und sein Werk. Und diese Harmonie der Geister erhielt noch eine besondere Weihe durch das Vorgehen des jungen Grossherzogs, dank dessen Fürsorge Champollion beim ersten Betreten des ägyptischen Saales der Galerie ein inniger Willkommengruss zuteil wurde, der ihn mit herzlicher Genugtuung erfüllte.

Leopold II. hatte manche der guten Eigenschaften seiner Vorfahren geerbt und verband so glücklich mit idealer Gesinnung eine ausserordentlich praktische Tatkraft, dass der Gast seiner Residenz ihm aufrichtige Anerkennung zollte. Dem Wunsche des Grossherzogs entsprechend, begann Champollion schon jetzt mit der methodischen Anordnung

---

1) Domenico Valeriani, nicht zu verwechseln mit Champollions ernstlicher zu nehmendem Gegner Louis Valeriani-Molinari, Sprachforscher in Bologna.

2) Revue Encyclop. 1824, Vol. 21, p. 225 ff

der Sammlung Nizzoli und versprach zu gelegener Zeit den
wissenschaftlichen Katalog davon anzufertigen, denn Leopold
hoffte ihn noch mehrfach in Florenz begrussen zu durfen.
Unter den Gegenständen der Galerie interessierte den Entzifferer nicht wenig ein kleiner Obelisk aus schwarzem Granit,
der dem Museum Vecchietti entstammte und den er schon
durch Kircher und Zoega kannte   Unter dem Auge des
Meisters stellte er sich zwar als eine betrugerische Nachahmung, aber eine solche aus dem Altertum dar, und es war
sicherlich nicht der „Agypter", der den Florentinern riet, das
merkwurdige Objekt der Vergessenheit anheimzugeben.   Tatsachlich aber hat dieser „Obeliscus Florentinus" lange Zeit
verachtet in den Magazinen des Museums der via della
Colonna wo sich nunmehr die agyptischen Altertumer in
Florenz befinden, geschlummert[1], — obendrein wie ehedem
der Koloss „Osymandias" in Turin, „durch unwurdige Vermummung gedemutigt".

Naturlich untersuchte Champollion auch den Obelisco
Mediceo, welcher einst in der Villa Medici zu Rom gestanden
hatte, der aber am 27 Februar 1790 im Amphitheater des
Boboli - Gartens zu Florenz aufgestellt wurde.   Er tragt
Ramses' II Namensringe. Im Nachlass des Entzifferers befindet sich nun der hieroglyphische Text, doch erscheint es
nun zweifellos, dass seinerzeit auch die Übersetzung von
Champollion gemacht worden ist. Leider wurde der Meister,
wie so haufig, auch in diesem Falle im Laufe der Zeit an
seinem geistigen Eigentum geschmalert[2] Champollion ver-

---

1) Dass dieses lehrreiche Beispiel antiker Falschung (mit „obélisque
cursif" in Champollions Tagebuch vermerkt), seit Februar 1901 wieder
ans Licht gekommen und in geeigneter Weise aufgestellt ist, hat Astorre
Pellegrini in Florenz veranlasst

2) Siehe die beiden wichtigen Artikel von Ast. Pellegrini, der
sich durch emsige Nachforschungen in Florenz nach Dingen, die der
Autor dieses Werkes im Herbst 1900 dort vergeblich suchte, um das
wissenschaftliche, sowie um das personliche Andenken Champollions
erhebliche Verdienste erworben hat. Artikel I im Bessarione 1901,
anno V Vol IX nn 59—60 L'obelisco Medieeo — Art II im Bessarione
1903—1904, anno VIII Vol V p 22—37 Autografi di Champollion
a Firenze Hier ist auch von dem gefalschten Obelisken die Rede

abschiedete sich von Leopold II mit der erfreulichen Gewissheit, dass dieser der neuen Wissenschaft eine Heimstätte,
d h. einen Lehrstuhl, in seinem Lande zu gründen gedachte,
um auch auf diesem Gebiete dem Geiste des Fortschrittes
Rechnung zu tragen. Der ruhmliebende Fürst ging noch
weiter er sprach dem „Ägypter" seinen dringenden Wunsch
aus, ihn dauernd an Toskana zu fesseln und damit Florenz
gleichsam in den Mittelpunkt der verheissungsvollen neuen
Wissenschaft zu stellen. Glänzende Bedingungen und der
Ankauf neuer Sammlungen wurden garantiert. Die Versuchung
war überwältigend stark, — dennoch fand Champollion
in derselben Stunde die Kraft zu einem endgültigen Nein.

Bevor er dann am 4. Juli Florenz verliess, erreichte ihn
die willkommene Nachricht, dass das geplante Volksfest in
Rom äusserst glanzvoll verlaufen war Der „moderne" Obelisk
hatte Montmorencys Erwartung voll entsprochen und besonders abends während der prachtvollen Illumination der
Villa Medici allgemeine Bewunderung erregt. Von dem
reichlich verteilten hieroglyphischen Huldigungstext, dem auf
dem lithographierten Blatt die Übersetzung beigegeben war,
hatten sämtliche Diplomaten Roms je eine Anzahl Exemplare
bereits Ende Mai in ihr Heimatland geschickt[1]), so dass
dieses stilvoll nachgebildete Kunstwerk in den verschiedensten
ausländischen Blättern günstig beurteilt wurde, zugleich aber
auch Anlass zu erneuten Besprechungen der gemachten
Entdeckung gab und dadurch Champollions Verdiensten
überall lebhafte Anerkennung verschaffte[2])

Hatte ihm die Aussicht, Florenz zu sehen, den schweren
Abschied von Rom erleichtert, so tröstete ihn über das
Scheiden von der toskanischen Hauptstadt die Freude, eine
soeben in Livorno gelandete ägyptische Sammlung sehen
zu können. „Durch die Witterung [zu ihr hingezogen, habe
ich] den geheimnisvollen Schleier lüften können, der sie
deckte," schreibt er am 11. Juli von Genua aus, und allerdings hatten die Gebrüder Santoni Befehl erhalten, niemand

---

1) U a erwähnt in der Augsb Allg Ztg. vom 21. Juni 1825
Siehe auch B Fér. 1825, Vol 4 No 6

2) Trotz angestrengter Nachforschungen hat kein Exemplar dieser
„bilinguen Huldigungsschrift" aufgefunden werden können

zur Besichtigung zuzulassen, und weniger noch den Namen des Besitzers zu nennen, den Champollion aber bereits wusste, es war Henry Salt, der Anstoss daran nahm, auf der Liste der Antiquitatenhandler figurieren zu sollen.

„Mein Name hat genugt, um mir alles erschliessen zu lassen; denn sie glaubten, dass ein „Ägypter" wie ich aller Welt vorgehe . . .," schreibt er und nimmt sich vor, von Turin aus Salts Katalog sogleich an Blacas zu senden, in der Hoffnung, dass dieser vielleicht eher als die französische Regierung die zum Ankauf der schonen Sammlung[1]) notwendigen 250 000 Franken finden wurde.

Die Turiner Freunde erwarteten ihn so ungeduldig, dass Costa und Gazzera ihm bis nach Alessandria entgegeneilten. Von ihnen hörte er, dass Graf Balbo infolge von Hofintriguen in die Provinz Asti verwiesen war, wo ihn nun die drei Reisenden aufsuchten. Der Verbannte konnte es Champollion nicht verhehlen, dass dessen Ablehnung der ihm angetragenen diplomatischen Mission fur Ägypten eine Verstimmung in den ihm so freundlich gesinnten ministeriellen Kreisen hervorgerufen hatte, die jedoch dank Costas und seinen eigenen Bemühungen inzwischen wieder gehoben war.

Dass Balbo ganz unverdient beim Konig in Ungnade gefallen, erinnerte seinen Schutzling in schmeizlicher Weise daran, dass er nicht langer mehr die freie Luft des Arnotales atmete, — und es rief ihm zugleich die wegen seiner Bearbeitung der Drovettiana erlittenen Argernisse ins Gedachtnis zurück. Zwar liess ihm der Minister Cholex immer wieder versichern, dass er ihn vor den Extravaganzen des Direktors schutzen werde, und dieser hatte sich entfernt, um der unvermeidlich gewordenen Auseinandersetzung vorlaufig zu entrinnen, doch bei der ersten Wiederbegegnung musste es zu einer heftigen Szene kommen. Hatten namlich Lanci, Ricardi und der ganz kurzlich ebenso wie sein Florentiner Namensvetter bekehrte Valeriani-Molinari[2]) das

---

1) Der grossere Teil dieser Sammlung, zu der noch Belzoni viel beigetragen hatte, war bereits von Ag aus noch London verkauft

2) „Valeriani, bon diable d'ailleurs, est venu me faire ses excuses et déclarer sa conversion totale " -— Genua, Juli 1825.

System als solches angegriffen, so versuchte San Quintino,
ganz im Gegenteil, sich widerrechtlich so hinzustellen, als
machte er sich um die weitere Entwicklung der Agyptologie
zum mindesten ebenso verdient wie der Enzifferer selber
Als dieser im Marz Turin verliess, hatte der Direktor (allerdings mit grosser Vorsicht und nicht in den massgebenden
Kreisen) zwei Broschuren verteilt, die eine uber Skarabaen,
die andere uber das Numeralsystem, dieselben, deren Druck
die Akademie wegen Plagiates verweigert hatte[1]

In einem vernichtenden Artikel sass Figeac uber diesem
doppelten Vergehen an seinem Bruder zu Gericht[1]), und es
ergab sich bei naherer Untersuchung noch ein drittes Vergehen·
Der Direktor hatte zwei von Champollion sehr bedeutend
geforderte Abhandlungen uber den Osymandias-Koloss und
uber die agyptischen Mumien der Drovettiana gelesen und
sogleich veroffentlicht Diese Arbeiten, in welchen er
dankbar der empfangenen Unterweisung gedenkt, waren
uberall, und auch vom Bulletin Férussac, gunstig beurteilt
worden. Nun aber hatte er sie zu Anfang 1825 behufs
Aufnahme in die Memoiren der Turiner Akademie[2]) zum
zweiten Male drucken lassen, doch nicht nur verschwanden
dabei viele der früher gemachten Quellenangaben, sondern der
immer noch das vorherige Datum tragende Artikel I. zeigte
sich durch manches Wichtige und Neue bereichert, das ganz
direkt dem inzwischen veroffentlichten ersten Brief an
Blacas und dessen von Figeac beigefugter Chronologie
entnommen war, ohne dass er von diesen Entlehnungen irgendwie Rechenschaft gab Der Fall wirkte in Gelehrtenkreisen
geradezu komisch, da nun Champollion und sein Bruder
als des Plagiates an San Quintino schuldig dastanden, weil
sie ja im Dezember 1824 gedruckt hatten, was jener am vorhergehenden 19. August gelesen zu haben schien[1] Dieser Umstand war von den Gegnern in England wie in Paris sogleich
entsprechend verwertet und zwar, wie man sehen wird. noch
lange Monate nach der von Figeac sehr eingehend gegebenen
Aufklarung[3]). — In Italien taten Peyron, Costa und Gazzera

1) Siehe B. Fér 1825, Vol 3 Nr 489
2) Band XXIX, p 230 bis p 325.
3) Siehe B. Fer 1825, Vol 3. Nr 180, und 180 bis

alles, was zur Beseitigung des hässlichen Missverständnisses nötig war. Champollion selber unternahm nichts dergleichen, doch machte er in seinen Briefen an den Bruder aus seiner Gereiztheit kein Hehl.

San Quintino nunmehr stets im Auge haltend, klagte er ihn im April 1825 des „Zahlenraubes" an und es gereute ihn, seine wichtige Arbeit über das Numeralsystem nicht schon Al von Humboldt bei dessen Anwesenheit in Turin gezeigt zu haben, damit dieser sie zur Wahrung der Rechte ihres Autors der Pariser Akademie der Wissenschaften vorgelegt hatte. Als dann, monatelang später, Arago ganz unerwartet bei ihm vorsprach, einigten sich beide dahin, dass ersterer die Abhandlung vor seiner Akademie lesen und sie zu sofortigem Druck empfehlen würde. Leider fand dieser Druck aber nicht statt.

Wenn man bedenkt, dass der Eindruck von Jacques-Josephs Protest noch in lebendiger Erinnerung in Turin stand, da er den dortigen Freunden zufolge „furchtbar wie eine Explosion" gewesen war, so wird das peinliche Gefühl erklärlich, mit dem sich François nun der sardinischen Hauptstadt wieder naherte. „Ist das Gebiet nicht zu halten, so trete ich mutig den Rückzug an, bis ihnen der Verstand zurückkehrt," schreibt er nach seiner Ankunft dort, doch wurde er schnell gewahr, dass nur San Quintino ganz allein für das Vorgefallene verantwortlich gemacht wurde Überdies war des Direktors Anmaassung schliesslich soweit gegangen, dass er Hammer-Purgstall, der eigens von Wien gekommen war, um in der Drovettiana zu arbeiten und mit Champollion zu konferieren, unverrichteter Sache hatte abreisen lassen. Die Erbitterung des Barons war grenzenlos, dem Entzifferer jedoch blieb dadurch die peinliche Notwendigkeit erspart, einem Manne ernstlich widersprechen zu müssen, der seit 1811 bereits bei jeder Veranlassung mit ehrlichem Eifer für ihn eingetreten war. Aber der Wiener Gelehrte übertrug „seine Leidenschaft für gewagtes Etymologisieren" neuerdings auch auf das ägyptische System, innerhalb dessen er „ohne Rücksicht auf Lautgesetze Zusammenstellungen machen" wollte.

Übrigens hatte der Direktor nicht eine Kiste, nicht ein

Paket geöffnet, sondern alles seinem Rivalen überlassen, welcher, der Alleinherrschaft froh, bis zum Oktober „aus der unerschöpflichen Fundgrube schöpfen zu können" hoffte. — Auch nicht den leisesten Versuch zur Anfertigung eines Kataloges fand er vor, doch sah er ebensowenig die Möglichkeit für sich selber, diese dringend ersehnte Arbeit zu beginnen und somit in das bunte Durcheinander Ordnung zu bringen· „Es haben hier", meint er, „so viele Personen eine maassgebende Stimme, und die Angelegenheiten sind so seltsamen Einflüssen unterworfen, dass das Gute zuweilen im Sturm erobert werden muss."

Als angenehme Abwechslung galten ihm zu dieser Zeit die mehrere Sitzungen ausfüllenden Vorlesungen über Ägypten, zu denen er von der Turiner Akademie aufgefordert war, und deren Vorbereitung ihm die heftige Unruhe meistern half, die er im Hinblick auf die Livorner Sammlung und bei dem Gedanken, wer der Käufer sein würde, bereits empfand. Dem Herzog persönlich war sie nämlich zu teuer erschienen; doch hatte er die Angelegenheit sogleich bei Doudeauville in Vorschlag gebracht und sogar dem Minister Corbière gute Worte gegeben, um einem abermaligen Fehlschlag vorzubeugen. Auch stellte er seinem Schützling am 10. August bereits den Posten eines Konservators im Louvre in Aussicht, was diesen nicht wenig erfreute.

Im Geiste bereits oft in Livorno anwesend, gewann nun für ihn die Person Salts, den Belzoni so oft im Gegensatz zu Drovetti gerühmt hatte, erhöhtes Interesse, besonders da man von seinem Entziffern der hieroglyphischen Texte zu reden begann. Salt selber schickte ihm im Juni 1825 seine Broschüre[1]) darüber zu und er ersah aus ihr, dass er nicht über ihn zu klagen hatte. Nur wunderte es ihn, dass jener „mit einer Million von Hilfsmitteln" auf dem ägyptischen Denkmälerfelde, die ihm fehlten, — und mit dem Brief an Dacier in der Hand, nicht noch mehr geleistet habe

---

1) Essay on Dr Youngs and M. Champ's phonetic System of Hieroglyphics. London 1825 in 8° — Bankes veröffentlichte zu gleicher Zeit seine Kopie der Abydostafel

Ein „Postskriptum", in welchem Salt offen zugesteht, von dem schnell weiterschreitenden Entzifferer bereits bedeutend in dessen „Précis" uberholt zu sein, wie er zu spat in Agypten erfahren habe, konnte noch als ein Beweis seiner Loyalitat gelten, auch zogerte Champollion nicht, in dem Opus, trotz einiger Unklarheiten, eine wertvolle Bestatigung seines Systems zu erblicken, auf die er zu gelegenerer Zeit zuruckzukommen gedachte. Inzwischen blickte er auf Youngs Landsmann wie auf einen Helfer und Freund.

Viele erwuchsen ihm allerorten gerade in diesen Tagen; denn wie schon angedeutet, ging in unmittelbarem Zusammenhang mit den warmen Berichten, welche samtliche europaische Diplomaten in Rom uber ihn und sein Werk an ihre Regierungen sandten, eine Art von internationaler Kundgebung, die in Italien ihren Höhepunkt erreichte, durch die Blatter. Da zeigte sich der vielfach und zumeist in England und Frankreich geschmahte Name plotzlich vom vollen Glorienschein des Ruhmes umstrahlt, und es kennzeichnet den Trager dieses Namens gut, dass er diese Bewegung lediglich zu Gunsten seiner Wissenschaft und insbesondere zum Ankauf der Livorner Sammlung ausgenutzt sehen wollte[1]).

Die noch so ungewisse Sache musse im Sturm genommen werden, meint er und der Augenblick, wo ganz Europa von seinem Lobe widerhalle, sei der einzig richtige, um die Sturmleitern anzulegen, was er immer wieder betont in der wachsenden Angst, dass seine Pariser Feinde doch noch bei Hofe Gehor fanden mit ihren bestandigen Prophezeiungen vom baldigen Zusammenbruch seiner hohlen Wissenschaft, und dass, falls wirklich der Kauf zustande komme, man ihn ubergehen und Jomard zum Verwahrer des Schatzes machen werde. Ein wahrer Kampf war bereits in Paris entbrannt, in welchem auf der einen Seite Jomard und seine Liga standen, auf der andern Blacas, Doudeauville, dessen schon erwahnter Sohn Sosthène (Vicomte de La Rochefoucauld), Noailles und St Priest, der einflussreiche Adjutant des Herzogs von Angouleme.

---

1) „Le moment du feu des journaux en ma faveur [est bon pour une decision finale] " 21. Juli 1825.

Doch den Freunden in Paris wurde der Sieg sehr erschwert,
und selbst Blacas' mächtige Hand vermochte nicht gleich das
von wissenschaftlichen Neidern und politischen Gegnern fein
ersonnene und derb gesponnene Intriguennetz zu zerreissen,
von denen einige Hauptfaden in den nervösen Handen des
„Pseudo-Hohenpriesters"[1] Jomard zusammenliefen, der sie
mit Geschick und Energie handhabte   Als unuberwindliches
Hindernis für Champollions Bitte wurden allseitig die zwei
Millionen für die Krönung Karls X. und die infolgedessen
gebotene Sparsamkeit hingestellt; doch hatten Corbière und
Jomard trotzdem zu Anfang des Jahres den Ankauf der
Durandschen Sammlung beim König durchgesetzt und Jomard
arbeitete nun mit aller Kraft auf den Erwerb der zu diesem
Zweck von Triest nach Paris dirigierten Sammlung Passa-
lacquas[2] hin.   Beide wunschte er innerhalb des Königlichen
Antikenkabinets zu einem neuen wissenschaftlichen Mittelpunkt unter seiner ausschliesslichen Obhut vereint zu sehen
Hierfur schien schon im Juli so viel gegrundete Hoffnung
zu bestehen, dass die wichtige Frage des Konservators für
diese zu vereinigenden Schatze bereits bei Hofe in Fluss
gebracht wurde, und dass man hier, Blacas und Doudeauville
zum Trotz, Jomard für diesen Posten schon ins Auge fasste,
muss besonders auf den Einfluss Corbières zuruckgefuhrt
werden

So war denn alles im besten Gange, um wahrend der
Abwesenheit des „wahren Hohenpriesters" denselben völlig
„von den ägyptischen Altaren zu verdrangen"   Und als nun
gar der wegen seiner Schlauheit gefurchtete Durand Ende
Juli in Turin erschien und seine Reise nach Livorno ankundigte, nebenbei auch offen uber Jomards Bemuhungen
um das agyptische Monopol sprach, da schrieb Champollion,
der gegen alle Hoffnung immer noch hoffte, eiligst den
Brudern Santoni, dass sie keinesfalls mit diesem Unter-

---

[1] Louis Philipp nannte so Jomard

[2] Giuseppe Passalacqua, geb 1797 zu Triest, unternahm 1820
bis 1824 Ausgrabungen in Memphis und Theben   Erhielt bei der Erwerbung seiner Sammlung durch die Konigl Museen zu Berlin den
Posten als Direktor der äg Abteilung Gest 18 April 1865

handler schon jetzt handelsemig werden durften, wobei aber zu furchten war, „dass trotzdem ihre ehrliche Einfachheit seinen Taschenspielerkunsten unterliegen konnte."

Seine Unruhe wuchs noch, als ganz plotzlich die Verwaltung des Turiner Museums sowie der Drovettiana dem Unterrichtsministerium uberwiesen wurde Dadurch trat an die Stelle des ihm so sehr vertrauten Grafen Cholex der ihm ganz fremde Minister de Brignole (aus Genua), welcher ihm übrigens alle erworbenen Rechte wahrte, so dass er nach wie vor nach Belieben seiner Arbeit oblag in den ihm liebgewordenen Räumen, wo alles zu ihm redete, wo auch der kleinste, bescheidenste Gegenstand von ihm erfasst und nach Gebühr gewürdigt wurde.

Eins der ersten Dinge, die er jetzt auspackte, war ein kleines Stuck bearbeiteten schwarzen Granites, worin er mit so lebhafter Freude „den Rest einer antiken Sonnenuhr" erkannte[1]), dass er die Zeichnung davon sogleich an Figeac sandte, damit er sie den betreffenden Fachgelehrten zur Begutachtung vorlegen moge. — Im übrigen fand er vielfach Gelegenheit, die Liste der Homophone und die der hieratischen Zeichen zu vervollstandigen Seine Hoffnung jedoch, nun endlich den Katalog und die Einrichtung des Museums sich übertragen zu sehen, konnte auch die neue Verwaltung nicht erfullen. eine unsichtbare Macht schien alles darauf Abzielende zu vereiteln. Das Qualvolle seiner provisorischen Lage kam ihm dadurch noch mehr zum Bewusstsein· „Ich wusste so gern wenigstens einen Monat im voraus, was ich zu tun habe," klagt er am 20 August angesichts der drangenden Bitten Pietro Santonis, ein Ende zu machen, — so oder so! Von Tag zu Tag wartete er dabei auf Blacas' letzthin als gesichert gemeldete Ankunft. denn ein Besuch mit ihm in

---

1) „La Meridienne", noch jetzt viel beachtet, war nicht eigentlich ein Sonnenzeiger, sondern das Abzeichen der astron Funktionen ihres Besitzers, als dessen Namen Champollion fälschlich „Thotha" oder „Thotoes," erkennen wollte Sie ist aus poliertem schwarzen Granit, 0,064 m. hoch und 0,034 m breit Biot widmete ihr einige Betrachtungen, mit einer Abbildung, in den Mem de l'Ac des sciences, Tome XIII, p 678 Note (1). Vergl Schiaparellis Catalogo Generale di Torino, II. p 333, No. 7353

Livorno, so hoffte er, wurde alles zum Guten fugen. Leider
jedoch anderte der Herzog seine Reiseroute, was der sehnsuchtig Harrende erst am 6. September erfuhr, wo ihm auch
die Nachricht zuging, dass eine sehr schone (wenn auch
weniger umfangreiche als die in Turin befindliche) Drovettische
Sammlung Nr 2 in Marseille gelandet war, zu deren Gunsten
der Generalkonsul in Person Land und Leute in Bewegung
setzte und dabei gleich eifrig von seinem Freunde Jomard
wie von Figeac unterstutzt wurde. Dieser hatte im Bulletin
Ferussac (Vol 3 Nr. 162) in kuhnen Worten fur die einheitliche Organisation eines agyptischen Museums in den
Salen des Louvre gesprochen, aber trotz der scharfen
Trennung der Parteien, bei denen es hiess: Hie Champollion' — Hie Jomard' personlich mit dem letzteren aus
diplomatischen Grunden die fruheren freundschaftlichen
Beziehungen zum Schein fortgesetzt.

Inzwischen bereitete Joseph Passalacqua seine Ausstellung
vor, er wurde von Champollions Gegnern sogleich auf den
Schild gehoben, denn er forderte nur 100 000 Franken fur
seine Sammlung, sodass man nun begann, diejenige Salts,
ohne sie gesehen zu haben, mit Schmahungen zu uber-
haufen, um sie als der Erwerbung unwurdig erscheinen zu
lassen — ging sie doch unter Champollions Flagge! Die
franzosische Regierung hatte diesem Ende Juli angezeigt,
dass der Konig ihn zum Ritter der Ehrenlegion[1]) ernannt
habe, hiermit schien man jedoch einstweilen mit ihm ab-
gerechnet zu haben. „Das Wort 'Sparsamkeit nimmt

---

1) „M de Damas, Min des aff Etr, a reçu du grand Chancelier
la delégation dont il a investi M de La Tour du Pin, pour procéder
à la réception de M Champollion ." Erlass vom 12. Aug 1825. —
Die Sammlung der Dekrete der Ehrenlegion hat mehrfach bei polit
Unruhen Verluste erlitten Dies erklart wohl, weshalb im Annuaire de
la Légion d'Honneur von 1852 (dem ersten seit 1825) Figeac und sein
Sohn Jules stehen, nicht aber François Dieser fehlt auch in samtlichen
Jahrgangen des Almanach Royal seit 1825, dem Jahr der Ernennung
Sogar in den Bureaux der Ehrenlegion hat seine Zugehorigkeit zum
Orden erst nach langeren Bemuhungen festgestellt werden konnen,
indessen diejenige von Figeac, von Jules und von dessen Vetter Andre
Champollion sofort nachzuweisen war

sich ganz gut aus im Munde von Leuten, die Millionen
wegwerfen, wenn es sich um eine Dummheit handelt oder
um Befriedigung lächerlicher Eitelkeit," meint er dazu, —
„eile dich, mir ein endgültiges Nein zu melden, . . . denn
ich werde sonst krank vor Ärger und Scham über meine
Regierung, die eine herrliche Sammlung für 250 000 Franken
zu teuer findet, eben jetzt, wo das englische Ministerium
235 000 Franken ausgibt, um [den Obelisken von Alexandrien]
nach London transportieren zu lassen. — Und solche Leute
reden noch von [nationalem Ruhm]! Ich rechne nicht mehr
auf die Stelle am Museum, das wäre zu vernünftig und
gerade deshalb wird man es natürlich nicht tun."

In seiner grenzenlosen Erbitterung meint er sogar:
„Dergleichen zwingt den entschlossensten Mann, der einfältig und im guten Glauben seine Pflicht getan hat, den
Stiel hinter der Axt herzuwerfen, um sich hinfort nur noch
der tierischen Existenz zu widmen, die ja auch wohl im
letzten Grunde die beste sein dürfte!" — Aber der böse
Ausbruch verflüchtigte sich schnell, und sogleich steht er
wieder kampfbereit zur Verteidigung seines Systems auf der
Bresche: „Omar Seyffarth, der geschworene Lobredner[1]
Mohamed Spohns, ist noch nicht in Turin erschienen,
wo er mit allen seiner Allwissenschaft geschuldeten Ehren
empfangen werden soll, so dass man dann sehen wird, was
[er leisten kann]. Wohl verstanden, werde ich mich nicht
bis zu dem Punkte blossstellen, mich mit ihm auf direkten
öffentlichen Kampf einzulassen. Ich habe genug getan und
besonders zu viel zu tun, um allen Extravaganten jenseits
der Alpen und jenseits des Kanals noch das Recht zu geben,
mich in die Schranken zu fordern zur Verteidung meiner
Arbeiten, die sich selber genügend verteidigen, sobald man
nur mit redlicher Absicht zu Werke geht."

Über allem Warten — selbst Seyffarth blieb aus! —
wurde ihm die unruhige Seele wieder von der Sehnsucht
„nach den grünen Wiesen von Vif" gemartert, um so mehr,
als der Bruder sich dort für Anfang Oktober bei seiner

---

1) Die Leipz. Allg. Ztg. hatte im Juli 1825 das „erste Résumé"
von Spohns demot. Studien gebracht.

Familie angemeldet hatte. Da hiess es plotzlich, dass Blacas
dennoch komme, um ihn nach Livorno abzuholen Von
anderer Seite sprach man ihm von einer Besorgung fur den
Herzog in Marseille, und er nahm sich sogleich vor, auf dieser
Reise Salliers Papyri in Aix (Departement Bouches du Rhône)
zu besichtigen. Aber wieder vergingen drei Wochen, seine
Arbeit in Turin war so gut wie beendet, und doch konnte
er nicht abreisen! Inzwischen verwertete er schon einige
in Livorno eiligst angefertigte Kopien und sagte von den
dort befindlichen Kolossalstucken, dass diese grossen Bissen
doch wohl gewissen Leuten in Paris den Mund stopfen
konnten, die sonst uber den hohen Preis „fur so weniges"
schreien wurden, da sie nun einmal nicht fahig seien, die
kleinen Dinge nach ihrem wahrem Wert zu schatzen.

Die fast erloschene Hoffnung flackerte wieder auf, weshalb
er den Bruder bat, sich schon im voraus alle Instruktionen
zu verschaffen, die moglicherweise in Frage kommen konnten.
Aber erst Ende Oktober erfuhr er, dass Blacas gar nicht
auf ein Zusammentreffen mit ihm gerechnet hatte, obwohl
er „Ägypten und die Agypter" keineswegs zu vergessen
gedachte Er erbat sich vielmehr noch Einzelheiten uber
die Sammlung und erhielt sie umgehend — Es war eine
seltsame Verkettung von Missverstandnissen, infolge von
fehlgegangenen Briefen, die ja damals noch so langsam
wanderten, welche die peinliche Situation geschaffen hatte.
Nur Figeac gegenuber gab François seinem Schmerz uber
die verlorene Zeit freien Lauf und ihm teilte er nun die
verburgte Nachricht mit, dass es die Intriguen zu Gunsten
des Ankaufes der Sammlung Passalacqua waren, die fortgesetzt die Livorner Angelegenheit hinfallig zu machen
drohten

Am 4. November endlich schlug die ersehnte und trotzdem schmerzliche Scheidestunde fur Champollion der das
„Musee Royal Egyptien" wie er die Drovettiana schon vor
ihrer Vereinigung mit dem Museum nannte verlassen musste,
„ohne den Augiasstall haben reinigen zu durfen." War
doch in den Augen der herrschenden Partei San Quintino,
und nicht er, der eigentliche Herkules! Dennoch durfte
der Entzifferer bei der Ruckgabe der Schlussel an den

Minister, im Hinblick auf das „Kolumbarium" des Museums, sich selber zum Troste sagen. „Ich habe einige Trümmer der ägyptischen Geschichte aus dem Schiffbruch retten können!" Hiervon abgesehen, war er aber überhaupt in jener Abschiedsstunde ganz unverhältnismassig mehr als bei der Herausgabe des Précis zu der Aussage berechtigt. „[Die Geschichte] Ägyptens hellt sich auf, — authentische Denkmäler reden wieder und bilden die Marksteine des langen Weges; die Pharaonen besteigen von neuem den Thron, den falsche Systeme ihnen streitig machen wollten[1])

Wie immer, so stellt Champollion auch hier wieder den Nutzen seines Lebenswerkes für die Weltgeschichte weit in den Vordergrund, doch der Historiker in ihm verdankte seine hohe Befriedigung den Ergebnissen des Philologen und Entzifferers· Der aber hatte sich in Turin die Meisterschaft errungen.

1) Précis I. Préface, p XI

Druck von Gebr. Unger in Berlin, Bernburger Str. 30.